Слова — измена,

Когда молитвы невозможны.

Sinaida Hippius

Petersburger Tagebücher 1914–1919

Пусть длится дленье.

    Не я безмолвие нарушу.

   Но исцеленье

     Сойдет ли в замкнутую душу?

Я знаю, надо

    Сейчас молчанью покориться.

Но в том отрада,

    Что дление не вечно длится.

Die Andere
Bibliothek

Sinaida Hippius

Petersburger Tagebücher
1914–1919

Übersetzt aus dem Russischen
von Bettina Eberspächer und Helmut Ettinger,
bearbeitet, mit Anmerkungen,
einem kommentierten Namensregister
und einem Nachwort bereichert
von Christa Ebert

Das Blaue Buch
Petersburger Tagebuch 1914–1917

Zum Blauen Buch

Dieses Buch ist die erste Hälfte meines Tagebuchs „Zeitgenössische Aufzeichnungen", das ich in Petersburg in den Jahren des Kriegs und der Revolution geführt habe. Der Teil, der hier abgedruckt ist (Aug. 14–Nov. 17), befand sich bereits 1918 nicht mehr in St. Petersburg und galt danach 8–9 Jahre als verschollen, so wie auch die zweite Hälfte – die Jahre 18 und 19 –, die von einer anderen Person und mit einem anderen Bestimmungsort ebenfalls aus Petersburg herausgebracht wurde.

Den Schluss der „Aufzeichnungen", die letzten Monate des Jahres 1919 (unzusammenhängende Notizen auf einem Notizblock) – behielt ich bei mir; er fand, versteckt in meiner Manteltasche, mit mir zusammen den Weg ins Ausland, wohin wir flüchten mussten. Diese „Aufzeichnungen" gingen in das Buch *Das Reich des Antichrist* ein, das 1921 in russischer, deutscher und französischer Sprache erschien. Im Vorwort zu den „Aufzeichnungen" erinnere ich an den Verlust der beiden ersten Teile des Tagebuchs. Die Jahre vergingen; an dem Verlust war nicht mehr zu zweifeln. Man kann sich vorstellen, wie sehr uns das unerwartete Wiederauftauchen eines Teils der „Aufzeichnungen" – des ersten – in Erstaunen versetzte. Doch ich muss sagen, noch mehr erstaunte mich der Inhalt des Manuskripts. Den eigenen Bericht über die Ereignisse (und was für welche!) zu lesen, den man zwar eigenhändig verfasst, jedoch *zehn Jahre nicht mehr gesehen hatte* – diese Gelegenheit hat man nicht oft. Und es ist gut, dass das nicht oft geschieht. „Wenn man nichts vergessen könnte, könnte man auch nicht am Leben bleiben", sagte ein Freund mir zum Trost, als er mich beim ersten Lesen dieses langen, langatmigen und *schrecklichen* Berichts antraf. Ja, das Vergessen ist uns gegeben wie das Erbarmen. Doch haben wir immer das Recht, danach zu streben und davon Gebrauch zu machen? Und was, wenn wir, indem wir uns des Vergangenen zu entledigen suchen, es ausstreichen, verändern, uns von ihm abwenden und dabei von uns selbst gleich mit, wir uns auch unserer Zukunft berauben?

Die Frage, ob dieses verlorengegangene und zurückgekehrte Manuskript publiziert werden soll, blieb für mich lange offen. Ist es nicht zu früh? Es ist erst zehn Jahre her … Doch das spräche ja gerade für den Druck des Tagebuchs. Schließlich sind es nur die Aufzeichnungen eines von Tausenden von Beobachtern der Vergangenheit. Wenn sie auch gewissenhaft gemacht wurden, die Beobachtungsposition vorteilhaft war – Ungenauigkeiten, Unrichtigkeiten, faktische Fehler sind unvermeidlich. In fünfzig Jahren wird es keinen mehr geben, der sie verbessern könnte, während heute noch viele Zeugen – und sogar Beteiligte – jener Ereignisse am Leben sind, die auf eventuelle Verfälschungen der Realität hinweisen und damit zur Wiederherstellung ihres tatsächlichen Bildes mitwirken können.

Es waren jedoch gerade die noch „Lebenden", die die Frage so kompliziert gemacht haben. Es hatte nur Sinn, das Tagebuch in der Gestalt zu drucken, in der es geschrieben war, ohne die geringsten aktuellen Verbesserungen (nicht einmal des Stils!), indem nur das rein Persönliche (davon gab es ohnehin wenig) getilgt und einige Namen gestrichen wurden. Doch all das andere zu streichen (also auch meines), hieße, das Tagebuch in Frage zu stellen. Inzwischen weiß ich: Ein Großteil der Menschen mag ihn nicht, den lästigen Blick in die Vergangenheit, besonders auf das eigene *Ich*, fürchtet ihn. Denn plötzlich sieht man dort etwas auf neue Weise, plötzlich *sieht man sich gezwungen,* seine Fehler zu erkennen. Nein, lieber den „Mantel des Vergessens" darüber breiten …

Das ist ein sehr menschliches Gefühl, fast niemand ist frei davon – auch ich natürlich nicht. Auch für mich ist unsere Vergangenheit schwer zu ertragen, wenn sie sich zu lebhaft in Erinnerung bringt, zu nahe heranrückt. In diesem speziellen Fall ist auch für mich mein Tagebuch nicht immer ein angenehmer Spiegel, muss ich doch nicht nur für die innere Leitidee einstehen (zu der ich mich uneingeschränkt bekenne), sondern auch für die infantilen Naivitäten, die vorschnellen Urteile, „selbstgemachten" politischen Überlegungen usw. Und man muss sich auch noch bewusst machen, dass, wenn es keine ernsthaften, verhängnisvollen Fehler gab, dann deshalb, weil es auch kein „Handeln" gab.

Aber wenn ich auch meine eigene Furcht vor der Vergangenheit besiege, sie in mir besiege – *habe ich denn das Recht*, sie anderen nicht zuzugestehen? Wie kann ich es wagen, andere zu verurteilen, wenn sie sogar in diesem minimalen Fall in sich nicht die Kraft finden, einen Blick auf ihre Vergangenheit zu werfen, zu ihr erneut „ja" oder „nein" zu sagen?

Ich will darüber auch gar nicht urteilen. Ich entscheide mich mit der Veröffentlichung des Tagebuchs dafür, die Menschen, die dort erwähnt werden, nicht mehr zu schonen als mich selbst. Ich mache mir nichts vor: Die, die ihre Angst – und sei es vor einem noch so kleinen Funken *Wahrheit* – nicht überwinden können, werden zu meinen Feinden. Und das wird immer so sein. Aber diesen einen Funken Wahrheit gibt es in meinem Tagebuch; daran nur denke und glaube ich: Irgendjemandem wird es von Nutzen sein.

Das Leben, wie schon gesagt, brachte uns (Dmitri Mereshkowski und mich) dicht mit den Ereignissen und einigen Menschen, die daran beteiligt waren, in Berührung. Das Milieu der Petersburger Intelligenz war uns gut bekannt. Der eine oder andere Emigrant, der nach dem Februar nicht zurückkehrte, ebenfalls. Und unsere geografische Lage war vorteilhaft: Denn es war in Petersburg, wo die Ereignisse begannen und ihren Lauf nahmen. Doch auch in Petersburg selbst war unser geografischer Ausgangspunkt günstig. Wir wohnten in der Nähe der Duma, direkt am Gitterzaun des Taurischen Gartens.

Alles Übrige erklärt sich aus dem Buch selbst. Ich sage nur noch dies: Niemand soll ein „Buch zur leichten Lektüre" erwarten. Das Tagebuch ist keine harmonische „Erzählung über das Leben", wo der heutige Tag, der beschrieben wird, schon den morgigen *kennt* und weiß, wie alles enden wird. Das Tagebuch ist der *Lauf des Lebens* selbst, und darin unterscheiden sich die „Zeitgenössischen Aufzeichnungen" von allen möglichen „Erinnerungen", und darin liegen ihre besonderen Vorzüge: Sie lassen die Atmosphäre jener Zeit wieder aufleben, indem sie die aus dem Gedächtnis verschwundenen Einzelheiten wieder ans Tageslicht bringen. „Erinnerungen" können ein Bild der Zeit geben. Doch nur das Tagebuch gibt die Zeit in ihrem Ablauf wieder.

Das Blaue Buch

1. August, St. Petersburg 1914 (alten Stils)
Was soll man schreiben? Was kann man? Nichts außer dem einen – *Krieg!*
Nicht der japanische, nicht der türkische, sondern der Weltkrieg. Es ist schrecklich für mich, über ihn zu schreiben. Er gehört allen, der Geschichte. Braucht man denn da private Aufzeichnungen? Aber auch ich kann mich, wie alle meine Zeitgenossen, in all dem nicht mehr zurechtfinden, begreife nichts, bin erschüttert.
Es bleibt nur eins – so einfach wie möglich zu schreiben.
Es scheint, es habe sich alles in wenigen Tagen abgespielt. Aber so ist es natürlich nicht. Wir haben es nicht geglaubt, weil wir es nicht glauben wollten. Doch hätten wir nur unsere Augen nicht verschlossen …
In den vergangenen Tagen haben mich die Unruhen in Petersburg erschüttert. Ich war nicht in der Stadt, aber es kamen etliche Leute zu uns auf die Datscha und erzählten in allen Einzelheiten und voller Emotionen … Dennoch begriff ich nichts, und man spürte, dass auch der Erzählende nichts begriff. Und es war sogar klar, dass selbst die aufrührerischen Arbeiter nichts begriffen, obwohl sie Straßenbahnwaggons zerstörten, den Verkehr anhielten, obwohl Schüsse fielen, Kosaken umherritten.
Eine Ausschreitung ohne Grund, ohne Vorwände, ohne Aufrufe, ohne Sinn … Was für ein Unsinn? Sind sie etwa gegen die französischen Gäste? Keineswegs. Kein Einziger vermochte zu erklären, worum es geht. Und was er will. Als ob sie auf irgendeinen formalen Befehl hin die Waggons zerstört hätten. Die Intelligenzija hat nur Maulaffen feilgehalten – für sie kam das wie aus heiterem Himmel. Und offenbar sogar für alle revolutionären Untergrundorganisationen.
M. [Meier?] kam völlig aufgeregt angefahren und meinte, dies sei eben der naturgemäße Beginn der Revolution, und dass es keine Losungen gebe, sei Schuld der Intelligenzija, die keine parat habe. Ich aber wusste nicht, was ich denken sollte. Das alles gefiel mir nicht – ich wusste selbst nicht, warum.
Wahrscheinlich, so schlussfolgerte ich, hatte man unbewusst seit

jenem Schuss des Serben Gawrila Prinzips das Herannahen eines unabwendbaren Unglücks geahnt.

Wir standen im Garten, an der Pforte. Sprachen mit einem Bauern. Er stammelte in seiner Verwirrung etwas von einem Befehl, Pferde bereitzustellen, von Mobilisierung … Das war lange vor der Mobilmachung am 19. Juli. Sonja hörte schweigend zu. Plötzlich winkte sie ab und stieß hervor: „Mit einem Wort – ein Unheil!" In diesem Moment spürte ich, dass es zu Ende war. Dass tatsächlich ein Unheil kommen würde. Dass alles zu Ende war.

Und dann wieder zaghaftes Hoffen – das darf doch nicht sein: Unmöglich! Unvorstellbar!

Einige Tage später fuhren fast alle Unsrigen in die Stadt. Am Samstag sollten sie gemeinsam zurückkommen. Uns standen wichtige Gespräche bevor, vielleicht sogar Entscheidungen …

Doch am Samstagmorgen erschien T. [ihre Schwester Tatjana] allein. „Ich komme euch holen. Wir fahren heute in die Stadt." – „Wozu?" – „Große Ereignisse, Krieg. Wir müssen alle zusammen sein." – „Warum seid ihr dann nicht alle hergekommen?" – „Nein, man muss mit allen sein, das Volk geht mit Flaggen auf die Straße, Aufmarsch des Patriotismus …"

In dieser Minute entschied sich – ohne dass es mir bewusst war – meine Position, mein Verhältnis zu den Ereignissen. Und zwar grundsätzlich. Soll man mit der unglücklichen, die Vorgänge nicht begreifenden Menge gehen, sich anstecken lassen von ihren „patriotischen" Märschen durch die Straßen, wo die Straßenbahnen noch nicht weggeräumt sind, die sie bei einem anderen, ebenso unbedachten „Aufmarsch" zerstört hatten? Ein Kiesel im Strom der Ereignisse sein? Ich soll nicht das Recht haben, mir ein eigenes Bild zu machen, zu überlegen, was da vor sich geht? Wozu haben wir so lange Jahre nach Erkenntnis und einem offenen Blick aufs Leben gesucht?

Nein, nein! In diesen ersten Sekunden lieber schweigen, Decke über den Kopf, Stille.

Doch alle (Verwandten, die ganze Familie Stepanow) hatten schon den Verstand verloren. Sonjas Familie mit den Kindern und der alten Tante Olja machten sich auf den Weg. Der Abgeordnete Wassja war außer sich.

Auch wir fuhren nach Petersburg. Mit dem Automobil.
Eine unerhörte Last. Und innen Taubheit. Die Kluft zwischen innen und außen. Man muss sich zurechtfinden. In aller Stille.
Der Anschluss Englands (am 4. August) löste unwillkürlich Freude aus. „Er" würde von kurzer Dauer sein …
Jetzt ist Europa von einem Flammenring umgeben. Russland, Frankreich, Belgien und England sind gegen Deutschland und Österreich … Und das nur vorübergehend. Nein, „er" wird nicht von kurzer Dauer sein. Diese Hoffnung ist vergeblich …
Wenn ich auf diese Zeilen schaue, geschrieben von meiner Hand, ist es, als hätte ich den Verstand verloren. Ein Weltkrieg!
Zur Zeit spielt sich der hauptsächliche Kampf im Westen ab. Unsere Mobilisierung ist noch nicht beendet. Doch Millionen haben sich schon in Richtung Grenze in Bewegung gesetzt. Jegliche Verbindung zur Welt ist unterbrochen.
Niemand begreift, was – zum Ersten – ein Krieg ist. Und was er – zum Zweiten – für uns, für Russland bedeutet. Auch ich begreife es noch nicht. Doch ich spüre ein beispielloses Grauen.

2. August

Das Einzige, was Sinn hat, aufgeschrieben zu werden – sind die kleinen Dinge. Das Bedeutende wird ohne uns aufgeschrieben. Doch die kleinen Dinge sind stumm, verborgen, ganz und gar unverständlich. Denn an der Wurzel liegt der gewaltige Wahnsinn.
Alle sind verwirrt, „wir" alle, die literarische Intelligenzija. Schweigen wäre angebracht, doch die Hälfte hat sich physiologisch am sinnlosen Kriegspatriotismus angesteckt, als seien wir „auch" Europa, als *müssten* wir (unserem Gewissen nach) ganz einfach Patrioten sein … Russland zu lieben, wirklich und wahrhaftig, das ist nicht das Gleiche, wie die Engländer England lieben. Unsere Liebe ist eine schwere Last … ist echte Liebe.
Was ist das Vaterland? Das Volk oder der Staat? Alles zusammen. Wenn ich aber den russischen *Staat* hasse? Wenn er gegen mein Volk auf meinem Boden ist?
Nein, es ist noch zu früh, darüber zu schreiben. Lieber schweigen. Im sommerlichen Petersburg war fast niemand. Doch bald kamen alle angefahren, strömte alles zusammen.

Wir versammeln uns mal hier, mal dort. Die Mehrheit der Politiker und der politisierenden Intellektuellen (bei uns sind ja alle Politiker) waren derart aus dem Konzept gekommen, dass sie dummes Zeug redeten. Offensichtlich hatten sie alles erwartet – nur keinen Krieg. Einmal versammelten wir uns am Abend bei (dem Dichter) Slawinski. Es waren viele Leute dort. Kartaschow mit seinen slawophilen Neigungen lag ganz auf der Linie des Hausherrn.

Im Übrigen ging es auch nicht ohne unsere „russische" Frage ab: Soll man den Sieg ... dem Absolutismus wünschen? Schließlich sind wir daran schon seit Ewigkeiten gewöhnt (und wie sollte es anders sein, es ist doch unsere Pflicht!). Den Krieg zu gewinnen bedeutet, den Absolutismus zu stärken ... Es wurden Beispiele angeführt ... zutreffende. Nur ... ist es nicht beispiellos, was zur Zeit vor sich geht?

Alle sprachen. Als die Reihe an mich kam, sagte ich nur vorsichtig, dass ich den Krieg als solchen grundsätzlich ablehne, dass jeder Krieg, der mit einem vollständigen Sieg eines Staates über einen anderen, über ein anderes Land endet, die Keime eines neuen Krieges in sich trägt, denn er schürt national-staatliche Ressentiments, und dass jeder Krieg uns von dem entfernt, das wir anstreben, also vom „Universellen". Doch dass ich natürlich in Anbetracht der Realität des Krieges den Alliierten den Sieg wünsche.

Kerenski, der auf der rechten Seite stand, mir gegenüber, und sofort nach mir sprach, unterstützte dieses „Universelle" (wobei er hartnäckig vom „Universalen" sprach!", und er sagte mit seiner gewohnten Nervosität dasselbe und endete ebenso mit: „für die Alliierten". Doch es war offensichtlich, dass auch er seine Position noch nicht vollständig gefunden hatte. Der Kriegsbazillus kann an ihm nicht haftenbleiben, ganz einfach deshalb, weil er ein anderes Naturell besitzt, er ist zu sehr Revolutionär. Doch ich beginne, ihm auf den Zahn zu fühlen, was hier ein „Entweder-oder" bedeutet ... Im Übrigen ist es zu früh, später mehr.

Doch Kerenski lässt sich natürlich nicht unterkriegen von dieser höchst komplizierten Aufgabe, sein Verhältnis zum Krieg zu bestimmen, die so manchem von uns bevorsteht. Die Revolution

und der Krieg – das ist bis jetzt nur eine der Polaritäten …
Eine sehr wichtige jedoch. Kerenski ist nicht sehr klug, doch
irgendwie war er mir immer besonders klar verständlich und
angenehm, mit all seinem jungenhaft-mutigen Eifer.
Ja, für uns ist noch die Zeit des Schweigens … Und wie bedauerlich, dass Kartaschow sich bereits bedenkenlos dem Krieg, der
Verdammung Deutschlands, den österreichischen Slawen verschrieben hat …
Mein treuer Archip Belousow (ein Arbeiterbursche) schreibt
mir: „Meine Seele ist sich treu geblieben, doch ich füge mich gezwungenermaßen dem Krieg, weil er tatsächlich notwendig ist."
(Er ist halber Tolstojaner, ein interessanter, belesener Phantast.)
Und unser Pförtner sagt zu seiner Frau: „Was willst du denn machen, es betrifft uns alle, alle hat der Feind angefallen, alle müssen
geschützt werden."
Dimas Neffe, der Student Wolodja [Ratkow-Roshnow] war blind
für den Kummer seiner Mutter: „Ja, das ist Egoismus, aber ich
werde trotzdem gehen, ich kann nicht anders", und gestern ist er
mit dem Preobrashensker Bataillon weggefahren.
Die Schriftsteller sind alle tollwütig geworden. K. [?] schreibt bei
Suworin über Deutschland: „ … man muss diese Hydra erledigen." Alle möglichen „Hydren" sind jetzt verschwunden, die „Revolution" und das „Judentum", eine ist geblieben: Deutschland.
Schtschegoljow ist zum Patrioten geworden, etwas anderes als
„Hurra" und „Siegesdurst" lässt er nicht gelten.
Je [?], der seinen Worten zufolge alle Kriege ablehnt, erkennt diesen insoweit an, als er alle Türen abgeklappert hat, nur um „die
Uniform eines Fähnrichs an sich sehen zu dürfen." (Sie werden
ihn wohl nicht nehmen, wegen seiner Leibesfülle!)
Die Tausenden, die aus den Kurorten über Schweden zurückgekehrt sind, haben in den Zeitungen eine besondere Rubrik eingerichtet: „Die germanischen Greueltaten." Ihre Rückkehr war
oftmals schwer, kaum wiederzugeben, wer will sie verurteilen?
Zu Tausenden strömen die Juden herbei. Einer, der aus Torneo
kommt, zeigt seine Hand: Er hat keine Finger mehr. Nicht die
Deutschen haben sie ihm abgerissen, sondern die Russen – bei
einem Pogrom. Was ist denn das? Oder waren die Juden vielleicht

nicht wehrlos? Wenn also auch wir Tiere sind …, wer darf sich da vor wem brüsten?

Jetzt akzeptiert übrigens auch Purischkewitsch die Juden und drückt Miljukow die Hand.

Wölfe und Schafe haben sich in eine Reihe gestellt, haben einen Dritten gefunden, den sie fressen können.

Dieser Krieg … Warum ist eigentlich der Krieg an sich schlecht, und nur dieser eine ein Segen?

Niemand weiß es. Ich glaube, dass viele so empfinden. Ich nicht. Aber es ist mir auch gleich, was ich empfinde. Das heißt, ich habe nicht das Recht, ihm, dem Krieg, das Wort zu reden, solange ich nur empfinde. Ich glaube den Gefühlen nicht: Sie verdienen keine Worte, solange sie nicht von etwas Höherem bestätigt werden. Und nicht von der Wahrheit bekräftigt worden sind.

Darüber muss man im Übrigen nicht schreiben. Man sollte einfach schreiben: Es geht eine organisierte Selbstvernichtung vor sich, Menschenmord. „Entweder man darf immer töten oder niemals." Ja, wenn es keine Geschichte gibt, keine Bewegung, keine Freiheit, keinen Gott. Doch wenn es all das gibt, darf man so nicht reden. Man muss zu jeder gegebenen Stunde der Geschichte entweder ja oder nein sagen. Und zu der heutigen Stunde sage ich, aus tiefster menschlicher Seele und menschlichem Verstand – nein. Oder ich kann nur schweigen. Es ist sogar besser, richtiger – zu schweigen.

Doch wenn es ein Wort gibt, ist es nur *nein*. Dieser Krieg ist ein Krieg. Und zum Krieg sage ich: Er ist niemals erlaubt, aber auch niemals mehr notwendig.

29. September
Krieg.

Belgien zerstört (gestern wurde als Letztes Antwerpen eingenommen), Bomben über dem vertrauten Paris, Notre Dame, unsere unklare Lage mit dem eingenommenen Galizien, den längst von den Deutschen eroberten polnischen Städten, und morgen vielleicht Warschau … Die Generalschlacht in Frankreich dauert schon mehr als einen Monat. Der menschliche Verstand weigert sich, die Vorgänge in sich aufzunehmen.

Dass sich die Deutschen durch ihr erbarmungsloses Wüten selbst herabsetzen, unterliegt keinem Zweifel. Reims, Leuwen …, aber was ist das alles im Vergleich mit dem *roten* Wasser der Flüsse, mit dem Blut, das buchstäblich von den Stufen eben dieser Kathedrale von Reims herabströmt? Wie ein Vorhang aus Rauch hängt die Lüge in allem-allem-allem und so etwas wie eine natürliche Verrohung. Bei uns in Russland … ist es seltsam. Russland bewahrt die Ruhe – so der Wahn des Zaren. Infolge des Größenwahns des Zaren aber ist das Petersburg des großen Peters gefallen, zerstört. Ein schlimmes Zeichen! Es wurde ein gewisses Nikolograd errichtet – offiziell „Petrograd" genannt. Die dicke Hofschranze Witner hat es dem Zaren zur Unterschrift untergeschoben: Patriotisch, sagt er, denn was soll das deutsche „Burg" (!?!).
Schlimm, sehr schlimm sieht es in Russland aus. Unsere glücklichen Verbündeten kennen den Schmerz nicht, der in diesen für alle schweren Tagen die innerste Seele Russlands zerreißt. Sie kennen ihn nicht, und aus ihrer sicheren Position wollen sie ihn auch nicht erfahren, nicht begreifen. Sie können es auch nicht. Dort, im Westen, ist es weder dem Volk noch der Regierung peinlich, in diesem nun *unvermeidbaren,* allgemeinen Wahnsinn zusammenzukommen. Aber wir! Aber was ist mit uns!
Hier sind wir von unseren Verbündeten verlassen!
Mein Gott! Rette das Volk aus der Tiefe seines zweifachen Unglücks, des geheimen und des offen sichtbaren!
Ich gehe fast nicht mehr aus, ich finde diese angestifteten, patriotischen Demonstrationen mit Kriegsbannern, Flaggen und „Patraits" jämmerlich.

30. September
Die vorherrschende Empfindung, die vorherrschende Atmosphäre, sage einer, was er will, ist die unabänderliche Schwere des Unglücks. Die Menschen sind so maßlos, so unfassbar erbarmungswürdig. Die historische Größe der Ereignisse kann dies nicht verschleiern. Und alle Menschen sind im Recht, wenn auch in unterschiedlichem Maße schuldig.
Heute gab es schlechte Nachrichten, und was verschwiegen wurde, war noch schlimmer. Am Abend gab es Gerüchte, die Deutschen

stünden 15 Werst vor Warschau. Den Einwohnern wurde nahegelegt zu fliehen, die Telegrafenverbindung ist unterbrochen. Man sagt, unsere Front sei schwach. Warschau werde aufgegeben. Polen ist so unglücklich wie Belgien, aber nicht nur durch ein Unglück, sondern durch ein doppeltes. Belgien besitzt eine heile Seele, Polen aber ist gespalten und an zwei Kreuze geschlagen.

Man glaubt bei uns dem Oberkommandierenden Nikolai Nikolajewitsch Romanow wenig. Seine berühmte Proklamation von der „Wiedergeburt Polens" haben Struwe und Lwow (redigierend) für ihn geschrieben.

Der Zar ist zu den Fronttruppen gefahren, hat jedoch kein Wörtchen verlauten lassen. Oh, das ist unser bekannter Schweiger, unser „charmeur", mit allen „einer Meinung" – und doch mit niemandem.

Der Sohn von K.R. [Großfürst Konstantin Romanow], Oleg, wurde getötet.

Ich habe eine panische Angst vor den Müttern, vor denen, die die ganze Zeit auf Nachrichten vom „Gefallenen" warten. Es scheint, als empfänden sie jeden verstreichenden Augenblick, die Augenblicke ziehen sich wie eine Kette durch ihre Seele, mit rauhem Geraschel, sich festhakend, langsam und spürbar.

Beißender Rauch, der von den ununterbrochenen Wald- und Torfbränden herrührte, stand den ganzen Sommer über Russland, bis hin nach Sibirien. Zum Herbst hin färbte er sich rosa und wurde noch beißender und schrecklicher. Sein beißender Geruch und seine rosa Farbe sind noch da, Tag und Nacht.

Moskau befindet sich in einem Massenpatriotismus mit einem Anflug von Pogromstimmung. Die Petersburger Intelligenzija verharrt in Verwirrung, Arbeit und Feindschaft. Das allgemeine Unglück vereint nicht, sondern verbittert. Wir alle begreifen, dass man die Dinge einfacher sehen muss, doch eine komplizierte Seele lässt sich nicht besänftigen und mit Gewalt bändigen.

14. Dezember

Ich liebe diesen Tag, diesen bitteren Feiertag der „Vorboten der Freiheit". An diesem Tag schreibe ich meine seltenen Gedichte. Heute ist „Petersburg" entstanden. Sehr, sehr verletzend ist für mich

der Name „Petrograd", diese Schöpfung der „aufgebrachten
Knechtseelen, die, an die Macht gelangt, uns dennoch fürchten …"
Ja, aber „ist nicht nahe der Tag", da „es wieder aufersteht " – …

Ist's denn immer noch dasselbe, im Ornat jüngfräulicher Nächte,
Im feuchten Gewinsel windiger Weiten
Und im Federweiß der Frühlingsschneestürme,
Das Werk eines revolutionären Willens –
Das herrlich-schreckliche Petersburg? …

Aber es ist eine Sünde, jetzt Gedichte zu schreiben. Überhaupt
möchte man schweigen. Ich breche das Schweigen nur, wenn mich
andere dazu verleiten. So war im vergangenen Monat eine Versammlung der „Religiös-Philosophischen Gesellschaft", auf der
ich einen Vortrag über den Krieg hielt. Ich sprach allgemein über
den „Großen Weg" der Geschichte (vom Blickwinkel des universellen Christentums natürlich), über die historischen Augenblicke
als Stufen – und über den gegenwärtigen Augenblick natürlich. Ja,
dass der Krieg „Niedergang" bedeutet – das steht jetzt fest für
mich. Ich lehne ihn nicht nur im metaphysischen Sinne ab, sondern auch im historischen, d.h. meine Metaphysik der Geschichte
lehnt ihn als solchen ab … und nur im *praktischen* Sinne erkenne
ich ihn an. Das übrigens ist sehr wichtig. Von daher kann ich mich
mit Recht des törichten Spitznamens „Defätistin" entledigen. In
den Krieg muss man ziehen, man muss ihn „annehmen" …, aber
so, dass klar wird, dass man ihn in seiner Wurzel ablehnt, ohne
sich zu verstecken, ohne sich zu berauschen; und ohne sich oder
andere zu täuschen, ohne sich innerlich „zu erniedrigen".
Darf man sich nicht „erniedrigen"? Unsinn. Wenn *wir* das Bewusstsein verlieren – es sind sowieso alle nur halb bei Bewusstsein –, wird Verrohung die Folge sein.
Ja, das ist der Ausgangspunkt. Nur das! Das jedoch unbedingt.
Es entwickelte sich eine heiße Debatte. Sie wurde auf die nächste
Sitzung verschoben. Und dort das Gleiche. Man warf mir natürlich Abstraktheit vor. Kartaschow tadelt meine „Treppe aus Luftstufen", für deren Benutzung ich keinen gangbaren Vorschlag gemacht hätte. Soll er doch! Aber er sagte den schrecklichen Satz:

„… wenn man den Krieg nicht aus *religösen* Gründen annimmt …"
Mich unterstützten, wie immer, M. [wahrscheinlich Meier] und
mein großer Gesinnungsgenosse in Sachen Krieg und (zoologi-
schem) Antinationalismus Dmitri [Mereshkowski].
Die komplizierte Frage Russland kam natürlich in sehr scharfer
Form auf …
Diese beiden Sitzungen haben wieder gezeigt, wie sinnlos es letzt-
endlich ist, über den Krieg zu „schwadronieren". Was man weiß,
was man denkt – das soll man für sich behalten. Besonders jetzt,
wo es so hart, so schmerzlich ist … So eine Feindseligkeit. Mein
Gott, aber mit welch einem verantwortungslosen Leichtsinn
schreien sie für den Krieg, wie unsinnig rechtfertigen sie ihn!
Welch eine Dunkelheit schwören sie für die Zukunft herauf!
Nein, jetzt braucht es
– Nur ein keusches Schweigen –
Und ein stilles Gebet vielleicht …

1. April 1915
Keine Kraft zum Schreiben. Auch jetzt nicht. Der Krieg dauert an.
Warschau haben die Deutschen nicht eingenommen, sie haben
halb Polen abgeschnitten. Und wir haben bei den Österreichern
Städte und Festungen eingesammelt. Und führen dort nun auto-
kratische Ordnungen ein. Die Dardanellen werden von den Alliierten bombardiert.
Überall Mangel, bei den Deutschen kein Brot, bei uns kein
Hafer und keine Kohle (alles versteckt, wie es scheint).
Dieser Winter ist geprägt von einer dumpfen, aufrührerischen …
nicht Unruhe, sondern irgendwie Erregtheit. Die Intelligenzija-
Zirkel verflechten und entflechten sich, Kampf und Streit, Freunde
gehen auseinander, Feinde kommen zusammen … Die Zensur
wütet. Es gibt oft Zusammenballungen verschiedener „Gruppen",
und es endet dennoch in der Spaltung zwischen den „Befürwortern des Krieges", die „zum Sieg" streben (mit der Losung „alle
für den Krieg", sogar bis hin zu Purischkewitsch und noch weiter),
und denen, die ihn „nicht befürworten", die aber dennoch sehr
verschieden und oft nur in diesem einen Punkt sich einig sind, so
dass sie absolut unfähig sind, gemeinsam zu handeln.

Wie aber handeln? Die „Befürworter" reißen sich ums Handeln, darum, „sogar dem Teufel selbst und nicht nur der Regierung zu helfen", doch … sie reißen sich vergeblich darum, denn die Regierung lässt mit Entschiedenheit niemanden irgendwo hin und „bittet in allen Ehren" darum, seine Nase nicht in ihre Dinge zu stecken; ich brauche, sagt sie, die Hilfe der Gesellschaft nicht. Und wenn ihr schon so loyal seid, setzt euch still hin und übt euch in stummer Demut, das ist eure Hilfe.
Eine klare Antwort, doch die intelligenten Patrioten wollen sich nicht beruhigen. Wenn sie auch alle „grau und kahlköpfig" sind. Von den Grauen und Kahlköpfigen gehe ich an den Sonntagen zu der noch grünen Jugend: Da kommen dichtende Studenten, einfache Studenten, Gymnasiasten und Gymnasiastinnen, alle möglichen Jungen und Mädchen zusammen.
Ich lausche ihrer Poesie, ermuntere sie jedoch nicht, ich möchte verstehen, wie ihr Verhältnis *zum Leben* ist, und ich rege sie zu Gesprächen über Krieg und Politik an, belehre sie aber keineswegs. Mich interessiert, was sie selbst denken, wie sie sind, jegliche Pädagogik aber langweilt mich aufs äußerste. Ich beobachte – solange meine Neugier anhält, ich liebe kluge und echte Menschen, und gleichgültig vergesse ich die Unbrauchbaren.
Die meisten haben ein sehr gutes, nüchternes, frisches und bewusstes Verhältnis zum Krieg.
Oh, dieser Krieg! Die schwere Bürde und Erschöpfung, die auf der Welt lasten, sind unbeschreiblich. So etwas haben wir in der Geschichte noch nicht erlebt.
Die Deutschen haben außer Belgien nichts eingenommen. Ein Stückchen Polen. Der Frieden ist unmöglich …, aber der Krieg doch auch?

28. April

Es wäre dumm, hier über den Krieg das zu schreiben, was in den Zeitungen steht.
Dabei lügen die Zeitungen verzweifelt. Es sieht so aus, als habe niemand mehr auch nur ein Stückchen unverwundeter Seele.
Es scheint nur, als lebe man, als gäbe es „Theater" und „Presse", aber in Wirklichkeit ist alles eine Fata Morgana.

Doch ich zwinge mich, auch auf die Fata Morgana zu sprechen zu kommen, um mich vom protokollarischen Zeitungsgerede zu erholen.

Da ist zum Beispiel die Geschichte meines Stücks *Der grüne Ring* am Alexandrinski-Theater. Alles war schon für die Aufführung vorbereitet, der Direktor hatte zugestimmt, Meyerhold seine Arbeit begonnen, als plötzlich … die Professoren aus Moskau es als unsittlich erachteten! Um den offiziellen Weg zu gehen – über das Komitee für Literatur – mit aller Vorsicht (denn im hiesigen sitzt Dmitri), schickte ich das Stück ans Moskauer Komitee. Und dort wurde, nachdem man das Stück auf alle mögliche Art von seiner künstlerischen Seite her gelobt hatte, entschieden, es sei unmoralisch, denn „der Autor zieht die Jungen den Betagten vor". Ehrenwort! Da ist es sogar nicht „moralisch", dass die Jugend Hegel liest und sich mit Geschichte befasst!

Nun, und da fing der Skandal an. Der Direktor forderte dieses komische Protokoll an. Man begann zu überlegen, wie man die alten Tattergreise still und heimlich mundtot machen könnte. Zu der Zeit begann der Krieg, alles geriet aus dem Konzept, und auch ich selbst vergaß, an irgendwelche Stücke zu denken. Doch vor Weihnachten geschah das Unerwartete. Die Sawina hatte mein Stück gelesen (zufällig hatte Meyerhold es ihr geschickt) und – sie wollte es unbedingt spielen. Für die Sawina gab es dort nur wenig zu spielen, die nicht mehr ganz jugendliche Rolle der Mutter, nur in einem Akt, jedoch eine schwierige Rolle. Was die Herrscherin vom Alexandrinski wollte – das war Gesetz! Und das Stück lief an. Die Sawina selbst war sehr interessant. Wenn ich mit Meyerhold bei ihr war oder sie zu mir kam (noch am letzten Freitag war sie wieder hier, erzählte sehr interessant über Turgenjew und Polonski), war ich bemüht, sie nicht so viel über mein Stück sprechen zu lassen, als vielmehr im Allgemeinen, über sich selbst, damit sie ihre Künstler-Persönlichkeit in ihrer ganzen Pracht entfalten konnte. Ich bedaure, dass ich so wenig von ihren Gesprächen aufgeschrieben habe.

Dennoch zog sich die Premiere bis zum 18. Februar hin. Ihr ging ein Getöse in den Zeitungen voraus (wie ist das möglich: Meyerhold, Sawina, Hippius – was für ein Verein! Ein richtiger

Ameisenhaufen, bei der unerhörten Zensur, wie soll man sich da nicht draufstürzen). Die Premiere selbst ging in der üblichen Weise vonstatten, das heißt, die einen waren begeistert, die anderen erbost, die Zeitungen tobten. Die Sawina spielte natürlich nicht meine Heldin, sondern ihre eigene, aber das sehr talentiert. Das Bühnenbild des zweiten Aktes (Sitzung der „Jungen") war sehr gut: Sterne in langen, schwarzen, winterlichen Fenstern. Doch die Schauspieler hatten Lampenfieber und waren bei der Generalprobe besser. (Von den ersten Proben war ich nur bei einer anwesend, abends, zusammen mit Alexander Block. So dass ich die „Werkstatt" zuvor noch nicht gesehen hatte.)
Zur Generalprobe aber fuhren wir mit großer Spannung.
Es war am Morgen – und deshalb verspätete ich mich natürlich, wie immer. Dmitri war längst losgefahren, das Auto kam auch zu spät, und so traten wir erst um ein Uhr auf die Straße.
Wir setzen uns ins Auto – plötzlich kommt Kerenski, ziemlich traurig und sauertöpfisch (er war im letzten Winter krank), vom Gitterzaun des Taurischen Gartens, von der Duma her.
„Wohin fahren Sie?"
Dmitri Filossofow [im weiteren Dima] erklärt es ihm. Und ich habe eine Idee.
„Fahren Sie doch mit uns!"
Ich habe, muss ich zugeben, Kerenski nicht für das Stück begeistern können: Er ist bei uns nicht für Dramen, Bücher und Literatur zuständig, sondern für ganz andere (wenn auch sehr wichtige) Dinge. Bei uns im Auto fuhr auch K. [Fondaminskaja] mit (sie war endlich legal in Russland, von Dima bei Belezki vor dem Krieg zurückerobert). Wieso sollte man Kerenski nicht mit K. bekannt machen?
Sie haben sich, wie es scheint, ausgezeichnet verstanden.
Wir kamen zum zweiten Akt ins Theater. Dort mussten wir hinter den Kulissen bleiben, in der Pause wusste ich nicht einmal mehr, ob ich Kerenski gesehen hatte.
Wir kamen müde nach Hause, es war spät. Rezensenten riefen an wegen Karten und aller möglicher Lappalien. Dann wird plötzlich ein Bukett mit roten Blumen und ein paar Zeilen gebracht. Wir lesen gemeinsam und können weder die Notiz entziffern (so ein

Gekritzel) noch herausfinden, von wem sie ist. Schließlich gelangen wir – nachdem wir alle nicht in Frage Kommenden ausgeschlossen hatten dazu –, dass sie von Kerenski sein muss. Na, bitte! Und dazu noch so begeistert! Er hat ja auch etwas von einem Gymnasiasten, etwas Jungenhaftes an sich, was wahrscheinlich auch das Liebenswerte an ihm ist. Das brachte ihm auch meine Helden aus dem *Grünen Ring* näher. Und sein authentisches Revolutionärstum hat ihn vielleicht die zensurbedingt verdeckte Schärfe dieses Stückes empfinden lassen. Die Notiz konnten wir trotzdem nicht vollständig entziffern. Er hat geschrieben! „Ich küsse Ihnen nochmals die Hand – ich war aufgeregt wie ein kleiner Junge, das ist (…) Sie (…) die Jungen auch in Aufruhr versetzt so viel (?) Krankes (…)" Die restlichen Worte waren unleserlich. Ich notiere Kerenskis Verhalten deshalb, weil es unerwartet war, aber der wütende Zorn der „Alten" und die verschiedenartigste Begeisterung der „Jungen" – kamen sie nicht gerade recht?

Ja, ja, all das ist eine Fata Morgana, leer und nicht existent. Aber sollte man etwa ganz einfach nur den faktischen Inhalt dieser Tage niederschreiben? Dieser Rahmen wird zu eng sein. Schließlich haben sich um das Hauptsächliche herum, wie zum Hohn, allerlei „Fragen" angehäuft: die polnische Frage, die jüdische, die staatliche im Allgemeinen und Besonderen, die ökonomische im Allgemeinen und im Besonderen …(Dabei ist bemerkenswert, dass es keine „russische" Frage gibt. Ehrenwort, es gibt sie nicht – zumindest nicht in angemessener Weise.)

Am Sonntag tagsüber – Ansturm von Jugend. *Der grüne Ring* und eine Menge „Dichter". Viele Halbfuturisten (die Vollfuturisten lasse ich nicht herein; sie sind schmutzig, trampelig und grob. Womöglich klauen sie noch etwas). Dann kam Nemirowitsch-Dantschenko. Wieder Theater!

Gestern – ein ganz anderer „Rahmen", ein Haufen irgendwelcher „Intelligenzler" („Graue" und „Kahlköpfige" vor allem). Unter anderem Gorki. Sie wollen eine neue Englisch-Russische Gesellschaft gründen, nicht konservativ. Ich mag die Engländer, aber ich weiß, dass sie uns nicht verstehen (und es auch nicht so sehr wollen), so dass ich bei jeder Annäherung verstumme und mich verschließe. In einer Art demütigem Stolz.

Natürlich wird aus dieser Idee von einer Gesellschaft nichts werden. Es gibt so viele von diesen begonnenen „Taten" bei unserer von Taten entfremdeten Intelligenzija!

Bogutscharski ist todkrank. Ich beneide ihn jetzt nicht, aber wenn er stirbt – und sich „dort" eingewöhnt – oh, wie werde ich ihn beneiden!

Bogutscharski ist ein erstaunlich guter Mensch. Er ist ein „Befürworter" des Krieges, er ist einer von denen, die darauf brannten zu „handeln", Russland mit zusammengebissenen Zähnen zu helfen, *ungeachtet* der Regierung, und … dieses Handeln wurde von der Regierung die ganze Zeit verhindert. Sie haben ja sogar die althergebrachte Freie Ökonomische Gesellschaft geschlossen!

Die Moskauer sind übersättigt von orthodoxem Patriotismus. Wjatsch(eslaw) Iwanow, Ern, Florenski, Bulgakow, Trubezkoi usw. usw. Oh, Moskau, unbegreifliche und oft unberechenbare Stadt, wo hier ein Aufstand stattfindet, dort ein Pogrom, wo hier Dekadenz herrscht, dort Hurra-Patriotismus, und all das auch noch zusammen, alles ungestüm und eng verbunden durch die gemeinsamen Wurzeln, wie Herzen, Bakunin und die Aksakowsche Slawophilie.

Bei uns herrscht jetzt eine Zensur, schlimmer als die Nikolaische hoch fünf. Es ist keine „Kriegszensur", sondern eine allgemeine. Was noch vor einem Monat gedruckt werden konnte, darf man jetzt nicht mehr drucken. Erzählungen aus der Kinderwelt zensiert General Drakke … Sehr sittlich und streng.

Skrjabin ist gestorben Viele sind übrigens gestorben. Die Söhne von Sinaida Ratkowa leben, sie sind im Krieg.

Kaum kommt man dazu, mit jemandem zu streiten – schon ist er im Krieg.

Die weiße Nacht schaut mir in die Augen. Der Himmel ist rosafarben über den stillen, strengen Toren des Taurischen Gartens. Da geht langsam die Sonne auf. Die Sonne hat etwas zu schauen. Wir haben ihr etwas zu zeigen. Und da heißt es noch – „der Sonne soll man kein Blut zeigen …"

Sie sieht die ganze Zeit – Blut.

15. Mai

Unser *inneres* Entsetzen nimmt immer klarere Formen an, obwohl es unter Verschluss ist und ich es nur blind betaste. Aber dennoch befühle ich es, andere aber wollen damit nicht in Berührung kommen. Kaum öffne ich den Mund, schon stürzen sich die „Realpolitiker" auf mich mit der ganzen Dunkelheit ihrer Einwände, in der ich trotz allem eine fatale Stumpfheit sehe.

Ja, schon vor dem Krieg mochte ich unsere „parlamentarische Opposition", unsere Konstitutionellen Demokraten (Kadetten) nicht. Und schon vor dem Krieg hielt ich sie für kluge, ehrenhafte … Einfaltspinsel, für „vornehme Ausländer" in Russland. Um sich „europäisch" zu benehmen, und das auch zur rechten Zeit –, muss man sich um die Ordnung Europas sorgen … Doch was ich vor dem Krieg dachte, ist nicht wichtig, unwichtig sind auch meine persönlichen Sympathien. Ich rede vom jetzigen Augenblick und betrachte die Konstitutionellen Demokraten, unsere einflussreiche Duma-Partei, vom Standpunkt der *politischen Zweckmäßigkeit* aus. Ich beurteile ihre Verhaltensweise, soweit ich das objektiv vermag, und beginne fatale Fehler zu sehen.

Die Parole „Alles für den Krieg!" mag unter Berücksichtigung aller Umstände vor allem wie die Parole „Nichts für den Sieg!" klingen. Ja, ja, das klingt unsinnig, das können die Alliierten niemals begreifen, denn es ist *russisch gesprochen*, aber …, wie können es die Russen nicht verstehen?

Ich fürchte, auch ich möchte das nicht endgültig verstehen. Denn was ist die Folge? Wo ist der Ausweg? Eine Revolution in Kriegszeiten, abgesehen davon, dass sie unmöglich ist – wie kann man es wagen, sie zu wünschen? Mir wird damit der Mund verschlossen. Und das bedeutet, so heißt es weiter – man solle nur an den Krieg denken, Krieg führen, ohne darauf zu achten, mit wem man sich seinetwegen verbündet, ohne darüber nachzudenken, dass man damit der Regierung hilft, in der Annahme, dass auch die Regierung dir hilft … Ist das falsch? Wenn es brennt, halte den Feuerwehrschlauch, auch wenn er löchrig ist, es hilft trotzdem …

Was für Worte! Worte, Worte! Schrecklich, dass sie so aufrichtig sind – und so fatal kindlich! Wir können uns nicht bewegen, wir können einander nicht die Hände reichen, damit man uns nicht

auf die Finger klopft, und alsdann „der Ansicht sein", „wir" würden den Krieg führen („das Volk"!) und nur „gnädig" die Hilfe des Zaren annehmen. Wen täuscht man damit? Sich selbst!
Das Volk führt keinerlei Krieg, es begreift absolut nichts. Und wir können ihm absolut nichts sagen. Können es physisch nicht. Auch wenn es uns plötzlich, jetzt, auch möglich wäre … Wir wären wahrscheinlich nicht imstande dazu. Die Jahrhunderte haben uns voneinander getrennt, so weit wie der Turm von Babel.
Doch was soll das Geschwätz – das sind die Tatsachen. Wir, die ganze dünne, bewusst denkende Schicht Russlands, sind stumm und starr, soviel wir auch herumzappeln. Vielleicht sind wir schon verkümmert. Eine dunkle Masse zieht in den Krieg, auf Befehl von oben, angetrieben von blindem Gehorsam. Doch dieser Gehorsam ist schrecklich. Er kann sich zu einem ebenso blinden Ungehorsam verkehren, wenn zwischen den Befehlsempfängern und den Befehlenden ewig diese dumpfe Leere herrscht. Oder vielleicht schlimmer noch … Doch ich „besinge das noch nicht Gegenwärtige", formuliere das noch Formlose. Warten wir ab.
Ich sage nur, dass das Volk den Krieg *nicht will*. Es hat den richtigen Instinkt – wer will schon Krieg. Er ist archaisch-primitiv, aus tiefster Seele gesprochen. Es steht unabänderlich fest, ich will keinen Krieg. Genauer gesagt: Niemand *will* Krieg. Um sich dann zu sagen: Ja, ich will ihn nicht, bei allem, was mir heilig ist, aber aus den verschiedensten Gründen – *ist er nötig*, unausweichlich; und so besiege ich zu dieser Stunde mit meinem rationalen Willen dieses „Nicht-Wollen", ich möchte tun, was „ich nicht will"; doch für eine solche primitive innere Arbeit braucht es ein hellwaches Bewusstsein.
<u>Aber das Volk hat weder Bewusstsein noch ist es hellwach. Was man ihm sagt, gelangt nicht in sein Bewusstsein.</u> Der Zar befiehlt, und sie marschieren los, ohne auf die bürokratisch-patriotische Wortbegleitung zu hören. Die Gesellschaft und die Intelligenzija sprechen unisono dieselben patriotisch-bürokratischen Worte; d. h. die, die „Befürworter" des Krieges und die ihn physisch „nicht befürwortet" haben, schweigen, von Anfang bis Ende, sie halten sich für „Defätisten" … Ja, es scheint, es würde sie durcheinanderbringen und verschrecken, hätten sie *plötzlich* die Möglichkeit,

laut zu sprechen. „Plötzlich" wird man die nötigen Worte nicht finden, besonders wenn man zu schweigen gewohnt ist.
Doch finden denn wir, die bewusst Denkenden, untereinander die nötigen Worte? Kürzlich hatten wir noch eine Versammlung. Die Intelligenzija, die sich weder den Kadetten noch den Revolutionären angeschlossen hat (ich fasse die linken Parteien zusammen). Das sind die sogenannten „Radikalen". Sie kommen bei uns zu einem großen Teil von den nach rechts abgeschwenkten Sozialdemokraten.
(Zu ihnen gehörte im Grunde auch Bogutscharski. Er ist tot. Bogutscharski ist tot.)
Doch es war ziemlich seltsam, dass es auch Gorki hierher verschlagen hatte. Alle von ähnlicher Gemütsverfassung, als wollten sie gemeinsam eine neue „radikal-demokratische Partei" gründen. Das war auch die Hauptfrage der Versammlung. Interessant an Gorki ist, dass er Sozialdemokrat war (falls er überhaupt ein politisches Bewusstsein besitzt … das wohl kaum!). Es kamen auch einige von den wankelmütigen Kadetten … und alle unsere „Grauen" und „Kahlköpfigen". Die Kuskowa war da. Die einzige „kluge" Frau, die einzige in ganz Petersburg und Moskau (sie lebt in Moskau). Sie ist klug! Aber erstaunlich wenig scharfsinnig, kurzsichtig in der Politik.
Ich vergaß zu sagen, dass im Winter, als alle „Fragen" (die polnische, die jüdische usw.) bewegt wurden, und ich sagte, ich sähe im Prinzip als die erste und wichtigste die russische Frage an, dies jemanden auf den Gedanken brachte, noch eine Gruppe zu bilden – die „russische". Gesagt, getan! Es gibt also auch eine russische Gruppe. Über die Idee einer solchen Gruppe hatten wir uns nicht im Einzelnen abgesprochen. Einige, wie Kerenski und teilweise auch Dmitri, verstanden die „Gruppe" in meinem Sinne, d. h. im Vordergrund unsere russische Frage, unsere *innere* Frage, und unser Verhältnis zu ihr in diesem Augenblick, *im Krieg*. Das ist eine grundlegende, durchaus nicht banale Frage, von deren Lösung automatisch alle anderen abhängen. Deshalb war Kerenski wichtig, dessen Position mir mehr und mehr gefällt.
Bei der ersten Versammlung wurde geklärt, was viele überhaupt nicht verstehen, worum es eigentlich geht. Andere aber, wie zum

Beispiel Kartaschow mit seinem nationalen Eifer, waren geneigt, aus dieser Gruppe – als deren Mitglieder sie nur die *blutsmäßigen* Russen sahen – den Keim einer pädagogischen Akademie zu machen, wo die Petersburger Intelligenzija sich in nationalen Gefühlen unterweisen lassen könnte. Ich erinnere mich, wie der unnachgiebige Nikolai Sokolow eine lange Leier über … den Föderalismus anstimmte. Dmitri sprach über den Absolutismus (wenig praxisbezogen), Kartaschow beharrte auf seinem, Kerenski natürlich auf seinem, durchaus richtig, aber verworren, er rannte immer nur von einer Ecke in die andere, zündete sich eine Zigarette an, warf sie weg, redete sich in Feuer und verstummte wieder.

M. (Meier) wurde beauftragt, ein Protokoll zum Wesen der Frage zu erstellen, ich bot an, ihm dabei zu helfen, doch es war bereits offensichtlich, dass dabei nichts herauskommen würde. So war es tatsächlich. Das Protokoll schrieben wir dennoch. In sehr vorsichtigen Worten, ich erinnere mich nicht genau daran, ich weiß nur noch, dass von einer auch in Kriegszeiten zulässigen Einflussnahme auf die Regierung die Rede war, von revolutionärer Prägung, falls die Lage sich verschlechtern sollte, außerdem war die Rede davon, dass, *wenn* es schon nicht in Kriegszeiten zu spontanen elementaren inneren Aufständen komme werde – was durchaus möglich sei –, ihr Aufflammen nach dem Krieg unausweichlich sei; und damit dieses Feuer nicht außer Kontrolle gerate, *jetzt* über organisiertes Handeln nachzudenken sei. Von diesem Augenblick an.

Aus irgendeinem Grund gelangte das Protokoll nirgendwohin (ich weiß nicht mehr, warum), und erst bei mir, auf dieser letzten „radikal-demokratischen" Versammlung, las M. es vor. Erstaunlich, dass weder Gorki, noch die Kuskowa, noch ein „Grauer und Kahlköpfiger" auch nur eine Ahnung hatten, wovon die Rede war! Sie sahen nicht einmal irgendeine „Frage"! Die Kuskowa erklärte, das alles sei „altbekannt", und da der Krieg ohnehin alles verändern werde, müsse auch der Blickwinkel ein anderer sein. Im Übrigen hatte die Kuskowa auch schon früher, als sie allein bei uns war, auf meine vorsichtig gestellte Frage: „Was wäre, wenn es bei uns eine Revolution gäbe?", schroff geantwortet: „Es wird unter keinen Umständen eine Revolution geben."

„Und was wird werden?"
„Enrichissez-vous, das wird es geben."
Sie zuckte mit den Schultern. Und begann von den Rostower Spekulationen zu erzählen.
Ich weiß wahrhaftig nicht, was werden wird (eine „radikal-demokratische" Partei, und dazu noch mit Gorki, wird es bestimmt nicht geben!). Aber ich kneife die Augen zusammen und sehe Finsternis im roten Nebel des Krieges. Alles in diesem Nebel ist möglich. Warum soll man sich etwas vormachen? Noch schrecklicher wäre es, wenn plötzlich etwas unerwartet geschähe …
Ich fürchte, Ungerechtes über unsere „Liberalen" zu sagen, aber ich habe große, große Angst vor ihnen. Sie sind schon ziemlich blind …, behaupten aber zu sehen.
Kerenski war nicht unter den „Radikalen".
Ich weiß, dass sich die Konstitutionellen Demokraten in der Duma *bereits* hinter die Regierung gestellt haben.

28. Mai

Keine Lust zum Schreiben, zwinge mich, schreibe private Dinge auf.
Wie widerwärtig ist unsere kühne Literatur. Vom ersten Augenblick an stimmte sie ein Geschrei über den Krieg an, als sei sie tödlich getroffen. Und so talentlos, eine einzige Schmach. Von A [Andrejew?] will ich nicht reden. Aber Brjussow! Aber Block! Alle auf dem absteigenden Ast. Sie waren nicht fähig zu schweigen. Und zur Strafe tragen sie den Makel der Talentlosigkeit.
Und dann erschien bei uns Schochor-Trotzki. Er bat, verschiedene Leute einzuladen, brachte Material mit: „Die Tolstojaner und der Krieg". Die Tolstojaner sitzen ja jetzt durchweg in den Gefängnissen wegen ihrer Haltung zum Krieg. Bald wird auch Schochor sitzen.
Wir kamen zusammen. Er las. Manches war recht interessant. Serjoscha Popow mit seinen Briefen („mein Revierbruder"), mit seinem engelsgleichen Erdulden der Prügel in den Gefängnissen, ist ein heiliges Kind. Und es gibt viele von diesen Heiligen. Doch … irgendetwas stimmt hier nicht: Sie sind eben nur Kinder! So ist der Krieg nicht zu besiegen!

Dann erschien Tschertkow.
Er blieb (ebenso wie Schochor) den ganzen Abend. Dieser Mann „gefällt mir entschieden nicht". Scheinheilige Ironie. Verhaltenes boshaftes Lächeln, verzogener Mund. Als ob seine „Schokoladenseite" darin erstarrt sei, groß und unnütz. Unauffälliges Russenhemd. Seine Ironie ist ganz dezidiert in allem, was er tut. Sogar, wenn er beiläufig heißes Wasser mit Fruchtbonbons trinkt (statt Tee mit Zucker) – auch das tut er mit einer gewissen Ironie. Genauso streitet er auch, und wenn seine Ironie Züge von Geringschätzigkeit annimmt, besinnt er sich plötzlich eines Besseren und tarnt sie mit Bescheidenheit.
Er ist nicht dumm, natürlich nicht, aber bösartig.
Er ließ uns sein Manuskript da – *Tolstoi und sein Verschwinden aus Jasnaja Poljana*, – noch nicht gedruckt und für den Druck auch unmöglich. Ich nehme an, sogar in England nicht. Es erscheint wie eine objektive Auswahl von Fakten, untermauert mit Zeilen aus Tolstois Tagebuch – sogar im Augenblick seiner Flucht. Das Manuskript ist ergreifend und … irgendwie „unvorstellbar". Schon in der Tatsache seiner Existenz liegt etwas Unmögliches. Etwas Beleidigendes … für wen? Für Sofja Andrejewna [Tolstaja]. Allein die Auswahl zeigt Tschertkows erbitterten Hass auf sie … Beleidigend für Tolstoi vielleicht? Ich weiß es nicht. Wie es scheint – für Tolstois Liebe zu dieser Frau.
Das Manuskript hat einen überaus widerwärtigen Vermerk – die Bitte Tschertkows, „nichts daraus abzuschreiben".
Mir wäre es gar nicht in den Sinn gekommen, so etwas zu tun, doch angesichts dieses Vermerks hätte ich es beinahe doch tun wollen, und wenn ich es nicht getan habe, dann lediglich aus Faulheit, aus Abscheu vor jeder Art von „Abschreiberei".
Tschertkow hebt Sofja Andrejewnas „mörderisches" Tun hervor. Bis ins kleinste Detail. Ihre ewige heimliche Suche nach dem Testament, das sie vernichten wollte. Bis hin zum Durchwühlen seiner Taschen. Und die heftigen Szenen. Und als jemand angeblich zu ihr sagte: „Sie bringen Lew Nikolejewitsch noch um!", habe sie geantwortet: „Und wenn schon. Ich gehe ins Ausland! Ich war nämlich noch nie dort!"
Interessant, dass das wahrscheinlich die *Wahrheit* ist, das heißt,

dass sie wahrscheinlich tatsächlich so geantwortet hat, nur ... aus Tschertkows Feder klingt es brutal, und niemand wird diese Worte anders als brutal empfinden; aber ich kann sie mir anders vorstellen, ähnlich jenen Worten, die sie mir auf dem Balkon von Jasnaja Poljana an einem kühlen Abend im Mai 1904 sagte. Wir waren zu dritt, Dmitri, sie und ich, und schauten in den dämmrigen Garten. Ich habe wohl gesagt, wir seien auf dem Weg ins Ausland, führen von Moskau aus direkt dorthin. Sofja Andrejewna erwiderte mit der lebhaften Schnelligkeit eines halb ernst gemeinten Scherzes: „Nein, nein, bleiben Sie lieber hier, bei Lew Nikolajewitsch, ich fahre mit Dmitri Sergejewitsch; *ich war nämlich noch nie dort!*" Und wenn man sich vorstellt, Sofja Andrejewna habe als Antwort auf den Vorwurf von „irgendjemandem" – jemand Verhasstem offensichtlich – *zum Trotz* diesen gewohnheitsmäßigen Satz hingeworfen, dann nimmt sich ihre unzweifelhafte „Brutalität" um einiges milder aus ... Aber ich entschuldige sie natürlich nicht. (Wenn man mich nun schon einmal auf Grund der Tschertkowschen „Fakten" zu einem Urteil über sie drängt.) In der Nacht seiner Flucht lag Tolstoi (nach seinen eigenen Tagebucheintragungen) bereits im Bett, schlief jedoch nicht, als er Licht durch den Türspalt seines Arbeitszimmers sah. Ihm war klar, dass Sofja Andrejewna wieder mit einer Kerze in seinen Papieren wühlte, wieder auf der Suche nach dem Testament. Ihm wurde so schwer ums Herz, dass er sie lange nicht ansprach. Endlich rief er sie doch, und als sie eintrat, tat sie so, als sei sie gerade aufgestanden, „um zu sehen, ob er auch ruhig schlafe", denn sie sei „beunruhigt wegen seiner Gesundheit". Diese Lüge (alles laut Tolstois Aufzeichnungen) war der letzte Tropfen aller häuslichen Lügen, die den Kelch seiner Leiden zum Überlaufen brachte. Hier ist eine bemerkenswerte, schreckliche Stelle im Tagebuch. An den Originaltext erinnere ich mich nicht, aber ich weiß, dass Tolstoi schreibt, wie er im Dunkeln im Bett saß, allein Sofja Andrejewna hatte sich entschuldigt und war hinausgegangen) und wie er *begann, seinen Puls zu messen*. Er war stark und gleichmäßig.

Danach stand Tolstoi auf und begann sich ganz leise anzuziehen, in der Angst, „sie" könne ihn hören und zurückkommen. Das Übrige ist bekannt, eine halbe Stunde später war er nicht mehr in Jas-

naja Poljana. Er verließ eine Lüge und ging – dem Tod entgegen.
Wie gut ist es trotz allem, dass er tot ist! Dass er diese schreckliche
Stunde, diesen beispiellosen Krieg nicht sieht. Und wenn er ihn
auch sieht …, ist er für ihn nicht schrecklich, denn er *versteht* …,
wir hier jedoch verstehen nichts!

23. Juli
Wir jagen mit dem Auto von einer Datscha zur anderen. Dort,
an der Baltischen Straße, war es verboten, anzuhalten. Alles weit,
finster, und die Zeit so beunruhigend. Einstweilen sind wir in
St. Petersburg, dann fahren wir in ein nahegelegenes Landgut aus
Katharinas Zeiten, nach Kojerowo, über die Chaussee von
Zarskoje Selo.
Einen finstereren Augenblick gab es in diesem ganzen Jahr des
Krieges nicht. Wahrscheinlich in unserem ganzen Leben nicht und
auch nicht im Leben unserer Väter.
Wir haben ganz Galizien zurückgegeben (das macht nichts),
Warschau ist evakuiert. [Die lettischen Städte] Libawa, Windawa
und wohl auch Mitawa sind eingenommen, Riga ist geräumt. Es
gibt eine verstärkte Offensive gegen uns, doch wir haben *keine
Granaten*!
Das wusste die Duma-Opposition schon im Januar! Und damals
kam man überein – zu schweigen! Das war, als die Konstitutionellen Demokraten zum ersten Mal bewusst die Regierung deckten.
Im Übrigen wird die Geschichte besser darüber berichten als ich.
Am 19. versammelte sich die Duma – die Regierung hat sich hier
gefügt, weshalb eigentlich? Doch sie agiert die ganze Zeit zwiespältig, im Geheimen. Die Minister wurden ausgewechselt, die
einen Krähen gegen die anderen und … sonst will sie oder kann
sie nicht mehr.
Auf den beiden vergangenen Sitzungen – unzählige patriotische
Worte. <u>Die Linken</u> traten unnötig scharf auf. Sie <u>sind so erzogen,
dass sie nur jammern können, und das immer ein bisschen abstrakt.</u> Der „Staatsmann" Miljukow sprach wunderschöne Worte,
aber … ein verantwortliches Ministerium forderte er *nicht*. Zurückhaltung unter allen Umständen – das ist seine Haupteigenschaft.

Um die Wahrheit zu sagen – die Lage ist so kompliziert, dass ich sie weder grundsätzlich noch mir selbst erklären kann. Das aber muss man gewissenhaft und unvoreingenommen tun, indem man seinen Verstand gebraucht.

Vorerst weiß ich nur das eine:

Ich weiß, dass Russland mit der gegenwärtigen Regierung die Deutschen nicht bezwingen kann. Das haben die Ereignisse bereits bestätigt. Das ist zweifellos und eindeutig der Fall. Aber *wie* die Regierung zu bezwingen ist, das weiß ich nicht. Das heißt, ich sehe noch keine konkreten Wege für konkrete Menschen, die ich ebenfalls nicht sehe. Wer könnte es tun? Was für Leute?

Ich verstehe nicht (das sage ich mir ganz ehrlich), und ich fürchte, dass alle verwirrt sind, niemand etwas begreift. Was für eine Zeit!

Landgut Kojerowo

EINTRAGUNG INS WEISSE HEFT

GESELLSCHAFTSPOLITISCHES TAGEBUCH

August – September 1915
(Meine Sichtweise auf die aktuelle Lage)
Mit dem, was nun allen klar ist, werden wir uns nicht aufhalten.
Doch ist bei weitem noch nicht alles klar. Es gibt kein Maß für die
Klarheit, wie sie der heutige Tag eigentlich verlangt. Das Leben erteilt uns fürsorglich seine Lehren, doch wir sind es nicht gewohnt,
seine dunkle Sprache zu enträtseln.
Auf Grund unserer Erziehung (oder unserer Unerzogenheit) sind
wir *konservativ*. Das ist unsere Haupteigenschaft. Konservativ,
schwerfällig, lediglich gespannt darauf, den Augenblick zu erfassen, ohne Erfindungsgabe, schwer von Begriff, sesshaft und bequem – so sind wir alle, von oben bis unten, von links nach rechts.
Das Leben eilt brodelnd voran, wir – hinterher, doch wir sind
nicht schnell genug, bleiben zurück, denn jeder sorgt sich vor
allem darum, seinen *Platz* nicht zu verlieren. Das Kräfteverhältnis
bleibt damit erhalten, überdauert. Doch welche Kräfte herrschen
in der Leere? Eine Luftspiegelung: Das Leben ist weitergegangen.
Gleichermaßen konservativ in diesem Sinne sind sowohl Durnowo [Innenminister, extrem rechts] als auch Miljukow [Kadett,
Außenmin. der Prov. Reg.] und Tschcheidse [Menschewik, Führer des Petrograder Sowjets]. Ich nenne diese drei Namen nicht
zur Bezeichnung von *Personen*, sondern allgemein, stellvertretend für die drei politischen Linien, die sie verkörpern. Was
auch geschieht, wie das Leben auch vorwärtsdrängt, wohin es
sich auch wendet, was auch immer es uns lehrt – Durnowo fordert „festhalten und nicht loslassen", Miljukow wiegelt ab und
hält sich zurück, Tschcheidse gibt sich seinen wunderbaren
Utopien hin. Zu normalen Zeiten war Durnowos Tätigkeit äußerst
schädlich, Miljukows Tätigkeit äußerst nützlich und die
Tschcheidses geachtet. So war es einmal. Aber so ist es nicht mehr,
denn jetzt gibt es etwas, was es bisher nicht gegeben hat – den
Krieg. Und alles hat sich verändert. In dem neuen, flammend
roten Lichtstrahl haben alle ihre Farbe gewechselt.

Legen wir den Ausgangspunkt fest. Der Ausgangspunkt ist die unbedingte Notwendigkeit, Russland, das eigenständige Leben des russischen Volkes zu schützen und zu bewahren. Das heißt – die erfolgreiche Fortsetzung und *Beendigung* des Kampfes gegen Deutschland.

Wenn wir unter diesem Aspekt die dreifache Linie unseres politischen Konservatismus betrachten, müssen wir das Handeln jeder dieser drei Gruppierungen anders einschätzen.

„Durnowos" Handeln hat Russland bereits einen solchen Schaden zugefügt, dass es kaum lohnt, sich mit Erklärungen aufzuhalten. Jetzt ist dieses Gift entdeckt, seine Zerstörungskraft allen klar. Kommt das nicht reichlich spät? Das ist eine andere Frage. Aber wir haben eine anschauliche Lektion vom Leben erteilt bekommen.

„Miljukows" Handeln – ist es zu diesem Zeitpunkt nützlich für Russland und dessen vordringliche Aufgabe, seine erfolgreiche Verteidigung?

Nein, das ist es nicht, und zwar aus folgendem Grund: Es hat mehr geschadet als genützt. Es gibt Augenblicke in der Geschichte, in denen die Position der „Mäßigung" genauso frevelhaft ist wie die des Verrats. Das Leben hat den „Gemäßigten" die bittere Frucht ihres Schweigens im Januar vorgekaut in den Mund gelegt; aber auch jetzt noch verharren sie in ihrer Position des „Gemach-gemach". Anscheinend haben sie das Gift „Durnowo" in seinem ganzen Ausmaß begriffen und sehen nun auch sein weiteres Handeln, doch alle überlegen, wie man ihn „etwas höflicher" daran hindern könnte … Nein, sowohl das Denken wie auch das Handeln der „gemäßigten Opposition" sind zurzeit vor allem eines: *unwirksam*. Beides nähert sich dem Nullpunkt und bleibt praktisch gleich null. Und da die Zeit und alle Gründe zusammengenommen in dieser Minute gerade insbesondere von den Gemäßigten ein aktives Handeln erfordern würde (sie stehen schließlich im Zentrum der Politik), ist diese Leere – nicht der Nullpunkt, sondern das *negative* Handeln – das Schädliche.

Was aber bedeutet das in Friedenszeiten so geschätzte Handeln „Tschcheidses" also – unserer äußersten Linken?

Wenn es erfolgreich wäre, wäre es *gefährlich*, ein Glück, dass es

nicht erfolgreich ist. Wenn das Handeln der nicht organisierten „Linken", das an sich schwerfällig-konservativ ist und mit einem Innenfutter aus Sozialismus und nicht aus Politik ausgestattet ist, sich von den jetzt so wichtigen linksstaatlichen politischen Kreisen löst, kann das nur erfolglos oder sogar schädlich sein.
Die Rechten verstehen weder etwas, noch gehen sie voran, noch lassen sie irgendjemanden irgendwohin.
Die Mitte versteht zwar etwas, geht jedoch nirgendwohin, bleibt stehen und wartet (worauf?).
Die Linken verstehen nichts, doch sie gehen blind darauf los, wer weiß wohin.
Mit denen allen zusammen – was soll das werden? Was mit Russland? Oder ist es bereits verdammt für seine alte und ewige Sünde des Langmuts?
Der Absolutismus … Solange das der brennende Punkt ist, ist mit allem zu rechnen, auf nichts zu hoffen. (Ist er nicht schon lange der brennende Punkt, hat er nicht Russland bereits verbrannt?) Die unteren Volksschichten, die nichts begreifen, sind allein gelassen, sie kommen mit diesem Punkt nicht zurecht. (Wenn sie auf ihre Weise damit fertig würden, wäre das nicht zum Guten. Man muss ihn ja auch „mit dem Verstand löschen"!)
Die gemäßigten, folgsamen Oberschichten sind dem (in all ihrer Mäßigung) ebenfalls nicht gewachsen. Mit einer seltsamen Unentschiedenheit „umgehen" sie alle den Absolutismus (als könnte man ihn umgehen!). Doch von ihnen verlangt man mehr – o ja, viel mehr! –, denn Russland ist jetzt nicht *von unten* zu retten. Das könnte nur die politische Oberschicht und auch nur in einer bestimmten Verbindung, in einem Pakt mit der äußersten Linken, das heißt, nach dem Verzicht auf einen Teil ihrer Mäßigung …
Ich zweifle nicht daran, dass bei einer solchen Verbindung auch die Extremen einen Teil ihrer extremen Position aufgeben würden.

Landgut Krojerowo

FORTSETZUNG DES GESELLSCHAFTSPOLITISCHEN TAGEBUCHS

3. September 1915

Die Ereignisse entwickeln sich mit unerhörter Geschwindigkeit. Das vor zwei Wochen Geschriebene ist bereits veraltet. Jedoch vollkommen richtig. Die Ereignisse haben nur meinen Standpunkt bestätigt. Die Ereignisse sind unerbittlich.

Jetzt wird für die meisten sichtbar, dass der russische Absolutismus der brennende Punkt ist. Das Leben schreit aus vollem Halse: Ohne revolutionären Willen, ohne einen zumindest inneren revolutionären Akt wird dieser brennende Punkt nicht an Kraft verlieren, geschweige denn ganz erlöschen. Es sei denn, mit Russland zusammen.

Gestern, am 2. September, wurde die Duma aufgelöst. Das haben der Zar und [der Vorsitzende des Ministerrats] Goremykin verfügt. Der Hauptgrund war der berühmte „Duma-Block". Er war so blass, sein Programm so gemäßigt, dass ein anderes Ergebnis nicht zu erwarten war. Der Zar hat die Liberalen ohne Skrupel verjagt. Wieder hieß es: „Sinnlose Träumereien!" *Träumereien* fürchtet er nicht. Wahrscheinlich verbirgt sich etwas anderes dahinter: etwas Nacktes, Wildes und Schreckliches, schrecklich – nicht für ihn allein, sondern durch den totalen Verzicht auf Träume und Verstand. Diese Gefahr ist keine Einbildung. Das ist REALISMUS.

Die Vorfälle in diesen Tagen – die Geschichte des „Blocks" – ergeben folgendes Bild:

Die gemäßigten Linken, diejenigen, die jetzt auf dem Kamm der politischen Welle reiten, standen vor der Wahl, die Rechten zu liberalisieren oder die Linken zu mäßigen.

Man könnte meinen, die natürliche Linksneigung der Konstitutionellen Demokraten dürfte in einem solchen Moment keine Rolle spielen. Man müsste nur der Vernunft folgen und den praktischsten, wirksamsten Weg wählen.

Jedoch haben sich die konstitutionell-demokratischen Duma-Politiker für die erste Lösung entschieden: Sich selbst noch mehr mäßigend, rückten sie zur *rechten* Mitte auf und zogen zugunsten des Blocks die Rechten mit.

Die Linken blieben, wie sie waren, sich selbst überlassen. Nur die Entfernung zwischen ihnen und den Gemäßigten hat sich noch vergrößert.

Und der Block der wunderbaren „Träumereien", die so selbstverständlich als „sinnlos" bezeichnet worden waren, erwies sich einfach nur unfruchtbar und für den gegenwärtigen Augenblick *schädlich*: Er hat der Auflösung der Duma Vorschub geleistet, sie aber wäre notwendig als Grundstein, als Hoffnung auf Klarheit, als Stütze der linken Elementargewalt.

Die Gemäßigten, die unter dem Block noch gemäßigter wurden, fügten sich in allem. Sie folgten dem Befehl zur Auflösung und gingen auseinander.

All das ist sehr gut. All das, für sich genommen, ist wunderbar und vielleicht auch nützlich ... zu seiner Zeit. Wenn aber der Deutsche vor der Tür steht (nicht zu vergessen), ist all das unvernünftig, weil nicht *effektiv*.

Der Zar ist konsequenter als alle anderen. Er hat seine ganze Hoffnung auf ein Wunder gesetzt.

Wahrscheinlich gibt es zurzeit auch keine andere Hoffnung.

Im Übrigen ist es auch uninteressant, das traurige „man müsste" zu wiederholen ... Wichtiger ist, zu erkennen, was jetzt *vonnöten* ist, wenn das auch sehr schwer ist. – Versuchen wir also, die Lage weiter zu analysieren.

Denken wir an den Ausgangspunkt: RUSSLAND GEGEN DIE DEUTSCHEN VERTEIDIGEN. Wie bereits gesagt, die unerlässliche Bedingung dafür ist eine schnelle und grundlegende Veränderung der politischen Ordnung.

Keine Revolution, sondern eine Veränderung mit revolutionärem Charakter, d.h. ein *Umbruch*.

(Sie wird sowieso kommen. Ein Unglück wäre es, wenn sie nicht *gemacht* würde, sondern von selbst *entstünde*.)

Jetzt sieht es so aus: Wenn wir von der Haltung der Verzweifelten und Defätisten absehen, sind wir gezwungen, auf eine der beiden folgenden Möglichkeiten unsere Hoffnung zu setzen. Das will ich erklären.

Die erste wäre, dass es trotz allem irgendwie möglich sein müsste, Russland gegen die Deutschen zu verteidigen. Ohne Umbruch.

Eine solche Hoffnung mag legitim sein, doch dann sollte man *ehrlich* mit ihr umgehen. Sie bedeutet – nicht mit der einen Hand hier und mit der anderen dort zu handeln, sondern beide Hände Russland, *wie es jetzt ist,* seiner *jetzigen* Regierung zur Verfügung zu stellen. (Wenn aus der Hoffnung Wirklichkeit wird – wenn! –, dann wird es ehrlich und folgerichtig sein, zuzugeben, dass Russland auch weiterhin keinerlei „Umbrüche" nötig hat.)

Die zweite Möglichkeit schließt die erste aus. Sie beruht auf dem „Umbruch" als der unerlässlichen Bedingung für den äußeren Schutz Russlands, für eine schnelle Entscheidung des Krieges. Auch hier ist ehrliches Handeln unabdingbar.

In beiden Fällen besteht das große Risiko, dass die Hauptsache, die Verteidigung Russlands, scheitert. Dabei ist das Risiko *gleichermaßen* groß. Man muss eine Gewissensentscheidung treffen, ohne die Augen vor diesem Risiko zu verschließen. Denn – wird keine Entscheidung getroffen, verdoppeln sich Risiko und Verantwortlichkeit.

Und die Entscheidung drängt: Jede Stunde, die ohne Entscheidung (also mit doppeltem Risiko) vergeht, verschlechtert und erschwert unsere Lage.

Die gemäßigten Linken („Miljukow") haben diese Entscheidung nicht ausdrücklich getroffen, sie haben sie nur faktisch mit der Gründung des „rechten Blocks" herbeigeführt, das heißt, sie haben „die Bedingung für einen Umbruch" gestrichen (und dabei erlauben sie sich doch einen platonischen Ausblick auf einen Umbruch): Sie haben weder ein ehrliches Nein noch ein ehrliches Ja ausgesprochen, allein die Existenz des „Blockes", dem die gemäßigten Linken auf Grund einer gewissen Liberalisierung auf der rechten Seite große Opfer gebracht haben, hat sie weit nach rechts getrieben, *weg* vom Umbruch.

Unsere gemäßigt linken Politiker – und nur sie! – besitzen Organisationstalent. Und würden sie diese Fähigkeit, ihre Bedeutung und ihre Opferbereitschaft nicht nach rechts, sondern nach *links* einsetzen, gäbe es eine Bewegung hin zum Umbruch. Denn die Möglichkeit zum Umbruch liegt links von den Gemäßigten und rechts von den Linken, genau *dazwischen*. Der rechte Block hat die Möglichkeit eines Umbruchs auf ein Minimum reduziert.

Umgekehrt, allein der LINKE BLOCK, d.h. die Vereinigung der GEMÄSSIGTEN und der LINKEN, und nur er allein wäre imstande, die richtigen Mittel für die Verwirklichung eines Umbruchs zu finden.

In der gegenwärtigen Lage hat aber niemand die richtigen, die wirksamen Mittel und Wege dazu.

Die Linken kennen ihre Mittel: Streiks, persönlicher Terror …

Sie taugen *überhaupt nichts*. Jede Stunde, in der gestreikt wird, schwächt die Armee; in der gegenwärtigen Lage kann diese Stunde sich in ungeahnte Dimensionen ausdehnen und in Straßenaufstände mit allen möglichen Folgen münden (was das Allerschrecklichste wäre).

Wenn sich indessen die Gemäßigten – nach aufrichtiger und unbesehener Annahme der Parole des „Umbruchs" – mit den Linken in der Duma zu einem Block zusammengeschlossen hätten, hätten sie ihr Organisationstalent und ihre politischen Fertigkeiten beisteuern können.

Es wäre eine innere *revolutionäre Kraft* entstanden, die sich jedoch aller *unzeitgemäßen* Auftritte enthalten hätte.

Jetzt hätten wir nur einen Rubel dringend nötig. Die Gemäßigten, die sich die Hoffnung auf den Rubel versagen, träumen von fünfundvierzig Kopeken. Doch demütig „auch nur um fünfundvierzig Kopekchen" zu bitten, ist das sichere Mittel, sich als Antwort eine Ohrfeige oder den Titel „Dummkopf" einzuhandeln.

Fordert einen Rubel zwanzig! Aber fordert ihn – bittet nicht darum! Auf der Stelle werden sie den Geldbeutel zücken und den ersehnten Rubel hervorziehen. Sie müssen es mit der Angst zu tun bekommen: Geben sie den Rubel nicht heraus, werden sie den ganzen Geldbeutel los.

Nicht durch Bitten wird die Angst vor der Gefahr geweckt, sondern durch das Böse – mit Güte ist nichts zu erreichen. Gar nichts.

FORTSETZUNG DER „ZEITGENÖSSISCHEN AUFZEICHNUNGEN" IN ST. PETERSBURG

4. September

Wir sind noch nicht endgültig in die Stadt zurückgekehrt. Sind nur für einige Tage hergekommen. Mein Buch für die Aufzeichnung der Chronik nehme ich mit. Erstaunlicherweise verläuft alles „wie nach Plan".

Doch zuerst das Allgemeine.

Warschau ist längst aufgegeben. Ebenso Libawa und Kowno. Die Deutschen stoßen an der ganzen Front vor, alle Festungen sind aufgegeben. Wilna ist geräumt, aus Minsk flieht die Bevölkerung. Die Frage, ob Petrograd evakuiert werden soll, ist offen. Viele Tausende Flüchtlinge drängen nach Zentralrussland.

Die innere Lage ist nicht weniger bedrohlich. Der Oberkommandierende wurde abgelöst, der Zar selbst ist an die Front gefahren. Der Duma-Block (von den Kadetten bis zu den Nationalisten) hat die Rechnung bekommen. Auf dem Programm stand als erster Punkt der Verzicht (die Kadetten haben ein „verantwortliches" Ministerium geopfert, sie erbaten nur bescheiden und vage, „ein Ministerium, das das Vertrauen des Landes genießt"), und gleich danach brachte Goremykin vom Zaren den Beschluss zur Auflösung der Duma. Der Befehl war noch nicht veröffentlicht, als ich mit Kerenski telefonisch über den Ernst der Lage sprach. Kerenski sagte, im Prinzip sei die Sache entschieden. Er bestätigt, dass die Unruhen bereits begonnen hätten. Am Abend seien Meldungen von beginnenden Streiks in allen Fabriken eingetroffen. Der Akt der Regierung könne nur als Unvernunft bezeichnet werden. (Man darf nicht glauben, dass wir in Petersburg so frei übers Telefon sprechen können. Nein, wir vermögen in äsopischer Sprache nicht nur zu schreiben, sondern auch miteinander zu sprechen.)

„Was wird jetzt?", fragte ich schließlich.

„Das, was mit A beginnt ..."

Kerenski hat recht: Es wird Anarchie geben. Auf jeden Fall muss mit der extremen Möglichkeit einer *unorganisierten* Revolution gerechnet werden, als Antwort auf die unvernünftigen Aktionen der Regierung, auf die Fehler der Politiker. Die „gemäßigten" Bitten müssen eine Reaktion der Regierung auslösen. Erst die berühmte politische Maßlosigkeit kann das erforderliche Minimum erreichen.

Nur er wird Russland retten können. Er ist nicht da, und jeden Tag rücken die Wände näher zusammen – die Wand der Deutschen und die Wand des chaotischen inneren Aufruhrs. Sie werden zusammenrücken und verschmelzen. Was für Möglichkeiten!

Ich werde nicht müde, immer das Gleiche zu wiederholen: Die Verantwortung liegt vollständig bei den Konstitutionellen Demokraten, die, ohne die augenblickliche Lage zu begreifen, den Block mit den Rechten statt den Block mit den Linken gewählt haben. Der Kampf gegen die Regierung mittels der Liberalisierung der rechten Kreise ist zum Scheitern verurteilt. Schließlich muss man doch wissen, wann und wo man lebt, mit wem man es zu tun hat. Und das soll „Politik" sein? Aber wozu, warum, wofür hätte sich die Regierung den demütigen Bitten Miljukows [Außenminister] und Schulgins [rechter Vertreter der Duma] sowie des Verlegers Boris Suworin beugen sollen? (Auch er ist für den Block und für „Vertrauen".) Die Regierung fürchtet keinerlei vernünftige, höfliche Worte. Sie fürchtet keine Anarchie, denn sie sieht und begreift nichts. Zur Vorbeugung „böswilliger Exzesse" (man habe dahingehende Absichten gesehen!) hat der Versager Goremykin dieser Tage alle Stadthauptmänner zu sich gerufen. Bei der Zensur zeichnet sich derweilen eine heftige Geistesgestörtheit ab, doch bald wird sie alles verschleiern, und wenn auf den Straßen geschossen wird, schreiben die Zeitungen verstärkt übers Theater. Die Regierung fürchtet sich schließlich und endlich auch nicht vor den Deutschen.

Aber sind etwa unsere führenden „Politiker", unsere Duma-Leute und Konstitutionellen Demokraten, auch jetzt noch nicht davon überzeugt, dass ES OHNE UMBILDUNG DER REGIERUNG UNMÖGLICH IST, EINE INVASION DER DEUTSCHEN AUFZUHALTEN, WIE ES UNMÖGLICH IST, EINEN SINNLOSEN AUFSTAND ABZUWENDEN?

Ich möchte es wissen, man muss das wissen; denn wenn sie in dieser Sache noch *nicht* fest überzeugt sind und handeln, wie sie han-

deln, dann sind sie nur leichtsinnig und täuschen die Menschen; wenn sie aber überzeugt sind und trotzdem in ihrer fruchtlosen (schädlichen) Art vorgehen, dann sind sie Verbrecher.
Wie auch immer – die Verantwortung liegt bei ihnen, denn allmählich müssen sie handeln.
In Petersburg gibt es kein Brennholz, kaum Vorräte. Die Wege sind überfüllt. Die schrecklichsten und heftigsten Gerüchte beunruhigen die Massen. Die Atmosphäre ist vergiftet, geprägt von Nervosität und Ohnmacht. Es ist, als hinge das Geschrei der Flüchtlinge in der Luft. Jeder Tag riecht nach Katastrophe.
„Was wird nur werden? Das ist doch un-er-träg-lich!", sagt ein alter Kutscher.
Und der Matrose Wanja Pugatschow zuckt die Schultern: „Wo dieser kleinmütige Mann (der Zar) ist, da ist auch das Unglück."
„Das ganze Russland er allein – von Alexej zu Alexej."
Es war, wie sich herausstellte, Grischka Rasputin, der Nikolai überzeugt hat, selbst das Kommando zu übernehmen.
Ja, schwer sind Russlands Sünden, wie man sieht, und bitter ist sein Kelch. Und er ist noch lange nicht geleert.
Den dritten Tag war es heiß, hell, sommerlich. Petersburg in seiner angespannten und kraftlosen Unruhe funkelte in der Sonne. Die Straßenbahnen, schwarz von Menschen, umringt von Menschen, kreischen heftig, kommen kaum über die Brücken. Die Vorhalle der polnischen Newski-Kirche ist mit Flüchtlingen übersät wie mit Fliegen: Sie sitzen auf dem Fußboden. Frauen, Kinder …
Der Befehl zur Auflösung der Duma „ist in Kraft getreten", ungeachtet des starken Drucks durch die Alliierten. Natürlich wollen sie nicht. Aber können sie denn den Weg unseres Untergangs mit der nötigen Klarheit sehen? Ist es wirklich bereits zu spät?
… Und da wird der Herr unerbittlich
Mein Russland auslöschen …

12. September
[Der erzkonservative] Durnowo ist gestorben, und jetzt, da er tot ist, triumphiert er mehr denn je. Es wird eine vorläufige Zensur eingeführt. („Du ahnst nicht, was wir tun werden!", ruft Boris Suworin aus.)

Sogar Rodsjanko wurde eine Audienz verweigert. Eine Abordnung der Moskauer Kongresse wird wohl nicht vorgelassen werden. Und selbst wenn …
Die Gemäßigten rufen: „Ruhe, Ruhe, Ruhe!" – so wie Kuropatkin [der einstige Kriegsminister] im Japanischen Krieg „Geduld, Geduld und nochmals Geduld" rief.
Dafür sprechen die deutschen Waffen eine deutliche Sprache.

23. November
Fast drei Monate sind vergangen. Das Ausmaß der Tragik hat die Erwartungen übertroffen: Sie ist in tragische, bleierne Ruhe übergegangen, in den vollständigen Sieg eines Rückschlags auf der ganzen Linie.
Als die Duma aufgelöst wurde (wegen des Blocks und der Moskauer Kongresse), schrie sie laut hurra und ging still auseinander. Die Parole der Abgeordneten lautete: „Ruhe bewahren!" Sie selbst bewahrten sie und halfen anderen unter Mitwirkung der Regierung dabei. Unterdessen hatte der Laffe und Provokateur Chwostow (ein neuer Minister) eingegriffen, die Schwarzhunderter kamen mit den entlassenen (im Stadtrat sitzenden) Ministern zusammen, der „vereinigte Adel" seinerseits „warf sich dem Absolutismus zu Füßen".
Auf dem Kongress verkündete der Metropolit: „Nicht nur der Zar ist ein Gesalbter – durch die göttliche Gnade sind auch die nominierten Minister vom Heiligen Geist berührt" (Chwostow zum Beispiel und die übrigen). Das also ist „die Lehre der Kirche". Eine Deklaration eigener Art.
Im Befehl zur Auflösung der Duma war festgelegt, dass sie „nicht später als im November" erneut einberufen werden solle. Das ist jedoch nicht erwünscht. Chwostow spottet, das sei eine „Laune"! Lassen wir das lieber.
Die Mitglieder des Blocks wissen nicht, wohin sie blicken sollen. Sie bewahren Ruhe, obwohl es ihnen doch zu Herzen geht …

    … Ohne Morgen schlug die Abendstunde
    Und die graue Dämmerung erlischt …
    Ihr seid zum Gespött der Schwärze
    Des Zaren Arglist ausgeliefert …

Zum Gespött, wahrhaftig. Was soll noch werden!

Ein Ende des Krieges ist nicht abzusehen. Deutschland hat sich mit Hilfe des „arglistigen" Bulgarien nun einen neuen Bündnispartner, Serbien, einverleibt, und zwar vollständig. Von Berlin geht es nun direkt nach Konstantinopel. Da habt ihr euer „Zar-Grad", eure Königsstadt, ihr Neoslawophilen, seid willkommen. Na, haben sie auch die Mützen hochgeworfen?

Bei uns, bei den Alliierten, an allen Fronten herrscht Erstarrung. Jedenfalls wissen wir nichts. Zeitung kann man fast nicht lesen. Leere und dürftige Lügen.

Der Zar fährt mit seinem Jungen an der Front spazieren und empfängt Untertänigkeitsbekundungen. So geht es hin und her – und dann wieder zurück nach Zarskoje zu seinem steinalten [Premierminister] Goremykin.

Dunkel erinnere ich mich aus alten Zeiten an diesen Goremykin bei der Baronesse Üxküll. Er war dort geradezu Dauergast, bei allen Abenden, und nannte sich „grauer Freund". Jetzt ist er weiß und nicht mehr grau.

Nikolai zieht es in Zarskoje übrigens keineswegs zu diesem weißen Opa. Da ist aber Grischenka, der in den Pausenzeiten zwischen Hurerei und Besäufnis Russland regiert, Minister auswechselt und die Linie bestimmt. Die übrige Zeit wartet Russland ab ... und verharrt in Ruhe.

Hundert Male hätten wir Gelegenheit gehabt, den Anblick dieses Spitzbuben zu genießen. Vielleicht ist dies ein Versäumnis aus historischer, literarischer und sonstiger Sicht, aber die Vernunftsgründe waren schwächer als mein Widerwille. Und die Neugier ... war auch nur von bescheidener Wirkung, da wir von dieser Sorte „Starzen" schon so manchen gesehen haben. Dieser war „durch Zufall", wie man so sagt, an den Hof geraten, und [Sektenführer] Schtschetinin zum Beispiel unterscheidet sich nur darin von Grischa, dass er ein „Pechvogel" und nicht zum Zaren vorgedrungen ist. Das Übrige hat den gleichen Stil, höchstens, dass Schtschetinin mit seinen „Theorien" über die Praxis hinausgeht (er redet ungereimtes Zeug und schreibt es fehlerhaft nieder, Grischka dagegen hat absolut keine Ahnung). Grischka hatte zur selben Zeit wie Stschetinin angefangen, letzterer jedoch „folgte der Demokratie", und vor seinem Sturz gelang es ihm nicht mehr, Halt zu finden, obwohl er seine Angel in den höheren Schichten ausgeworfen hatte. Grischka aber, der aufgeweckte Schelm, scharte niemanden um sich, spitzelte ganz allein „hier und da" herum. Brach ein und kam wieder hoch. Schließlich trat er auf den Archimandriten des Kiewer Höhlenklosters (einen echten Mönch, der in geringem Maße die Gunst des Zaren genoss) wie auf eine Leitersprosse, und als die Sprosse brach, machte er einen Klimmzug empor zu „dem Zaren". Nach dem Anschlag, den ein gemeines Weib im Sommer vor dem Krieg auf ihn verübte, fasste er endgültig Fuß.

Ja, das sind Zeiten, in denen ein Analphabet, ein betrunkener und krankhaft ausschweifender Kerl, nach eigenem Gutdünken über die Angelegenheiten des russischen Staates schalten und walten kann. Und jetzt, in diesen besonderen Zeiten – *besonders*. Chwostow hasst ihn, und deshalb glaube ich, wird Chwostow keinen Bestand haben. Er hasst einfach aus Neid. Doch der wird ihm schon die Luft abdrehen. Alle übrigen Minister waren bei Grischka zum Kniefall und verbeugten sich, um den Saum seines alten Mantels zu küssen. (Das ist kein „künstlerisches Bild", sondern eine Tatsache: Manchmal empfängt Grischka seine Besucher in einem weißen Kittel, man muss also ehrerbietig diesen Kittel küssen.)

Verzeih mir, Herr, aber solch ein verrückt gewordenes Land! Und der arme Miljukow vermeint hier zu „handeln" – in seinen europäischen Manschetten. Was ist das – Idealismus, Blindheit oder Starrsinn?

Oh, unsere „Real"-Politiker!

24. November

Und nun gibt es den Befehl, die Eröffnung der Duma abermals zu verschieben. Auch der Termin für eine Einberufung ist noch nicht festgelegt, und zwar „solange in den Ausschüssen das Budget nicht bereitsteht".

Alle Leitartikel heute waren weißes Papier. In [der Kadetten-Zeitung] *Retsch* (Die Rede) waren hier und da noch ein paar zusammenhanglose Bruchstücke zu lesen, etwa folgenden Sinnes: Wenn es so ist, sind wir (die Miljukow-Anhänger und die Blockparteiler) bereit, an uns soll es nicht liegen, wir werden uns mit dem Budget beeilen und fertig.

Jetzt ist es offensichtlich: Jeder Schritt, den die Gesellschaft, die Intelligenzija, die Abgeordneten, die gemäßigten Parteien usw. auf dem von ihnen eingeschlagenen Weg der „stillen Opposition" auch geht, wird sie mit größerer Schande bedecken als gar kein Schritt. Wenn Ruhe bewahren – dann Ruhe bewahren.

Die Hände in den Schoß legen und die Ereignisse nicht durcheinanderbringen. Es wird aber Ereignisse geben. Unaufhaltsam werden sie kommen, wenn Russland nicht seine Zeit vertan hat, nicht vermodert, nicht in seiner Leibeigenschaft verfault ist. Möglich ist schließlich auch das.

Nur so viel: Wenn das Feld dennoch gepflügt wird, und das wäre gut, dann werden unsere „Politiker" nicht sagen können: „Auch wir haben hinterm Pflug gestanden." Wenn aber diese Furche so tief geht, dass das Untere zuoberst gewendet ist, dann kann unsere „parlamentarische Mäßigkeit" nicht sagen: „Wir sind nicht schuld daran." Denn sie sind schuldig. Zwar nicht durch falsches Handeln, sondern durch *gar keines*. Schließlich können nur sie jetzt etwas tun. Und sie tun – „nichts".

Ist das etwa keine Schuld?

Plechanow und andere Leute aus dem Ausland richten Schaden an (keinen großen, denn sie haben keine Bedeutung). Doch sie sind vollkommen unschuldig: Aus dieser Richtung kommt nichts. Nichts. So gut wie nichts.

Es scheint eine Teilung entlang der Kriegslinie zu geben. Boris Sawinkow antworte ich nicht mehr, das ist bei einer solchen Zensur zwecklos. Ganz offensichtlich ist er vom Krieg begeistert (und das in Frankreich!), obwohl er mit dem *Prisyw* (Appell) nichts zu tun hat. *Prisyw* ist die Zeitschrift der dortigen russischen Sozialisten, die den Krieg befürworten. Ich kenne sie nicht, glaube jedoch Kerenski, der empört über sie ist. Kerenski steht etwa auf meinem Standpunkt, nicht nur, was den Krieg angeht, sondern hauptsächlich in seiner Haltung zur gegenwärtigen inneren Lage Russlands *im Krieg*. Er ist nicht klüger als die dortigen Emigranten, aber er ist *hier*, und daher sieht er, was hier geschieht. Die Emigranten aber sind blind. Ich fürchte sogar, alle Emigranten jedweder Schattierung sind blind, die Leute vom *Prisyw* wie die anderen. Sie sind es auf unterschiedliche Weise, aber in gleichem Maße. Auch die, die gegen den *Prisyw* eingestellt sind und den Krieg ablehnen, haben nichts Vernünftiges zu sagen, sind einfach und auf dumme Art dagegen, jenseits von Raum und Zeit. Und für eine so beschränkte und naheliegende Gegebenheit, dass RUSSLAND UNTER DIESER REGIERUNG DEN KRIEG NICHT LOS WIRD, haben sie absolut kein Verständnis und für alles Weitere, was aus diesem Axiom hervorgeht, natürlich auch nicht.

Der Georgier Tschchenkeli ist ein Abgeordneter, ein schlichtes Gemüt, aber selbst er begreift die Lage ausgezeichnet und hat eine Haltung dazu. Interessant ist, dass er sich als Georgier verhält wie der glühendste echte russische Patriot. Er hält an seinem Standpunkt vor allem aus Liebe zu Russland fest. „Wenn ich nur glauben könnte", sagt er, „ dass Russland im Krieg nicht untergeht, wenn es sich jetzt an den Zaren hält ... Aber ich glaube es nicht; ich kann ja sehen. Es wird etwas geschehen ..."

Ja, genau das ist hier wichtig: Und plötzlich wird es geschehen ..., aber was?

Kerenski ist überzeugt, dass er krank ist. Er kommt oft zu uns. Bei meinen jugendlichen Dichtern, Studenten und den anderen vollzieht sich eine allmähliche Wandlung, sie erscheinen in Uniformen. Die einen sind eingezogen, die anderen bei den Junkern untergekommen, wieder andere arbeiten im Lazarett. Wir kommen noch alle dorthin. Geblieben sind nur noch die Gymnasiasten und die jungen Fräulein.

Viel wäre über die „zivilen" Angelegenheiten zu sagen, über Andrej Bely, Borja Bugajew, zum Beispiel, der gerade in der Schweiz bei Steiner zugrunde geht, aber darüber möchte ich nicht sprechen. Auch ich schreibe jetzt fast nur in Zeitungsmanier, und das wird wenig Interesse finden.

Zeitungsmanier. Nur das nicht. Die Zeitungen schreiben übers Theater. Sogar Boris Suworin wurde verboten, ohne Prüfung durch die Zensur etwas zu veröffentlichen, für seine gestrige Notiz wurde er mit 3000 Rubel bestraft.

Zum großen Teil sind die Zeitungen weiß wie Leinwand.

Schweigen. Der Frost ist stark (15 Grad bei Wind). „Teufelsgrad" ist eingefroren. Vereiste Ruhe … und das ganz ohne „Launen". Chwostow hat die Zähne zusammengebissen und bewacht nun Grischka. Soll der Teufel daraus klug werden, wer da wen bewacht. Grischa hat seine Wache, und Chwostow hat seine; Chwostows Beobachter beobachten die Grischkas, Grischkas Beobachter die Chwostows.

26. Januar 1916

Heute erst gab Nikolaus bekannt, dass er die Duma für den 9. Februar bewilligt.

Der weißhaarige Opa Goremykin musste dieser Tage in Ehren gehen, genommen wurde [als Premierminister] Boris Stürmer. Wir kennen diesen Lackaffen aus Jaroslawl, wo er 1902 Gouverneur war. In jenem Jahr fuhr ich mit Dmitri mit dem Schiff auf der Wolga „in die Stadt Kitesh" am Hellen See zu den Altgläubigen. Wir waren auch in Jaroslawl, wo Stürmer uns „auf europäisch" empfing. Auf dem Rückweg trafen wir [den Geistlichen] Johann Kronstadski bei ihm, der gerade angekommen war, es war sehr bemerkenswert. Unglücklicherweise entstand mein Artikel über diese Reise unter den grausamsten Zensurbedingungen (einer doppelten Zensur), und das Notizbuch habe ich verloren.

… Nicht davon aber soll die Rede sein, sondern von Stürmer. Über den es eigentlich nichts zu sagen gibt. Innerlich ist er ein Reaktionär, nicht ohne Grausamkeit, doch ohne Kreativität und Prägnanz, nach außen hin ist er ein Zeremonienmeister, der seine „Kultiviertheit" vor Schriftstellern gern zur Schau stellt (oder gestellt hat). Auch sein „Russophilentum" (er stammt von Deutschen ab) und seine orthodoxe Religiosität hat er stets betont. Immer hatte er eine geheime Sympathie für dunkle Persönlichkeiten. Seine Tätigkeit als Premier machte auf die gänzlich „beschwichtigte" Gesellschaft keinen Eindruck. Wahrhaftig! Ist nicht alles egal?

Einen Chwostow oder einen Stürmer – und wer weiß, was noch für Premiers oder Nicht-Premiers – hat es immer gegeben und wird es immer geben. Sie wissen nicht, was sie mit der aufgelösten Duma machen sollen. Die Rechnung kommt noch.

Der Krieg stagniert. Bei uns (Riga – Dwinsk) und im Westen. Den Balkanstaaten haben die Deutschen den Rest gegeben. Griechenland ist besiegt. Die Engländer sind von den Dardanellen abgezogen.

In Deutschland ist das Brot wässrig, in seiner derzeit glänzenden Lage könnte es Frieden schließen. Doch ein Frieden wäre ebenso unsinnig wie die Fortsetzung des Krieges. Es ist doch bemerkenswert: Für niemanden gibt es einen Ausweg. Und es ist auch keiner in Sicht.

So betrachtet, steht es überall schlecht. Überall Erschöpfung und Unsicherheit. Bei uns ist es besonders schlimm. Der vergangene Winter war fünfmal schwerer und teurer als der vorherige. Und daneben der schändliche Luxus der Neureichen.

… Die Intelligenzija ist bequem und schlaff geworden, sie mischt sich nicht mehr ein. Die „Beschwichtigung" der Duma hat auch auf sie gewirkt. Kerenski ist krank, weiß wie die Wand, er ist überzeugt, er habe „Tuberkulose". Dennoch ist er unruhig, springt immer irgendwo herum. Leider weiß ich zurzeit nicht, was sich in den Kreisen der Untergrundparteien tut. Doch ist an einigen Anzeichen erkennbar, dass es nichts Bedeutendes sein kann. Wenn da irgendwelche Propaganda betrieben wird, kann sie keinen besonderen Einfluss haben, da sie im Keim erstickt wird. Zumindest im Augenblick. Andererseits wird sie aufgrund dieser inneren Enge und Beschränkung und Konspiration ohne Vernunft, ohne Bewusstsein, ohne Verantwortung von Verantwortungslosen geführt …

Stürmer hat sogleich zwei seiner Schurken aufrücken lassen: Gurljand und Manassewitsch. Es ist peinlich, sie zu kennen. Ich kenne beide. Mit Gurljand geriet ich damals am Gouverneurstisch in Jaroslawl sofort in heftigen Streit. Manassewitsch habe ich auch gesehen, beim Essen mit einer Pariser Dame. Aber wir waren vor der Spitzel- und Provokateurstätigkeit des Letzteren gewarnt, ich fing also erst gar keine Diskussion mit ihm an, sondern beobachtete ihn und hörte ihm zu … aus einer Art „Burzewscher" Perspektive … Damals lebten wir in Paris und waren mit unseren Emigranten, den Sawinkows und anderen, schon befreundet. Jetzt ist dieser Spitzel mit einem wichtigen Posten betraut …

Was für ein unglückseliges Land …

3. Februar

Dieser Tage ist K. [Fondaminskaja?] wieder ins Ausland gefahren. Abends, vor ihrer Abreise (sie übernachtete bei uns), kam Kerenski.

Seit jener Begegnung im Frühjahr, als wir Kerenski im Auto mitgenommen und in den *Grünen Ring* entführt hatten, haben Kerenski und K. sich viele Male gesehen, in Moskau, wo sie lebte, und hier.

Kerenski kam spät von irgendeiner Versammlung, fast ohne Stimme (er ist wirklich krank). Wir saßen zu viert beisammen (Dmitri war schon schlafen gegangen). Ich munterte Kerenski mit einer Flasche abgestandenen Weins wieder auf.

Sogleich bildeten sich zwei Parteien, und die arme K. wurde zum Kampfobjekt.

Sie fährt „dorthin" (nach Paris). Was soll sie den Leuten vom *Appell* von den hiesigen Ereignissen berichten? (Briefe darf man ja nicht mitnehmen.)

Ich habe mich natürlich mit Kerenski verbündet, auf der anderen Seite stand mein ewiger Gegner Dima, einer der „Befürworter" des Krieges, einer von denen, die den Krieg unterstützen wollen, ganz gleich, mit wem. Ich respektiere sein Leiden, fürchte aber seine blinde Ergebenheit ...

Wir diskutierten und mühten uns eifrig, da K. beide Standpunkte verstehen und weitergeben sollte, doch am Ende hatten wir sie vollends durcheinandergebracht.

Mein Gott, wie soll man denn jemandem das sichere *Gespür* für den seidenen Faden vermitteln, an dem alles hängt? Es ist ein sicheres, aber unbeweisbares Gespür. Man selbst sieht etwas, der andere aber nicht. Und von Ferne – beschreib es, so viel du willst – sieht selbst der Sehende nichts, nichts von unserer, von Russlands *Situation im Krieg* ...

... Streitereien verwirren nur. Ein bemerkenswerter russischer Wesenszug: kein Verständnis für Genauigkeit, Blindheit gegenüber jedem Maß. Und wenn mich nicht „nach dem Sieg dürstet", heißt das, mich „dürstet nach der Niederlage". Die geringste allgemeine Kritik an den „Befürwortern des Sieges", und sei es nur eine Analyse der Lage, ruft Verärgerung hervor, und alles endet mit

dem Satz: Wenn du kein Nationalist bist, bist du für Deutschland. Entweder sei offen „für die Niederlage", und du sitzt im Gefängnis wie die teuflische Rosa Luxemburg – oder mach die Augen zu und schrei hurra, ohne zu überlegen.
Dieses „Entweder-oder" – so etwas gibt es im Leben nicht.
Aber ich bin zurzeit nicht so sehr mit dem Krieg und der Lösung prinzipieller Fragen beschäftigt wie mit dem Naheliegenden, mit dem, was uns umgibt, nämlich mit Russland (im Krieg). Es liegt etwas UNHEILSCHWANGERES in der Luft; also darf man nicht nur WARTEN!

27. Februar
Ich werde meine Aufzeichnungen wohl bald abbrechen müssen.
Sie sind nicht zeitgemäß. Und ich kann sie nicht im Hause behalten. Die Spitzel verschwinden nicht von unserer Auffahrt.
Bald werd ich rasch – zum wie vielten Mal! –
Die Papierberge nehmen,
Sie fortzubringen – zum wie vielten Mal!
Damit sie die Generäle aufheben.
Wahrhaftig, ich sollte alles zusammensuchen, auch meine zahlreichen Gedichte und diese Aufzeichnungen (oh, die vor allen Dingen!) sowie alles an privater Literatur. Bei den mit Dima verwandten Generälen ist das alles besser aufgehoben.
Sie sind natürlich nicht hinter uns her … Obwohl sie jetzt hinter jedem her sind. Und wenn sie nun Despektierliches über Grischa finden …
Ich möchte gerne wissen, wie ein normaler Engländer begreifen kann, was es für ein Gefühl ist, wenn deine Gedanken verfolgt werden, denn schließlich hat er diese Erfahrung nicht gemacht, ebenso wenig sein Vater und sein Großvater. Er wird es nicht verstehen. Ich aber spüre die Augen hinter meinem Rücken, selbst jetzt (obwohl ich weiß, dass da real keine Augen sind, und morgen wird alles für bessere Zeiten versiegelt und aus dem Haus gebracht) – selbst jetzt bin ich nicht frei und kann nicht schreiben, was ich denke.
Nein, nicht, wenn man das durchgemacht hat –

Auf einem zufälligen Blatt

Juli 1916
Wir sind vom Kuraufenthalt in Kislowodsk zurückgekehrt, es ist ein heißer Sommer, wir fahren in einigen Tagen auf die Datscha. Heute, an diesem hellen Abend, stand ich mit Dima auf dem Balkon. Sehr lange. Von rechts kamen geordnete graue Rechtecke von Soldaten, sie marschierten um den Gitterzaun des Taurischen Gartens herum. Sie bewegten sich harmonisch und gemessen in gleicher Entfernung voneinander die pfeilgerade Sergijewskaja entlang, hinein in den vom Feuer der Dämmerung lodernden Himmel. Ihre Schritte hallten wider, und sie sangen. Immer ein und dasselbe Lied. Die weiter entfernten, die, die auf der linken Seite marschierten, waren fast nicht mehr zu sehen, versanken im Ungewissen, von rechts her aber strömten immer neue Soldaten in geordneten Kolonnen vom Taurischen Garten heran.
Lebt wohl, ihr Lieben,
Lebt wohl, ihr Freunde,
Leb wohl, meine Liebe,
Du, meine Braut …
So nahm dieser Abschied kein Ende, auch dieser graue Strom nahm kein Ende. Wie viele es sind! Sie marschieren noch immer. Und singen noch immer.

Oktober (Blaues Buch)
Gestern war der Priester Aggejew bei uns, der „Sempope", wie er sich nennt. Er ist (als einziger Pope) einer der Bevollmächtigten der Semstwo-Union. Er ist nach Kiew umgesiedelt und agiert nun von dort aus.
Er besitzt einen starken Lebenstrieb. Seine Stimme klang hoffnungsvoll, selbst als er schreckliche und hoffnungslose Dinge erzählte. Doch Hoffnung gibt es schließlich immer, wenn es am Mut, den Gegebenheiten ins Auge zu sehen, nicht fehlt.
Die menschliche Seele wird durch den Krieg zerstört – das war zu erwarten, das sehen die, die sehen. Die anderen aber sollen das Unerwartete akzeptieren, mit blutendem Herzen vielleicht, aber als Tatsache. Es wird Zeit.

Lew Tolstoi ist in seinem „Besinnt Euch" (anlässlich des Japanischen Krieges verfasst) im negativen Teil erschütternd klar und im zweiten, positiven Teil kindlich hilflos. Ausgesprochen kindlich. Es ist nicht weniger „unmoralisch" (in Weiningers Terminologie), von der Menschheit ein (äußeres) Wunder zu fordern, als eines von Gott zu fordern. Wahrscheinlich ist Letzteres noch unmoralischer und unlogischer, denn es bedeutet eine Demoralisierung des Willens.

Wer will bestreiten, dass ein WUNDER den Krieg verkürzen könnte. Das Nichtstun, das Tolstoi von den Menschen fordert, wäre jetzt, zu dieser Zeit, wo bereits Krieg geführt wird, ein solches Wunder. Sich auf das Wunder zu verlassen jedoch – eine Demoralisierung des Willens.

Alle sind in den Krieg eingezogen worden. Oder fast alle. Alle sind verwundet. Oder fast alle. Wer es nicht körperlich ist, der ist es seelisch.

> Es gräbt ein stiller Spaten,
> Er gräbt bedächtig eine Grube.
> Da wird es kein Zurück mehr geben,
> Wenn die Seele Wunden trägt …

Auch die Seele befindet sich in einem circulus vitiosus, tagtäglich. Da ist eine Mutter, deren Sohn gefallen ist. Man kann ihr nicht in die Augen sehen. Alle Überlegungen, alle Gedanken verstummen vor ihr. Man möchte nichts, als sie trösten.

Ja, und nun beende ich meine Überlegungen zum Krieg „als solchem". Das ist schon lange an der Zeit. Alles ist gesagt. Jetzt ist es so weit, „le vin est tiré", und nun geht es darum, *wie* wir ihn austrinken.

Wir begreifen zu wenig. Vielleicht leben wir nur aus Leichtsinn. Der Leichtsinn vergeht (der Vorrat ist ausgegangen), und wir sterben. Es werden keine Fakten mitgeteilt, keine Gerüchte verbreitet, von Taten unseres „Hinterlandes" nicht geschrieben. Wir wissen nichts Zuverlässiges. Und was wir wissen, glauben wir nicht; und auch so scheint alles nichtig zu sein, unwahrscheinlich und unsinnig.

Kerenski hat sich nach seiner Operation (seine Tuberkulose erwies sich als Nierentuberkulose, eine Niere wurde entfernt) mehr oder weniger erholt.
Wir bemühen uns, niemanden zu sehen. Nicht sehen – das heißt in diesem Falle, nicht den Menschen zu sehen, sondern das nackte Leiden. Die Intelligenzija ist in den Untergrund getrieben worden. Dort krabbelt sie herum wie eine Schar weißer, träger Fliegen. Wenn mein natürliches Verlangen danach, dass der Krieg enden möge, das Verlangen nach einem *Wunder* ist, dann möge Gott mir verzeihen. Nicht mir, *uns*, denn es sind unser so viele, die von diesem Verlangen ergriffen sind, und es werden immer mehr … Ich will schweigen. Schweigen.

3. Oktober

Dieser seltsame Zustand (keine Fakten und keine Gerüchte, und alles ist nichtig) betrifft nicht nur mich, es ist eine allgemeine Empfindung. Sie liegt in der Luft.
Eine tiefe und unheilverkündende WINDSTILLE liegt in der Luft. Die Wolken hängen sehr tief, und es herrscht Stille.
Niemand zweifelt daran, dass es eine Revolution geben wird. Niemand weiß, was für eine und wann, und niemand denkt darüber nach – ist das nicht schrecklich? Alle sind erstarrt.
Man sorgt sich darum, ob es etwas zu essen gibt, ob man irgendwo leben kann, doch diese Sorge ist ebenfalls stumpfsinnig und starr. Gegen die unwahrscheinlichsten, zwar nicht vermessenen, aber doch unglaublichen Schritte der Regierung empört sich niemand, es kommt nicht einmal Verwunderung auf. Es herrscht Ruhe … Erschöpfung. Alles sehr „geheimnisumwittert". Liegt ein Geheimnis in der Luft?
Vielleicht, vielleicht auch nicht. Wir befinden uns in der Zone der Windstille. Der niedrigen, schiefergrauen Wolken.
Das Einzige, was über den Krieg geschrieben wurde, sind die erschütternden Litaneien des französischen Dichters Charles Péguy, der an der Marne gefallen ist. Das akzeptiere ich, ohne von meiner unveränderten Ablehnung des Krieges abzurücken.
Diese Litaneien sind zwei Jahre *vor* dem Krieg geschrieben worden. Welch ein Genie.

Sollte man sich nicht zwingen, ein Genrebild des gegenwärtigen (räuberischen) Lebens zu zeichnen? Das würde allerdings sehr banal ausfallen, denn alle sind Räuber. Jeder rafft, was er nur kriegen kann, von der Million bis zum Rubel. Davor empfindet man tiefe Verachtung, doch geht es überhaupt noch tiefer? Unser Rubel ist kaum mehr eine Kopeke wert.

7. Oktober

Seit zwei Tagen fällt nasser Schnee. Ringsum herrscht vollkommene Niedergeschlagenheit. Sogar die Säule der Hoffnung in der politischen Mitte, der felsenfeste Miljukow, hat „aufgegeben": Er will nun auch keine Einberufung der Duma mehr, es sei zu spät, sagt er. Und unser neuer Minister, der Witzbold Protopopow, wird sie auch nicht einberufen. Auf Protopopow komme ich noch zurück (es lohnt sich), vorerst aber sage ich nur: Er auf dem Ministerstuhl – dies ist ein Symbol und ein Zeichen dafür, dass alles zu spät, alles verfahren ist.

Und die Kriegsgeschäfte – die kann niemand erklären. Niemand versteht sie. Die schiefergrauen Wolken sind noch schiefergrauer geworden – wenn das überhaupt möglich ist.

16. Oktober

„Alles beim Alten." Die Deutschen haben sich Rumänien vorgenommen, und zwar ordentlich. Bei uns fehlt es natürlich an Patronen. Im Hinterland fehlt es entschieden an allem. Zucker gibt es auf Karten.

Man spricht von Unruhen in Moskau. Aber trotz alledem …, das schert niemanden.

Dmitri Sergejewitsch bringt sein Stück *Die Romantiker* im Alexandrinski-Theater auf die Bühne. Schert auch niemanden. Aber wir wollen uns keinen „Stimmungen" hingeben. Die Fakten sind interessanter. Protopopow kann sich vor Glück, Minister zu sein, nicht fassen. (Und so etwas ist ehemaliger Führer des berühmten Duma-Blocks!) Er kommt aus seiner Gendarmenuniform nicht heraus (die seit Plewe – auch so ein Uniformnarr! – am Nagel hing), und überhaupt ist er absolut unanständig. [Der neue Premier] Stürmer hat den [beschuldigten Kriegsminster] Suchomlinow freigelassen (die Geschichte wird es ihm danken!). Der Zar mochte den „weißhaarigen Onkel" Goremykin nicht; er hat ihn wohl mit seinen ewigen Rapporten gelangweilt. Und übrigens – wen mag er schon? Rodsjanko „erträgt er schon physisch nicht", allein von einem Besuch bei dem „charmeur" „bekommt er Kopfschmerzen", und er ist „mit nichts einverstanden".

Mit dem „Onkel" musste man sich ziemlich herumplagen – doch durch wen ihn ersetzen? Grischka, der Chwostow gestürzt hat, den er nach der idiotischen Spitzel- und Tratschgeschichte, nach der Chwostow vorgehabt habe, ihn zu töten, nur noch den „Mörder" nannte – dieser getreue Grischka kam wieder zu Hilfe: „... Warum also nicht den Boriska Wladimiritsch [Stürmer] als Premier nehmen ..."

Und in der Tat – warum nicht? Dass Grischka Chwostow durch Protopopow ersetzt hat, hat in Zarskoje großen Gefallen gefunden. Dabei ist zu bemerken, dass Protopopow sowohl ständig Grischkas abgetragenen Mantel küsst als es auch „mit den Stimmen" hat, so dass auch von ihm selbst etwas „grischkahaft Wunderbares" nach Zarskoje ausstrahlt.

Stürmer ist auch so ein Anhänger des Klerikal-Göttlichen. Hinter ihn wird sich der Metropolit Pitirim stellen. (Übrigens reicht Pitirim schon Grischkas Kopfnicken hinter seinem Rücken.)

Na, und nun ist Stürmer „Hausherr" geworden. Und hat Suchomlinow freigelassen.

Von M. R. [Mitka Rubinstejn?] zu sprechen lohnt sich nicht. Er wird mit allen Ehren entlassen werden. Sein Geschäft ist millionenschwer.

Der Krieg steht, wie es scheint, allen bis zum Hals. Und doch ist kein Land in Sicht ... für niemanden.

Von uns zu reden ist sinnlos, aber ich glaube, dass aus diesem Wirrwarr für niemanden etwas Gutes erwächst.

22. Oktober

Gestern war die Premiere der *Romantiker* im Alexandrinski-Theater. Wir saßen im Orchestergraben. Dmitri wurde nach dem II. Akt herausgerufen, ungestüm und immer wieder, dabei rief man nicht nach dem „Autor", sondern die ganze Zeit nach „Mereshkowski". Der Saal war überfüllt.

Das Stück ist bei weitem nicht vollendet, doch es enthält vieles, was nicht schlecht ist. Der Erfolg ist ihm sicher.

Aber welch eine Hast und Geschäftigkeit in alledem liegt. Und wiederum ist alles „nichtig". Am dritten Tag bei der Generalprobe – so viel alte Garde von Intelligenzija und Schriftstellern … Weiße Bärte und Feldgrau nebeneinander.

Wolodja Ratkow [Dimas Neffe] war bei uns. (Er ist vom ersten Tag an im Krieg.) Seine Brust ist mit Kreuzen behängt. Er selbst ist für meinen Begriff verrückt geworden. Alle, die „von dort" kommen, sind halb verrückt. Sie alle treiben einem schon beim ersten Ansehen die Tränen in die Augen.

Stellenweise gibt es Revolten. Am siebzehnten streiken die Fabriken: Doch die Soldaten wollten nicht zu Bütteln werden; man musste die Kosaken rufen. Ich weiß nicht, womit es geendet hat. Wir wissen überhaupt alle wenig. Die leblose Windstille ohne Neugier und Interesse ist Informationen nicht förderlich.

Ein wenig werden wir in unserem Wesen alle zu „Zensoren". Das ist eine Gewohnheit. Wie ein chinesischer Schuh. Ziehst du ihn nicht rechtzeitig aus, wächst der Fuß nicht mehr.

Es ist so, die düsteren Gerüchte beunruhigen niemanden, obwohl alle lethargisch an sie glauben. Teuerung und Hunger beschäftigen die Menschen. Und die Fronten … Soweit man sich einen Begriff davon machen kann, brechen sie alle zusammen.

… Und die ungestüme Welt
Ist in ihrem Wahnsinn erstarrt.

Die Menschen knicken ein wie Grashalme, fliegen umher wie Pusteblumensamen. Junge, Alte, Kinder … bei allen das Gleiche. Selbst die Dummen und die Klugen. Alle sind dumm. Sogar die Ehrlichen und die Diebe. Alle sind Diebe.
Oder Verrückte.

29. Oktober
In Moskau ist der altgläubige Bischof Michail (der sog. Kanadische) gestorben.
Seine Schwester hatte ihn von Simbirsk nach Petersburg gebracht. Er war nervlich zerrüttet. (Wir haben ihn 5–6 Jahre nicht gesehen, schon damals schien er nicht ganz normal zu sein.)
An der Bahnstation Sortirowotschnaja stieg er aus und verschwand spurlos. Erst einige Tage später wurde er von der Straße aufgelesen als ein „Unbekannter" verprügelt, mit gebrochenen Rippen und – wegen einer beginnenden Blutvergiftung – im Fieberwahn. Im Krankenhaus nannte er in einer hellen Minute seinen Namen. Dann kam ein Priester aus dem Rogoshskikloster, um ihn „wiederherzustellen". Er starb im Krankenhaus.
Er war ein bemerkenswerter Mensch.
Er war russischer Jude, orthodoxer Archimandrit, geistlicher Professor aus Kasan, altgläubiger Bischof, progressiver Journalist, vorbestraft und verfolgt. Ein Intelligenzler, ins Ausland verbannt und dort untergetaucht. Er lebte als Asket in Beloostrow, gab jedem auch sein letztes Hemd her. Er war religiöser Prediger, Prophet eines „neuen" Christentums unter den Arbeitern, ungestüm, selbstlos und hilflos wie ein Kind, schwächlich, klein, nervös erregt, chaotisch schnell in seinen Bewegungen, zerstreut, ließ sich einen schwarzen Backenbart stehen, denn er war völlig glatzköpfig. Dabei war er noch gar nicht alt, etwa 42 Jahre. Er sprach sehr schnell, seine Hände zitterten und waren immerfort in Bewegung. Im Jahre 1902 berief ihn der Kirchenvorstand als erfahrenen Polemiker gegen einige intelligenzlerischen „Häretiker" von den „Religiös-Philosophischen Versammlungen" von Kasan nach Petersburg. Und er stritt mit ihnen ... Danach wurde alles anders. In den Jahren 1908/1909 erschien er bereits als ein anderer bei uns, nun im Kaftan eines altgläubigen Bischofs, nach seiner mutigen, hitzigen Anklage der orthodoxen Kirche. Sein „Ich klage an ..." ist vielen in Erinnerung geblieben.
Jetzt nahmen seine erstaunlichen Versuche, die neue Kirche des „Christentums von Golgatha" zu gründen, ihren Anfang. Oberflächlich betrachtet bedeutete dies eine Demokratisierung der Ideen der Kirche, wobei die Ablehnung des Sektierertums überaus

wichtig war (gerade in dieses „Sektierertum" münden
alle ähnlich gearteten Versuche).
Viele wissen über die vergangenen Geschehnisse besser Bescheid
als ich: In diesen Jahren ließen Michails Wirrheit und sein kindliches Ungestüm uns von ihm abrücken.
Doch der aufrührerische und arme Prophet verdient ein ehrendes
Andenken. Seine Opferbereitschaft war ein Wert, wovon es so wenig in der Welt (und in den christlichen Kirchen?) gibt. Und mit
welcher Vollkommenheit er sein Leben zu Ende brachte! Er
„durchlitt" sein Ende wahrhaftig, halb von Sinnen herumirrend,
als das „Volk", seine „Demokratie" in Gestalt dieser Fuhrmänner
auf ihn einschlug, ihm vier Rippen brach und auf die Straße warf;
in einem überfüllten Krankenhaus für Arme lag dieser „Unbekannte" auf dem Korridor und starb langsam. Damit nicht genug,
dass die „Demokratie" ihn malträtierte: Er wurde nicht einmal
untersucht, wurde mit 40 Grad Fieber mit Stricken an den Händen
am Bett festgebunden – so als würde er tatsächlich gekreuzigt.
Selbst als er sich zu erkennen gab und die Altgläubigen zum Oberarzt gingen, antwortete der ihnen nur: „Na dann bis morgen, jetzt
ist Abend, ich will schlafen." Die gebrochenen Rippen und das gebrochene Schlüsselbein wurden erst bei seinem Tod entdeckt,
nach 4–5-tägiger „Kreuzigung" im „Krankenhaus von Golgatha".
So viel über Michail.
Und jetzt zu Protopopow, unserem „heißgeliebten" Minister. Dazu
ist anzumerken, dass er zum stellvertretenden Vorsitzenden der
Staatsduma ernannt wurde, als er gerade aus dem Irrenhaus gekommen war, wo er einige Jahre verbracht hatte. Wegen ausgeprägter religiöser Wahnvorstellungen. (Bischof Michail war niemals geistesgestört. Seine Religiosität entsprang keiner Krankheit.
Seine Nervosität mag wohl das Resultat seines ganzen Lebens, des
inneren und des äußeren, gewesen sein.) Doch es ist müßig, sich
über Michail auszulassen, denn ich möchte ihn im Hinblick auf
Protopopow vergessen und sie nicht miteinander „vergleichen".
Also – seine Karriere ist imposant. Vom stellvertretenden Vorsitzenden gelang ihm der Sprung in den Duma-Block, dort spielte er
sich zum Anführer auf. Er organisierte eine Bankzeitung mit
Millionenauflage (dafür wurden eifrig Mitarbeiter eingekauft).

Gemeinsam mit Miljukow machte er eine Dienstreise nach England. (Unterwegs ist ihm ein Missgeschick passiert, eine dunkle Geschichte, sie wurde vertuscht.) Und am Ende „fand er Gefallen am Herrscher und der Herrscher an ihm" (sprich: Grischenka höchstpersönlich). Und er wurde alsbald Innenminister.
Er bestellte die progressiven Duma-Mitglieder (Miljukow natürlich) zu einer „Freundschaftskonferenz" ein. Die Konferenz wurde mitstenographiert. Sie war amüsant und unwahrscheinlich, wie eine Farce. So als würden Teffys Werke im „Zerrspiegel" gespielt. Aber nein, es ist wohl eher Jerome Jerome …, nur dass der anständiger ist. Es hätte sich gelohnt, die Stenogramme zur Erbauung der Nachwelt aufzubewahren.
<u>Russland ist ein gewaltiges Irrenhaus</u>. Wer ahnungslos den Saal des Gelben Hauses zu einer Abendveranstaltung der Irren beträte – er würde es nicht begreifen. So, als sei alles normal. Es sind aber lauter Irre.
Es gibt tragisch Verwirrte, Unglückliche. Es gibt auch stille Idioten mit glücklichem Lächeln um den schlaffen Mund, die Stummel sammeln und sie bedächtig und kichernd mit Schwefelhölzern anzünden. Protopopow ist einer von den „Stillen". Seine Zündelei stört niemanden, darin besteht letztendlich seine Macht. Und sie ist ihm ja „von oben" gegeben.
So sind die Gegebenheiten.

4. November

Am Ersten wurde die Duma eröffnet. Miljukow hielt eine lange, für seine Verhältnisse außergewöhnlich scharfe Rede. Er sprach von „Verrat" in den Kreisen am Hof und in der Regierung, über die Rolle der Zarin Alexandra, Rasputin betreffend (ja, auch von Grischa!), über Stürmer, Manassewitsch, Pitirim – über die ganze Clique von Dummköpfen, Spionen, Korrupten und einfachen Schurken. Er führte Fakten und Auszüge aus deutschen Zeitungen an. Doch als Kernpunkt der Rede betrachte ich die folgenden, verantwortungsvollen Worte: „Jetzt sehen und wissen wir, dass wir mit dieser Regierung ebenso wenig Gesetze schaffen können, wie wir Russland zum Sieg führen können."

Ich zitiere nach dem Stenogramm. Etwas Neues gibt es nicht, die Angelegenheit ist bekannt. Zu Miljukow könnte man mit Bitterkeit sagen: „Das sehen Sie erst jetzt?" – und hinzufügen: „Ist es dafür nicht zu spät?"
Aber darum geht es nicht. Besser zu spät als nie. Warum aber sind dann diese verantwortungsvollen Worte faktisch verantwortungslos? Sie haben gesehen, dass „wir mit denen nicht können … und machen weiter mit denen"? Wie soll das gehen?
Die Rede machte Eindruck in der Duma. Tschcheidse und Kerenski verbot man einfach den Mund, den übrigen nicht einfach so, sondern mit Brief und Siegel. Nicht nur dass Miljukows Rede und die Reden der Rechten nicht gedruckt wurden, selbst alle Versuche, „mit eigenen Mitteln" etwas von der Duma-Sitzung wiederzugeben, wurden zunichte gemacht. Nicht einmal die Überschriften wollte man zulassen.
Abends am Telefon wurde von der Zensur mitgeteilt: „Schicken Sie uns etwas weniger, wir haben den Befehl, *brutal* vorzugehen." Am nächsten Tag erschien statt einer Zeitung weißes Papier – das hat es noch nie gegeben. Auch am Tag darauf und so weiter.
Die Minister hatten an der ersten Duma-Sitzung nicht teilgenommen, doch es wurde ihnen sogleich alles berichtet. Nachdem sie sich abends in aller Eile versammelt hatten, beschlossen sie, Miljukow nach Paragraph 103 (Majestätsbeleidigung) vor Gericht zu bringen. Nicht zu fassen, denn das ist selbst für deren Verhältnisse reichlich dumm.
Die folgenden Sitzungen verliefen in ebenso gereizter Atmosphäre (Adshemow, Schulgin) und blieben in den Zeitungen ebenso unerwähnt.
Die Block-Leute sind in den Augen der Regierung entschieden zu „Aufrührern" geworden. Leider nur in den Augen der Regierung! Wenn doch tatsächlich wenigstens ein Körnchen von „Aufrührertum" auf sie fiele! Ein winziges – das wäre schon einiges an Kapital. Doch Kapital haben sie nicht erworben, und ihre Unschuld haben sie verloren.
Heute war in den Zeitungen sogar Rodsjankos Erklärung zu lesen, dass „die Berichte durch äußere Umstände nicht in den Zeitungen erscheinen können". Heute gab es auch die Verlautbarung seitens

der Regierung: „Dunklen Gerüchten von einem Separatfrieden ist kein Glauben zu schenken, denn Russland wird hart und unbeugsam sein …" usw.

Der Zar erhielt Miljukows Rede erst gestern und telegrafierte, dass [Kriegsminister] Schuwajew und [Marineminister] Grigorowitsch sich schnellstens in die Duma begeben und sie mit dem Zuckerbrot der Bekundung von Vertrauen, Beistand und Verehrung füttern sollten. Das haben sie heute auch getan.

Mit Stürmer wird es wohl kein gutes Ende nehmen. Er ist nun sehr blamiert. Man will ihn um jeden Preis „zum Gehen bewegen", Grigorowitsch für das Amt des Premiers vorschlagen und [den ehemaligen Landwirtschaftsminister] Kriwoschein erneut aufrücken lassen. Warum geschieht bei uns alles entweder „zu spät" oder „zu früh"? Noch nie ist etwas „zur rechten Zeit" geschehen. Miljukow hat die Wahrheit eingesehen – „zu spät" (er streitet das selbst auch gar nicht ab), doch abgesehen von dieser Einsicht ist es „zu früh", um zu gehen. Zwei, drei Jahre zuvor, als er und Kriwoschein sich hineindrängten, war es ihm „zu früh". Jetzt zweifelt niemand, auch er selbst nicht daran, dass es schon lange, lange „zu spät" ist.

Und das ist der Kernpunkt: <u>Wir Russen besitzen keine innere Vorstellung von der rechten Zeit, der rechten Stunde, davon, wann es „höchste Zeit" ist.</u> Wir kennen nicht einmal die Wörter dafür. Ein Empfinden dafür besitzen wir nicht.

Es ist zu früh für eine Revolution (ja, natürlich) und zu spät für Reformen (zweifellos!).

Es war zu früh, so gegen die Regierung zu kämpfen, wie es Miljukow und Schulgin jetzt tun …, und es ist – jetzt – bereits zu spät.

Es gibt keinen Ausweg. Es kann ihn auch nicht bei einem Volk geben, das das Wort „rechtzeitig" nicht versteht und nicht fähig ist, dieses Wort zur rechten Zeit auszusprechen.

Was man uns über die Front schreibt, lesen wir kaum. Wir sind schon seit langem davon abgeschnitten: durch Stillschweigen, durch Erschöpfung, durch das ungeordnete, schreckliche Chaos im Hinterland. Ein bedrohliches Chaos.

Ja, es ist bedrohlich. Wenn wir nichts tun, wird *„etwas"* von selbst geschehen. Und sein Antlitz ist dunkel.

14. November
Ich fahre nach Kislowodsk. Es hat keinen Sinn, dieses Buch mitzunehmen. Wenn man sich nicht in der Nähe des Gitterzauns des Taurischen Palais aufhält, kann man nur „Psychologisches" notieren (logische Schlussfolgerungen sind bereits gemacht), und Psychologie ist langweilig. Außerhalb von Petersburg *geschieht* nichts bei uns – das habe ich schon vor langer Zeit bemerkt – nichts von Bedeutung. Alles kommt ausschließlich aus Petersburg, dort hat es seinen Anfang genommen. Wissen, sehen, verstehen (und schreiben) kann ich nur hier.
Vorläufig dies: Stürmer ist fort, Trepow (auch so ein Früchtchen!) aufgestellt. Die Block-Leute haben gewohnheitsgemäß die Fassung verloren (bis zum 19. wird es keine Sitzungen geben). Auch Protopopow soll angeblich gehen (was ich nicht glaube). Einen Außenminister haben wir nicht (ausgerechnet jetzt nicht!).
Die Rumänen haben wir in den Schlamassel getrieben: Die Deutschen haben bereits die Donau überschritten.
Es gab eine Sitzung des Rats der „Religiös-Philosophischen Gesellschaft" (wegen einer Versammlung zum Gedenken des Bischofs Michail).
Ich weiß nicht, wie sich in diesem Winter die Versammlungen unserer Gesellschaft gestalten werden. Ich glaube, es wird wenig dabei herauskommen. Der erste „Kriegs"-Winter (14/15) war sehr hart, was den Kampf zwischen „uns", die den Krieg aus religiösen Gründen verurteilten, und „ihnen", den alten und ewigen „Nationalisten", betrifft. Der zweite Winter (15/16) begann nach langen Streitereien mit einer „konkreten" Frage, die das Referat Dmitri Filosofows über Kirche und Staat anlässlich der außerordentlich schwachen und reaktionären „Erklärung" der Duma-Priester aufgeworfen hatte. Einerseits waren dort diese Priester, die hilflos irgendetwas stammelten, andererseits die einflussreichen Duma-Leute. Unter anderem sprach auch Kerenski.
Ich muss zugeben, dass ich kein einziges Wort seiner Rede gehört habe. Und zwar aus folgendem Grund: Kerenski stand nicht am Rednerpult, sondern dicht hinter meinem Stuhl an einem langen grünen Tisch. Das Rednerpult war hinter unserem Rücken, und an der Wand hinter dem Pult hing ein riesiges, lebensgroßes Por-

trät Nikolais II. In meinem Taschenspiegel war Kerenskis Gesicht zu sehen – und direkt daneben von Nikolaus. Das Porträt ist ganz passabel und zeigt deutliche Ähnlichkeit (ist es nicht ein Serowski?). Diese beiden Gesichter *nebeneinander*, dazu noch auf einer Ebene, so dass ich gleichsam wie in ein Auge schaute, interessierten mich durch ihren harmonischen Kontrast, ihren interessanten „Akkord" in so hohem Maße, dass ich von Kerenskis Rede nichts mitbekam. In diese beiden Gesichter nebeneinander zu schauen war wirklich sehr aufschlussreich. Da kommen einem Gedanken, die man am wenigsten erwartet hat, und zwar wegen dieses „Akkords", in dem doch alles eine schreiende Dissonanz ist. Ich kann das nicht erklären, irgendwann werde ich auf eine detaillierte Beschreibung der beiden Gesichter – zusammen – zurückkommen. Zur Sitzung des derzeitigen Rats kamen zwei altgläubige Bischöfe: Innokenti und Geronti. Und mit ihnen zwei Begleiter. Der eine ganz dürr, der andere stämmig, rosig, bärtig, doch mit einer Träne – es war der Pelzhändler Golubin.

Ich habe die Zimmer sorgfältig gelüftet und sogar die Aschenbecher, nicht nur die Zigaretten entfernt.

Da saßen die Herren in ihren Mützen, die sie im Reisesack mitgebracht hatten. In blauen Pelerinen mit rotem Saum. Sie waren jung, eifrig, tranken Wasser (statt Tee). Entschlossen und positiv, sogar irgendwie liebenswürdig, doch begreifen tun sie gar nichts. Wie könnten sie auch! Konservierung beherrscht ihr Wesen, ihren ganzen Sinn.

Die Konferenz zu Ehren Michails wird erst nach unserer Abreise stattfinden. Die vorige Sitzung, die erste in diesem Herbst, war nicht sehr interessant.

Berdjajews Buch ist es nur hinsichtlich seiner Annäherung an die halbbarbarische Sekte der „Tschemrjaken" – Schtschetinins Leute. Diese Sekte hatte nach dem Scheitern des Starez – Schtschetinin – der Schurke Bontsch-Brujewitsch übernommen. (Schtschetinin, ein misslungener Rasputin, hatte begonnen, die verbliebenen Gefolgsleute zur „göttlichen" Sozialdemokratie bolschewistischen Schlages hinzuführen. Sehr interessant.)

Was es nicht alles in Russland gibt! Wir wissen es selbst nicht einmal. Ein Land voller großer und bedrohlicher Ungereimtheiten.

FRAGMENTE AUS DEN LOSEN BLÄTTERN VON KISLOWODSK

Dezember 1916 – Januar 1917
… Das Leben hier ist hart und schwierig, man lebt hier blind. Die Sonne scheint, der Schnee brennt, es ist, als geschehe nichts. Aber es geschieht doch etwas! Dumpfes Donnergrollen. Ich kann hier nur meine Gedanken ordnen. Oder neue ungeordnet notieren. Über die Ereignisse, kann ich, nur auf Zeitungen angewiesen, zumal provinziellen, aus meiner Ecke hier nicht schreiben.
Auf die „wesentlichen" Fragen werde ich nicht mehr zurückkommen. Nur – auf die gegenwärtige historische Stunde und Russlands gegenwärtige Lage möchte man schon zu sprechen kommen. Auch darauf, mit welcher Ohnmacht wir, die russischen Menschen mit klarem Bewusstsein, einander feindselig begegnen …, außerstande, unsere Position klar zu bestimmen und einen angemessenen Namen für sie zu finden.
Ein ganzes Heer von Andersdenkenden wurde mit dem Namen „Defätisten" bedacht, wobei sich der ursprüngliche Sinn dieses Wortes verändert hat. Jetzt bin ich eine Defätistin, auch Tschchenkeli und Wilson sind es. Wilsons Wort aber ist das erste ehrliche, vernünftige, auf irdische Art heilige Wort zum Krieg (Frieden ohne Sieger und Besiegte als einzig vernünftige und wünschenswerte Beendigung des Krieges).
In Russland aber wird derjenige als „Defätist" bezeichnet, der es in Kriegszeiten wagt, von allem möglichen zu sprechen, nur nicht vom „totalen Sieg". Und ein solcher „Defätist" ist das Gleiche wie ein „Vaterlandsverräter". Mit welcher Stimme soll man sprechen, was für ein Sprachrohr ist nötig, um auszurufen: Der Krieg wird in Russland SOWIESO nicht einfach so enden! Es wird – sowieso! – einen Zusammenbruch geben! Jawohl! Eine Revolution oder einen wahnwitzigen Aufstand: Je wahnwitziger und schrecklicher, desto starrköpfiger verschließen jene vor dem Unaufhaltsamen die Augen, die wohl als EINZIGE aus den Vorgängen hier eine „Revolution" machen könnten, wenn sie die Sache in die Hand nehmen würden. Die machen könnten, dass es SIE (die Revolution) gibt und nicht ein alles hinwegfegendes ES.

Und anscheinend sehen sie es ja. Sind das nicht Miljukows Worte: „Mit dieser Regierung können wir keinen Krieg führen! ..." Natürlich können wir das nicht. Natürlich geht das nicht. Und wenn es nicht geht, dann ist doch klar: *Es wird einen Zusammenbruch geben.* Unsere vernünftige politische Obrigkeit (der rechte Block) macht ihre eigene, rein oppositionelle und absolut erfolglose Politik, deren einziges Resultat ihre Loslösung von den unteren Schichten ist. Deshalb wird das, was kommen wird, nackt und bloß sein – von unten.

Das bedeutet, es wird einen Zusammenbruch geben: Aufstand, Anarchie ... Ich habe Angst davor, denn in Kriegszeiten ist eine *nur von unten* ausgehende Revolution besonders schrecklich. Wer wird sie in Grenzen halten? *Wer* wird diesen verhassten Krieg beenden? Und zwar wirklich beenden?

„Ein anderer wird dich gürten und führen, wohin du nicht willst ..." Unglückliches Volk, unglückliches Russland ... Nein, ich will das nicht. Ich will, dass es wirklich eine REVOLUTION gibt, dass sie ehrlich den Krieg in ihre Hände nimmt und ihn beendet.

Das ist es, was wir, die sogenannten „Defätisten" von heute wollen. Defätisten? Da wollen uns unsere Gegner davon überzeugen, dass man jetzt nur in aller Stille die Revolution „vorbereiten" müsse, damit sie *nach* dem Krieg stattfinden könne. Nachdem ihn „Russland mit dieser Regierung", mit der sich „kein Krieg führen lässt", beendet hat? Oh, diese Realpolitiker! Eine solche Wahl – eine Revolution oder eine Revolution *nach* dem Krieg – haben wir nicht. Sondern eine ganz andere. Also sind wir „Defätisten" für die Revolution, mit unserer innigen Hoffnung darauf, dass SIE kommen wird und nicht ein schreckliches, vielleicht dauerhaftes, vielleicht sogar unfruchtbares *Es*.

Schließlich gibt es auch „nach Miljukows Überzeugung" keine andere Wahl ...

Oder täusche ich mich in allem? Wenn sich aber Russland bis zum Ende des Krieges in der Schmach der Sklaverei dahinschleppt? Kann es das?

Ich nehme an, es kann das. Aber ich nehme es formal an, wider besseres Wissen. Ich habe kein bisschen Zuversicht mehr. Ich kann mir das nicht vorstellen und kann nichts dazu sagen.

Kaum aber stelle ich mir das andere vor, erfasst mich die lebhafte Qual und die Angst, „Es", das vernichtend Schreckliche, könnte eintreten und zugleich die Hoffnung, es werde nicht eintreten, dass wir es schaffen könnten.

Fortsetzung

Man kann sich schon gar nicht mehr an diesen kläglichen, vom Adel angezettelten Mord am betrunkenen Grischka erinnern. Ob es geschehen ist oder nicht – das ist wichtig für Purischkewitsch. Darum geht es nicht.
Aber dass Russland sich nicht so „dahinschleppen" darf bis zum Ende des Krieges – das ist wichtig. Das darf es nicht tun. Ein Jahr lang, zwei (?), aber dann *wird etwas geschehen*: Entweder wir besiegen den Krieg, oder er besiegt uns.
Eine immense Verantwortung liegt auf unserer staatstragenden Schicht der Intelligenz, die jetzt als einzige handeln kann. Ob die Sache gelingt, wird davon abhängen, ob sie sich in aller Konsequenz dem Unvermeidlichen stellt, sich dazu bekennt, d. h., dass sie es beherrscht.
Aber ach, vorläufig denkt sie nicht an den Sieg über den Krieg, sondern nur an den Sieg über Deutschland. Sie lernt nichts dazu. Wenn sie doch wenigstens einen begrenzten Umsturz vorbereitet hätte. Wenn sie doch hier an „Politik" gedacht hätte und nicht an ihre eigene doktrinäre „ehrenhafte Geradlinigkeit" als parlamentarische Funktionäre (wobei es bei uns „kein Parlament" gibt).
Und ich sage: Ein Jahr, zwei … Doch das ist ein Absurdum. Der latente Hass auf den Krieg wächst so sehr, dass man den Krieg, auch wenn man ihn beenden, ihn *zu einem Ende führen will*, irgendwie in eine andere Bahn lenken muss. Es müsste so sein, dass der Krieg ein Krieg zu seiner eigenen Beendigung würde. Sonst aber wird der Hass auf den Krieg sich so sehr aufblasen, dass er ihn in Stücke reißen wird. Und das wird nicht das Ende sein: Die Teile einer Schlange können auch eigenständig weiterleben.
Von hier aus sieht man zwar die Feinheiten nicht, dafür spürt man das Allgemeine nur allzu genau.
Jetzt, wo ich unter dem schiefergrauen Himmel zu meinem Blauen Buch zurückgekehrt bin, zurück zu der blinden Unnachgiebigkeit

der „Befürworter des Krieges" – werde ich da nicht auch blind? Nein, ich werde einfach schweigen – und ohnmächtig abwarten. Bei jeder Gelegenheit in Angst und Zweifel mutmaßen: das ist es noch nicht. Oder doch? Nein, heute noch nicht. Morgen? Oder übermorgen?
Ich kann nichts ändern, ich weiß nur, dass es geschehen *wird*. Aber die das könnten – wissen nicht, was geschehen *wird*. Worte?

… Worte sind wie Schaum,
Unwiederbringlich, nichtig …
Worte sind Verrat,
Wenn Taten unmöglich sind …

………………………………

Ich bin keine Fatalistin. Ich glaube, dass die Menschen (ihr Wille) ein Gewicht in der Geschichte haben. Daher ist es so notwendig, dass diejenigen, die zu handeln imstande sind, auch das Leben sehen.
Vielleicht ist es auch jetzt schon zu spät. Und wenn SIE kommt – oder ES, ist es bestimmt zu spät. Irgendwas wird geschehen. Das Ihre – das Niedere – und nur das Niedere. Aber es ist ja Krieg. Es ist ja **Krieg!**

………………………………

Wenn es mit Paukenschlägen beginnt, mit periodischen Aufständen, dann werden es diejenigen, auf die es ankommt, vielleicht noch rechtzeitig verstehen, akzeptieren, zu Hilfe kommen. Ich weiß aber nicht, wie es sein wird. Es wird kommen. Ich habe genug davon, immer nur von dem einen zu reden. Man hat keine Wahl.

1917
St. Petersburg. Wieder DAS BLAUE BUCH

2. Februar, Donnerstag
Wir sind zu Hause. Tiefer Schnee, strenger Frost. Aber in den Morgenstunden leuchtet der Himmel über dem Taurischen Garten rosafarben. Rosafarben schimmert auch die leblose runde Kuppel der Duma.
Es wäre sinnlos, hier die versäumte Chronik nachzuholen. Im Großen und Ganzen ist „jeder auf seinem Platz". Nichts Unerwartetes für eine Kassandra wie mich.
Erstaunlicherweise hat Wilsons Rede hier nicht die verdiente Beachtung gefunden. Immerhin ist das ja etwas „Neues vom Krieg", und das auf einer sehr allgemein verständlichen, verbindlichen, realen Ebene. Diese Rede und überhaupt der ganze Wilson mit seinen Worten und Taten ist zurzeit das bemerkenswerteste Ereignis. Er liefert die Formel, die dem kulturellen Niveau der Menschheit im gegenwärtigen Augenblick der Weltgeschichte angemessen ist. Und ist der Krieg nicht schon eine „Degradierung"? Um einfach Klarheit für diejenigen zu schaffen, die die simple Position nicht verstehen wollen, die ich faktisch vom ersten Augenblick des Krieges an einnehme und die etwas von „Defätismus" vor sich hin murmeln, führe ich Wilsons Worte an und rede nicht weiter.
Die Ermordung Grischkas scheint mir auch weiterhin eine erbärmliche Sache zu sein. Die Verschwörer und Mörder, die „neidischen Verwandten", wurden auf die Erbgüter geschickt, und die gesamte Allerhöchste Familie beerdigte Grischka in Zarskoje Selo. Jetzt warten wir auf ein Wunder am Grab. Ohne das wird es nicht gehen. Schließlich ist er ein Märtyrer. Man hatte auch noch das Bedürfnis, diesem Dreckskerl einen Kranz zu winden. Aber solange ein Sumpf da ist, werden sich die Teufel einfinden, alle wird man nicht totschlagen können.
Wegen des neuen Premiers [Fürst Golyzin] wurde die Duma um einen Monat verschoben. Soll er lernen, wie die Dinge laufen, er hat keine Ahnung.
Fast alle sind ja neu, unwissend. Das heißt, alles dieselben Alten. Protopopow hat sie ausgewählt. Er ist stark, besonders jetzt, wo

Grischenkas Platz leer ist. Protopopow ist ja selbst von einem „göttlichen Funken" erleuchtet und spielt den Propheten, wenn auch zaghaft, aber er gewinnt bereits die Oberhand.
Von der Seite betrachtet, ist es eine Komödie. Na, sollen Außenstehende sich amüsieren. Ich kann es nicht. Mir bleibt das Lachen im Halse stecken. Das sind doch wir. Das ist Russland in seiner Schmach.
Was wird noch werden!

11. Februar, Sonnabend

Am Dienstag wird die Duma eröffnet. Petersburg ist von den übelsten (?) Gerüchten erfüllt. Und nicht nur von Gerüchten. Es wird mit großer Bestimmtheit gesagt, dass für den 14., zur Eröffnung der Duma, eine Kundgebung der Arbeiter anberaumt werden wird, dass sie zur Duma gehen werden, um zu demonstrieren, dass sie deren Forderungen unterstützen … die der Oppositionellen offensichtlich, aber welcher? Die Forderungen des verantwortlichen Ministeriums etwa oder die des Miljukowschen „Vertrauens"? Die Gerüchte sagen nichts Bestimmtes.
Mir erscheint das unrealistisch. Ich glaube, nichts dergleichen wird geschehen. Es gibt viele Gründe dafür, der erste und gewichtigste Grund (der das Erwähnen der anderen überflüssig macht) ist, dass die Arbeiter den Duma-Block *nicht unterstützen werden*. Wenn das töricht ist, dann haben die Arbeiter an dieser politischen Torheit keine Schuld. Schuld sind die „Realpolitiker", der Duma-Block selbst. Unsere „Parlamentarier" wollen nicht nur keinerlei Unterstützung von den Arbeitern, sie fürchten sie sogar wie das Feuer; schon durch das Gerücht glauben sie ihren „guten Namen" verleumdet. Da hat jemand ausgeplaudert, dass man sich in den Arbeiterkreisen auf irgendwelche Worte oder womöglich auf einen Brief Miljukows stütze. Mein Gott, wie eifrig er widersprochen, wie nachdrücklich er Protest eingelegt hat. Das sieht nicht einfach nach einer Abgrenzung aus, sondern nach einer „Verfolgung" der Linken und der Unterschichten.
Dieser Tage war Kerenski bei uns und erzählte empört die Geschichte von der Inhaftierung von Arbeitern aus dem Militär- und Industriekomitee und von Miljukows Verhalten, seiner Haltung in

dieser Angelegenheit. Kerenski ereiferte sich – ich aber zuckte nur die Schultern. Das war nichts Neues, Miljukow und sein Block sind sich treu geblieben. Sie waren blind und verharren in Blindheit (wenn sie *sagen*, dass sie sehen, bedeutet das, „die Sünde bleibt an ihnen haften").

Kerenski ist rastlos und ungeduldig wie immer. Aber jetzt ist er in vollem Recht, selbst in seiner Empörung und Ungeduld. Als ich ihn hinausbegleitete, fragte ich ihn im Flur (wir hatten uns nach seiner Operation noch nicht gesehen):

„Na, wie fühlen Sie sich jetzt?"

„Ich? Was denn – physisch – ja, besser als vorher, aber sonst …, davon wollen wir lieber nicht reden."

Er winkte mit einer so großen Erschöpfung ab, dass ich mich plötzlich an eines seiner früheren Telefonate erinnerte: „Jetzt wird wohl alles den Bach runtergehen."

Die Arbeiter werden am 14. nun doch nicht die Duma unterstützen gehen. Man müsste die Bilanz des heutigen Tages ziehen, die schlimmste, kurz zumindest. Schließlich ist es doch immer wieder dasselbe, immer dasselbe.

Die liberal-demokratisch Regierungspartei, ihre ganze Arbeit und der „rechte" Duma-Block sind *absolut* fruchtlos geblieben. Im Gegenteil, wenn die Regierung den Kurs geändert hat, dann in Richtung finsterster Reaktion. Tschchenkelis Formel, die zur Folge hatte, dass die unglückseligen „Liberalen" sogar bei uns, in den eigenen vier Wänden, diesen (persönlich in keiner Weise bemerkenswerten) linken Abgeordneten als „Defätisten", die „liberal Christlichen" ihn aber als „Dummkopf und Monophysiten brandmarkten – diese Formel wurde längst von dem Miljukowschen Satz aufgenommen: „MIT DIESER REGIERUNG KANN RUSSLAND NICHT LÄNGER DEN KRIEG FÜHREN UND ZU EINEM GUTEN ENDE BRINGEN." Angenommen, akzeptiert, und das war's. Vor den Konsequenzen drückt man sich. Es ist so weit gekommen, dass unser Verbündeter England sich nun dasselbe zu sagen erlaubt: „Mit dieser Regierung …" usw.

England hat eine zutiefst gleichgültige Haltung uns gegenüber, und wie kann es anders sein! Was aber diesen Krieg angeht, so ist es in großer Sorge. Etwas scheint es doch zu begreifen.

Am Dienstag wird die Duma eröffnet. Ihre Lage ist erniedrigend und ausweglos. Wie sie sich auch verhält (innerhalb des liberalen Blocks), ihre Würde wird erneut Schaden nehmen. Das Minimum ist nicht erreicht, aber seinetwegen wurde entschieden alles geopfert. Man hat sich dem Minimum nicht einmal angenähert, und dafür hat man nicht gewagt, einen Graben zu ziehen zwischen den gemäßigten staatlichen Politikern und der revolutionären Intelligenz, wie auch den wirrköpfigen russischen revolutionären Unterschichten (die ich allesamt der Kürze halber als „linke Elemente" bezeichne).

Diese Linken, von denen sich loszusagen der Block nicht müde wurde, bereiten ihre Angriffe vor – mit ihren Mitteln. (Was sollen sie auch tun, allein? Nichts?) Diese Mittel aber sind in dieser Situation nicht nützlich, sondern *schädlich*.

Ja, in dieser Situation – egal, wie sich die Dinge weiter bewegen, erweist sich diese „Unvernunft der Klugen", diese Beharrlichkeit der Abwehr, diese „Verfolgung" als großer politischer Fehler. Fehler und Sünden sind aber eigentlich nicht meine Sorge, und es steht mir nicht zu, jemanden zu beschuldigen. Ich notiere Fakten, wie sie sich aus der Sicht des gesunden Menschenverstandes und der praktischen Logik abzeichnen. Ich verschließe die Niederschrift „in einer Flaschenpost". Sie findet heute bei niemandem Gehör.

Die Worte und ihr Sinn – das alles hat seine Bedeutung verloren. Die Menschen haben sich selbst einen Strick gedreht. Und wenn schon? ...

Nein. Gut wäre es, wenn man blind und taub würde. Selbst auf die „Flaschenpost" verzichtete, einfach kein Interesse zeigte, Gedichte schriebe von „Ewigkeit und Schönheit" (ach, wenn ich das nur könnte!), aufhören könnte, „Mensch" zu sein. Warum sollten nicht gute Gedichte auch eine Haltung sein? Auf jeden Fall ist meine jetzige Haltung des „gesunden Menschenverstanden und des standhaften Gedächtnisses" faktisch ebenso wirkungslos (es ist ja nur meine, und sie liegt „in der Flasche") wie die unergründliche Haltung „guter Gedichte".

Wenn man schon schreibt, dann weniger Meinungen äußern.

Mehr nackte Tatsachen anführen.
Das Leben gibt mir Recht.

22. Februar, Mittwoch
Die Gerüchte, dass Kundgebungen vorbereitet würden, haben sich vor dem 14. so verbreitet, dass der Duma-Block damit anfing, Gegengerüchte auszustreuen, so als stünde eine Provokation hinter den Kundgebungen.
Daraufhin rief ich einen „Nicht-Realpolitiker" an, einen der linken Intelligenzler also. Es stimmt, persönlich greift er nicht gerade zu den Sternen, und an seiner Politik, wie immer sie auch sein mag, habe ich große Zweifel – selbst an einer richtigen Information habe ich Zweifel –, dennoch könnte er bezüglich der „Provokation" etwas wissen.
Er bestritt sie und war sehr bestimmt hinsichtlich der bevorstehenden Möglichkeiten: „Die Bewegung ist in guten Händen."
Unterdessen ist am 14. so gut wie nichts geschehen, wie ich es vorausgesagt habe.
Genauer – es ist mehr als „Nichts" geschehen. Protopopow tat so, als sei er beunruhigt, stellte hinter den Toren Maschinengewehre auf (besonders um die Duma herum, auf den Zufahrtswegen; wir zum Beispiel waren von Maschinengewehren umgeben), versammelte die Preobrashenzer. In der Duma aber herrschte das Nichts. Von den Ministern keine Spur. Warum sollten sie hinfahren, es ist nur verlorene Zeit! Den Block-Leuten war als Einziger zum Zähnewetzen der Verpflegungs-Rittich geblieben, aber der drehte klugerweise zwei Stunden lang seine Drehorgel, und dann waren die Block-Leute sauer. „Er hat der Duma die Stimmung verdorben", schrieben die Zeitungen.
Miljukow tat, was er konnte, aber vergebens. Eine Wiederholung hatten alle satt. Sein Fazit: „Zwar kann Russland mit dieser Regierung nicht siegen, doch wir sollten es bis zum Sieg führen, und dann wird es siegen" (?).
Seit der Zeit, seit einer Woche also, schleppt es sich mühsam dahin: mehr schlecht als recht.
Golizyn hat nicht einmal seine Nase in die Duma gesteckt und beehrte niemanden auch nur mit der kleinsten „Deklaration".

Protopopow zieht es vor, nach Zarskoje zu fahren, um über Göttliches zu sprechen.

Weiße Stellen sind in den Zeitungen nicht mehr erlaubt (eine Neuerung), und daher sind die Reden der Duma-Abgeordneten derart sinnlos, dass selbst Purischkewitsch stöhnte: „Druckt mich besser gar nicht mehr!"

Kerenski sagte etwas Gescheites, aber es war so gescheit, dass die Regierung das Stenogramm von ihm verlangte. Die Duma hielt es zurück, gab es nicht heraus.

Mit dem Brot und auch mit allem Übrigen steht es schlecht bei uns.

Ansonsten herrscht wieder *Windstille*. Selbst die Gerüchte sind nach dem Vierzehnten plötzlich und auf seltsame Weise verstummt. Ich habe aber beiläufig gehört (ohne darauf bestehen zu wollen), es sei alles beim Alten geblieben, am 14. sei nichts geschehen, denn „man wollte sich nicht mit der Duma verbünden". Aha! Das kommt der Wahrheit schon näher. Auch wenn alles Übrige Unsinn sein sollte, dann ist das psychologisch richtig.

Doch ich konstatiere vollkommene äußere Windstille, die ganze Woche lang. Geschieht wieder alles im Verborgenen? Liegt ein Geheimnis in der Luft?

Vielleicht ja, vielleicht nein. Wir sind so an das ewige Nein gewöhnt, dass wir auch das nicht glauben wollen, was wir sicher wissen.

Und wenn wir nichts tun können, dann fürchten wir das Ja wie das Nein gleichermaßen.

Ich weiß ja, was … geschehen wird. Ich habe aber nicht den Mut, es zu wünschen, denn … Eigentlich ist darüber auch viel gesagt worden. Also Schweigen. Die Theater sind voll. In den Vorlesungen herrscht Gedränge. Bei uns in der „Religiös-Philosophischen Gesellschaft" hat Andrej Bely zweimal gelesen. Die öffentliche Vorlesung war ganz gut, die geschlossene Sitzung aber ziemlich blamabel: Ich kann kaum mit ansehen, wie diese untätige Menge nach „Anthroposophie" verlangt. Und diese Gesichter mit dem besonderen Ausdruck – ich habe ihn schon auf Steiners Predigt-Vorlesungen bemerkt, diesen Ausdruck befriedigter Lüsternheit. Besonders abstoßend war Kljujews außerhalb des Programms ver-

lesener urrussisch-patriotischer „Psalm". Kljujew ist ein Dichter im Bauernrock (nicht ohne Talent!), der sich früher erst mit Block herumtrieb, dann im Kabarett „Zum Streunenden Hund" aus und ein ging (dort trug er Anzug und Jackett), sich aber mit Kriegsbeginn besonders dem „Bauerntum" zugewandt hat. Er hat eine feiste, fettig glänzende Physiognomie, einen runden Mund, wie eine Röhre. Ein Anhänger der Chlysten-Sekte. Hinter ihm geht der „Erzengel" in Filzstiefeln.
Armes Russland! So komm doch zur Besinnung!

23. Februar, Donnerstag
Heute Unruhen. Natürlich weiß niemand etwas Genaues. Die offizielle Version lautet, es habe auf der Wyborger Seite begonnen, wegen Brotmangels. Irgendwo wurden die Straßenbahnen angehalten (und demoliert). Der Polizeihauptmann sei getötet worden. Die Aufständischen seien auf die Schpalernaja gegangen, hätten das Tor eingeschlagen (aus den Angeln gerissen) und die Fabrik zum Stillstand gebracht. Und dann seien sie gehorsam, wie es sich gehört, unter dem Konvoi der Polizisten abmarschiert – all dies „angeblich" …
Wieder die Version von einer Provokation vonseiten der Kadetten – alles sei „provokativ" gewesen, man habe absichtlich, wie es heißt, das Brot zurückgehalten (es wurde also der Eisenbahnverkehr angehalten?), damit die „Hungerrevolten" den von der Regierung gewünschten Separatfrieden rechtfertigten.
Das sind dumme und blinde Ausflüchte. Auf so etwas muss man erst kommen!
Ich fürchte, die Sache ist wesentlich einfacher. Da (bisher) kein einziger Fall einer organisierten Kundgebung beobachtet worden ist, sieht es sehr danach aus, dass dies eine jener gewöhnlichen kleinen Hungerrevolten ist, wie sie auch in Deutschland vorkommen. Man soll keine Parallelen ziehen, das ist richtig, denn hier ist die gewichtige Tatsache zu berücksichtigen, dass die Regierung in der Selbstauflösung begriffen ist.
Aber völlig, mit voller Klarheit, davon ausgehen, kann man auch nicht.

Es ist, als befänden wir uns unter Wasser, noch dazu im Trüben; wir schauen umher und sehen nicht, wie weit wir vom Zusammenbruch entfernt sind.

Er ist unausweichlich. Wir können ihn nicht mehr aufhalten, wir sind nicht einmal mehr imstande, ihn in irgendeiner Weise umzuwandeln – das ist jetzt klar. Der Wille hat sich auf das schmale Terrain der Wünsche zurückgezogen. Und ich will die Wünsche nicht aussprechen. Das ist nicht nötig. Dort kämpfen Instinkte und Kleingeisterei, Angst und Hoffnung miteinander, auch dort herrscht keine Klarheit.

Wenn sich morgen alles beruhigt hat und wir weiter leiden – auf russische Art stumpf, gedankenlos und schweigend –, wird das gleichfalls nichts an der Zukunft ändern. Wir haben uns ohne Würde aufgelehnt, ohne Würde werden wir uns unterwerfen. Na, und wenn wir uns ohne Würde nicht unterwerfen? Ist das besser? Ist das schlechter?

Welch eine Qual. Ich will schweigen. Nur schweigen.

Ich denke an den Krieg: Der Menschheit bemächtigt sich eine kollektive Ermüdung von der Sinnlosigkeit und dem Grauen. Der Krieg vertilgt tatsächlich das Innere des Menschen. Er ist fast nur noch galvanisierter Leib, Körper, Fleisch, das nur noch zuckt.

Der Zar ist an die Front gefahren. Zum Glück wird jetzt im Zarenstädtchen „durchgegriffen". Obwohl das ebenso kraftlos geschehen wird, wie wir uns (kraftlos) auflehnen werden. Welche der beiden kraftlosen Anstrengungen wird siegen?

Mein armes Land. Komm zu dir!

24. Februar, Freitag

Die Unruhen gehen weiter. Vorläufig sind sie jedoch recht unschuldig (?). Junge Kosaken (neue, ohne kosakische Tradition) reiten den Newski entlang, treiben die Menge auf die Trottoirs, haben beiläufig eine Frauensperson, die für den Krieg sammelte, niedergeritten – und waren selbst bestürzt darüber.

Die Menge – das sind junge Männer und Fräuleins.

Auf dem Newski bringen Arbeiter die Straßenbahnen zum Stehen, indem sie die Zündschlüssel herausziehen.

Die Straßenbahnen fahren fast nirgendwo mehr, insbesondere

nicht in den Außenbezirken; von dort kann man nun gar nicht mehr zu uns gelangen, es sei denn zu Fuß. Es ist aber frostig kalt und windig. Tagsüber schien die Sonne, und das verlieh den Demonstrationen auf dem Newski eine (unheilvolle) Fröhlichkeit. Die Minister tagen den ganzen Tag und beraten. Sollen sie beraten. Der Zar ist schon auf dem Sprung zurück, aber nicht wegen der Demonstrationen, sondern weil Alexej die Masern hat.
Es ist eine Anekdote. Die Franzosen begreifen nichts. Aber wer begreift etwas? Nur wir allein. Der Vater und der Gesalbte. Gnade geht über die Gesetze. Wozu sind sie da angesichts der Gnade!
Doch ich will mich nicht lustig machen. Sollen doch Außenstehende …
Mr Petit war da, erzählte von der Konferenz. Er hat ein Telegramm von Albert Thomas bekommen – Soyez interprèt auprès de Mr Doumergue! Er hat den Sinn verstanden. Doumergue blieb an seiner Seite und sagte gleich nach seiner Ankunft, er wolle die großen Politiker sehen. An jenem Tag nahm Paléologue Petit im Vestibül des Hotels Europa beiseite und teilte ihm mit, dass er im Hinblick auf den Wunsch von Doumergues, Gutschkow, Miljukow etc. zu sehen, sie alle zum Frühstück in die Botschaft einladen wolle. Das Frühstück kam zustande. Auch Poliwanow war da. Das Gespräch war offen. (Ich füge hinzu: ganz wie „in allen Europas". Es gab Botschafter und auch die „großen Politiker"… Nun, den Botschaftern hat Gott befohlen, nicht zu verstehen, dass sie nicht in ihren Europas sind, aber wieso diese nicht? Unsere hausbackenen Blinden! Auch sie – verstehen nichts!)
Ich führe Petits Erzählung fort:
Während der Reise nach Moskau war Petit Doumergues Begleiter. Von den offiziellen interprèts waren die beiden Generalstabsoffiziere Muchanow und Soldatenkow zugegen. Doumergue zeigte sich befangen vor ihnen und war überzeugt, es seien Spione. In Moskau führte Doumergue bei sich Gespräche unter vier Augen mit dem Fürsten Lwow und mit Tschelnokow. Lwow machte einen starken Eindruck auf ihn. Pikanterweise trat Muchanow während des Gesprächs ohne anzuklopfen ins Zimmer. Er entschuldigte sich und ging wieder hinaus. Das Gleiche geschah später während

Tschelnokows Gespräch mit Millerand – nicht Muchanow, sondern Soldatenkow kam herein.

Interessant ist ein Vorfall in der Handelskammer. Es waren viele Gäste da, unter anderem Schebeko. Bulotschnik hielt eine offizielle Rede. Doumergue (er hatte nichts davon verstanden) antwortete. Damit hätte man die Sache beenden sollen. Doch Rjabuschinski bahnte sich einen Weg durch die Menge, zog ein Manuskript aus der Tasche und verlas eine scharf formulierte Rede in französischer Sprache. Die Nation stehe der Regierung feindlich gegenüber, die Regierung störe die Nation bei der Arbeit usw. Und eine Anleihe habe keine Aussicht auf Erfolg.

Doumergue „avait un petit air absent", Schebeko ärgerte sich fürchterlich. Seither geht in allen Redaktionen das Telefon, dass man nicht nur Rjabuschinskis Rede nicht drucken, sondern auch keinesfalls seinen Namen erwähnen soll. Doumergue wusste nicht, wer Rjabuschinski ist und wunderte sich sehr, dass dies ein „membre du Conseil de l'Empire et archimillionaire" ist. Die Delegation fuhr über Kola davon.

Nach dieser Aufzeichnung über bereits veraltete (wohl aber charakteristische!) Angelegenheiten kehre ich zum heutigen Tag zurück.

Am Morgen hieß es, die Arbeiter der Putilow-Werke seien zur Arbeit gekommen, dann wieder wurde erklärt, sie seien nicht gekommen. Ich fahre die Sergijewskaja entlang, es ist sonnig und frostig. In der Ferne die Rufe kleiner Grüppchen von Demonstranten. Mal hier, mal dort.

Ich frage den Kutscher:

„Was rufen sie denn?"

„Wer weiß das schon. Sie schreien, was ihnen einfällt."

„Hast du es was gehört?"

„Was soll ich schon gehört haben. Sie schreien eben. Alles Mögliche. Kannst du nicht verstehen."

Armes Russland. Wirst du die Augen öffnen?

25. Februar, Sonnabend

Die Dinge kommen nicht zur Ruhe, es ist, als würden sie in Flammen geraten. Langsam, aber beharrlich. Bis jetzt ist kein systematischer Plan zu erkennen.
In der ganzen Stadt sind die Straßenbahnen zum Stehen gekommen. Auf dem Snamenskaja Platz war ein Meeting (junge Burschen saßen wie Spatzen auf dem Denkmal von Alexander dem III.). Am Gebäude der Stadtduma fielen die ersten Schüsse, abgefeuert von Dragonern.
Die Regierung erklärte sich auf Drängen Rodsjankos einverstanden, die Versorgungsfrage an die Stadtverwaltung weiterzuleiten. Das kommt, wie immer, zu spät. Rittich schwor der Duma, es gäbe kein Mangel an Brot. Kann sein, dass das stimmt. Aber selbst wenn … dann ist auch das natürlich „zu spät". Das Brot wird allmählich vergessen, wurde vergessen, wie eine Beiläufigkeit. Morgen sollen keine Zeitungen erscheinen, außer *Nowoje wremja* (Neue Zeit) die es für ihre Pflicht hält, die „Rebellen" anzuspucken. Gut wäre es, wenn sie kämen und die Arbeiter „abziehen" würden.
Trotzdem weiß ich noch nicht, womit und wie es ein (gutes) Ende nehmen könnte.
Immerhin – die Jahre 1905–1906 haben wir überlebt, als es keinen Zweifel gab, dass es nicht nur gut enden würde, sondern auch bereits zu Ende war. Ja, und das ist daraus geworden …
Doch mir ist klar: Jetzt ist es etwas ganz anderes. Jetzt ist alles maßloser geworden, denn der Krieg ist maßlos.
Kartaschow besteht hartnäckig darauf, dass dies ein „Ballett" sei, die Studenten wie die roten Flaggen und die Militärwagen, die sich langsam den Newski entlang hinter der Menge bewegen und seltsamerweise so wirken, als bildeten sie die Eskorte für diese roten Flaggen (eine Durchfahrt ist nicht möglich). Wenn das ein Ballett ist …, welch ein bitteres, unheilvolles Ballett. Oder …
Morgen soll der entscheidende Tag sein (Sonntag), so wird prophezeit. Sie hätten nicht anfangen dürfen, aus allen Rohren zu schießen. Dann aber … das hier ist nicht Deutschland, das wird nicht einfach so ein „Weiber"-Aufstand. Aber ich habe Angst, davon zu sprechen …

Es ist interessant, dass die Regierung keine erkennbaren Lebenszeichen von sich gibt. Wo sie ist und wer eigentlich schaltet und waltet, ist nicht klar. Das ist neu. Es gibt keinen wie früher den Trepow, dem es „um Patronen für die Menge nicht schade" war. Der Premier (ich erinnere mich nicht einmal sofort, wer das gerade war) scheint gleichsam bei sich zu Haus in der Wohnung verschieden zu sein. Protopopow hat sich ebenfalls höllisch die Finger verbrannt. Irgendwer gibt angeblich irgendwo irgendwelche Anordnungen. Ist es [der Militärkommandeur] Chabalow? Oder ein anderer. Es riecht nach irgendeinem gigantischen Leichnam. Weiter nichts. Seltsame Empfindung.

Die Duma „hat eine revolutionäre Position eingenommen" ... so wie sie ein Straßenbahnwaggon einnimmt, wenn er quer zu den Schienen steht. Nicht mehr. Die Intelligenzler liberaler Schattierung haben zurzeit nicht die geringste Verbindung mit der Bewegung. Ich weiß nicht, ob die anderen eine reale Verbindung zu ihr haben (ich bezweifle es), aber die Liberal-Oppositionellen haben nicht einmal eine sympathisierende, mitfühlende! Sie zischen: Was für Idioten! Die Armee muss ran. Man muss abwarten. Jetzt sind alle für den Krieg. Was für Defätisten!

Niemand hört auf sie. Sie haben sich umsonst in der Duma heiser gebrüllt. Und mit jedem Augenblick machen sie sich (scheinbar) immer weniger wichtig. („Scheinbar!" Aber sie werden doch gebraucht!)

Wenn es geschieht ..., vielleicht nicht dieses Mal, sondern beim zwanzigsten Mal, wird es für die verspäteten Liberalen eine bittere Einsicht bedeuten. Werden sie denn niemals ihre Verantwortung für die gegenwärtigen und ... die zukünftigen Augenblicke begreifen?

In unseren Regionen ist es ruhig. Schräg gegenüber Kasernen, in unserem Rücken Kasernen, gegenüber Invaliden. Ein Posten schreitet quer über die Straße. Statt Beljajew wurde General Manikowski nominiert.

26. Februar, Sonntag

Der Tag war außergewöhnlich hart. Zeitungen sind überhaupt nicht erschienen. Nicht einmal *Nowoje Wremja* (die Setzer sind entlassen worden). Nur *Semschtschina* und *Christianskoje tschtenie* (welch rührende Solidarität!).

Gestern fand die Sitzung der Stadtduma statt. Sie dauerte bis drei Uhr nachts. Den Vorsitz hatte Basunow. Sie verwandelte sich in eine breit gefasste politische Sitzung unter Beteiligung der Arbeiter (von den Kooperativen), der Kuratoren und der Abgeordneten. Auch Kerenski sprach. Es wurde vielerlei Gutes in Gang gebracht.

Seit heute Morgen hängt Chabalows Erklärung aus, die besagt, „dass die Unruhen von bewaffneten Kräften niedergeschlagen werden". Keiner liest die Erklärung. Ein kurzer Blick – und weiter. An den Läden stehen schweigsame Schlangen. Es ist frostig und hell. Auf den nächstgelegenen Straßen ist es sogar scheinbar still. Aber der Newski ist abgesperrt. „Alte" Kosaken sind aufgetaucht und galoppieren nun mit ihren Nagaikas die Trottoirs entlang und peitschen auf Frauen und Studenten ein. (Das habe ich auch hier, auf der Sergijewskaja, mit eigenen Augen gesehen.)

Auf dem Snamenskaja Platz schützten die Kosaken von gestern – also die „neuen" – das Volk vor der Polizei. Sie hatten den Polizeihauptmann getötet, die städtischen Polizisten auf die Ligowka abgedrängt, und als sie zurückkamen, waren sie mit den Rufen „Hurra, Genossen Kosaken!" begrüßt worden.

Nicht so heute. Um drei Uhr gab es auf dem Newski eine ernsthafte Schießerei, die Verwundeten und die Toten trug man auf der Stelle ins Empfangszimmer unter der Wache. Die im Hotel Europa sitzen, sind hoffnungslos eingeschlossen, und man sagte uns von dort, die Schießerei dauere schon seit Stunden an. Die Stimmung des Militärs ist unklar. Es gibt natürlich solche, die schießen (die Dragoner), es gibt aber auch solche, die umzingelt sind, d. h., die sich geweigert haben. Gestern verweigerte das Moskauer Regiment den Befehl. Heute gegen Abend haben wir eindeutige Berichte, dass das Pawlowsche Regiment sich nicht nur geweigert, sondern aufgewiegelt hat. Die Kasernen sind umzingelt, ebenso das ganze Marsfeld. Es heißt, der Kommandeur und einige Offiziere seien getötet worden.

Zurzeit läuft in der Duma der „Senioren-Konvent", für morgen ist eine allgemeine Sitzung anberaumt.

Die Verbindung zwischen der revolutionären Bewegung und der Duma ist vollkommen unbestimmt, nicht erkennbar. Die „Intelligenzija" ist weiterhin nicht an Bord. Sie haben nicht einmal Informationen zu den wesentlichen Fragen.

Irgendwo findet der „Rat der Arbeiterdeputierten" statt, sie arbeiten so etwas wie Losungen aus … (Haben sie sich für neue nicht zu spät entschieden? Werden sie es schaffen? Und die alten von vor zwölf Jahren – werden die noch etwas taugen?)

Bis jetzt ist nicht ersichtlich, wie und womit das enden könnte.

Auf den roten Flaggen war bislang die alte Losung „Nieder mit dem Absolutismus" zu lesen (das passt). Es gab wohl auch „Nieder mit dem Krieg", aber zum Glück hatte sie keinen großen Erfolg. Ja, ein auf sich gestelltes, unorganisiertes Element macht sich breit, und den Krieg, die Tatsache, dass ja KRIEG ist, dass er hier ist und dass er schrecklich ist – haben sie vergessen.

Das ist ganz natürlich. Das ist verständlich, allzu verständlich nach den Handlungen der Regierung und nach der Losung der zur Duma gehörigen und der nicht zur Duma gehörigen liberalen Intelligenzler: Alles für den Krieg! Verständlich ist diese Überspitzung, aber doch auch schrecklich!

Im Übrigen ist es jetzt zu spät zum Nachdenken. Und es spielt keine Rolle, wenn das nur ein Aufflammen ist, das erstickt werden wird (wenn!) – die Liberalen lernen nichts dazu: Für sie wird es wieder „zu früh" sein, über eine Revolution nachzudenken.

Aber mir wird klar, dass ich nicht objektiv genug über den Duma-Block spreche. Ich bin bereit, zuzugeben, dass er für die „Propaganda" seine Bedeutung hatte. Nur eine eigene *Tat* hat er nicht vollbracht. In manchen Zeiten aber besteht der Sinn des ganzen *Tuns* eben ausschließlich im *Tun*.

Ich bin bereit, zuzugeben, dass es selbst jetzt, selbst in diesem Augenblick (falls dies ein vorrevolutionärer Augenblick ist), für die „Gemäßigten" unter unseren Politikern NOCH NICHT ZU SPÄT IST. Doch der gegenwärtige Augenblick ist der letzte. Das letzte Erbarmen. Noch können sie … nein, ich glaube nicht, dass sie können, besser gesagt, *sie könnten* – etwas retten und selbst

irgendwie gerettet werden. Heute könnten sie es noch, morgen ist es zu spät. Doch man muss es auf der Stelle riskieren, gerade heute, diesen Augenblick mit aller Entschiedenheit zum vorrevolutionären Augenblick erklären. Denn nur so werden sie die morgige Revolution annehmen, durch sie hindurchgehen, ihren strengen Geist in sie hineintragen können.
Ohne Schuldzuweisung, mit Schaudern aber sehe ich, dass sie dazu nicht imstande sein werden. Es ist ja auch schwierig. Doch das ist unverzeihlich. Eine kopflose Revolution ist ein abgeschlagener, toter Kopf.
Wer wird den Aufbau leisten? Irgendjemand. Irgendwelche Dritten. Nicht aber die heutigen Miljukows, auch nicht die heutigen Unter-Tschcheidses.
Armes Russland. Wozu <u>es verhehlen – hier gibt es eine besonders stupide Schicht der Gesellschaft.</u> Das sind sie, diese widerwärtigen Leute, die heute die Theater zum Bersten füllen. Ja, in großen Scharen sitzen sie im „Maskenball" im Kaiserlichen Theater, von überall her sind sie zu Fuß gekommen (andere Verkehrsmittel gibt es nicht), ergötzen sich an Jurjews Darstellung und Meyerholds Inszenierung – ein Parkettplatz hat 18 000 gekostet. Und den Newski hinab knattern die Maschinengewehre. Genau zur gleichen Zeit (ich weiß es von einem Augenzeugen) erwischte eine verirrte Kugel einen Studenten, der sich bei einem Zwischenhändler eine Eintrittskarte gekauft hatte. Ein historisches Bild!
Alle Schulen, Gymnasien und Kurse sind geschlossen. Es leuchten einzig die Theater … und die Lagerfeuer von den Feldlagern, die die Truppe auf der Straße aufgeschlagen hat. Geschlossen sind auch die Gärten, wo Kinder friedlich spazieren gingen: der Sommergarten und unserer, der Taurische. Aus den Fenstern wird auf den Newski hinausgeschossen, das „Publikum" aber eilt ins Theater. Der Student hat sein Leben um der „Kunst" willen gelassen …
Doch man darf niemanden verurteilen. Es ist nicht die Zeit zum Richten – es ist eine schreckliche Zeit. Und egal wie es weiter gehen wird – eine *freudige*. Aber nicht einen Tropfen dieser seltsamen lebendigen Freude jenseits aller Vernunft hat auch nur eine Sekunde lang der Krieg beigesteuert. Für ein modernes menschliches Wesen gibt es keine Rechtfertigung für den Krieg. Alles am

Krieg ruft: „Zurück!" Alles an der revolutionären Bewegung ruft „Vorwärts!" Wenn es auch äußerlich Ähnlichkeiten gibt, ist plötzlich, einem Funken gleich, ein *qualitativer* Unterschied da. Ein qualitativer!

27. Februar, Montag
12 Uhr mittags. Gestern Abend hieß es in der Fraktionssitzung, in der Regierung schwanke man zwischen der Diktatur Protopopows und dem Ministerium des „Vertrauens" mit General Alexejew an der Spitze. Doch spät in der Nacht kam der Befehl, die Duma bis zum 1. April aufzulösen. Die Duma habe beschlossen, nicht auseinanderzugehen. Und sie sitzt wohl tatsächlich noch da. Alle Straßen, die zu uns führen, sind voll von Soldaten, die sich offensichtlich der Bewegung angeschlossen haben. Nikolai Sokolow, der am Morgen kam, erzählte, gestern habe die Übungstruppe des Pawlowschen Regiments, das zu dieser Zeit eingeschlossen war, auf dem Newski geschossen. Das habe den Aufstand des Regiments beschleunigt. Die Litauer und Wolhynier haben beschlossen, sich den Pawlowern anzuschließen.
Halb zwei Uhr mittags. Auf der Sergijewskaja ziehen bewaffnete Arbeiter, Soldaten, Leute aus dem Volk an unseren Fenstern vorbei. Alle Autos sind angehalten worden, Soldaten lassen die Fahrer aussteigen, schießen in die Luft, steigen ein, fahren fort. Viele Autos mit roten Transparenten biegen zur Duma ein.
Zwei Uhr mittags. Eine Delegation der 25 000 Mann starken aufständischen Truppen ist zur Duma vorgerückt, hat die Wache abgesetzt und deren Platz eingenommen. Geht die Sondersitzung der Duma weiter?
An den Fenstern zieht eine schreckliche Menschenmenge vorüber: Soldaten ohne Gewehre, Arbeiter mit Säbeln, junge Leute und sogar Kinder von sieben bis acht Jahren mit Bajonetten und Dolchen. Verdächtig sind nur die Artilleristen und ein Teil der Semjonow-Leute. Doch die ganze Straße, jedes strahlende Weibsbild ist überzeugt, dass sie „für das Volk" marschieren.
Drei Uhr nachmittags. Berichte über Telegramme Rodsjankos an den Zaren; das erste enthält die Bitte um einen Regierungswechsel, das zweite verkündet fast panisch: „Die letzte Stunde ist an-

gebrochen, die Dynastie ist in Gefahr"; und zwei weitere Telegramme von ihm gehen an [die Generäle] Brussilow und Ruski mit der Bitte, den Antrag beim Zaren zu unterstützen. Beide haben geantwortet. Ersterer schrieb: „Pflicht vor dem Zaren und dem Vaterland erfüllt", der andere: „Telegramm erhalten Auftrag erfüllt".
4 Uhr. Es wird geschossen – größtenteils in die Luft. Die Neuigkeiten: Die Gefängnisse sind geöffnet, die Gefangenen befreit. Von wem? Die Massen sind durcheinandergeraten. Irgendwo haben Soldaten Arbeiter „entlassen" (Munitionsfabrik), die Arbeiter strömten auf die Straße. Aus der Untersuchungshaft ist unter anderem auch [der Rasputin-Vertraute] Manassewitsch entlassen worden, fast hätte man ihn noch nach Hause begleitet.
Die Peter-Pauls-Festung ist eingenommen. Die revolutionären Truppen haben sie zu ihrem Basislager gemacht. Als Chrustalew-Nossar (der Vorsitzende des Rats der Arbeiter-Deputierten 1905) freigelassen wurde, begrüßten Arbeiter und Soldaten ihn begeistert. Wanja Pugatschow (er ist ein uns seit langem bekannter junger Matrose) erzählte mir in der Küche:
„Er hat so viele Jahre für das Volk gelitten und, wie man sieht, nicht umsonst." (Meine Anmerkung dazu: Nossar hat diese zehn Jahre in Paris verbracht, wo er sich zweifelhaft benahm, ist erst vor einem halben Jahr zurückgekehrt; allen Berichten zufolge ein Verrückter …) „Und jetzt haben sie ihn aufgegriffen und in die Duma gebracht. Unterwegs meinte er jedoch: Haltet ein, Genossen, geht erst zum Bezirksgericht, verbrennt ihre abscheulichen Akten, auch meine ist dabei. Sie gingen hin, zündeten alles an, und jetzt brennt es dort. Na, und dann brachten sie ihn in die Duma, zu den Abgeordneten. Die sind übereingekommen, dass er doch ein Amt annehmen solle, welches immer er will, und Minister auswählen. So wurde er also Chef des Rats der Arbeiter-Deputierten." (Anmerkung von mir: Wanja ist ganz und gar kein „grauer" Matrose, doch was für ein Wirrwarr, das ist ja schon interessant: Der „Chef" des Arbeiter-Rats „wählt" Minister aus und setzt sich auf ein beliebiges „Amt" …) „Dann sagte er: Lasst uns zum Finnischen Bahnhof fahren, die regulären Truppen in Empfang nehmen, damit sie sich gleich auf die Seite des Volkes stellen können … Na, und da sind sie gefahren."

Das Bezirksgericht brennt tatsächlich. Auch die Abteilung der Geheimen Staatspolizei ist vernichtet, und die Akten sind verbrannt.
Halb 5. Die Schießerei geht weiter, von den Regierungstruppen hingegen ist nichts zu hören. Der Redakteur der Kadetten-Zeitung *Retsch* Ganfman fuhr auf dem Motorrad zur Duma, doch die „Rebellen" setzten ihn vor die Tür. In der Duma ist eine heiße Debatte im Gang. Die Gemäßigten wollen eine Provisorische Regierung mit einem populären General „zur Vermeidung einer Anarchie", die Linken wollen eine Provisorische Regierung aus einflussreichen Duma-Leuten und Persönlichkeiten des gesellschaftlichen Lebens. Ich habe erfahren, dass die Duma nach dem Befehl, sich aufzulösen, durchaus nicht abgeneigt war „auseinanderzugehen", sie geriet im Gegenteil ins Wanken und schickt sich sogar an, nach Hause zu gehen, doch die Ereignisse hielten sie fast mechanisch zurück – die ersten herannahenden Truppen der Aufständischen, denen ununterbrochen weitere folgten. Es wurde gemeldet, Rodsjanko gehe umher, völlig verstört und händeringend: „Sie haben einen Revolutionär aus mir gemacht! Jawohl, das haben sie!"
Beljajew schlug ihm vor, ein Kabinett zu bilden, aber Rodsjanko antwortete: „Zu spät."
5 Uhr. In der Duma wurde ein Komitee „zur Wiederherstellung der Ordnung und zur Koordinierung von Einrichtungen und Personen" gegründet. Es besteht aus zwölf Personen: Rodsjanko, Konowalow, Dmitrjukow, Kerenski, Tschcheidse, Schulgin, Schidlowski, Miljukow, Karaulow, Lwow und Rshewski.
Das Komitee tagt ununterbrochen. Hier, im Taurischen Palais (in welchem Saal, weiß ich nicht), tagt auch der Arbeiter-Rat. In welcher Verbindung er zu dem Komitee steht, ist nicht ganz klar.
Doch es sind auch Vertreter der Kooperative anwesend.
Halb 6. [Der Vorsitzende des Staatsrates] Schtscheglowitow wurde festgenommen. Unter dem Schutz der Revolutionäre wurde er in die Duma gebracht. Rodsjanko protestierte, Kerenski aber steckte ihn auf eigene Verantwortung in den Ministerpavillon und schloss ihn ein.
(Golyzin hat Rodsjanko darüber informiert, dass er zurücktreten werde, desgleichen angeblich auch die anderen Minister, außer Protopopow.)

Es kam der Befehl, alle Tore und Zufahrten offen zu halten. Bei uns auf dem Hof suchten Soldaten nach zwei Schutzleuten, die im Haus wohnten. Doch die hatten sich verkleidet und hielten sich versteckt. Die Soldaten waren offenbar angetrunken, einer schoss ins Fenster. Sie bedrohten einen Vorgesetzten, verwundeten ihn, als er um Gnade bat.

Auf den Straßen sind Maschinengewehre und sogar Kanonen aufgestellt – alle von den Revolutionären erbeutet, denn, ich wiederhole, von den Regierungstruppen hört man nichts, und die Polizei hält sich verborgen.

Was die anderen Bezirke angeht, so sind die Gerüchte widersprüchlich: Der eine sagt, es gehe ziemlich geordnet zu, der andere, es habe Verwüstungen von Läden gegeben, u. a. auch des Waffendepots auf dem Newski und auf der Gw.(ardejski)-Insel.

6 Uhr. In einigen aufständischen Regimentern wurden Offiziere, Kommandeure und Generäle getötet. Es geht ein Gerücht um (ein nicht bestätigtes), ein japanischer Gesandter, den man für einen Offizier gehalten hat, sei getötet worden. Was die Artilleristen und die Semjonow-Leute angeht, ist alles gleichermaßen unbestimmt. Auf den Straßen gibt es kein einziges Pferd mehr, nur brummende Autos, die Stachelschweinen ähneln: Rundherum stehen die blitzenden Nadeln der Bajonette wie Borsten ab.

7 Uhr. In der Litejnaja 46 soll die *Iswestija* (Nachrichten) von einem Jounalistenkomitee herausgegeben werden – dort befindet sich der Versorgungsstützpunkt der Truppen (Semgor), die Verbände usw. Die *Iswestija* der Duma-Leute, deren Druck bereits in der Druckerei von *Nowoje wremja* begonnen hatte, ist nicht erschienen: Bewaffnete Arbeiter kamen und bestanden darauf, einige revolutionäre Proklamationen, die laut Wolkowysski (Mitarbeiter der Moskauer Zeitung *Utro Rossii* [Russlands Morgen]) in „unangenehmem" Ton gehalten waren, drucken zu lassen. Er sagt auch, die Bewegung nehme nun „chaotischen Charakter" an. Rodsjanko und die Duma-Leute verlieren jeglichen Einfluss. Fast hätten sie uns verraten. Immer nur Geduld, Geduld, selbst die Gespräche haben sich selbständig gemacht.

(Das kommt der Wahrheit nahe. Und diese Möglichkeit ist natürlich die allerschrecklichste. Ja, alles ist unsagbar schrecklich.

Beispiellos. Das ist das „Unumgängliche", das, wie man wusste, *sowieso eintreten wird.* Und sein Antlitz ist verborgen. Was aber ist es: „SIE" oder „ES"?)

9 Uhr. Es gehen geheime Gerüchte um, dass die Minister eine Sitzung in der Stadtverwaltung abhalten und unter Protopopows Vorsitz beraten. Offenbar sind Truppen aus Peterhof geordert worden. Angeblich habe ein Kampf auf dem Ismailowski-Prospekt begonnen, aber das ist noch nicht bestätigt.

Es kam ein Appell vom Rat der Arbeiter-Deputierten, sehr knapp gehalten und verworren. „Schließt euch zusammen … Wählt Abgeordnete … Besetzt Gebäude." Und kein Wort über seine Verbindung zum Duma-Komitee.

Alle glauben, dass auch noch ein Blutbad in der Regierung bevorsteht. Seltsam, dass sie so unsichtbar geworden ist, so als sei sie gänzlich verschwunden. Wenn sie aber noch irgendwelche Kräfte aufbringen kann, wird sie nicht zögern, mit dem Beschuss der Duma zu beginnen.

Es ist schon eine Kanone auf der Sergijewskaja zu sehen, es ist aber eine der Revolutionäre. (Die Kugeln sind bei allen die gleichen.)

Die Gerüchte von einer angeblichen Ernennung [General] Alexejews sind verstummt. Man spricht von der Ankunft Nikolai Nikolajewitschs oder Michail Alexejitschs oder von sonst jemand anderem.

(Wieder irgendwo Schüsse.)

11 Uhr abends. Irgendwelche „Nachrichten" (Iswestija) sind erschienen, wie allgemein bestätigt. Das ist das Komitee der Petersburger Journalisten. Es gibt noch einen weiteren Appell der Arbeiter-Deputierten: „Bürger, versorgt die aufständischen Soldaten …" Von einer Verbindung (?), von Beziehungen zwischen dem Duma-Komitee und dem Rat der Arbeiter-Deputierten weder hier noch dort ein Wort.

12 Uhr. Telefonate sind bei uns noch möglich, doch es ist nichts Genaues zu erfahren. Schlussfolgerungen und Eindrücken möchte ich mich lieber enthalten. Nur eines: Ist die Duma jetzt in der Gewalt der Truppen – der Soldaten und Arbeiter? Ist sie *bereits* in deren Gewalt?

28. Februar, Dienstag

Gestern bin ich nicht zu Ende gekommen, auch heute werde ich natürlich nicht alles schreiben können. Es ist ein bedrohliches, schreckliches Märchen.

Nikolai Slonimski kam (Student, im Musikkorps der „Preobrashenzer") und brachte Zeitungen mit. Hatte viel Interessantes zu erzählen. Ganz in Ekstase geraten, vergaß er seinen Individualismus.

Die *Iswestija* des Rats der Arbeiter-Deputierten berichtet, dass der Rat im Taurischen Palais tage, er habe „Bezirkskommissare" gewählt, er rufe dazu auf, „für die vollständige Beseitigung der alten Regierung und für die Einberufung einer Konstituierenden Versammlung auf der Basis des allgemeinen, geheimen …" usw. zu kämpfen.

Das alles klingt gut und entschieden, aber da gehen die „Aufrufe" weiter, von denen einem auch so schon der Modergeruch, ihr Alter von zwölf Jahren entgegenschlägt – so als hätten diese Papiere seit dem Jahr 1905 in einem feuchten Keller gelegen (und so ist es ja auch, neue zu schreiben haben sie nicht geschafft, denn sie sind zu Neuem nicht fähig, diese Schreiberlinge).

Und hier etwas aus dem Manifest der Sozialdemokratischen Arbeiterpartei, des Zentralkomitees: „… Sich mit dem Proletariat der kriegführenden Länder gegen seine Unterdrücker und Peiniger, gegen die herrschenden Regierungen und die Kapitalistenclique verbünden, um dem Gemetzel, das den geknechteten Völkern aufgezwungen worden ist, unverzüglich ein Ende zu bereiten."

Das also ist dem Tonfall nach und fast wörtlich das leibhaftige „Neue Leben" des „sozial-demokratischen Bolschewiken" Lenin der Jahre um 1905, als noch Nikolai Minski [der damalige Redakteur von *Nowaja Shisn*], mit seinem vergeblichen Bemühen, seine „Überbauten" zu errichten, eingesperrt wurde, der nun in der Emigration sein Leben fristet. Und es ist derselbe gehobene Stumpfsinn, dieselbe Ignoranz und dasselbe Unverständnis für den Augenblick, die Zeit, die Geschichte.

Aber … selbst hier – ganz zu schweigen von anderen Appellen und Erklärungen des Rats der Arbeiter-Deputierten, denen man schon von der Sache her nicht umhin kann zuzustimmen – ist Aktivität, Überzeugungskraft zu spüren, ganz im Gegensatz zu der sanften Willenlosigkeit der Duma-Leute. Die wissen selbst nicht, was sie gerne hätten, sie wissen nicht einmal, welche Wünsche sie gerne hätten. Und was sollen sie anfangen – mit dem Zaren? Ohne den Zaren? Sie umgehen vorsichtig alle Fragen, alle Antworten. Man braucht nur die *Iswestija* des Komitees anzuschauen, die „Bekanntmachung", unterschrieben von Rodsjanko. All das macht den jämmerlichen Eindruck von Zaghaftigkeit, Verwirrung und Unentschlossenheit.

Aus jeder Zeile ertönt Rodsjankos berühmtes Gezeter: „Sie haben einen Revolutionär aus mir gemacht! Jawohl, das haben sie!"

Inzwischen ist klar: Wenn es jetzt keine Staatsgewalt geben wird, wird das Russland schlecht bekommen. *Sehr schlecht*. Doch es scheint ein Fluch zu sein, dass sie selbst in der sich ohne sie (und vielleicht deshalb überhaupt?) vollziehenden Revolution nicht wenigstens einen klugen, aber revolutionären Standpunkt (Blickpunkt ist zu wenig) einnehmen können …

Sie sind Außenseiter, jene aber, die Linken, sind die Herren. Zurzeit zerstören sie all ihre Habe (sie sind nicht schuld, denn sie sind längst allein) – aber sie sind die Herren.

Es wird noch einen Kampf geben. Mein Gott! Rette Russland! Rette es, rette es doch! Rette es von innen heraus, führe es auf Deine Art.

Um 4 Uhr die Nachricht, Artillerie fährt den Wosnessenski-Prospekt entlang, sie ist übergelaufen. An der deutschen Kirche Maschinengewehre, es wird in die Menge geschossen.

Kartaschow kam, ebenfalls in heller Aufregung und bereits in Ekstase (jetzt ist es kein „Ballett" mehr!).

„Ich habe es selbst gesehen, mit eigenen Augen. Den Pitirim haben sie aufgegriffen, und es werden Soldaten in die Duma gebracht!"

Das ist unser ehrenwerter Metropolit, Freund des seligen Grischa. Die Truppen – Überläufer, und es werden immer mehr, unaufhaltsam – strömen wie eine Lawine zur Duma. Es heißt, man gehe hinaus zu ihnen. Ich weiß, dass Miljukow, Rodsjanko und Kerenski Reden hielten.

Der Kontakt zwischen dem Komitee und dem Rat der Arbeiter-Deputierten ist unklar. Es gibt ihn offensichtlich, wenn auch parallel agiert wird: zum Beispiel „organisieren" die einen wie die

anderen „eine Miliz". Aber es ist doch so: Kerenski und Tschcheidse sind zur gleichen Zeit sowohl im Rat als auch im Komitee.
Kann denn das Komitee sich selbst zur Regierung erklären? Wenn es das kann, dann kann es der Rat auch. Es ist aber so, dass das Komitee dies niemals und um keinen Preis tun wird, dazu ist es nicht fähig. Der Rat aber ist dazu in höchstem Maße fähig. Schrecklich.
Immer mehr Leute kommen bei uns vorbei … Man kann gar nicht alles aufschreiben. Sie kommen aus verschiedenen Enden der Stadt und erzählen völlig verschiedene Dinge, und so ergibt sich ein einziges grandioses Bild.
Wir saßen alle im Speisezimmer, als plötzlich ganz in der Nähe Maschinengewehre zu knattern begannen. Das war um 5 Uhr. Es stellt sich heraus, dass sowohl auf unserem Dach Maschinengewehre postiert sind als auch auf dem Haus gegenüber, ja, alle Häuser in unserer Nähe (zur Duma hin) sind mit Maschinengewehren bestückt. Sie sind da noch vom 14. (Februar), als sie Protopopow auf allen hochgelegenen Stellen, sogar auf Kirchen (auch auf der Erlöserkathedrale) aufstellen ließ. Im Polizeirevier „Alexander Newski" hat man wegen des Maschinengewehrs Feuer gelegt.
Aber wer schießt da? Zum Beispiel von unserem Haus aus? Offensichtlich verkleidete „treuergebene" Polizisten.
Wir gingen in den anderen Teil der Wohnung – der in Richtung Straße liegt. Doch hier war es nicht. Es hatte vom gegenüberliegenden Haus begonnen, direkt in die Fenster. Die Straße war leer. Dann zog eine bewaffnete Menge vorbei. Ein Teil von ihr stieg über die Treppe hinauf, um das Maschinengewehr auf dem Dachboden zu suchen. Der ganze Hof voller Soldaten. Dort wird geschossen. Wir gingen in der Wohnung hin und her, je nachdem, wo das Geknatter schwächer war.
Da tauchte Boris Bugajew (Andrei Bely) auf, er kam aus Zarskoje, fassungslos angesichts dieses ganzen Bildes, das sich ihm bereits auf dem Bahnhof geboten hatte. (In Zarskoje ist es ruhig, nur Gerüchte, doch die Gendarmen halten noch die Stellung.)
Borja hatte 5 Stunden vom Bahnhof zu uns gebraucht. Maschinengewehrbeschuss von allen Dächern. Dreimal musste er sich verstecken, legte sich hinter irgendwelchen Umzäunungen (sogar

auf der Kirotschnaja) in den Schnee und verhedderte sich in seinem Pelz.

Gestern war Boris bei Maslowski (Mstislawski) in der Nikolai-Militärakademie. Der redete in einem verdrießlichen und pessimistischen Ton. Und war unzufrieden, denn es gebe „keine Disziplin" mehr und so weiter ... Mittlerweile ist er Maximalist geworden. Ich habe ihn lange aufmerksam beobachtet und ihn sogar verteidigt, aber vor zwei Jahren ist klar geworden, dass er eine sehr „schillernde" Persönlichkeit ist. Kerenski ist sogar in den Süden gefahren, um seinen „Fall" zu untersuchen.

Und der arme Boris, dieses geniale, kahlköpfige, unverständige Kind, freundet sich mit ihm an. Mit ihm und mit Iwanow Rasumnik, diesem „Schriftsteller", der von einer giftigen Schlange gebissen zu sein scheint.

Um ½ 8 Uhr abends erschien noch die *Iswestija*. Ja, da findet ein innerer Kampf statt. Rodsjanko versucht vergeblich, Truppen zu organisieren. Die Offiziere kommen zu ihm. Zum Rat aber kommen die Soldaten, kommt das Volk. Der Rat ruft klar und gebieterisch zur Republik auf, zur Konstituierenden Versammlung, zu einer neuen Staatsmacht. Der Rat ist revolutionär ... Bei uns ist jetzt Revolution.

Wir sitzen im Speisezimmer – es läutet. Drei junge Burschen, halbe Soldaten, stark angetrunken. Tragen Gewehre und Revolver. Sie sind „Waffen einsammeln" gekommen. Sie haben jedoch ein gutmütiges Aussehen.

Petit rief an. In den Botschaften interessiert man sich für die Haltung der „Provisorischen Regierung" zum Krieg. Er fragte begierig, ob es denn wahr sei, dass der Vorsitzende des Arbeiter-Rats Chrustalew-Nossar sei.

Es läutet abermals. Man teilt uns mit, „Rodsjankos Position" sei „sehr wackelig".

Es läutet nochmals (später am Abend). Nachricht aus guter Quelle. Angeblich habe man im Hauptquartier bis zum gestrigen Abend nicht den *Ernst* der Lage erkannt. Nachdem man ihn erkannt hatte, habe man beschlossen, drei ausgewählte Divisionen zur „Befriedung des Aufstands" zu entsenden.

Und noch später gab es verdrießliche Berichte über anwachsende

Spontaneität, über den Verfall der Disziplin, über die feindselige Haltung des Rats den Duma-Leuten gegenüber.
Aber genug. Man kann ja nicht alles aufschreiben. Natürlich werden die Unruhen schon sichtbar. Es gibt bereits viele betrunkene Soldaten, die sich von ihren Einheiten entfernt haben. Und diese Taurische Doppelherrschaft … Doch was für gute Gesichter. Was für jugendliche, neue, honigsüße Revolutionäre. Und welch eine nie dagewesene, blitzartige Revolution.
Trotzdem wird geschossen. Die Nacht wird wohl unruhig werden.

PS Später, nachts
Ich kann nicht anders, ich füge noch zwei Worte hinzu. Plötzlich ist alles ziemlich klar. Die ganze Position des Komitees, die ganze Vorsicht und Schwäche seiner „Deklarationen" – all das kommt nur folgendermaßen zustande: Noch glimmt in ihnen die Hoffnung, der Zar könnte dieses Komitee als offizielle Regierung anerkennen, nachdem er eine weitreichende Vollmacht – Verantwortlichkeit vielleicht, was weiß ich – erteilt hat. Sie glimmt noch, diese Hoffnung, ja, wie ein sehnlicher Wunsch. Sie wollen keine Republik, sie können sie nicht ertragen. Und ein „Koalitionsministerium" auf europäische Art, *von der Obersten Macht anerkannt* … Kerenski und Tschcheidse? Na, die fallen aus dem Begriff „anerkannt" automatisch heraus.
Sie haben so wenig vom Absolutismus verstanden, dass sie es fertigbringen konnten, vom Zaren etwas zu erbitten. Nur erbitten konnten sie die „legitime Macht". Die Revolution hat diese Macht zu Fall gebracht – ohne ihr Zutun. Nicht sie haben sie gestürzt. Sie sind nur zufällig an der Oberfläche, oben geblieben – durch Passivität und ohne bevollmächtigt zu sein. Doch sie sind *natürlich* machtlos, denn die Macht *übernehmen* können sie nicht, die Macht muss ihnen übergeben werden, und zwar von oben; bevor sie sich nicht selbst mit der Macht betraut fühlen, werden sie auch nicht von ihr Gebrauch machen.
All ihre Reden, all ihre Worte kann ich mit diesem Futterstoff unterlegen. Ich schreibe dies heute, denn morgen kann ihre letzte Hoffnung erloschen sein. Und dann werden es alle sehen. Doch was wird dann?

Sie sind sich selbst treu. Was aber wird werden? Ich will ja, dass diese Hoffnung sich als vergeblich erweisen wird … Aber was wird werden?
Ich will ein Wunder, das ist klar.
Ich sehe mehr, als ich sagen kann.

1. März, Mittwoch

Vom Morgen an strömen unablässig Regimenter bei uns vorbei zur Duma. Recht geordnet, mit Flaggen, mit Bannern, mit Musik. Dimitri sah heute angesichts dieser Fülle disziplinierter Truppen alles „rosarot".
Wir gingen für etwa eine Stunde hinaus, gingen in Richtung Duma. Wir sahen, dass nicht nur über unsere, sondern auch über alle Nachbarstraßen diese Truppenlawine strömt, schillernd von blutroten Flecken. Ein erstaunlicher Tag: leicht frostig, weiß, ganz und gar winterlich – und auch schon ganz und gar frühlingshaft. Ein weiter, heiterer Himmel. Bisweilen setzte ein unerwarteter, rein frühlingshafter Schneesturm ein, kreisend flogen sanfte, weiße Flocken hernieder und wurden plötzlich golden, beschienen von einem Sonnenstahl. So golden ist gewöhnlich ein Sommerregen; nun auch dieser goldene Frühlingsschneesturm.
Auch Boris Bugajew war mit uns unterwegs (er ist dieser Tage bei uns). In der Menge, die sich neben den Truppen auf den Trottoirs drängte, waren so viele bekannte Gesichter, junge und alte. Alle Gesichter aber, auch die unbekannten, waren lieb, fröhlich und voll des Glaubens. Ein unvergesslicher Morgen, die blutroten Flügel und die Marseillaise im schneeigen, in Gold getauchten Weiß …
Wir gingen zusammen mit Michail Tugan-Baranowski, den wir unterwegs getroffen hatten, nach Hause zurück. Wir fanden eine Menge Leute vor, Studenten, Offiziere (junge, auch ehemalige Studenten aus meinem *Grünen Ring* von einst).
Nun ist für alle mehr oder weniger klar, was mir gestern Abend bezüglich des Komitees aufging. Und es wird noch klarer werden. Die morgendliche Helligkeit heute, das ist die Trunkenheit von der Wahrheit der Revolution, die Verliebtheit in die errungene (nicht „erhaltene") Freiheit – und das liegt sowohl in den Regimentern und ihrer Musik als auch in den leuchtenden Gesichtern

der Straße, des Volks. Jene, die jetzt an erster Stelle stehen sollten, besitzen diese Helligkeit nicht (nicht einmal das Verständnis dafür). Sie sollten es und können es nicht, und sie werden es auch nicht, sondern so tun, als ob …

4 Uhr. Alle möglichen Nachrichten treffen ein. Immer deutlicher wird vor allem die Kluft zwischen Komitee und Rat. Es geht das Gerücht um, dass Duma-Leute zum Zaren geschickt worden oder gefahren sind – wegen dessen Abdankung. (Er ist irgendwo zwischen Pskow und Bologoje mit seinem Zug steckengeblieben.) Es heißt sogar, er habe bereits zugunsten [seines Sohns] Alexej unter der Regentschaft [des Großfürsten] Michail Alexejewitsch abgedankt. Das geht natürlich vom Komitee aus (wenn es denn so ist). Wahrscheinlich ist ihre letzte Hoffnung auf Nikolaus dahin (zu spät!), und da tun sie das, um trotzdem noch annäherungsweise eine gesetzliche Regelung zu finden …, um trotzdem noch etwas von oben zu verhängen, irgendeine „oberste Sanktion der Revolution" …

Bei uns sind die Protopopowschen Maschinengewehre verstummt, doch in anderen Bezirken sind sie auch heute noch überall zu hören. Die „heldenhaften" Polizisten schießen, im Übrigen mangelhaft informiert, von der Isaak-Kathedrale …

Einige Tage vor den Ereignissen erhielt Protopopow „höchste Danksagung für die schnelle Verhütung der Unruhen des 14. Februar".

Nach der Ermordung Grischkas hatte er immer damit geprahlt, dass er „die Revolution von oben niedergeschlagen" habe – „Ich werde auch die von unten niederschlagen". Und so stellte er denn Maschinengewehre auf. Und die Gendarmen schützen unterdessen das nicht mehr existierende „alte Regime".

Die Regimenter ziehen noch immer mit riesigen roten Bannern dahin. Es ist ein ständiges Kommen und Gehen. Es ist ergreifend … und erschreckend, dass sie so unaufhaltsam strömen, um vor der Duma vorbeizudefilieren. Als wollten sie deren Sanktion erlangen. Dieser Akt des „Vertrauens" ist eine gewichtige Tatsache; und ein Plus …, was aber daran erschreckend ist, weiß ich und schweige.

Borja (Bugajew) schaut aus dem Fenster und ruft:

„Ein heiliger Reigen!"
Alle kommen in der Duma zusammen – auch die unter Arrest stehenden Minister, alle möglichen Würdenträger. Sogar [der Theaterdirektor] Teljakowski wurde hergebracht (auf seinem Haus war ein Maschinengewehr). Die unter Arrest Stehenden werden im Ministerpavillon eingesperrt. Miljukow wollte Schtscheglowitow freilassen, doch Kerenski sperrte auch ihn eigenmächtig in den Pavillon. Protopopows Schicksal ist unklar – er sei angeblich von selbst gekommen, um sich verhaften zu lassen. Das ist nicht verbürgt.

6 Uhr. Leute, Nachrichten, Telefonate. Wladimir Sensinow ist, wie sich herausstellte, im Rat. Er war wegen literarischer Angelegenheiten zufällig aus Moskau gekommen, die Ereignisse hatten ihn hier überrascht. Wir kennen ihn seit 10 Jahren, noch aus Paris, noch vor seiner Verbannung nach Russkoje Ustje. Er ist Sozialrevolutionär, vom Typ eines Heiligen, schwächlich, asketisch. Mit Kerenski hat Dima ihn bekannt gemacht, indem er ihn in einen der „Kreise" einführte ... Jetzt erfahren wir, dass er im Rat ist – in den Reihen der Extremen. Na, so etwas! Chrustaljew-Nossar sitzt im Rat und rührt sich nicht vom Fleck, obwohl man ihm verschiedentlich zu verstehen gab, dass er nicht gewählt ist ..., was kümmert ihn das.

Nach Erzählungen Borjas (Bugajews), der gestern sowohl Maslowski als auch Rasumnik gesehen hat, sind beide nüchtern denkend, pessimistisch, beide gegen den Rat, gegen die „Kommune" eingestellt und fürchten die Anarchie und den Extremismus. Bis jetzt gibt es nicht einen wirklichen „Namen", niemand hat sich hervorgetan. Am eindeutigsten handelt Kerenski – nicht im Sinne des einen oder des anderen Extrems, sondern im Sinne einer Verbindung und Vereinigung aller. In ihm steckt leidenschaftliche Intuition, zeitgemäßes, revolutionäres Denken, und darin liegen seine Stärken. Es ist gut, dass er sowohl im Komitee als auch im Rat ist.

Um 8 Uhr. Rasumnik rief Borja aus der Duma an. Er sitzt dort als Beobachter, zwischen Komitee und Rat eingezwängt; er verfolgt wahrscheinlich, wie diese historische, zweiköpfige Sitzung abläuft. Der Anfang der Sitzung verliert sich in Vergangenem, ein Ende ist nicht abzusehen; es ist offensichtlich, dass es die ganze Nacht dau-

ern wird. Es wird wohl zu einer äußerst scharfen Auseinandersetzung kommen. Borja lud Rasumnik ein, zu uns zum Ausruhen und zum Erzählen zu kommen, wenn es vor Mitternacht eine Unterbrechung gibt.
Iwanow Rasumnik verkehrt nicht bei uns (er ist schwer zu ertragen), aber jetzt passt es ausgezeichnet, soll er nur kommen. Bei uns ist sowieso das Stabsquartier für Bekannte und Halbbekannte (manchmal auch für vollkommen Unbekannte), die zu Fuß in die Duma traben (ins Taurische Palais). Den einen wärmen wir auf, dem anderen geben wir Tee zu trinken oder etwas zu essen.
11 Uhr. Anruf von Petit. Er war in der Duma. Völliges Chaos. Rodsjanko sagte auch zu ihm (wahrscheinlich schlug er sich dabei auf die Schenkel): „Voilà m-r Petit, nous sommes en pleine révolution!"
Dann kam Iwanow Rasumnik, energielos, abgezehrt und auch noch erkältet. Im Taurischen Palais war die Sitzung für eine Stunde unterbrochen worden. Gegen 12 geht er wieder dorthin zurück. Wir brachten ihn ins Gästezimmer, setzten ihn in einen Sessel, gaben ihm kalten Tee. Nur Dimitri, Borja Bugajew und ich waren da. Um die Wahrheit zu sagen, er versetzte uns in düstere Stimmung. Und er selbst war vollkommen erschöpft und ohne Hoffnung. Doch werde ich nur kurz die Fakten seines Berichts wiedergeben. Der Rat der Arbeiter-Deputierten besteht aus 250–300 (oder mehr) Personen. Aus ihm wurde ein eigenes „Exekutivkomitee" gebildet, Chrustaljow ist nicht im Komitee. Das Verhältnis zum Duma-Komitee ist feindselig. Rodsjanko und Gutschkow haben sich am Morgen auf den Nikolajewski Bahnhof begeben, um zum Zaren zu fahren (wegen der Abdankung? oder wozu sonst? und von wem entsandt?), doch die Arbeiter wollten ihnen keine Waggons geben. (Später sind sie dann doch alle gefahren, mit noch irgendjemandem.) Der Zar ist nicht in Freiheit und auch nicht in Gefangenschaft; die Eisenbahnarbeiter geben ihn nicht frei. Der Zug steckt irgendwo zwischen Bologoje und Pskow fest.
Im Rat und im Komitee der Arbeiter-Deputierten spielt [seitens der Menschewiki] Nikolai Gimmer (Suchanow) eine Rolle, auch Nikolai Sokolow, irgendein „Genosse Namenlos" und eben die Bolschewiken. Es wird offen gesagt, dass man keine Wiederholung

von 1848 wünscht, als die Arbeiter für die Liberalen die Kastanien aus dem Feuer holten und diese sie dafür erschossen. „Lieber erschießen wir die Liberalen." In den Truppen herrscht völlige Desorganisation. Werden 600 Leute auf den Bahnhof geschickt, kommen 30. Heute um 6 Uhr hieß es, aus Krasny komme ein Regiment mit Tross und Artillerie. Alle waren überzeugt, es sei eines der Regierung. Doch auf dem Bahnhof stellt sich heraus, dass es eines von „unseren" war. Es defilierte an der Duma vorbei. Daraufhin wurde es zum Gebäude des Verkehrsministeriums geschickt, das damit in eine Kaserne verwandelt wurde.

Eine „bürgerliche" Miliz ist nicht zustande gekommen. Im Einsatz ist die Miliz der Sozialdemokraten. Das Duma-Komitee wollte ihr keine Waffen geben – sie nahm sie sich mit Gewalt.

Es gab die Idee, Gorki in den Rat zu berufen, um die Arbeiter zur Vernunft zu bringen. Doch Gorki steht voll unter dem Einfluss seiner Gimmers und Tichonows.

Kerenski nimmt im Ratskomitee den äußersten rechten Flügel ein (und im Duma-Komitee den äußersten linken).

Der Rat hat Agenten durch die Provinz geschickt mit der Parole „Die Gutsländereien konfiszieren!". Gwosdew, soeben aus dem Gefängnis entlassen, ist – als ziemlich Rechter – nicht ins Exekutiv-Komitee gewählt worden.

Überhaupt blickt Iwanow Rasumnik völlig entsetzt und mit Abscheu auf den Rat, so als sei er nicht einmal eine „Kommune", sondern eine „Pugatschowerei".

Nun hat sich alles verhärtet und auf die Frage, wie die Macht beschaffen sein soll, zugespitzt. (Was vollkommen natürlich ist.)

Und da kann man sich nicht einigen. Wenn es so ist, dann werden sie sich in keiner Weise einigen können. Es muss aber eine Einigung geben, nicht innerhalb von 3 Nächten, sondern in einer Nacht. Wie sonst?

Die Anführer des Rats, die aus der Intelligenzija kommen, sind gezwungen, Zugeständnisse zu machen. (Die Frage ist, inwieweit sie wirklich die Anführer sind. Vielleicht sind sie schon nicht mehr Herr über den ganzen Rat und auch nicht über sich selbst?) Doch auch die Leute des Duma-Komitees sind dazu gezwungen. Und zwar zu noch größeren Zugeständnissen. Und in dieser

Zwangslage und zu diesem Zeitpunkt bietet sich der „linke Block"
ihnen an. Sie können das nicht ignorieren. Und ich glaube, sie
werden Zugeständnisse machen. Es ist unmöglich, zu glauben,
dass sie das nicht tun. Hier ist auch kein Wille nötig, das zu tun.
Es ist aussichtslos, das verstehen sie. (Die zweite Frage ist, ob nun
alles „zu spät" ist.)
Doch die Lage ist wahnsinnig gespannt. Und Rasumnik malte sie
so schwarz, dass wir den Mut sinken ließen. Das ganze Problem in
dieser Minute besteht darin: Wird es zur Gründung einer Staatsmacht kommen oder nicht. Es ist vollkommen verständlich, dass
keines der Komitees, weder das der Duma noch das des Rats, *in
vollem Maße* Staatsmacht werden kann. Gebraucht wird etwas
Neues, etwas Drittes.
Es gab noch viele verschiedene Nachrichten, selbst nachdem
Rasumnik gegangen war, doch man mag davon nicht schreiben.
Man denkt immer nur an das Wichtigste. Ich ziehe den Vorhang
hoch; ich öffne das zugefrorene Fenster; ich schaue in die vertrauten kahlen Bäume des Taurischen Gartens; ich bemühe mich, die
unsichtbar runde Kuppel des Palais auszumachen. Verbirgt sich
jetzt irgendetwas darunter?
Heute wurde [der frühere Kriegsminister] Suchomlinow hergebracht. Einen Moment lang schien es, als würden ihn die Soldaten
zerfleischen …
Protopopow erschien tatsächlich selbst, Grimassen schneidend
und den Irren spielend. Zu Kerenski sagte er geradeheraus: „Euer
Hochwohlgeborene Exzellenz …" Der schrie ihn an und führte
ihn zu den anderen in den Pavillon.
Ein heller Morgen heute. Und ein dunkler Abend.

2. März

Heute Morgen ist alles geheimnisvoll verschwiegen, seltsam still.
Und das Wetter ist plötzlich gräulich und dunkel geworden. Zwei
Fähnriche (ehemalige Studenten) kamen zu uns. Sie sind natürlich
keine Offiziere der „Schwarzhunderter" mehr. Doch es ballt sich
etwas Ungereimtes, Unaufhaltsames zusammen, und sie sind verwirrt. Die Soldaten nehmen die Offiziere fest und befreien sie
dann wieder, mal so, mal so, und natürlich wissen sie selbst nicht,

was zu tun ist und was sie eigentlich wollen. Draußen ist die Haltung den Offizieren gegenüber feindselig.

Gerade sahen wir die Proklamation des Rats mit dem Aufruf, nicht auf das Duma-Komitee zu hören.

In der letzten Nummer der *Iswestija* des Rats (ja, jetzt ist es schon nicht mehr der „Rat der Arbeiter-Deputierten", sondern der „Rat der Arbeiter- und *Soldaten*-Deputierten") war ein sehr seltsamer „Befehl für die Garnison Nr. 1" abgedruckt. Darin hieß es unter anderem, es sei „nur auf die Befehle zu hören, die den Befehlen des Rats der Arbeiter- und Soldaten-Deputierten nicht widersprechen".

Um drei Uhr kam Rumanow [der Redakteur von *Russkoje slowo*], fußlahm aus der Duma: Man hatte ihm sein Auto weggenommen. „Ich mache 18 Werst am Tag." Er ist optimistisch, aber er steckt einen damit nicht an. Die Position der Duma umschrieb er sehr präzise und mit naiver Direktheit. „Sie meinen, die Macht sei ihren rechtmäßigen Trägern entglitten. Sie haben sie aufgenommen und halten starr an ihr fest, und sie werden sie den neuen rechtmäßigen Herrschern übergeben, die mit den alten wenigstens mit einem dünnen Fädchen noch verbunden sein sollten."

Das ist durchsichtig und klar. Kaum war ihre Hoffnung auf Nikolaus II. selbst erloschen, begannen sie, nach seiner Abdankung, auf Alexejs und Michails Regentschaft zu setzen. Ein Fädchen …, wenn das nur kein Strick ist. Und sie sind nicht „betraut" – sie sind machtlos.

Die Insassen des Ministerpavillons (es sind viele) bieten ein kunstvolles Bild: Goremykin mit Zigarre. Stischinski keuchend. Maklanow bat in seiner Verzweiflung um einen Revolver. Und ständig kommen neue dazu.

Im Gebäude der Duma herrscht zunehmendes Chaos. Grshebin stellt die *Iswestija der Arbeiter-Deputierten* zusammen, Liwschiz, Nemanow und Poljakow (Konstitutionelle Demokraten) – einfach die *Iswestija* (des Duma-Komitees).

Demidow und Wassja (Stepanow, Duma-Abgeordneter, konstitutioneller Demokrat, mein Cousin) sind im Auftrag des Duma-Komitees nach Zarskoje gefahren, um einen Kommandanten zum Schutz der Zarenfamilie zu benennen. Sie sprachen mit den dorti-

gen Kommandanten und kamen irgendwie verwirrt und durcheinander „eben wieder" zurück.
Leute tauchten auf, keiner brachte jedoch etwas Vernünftiges mit. Die Unruhe verstärkt sich. Was ist denn dort letztendlich los? Beschließen sie nun, eine Regierung zu wählen oder fallen sie endgültig auseinander?
Zu uns kam der unschuldig wirkende, kindlich-naiv strahlende Sekretär Lew Tolstois, Valentin Bulgakow.
Dann trafen die Petits ein. Er begab sich in die Duma, sie blieb derweilen bei uns. Boris Bugajew ist zurückgekehrt: Er wollte nach Zarskoje fahren, seine Sachen holen, doch das erwies sich als unmöglich.
Wir sitzen da, es dämmert, wir zünden kein Feuer an, warten, Unruhe im Herzen. Angst und eine allmählich aufsteigende Empörung.
Plötzlich, es war bereits 6 Uhr, klingelte das Telefon, und es kam die Mitteilung (die vollkommen zuverlässig war, denn sie stammte von Sensinow): „Kabinett gewählt. Alles gut. Die Einigung ist zustande gekommen."
Er zählte die Namen auf. Ich notiere sie hier nicht alle (das ist schließlich Geschichte), nur das Wichtigste: Premier ist Lwow (aus Moskau, rechter als die Kadetten), dann Nekrassow, Gutschkow, Miljukow, Kerenski (Justiz). Ich bemerke Folgendes: Ins *Revolutionskabinett* wurde *kein einziger Revolutionär* aufgenommen außer Kerenski. Freilich, er allein ist so viel wert wie viele andere, dennoch ist es eine Tatsache: Alle übrigen sind entweder Oktobristen oder Kadetten, zudem noch Rechte, bis auf Nekrassow, der eine gewisse Zeit linker Kadett war.
Als Persönlichkeiten sind sie alle ehrenwert, doch in keiner Weise bedeutend. Miljukow ist klug, doch ich kann mir absolut nicht vorstellen, wohin sich sein Verstand in der Atmosphäre der Revolution entwickeln wird. Wie wird er über dieses heiße, ihm verhasste Terrain schreiten? Er wird aber auch keine Schuld tragen, wenn er gleich am Anfang stolpern sollte. Hier braucht es ein immenses Taktgefühl; woher soll es kommen – wenn er sich in einem ihm *nicht vertrauten* Milieu bewegt?
Kerenski ist ein anderer Fall. Aber er ist allein.

Rodsjanko ist nicht da. Unterdessen, wenn es nicht um die Sache geht, sondern um die „Namen", steht der Name Rodsjankos neben jenen anderen, die, „nicht das Vertrauen der Demokratie genießen", neben den Namen Miljukows und Gutschkows.

All das führt unwillkürlich zu Verwirrung. Zu Zweifeln, was die Zukunft angeht …

Doch wir wollen nicht weiter davon reden; Gott sei Dank, die erste Krise ist überstanden.

Der aus der Duma zurückgekehrte Petit bestätigte die Namen und die Tatsache der Kabinettsbildung.

Am Abend verschiedene Nachrichten über angeblich heranrückende Regierungstruppen. Die hiesigen haben keine Angst. „Wenn sie kommen, werden sie zu uns gehören." Aber was sind das eigentlich für Truppen? Hat der Zar abgedankt, oder hat er nicht abgedankt?

In der Küche unser „Held" – der Matrose Wanja Pugatschow. Er ist fürchterlich in Aktion, ist bereits als Abgeordneter im Rat. Er kam direkt aus der Duma. Sprach mit heiserer Stimme. Hatte ein bisschen getrunken. Trotz seines Rausches berichtete er aber dennoch sehr anschaulich, wie der *Befehl Nr. 1* sie heute durcheinandergebracht hatte.

„Sensible Menschen hätten das anders verstanden. Wir aber haben es ohne Umschweife verstanden. Entwaffnet die Offiziere. Kusmin brach in Tränen aus. Bei uns gibt es den Kapitän II. Ranges Ljalin – der ist wie ein leiblicher Vater. Wir fuhren im Auto, und er sagte: Da ist der Adjutant Sablins – tötet ihn. Er ist euer Feind, da aber ist Den, der ist euer Freund, wenn er auch keinen russischen Namen trägt. Ihr habt viel getan. Blut ist wenig vergossen worden. In Frankreich ist so viel Blut vergossen worden …"

Dann fuhr er fort:

„Die Genossen in der Duma haben mich jetzt gebeten, die linken Deputierten zu veranlassen, einer Konstitutierenden Versammlung zuzustimmen, und sie setze ihr Vertrauen in die neue Regierung. Ich sagte es Kerenski geradeheraus, er aber sprach im Flüsterton. Ich sagte es Suchanow (Gimmer) – und der winkte nur ab. Steklow wurde zu uns geschickt, er begann zu sprechen – und fiel in Ohnmacht. Er ist sehr erschöpft."

Spät nachts kamen die folgenden, endlich eindeutigen Nachrichten: Nikolai hat an der Bahnstation Dno seine Abdankung zugunsten Alexejs unter der Regentschaft Michail Alexejewitschs unterzeichnet. Was wird nun mit den Gesetzesanhängern? Die Hauptsache ist doch, dass heute Einigung zwischen der Linken und denen „mit Namen" darüber erzielt wurde – dass es die Konstituierende Versammlung geben wird. Was aber soll das bei einer noch funktionierenden Monarchie und Regentschaft für eine Konstituierende Versammlung werden?
Das verstehe ich nicht.

3. März, Freitag
Am Morgen – Stille. Nichts, nicht einmal Flugblätter. Am Fenster zieht eine Schar Arbeiter vorbei, ihnen voran Kosaken mit riesigen roten Bannern an zwei Fahnenstangen: „Es lebe die Sozialistische Republik." Gesang. Dann ist wieder alles still.
Unsere hausgemachte Demokratie ist grob, doch sie umschreibt die Lage richtig: „Die Arbeiter wollen Mich[ail] Al[exejewitsch] nicht, deshalb erscheint auch kein Manifest." Der Zar hat, so scheint es, für sich und für Alexej („es fällt mir schwer, mich von meinem Sohn zu trennen!") zugunsten Michail Alexejewitschs abgedankt. Als uns heute gesagt wurde, das neue Kabinett habe dem zugestimmt (auch Kerenski?), dass Michail „das Bauernopfer" sein werde usw., konnten wir das nicht so recht glauben. Abgesehen davon, dass das schlecht ist, denn um die Romanows herum rankt sich eine starke Partei von Schwarzhundertschaftlern, die von der Kirche unterstützt wird, erscheint das in der gegenwärtigen Situation unmöglich. Es ist an sich schon absurd und undurchführbar. Und das ist dabei herausgekommen: Kerenski begab sich (mit Schulgin und noch jemandem) mit der erhaltenen Abdankung des Zaren zu Michail. Es heißt, Michail habe nicht ohne entschiedenen Druck seitens der Abgeordneten (d. h. Kerenskis) ebenfalls abgelehnt: Wenn es eine Konstituierende Versammlung geben solle, dann solle sie auch, so sagte er, über die Regierungsform entscheiden. Das ist nur logisch. Da rettete Kerenski abermals die Situation: Ganz zu schweigen davon, dass die ganze Stimmung gegen die Dynastie ist, würde sich eine Konstituierende Versamm-

lung unter Michail absurd gestalten; Kerenski würde unter Michail mit der Fiktion einer Konstituierenden Versammlung automatisch aus dem Kabinett herausfliegen; die Arbeiter aus den Räten, die dann freie Hand hätten, könnten weiß der Teufel was anfangen. Denn in der neuen Regierung ist aus dem Rat nur Kerenski vertreten, nur er schloss sich seinen „Feinden" von gestern, Miljukow und Gutschkow, an. Er allein hatte begriffen, was der Augenblick verlangte, und sofort auf eigene Gefahr entschieden; er kam in den Rat und gab dort post factum eine Erklärung über seinen Eintritt ins Ministerium ab. Dabei wusste er, dass sich andere, wie zum Beispiel Tschcheidse (ein dümmlicher, unangenehmer Mensch), entschlossen hatten, auf keinen Fall der Regierung beizutreten, um auf ihre Art „unbescholten" zu bleiben und unabhängig im Rat handeln zu können. Doch der Moment war wahrscheinlich gut getroffen (und das persönliche Vertrauen, das Kerenski genießt, kam hinzu), so dass die flammende Rede des neuen Ministers – und der Ton des Ratsvorsitzenden – stürmische Zustimmung des Rats, von Ovationen begleitet, hervorrief. Er bekräftigte und billigte das, wozu er ihm wahrscheinlich keine „Erlaubnis" gegeben hätte.

Somit ist mit Michail Alexejewitsch alles geklärt. Kerenski drückte Seiner Majestät dem Großfürsten zum Abschied die Hand: „Sie sind ein edelmütiger Mensch."

Zur gleichen Zeit gingen Gerüchte um, dass der Verteidigungsminister Gutschkow und der Außenminister Miljukow gehen würden. Das klang sehr wahrscheinlich. Dennoch erwies es sich als unwahr. Ich wollte schon schreiben „zum Glück", denn in der Tat wäre damit nun ein neuer Knoten geschürzt, aber … ich verstehe nicht, wie Gutschkow und Miljukow ihr Ministeramt ausüben wollen, wenn sie sich nicht als Minister *fühlen*. Sie sind ja von niemandem mit dem Amt „betraut" worden, und solange sie nicht „betraut" sind, glauben sie nicht an ihre Macht und werden es auch niemals glauben. Hinzu kommt noch, dass sie den Ort und die Stunde nicht kennen, nicht sehen, wo und wann ihnen zu handeln geboten ist, und dass sie *organisch* nicht begreifen, dass sie sich bereits in der „Stunde" und im „Element" der REVOLUTION befinden. Wir werden sehen.

Jeder redet über irgendetwas, in den Botschaften ist jedoch nur vom Krieg die Rede. Die Franzosen pfeifen darauf, was bei uns im Innern vorgeht, Russland soll sich nur gut schlagen, und sie drängen mit allen Mitteln darauf, zu erfahren, welche Nachrichten es von der Front gibt. Man hat sie beruhigt, im gegenwärtigen Augenblick sei die Lage „erfreulich", im Kaukasus geradezu „glänzend". (Dima erteilte ihnen die nötige Aufklärung!)
Die Franzosen sind kurzsichtig. In *ihrem eigenen* Interesse sollten sie sich unseren inneren Angelegenheiten gegenüber aufmerksamer verhalten. Im Interesse des Krieges. Das ist ja in wahnwitziger Weise miteinander verbunden. Wenn sie jetzt nicht begreifen, werden sie auch später nichts begreifen. Sie sorgen sich *jetzt* um die Kaukasische Front! Als würde ihnen das etwas erklären und vorhersagen. Um den Krieg muss man sich von *hier aus* kümmern. Viele kurze Nachrichten und dumme Gerüchte. Zum Beispiel das Gerücht, „Wilhelm wurde ermordet". Was nicht noch alles! Aus den rechten Kreisen, denen der Würdenträger, konnte Dima viel Komisches und Tragisches erfahren. Aber das steht in seinen Aufzeichnungen. Groß ist das Spektrum der in unseren Hause geäußerten Übereinstimmungen: Es reicht von den Suchanows, sogar von den Wanja Pugatschows bis hin zu den Botschaften und den Würdenträgern einschließlich der Generäle. Ich kann da nicht Schritt halten.
Es ist interessant, dass die Regierung bis jetzt auch nicht eine Verordnung gedruckt hat, sie ist nicht einmal in der Lage, ihre Existenz zu bekunden, so wie sie rein gar nichts kann: Alle Druckereien hat das Arbeiterkomitee unter sich, und die Setzer sind nicht bereit, etwas ohne dessen Zustimmung zu drucken. Eine Erlaubnis kommt aber nicht. Und woran es liegt – ist unklar. Morgen wird keine einzige Zeitung erscheinen.
Moskauer (Zeitungen) sind eingetroffen: alte, vom 28. Feb. – es ist, als wären sie hundert Jahre alt. Die neuen aber liest man und hätte es lieber nicht getan; ein wahrer Engelsgesang, und es existiert überhaupt kein Rat der Arbeiterdeputierten.
Heute beschlagnahmten die Revolutionäre die Pferde des Zirkus Tschiniselli und führten wahrhaftig Reiterkunststücke „zu Pferde" vor – auf dressierten Pferden. Auf dem Newski wurden überall die

Adler zertrümmert, sehr friedlich, die Hauswarte fegten aus, Jungen schleppten die Flügel herum und schrien: „Da, ein Flügelchen zum Mittagessen!"
Boris (Bugajew) aber ruft: „Was für eine doppeltgeflügelte Kopflosigkeit herrscht bei uns!" Genau.
Protopopows „Geheimnis", das er, als er in die Duma kam, um sich festnehmen zu lassen, „Seiner Hochwohlgeborenen Exzellenz" Kerenski zu eröffnen wünschte, erwies sich als eine Liste von Häusern, auf denen er Maschinengewehre hatte aufstellen lassen. Danach sagte er: „Ich bin Minister geblieben, um Revolution zu machen. Ich habe ihre Explosion bewusst vorbereitet."
Verrückter Witzbold.
[Theaterdirektor] Teljakowski wurde freigelassen. Er band sich eine riesige rote Schleife um. Es gibt noch vieles mehr … In der Kirche geht es zurzeit noch „höchst ab-so-lu-tistisch" zu – im alten Stil. Da sie dort ebenfalls keine Anweisung erhalten haben, lassen sie alles beim Alten. Irgendwo hat ein Pope die Fassung verloren und zu sagen gewagt: „Das Ex-eku-tiv-Komitee …"
Mein Gott, mein Gott! Gib uns Vernunft!

4. März, Sonnabend

Am Morgen nichts – keine Zeitungen, keine Nachrichten. Traurige Gerüchte von Unstimmigkeiten mit dem Rat. Endlich scheint sich alles aufzuklären: Streit im Hinblick auf den Zeitpunkt der Konstituierenden Versammlung: unverzüglich oder nach dem Krieg.
Da erschien die *Iswestija*. Sie ist annehmbar, in gutem Ton gehalten. Der Arbeiterrat hält sich vorläufig hervorragend. Das Vertrauen zu Kerenski, der ins Kabinett eingetreten ist, rettet die Sache entschieden.
Sogar Dima, Kerenskis Gegner, der ewig mit ihm im Streit lag, bekannte heute: „Alexander Fjodorowitsch ist zur lebendigen Verkörperung des revolutionären und des staatlichen Pathos geworden." Zum Nachdenken bleibt keine Zeit. Man muss nach der Intuition handeln. Seine Intuition ist jedesmal genial. Im Gegensatz dazu besitzt Miljukow keine Intuition. Seine Rede war taktlos in jener Umgebung, in der er sprach."
Das sind Dimas eigene Worte, und das ist ja nur die Erkenntnis,

zu der alle Kadetten zumindest jetzt gelangen sollten und müssten. Gegenwärtig gelangen sie nicht dahin, und ich glaube auch nicht, dass sie in Zukunft dahin gelangen werden. Ich hasse sie aus Angst (um Russland), ganz genauso wie ihre schlagkräftigen Antipoden, die äußersten Linken („pure" Linke mit ihren „puren" Unterschichten).

Kerenski hat das Potential zu einer Brücke, zum Zusammenschluss der einen mit den anderen und zu ihrer Umwandlung in etwas Geeintes, Drittes, etwas revolutionär Schöpferisches (das einzig jetzt Notwendige).

Es ist ja so: Zwischen dem REVOLUTIONÄR-SCHÖPFERISCHEN und dem REVOLUTIONÄR-ZERSTÖRERISCHEN klafft zurzeit ein Abgrund. Und wenn es keine Brückenschläge gibt und wenn unsere beiden jetzigen starken Unbewegten nicht über die Brücken gehen und sich dabei einander anverwandeln, um daraus eine dritte Kraft zu erschaffen, die REVOLUTIONÄR-SCHÖPFERISCHE – dann wird Russland (und auch die beiden Unbewegten) in diesem Abgrund versinken.

Um drei Uhr ergoss sich das uns gegenüber gelegene Invalidenlazarett auf die Straße. Einbeinige und Krüppel machten sich ebenfalls in die Duma auf und organisierten sich rote Banner, ebenfalls mit „Republik" und „Land und Freiheit" und all dem. Wir öffneten die von Schneewehen zugewehten Fenster (Schnee gab es heute, Schnee zuhauf – wie noch nie!), winkten ihnen mit etwas Rotem zu. Sie baten um rote Bänder, wir warfen ihnen alles zu, was wir hatten, sogar rote Nelkenblüten (sie standen noch von der ersten Aufführung des *Grünen Rings* bei mir).

Wanka Pugatschow kommt jeden Tag von der Duma zu uns (er sitzt im Rat der Arbeiter-Deputierten).

Seine Überlegungen: „Das Haus der Romanows hat sich zur Genüge gezeigt. Nikolai hat sich nicht gerade mannhaft verhalten. Na, und wir haben gelitten, wie Leibeigene. Es reicht. Nur Rodsjanko hat das Volk nicht über den Weg getraut. Aber Kerenski und Tschcheidse – denen hat das Volk vertraut, so unauffällig sie auch waren. Das ist eine ganz andere Sache. Den Krieg sofort zu beenden ist undenkbar, Wilhelm ist ein Vetter, wenn er an die Macht kommt, dann setzt er uns erneut einen Romanow vor die Nase,

das ist sehr einfach. Und das wieder für dreihundert Jahre."
Ich sehe keinen anderen als unseren Wanja – den Wanja Rumjanzew (Arbeiter-Soldat). Und Serjoscha Glebow. Letzterer ist sehr intelligent.
Welch ein weißgefiederter Schneesturm heute wieder ist. Und welch ein Glanz.

5. März, Sonntag

Zeitungen sind erschienen. Dafür musste man Schlange stehen. Alle schreiben sinngemäß: „Die Engel singen im Himmel, und die Standarte der Provisorischen Regierung weht umher." Dennoch sind die Reibereien nicht ausgeräumt. Die Minderheit des Rats der Arbeiterdeputierten, die jedoch sehr energisch ist, erlaubt den Arbeitern nicht, gewisse Zeitungen zu drucken und vor allem, zur Arbeit anzutreten. Und solange die Fabriken nicht arbeiten, ist die Lage nicht als stabil zu betrachten.
In den apolitischen Unterschichten, der „Straße", die in die „Demokratie" übergeht, ist die allgemeine Stimmung gegen die Romanows (daher auch gegen den „Zaren", denn zum Glück ist das für sie eine unverbrüchliche Einheit). Ganz leise fließt auch die Frage nach der Kirche ein. Deren eigene Position ist für mich von keinerlei Interesse, sie war bis zu diesem Grad in allen Einzelheiten vorauszuahnen. Hier und da sind an den Heiligenbildern (in der Kirche) rote Schleifen angebracht. In manchen Kirchen herrscht ausgeprägter „Absolutismus". In einer aber verkündet der Priester ein Gleichnis: „Nun, Brüder, wer um seinen Kopf nicht fürchtet, möge für den Zaren beten, ich werde es nicht tun."
Hier predigt der Priester Gehorsam gegenüber der neuen „angetrauten Regierung" (im Namen der Nichteinmischung der Kirche in die Politik), dort weint er über den Zaren, den Gesalbten, in Glückseligkeit … Auf solcherlei Klagelied reagieren die Zuhörer unterschiedlich: Irgendwo weinten sie gemeinsam mit dem Priester, auf der Ligowka aber führten Soldaten das Väterchen Priester hinaus. Der ließ sich nicht aus der Ruhe bringen; ihr könnt mich um der Wahrheit willen totschlagen, sagte er … Sie haben ihn natürlich nicht totgeschlagen.
Mit brennender Neugier horche ich auf die unpolitische, breit

verstandene Demokratie der Straße. Die einen glauben aufrichtig, dass, wenn man den Zaren „gestürzt" hat, bedeutet, dass man auch die Kirche „gestürzt" hat – „die Institution abgeschafft hat". Sie sind gewohnt, diese beiden als unverbrüchliche Einheit zu sehen. Das ist ja auch logisch. Obwohl sie „die Kirche" sagen, verstehen sie darunter doch „die Popen", denn bezüglich der Kirche befinden sie sich in vollkommener Unwissenheit. (Was natürlich ist.) Bei den weniger Gebildeten klingt es noch krasser: „Ich hab es selbst gesehen, das steht geschrieben: Nieder mit der Monarchie. Das bedeutet, allen Pfaffen eins drauf." Oder: „Wir sind absichtlich in die Kirche gegangen, haben eifrig zugehört, der Diakon brummelt etwas, für jemanden zu beten wagt er nicht, andere Worte für den Gottesdienst gibt es nicht, so haben sie gewissermaßen ohne Gottesdienst Schluss gemacht …"
Ein Soldat stimmt ein: „Klare Sache. Da geht man los, manchmal müssen ja auch die Alte und die Verwandten ausgeführt werden … und siehe da – plötzlich ist man bei der Mittagsmesse …".
Vorläufig schreibe ich nur Beobachtungen auf, ohne Schlussfolgerungen. Ich werde darauf zurückkommen.
Überall brodelt es noch in der Stadt. Heute ging eine zwei Werst lange Menschenmenge mit Gesang und Flaggen an unsererm Haus vorbei – „Es lebe der Rat der Arbeiterdeputierten".

6. März, Montag

Ich bin müde, aber es gibt viel aufzuschreiben.
Nikolai Sokolow war hier, dieser ewig gesunde, nach keinerlei Sternen greifende, unerschütterliche Popensohn und Rechtsanwalt, der den Vorsitz im Rat der Arbeiterdeputierten führt. Er ist es, der dort, zusammen mit Suchanow-Gimmer, den „Rädelsführer" macht und über den Pawel Makarow (ebenfalls Rechtsanwalt, wie auch die ganze „gemeinschaftliche" links-intellektuelle Gruppe vor der Revolution) eben erst bemerkte: „Er trägt bis jetzt die rote Mütze? Ist er davon nicht auch ein bisschen rot geworden? Die ersten Tage war er regelrecht *blutrot*, verlangte nach unserem Blut."
Meiner Ansicht nach wird er entweder „erröten", oder er wird *an dieser Stelle* zeigen wollen, dass er ganz und gar rosarot ist. Er ist

bestürzt über seine „blutrote Färbung". Er versichert, durch seine Gegenwart die Stimmung der Massen „besänftigen" zu können. Er führte verschiedene Beispiele dafür an, wie man sich herauswinden konnte, als gefordert wurde, sich entweder zu Greueltaten hinreißen zu lassen (sofort losfahren, um die Pawlower Junker zu erschießen, um so die Übungsmaschinengewehre zu erhalten) – oder zu einer Dummheit (Beerdigung der „Opfer" auf dem hartgefrorenen Schlossplatz).

Er erzählte viel, vom „anderen Ufer" natürlich. Er versicherte, dass „keineswegs wir" die Zusammenstellung des Kabinetts „behindert haben". „Wir haben nicht einmal gegen Personen Einspruch erhoben. Nehmt, wen ihr wollt. Uns war die Erklärung der neuen Regierung wichtig. Alle ihre 8 Punkte sind sogar von meiner Hand geschrieben. Und wir haben Zugeständnisse gemacht. Zum Beispiel hat Miljukow in einem Punkt etwas bezüglich der Alliierten hinzugefügt. Wir waren einverstanden, und ich schrieb es dazu …"

Er verbreitete sich über die Fehler der Regierung und deren unausrottbaren Monarchismus (Gutschkow, Miljukow).

Eine letztendlich seltsame Tatsache hat sich ergeben: Die Existenz einer zweitausendköpfigen Menge neben der Provisorischen Regierung, einer mächtigen und stürmischen permanenten Großkundgebung, nämlich des Rats der Arbeiter- und Soldaten-Deputierten. Nikolai Sokolow erzählte mir in allen Einzelheiten (halb verlegen, halb sich entschuldigend), er sei es gewesen, der in der angespannten Atmosphäre dieser Kundgebung den *Befehl Nr. 1* geschrieben habe. Der Befehl war angeblich unvermeidlich gewesen, da die Armee in der Periode des Interregnums wegen der Intrigen Gutschkows auf den Großfürsten Michail den Eid abgelegt hatten … „Aber Sie werden doch verstehen, in einer solch brodelnden Atmosphäre konnte es für mich keine andere Konsequenz geben, ich dachte an die Soldaten, nicht aber an die Offiziere, es ist klar, dass das gerade bei mir heftiger ausfallen musste."

Diese „Kundgebung" ist so „mächtig", dass sogar [General] Ruski sich mit Anfragen dorthin wendet. Ein Parlament, das sich selbst gewählt hat. Das Exekutivkomitee des Rats berät sich mal mit der Regierung und mal nicht. Das heißt, manchmal kann man auf die

Regierung hören und manchmal nicht. Sie, die Leute des Rats, „stehen auf der Seite der nationalen Interessen", wie sie sagen, und verfolgen die Handlungen der Regierung, der sie „nicht voll vertrauen". Von ihrem Standpunkt aus haben sie natürlich recht, denn was sind das denn für „revolutionäre" Minister, Gutschkow und Miljukow? Es liegt hier aber überhaupt eine grundsätzliche Ungereimtheit vor, die schwanger geht mit allen erdenklichen Möglichkeiten. Wenn nur das „Revolutionäre" des Kundgebungsrats irgendeine feste, aber einheitliche Linie verfolgen würde, etwas in Gang bringen und sich beschränken würde …, doch das Unglück besteht darin, dass bislang davon nichts zu bemerken ist. Und die linken Intellektuellen, die dort mit einbezogen wurden, können zwar „die Wogen etwas glätten", aber sie werden nichts Handfestes mit einbringen und *nicht* die Führung übernehmen können.

Und was ist mit ihnen selbst? Ich spreche nicht von Sokolow – aber die anderen – wissen sie, was sie wollen und was nicht? Daneben gibt es noch eine unsinnige Sache mit Gorki. Umgeben von seinen Bolschewiken, den Gimmers und Tichonows, die ihn ausgezehrt haben, hat er sich aus irgendeinem Grund dem „Ästhetentum" verschrieben: Es wurde ein Komitee der „Ästheten" zur Zügelung der Revolution gewählt; Sitzungen werden abgehalten, man hat [den Maler] Alexander Benois hinzugezogen (der nie weiß, wer er ist, wo er ist und warum gerade er). Bei der Ästheten-Sitzung waren auch Pawel Makarow und Fjoror Batjuschkow anwesend. Doch sie sind Fremde, und der Kreis um Gorki ist sehr fest gefügt. Das hat etwas Widersprüchliches, Unangemessenes, Unzeitgemäßes. Batjuschkow sagt, er sei aus Protest gar nicht bis zum Ende geblieben. Er führte dort Gespräche mit den Bolschewiken. Sie erwarten nun mit großer Leidenschaft Lenin – in etwa zwei Wochen. „Bis zu seiner Ankunft müssen wir ausharren, und dann werden wir die derzeitige Regierung stürzen."
So weit Batjuschkows Worte. Dima resümiert: „Also wird Lenin unser Schicksal entscheiden." Was mich betrifft, sehe ich beide Möglichkeiten gleichermaßen – den Weg der Besinnung und den Weg der vollkommenen Besinnungslosigkeit. Wenn nicht
   … das Schicksal seit jeher entschieden ist,

dann wird es zu einem immensen Teil von uns selbst abhängen, welchen Weg wir gehen.

Eine Wendung hin zur Gestaltung, zum Werk ist vorerst nicht in Sicht. Aber vielleicht ist es noch zu früh. Draußen denkt man nur voller Leidenschaft ans „Stürzen".

Die Arbeiter haben bis jetzt ihre Arbeit nicht aufgenommen.

7. März, Dienstag

Heute 11 Grad Frost. Härtester Winter. Nicht die kleinste Erwärmung.

Die Situation ist dieselbe. Ausdrücklich. Der Rat der Arbeiter- und Soldaten-Deputierten gibt Befehle aus, nur diese werden befolgt.

In Kronstadt und Helsingfors wurden 200 Offiziere getötet. Gutschkow schreibt dies direkt dem *Befehl Nr. 1* zu. Admiral Nepenin telegrafierte: „Die Baltische Flotte existiert als Kampfeinheit nicht. Schicken Sie Kommissare." Abgeordnete fuhren hin. Als sie aus dem Bahnhof kamen und Nepenin ihnen entgegentrat, stachen sie ihm ein Messer in den Rücken.

Hier, zwischen den „zwei Ufern", dem der Regierung und dem des „Rats", mangelt es nicht nur an einer Koordination der Handlungen (etwa um eines weitreichenden und die groben Konturen erfassenden Blicks willen), sondern es fehlt auch jeglicher Kontakt. Die Intelligenz steht infolge der Umstände auf DIESEM Ufer, d. h. auf dem der Regierung – mit einigen Ausnahmen: 1.) der Fanatiker, 2.) der Prahler, 3.) der unbewusst Handelnden, 4.) der von Natur aus Beschränkten. Im gegenwärtigen Augenblick beherrschen all diese Varianten nicht mehr die Massen, sondern die Massen beherrschen sie. Ja, über Russland herrscht das Meeting mit seiner „Meetingspsychologie" und keineswegs die ehrenwerte, graue, kultivierte und schwache (a-revolutionäre) Provisorische Regierung. Vorerst wird im Übrigen auch nicht Russland, sondern Petersburg regiert; Russland aber ist das Ungewisse.

Kontakte mit dem bewaffneten „Meeting" haben wir, die Intellektuellen aus dem Regierungslager, auch über die dortigen Intelligenz-Vertreter wenig, denn sie sind sehr auf Verteidigung „des anderen Ufers" bedacht.

Es gibt noch eine mittlere Schicht, die völlig machtlos ist: die zersplitterten Sozialrevolutionäre zum Beispiel. Sie haben „dort" lediglich freien Zugang. Die Mehrheit von ihnen verharrt einfach im Entsetzen, wie Iwanow Rasumnik und Mstislawski.
Doch ein solcher Mangel an Kontakt ist sträflich. Heute rief uns Makarow in Panik an: Bittet in der Duma, dass vom Rat der Arbeiterdeputierten Delegierte mit dem Auto nach Oranienbaum geschickt werden: Soldaten plündern das Palais und wollen niemandem gehorchen.
Es ist interessant, dass Makarow jetzt eine Regierungspersönlichkeit ist: Kerenski hat ihn zum Kommissar für den Schutz der Paläste gemacht (Nikolai Lwow ist gegangen, weil er keine grundlegenden Reformen im Ressort des Hofes vornehmen wollte; was für eine Revolution, sagte er, lieber sollte man „das Nest schützen". So ein Früchtchen ist das. Auf seinen Platz will man Wladimir Urusow oder Fjodor Golowin setzen.)
Ein Früchtchen ist auch Pawel Makarow aus dem Regierungslager. Um Kontakte mit dem Rat herzustellen, ruft er an – bei uns! Nur, damit es wohl auf keinen Fall „offiziell" aussieht. Wir stürzen zu Manuchin, verständigen uns über irgendeine „Kammer" und über Tichonow mit der Duma; dann, am Abend, trat Tichonow zu uns in den Flur (ich sah ihn flüchtig), um zu sagen, es sei alles erledigt.
Kerenski fuhr dieser Tage ins Winterpalais. Er bestieg die Stufen des Throns (nur die Stufen!) und erklärte vor dem ganzen Gesinde, dass „der Hof von heute an nationales Eigentum" sei, dankte für dessen Unversehrtheit in diesen Tagen. Er tat dies mit großer Würde. Die Lakaien hatten Verhöhnungen und Androhungen befürchtet, aber nachdem sie die liebenswürdige Danksagung vernahmen, stürmte die ganze Schar los, um Kerenski das Geleit zu geben, wobei sie sich ergeben verbeugte. Kerenski war mit Makarow dort (der das auch heute Abend bei uns berichtete). Als sie im offenen Auto das Palais verließen, verneigten sich auch die Passanten vor ihnen.
Kerenski ist jetzt der Einzige, der auf keinem der „zwei Ufer" steht, sondern dort, wo er sein sollte: bei der russischen Revolution. Er ist der Einzige. Er ist allein. Doch es ist schrecklich, dass er *allein* ist. Er besitzt eine geniale Intuition, ist jedoch keine

„universale" Persönlichkeit: Allein darf jetzt überhaupt niemand sein, dass aber nur er allein am rechten Fleck ist, das ist geradezu schrecklich.

Entweder werden es viele sein und immer noch mehr werden – oder Kerenski wird abstürzen.

Die Rolle und das Verhalten Gorkis sind absolut fatal. Ja, er ist ein lieber, sanfter Hottentotte, dem man Halskette und Zylinder geschenkt hat. Auch das ganze „Ästheten"-Trio zur „Ausrichtung revolutionärer Feierlichkeiten" (Begräbnisse?) ist absolut fatal: Gorki, Benois und Schaljapin. Und zur gleichen Zeit stützt Gorki sich über die Tichonows und Suchanows auf den am stärksten verblendeten Teil des „Meetings". Den „Beaux-art"'lern haben sich nun auch alle möglichen Gauner zugesellt. Zum Beispiel Grshebin – er kutschiert im konfiszierten Auto der Romanows herum, steckt bis zum Hals in Arbeit, hilft dabei, das neue, freie „Ministerium der Künste" (der proletarischen natürlich) zusammenzukleistern. Was für ein Blödsinn. Und wie hässlich und abstoßend vor allem.

Ein Pendant zu der abstoßenden Aushebung von Gräbern im Stadtzentrum, auf dem Schlossplatz, für die „zivile" Beerdigung der aufgesammelten Leichen, die dort unter dem Etikett „Opfer der Revolution" bereitgehalten wurden. Unter ihnen auch viele Polizisten. Die Offiziere und eben die „echten Opfer" (von beiden Seiten) sind schon längst von ihren Verwandten beerdigt worden. Auf dem Schlossplatz wurde eine Weile herumgestochert, doch sie werden wohl aufgeben müssen. Es ist schwer, den gefrorenen, malträtierten Boden aufzuhacken; und darunter sind natürlich auch noch alle möglichen Leichen ... Wie gut durchdacht!

Laut den Zeitungen ist es in Russland ruhig. Doch auch in Petersburg ist es laut den Zeitungen ruhig. Und auch an der Front ist es laut den Zeitungen ruhig. Dennoch bittet Ruski um Entsendung von Delegierten.

8. März, Mittwoch

Heute sieht es offenbar besser aus. Die Nachrichten von der Front sind widersprüchlich, aber es gibt auch erfreuliche. Die *Iswestija* des Rats klingt nicht übel. Es ist wahr, es gibt auch Fakten wie diese: Die Sozialdemokraten haben mit dem Recht des Siegers eine Nummer des *Selski Westnik* (Landbote) herausgegeben, wo sie die Enteignung von Grund und Boden verkünden, und heute gibt es bereits ernst zu nehmende Gerüchte über Unruhen in der Agrarwirtschaft im Gouvernement Nowgorod.

In der Druckerei der *Kopejka* (Kopeke) hat Bontsch-Brujewitsch Maschinengewehre aufgestellt und den „Belagerungszustand" erklärt. Der unglückseligen *Kopejka* versagen die Kräfte. Ja, wenn die *Iswestija* unter solchen Bedingungen erscheint, und das unter Bontsch, dann ist nichts Gutes zu erwarten. Bontsch-Brujewitsch ist ein ausgemachter Dummkopf, dabei aber starrsinnig und heimtückisch.

Das Palais von Oranienbaum hat anscheinend doch nicht gebrannt, anscheinend war das nur Panikmache von Makarow und Kartaschow.

Es gibt Momente des Handelns, in denen man nicht nur auf die Summe der Gefahren sehen darf (und sich konzentriert ihrer Verurteilung annehmen muss). Ich aber höre auf *diesem* Ufer von nichts anderem als von den „Gefahren der Revolution". Leugne ich sie etwa? Aber ist es nicht richtig, dass alle (hier) *nur* damit beschäftigt sind? Ich gebe freiwillig klein bei, ich spreche auch von „Kundgebungen" und von Trischka-Lenin (Lenin ist Dmitris Spezialität: Gerade von Lenin erwartet er das Schlimmste) und von den verfluchten „Sozialisten" (Kartaschow), von der Front und vom Krieg (Dima) und von irgendwelchen planmäßigen „vier Gefahren" Ganfmans.

Ich rede, doch Gefahren gibt es so viele, und wollte man ernsthaft über alle sprechen, würde niemandem mehr auch nur eine Minute Zeit bleiben. Ehrenwort, ich bin nicht, wie Kartaschow, „mit Hasenherz und brennender Neugier" der Revolution gefolgt. Ich war ihr gegenüber außerordentlich skeptisch (ich bin es auch jetzt, ich will nur nicht, dass die Skepsis die *Oberhand* gewinnt), und Kartaschows Wort vom „Ballett" war eine Beleidigung für mich ...

Doch wozu diese Überlegungen? Sie sind hier fehl am Platz.
Der Zar ist verhaftet worden. Über [die ihm ergebenen Offiziere]
Nilow und Wojejkow herrscht Stillschweigen. Die Begräbnisse auf
dem Schlossplatz wird es wohl nicht geben. Doch irgendwo wird
es sie geben. Von allem anderen kann sich der russische Mensch
lossagen – nur von den Begräbnissen nicht.

9. März, Donnerstag

Man mag sich fürchten, mag voraussehen, verstehen, man mag
wissen – ganz gleich: Diese frostigen Vorfrühlingstage hier bei
uns, die weißgefiederten Tage unserer Revolution wird uns niemand mehr nehmen können. Es ist eine Freude. Eine solche
Freude an sich – feurig, rot und weiß. Sie bleibt für ewig unvergessen. Da konnte man sich in Gemeinschaft *mit allen* fühlen,
da ... (nicht aber im Krieg).
Wir haben eine „Doppelherrschaft": Die Ungereimtheiten des
Rats mit seinen unsinnigen Proklamationen und die „Vorherrschaft" der Bolschewiken. Und die bedrohliche Front. Und ... der
allgemeine Leichtsinn. Ist es nicht der Leichtsinn, der mich davon
abhält, mich vor all dem zu grauen bis zur Dunkelheit?
Aber ich sehe doch alles.
Die Zeit ist hart – das will ich nicht vergessen. Die Zeit ist
schrecklich, das vergesse ich nicht. Und dennoch muss man auch
ein wenig an Russland glauben. Findet es denn niemals das rechte
Maß, wird es niemals seine Zeit erkennen?
Gott wird Russland retten.
Nikolai war ihm in Weisheit gegeben, damit es erwache.
Welch ein verhängnisvolles Schicksal hat er. Hat es ihn *gegeben*?
Schweigsam wie immer ist er als Schatten ins Palais von Zarskoje
gefahren, wo man ihn eingesperrt hat.
Das Zarentum, der Absolutismus, die Monarchie – werden sie zu
uns zurückkehren? Ich weiß es nicht; alle Konvulsionen und Verschlingungen sind möglich in der Geschichte. Doch es sind immer
nur die Konvulsionen, nur die Verschlingungen, durch die die Geschichte sich ihren Weg bahnt.
Russland ist befreit, aber nicht gereinigt. Es ist frei von den Qualen der Geburtswehen, doch es ist noch sehr, sehr krank. Gefähr-

lich krank, wir wollen uns nichts vormachen – will ich das etwa? Doch der erste Schrei des Neugeborenen ist *immer eine Freude*, selbst wenn man weiß, dass Mutter und Kind sterben können.

....

Innerhalb des Ratskomitees haben bereits die Zwistigkeiten begonnen. Bontsch-Brujewitsch wütet, umgeben von Maschinengewehren. Er hat Tichonow mit Arrest gedroht. Zur gleichen Zeit empfiehlt er seinen Bruder, den General des „Abwehrdienstes", „anstelle Ruskis". Jemand von den Komiteemitgliedern wurde als Provokateur entlarvt, was nun sorgfältig vertuscht wird. Die jämmerliche Vergangenheit Grshebins, der sich auf die Seite der Bolschewiken geschlagen hat, interessiert niemanden – wozu auch ...
Der französische Botschafter Paléologue rief an: „versteht nichts" und verlangt „einflussreiche Funktionäre" zu seiner Information. Er ist ja auch reizend. Vier Jahre sitzt er hier und kennt keinen. Nun hat er sich zu spät eines anderen besonnen. Unterdessen handelt die Provisorische Regierung blitzschnell (Kerenski, Vorstöße des Rats der Arbeiterdeputierten). Amnestie, Abschaffung der Todesstrafe, provisorische Urteile, allgemeine Angleichung der Gesetze, Austausch des alten Personals – mit der Zeit scheint es, als rase die Geschichte mit der Geschwindigkeit eines rasant startenden Flugzeugs voran.
Ich werde jedoch nun zum Wichtigsten übergehen, das ich bisher fast absichtlich nicht berührt habe. Es ist die zurzeit brennendste Frage – *die Kriegsfrage*.
Länger darf das Schweigen nicht anhalten. Morgen wird sie wohl im Rat mit Entschiedenheit erörtert werden. Im Rat? Und die Regierung? Sie wird schweigen.
Die Kriegsfrage muss auf den Weg gebracht werden, und das unverzüglich.
Für mich, für meinen gesunden Menschenverstand, ist dieser Weg klar. Er ist nur die Fortsetzung der Linie, die ich von Beginn des Krieges an verfolge. Und soweit ich mich erinnere und richtig verstehe, tut es auch Kerenski. (Doch zu wissen heißt noch nicht viel. Man muß *in die Tat umsetzen, was man begriffen hat*. Kerenski hat

jetzt die Möglichkeit, sein Wissen in die Tat umzusetzen. Wird er es können? Er steht ja allein.)

Zur Erinnerung, für mich selbst, werde ich kurz den derzeitigen Standpunkt „zum Krieg" skizzieren.

Also: Ich bin FÜR den Krieg. Das heißt, für sein baldigstes und würdiges ENDE.

Nieder mit dem Siegertum! Der Krieg muss sein Gesicht verändern. Der Krieg muss jetzt tatsächlich zu einem Krieg für die Freiheit werden. Wir werden *unser* Russland vor Wilhelm verteidigen, solange er es attackiert, so wie die Deutschen es vor Romanow verteidigen würden, wenn er sie attackierte.

Der Krieg als solcher ist ein bitteres Erbe; doch eben deshalb, weil wir ihn so sklavisch akzeptiert haben und so lange seine Sklaven waren, sind wir schuld am Krieg. Und nun müssen wir ihn annehmen, wie die eigene Sünde, ihn emporheben wie eine Heldentat der Erlösung und ihn nicht mit der einstigen, sondern mit einer neuen Kraft zu einem wirklichen Ende führen.

Doch es wird kein wirkliches Ende geben, wenn wir uns jetzt von ihm abkehren. Wenden wir uns ab, wird er uns überrumpeln und vernichten.

Wie eine dumme und frevelhafte Kinderei klingen diese lautstarken Proklamationen: „ … unverzügliche Einstellung des blutigen Kampfes …" Was soll das? „Dummheit oder Verrat", wie Miljukow einmal (in einem anderen Zusammenhang) fragte.

Beendet ihn bitte, unverzüglich. Tötet keine Deutschen, sollen sie doch uns töten. Doch wird es nicht gerade dann eine „Schlacht" geben?

Beenden „nach Vereinbarung"? Einigt euch bitte, ohne zu zögern, mit den Deutschen. Sie werden sich ja nicht einigen wollen. Ja, dieses „Unverzüglich" kann nur eins bedeuten: falsch verstandenes Tolstojanertum oder unverhülltes Verbrechen.

Folgendes wäre „unverzüglich" nötig: Die neue russische Regierung, *unsere* Regierung, müsste, ohne auch nur einen Tag zu zögern, einen neuen, russischen, eigenverantwortlichen militärischen Standpunkt erklären, ein „Im Namen wessen" – etwas zu geschehen hat. Konkret: Unumgänglich ist eine absolut klare und entschiedene Deklaration bezüglich unserer Kriegsziele. Eine

Deklaration, die vor allem fern von jeglichem *Siegertum* ist. Die Alliierten können nicht dagegen protestieren (wenn sie es im Geheimen auch wollten), besonders, wenn sie auch nur ein bisschen in unsere Richtung schauen und unsere „Gefahren" (die ja auch sie bedrohen) respektieren.
Unsere Zeit ist nun knapper bemessen. Und unsere „Gefahren" wachsen allesamt in unerhörtem Maße an, wenn wir jetzt, nach der Revolution, diese Politik, die ihrer Form nach dieselbe ist wie unter dem Zaren, im Krieg in die Länge ziehen. Es wird, wie auch immer, einen Zusammenbruch geben. Das heißt, die Politik muss geändert werden …
Vielleicht ist das, was ich schreibe, viel zu allgemein, grob und naiv. Aber schließlich bin ich nicht der Außenminister. Ich skizziere das derzeitige Handlungsschema und werde, allen Politikern der Welt zum Trotz, bekräftigen, dass es in dieser Minute für uns, für den Krieg, richtig ist.
Durchführbar? Nein?
Selbst wenn es nicht durchführbar erscheint, ist es Kerenskis Pflicht, es zu versuchen. Er steht allein. Welch ein Unglück. Er muss *mit beiden Händen handeln (mit der einen für den Frieden, mit der anderen für die Sicherung der Verteidigungsmacht)*. Doch seine linke Hand haben „Dummköpfe und Verräter" fest umklammert, und die rechte hält Miljukow mit seinem „siegreichen Ende" fest. (Immerhin ist Miljukow Außenminister.)
Wenn es einen Zusammenbruch gibt … Doch wie schwer wird es sein, wenn er eintritt und wenn seinetwegen nicht nur die dummen und verräterischen Fratzen, sondern auch die Gesichter der ehrenhaften, aufrichtigen und blinden Menschen hinter ihm hervorblicken, wenn noch einmal das Antlitz des Duma-Blocks mit hilfloser Grimasse hervorschaut.
Doch ich schweige.

10. März, Freitag

Das Oranienbaumer Palais ist doch abgebrannt, oder es hat gebrannt … Obwohl es wieder nichts Zuverlässiges gibt.
Alexander Benois saß den ganzen Tag bei uns. Er redete von seiner Epopöe mit dem Ministerium der „Beaux-arts"-Leute und

Gorki, Schaljapin und Grshebin. Das ist alles Unfug. Da sind Makarow und Golowin, und plötzlich taucht durch Zufall noch so ein zwielichtiger Nekljudow auf, dann die Streitereien, wer Minister des zukünftigen neuen Ministeriums werden soll, dann das Geplänkel zwischen Lwow und Kerenski, dann geht es um die Billigung seitens des Rats der Arbeiterdeputierten, dann darum, ob ein ständiges Forum der Künstler bei Nekljudow (?) einzurichten sei, dann Dimas Idee, ob hier nicht ein Kampf hinter den Kulissen zwischen Kerenski und Gorki stattfinden könnte. Dmitri brüllte plötzlich: „Verbrennen sollte man diesen ganzen Ästhetizismus!" – und zu guter Letzt können wir nicht mehr verstehen, worum es eigentlich ging, schauen einander verdutzt an, als hätten wir entdeckt, dass „all das der Kapitän Kopejkin" ist: Dazu muss man wissen, dass wir gerade drei Stunden lang mit anderen über ganz andere Dinge gesprochen hatten, in der Zwischenzeit war ich ins Hinterzimmer gelaufen, wo mich zwei Offiziere erwarteten (zwei ehemalige Studenten aus meinen Sommerkursen), um mir ziemlich traurige Nachrichten über die Situation der Offiziere zu überbringen und zu berichten, was die Soldaten unter „Freiheit" verstehen.

In Jastrebows Regiment waren erst 1600 Soldaten, dann 300 und gestern nur noch 90. Die übrigen „freien Bürger" – wo sind sie? Sie treiben sich wohl herum und plündern Läden.

Die *Rabotschaja gaseta* (Arbeiterzeitung) ist sehr vernünftig, die *Iswestija* des Rats vollkommen geglättet und – Gerüchten zufolge geht sie nicht gut: Die bolschewistische *Prawda* (Die Wahrheit) hingegen ist ausverkauft.

Alle „44 Gefahren" existieren weiter. Viele, fürchte ich, sind unausweichlich. Und da ist noch die heruntergekommene Kirche. Es gab ein erbärmliches Sendschreiben des Synods, unterschrieben mit „die 8 Ergebenen" (der erste „Ergebene" ist der Metropolit Wladimir. Werdet demütig, Kinder, heißt es dort, denn „alle Macht kommt von Gott" …

(Interessant ist, wann ihrer Meinung nach der Minister Protopopow den „Heiligen Geist" eingebüßt hat, vor dem Arrest im Pavillon oder erst im Pavillon?)

Die Boulevardzeitungen sind voll von Klatschgeschichten über

den Zarenhof. Sie haben Grischka gefunden und ausgegraben – im Wald von Zarskoje, unter dem Altar einer im Bau befindlichen Kirche. Man hat ihn ausgebuddelt, untersucht, abtransportiert, das Auto blieb irgendwo auf brachem Gelände in den Schlaglöchern stecken. Grischka wurde abgeladen, man machte sich daran, ihn zu verbrennen, was lange dauerte, die sterblichen Überreste wurden überall verteilt, was Asche war, ausgestreut.
Psychologisch verständlich, dennoch ist etwas hier auf russische Art schmutzig.
Wojejkow [aus der Suite des Zaren] ist in der Duma, im Pavillon. Er bläst keine Trübsal, sondern erzählt Anekdoten.
Die *Russkaja wolja* (Russische Freiheit) hat in einer makaber marktschreierischen Art völlig über die Stränge geschlagen. Die Zeitung hat so eine prachtvolle rote Schleife angelegt – was wer weiß wie teuer ist. Sie hätte aber bedenken müssen, dass man „aus einem Märchen kein Wort streichen darf", und niemand wird je vergessen, dass sie „von dem berühmten [Rasputin-Protegé] Protopopow gegründet wurde".

11. März, Sonnabend

Ich muss den Stil meiner Aufzeichnungen ändern. Keine Kommentare, nur nackte Tatsachen. Aber so kann ich eben nicht schreiben. Und es ist schwer, wenn man alles sofort aufschreibt und nicht erst später, um die wichtigen Tatsachen von den unwichtigen zu trennen. Was also tun! Dies ist ein Tagebuch, es sind keine Memoiren, und ein Tagebuch hat auch seine Vorzüge; nur nicht für den Liebhaber der „leichten Lektüre". Sondern für den aufmerksamen Menschen, der keine Furcht vor Monotonie und Kleinkram hat.
Von drei Uhr an Sitzung der „Religiös-Philosophischen Gesellschaft" bei uns. Wir wollen ein „Memorandum" für die Regierung zusammenstellen, unsere Wünsche formulieren und den Weg zu einer vollkommenen Trennung von Kirche und Staat aufzeigen. Als alle gegangen waren, kam Wladimir Sensinow. Er schwimmt ganz auf einer rosafarbenen Welle (so ein Mensch ist er eben). Er findet, es werde sich von allen Richtungen her „alles regeln". Der Einfluss der Bolschewiken werde wohl abnehmen. Gorki und

Sokolow haben unter den Arbeitern keinerlei Einfluss. Was die Front und die Deutschen angeht, sagt er, so sei Kerenski gestern Abend sehr pessimistisch gewesen, heute aber schon deutlich weniger. Er versichert, Kerenski sei ein wirklicher „Premier". Abends war [der Verleger] Sytin da. Wieder eine komplizierte Geschichte. Sytins „Roman" mit Gorki ist offensichtlich wieder aufgewärmt worden. Es ging um irgendeine Zeitung und Gorki, und Sytin versichert, dass auch Suchanow Reue zeige und sie für den Krieg sein werde, aber ich glaube ihm nicht. Wir warnten Sytin in jeder Hinsicht und informierten ihn, wie wir konnten.

Und wozu mischen wir dennoch so eifrig und mit einer so törichten Selbstverleugnung mit? Wir dürfen nirgends unsere Meinung sagen, die „Parteilichkeit" der Zeitungen treibt jetzt besondere Blüten, und da sind „freie" Bürger nicht zugelassen. Unsere überparteiliche Presse ist durchweg so, dass wir selbst, besonders in dieser Zeit, nichts mit ihr zu tun haben wollen. Alles in der Art von *Russkaja wolja* mit roter Schleife.

Für Schriftsteller ist nirgendwo Platz, das Ihre zu schreiben. Doch wir geben uns mit der Rolle der „geheimen Berater" zufrieden und erfüllen sie hingebungsvoll. Heute habe ich ernsthaft von Sytin verlangt, er solle Sensinows und nicht Gorkis Zeitung unterstützen, denn hinter Sensinow steht Kerenski. Gorki ist schwach und handelt ohne viel Bedacht. Er ist in den Klauen der Leute „mit Aufgaben", die ihn für sich ausnützen.

Als politische Figur ist er ein Nichts.

12. März, Sonntag

Von morgens an Leute, die nichts miteinander zu schaffen haben, alle zur gleichen Zeit. Wir verteilten sie auf verschiedene Zimmer (manche schickten wir einfach fort).

Sytin sagte, kaum dass er eingetreten war, zu mir: „Sie haben recht …" Er hatte mit Gorkis Anhängern gesprochen und musste sich das bolschewistische Geschwätze anhören. Ich nehme übrigens an, dass sie ihn da auf alle mögliche Art eingewickelt haben und Gimmer ihm „Reue" vorgegaukelt hat, denn in Sytins Kopf war alles durcheinandergeraten.

Unter unserem Fenster zieht gerade eine Prozession von Hunderttausenden mit gelb-blauen Bannern vorbei: Ukrainer. Die Aufschriften sind sehr vielsagend: „Föderative Republik" und „Unabhängigkeit".

Sytin ist erschüttert und fürchtet, er könnte imstande sein, sich aus Schlauheit selbst zu überlisten. Er ist geneigt, Kerenskis Zeitung zu unterstützen (morgen wird er selbst hingehen), und erzählt gleichzeitig herum, er werde auch die Zeitung von Gimmer-Gorki nicht aufgeben; ich habe den Verdacht, dass er sich bereits für hundert- bis zweihunderttausend engagiert hat. (Ob er sie überhaupt jemandem gibt, ist noch die Frage).

Und ich lief von einem Zimmer ins andere, zu Iossif Gessen. (Er gefällt mir nicht, auch die derzeitige Position der Kadetten gefällt mir nicht; sie pflegen rein äußerlich eine unaufrichtige *Anpassung* an die Revolution, indem sie sich selbst zu einer Partei der „nationalen Freiheit", zu Republikanern anstatt zu Konstitutionellen erklären. Dabei verstehen sie nichts, vom Krieg reden sie in alter Manier – so als sei nichts geschehen.

Am frühen Abend erschienen W., G. [?], Kartaschow, M. [Meier?] und andere, alle mit diesem „Memorandum" an die Provisorische Regierung bezüglich der Kirchenangelegenheiten.

Kann ich jetzt noch irgendetwas tun? Nur noch mich schlafen legen.

13. März, Montag

Die Abdankung [von Großfürst] Michail ging in der Millionaja Straße 12 vonstatten, in einer Wohnung, in die er zufällig geraten war, weil er in Petersburg keine Übernachtungsmöglichkeit finden konnte. Er war spät aus Zarskoje gekommen und zu Fuß durch die Straßen geirrt. Nach Zarskoje war er zuvor mit dem Auftrag Rodsjankos gefahren, Alexandra Fjodorowna zu besuchen. Er erreichte die Zarin aber nicht, sie requirierten bereits die Automobile. Von Rodsjankos Arbeitszimmer aus sprach er über eine direkte Leitung mit [General] Alexejew. Aber all das war bereits zu spät.

14. März, Dienstag

Gegen sechs Uhr kam Kerenski. Wir küssten einander überschwänglich. Natürlich ist er ein bisschen verrückt. Aber er legt ein munteres Pathos an den Tag. Er bat Dmitri, eine Broschüre über die Dekabristen zu schreiben (Sytin verspricht, sie millionenfach zu verbreiten), um im Angedenken an die ersten Revolutionäre die Reibereien in den Truppen zu mildern. Dmitri war natürlich hin und her gerissen. „Ich kann das nicht, es fällt mir schwer, ich schreibe gerade einen Roman *Die Dekabristen*, hier braucht es etwas ganz anderes …"

„Nein, nein, bitte, Sinaida Nikolajewna wird Ihnen helfen." Dmitri war letztendlich einverstanden.

Kerenski, derselbe Kerenski, der bei uns in der Ecke herumgehustet hatte, ließ einen Kinderbrummkreisel drehen, der ihm zufällig auf meinem Tisch in die Hände geraten war (während irgend so einer Intelligenzler-Versammlung. Und er gab ihm einen solchen Schwung, dass der Kreisel verschwand, er war irgendwo unter die Bücherschränke oder die Truhen mit Archivmaterial gerollt.)

Derselbe Kerenski, der hinter meinem Stuhl stehend, eine Rede in der „Religiös-Philosophischen Gesellschaft" gehalten hatte, wobei hinter ihm Nikolai II. in seiner vollen Größe gestanden hatte, und ich mit einem kleinen Handspiegel die beiden Gesichter nahe beieinander betrachten konnte. Bis heute sind sie in meinem Gedächtnis geblieben – nebeneinander. Kerenskis Gesicht – schmal, weißlich-blass, mit schmalen Augen, mit kindlich vorstehender Oberlippe, seltsam, beweglich, lebendig, an das Gesicht eines Pierrot erinnernd. Nikolais Gesicht – ruhig, unaufdringlich sympathisch. „Schweigende" Augen, ob gütige oder nicht, ist nicht auszumachen. Dieser Offizier war wie abwesend. Er *war* in schrecklicher Weise da und war es ebenso auch *nicht*. Ein auch damals unbeschreiblicher Eindruck, diese Nähe der beiden Gesichter. Die kurzen, nach oben stehenden Haare des Pierrots Kerenski und die dünnen, glattfrisierten Härchen des sympathischen Offiziers. Aufrührer und Zar. Pierrot und „charmeur". Sozialrevolutionär unter Beobachtung der Geheimpolizei und Seine Majestät der Imperator von Gottes Gnaden.

Wie viele Monate sind seitdem vergangen? Der Aufrührer ist nun

Minister, der Zar unter Arrest, unter Bewachung eben dieses Aufrührers. Ich habe die märchenhaftesten Seiten gelesen in dem interessantesten Buch – der Geschichte, und für mich als Zeitgenossin sind diese Seiten illustriert. Du armer Charmeur, wie mögen deine blauen Augen jetzt wohl schauen? Sicher mit demselben stoischen Ausdruck des NICHTSEINS.

Doch ich bin völlig abgeschweift – in den unvergesslichen Eindruck des Akkords zweier Gesichter, Kerenskis und Nikolais. Ein Akkord von einer solchen Dissonanz, die einen gefangennimmt und seltsam anmutet.

Zurück zum Thema. Heute also erneut Kerenski. Es war derselbe … und doch bereits auf unfassbare Weise ein *anderer*. Er trug eine schwarze Hausjacke (der Minister-Stellvertreter), wie er sie früher nie getragen hat. Früher war er eher „elegant", ohne irgendwelchen äußeren „Demokratismus". Er ist wie immer in Eile, ärgerlich, wie immer … Ehrenwort, ich kann seine Verwandlung nicht in Worte fassen, und dennoch ist sie bereits vorhanden und spürbar.

„Nach links" hin schimpfend, sagte Kerenski über Gorkis Gruppe (ein klein wenig „von oben herab"), er sei froh, wenn es eine „sachkundige" bolschewistische Zeitung gebe, sie werde mit der *Prawda* polemisieren, sie in gewohnter Manier bekämpfen. Gorki und Suchanow aber machen sich anscheinend diesen Kampf jetzt auch zur Aufgabe. „Eigentlich benehmen sie sich jetzt gut."

Wir widersprachen nicht, fragten nach den „Überwachern".

Kerenski sagte scharf:

„Man hat ihnen vorgeschlagen, ins Kabinett einzutreten, sie haben abgelehnt. Und jetzt drängt es. Allmählich gehen sie zur Arbeit über und werden Regierungsfunktionäre."

Bezüglich der Veränderung beim alten Personal versicherte er, der synodale Wladimir Lwow besitze das „Pathos der Sehnsucht" (sieht ihm nicht ähnlich), am feigsten seien Miljukow und Schulgin (das sieht ihnen ähnlich).

Er schimpfte auf Sokolow.

Dima fragte: „Wissen Sie, dass der *Befehl Nr. 1* von seiner Hand geschrieben worden ist?"

Kerenski fuhr auf:

„Das ist kein Bolschewismus mehr, das ist Dummheit. Ich an

Sokolows Stelle hätte geschwiegen. Wenn sie davon erfahren, wird er dran glauben müssen."
Er lief durchs Zimmer, auf einmal in Eile:
„Na, es wird Zeit für mich ... Ich war ja ‚inkognito' bei Ihnen ..."
Rastlos, wie er auch ohne „inkognito" ist, verschwand er. Ja, das ist der frühere Kerenski – in einer Hinsicht auch wiederum nicht. Vielleicht ist er in einer Hinsicht *mehr* von sich überzeugt und zweifelt bei allem, was vor sich geht – *ist das wirklich nötig?*
Heute ist Tauwetter, alles ist aufgeweicht, schwarz geworden, dunkel. Mit Musik und roten Fahnen ziehen Truppen bei uns vorbei, Truppen ...
Gut, dass die Revolution ganz in Wintersonne getaucht war, „weißgefiedert von Frühlingsschneestürmen".
So ein weißgefiederter Tag war der 1. März, der Höhepunkt des revolutionären Pathos.
Nicht den ganzen Tag über, nur bis zum frühen Abend.
Es gibt immer solch einen Moment der Ewigkeit – er liegt irgendwo vor dem „Ziel" oder kurz dahinter.

15. März, Mittwoch
Heute war von morgens an der „stellv. Pope" Aggejew da. Munter und voller Tatendrang. Von uns aus eilte er geradewegs zu Lwow.
Er war von der Duma zu uns gekommen.
Er sagte, Lwow mache Dummheiten, die Petersburger Geistlichkeit aber sei noch schlimmer. Man sei auf den Gedanken gekommen, den Metropoliten zu *wählen.*
Aggejew führt ein angenehmes und genussvolles Leben.
Abends war Rumanow da, es gibt noch neue Pläne von Sytin, und ich glaube nichts davon.
Dieser Typ – Sytin – ist sehr künstlerisch veranlagt, jedoch nicht mein Fall. Und vor allem glaube ich ihm nichts. Ein russischer „Geschäftsmann": Seele und abermals Seele, aber kein vernünftiges Wort.

16. März, Donnerstag

Jeden Tag ziehen Regimenter mit Musik bei uns vorbei. Vor drei Tagen das Pawlowsche Regiment, gestern die Schützen, und heute etwas viel auf einmal. Die Aufschriften auf den Flaggen lauten (außer natürlich „Republik") „Krieg bis zum Sieg", „Genossen, macht Geschosse", „Bewahrt die errungene Freiheit". All das kommt dem echten und rechten Weg nahe. Nahe kommt ihm auch die „Deklaration" des Rats der Arbeiter- und Soldatendeputierten zum Kriege – „An die Völker der ganzen Welt". Sehr gut, dass sich der Rat der Arbeiterdeputierten in der Angelegenheit des Krieges endlich geäußert hat. Gar nicht gut, dass die Provisorische Regierung schweigt. Sie müsste hier den Rat überholen, doch sie schweigt, und die Tage gehen dahin, und man weiß nicht einmal, wann sie etwas sagen wird und was. Ein unverzeihlicher Fehler.

„An die Völker der ganzen Welt" ist nicht schlecht, trotz einiger Stellen, die man als „verdächtig" interpretieren kann, und trotz der rauhen, rein sozialdemokratischen, unrussischen Sprache. Doch das Wesentliche ist mir nahe, das Wesentliche nähert sich schließlich Wilsons berühmter Erklärung an. Dieses „Annexionen und Kriegssteuern" ist ja sein „Frieden ohne Sieg". Es heißt nicht „Nieder mit dem Krieg" – unverzüglich, sondern im Gegenteil: „Die Freiheit auf der ganzen Erde bis zum letzten Blutstropfen verteidigen." Die Parole „Nieder mit Wilhelm" ist sehr …, wie soll man sagen – „sympathisch" und verständlich, nur sündhaft in ihrer Naivität. Ja, jetzt riecht es nach anderem. Der Krieg muss ein ganz anderer werden.

17. März, Freitag

Der Oberprokuror und Staatsanwalt des Synods Lwow will unbedingt Kartaschow zu seinem „Stellvertreter" ernennen. (Das offensichtlich nicht ohne Aggejews Idee und Betreiben.) Kartaschow kam natürlich zu uns. Wir sprachen viel darüber. Ich glaube, er wird es machen. Ich glaube aber auch, er sollte es *nicht* machen. Wegen unserer dumpfen Unstimmigkeiten seit dem Krieg – habe ich meine ablehnende Meinung zu diesem Schritt kaum geäußert, d. h., ich habe sie geäußert, aber bewusst nicht darauf beharrt. Soll er doch tun, was er will. Dennoch bin ich überzeugt, dass es ein falscher Schritt wäre – *in jeder Hinsicht*. Kartaschow, der ehemalige Kirchenmann, der in den letzten zehn Jahren seine Religiosität und Kirchenzugehörigkeit sozusagen innerlich, über die Grenzen der „*orthodoxen*" Kirche hinaus ausgedehnt hat, hat sie, die Kirche, auch im Leben verlassen. Aus dem Professor der Geistlichen Akademie wurde ein weltlicher Professor. Das Zerreißen dieser Bande im Leben war bei ihm eins mit dem inneren Bruch. Beide Brüche zeigten sich in entsprechendem Handeln, und beide kamen ihn teuer zu stehen. Dazu muss man wissen, dass Kartaschow ein Mensch des „prophetischen" Typus ist, und dies in einem weit gefassten, religiösen Sinne und einem sehr modernen Geist. In ihm steckt eine immense originelle Energie. Doch daneben, gleichsam nebenher, ist in ihm eine Begeisterung für rein gesellschaftliche Fragen gewachsen, für Fragen des Staates und der Politik …, in der er eigentlich ein Kind ist. Es ist schwierig, die ganze innere Komplexität dieses Charakters zu erklären, doch Kartaschow erkennt seine „Gespaltenheit" oft auch selbst an.

Jetzt, da er mit der „staatlichen" Seite der Kirche in Kontakt tritt, in einen lebensnahen Kontakt mit jener Institution, mit der er den Kontakt abgebrochen hatte, als er selbst innerlich zerbrach, macht er das in wessen Namen? Was hat sich geändert? Und wann hat es sich geändert?

Wenn ich ihn beobachte, ihm zuhöre, sehe ich: Er betrachtet das selbst mit Befremden; mit dieser neu hinzugekommenen Seite seines Wesens blickt er „streng politisch" „dem Staat gehorchend" – punktum. Aber vertritt er, nachdem er über die orthodoxen Grenzen hinausgegangen ist, der Kirche gegenüber eine *religiöse* Haltung? Sie ist doch für ihn wohl nicht das „Justizministerium"? Er hat einen klaren Blick auf die Kirche; er weiß, dass die Kirche hinsichtlich ihrer Bewegung jetzt keinen inneren Nutzen bringen kann. Das heißt, soll man es dabei bewenden lassen, ihre Stellung dem neuen Staat gegenüber zu regulieren? Doch dafür ist Kartaschow nicht der richtige Mann. Gebraucht würde dafür ein aufrichtiger, einfacher Kirchenmann, ehrenhaft im Sinne Trubezkois, ein Politiker – nicht Lwow, Lwow ist ein Dummkopf. Auch

dann, wenn er Oberprokuror werden sollte … „Stellvertreter" für
Lwow zu sein bedeutet für einen solch originellen und wertvollen
Menschen, der dazu noch von geradezu qualvoller und ausgesuchter Kompliziertheit ist, wie Kartaschow, Finsternis und Selbstvernichtung. Selbst äußerlich betrachtet, bietet er ein beklagenswertes
Bild: mager, spitz, dünn, hysterisch, scharfsinnig und klug, ungestüm – und zurückhaltend; er vibriert wie eine Saite, ist von
schwacher Gesundheit, nervös in seiner Arbeitsfähigkeit; mit seiner verbissenen Gewissenhaftigkeit wird er tief in den staatlich-synodalen Popensachen und -sächelchen versinken.
Und er wird *in jedem Fall* seiner selbst, seiner Tiefe, *seines* Wesens
verlustig gehen.
(Ich füge hinzu, dass seine „Politik" konstitutionell-demokratisch,
kriegsorientiert, nationalistisch ist.)
Lwow hat ihn bereits in den Synod gebracht, um ihn mit den
Angelegenheiten vertraut zu machen. Kartaschow begegnete dort
Ternawzews Frau: Der „brünette Schönling" wurde verhaftet.
Wieder Regimenter mit Musik und Bannern „leuchtender als
Rosen". Heute wurde mein aufrührerisches „Petersburg"-Gedicht
gedruckt, geschrieben am 14. Feb. 14.

> Und im weißen Gefieder der Frühlingsschneestürme
> Erhebt es sich …

Seltsam. Nun hat es sich auch erhoben.

18. März, Sonnabend

Sie lassen einen nicht arbeiten, den ganzen Tag dreht sich das Rad.
A., M., Tsch., dann wieder Kartaschow, Tatjana, Aggejew.
Und alles ist *unangenehm*.
Kartaschow ist natürlich Lwows „Stellvertreter" geworden; wie
geschmackvoll, butterweich und kategorisch ihn Aggejew dafür
vorbereitet hat!
Ich kann darüber nichts anderes sagen als das, was ich bereits
gesagt habe.
Im besten Fall verliert Kartaschow Zeit, im schlimmsten verliert
er um einer echten religiösen Tätigkeit willen sich selbst.
M. [Meier?] tut mir sehr leid. Es ist so viel Gutes, Wahres, Echtes –

und Kraftloses in ihm. Ich kann seine heutige Stimmung überhaupt nicht verstehen, er war traurig und von *ochlokratischer* Angst erfüllt. M. ist ebenso krank an der Seele wie am Körper.
Die Zeitungen sind fast alle in Panik. Und reden so übertrieben dem Krieg das Wort (ohne neue Stimme, das ist die Hauptsache), dass sie Schaden anrichten.
Sie hämmern das Wort „Demokratie" wie dumme Spechte.
Diese macht vorerst nur Versprechungen (außer der *Prawda*, aber auch in der *Prawda* zeichnet sich eine Wendung ab) – und sie hämmern.
Besonders blindwütig ist Msura von *Wetscherneje wremja* (Abendzeit). Ob nicht etwas über diesen Msura [Pseudonym des Publizisten Anton Ossendowski] aus der Ochranka [Geheime Staatspolizei] bekannt wird ... Ich warte die ganze Zeit darauf.
Nein, wahre Dinge muss man auch wahrheitsgetreu äußern können, rein und „machtvoll".
Die Regierung (Kerenski) aber schweigt.

19. März, Sonntag

Ein Frühlingstag, kein Tauwetter, sondern das einträchtige Tauen des Schnees. Zwei Stunden saßen wir am geöffneten Fenster und schauten uns die tausendköpfige Prozession an.
An der Spitze gingen die Frauen. Eine unermesslich große Menge: ein bisher nie (niemals in der Geschichte, glaube ich) dagewesener Zug. Drei Frauen waren zu Pferde, sehr schön. Vera Figner in einem offenen Auto, eingerahmt von einer Kette von Frauen.
An der Ecke kam es zu einem Stau, denn Truppen marschierten die Potjomkinskaja entlang. Die Frauen riefen den Truppen ein „Hurra" entgegen.
Ich würde mich sehr freuen, wenn die „Frauenfrage" sich so einfach und radikal lösen würde wie die „Judenfrage". Denn sie ist sehr misslich. Die Frauen, die sich auf diese Frage spezialisiert haben, legen ein schlechtes Zeugnis ihrer „Menschlichkeit" ab. Die Perowskaja wie auch besagte Vera Figner haben sich mit gutem Recht nicht mit „Frauenfragen", sondern mit gesellschaftlichen Fragen beschäftigt, wie andere Leute auch, und sie *waren* auch auf gleicher Ebene mit den Leuten. Als könnte man „Gleich-

heit" *erhalten*, wenn man sie nur von jemandem erbittet! Es ist unsinnig, beim Zaren um die „Revolution" zu bitten und zu warten, dass er sie einem aus seinen Händen bereits vollkommen fertig übergibt. Nein, die Frauen müssen, um gleich zu sein, gleich werden. Eine andere Sache ist es, den Prozess des *Werdens* zu erleichtern (wenn er wirklich möglich ist). Das können die Männer den Frauen geben, und ich bin natürlich für ein solches Geben. Doch es wird ein langer Prozess werden. Lange werden die Frauen, nachdem sie die „Rechte" erhalten haben, nicht verstehen, welche Pflichten ihnen damit auferlegt sind. Es ist erstaunlich, dass die Mehrheit der Frauen den Begriff „Recht" versteht, doch was „Pflicht" heißt, versteht sie nicht.

Als bei uns die „polnische" Frage und Ähnliches aufkam (Fragen an der Schnittstelle der Nationalitäten sind einfacher und unschuldiger als die an der Schnittstelle der „Geschlechter") – war es da nicht klar, dass folgerichtig über die „*russische Frage*" nachzudenken sei und alle anderen sich damit von selbst lösen würden? „Sie wird beigelegt." So auch die „Frauenrechte".

Hätten die Frauen die Sorgfalt und Energie, die sie für die „Freiheit der Frau" aufgebracht haben, auch für die allgemein menschliche Freiheit aufgebracht, so hätten sie sie ganz nebenbei erringen können und müssten sie nicht von den Männern bekommen, sondern würden *an deren Seite* kämpfen.

Jede spezielle „Frauenbewegung" weckt in den Männern alles andere als Gefühle von „Gleichheit". Ja, ein ganz gewöhnlicher Mensch – ein Mann – stand heute am Fenster und sagte gerührt: „Was für hübsche Persönchen!" Er ist natürlich für sämtliche Rechte und Freiheiten. Dennoch gab es auf den „Zug der Frauen" eine ganz andere Reaktion. Gefällt euch das, ihr Amazonen?

Nach den „Weibern und Damen" kamen wieder unzählige Regimenter.

Dmitri und ich fuhren in den Schriftstellerverband, kamen zurück – sie ziehen noch immer vorbei.

Die ganze alte Garde in diesem Verband! Wo haben sie sich bis jetzt versteckt? Ich nenne die Namen nicht, denn es sind immer wieder die gleichen, bis hin zu Maria Watson mit ihrem wackelnden Kopf.

Über die „Ziele" dieses wiederbelebten Verbandes konnte man sich nicht einig werden. Die „Ziele" sind mit einem Mal wer weiß wohin verschwunden. Früher musste der Verband „protestieren", konnte sein Bemühen um die Freiheit des Wortes und wer weiß welcher noch zum Ausdruck bringen – und dann plumps! Alle Freiheiten gewährt, mehr als genug. Was nun?

Vorläufig wurde beschlossen, alles „aufzuschieben", sogar die Wahl eines Rats.

Abends waren wir bei Ch. Wir erfuhren viel Interessantes über die gestrige Sitzung des Rats der Arbeiterdeputierten.

Bogdanow (aus Suchanows Gruppe) erlitt mit seinem Vorschlag einer Reorganisation des Rats einen triumphalen Reinfall.

In seiner Rede schmierte er ihnen Honig ums Maul: Wir brauchen euch, ihr habt den Grundstein für die Revolution gelegt ... usw.

Und erst dann kamen alle möglichen „Aber" sowie der Vorschlag, alle wiederzuwählen. (Er wies darauf hin, dass es mehr als tausend sind, dass das misslich sein könnte ...)

Die „Leibkompanie"-Leute wünschen das durchaus nicht. Auch das noch! Da haben sie die Angelegenheiten des ganzen russischen Staates gelenkt – und auf einmal heißt es: Zurück in die Reihen der Arbeiter und Soldaten!

Sie erklärten geradeheraus: Ihr habt doch gerade gesagt, ihr braucht uns? So möchten wir nicht auseinandergehen.

Die Sitzung verlief stürmisch. Bogdanow klopfte aufs Pult und schrie: „Ich habe keine Angst vor euch!" Dennoch musste er seinen Vorschlag zurücknehmen. Es scheint, die Anführer sind verwirrt. Sie wissen nicht, wie die Sache zu beheben ist. Sie befürchten, dass der Rat Neuwahlen des Komitees fordert und all diese angeblich Herrschenden eine Niederlage erleiden werden.

Der Sitzungssaal ist unattraktiv. Das Publikum wird nur auf die Empore gelassen, wo auch die „Wachsoldaten" sitzen. Sie sitzen in Unterwäsche da, trinken Tee und rauchen. In den Sälen ist überall Schmutz – ekelhaft anzuschauen.

Gorkis Zeitung wird *Nowaja shisn* (Neues Leben) heißen (geradewegs auf den Spuren des „großen" Lenin von 1905/6). Da die Redaktion *gegen den Krieg* ist (aha, diese Narren! Jetzt auf einmal!), dies aber in Anbetracht der allgemeinen Stimmung nicht

auszusprechen wagt, so wird die Zeitung diese Frage wohl überhaupt nicht ansprechen. (Ist ja reizend! Wollen sie etwa über die „Beaux-art"-Leute schreiben? Welch eine Lügerei!)
Sytin ist natürlich verschwunden. Das „freut mich nicht und kränkt mich nicht", denn ich habe mich daran gewöhnt, ihm nicht zu vertrauen.

22. März, Mittwoch
Soldaten haben in der Peter-Pauls-Festung randaliert, sind zu den eingesperrten Ministern hineingestürmt, haben ihre Kissen und Decken hinausgeworfen. Unruhen gab es auch in Zarskoje. Kerenski fuhr selbst hin, um die Wyrubowa zu verhaften – und rettete sie damit vor möglicher Lynchjustiz?
Nun aber etwas Schlimmeres: Der Durchbruch am Stochod. Es gab schwere Verluste. Die allgemeine Haltung dazu ist noch nicht zu erkennen. Damit aber beginnt die Prüfung für die Revolution. Und noch schlimmer: Die Regierung schweigt zum Krieg.
Sytin hat uns dieser Tage in seiner Sytinschen Art zynisch und in seiner Bauernart genießerisch erklärt, dass ein Bauer aus Wjatka niemals an der Front sitzen bleiben wird, wenn ihm zu Ohren kommt, dass man zu Hause „das Land" aufteilen will. Lächelnd, mit zusammengekniffenen Augen, beruhigte er uns: „Na, was soll's, wir haben die Wolga, Sibirien … wenn sie denn Piter nehmen!"
Heute war Alexander Block da. Er kam von der Front (er ist dort im Semsojus). Er sagt, dort herrsche trübe Stimmung, revolutionäre Freude sei nicht zu spüren. Der Alltag des Krieges sei unerträglich. (Anfangs hat er den Krieg als „Festtag" betrachtet, erschreckte mich förmlich mit seinem „fröhlich"! Er legt sich selbst nie und in keiner Sache Rechenschaft ab, er kann es nicht. Will er es überhaupt?) Jetzt ist er verwirrt. Fragt hilflos: „Was soll ich denn tun, um der Demokratie zu dienen?"
Die Botschaften der Alliierten sind in Unruhe: wegen des Stochod – und weil die Fabriken bisher nicht arbeiten.
Man sollte aber lieber daran denken, dass es bisher noch keine Regierungserklärung gibt. Und ich fürchte, die Regierung wird, was das angeht, von den Alliierten terrorisiert. O Gott! Sie begrei-

fen unsere momentane Lage nicht, zu ihrem eigenen Schaden.
Weil sie uns nicht verstehen.Haben nicht rechtzeitig hingesehen.
Was wird nun!

25. März, Sonnabend
Ich lasse Tage aus.
Die Regierung schweigt zum Krieg (zu den Kriegszielen).
Miljukow erklärte dieser Tage allen Korrespondenten abermals
mit seiner früheren Stimme, Russland brauche die Meerengen und
Konstantinopel. Die „Prawdaleute" schäumen natürlich vor Wut.
Ich will mich auch nicht eine Sekunde mit der Frage aufhalten, ob
wir nun diese verteufelten Meerengen benötigen oder nicht. Und
wenn sie hundertmal nötiger wären, als Miljukow annimmt, ist
diese fatale *Taktlosigkeit* noch hundertmal unverzeihlicher. Fast
wollte er sich die Kleider vom Leibe reißen. Das verhängnisvolle
Nichtbegreifen des Augenblicks – zum eigenen Schaden.
Kerenski musste offiziell erklären, dass dies Miljukows persönliche Meinung sei und nicht die der Regierung. Das erklärte auch
Nekrassow. Sehr schön, vielen Dank. Ein guter Weg zur „Stärkung" der Regierung, zur Erhöhung des „Machtprestiges". Am
Donnerstag sagte Ch., der Rat der Arbeiterdeputierten fordere
eine Antwort von Miljukow (die direkte Quelle ist Suchanow).
Gestern spätabends, als alle schon schliefen, klingelte das Telefon.
Ich nehme ab – es ist Kerenski. Er bittet: „Wäre es möglich, dass
jemand von Ihnen morgen früh zu mir ins Ministerium kommt …
Ich weiß, Sinaida Niloajewna, Sie stehen spät auf …" „Und Dmitri
Wladimirowitsch (Filossofow) ist krank, ich werde Dmitri Sergejewitsch (Mereshkowski) bitten zu kommen, ganz bestimmt …",
setzte ich seine Rede fort. Und er erklärt mir, wie man hinkommt.
Und heute Morgen begab sich Dmitri dorthin. Vor nicht allzu
langer Zeit hatte Dmitri in *Den* (Der Tag) einen Artikel mit dem
Titel „Der 14. März" untergebracht. *Retsch* (Die Rede) hatte ihn
abgelehnt, denn der Artikel war in einem versöhnlichen Ton gehalten und bekräftigte in vielem die Deklaration der Räte zum
Krieg. Ungeachtet dessen, dass Dmitri in seinem Artikel klar auf
der Regierungsseite stand und nicht auf der der Räte und dies
nachdrücklich unterstrich, konnte *Retsch* ihn nicht bringen;

diese Zeitung ist ein ausgemachter Feind all dessen, was die Revolution betrifft. Weist Artikel ohne Prüfung zurück. Eine unnachgiebige (und blinde) Haltung. Doch Dmitri hatte in seinem Artikel dennoch darauf hingewiesen, dass die Regierung sich äußern sollte.
Leider kam Dmitri völlig verwirrt und fassungslos von Kerenski zurück, es war nichts Vernünftiges aus ihm herauszubringen. Er sagte, Kerenski sei durcheinander, aber stimmte zu, dass eine Regierungserklärung unumgänglich sei. Dennoch befürwortete er das Manifest vom 14. März nicht, denn es enthalte den Verrat an der westlichen Demokratie. (Dort gibt es noch Schlimmeres, doch wer hindert daran, nur das Gute zu nehmen?) dass die Erklärung jetzt von der Regierung ausgearbeitet wird, dass sie den „Überwachern" aber kaum gefallen werde und dass die ganze Regierung wohl werde gehen müssen (deshalb? …). Über den Rat sagte er, das sei ein „Haufen von Fanatikern" und keineswegs ganz Russland, es gebe keine „Doppelherrschaft", sondern nur eine Regierung. Nichtsdestoweniger regte er sich ziemlich auf wegen dieses „Haufens" und versicherte, dass sie ernsthaft Druck in Hinblick auf einen Separatfrieden machen.
Dmitri brachte natürlich seine Warnung vor Lenin, die er im Artikel „Pöbel im Anmarsch" geäußert hatte, ins Spiel, und versuchte, Kerenski damit Angst zu machen; er sagt, auch Kerenski sei in Panik vor Lenin, er sei in seinem Arbeitszimmer hin und her gelaufen (dort saß auch der Auerhahn Wodowosow) und habe sich am Whisky festgehalten: „Nein, nein, ich werde abtreten müssen."
Der Bericht war konfus, allerdings war auch die ganze Begegnung offenbar konfus. Dennoch bedaure ich, dass ich nicht mit Dmitri hingegangen bin.
Makarow beklagte sich heute, dass der „Schwachkopf" Skobelew mit Impertinenz das Winterpalais für den Rat der Arbeiter- und Soldaten-Deputierten fordert. Ja, tatsächlich!
Ich habe keine Ruhe, ich denke immerzu, wie eine kluge, neue, starke und würdige Regierungserklärung zum Krieg beschaffen sein müsste, die jegliche Räte entwaffnen könnte – und die trotzdem ehrenhaft wäre. Ist sie möglich? Amerika (das gegen Deutschland ausgerückt ist) gefällt mir weiterhin. Nein, Wilson

ist kein Idealist. Welch ein würdiges und real-historisches Verhalten. Dem Ort und Zeitpunkt angemessen, sozusagen.
Die Begräbnisse der „Opfer" haben auf dem Marsfeld stattgefunden. Der Tag war schmutzig, nass und schwärzlich. Die Pfützen glänzten. Die Läden waren geschlossen, Straßenbahnen fuhren nicht, „zwei Millionen" Leute waren da (hieß es), und es herrschte Ordnung. Eine Katastrophe wie auf dem Chodynkafeld blieb aus.
Ich (abends in der Küche, vorsichtig): Na, was gab es denn da? Wie ist das möglich, man hat sie beerdigt, es wurde kein Totengebet, nicht einmal „Zum ewigen Gedenken" gesungen, nur eingegraben und fertig?
Wanja Rumjanzew (nicht Pugatschow, sondern ein Soldat aus dem Werk, ein ganz schmächtiger): Warum denken Sie so, Sinaida Nikolajewna? Von jedem Regiment war ein Chor da, und sie alle sangen und beteten, wie es besser nicht geht, kameradschaftlich. Und dass es in eigener Regie geschah, dass keine Popen da waren, ja, wozu auch? Jetzt hat diese Seite die Oberhand, so sind sie bereit zu gehen, ja, sie gingen geradezu bereitwillig. Und hätte die andere Seite obsiegt, hätten sie dieselben Opfer an den Galgen begleitet. Nein, dagegen ist nichts zu sagen ...
Und ich schweige, finde keinen Einwand, denke daran, dass sie auch Tolstoi nicht begleitet haben und nicht „bestrebt" waren, sich nicht einmal bemüht haben ..., die Obrigkeit hat es verboten. Derselbe Aggejew *kam* aus Angst vor der „bischöflichen Obrigkeit", wie er selbst zugegeben hat, *nicht* einmal zur Tolstoi-Sitzung der „Religiös-Philosophischen Gesellschaft".
Für Grischka (Rasputin) aber las Pitirim die Totenmesse und ließ ihn unter dem Altar begraben.
Als hoffnungslos unlösbar hat das Volk (wenn auch fatal-unbewusst) die Verbindung der Orthodoxie mit dem Absolutismus wahrgenommen.
Kartaschow ist für eine ganze Woche verschwunden. Ganz in Papiere und Kleinkram des Konsistoriums vertieft. Aber was kann man da tun, selbst wenn der schwachköpfige und unverschämte Lwow nicht wäre? Wie schade! Es ist schade, in jeder Beziehung, dass Kartaschow dorthin gegangen ist.

5. April, Mittwoch

Wie lange habe ich nicht geschrieben.
Ich weiß nicht einmal mehr, was niedergeschrieben ist und was nicht. Am Sonnabend, den 8., fahren wir wieder nach Kislowodsk. (Ich nehme das Buch mit.) Es ist jetzt sehr schwierig zu fahren. Und eigentlich will man gar nicht (muss aber). Am Sonnabend, eine Stunde nach unserer Abreise, sollen unsere ehemaligen Freunde aus der Emigration Jel. [?], Ch. [Chrustalew-Nosar?] und Boris Sawinkow (Ropschin) kommen (sie fahren über England nach Schweden). Irgendwann werde ich die zehnjährige Geschichte unserer tiefen Verbundenheit aufschreiben. Jel. und Boris sind erstaunlich unterschiedliche Menschen. Ich habe beide sehr gern – und das auf vollkommen unterschiedliche Art. Da ich ihr Leben in der Emigration kenne und die letzten zehn Jahre ununterbrochen (d. h. unterbrochen durch unseren Aufenthalt in Russland) mit ihnen in Verbindung stand, interessiere ich mich jetzt brennend für ihre Rolle im revolutionären Russland. Boris hat mir zu Beginn des Krieges oft geschrieben, doch die Verbindungen waren so, dass ich kaum antworten konnte.

Sie sind beide so interessant, dass man nicht beiläufig von ihnen sprechen kann. Ich umreiße hier nur die wichtigsten Wesenszüge eines jeden mit drei Worten: Jel. ist ein heller, offener Mensch der Gesellschaft (des Kollektivs). Boris Sawinkow ist ein starker, prägnanter, herrischer Individualist. Eine Persönlichkeit. (Beide sind oft auf ihre Art extrem.) Beim ersten dominieren die Gefühle, beim zweiten – der Verstand. Beim ersten das Zentrifugale, beim zweiten das Zentripetale.

Nach diesen inneren Richtlinien formt sich auch das äußere Leben eines jeden von ihnen, ihr Handeln. Das Prinzip des „Demokratismus" und des „Aristokratismus" (sehr weitreichend verstanden). Sie sind Freunde, alte, langjährige Freunde. Sie könnten einander ergänzen, doch etwas hindert sie daran; sie geraten oft aneinander. Und sie trennen sich nicht endgültig, das können sie nicht. Dazu ist Jel. zu gut, zu sanft und zu treu in seiner Liebe, als dass er sich *persönlich* mit einem alten Freund und Mitarbeiter streiten könnte. Wie, wodurch, in welchem Maße, auf welcher Linie werden diese „Revolutionäre" der nun schon vollzogenen russischen Revolution dienen können? Infolge der Umstände waren beide bisher Zerstörer (ich nehme sie hier beinahe als Symbol). Theoretisch betrachtet stand Jel. dem „Aufbau" und dessen Möglichkeiten näher. Doch … wo ist die Sawinkowsche Härte? Sie ist nicht mehr da. Indem ich wiederum Prinzipien und Symbole auf Personen zuschneide, merke ich an, dass bezüglich der hier genannten Personen auch die zehnjährige Emigration zu berücksichtigen ist. Die letzten Jahre Emigrantenzeit bedeuteten ein völliges Abgeschnittensein von Russland. Und was den Krieg angeht, konnten sie wohl Russlands Lage besonders wenig verstehen. Von dort aus. Von Frankreich aus.

Ich halte mich in meinen Ausführungen so ausführlich und detailliert mit Persönlichkeiten auf, weil ich nicht an Ereignisse glauben kann, die sich außerhalb jeglichen persönlichen Willens abspielen. „Die Menschen haben ein Gewicht in der Geschichte" – daran kommt man nicht vorbei. Ich bin geneigt, dieses Gewicht überzubewerten, doch das ist mein Fehler; es geringzuschätzen wäre ein ebensolcher Fehler.

Von den anderen zurückkehrenden Emigranten kenne ich noch Boris Moissejenko näher (und seinen Bruder Sergej), doch der wird wohl nicht kommen, er ist auf Java – Tschernow habe ich durch einen Zufall nicht gesehen; dennoch habe ich eine Vorstellung von diesem Früchtchen. In der Partei konnte man ihn nicht ertragen, hielt ihn aber für den „Parteiführer", was mich immer erstaunt hat: Seiner „Literatur" nach zu urteilen ist er ein anmaßender und selbstherrlicher Schwachkopf. Awksentew ist kultiviert. Die Emigration hat ihm zugesetzt, und er wird nun kaum mehr wie früher glänzen. Doch er ist wohl ein ganz passabler, anständiger Mensch.

Die Ch.s bleiben in unserer Wohnung in der Sergijewskaja.

Sawinkow wird bei Makarow wohnen.

Was aber hat sich ereignet?

Sehr viel Wichtiges. Doch zu Anfang will ich Fakten notieren, kleine, persönliche Vorfälle, sozusagen. Um „Ablenkungen" und „Erwägungen" zu vermeiden. (Denn ich spüre, ich lasse mich wieder hinreißen.)

Wir fuhren alle drei auf Makarows Drängen zu einer „Theater-

konferenz" ins Winterpalais. Das war am 29. März. Golowin, der den Vorsitz übernehmen sollte, war nicht gekommen, machte Ausflüchte, an seine Stelle trat der arme Pawel Michailowitsch (Makarow).
Wir kamen vom *Kinderaufgang* herein. Von der Newa her stach die Frühlingssonne in den Saal mit den Säulen herein. So war wenigstens das angenehm. Im Allgemeinen aber bot der Zuschauerraum einen traurigen Anblick. Alle „Stars" und die Hauptpersonen der ehemaligen „kaiserlichen", heute „staatlichen" Theater, der Moskauer und der Petersburger, waren da. Jushin, Karpow, Sobinow, Dawydow, Fokin … und eine Menge anderer.
Sie alle und auch alle Theater äußerten ihre Wünsche 1. nach Autonomie, 2. nach Subventionen. Nur davon wurde gesprochen. Nemirowitsch-Dantschenko, der Direktor des Moskauer Künstlertheaters, keines staatlichen Theaters also, stach hervor und beeindruckte durch sein äußerst kulturelles Auftreten.
Die Sitzung zog sich hin, unangenehm und ziellos. Bald glotzte man einander an wie dumme Schafe. Schließlich ging Dima hinaus, ich folgte ihm, dann Dmitri, und wir fuhren los.
Abends gab es bei uns eine „geheime" Konferenz mit Golowin, Makarow, Benois und Nemirowitsch.
Letzteren überredeten wir, als Assistent zu Golowin zu gehen und so der eigentliche Direktor der Theater zu werden. In der jetzigen Form wird ja alles zusammenbrechen … Golowin war das sehr recht. Nemirowitsch war hin und her gerissen … Es schien geregelt, doch nein: Nemirowitsch will „abwarten". Wahrhaftig, das ist schon alles sehr kippelig, falsch und schwankend. Wird Golowin bleiben?
Am nächsten Tag war Nemirowitsch wieder bei uns, blieb lange, erklärte, warum er es „hinauszögern" wolle. Sollen sie doch das Theater „autonomisieren" … Und weiter.
Plechanow ist zurückgekehrt. Ihm sind wir im Ausland oft begegnet. Mehrere Mal bei Sawinkow, aber auch anderswo. Er ist ganz Europäer, kultiviert, gebildet, seriös, Marxist eines etwas akademischen Typs. Mir scheint, er wird für unsere Revolution nicht maßgerecht sein, und sie nicht für ihn. Vorläufig hat seine Ankunft offenbar keine Begeisterungsstürme hervorgerufen.

Und Lenin … Ja, nun ist doch dieser „Trischka" endlich eingetroffen! Die Begrüßung war pompös, mit Scheinwerfern. Aber … er ist *über Deutschland* gekommen. Die Deutschen haben einen ganzen Haufen solcher „schädlicher" Trischkas versammelt, haben einen ganzen Zug hergegeben, haben ihn verplombt (damit der Geist nicht auf die deutsche Erde übergehe) und zu uns geschickt: Da habt ihr ihn!

Lenin begann unverzüglich, am selben Abend noch, mit seinen Aktionen: Er erklärte, er habe sich von der Sozialdemokratie (und sogar vom *Bolschewismus*) losgesagt und werde sich von heute an „Sozialkommunist" nennen.

Endlich gab es die lang erwartete, verspätete Regierungserklärung zum Krieg.

Sie ist lasch, schwach, kraftlos und unklar. Immer dasselbe, „ohne Annexionen", aber das mit halber Stimme gestammelt, außerdem eine verwässerte „Wehrhaftigkeit" – und was sonst noch?

Wenn jetzt nicht die Zeit ist, mutiger (wengistens riskanter) zu handeln, wann denn? Jetzt könnte nur jemand laut die Stimme für den Krieg erheben, der den Krieg gehasst hat (und hasst). Kerenskis „Handeln *mit beiden Händen*", über das ich geschrieben habe, ist aus der Erklärung nicht ersichtlich. Es ist auch nicht sichtbar. Nichts ist wahrnehmbar von einer realen und starken Sorge um die Armee, um die Errichtung von festumrissenen Linien der „Freiheiten", in deren Grenzen die Stärke der Armee als Stärke *bewahrt bleibt*. (Der *Befehl Nr. 1* ist ja noch nicht außer Kraft gesetzt. Die Armee wird ungehindert von beliebigen Agitatoren überschwemmt. Dort ist keine *neue* Befehlsgewalt zu bemerken, sondern nur das Verschwinden der alten!)

Die eine Hand rührt keinen Finger mehr. Mit der anderen ist es nicht besser. Für den *Frieden* ist nichts Klares getan worden. Unsere „Kriegsziele" sind nicht mit deutlicher Bestimmtheit erklärt worden. Unsere militärische Lage ist keineswegs so, dass wir Deutschland Bedingungen für den Frieden diktieren könnten, woher auch! Und dennoch *müssten* wir uns für etwas in dieser Art entscheiden. Wir müssen jeden Tag, ununterbrochen, hartnäckig auf unseren Bedingungen für den Frieden bestehen, und sei es nur halboffiziell. In Übereinkunft mit den Alliierten (wir müssen ihnen klarmachen, dass man diesen Augenblick nicht verpassen darf …), aber auch schon vor einer faktischen Übereinkunft, und gerade ihretwegen Deutschland die „Bedingungen" für einen akzeptablen Frieden diktieren und dabei nicht herumstottern und nicht schweigen.

Das muss auf eine fast grobe Art geschehen, damit es allen verständlich wird (allen verständlich ist nur das Grobe). Man muss es tagtäglich in eine reale Form bringen, Tag und Nacht das Einverständnis zu einem unverzüglichen, gerechten und uneigennützigen Frieden zum Ausdruck bringen – meinetwegen schon morgen. Meinetwegen in einer Stunde. Über die ganze Front und das Hinterland hinweg brüllen, dass, wenn die Stunde vorüber ist und es keinen Frieden gibt, dann nur deshalb, weil Deutschland dem Frieden nicht zustimmen will, den Frieden nicht will und uns ungerührt auf den Pelz rückt. Und dann wird es trotzdem keinen Frieden geben, sondern Krieg – oder Gemetzel.

Letztendlich sind diese „Bedingungen" mehr oder weniger bekannt, doch sie sind nicht *ausgesprochen*, deshalb existieren sie nicht, es gibt keine *einheitliche* Form für sie. Der erste Ton ist hier noch nicht gefunden. Und man wird ihn auch so schnell nicht finden.

Ja, es ist ein großer Jammer, dass die Verbündeten die Bedeutungsschwere des Augenblicks nicht verstehen. Bei ihnen ist nichts geschehen. Ihr Denken über sich – und über uns – verbleibt in den früheren Bahnen. Sollen sie sich um sich selbst sorgen, das kann ich verstehen. Aber um ihrer selbst willen müssen sie auch auf uns Rücksicht nehmen.

Wladimir Sensinow war hier, ich sprach lange mit ihm über die „Regierungserklärung" und all das andere. Wie er sagt, ist er mit der Erklärung auch nicht zufrieden (das ist wohl niemand und nirgends, nicht einmal in der Regierung selbst). Doch auf meine „wilden" Vorschläge und Projekte, die Friedensbedingungen zu „diktieren", reagierte er sehr zurückhaltend. Es herrscht allgemeine Zaghaftigkeit und Stammelei. Was bewahrt die Regierung? Wer fürchtet sich wovor? Nun, Deutschland wird das alles zurückweisen. Es wird nicht einmal antworten. Was ist also zu tun? Vielleicht träume ich. Ich rede natürlich viel Unsinn, *aber ich habe meinen Standpunkt* und werde immer wieder bekräftigen, dass er im Großen und Ganzen richtig ist. Ich werde noch mehr sagen (im Flüsterton, für mich, um mich hinterher nicht allzu schämen zu müssen). Fern von den Alliierten (falls sie sich so gar nicht bewegen wollen) könnte man sogar den Gedanken an einen „Separatfrieden" riskieren. Das würde sie auf jeden Fall zwingen, nachdenklich zu werden, uns etwas mehr Aufmerksamkeit zu schenken. So verhalten sie sich zu ruhig. Sie wissen nicht, dass wir jedenfalls *nicht Europa* sind. Seltsam, über Russland nachzudenken und es in der Art und Weise … Miljukows zu sehen.

Aber ich bin Gott weiß wohin abgeschweift. Ich verstehe mich selbst nicht mehr. In meinem Kopf sind nur die bekannten Dinge. Doch die Form, das ist nicht meine Sache, jeder andere kann das besser in eine Form bringen als ich – und *man kann* eine Form finden, der die Alliierten nicht aus dem Wege gehen würden. Genug, es wird Zeit zu schließen. Geschehe, was da wolle. Ich möchte, ich will glauben, dass etwas Gutes geschehen wird. Ich vertraue auf Kerenski. dass ihm nur keine Steine in den Weg gelegt werden. Mit gebundenen Händen kann man nicht handeln. Weder Härte noch Macht bekunden (und gerade *Macht* ist notwendig). Vorläufig kommt außer WORTEN (dabei noch machtlosen) von unserer Regierung nichts.

KISLOWODSK

17. April
Es regnet. Nebel. Kälte. Dies hier ist ein unwahrscheinliches Provinznest, voll von Ungereimtheiten. Streiks der Dienerschaft. Verängstigte, aber plündernde Hauseigentümer. Auch so eine Art von „Soldatenrat".
Angenehm sind die Kinder, die Gymnasiastinnen und Gymnasiasten. Nur sie schauen mit hellem Blick nach vorn.

23. April, Sonntag
Kolossales Hochwasser am Don; die Brücke ist eingestürzt, die Post verkehrt nicht. Wir sind abgeschnitten. Es ist komisch, fragmentarische Nachrichten aus den örtlichen Zeitungen und aus einem durch Zufall aus Petersburg erhaltenen Brief zu notieren. Ich habe meine Meinungen und Vermutungen, doch dasitzen und ins Leere reden?
Ich vermerke, was ich von hier aus sehe: Der Lärm wegen des Krieges lodert auf.
Die ausländische „Note", angeblich von der ganzen Regierung, doch ganz klar von Miljukow verfasst (ich gebe meinen Kopf dafür), hat vollkommen unnötig die Leidenschaften entfacht. Es fand eine gemeinsame Sitzung der Regierung und des Rats der Arbeiter- und Soldaten-Deputierten statt, im Anschluss daran gab die Regierung eine äußerst jämmerliche „Erklärung" ab. Die Situation ist angespannt, so scheint es (von weitem).

2. Mai
Doch die Dinge stehen schlecht. Hier gibt es Streiks mit den unmäßigsten Forderungen; sie ziehen sich hin und enden damit, dass der „Rat" droht: „Wir haben 600 Bajonette!", woraufhin die „Forderungen akzeptiert werden".
In Petersburg gab es am 21. eine blutige „Rauferei". Bewaffnete Arbeiter schossen auf unbewaffnete Soldaten.
Wir wissen hier fast nichts. Die Eisenbahnbrücke ist nicht ausgebessert worden. Die Zeitungen sind durcheinandergeraten. Briefe kommen verspätet. Aus diesem Nachrichtenchaos ist jedoch zu

schließen, dass die Dinge sich verschlechtern: Gutschkow und Grusinow sind [am 1. Mai] zurückgetreten, in der Armee steht es schlecht, überall Zusammenbruch ohne Pardon. Wahrscheinlich ist bereits die ganze Regierung zum Ruhme der Leninisten und Schwarzhunderter abgetreten.

Aufregend und schrecklich ist es so fernab. Sehr viel schlimmer als dort, wo man alles im Augenblick des Geschehens weiß und sieht. Hier ist man wie taub.

4. Mai

Das Nachrichtenchaos geht weiter. Wir wissen, dass Miljukow gegangen ist (er hat es lange genug provoziert), an seine Stelle ist Tereschtschenko getreten. Das ist eine Figur …, ohne jede Ausstrahlung, „Mäzen" und Jugendstil-Kaufmann. Offensichtlich haben sie ihn genommen, weil er gut Englisch spricht. Statt Gutschkow nun Kerenski in eigener Person. Das verspricht Aussicht auf Besseres. Seine eine Hand hat er befreit. Jetzt kann er *seine eigene* Stimme erheben.

Die „Siegesbewussten" sind niedergeschlagen und in Panik. Ich bin aber noch lange nicht niedergeschlagen, auch vom Krieg nicht. Die ganze Frage ist, ob Kerenski *beide Hände frei haben wird* zum Handeln. Und ob er in dieser Sache die notwendigen Helfer für sich finden wird. Er allein ist auf dem richtigen Weg, aber – er ist allein.

9. Mai

In Petersburg gibt es nun ein „Koalitionsministerium". Tschernow (hm! hm!), Skobelew (ein dummer Mensch), Zereteli (ordentlich, aber eine Memme) und Peschechonow (ein Literat!).

Wir werden sehen, was das gibt. Man darf jetzt nur nicht in Depression fallen. Oder sich solchen Stimmungsschwankungen unterwerfen wie Dmitri.

Versuchen wir, auf die Zukunft zu vertrauen.

20. Mai
Morgen ist Pfingsten. Das Wetter ist grau. Der Weg ist nicht ausgebessert. Wegen des Schneesturms gibt es in ganz Russland keinen Telegrafendienst.
Bei der allgemein schweren Lage im Hinterland, dem traurigen Zustand der Front ist das Leben hier schwierig. Doch all das Schwere soll mir nichts anhaben. Das wäre ein Vergehen am Bewusstsein.
Kerenski ist Kriegsminister. Vorläufig handelt er hervorragend. Nicht ganz so, wie ich es mir ausgemalt habe, deutliche Handlungen „mit beiden Händen" sehe ich nicht (vielleicht sehe ich sie von hier aus nicht?), aber er *spricht* wundervoll über den Krieg. Über Miljukow und Gutschkow sagen jetzt alle – die Adligen und die Kirchen, die Straße, die Intelligenzija und die Parteileute – dasselbe, was ich mehrere Jahre lang immer wieder gesagt habe (mich aber jetzt hüten würde zu sagen). Wie haben sie sich gefreut! Haben den rechten Augenblick gefunden! Jetzt ist es zu spät. Nicht mehr nötig.
Ein reumütiger Konstitutioneller Demokrat, der Minister Nekrassow, hat gerade irgendwo etwas von der „Nutzlosigkeit des rechten Blocks" geplappert. (Diesen Nekrassow kenne ich. Er war öfter bei uns. Hielt sich für einen „linken" Kadetten. Er ist nicht bemerkenswert, sehr hinterlistig und ohne Rückrat, wie es scheint). Miljukow verharrt vollkommen in ein und demselben Zustand. Er hat weder etwas verlernt, noch etwas dazugelernt. Jetzt sitzt er beleidigt zu Hause und vertraut auf die neue Regierung, „insofern-als" … Nun, Gott sei mit ihm. Es ist ja nicht schade um ihn. Es ist schade um das, was ihm eigen ist und was er *nicht* an Russland *weitergeben* kann.
Kerenski ist der rechte Mann am rechten Platz. The right man in the right place, wie die klugen Engländer sagen. Oder – the right man in the right moment? Und wenn nur for one moment? Wir können es nicht voraussehen. Auf jeden Fall hat er das Recht, vom Krieg zu sprechen, für den Krieg – und zwar deshalb, weil er gegen den Krieg (als solchen) ist. Er war ein „Defätist" gemäß der törichten Terminologie der „Siegesbewussten". (Auch mich haben sie „Defätist" genannt.)

18. Juni, Sonntag

In einer Woche werden wir wahrscheinlich abfahren. Die Lage ist ernst. Wir wissen das aus einem Stapel Zeitungen, aus Petersburger Briefen, aus dem atmosphärischen Empfinden.

Hier das Wichtigste: Das „Koalitionsministerium" hat genau so wie das frühere *keine Macht*. Überall Zerstörung, Zerfall, Haltlosigkeit. Der „Bolschewismus" passt dem Wesen nach zu unseren dunklen, ungebildeten, von der Sklaverei demoralisierten Massen. Die „Wolniza", die „Willkür", das Desertieren hat begonnen. Verschiedene „Republiken" haben sich gebildet – Kronstadt, Zarycin, Noworossisk, Kirsanow usw. In Petersburg gibt es „Überfälle" und „Eroberungen", an der Front Zersetzung, Ungehorsam und Aufstände. Kerenski fährt unermüdlich an der Front umher und regelt die Dinge mal hier, mal dort, aber das ist ja gar nicht möglich! Er müsste ein ganzes System aufbauen, er allein kann aber nichts ausrichten, niemand allein könnte es.

Im Hinterland gibt es Streiks, stumpfsinnige und räuberische – ein Verbrechen im gegenwärtigen Augenblick. Die Ukraine und Finnland drohen eigenmächtig damit, sich abzuspalten. Der Rat der Arbeiter- und Soldaten-Deputierten und sogar der allgemeine Rätekongress ist fast ebenso kraftlos wie die Regierung, denn infolge der Umstände haben sie einen Rechtsruck vollzogen, um sich von den „Bolschewiken" abzugrenzen. Diese haben für den 10. Juni eine bewaffnete Demonstration anberaumt, heimlich vorbereitet von den Kronstadtern, Anarchisten, Tausenden von Arbeitern usw. Der Rätekongress tagte die ganze Nacht lang gemeinsam mit der Regierung, sie erreichten, dass diese schreckliche „Demonstration" mit der Losung „Nieder mit allem" abgesagt wurde, sie konnten Mord und Totschlag vorbeugen, aber … nur für dieses eine Mal. Um den stumpfsinnigen und animalischen Aufstand zu verhindern, darf man sich nicht lange mit Ermahnungen aufhalten. Der sich anbahnende Aufstand ist ja eben das – sinnlos und stumpfsinnig. Oben wird der Kampf folgendermaßen gesehen: Die Bolschewiken brüllen herum, dass die Regierung die Möglichkeit für einen Angriff von unserer Seite zulässt, obwohl sie den Krieg zu einem reinen Verteidigungskrieg erklärt hat; das heißt also, sie lügt, sie will diesen Krieg dem „alliierten Imperialismus" zuliebe „endlos" fortsetzen. Die Anführer des Bolschewismus begreifen natürlich selbst die brutale Absurdität der Lage, dass es bei einem Verteidigungskrieg niemals, nirgends und unter keinen Umständen einen Angriff geben darf, nicht einmal mit der Absicht, das eigene Land wiederzubekommen (wie bei uns). Die Anführer verstehen das sehr gut, doch sie machen sich die vollkommene Verständnislosigkeit derer zunutze, die sie zum Aufstand anstiften wollen, genauer gesagt – derer, die sie aus passiv-Aufständischen zu aktiv-Aufständischen machen wollen. Was sie letztendlich für Ziele haben, wozu ihnen eine solche Aktion dienen soll – das kann ich nicht deutlich sehen. Ich weiß nicht, wie sie das selbst definieren. Es ist sogar unklar, in wessen Interesse sie handeln. Am klarsten erkennbar ist natürlich das deutsche Interesse.

Die „literarischen" Bolschewiken um Gorki geben sich große Mühe. Doch vor ihnen gerate ich mitunter in große Verlegenheit. Man will irgendwie nicht glauben, dass sie bewusst nach blindwütigem Blutvergießen, das unvermeidlich war, gelechzt haben, dass sie wirklich nicht begriffen haben, was sie da sagen. Ich kenne Basarow schon lange. Er ist ein kluger, gebildeter und stiller Mann. Was geht in ihm vor? Er schrieb, „wir wollen" nicht einmal mehr einen Separatfrieden, sondern einen separaten Krieg. Ehrenwort. Einen neuen Krieg, Russland gegen die ganze Welt, allein, und das „unverzüglich". Als wäre es nicht Basarows Artikel, sondern die schlaftrunkenen Fieberphantasien eines Papua; allerdings eines *Verantwortlichen*, denn Massen von Unter-Papua hören auf ihn, gleichermaßen zu allem bereit …

Die wichtigsten Anführer des Bolschewismus haben zu Russland keinerlei Beziehung und sorgen sich am allerwenigsten darum. Sie kennen es nicht, woher auch? Die große Mehrheit von ihnen sind keine Russen, und die Russen sind ehemalige Emigranten. Doch sie erspüren die Instinkte, um sie auszunutzen – für wessen Interessen? …Ich weiß nicht genau, ob es ihre eigenen oder deutsche sind, nur sind es nicht die Interessen des russischen Volkes. Das ist sicher.

Der zynisch-naive Egoismus der Deserteure, stumpfsinnig-ungebildet („ich bin jung, ich will leben, ich will keinen Krieg") und hervorgerufen durch die Predigten der Bolschewiken, ist natürlich schlimmer als jede „kriegerische" Stimmung, die der Zarenstab hervorgerufen hat. Ich sehe es genau – er ist schlimmer. Da zeigt sich das animalische Fehlen eines *Gewissens*. Unbarmherzig ist die schwere Last der „Freiheit", die über die Sklaven von gestern hereingebrochen ist. Ihr Gewissen ist noch nicht erwacht, und da ist kein Schimmer von Bewusstsein, nur Instinkte: essen, trinken, spazieren gehen …, und dann regt sich der dunkle Instinkt des in Russland so weit verbreiteten „Freiheitsdrangs" (was *nicht* mit „Freiheit" gleichzusetzen ist).

Man möchte an das Mitleid appellieren. Doch wer ist zurzeit imstande, es Russland entgegenzubringen? Dem unglücklichen Russland, das sich um Jahrhunderte verspätet hat – und das jetzt wieder einmal zu spät gekommen ist?

Ihm Mitleid bekunden, das bedeutet jetzt: den Grundstein zur Macht legen. Einer menschlichen, aber wirklichen Macht, die vielleicht streng, grausam ist – ja, ja – *grausam* in ihrer Direktheit, wenn das notwendig ist. So sieht der gegenwärtige Augenblick aus. Was für Leute werden das tun? Unsere Provisorische Regierung, Zereteli, Peschechonow, Skobelew? Das ist nicht komisch, aber ich muss unwillkürlich lächeln. Sie konnten nur „leiden" an der „Macht" und haben sie ihr ganzes Leben lang gehasst. (Ich spreche nicht von ihren persönlichen Fähigkeiten.) Kerenski? Ich bin überzeugt, dass er den Augenblick *versteht, weiß*, dass es gerade jetzt nötig ist: „sie an sich nehmen und ihnen zu geben", aber ich bin bei weitem nicht überzeugt, dass er sie 1. überhaupt an sich nehmen kann und wenn ja, dass sie 2. nicht zu schwer auf seinen schwachen Schultern lasten würde.

Er wird es nicht können, denn obwohl er begreift, sitzt doch auch in ihm dieselbe tief verinnerlichte Abneigung gegen die Macht, gegen ihre unabdingbaren äußerlichen, unvermeidlich gewaltsamen Methoden. Er wird es nicht können, er wird stehenbleiben, wird Angst bekommen.

Die Machthaber dürfen ihre eigene Macht nicht fürchten. Nur dann ist sie echt. Nach ihr verlangt unser historischer Augenblick. Eine solche Macht aber ist nicht in Sicht. Und es scheint, es gibt auch keine Leute dafür.

Zurzeit gibt es kein Volk der Welt, das staatenloser, gewissenloser und gottloser ist als wir. Die Lumpen sind abgefallen, fast von selbst, und nun kommt der nackte Mensch zum Vorschein, ursprünglich, aber schwach, erschöpft, zerquält. Der Krieg hat das Letzte aufgezehrt. Und der Krieg ist hier und jetzt. Er muss beendet werden. Wird er ohne Würde beendet, ist das unverzeihlich. Was aber, wenn Russland zu lange in der Sklaverei eingefroren war? Was, wenn es erstarrt ist und beim Auftauen nicht wiederbelebt wird, sondern sich zersetzt?

Ich kann nicht, will nicht glauben, dass es so ist. Doch die Zeit ist von einzigartiger Schwere. Es ist der Krieg, der Krieg. Jetzt müssen alle Kräfte auf den Krieg gerichtet werden, damit man ihn sich auf die Schultern *laden* kann, ihn mit intensivem Bemühen beenden kann.

Der Krieg ist die einzig mögliche Sühne der Vergangenheit. Die Wahrung der Zukunft. Das einzige Mittel, um zur Besinnung zu kommen. Die letzte Prüfung.

13. Juli, Donnerstag

Noch sind wir hier, in Kislowodsk. Ich kann nicht alles aufschreiben, was hier seit Jahr und Tag geschehen ist. Ich notiere kurz. Am 18. Juni begann unsere Offensive im Südwesten. Am selben Tag machten die Bolschewiken in Petersburg den zweiten Versuch einer Kundgebung, der irgendwie glatt verlief. Doch die dumpfe Anarchie, aufgestachelt durch rätselhafte gemeine Typen wuchs und schwoll zum Bersten an … Der 18. Juni, Tag der Freude und Hoffnung, ging schnell vorüber. Schon das erste Telegramm über die Offensive enthielt einen seltsamen Satz, der mich zum Nachdenken brachte: „ …jetzt, was auch weiter geschehen mag …"

Und weiter: die Tage des Schreckens, der 3., 4. und 5. Juli, die Tage der Petersburger Rebellion. Um die tausend Opfer. Die Kronstädter Anarchisten, Diebe, Räuber, eine dunkle Garnison, erschienen bewaffnet auf der Straße. Es war offenkundig, dass dies mit einer deutschen Organisation zu tun hatte (?). (Die Unüberlegtheit, Gedankenlosigkeit und Ahnungslosigkeit der Rädelsführer des Aufstandes, erinnerten sehr an die Straßenunruhen vom Juli 1914, vor dem Krieg, als nachgewiesen war, dass eine deutsche Hand im Spiel war.)

Lenin, Sinowjew, Ganezki, Trotzki, Steklow, Kamenjew – das sind die Pseudonyme der Anführer, hinter denen diese ihre missklingenden Namen verbergen. Gegen sie wird eine formale Anklage wegen Verbindungen zur deutschen Regierung erhoben.

Zur Unterdrückung des Aufstandes wurde Artillerie eingesetzt, wurden Truppen von der Front herberufen.

(Ich weiß viele Einzelheiten aus privaten Briefen, doch ich will sie hier nicht anführen, daher schreibe ich nur „berichtsmäßig".)

Bis zum 11. war der Aufstand noch nicht völlig niedergeschlagen. Die Kadetten haben alle die Regierung verlassen. (Gehen ist leicht). Auch Lwow ist gegangen.

Hier das Neueste: Unsere Truppen fliehen eigenmächtig von der Front und machen damit den Deutschen den Weg frei. Die treu Ergebenen sterben, massenhaft sterben die Offiziere, die Soldaten aber fliehen. Und die Deutschen strömen durch die Tore, der fliehenden Herde hinterher.

Sie sind Feiglinge, sogar auf Petersburgs Straßen; sie legten sich hin und ergaben sich Unbewaffneten. Sie wußten ja ebenso wenig, „im Namen" welcher Sache sie sich erheben sollten, wie sie (bis heute!) nicht wissen, wofür sie kämpfen. Na, dann geh eben. Aufstand machen ist ja doch nicht so schrecklich, zu Hause ist auch der eigene Bruder, die Deutschen aber – oh, oh!

Ich sprach noch vom Gewissen. Was für ein Gewissen herrscht dort, wo es keinen blassen Schimmer von Bewusstsein gibt?

Die aufständischen Plakate ließen deutlich erkennen, dass in dem Aufstand keinerlei Sinn war – bei seinen Machern. „Alle Macht den Räten." „Nieder mit den Kapitalisten-Ministern." Niemand wusste, wozu das dienen sollte. Was für Kapitalisten-Minister? Die Kadetten? … Aber auch sie sind abgetreten. Mit den „Räten" aber wollen die Aufständischen nichts zu tun haben. Tschernow wurde umzingelt, das Jackett begann aus den Nähten zu krachen, Trotzki-Bronstein erschien als Retter, als er sich an die „revolutionären Matrosen" wandte: „Kronstädter! Schönheit und Stolz der russischen Revolution! …" Die geschmeichelte „Schönheit" konnte nicht widerstehen, gab Tschernows Jackett aus ihren

Tierpfoten frei, alles dank Bronsteins Worten.
Ist denn alles, was da vor sich geht, wirklich wahr?
Es ähnelt einem frühmorgendlichen Albtraum.
Und: Der Hunger wird schlimmer, ganz und gar.
Was soll man da noch hinzufügen? *Worte* der Regierung von „entschiedenen Handlungen". Wieder Worte. Einer wird verhaftet, ein anderer freigelassen ... Blutbefleckte Steine, Empörung gegen die Bolschewiken, doch die sind vorläufig straffrei. Vorläufig? ...
Dies wäre noch anzumerken: Ich glaube trotz allem, dass es irgendwann einmal gut werden wird. Es wird Freiheit geben. Es wird Russland geben. Es wird Frieden geben.

19. Juli, Mittwoch

Heute der für alle Zeit verfluchte Jahrestag. Drei Jahre Krieg. Aber heute werde ich nichts von den Geschehnissen schreiben. Heute wenigstens drei Worte zur Erinnerung, über das, was hier bei uns passiert. Eigentlich nicht einmal darüber – ich will nur erwähnen, dass wir einige Male General Ruski gesehen haben (er war bei uns). Ein kleines, mageres altes Männchen, das leicht mit seinem Stock mit der Gummispitze aufzuklopfen pflegt. Er ist schwach, hat ständig Lungenentzündungen. Vor kurzem hat er sich gerade von der letzten erholt. Er ist ein unwahrscheinlicher Schwätzer, und er schaffte es nicht zu gehen – steht an der Tür und geht nicht. Er traf bei uns mit einer Gruppe junger Offiziere zusammen, die uns einluden, bei einem Abend der Freiheitsmesse zu lesen. Zur selben Zeit kamen auch die Wolynzer (das Orchester) nach Kislowodsk. Dieser Abend fand, nebenbei gesagt, im Kursaal statt, wir nahmen daran teil. (Ich halte mich seit langem, seit Jahren schon, von diesen Abenden fern, doch hier beschloss ich meinen Grundsatz zu ändern – das soll man nicht tun.) Ruski behandelte die Offiziere väterlich-generalsmäßig. Er protzte mit seiner „vaterländischen" Haltung ..., schließlich ist Revolution! Und er ist noch immer General.
Ich fragte ihn nach Rodsjankos Telegramm vom Februar. Er beteuerte, „Rodsjanko ist selbst schuld. Was ist er auch nicht rechtzeitig gekommen? Ich habe es doch dem Zaren am Abend (oder nach dem Essen) gesagt, er war mit allem einverstanden. Und ich

wartete auf Rodsjanko. Rodsjanko aber kam zu spät."
„Doch sagen Sie, General, wenn das auch eine unbescheidene Frage ist – weshalb sind Sie im Frühjahr gegangen?"
„Ich bin nicht gegangen, ich bin ‚gegangen worden', antwortete Ruski bereitwillig. „Es war Gutschkow. Er an die Front – zu mir …"
Es folgte eine längere Geschichte über seine Unstimmigkeiten mit Gutschkow.
„Und jetzt ist er selbst gegangen", schloss Ruski.
Er sagte noch, die Deutschen könnten Petersburg an jedem beliebigen Tag einnehmen – ganz wie sie wollten.
Wo ist Boris Sawinkow? Den ersten Brief von ihm aus Petersburg bekam ich vor langer Zeit, ein etwas ironischer Ton lag in der Beschreibung der Sitten der neuen „Genossen" Minister, sehr verhalten, ohne besondere Begeisterung bezüglich des revolutionären Aspekts. Zum Schluss fragte er: „Ich denke immer, *sind wir denn noch auf derselben Seite?*" Tatsächlich, seit Beginn des Krieges wissen wir nichts voneinander.
Danach kam ein zweiter Brief. Er ist nun Kommissar der 7. Armee, an der Front. Er schrieb über den Krieg, mir gefiel seine Haltung: Seine Ernsthaftigkeit angesichts der ernsthaften Frage ist spürbar. Auf meine Frage nach Kerenski (ich hatte ihm geschrieben, dass wir vor allem Kerenskis Position einnehmen), antwortete er: „Kerenski bin ich von ganzem Herzen verbunden …" Da gab es noch irgendein „Aber", meinetwegen, nicht wichtig, denn ich erinnere mich nicht daran. Meiner Meinung nach sollte Sawinkow sich dort aufhalten, wo die Offensive erfolgte. In den Zeitungen fällt sein Name oft, und das in einem wohlwollenden Ton. Sawinkow, als der, der er ist, kann (oder könnte) sehr nützlich sein.

26. Juli
Mit jedem Tag wird es schlimmer.
Unterdessen ist die Regierungskrise an ihre Grenzen gelangt. Kerenski hat seinen Rücktritt eingereicht. Alle erschraken, tagten nächtelang, beschlossen, ihn zum Bleiben zu bewegen und selbst ein Kabinett zu bilden. Zuvor hatte er versucht, sich mit den Kadetten abzusprechen, doch daraus wurde nichts: Die Kadetten

sind gegen die Deklaration vom 8. Juli (was ist das für eine?).
Danach die Geschichte mit Tschernow, der sich offen wie ein
Maximalist aufführt. (Meiner Meinung nach ist Tschernow
gegen Kerenski: Er erstickt vor ruhmsüchtigem Neid.)
Es ist schwer, von hier aus alles in Erfahrung zu bringen. Ich
schreibe auf, was ich aufschnappe, zur Erinnerung.
Also – die Kadetten haben es abgelehnt, „als Partei" einzutreten
(einen persönlichen Eintritt, auf „eigene Verantwortung", ließen
sie zu). Tschernow reichte seinen Rücktritt ein mit der Begründung, er sei diffamiert worden und es falle ihm leichter, die
Wahrheit herauszufinden, wenn er nicht Minister sei. Der Rücktritt wurde angenommen. Das ist alles, bis einschließlich 23. Juli.
Und heute – kurze und erschreckende Nachrichten durch Telegramme: Kerenski hat eine Regierung gebildet – sie ist unerwartet
und (ich fürchte) totgeboren. Ein Prinzip ist darin nicht zu erkennen. Zufälligkeit schwingt darin mit. Wirres. Widersprüchliches.
Premier ist natürlich Kerenski (er ist auch Kriegsminister), sein
Stellvertreter („Leiter der Militärbehörde") ist faktisch unser Boris
Sawinkow (wie? wann? woher? Aber das ist ja sehr gut). Geblieben
sind: Tereschtschenko, Peschechonow, Skobelew, erst seit kurzem
und irgendwie nicht sichtbar, Jefremow, Nikitin(?), Oldenburg
und auch wieder – völlig unverständlich – Tschernow. Welche
Wunder; gut, wenn es keine törichten sind. Statt Lwow – Kartaschow. (Wie schade um ihn. Zuvor war da nur Kraftlosigkeit, und
jetzt kommt dazu Verantwortung, die ihm über den Kopf wächst.
Daraus wird für ihn nichts Gutes, nur Schlimmes erwachsen.)
Zereteli gab auf, warum, ist unklar.
Nein, man muss von *innen heraus* zu erfahren versuchen, was das
bedeutet.
An der Front dieselbe Abnormität und nach wie vor Fahnenflucht.
Im Hinterland ist der Zusammenbruch komplett. Lenin, Trotzki
und Sinowjew sollen vor Gericht gestellt werden, doch sie kommen weder der gerichtlichen Verfügung nach, noch haben sie die
Absicht, dort zu erscheinen. Lenin und Sinowjew halten sich eindeutig versteckt. Trotzki agiert im Rat und schert sich nicht
darum. Unglückliches Land. Gott hat es wahrhaftig gestraft: Er hat
ihm den Verstand genommen.

Und wohin geraten wir? Nur in den Hunger oder auch noch zu den Deutschen und darüber hinaus noch ins Reich der Bronsteins und Nachamkes? Was für Perspektiven!

Habe ich geschrieben, dass der *Befehl Nummer 1* das Werk des allerwertesten Hohlkopfes Nikolai Sokolow ist? Er fuhr mit Ermahnungen an die Front, die Genossen Soldaten aber, durch seinen Befehl gut instruiert, verprügelten ihren Ermahner nach Strich und Faden. Mit dem Helm gegen den Schädel. Dennoch waren keine Früchte der Lektion zu erkennen. Erst als er aus dem Krankenhaus kam, erklärte er in allen Zeitungen, er sei „niemals Bolschewik gewesen" (?).

Tschchenkeli wurde auf dem Weg nach Kodschori ausgeraubt, fast hätte man ihn totgeschlagen.

Beim Juli-Aufstand trugen irgendwelche Soldaten in geistiger Umnachtung ein Plakat herum: „Die erste Kugel für Kerenski."

Wie sind wir glücklich. Wir haben den Honigmond der Revolution erlebt, haben sie nicht „in Schmutz, Staub und Blut" gesehen. Aber was werden wir noch alles zu sehen bekommen!

1. August, Dienstag

Am Freitag (ein schwerer Tag) fahren wir ab. Die russischen Angelegenheiten sind immer dieselben. Anscheinend wird seit der Einführung der Todesstrafe an der Front weniger vor den Deutschen Reißaus genommen. Doch nur „weniger", denn die Todesstrafe wird blindlings, schwach und ohne Überzeugung vollzogen. Ich meine, das ist ein Verbrechen. Entweder soll man sie erst gar nicht einführen oder so, dass jeder Soldat sich ohne jeden Zweifel bewusst ist: Gehst du vorwärts, stirbst du vielleicht oder auch nicht, nein, im Krieg sterben nicht alle; gehst du aber zurück, eigenmächtig, dann stirbst du bestimmt. Nur so.

Die Dinge stehen sehr schlecht. Wir haben alles zurückgegeben, die Deutschen bedrohen sowohl den Süden als auch den Norden. Die Bolschewiken (kleinere, abtrünnig gewordene), wie z. B. Lunatscharski, sind verhaftet worden. Dieser prätenziös-hilflose Narr vom Typus Chlestakows ist aus der Emigration hinreichend bekannt. Sawinkow kopierte gern dessen unbekümmerte Halbbildung.

Tschernow zu stürzen ist nicht gelungen (was ist geschehen?), er spielt weiter den Maximalisten. Dafür hält sich unser Boris allem Anschein nach prächtig. Wie bin ich froh, dass er bei der Sache ist! Froh für ihn wie für die Sache.

Die Konstituierende Versammlung ist verschoben. Was noch mit dieser Regierung werden wird, weiß man nicht.

Doch man muss an das Gute glauben. Weder das „Gute" noch das „Übel" sind ja vorherbestimmt; es sind also unsere menschlichen Taten; es hängt also von uns ab (zu einem großen Teil), wohin wir gehen: zum Guten oder ins Verderben. Wenn es nicht so ist, dann ist das Leben umsonst.

PETERSBURG

8. August, Dienstag
Heute Abend um 6 Uhr sind wir angekommen. Unter Abenteuern und Qualen, mit Zugveränderungen.

Zwei Stunden nach unserer Ankunft war Boris Sawinkow bei uns. Besonnen war er und stark. Er beschrieb die Lage als äußerst angespannt. Kurz skizziert: Wir werden territoriale Verluste zu erwarten haben. Im Norden Riga und weiter bis zur Narwa, im Süden Moldawien und Bessarabien. Der innere wirtschaftliche und politische Zusammenbruch ist komplett. Jede Minute ist kostbar, denn es ist höchste Zeit. Es ist unvermeidlich, dass der Kriegszustand über ganz Russland verhängt wird. Aus dem Hauptquartier soll Kornilow kommen (übermorgen), um gemeinsam mit Sawinkow Kerenski vorzuschlagen, ernsthafte Maßnahmen zu ergreifen. Zur voraussichtlich in einigen Tagen stattfindenden Moskauer Konferenz soll die Regierung nicht mit leeren Händen erscheinen, sondern mit einem feststehenden Programm für die nächsten Aktionen. *Unerschütterliche Macht.*

Die Sache ist natürlich klar und unvermeidlich, aber ... was ist geschehen? Wo ist Kerenski? Was ist hier vorgegangen? Hat man Kerenski etwas untergeschoben, haben wir ihn früher nicht richtig gesehen? Ist in ihm diese Scheu, wenn es darauf ankommt, *„die Macht zu ergreifen",* gewachsen – ich sehe es noch nicht. Ich muss mehr in Erfahrung bringen. Tatsache ist, dass Kerenski Angst hat. Wovor? Vor wem?

9. August, Mittwoch

Morgens war Kartaschow da. (Zu ihm, dem derzeitigen „Minister des „Beichtstuhls" später. Es ist trostlos.) Es waren auch andere Leute da. Später, gegen Abend, kam wieder Boris (Sawinkow). In dieser Nacht hat er sehr ernsthaft mit Kerenski gesprochen. Und seinen Rücktritt eingereicht. Die ganze Angelegenheit hängt an einem dünnen Faden.
Morgen soll Kornilow kommen. Boris glaubt, er werde aber wahrscheinlich gar nicht kommen.
Was ist mit Kerenski geschehen? Berichten von Leuten, die ihm nahestehen, zufolge ist er nicht wiederzuerkennen und scheinbar unzurechnungsfähig. Sawinkows Idee ist folgende: Es ist dringend notwendig, dass endlich eine tatsächliche Macht aufgestellt wird; unter den gegenwärtigen Bedingungen ist das in folgender Kombination absolut realisierbar: Kerenski bleibt an der Spitze (das unbedingt), seine engsten Helfer und Mitarbeiter sind Kornilow und Boris. Kornilow – das bedeutet Rückhalt der Truppen, Verteidigung Russlands, reale Wiederbelebung der Armee; Kerenski und Sawinkow stehen für die Verteidigung der Freiheit. Bei einem festgelegten und klaren taktischen Programm, auf das sich Kerenski und Kornilow einigen müssten (über dieses Programm sage ich zu gegebener Zeit noch Detaillierteres), fallen unerwünschte Elemente in der Regierung vom Schlage Tschernows weg.
Sawinkow begreift die Lage der Dinge – und überhaupt alles – glänzend. Und ich muss an dieser Stelle gleich sagen: Bei all meiner Vorsicht ihm gegenüber sehe ich nicht, dass Sawinkow *jetzt* nur von seinem immensen Ehrgeiz getrieben ist. Im Gegenteil, ich behaupte, sein wichtigster Beweggrund in dieser Sache ist eine authentische, kluge Liebe zu *Russland* und dessen *Freiheit*. Seinen Ehrgeiz stellt er sogar dort zurück, wo seine Präsenz gefordert ist. Ich sehe dies neben der Sicht auf die Sache – in der ich mit Sawinkow einig bin – an tausend Vorzeichen. Es gibt keine Bestrebungen, aus Kerenski und seinen Mitstreitern eine echte „Diktatur" zu bilden: Die weitgehenden Machtbefugnisse

Kornilows und Sawinkows sind durch die strengen Richtlinien des verabschiedeten, sehr detaillierten taktischen Programm begrenzt. Wenn Sawinkow einer von diesen „Mitstreitern" Kerenskis sein will, so kann er das auch wirklich sein. Das hier ist sein Platz. Und Russlands gegenwärtiger Augenblick – (die Revolution) ist auch *sein Augenblick,* – der des russischen Revolutionärs und Staatsmannes (der natürlich durch die illegale Biographie und die lange Emigration einen beschränkten Blick hat; doch der gegenwärtige Augenblick fordert gerade einen solchen Revolutionär, sei es mit beschränktem Blick; ist doch der Augenblick selbst ein beschränkter).

Wann und wo könnte ein Sawinkow noch so dringend gebraucht werden? Russlands brennende Not besteht darin, dass alle seine Leute nicht auf dem rechten Platz sind; sind sie zufällig dorthin geraten, dann nicht zur rechten Zeit: entweder „zu früh" oder „zu spät".

Sawinkow betrachtet auch Kornilow mit sehr nüchternem Blick. Kornilow ist ein ehrenhafter und aufrechter Soldat. Er will vor allen Dingen Russland retten. Wenn das den Preis der Freiheit fordern würde, würde er ihn, ohne zu überlegen, bezahlen.

„Und er wird ihn auch bezahlen, wenn er allein handeln muss, auch nach eventuellen Niederlagen", sagt Sawinkow. „Er liebt die Freiheit, das steht für mich felsenfest. Doch Russland steht für ihn an erster Stelle, die Freiheit an zweiter. So wie für Kerenski die Freiheit, die Revolution an erster Stelle steht und Russland an zweiter (verstehen Sie, das ist eine Tatsache, und zwar eine selbstverständliche). Für mich – (vielleicht irre ich mich da) – für mich verschmelzen beide zu einem. Es gibt keine erste und keine zweite Stelle. Beide sind untrennbar. Und deshalb will ich jetzt unbedingt Kerenski und Kornilow zusammenbringen. Sie fragen, ob ich weiterhin mit Kornilow oder mit Kerenski zusammenarbeiten werde, wenn ihre Wege sich trennen. Ich stelle mir vor, dass Kornilow nicht mit Kerenski zusammengehen will, dass er gegen ihn, allein Russland retten will. Im Hauptquartier gibt es dunkle Elemente; sie haben zum Glück nicht den geringsten Einfluss auf Kornilow. Doch nehmen wir an … Ich werde natürlich nicht mit Kornilow gehen. Ich vertraue ihm ohne Kerenski nicht. Das habe ich

Kornilow selbst ins Gesicht gesagt. Ich habe geradeheraus gesagt: Dann werden wir Feinde sein. Dann werde ich auf Sie schießen und Sie auf mich. Er als Soldat hat mich damals verstanden, war einverstanden. Kerenski erkenne ich jetzt als Oberhaupt einer möglichen russischen Regierung an; ich diene Kerenski und nicht Kornilow; aber ich glaube nicht, dass Kerenski allein Russland und dessen Freiheit wird retten können: Er wird nichts retten. Und ich kann mir nicht vorstellen, wie ich Kerenski werde dienen können, wenn er selbst allein bleiben und weiterhin diese wankelmütige Politik führen will, die er jetzt führt. Heute, in unserem nächtlichen Gespräch, wurde dieser Wankelmut deutlich. Ich hielt es für meine Pflicht, meinen Rücktritt einzureichen. Er hat ihn weder angenommen noch abgelehnt. Doch man darf die Sache nicht vertuschen. Morgen werde ich mein Rücktrittsgesuch mit Entschiedenheit wiederholen."

Ich habe vieles von Sawinkows Worten zusammengefasst. Langsam begreife ich etwas.

Erstaunlich ist Folgendes: Es ist, als ob Kerenski jegliches Verstehen eingebüßt hat. Er steht unter wechselndem Einfluss. Er gibt sich allen fast auf Frauen-Art hin. Er hat sich auch in seiner Lebensart korrumpieren lassen. Führte eine „höfische" Ordnung ein (er lebt – im Winterpalais!), was sich als unglückseliges Spießertum äußert, ein Parvenu. Er war nie klug, aber scheinbar hat ihn seine geniale Intuition verlassen, als die Flitterwochen der erhabenen Festlichkeit vorüber waren und der rauhe (und was für ein rauher!) Alltag anbrach. Und er war berauscht …, nicht von der Macht, sondern vom Erfolg im Schaljapinschen Sinne. Und hier ist wahrscheinlich auch das Gefühl entstanden, dass es „abwärts" geht. Er sieht die Menschen nicht. Nehmen wir an, das war schon früher so bei ihm, jetzt aber ist er endgültig blind geworden (jetzt, wo er sich Leute aussuchen muss!). Er hat auch in Sawinkow nur einen „treuen und mit Leib und Seele ergebenen Diener" gesehen. Als solch einen Diener hat er ihn übereilt von der Front mitgebracht. (Sie waren wohl bei der Juli-Offensive zusammen.) Und er regte sich auf, bekam Angst, als er bemerkte, dass Sawinkow nicht ohne Kanten ist … Er begann ihm zu misstrauen … worin?

Und da sind auch noch die „allerliebsten" Genossen Sozialrevolutionäre, die Sawinkow-Ropschin hassen ... Kerenski aber hat Angst vor ihnen. Als er das letzte Ministerium verließ, kam das Dreigespann aus dem Zentralkomitee der Sozialrevolutionäre mit einem Ultimatum zu ihm: Entweder er behält Tschernow, oder die Partei der Sozial-Revolutionäre unterstützt die Regierung nicht. Und Kerenski behielt Tschernow, obwohl er alles wusste und ihn hasste.

Ja, und dann am 14. März, als Kerenski zum ersten Mal als Minister bei uns war (als Justizminister damals), war in ihm bereits eine absolut unfassbare Veränderung zu spüren. Was war das?

Etwas ... Und dieses „Etwas" ist stärker geworden ...

10. August, Donnerstag

Ein verrückter Tag. Um 8 Uhr abends kam Sawinkow. Er sagte, dass alles beendet ist. Dass sein Rücktritt beschlossen ist. Er bat, Kartaschow kommen zu lassen. (Kartaschow ist über den Stand der Dinge im Bilde und fühlt mit Sawinkow.)

„Kartaschow ist aber jetzt wahrscheinlich im Winterpalais", entgegnete ich.

„Nein, zu Hause, die Abendsitzung ist ausgefallen."

Ich rufe an, Kartaschow ist zu Hause, verspricht zu kommen. Wir erfahren von Boris Folgendes:

Kornilow ist, wie sich herausstellt, heute angekommen. Das Telegramm, in dem Kerenski ihm „liebenswürdig" erlaubt hatte, nicht zu kommen, „wenn es nicht genehm ist", erhielt er nicht mehr rechtzeitig.

Vom Bahnhof aus begab er sich direkt zu Kerenski. Was bei dieser ersten Sitzung gesprochen wurde, ist nicht bekannt, aber Kornilow ging gleich danach zu Sawinkow, und das mit einem seltsamen Misstrauen.

Das einstündige Gespräch zerstreute dieses Misstrauen jedoch völlig. Und Kornilow unterschrieb das berühmte Schreiben (das Programm) von den unumgänglichen Maßnahmen in Armee und Etappe. Auch Sawinkow unterschrieb. Ebenso Sawinkows Stellvertreter Filonenko, der mit Kornilow als dessen Kommissar gekommen war. (Wir wissen nicht, warum, aber aus irgendeinem Grund setzt sich Boris sehr für ihn ein.)

Danach zitierte Kerenski wieder Kornilow zu sich, *nachdem* er die allgemeine Regierungssitzung hatte *ausfallen lassen* und nur Tereschtschenko und noch jemandem den Zutritt erlaubt hatte. Sawinkow aber kam zu uns. Kornilow wird heute noch zurückfahren. Sawinkow begleitete ihn gegen 12 Uhr nachts zum Bahnhof. „Wenn Sie wollen, lese ich Ihnen das Schreiben vor?", schlug Boris vor. „Ich habe es bei mir im Auto."
Er lief hinunter und brachte eine schwere Aktentasche mit. Und wir machten uns ans Lesen.
Sawinkow las es uns in voller Länge vor. Beginnend mit einem sehr detaillierten, umfassenden Bericht über die tatsächliche Lage an der Front (sie ist selbst von außen gesehen erschütternd!) und endend mit einem ebenso ausführlichen Bericht über die unverzüglich an der Front wie auch im Hinterland vorzunehmenden Maßnahmen. Dieses umfangreiche Schreiben, in dem jedes Wort wohl überlegt und abgewogen war, wird irgendwann einmal sernen Kommentator finden – auf keinen Fall wird es verlorengehen. Ich sage nur das Wichtigste: Dies ist unbestritten jenes Minimum, das die Ehre der Revolution und das Leben Russlands in seiner gegenwärtigen unerhörten Lage noch retten könnte.
Dima findet übrigens, „manches in diesem Schreiben ist nicht hinreichend durchdacht, und manches ist sehr rigoros gehalten, zum Beispiel die Militarisierung der Eisenbahnlinien". Wichtig sei jedoch sein Prinzip: „Zusammenschluss mit Kornilow, Steigerung der Kampffähigkeit der Armee *ohne* Hilfe der Räte, Verteidigung als zentrale Aktivität der Regierung, unerbittlicher Kampf gegen die Bolschewiken."
Ich denke, ja, es wird noch einen Handel mit Kerenski geben ... Doch das ist wohl bis in die Details hinein das Minimum, das geht bis zur Militarisierung der Eisenbahnlinien und der Todesstrafe im Hinterland (was wäre denn sonst eine allgemeine Kriegssituation?). Ich stelle mir vor, wie „die Genossen!" aufschreien.
(Kerenski hat Angst vor ihnen, das darf man nicht vergessen.)
Sie werden aufschreien, denn sie werden da einen „Kampf mit den Räten" sehen – ein hässliches, abnorm wucherndes Phänomen, Brutstätte des Bolschewismus, ein Phänomen, vor dem sich auch jetzt die „demokratischen Führer" und die untergeordneten Füh-

rer, nicht nur die Bolschewiken, ehrfurchtsvoll verneigen. Was für ein unumkehrbares, dummes Verbrechen!

Sie werden recht haben, dies ist ein Kampf mit den Räten, wenn auch in dem Schreiben nichts über die Vernichtung der Räte *direkt* gesagt ist. Im Gegenteil, Boris sagte sogar, man müsse die militärische Organisation bewahren, ohne sie gehe es nicht. Doch darf sich natürlich kein Komitee in die Angelegenheiten der Truppenführung einmischen. Ihr Wirkungsbereich (der der gewählten Organisationen) ist begrenzt.

Aber es ist trotzdem ein Kampf mit den Räten (endlich!). Und wie soll es anders sein, wenn ein echter, ernsthafter Kampf mit den Bolschewiken geführt werden soll?

Als wir in der Lektüre bei der Hälfte angekommen waren, kam Kartaschow. Wir hörten es uns gemeinsam bis zum Ende an. Heute hatte Kartaschow Kerenski gesehen, d. h. er hatte verlangt, dass er inoffiziell in dessen Arbeitszimmer vorgelassen wird. (Da sieh mal einer an! War er nicht sein früherer Intellektuellen-Bruder, ständig bei Privatversammlungen mit ihm zusammen!) Er habe ihm alles gesagt, was er habe sagen wollen, und sei gegangen, ohne eine Antwort zu verlangen. Da aber kam Oberst Baranowski herein (laut Kartaschow Kerenskis „Kindermädchen"), und es war besser, sich zu entfernen.

Es war bereits 12 Uhr nachts, als wir mit dem Schreiben fertig waren. Boris fuhr sehr spät fort – zum Bahnhof, um Kornilow zu begleiten. Kartaschow, die ausgefallene Sitzung nutzend, ging in einen alten „Intelligenzler"-Zirkel (wo sie – ich höre es geradezu – darüber schwatzen werden, mit was für Audienzen man auf Kerenski noch „Druck ausüben" könnte) …

....

… Was aber sagen die Sozialrevolutionäre? Die Besten, die Allerbesten, die Redlichsten der Redlichen? Folgendes: „Tschernow ist ein Halunke, dem wir im Ausland nicht einmal die Hand gegeben haben, aber … wir sitzen neben ihm im Zentralkomitee der Partei, und die Partei hält ihn ultimativ in der Regierung fest. <u>Die große Mehrheit im Zentralkomitee der Partei der Sozialrevolutionäre sind entweder Gauner oder Nullen.</u> Alles ist bei uns auf Betrug aufgebaut. Maslowski ist ein ausgemachter, vollendeter Provokateur. Aber – wir haben ihn verteidigt (mit der Mehrheit von zwei Stimmen). Ja, wir haben viele deutsche Agenten, die viel Geld bekommen … Aber wir schweigen. Viele von uns möchten gerne auswandern … Doch wir können und wollen die Partei nicht verlassen. Eine Säuberung ist nicht möglich. Wer soll sie säubern? Wir, die *Prisyw*-Anhänger, stehen für Russland, für den Krieg, aber … wir haben unsere Namen der maximalistischen, internationalistischen Tschernowschen Zeitung *Delo naroda* (Sache des Volkes) gegeben.

Ich gebe mein Ehrenwort, dass ich auch nicht ein eigenes Wort hinzugefügt habe, all dies ist eine genaue *Zusammenfassung* des originalen Wortlauts. Wenn du vor Entsetzen weder verstehen noch glauben willst und flehst, wenn es denn so ist, man sich doch mit dem redlichen Teil der Partei abspalten und Tschernow verlassen soll, dann wenden sie ein:

„Plechanow hat sich separiert, flüchtete sich in die Reinheit, und noch einige mit ihm – und welchen Einfluss hat diese Gruppe? Von uns hat sich *Wolja naroda* (Volkswille) abgespalten, rechte Verteidiger, wer liest ihre Zeitung? Tschernows Name aber – Sie wissen nicht, was er für die Bauern bedeutet. Tschernow … ja, er kann an einem Tag 13 Reden halten!"

Unsinn, alles Unsinn! Was für ein Schauspiel! … Aber was soll man da sagen!

Unsinn.

11. August, Freitag

Wieder bin ich vor Müdigkeit halbtot. Was wird das geben mit dieser Moskauer Konferenz? Dreitausendfacher Unsinn.

Tschernows Geschwätz.

Um sieben Uhr kam Boris.

Heute übergab er Kerenski offiziell sein Rücktrittsgesuch.

„Hier ist mein Gesuch, Herr Minister. Wird es angenommen?"

„Ja."

Nachlässig warf dieser das Papier auf den Tisch. Er war gereizt, erregt, fast hysterisch.

(Das ist ja die unheilvolle Wurzel von allem: Kerenski vertraut

Sawinkow nicht, Sawinkow vertraut Kerenski nicht, Kerenski vertraut Kornilow nicht, aber auch Kornilow vertraut ihm nicht. Ein kleines Detail: Gestern kam Kornilow auf Bestellung, obwohl er sich denken konnte, dass es auch Arrest hätte bedeuten können. Er traf ein, umringt von seinen bulligen Tekinzen.)
Die Szene geht weiter.
Nachdem das Gesuch „angenommen" worden war, bat Sawinkow um die Erlaubnis, einige Worte „persönlicher Natur" zu sagen. Er begann sehr leise zu sprechen, sehr ruhig (das kann er), doch je ruhiger er wurde, desto gereizter wurde Kerenski.
„Er schrie mich an und brachte in verletzender Weise sein Misstrauen zum Ausdruck …"
Sawinkow beteuert, er habe sich, obwohl das Gespräch als „persönlich" angekündigt war, angesichts der anfänglichen Hysterie des Herrn Ministers wie ein Soldat gehalten. Ich glaube das gerne, denn das war seine giftige Waffe. Kerenski tobte noch mehr vor Wut und ging aus der Situation als Verlierer hervor. Und schließlich kam völliger Blödsinn dabei heraus. Kerenski verdächtigte ihn mal der Konterrevolution, mal der Verschwörung gegen ihn selbst. „Sie sind Lenin, nur von der anderen Richtung her! Sie sind Terroristen! Na, was ist, kommt schon und tötet mich: Sie werden die Regierung verlassen, was soll's. Nun tut sich Ihnen ein weites Feld unabhängiger politischer Aktivitäten auf."
Auf Letzteres hin äußerte sich Boris mit immer noch derselben ruhigen Stimme, er habe bereits dem „Herrn Minister berichtet": Nach seinem Rücktritt werde er die Politik verlassen, ins Regiment eintreten und an die Front fahren. Kerenski beugte sich plötzlich vor und fragte, wo Boris gestern gewesen sei, als Kornilow bei ihm war?
„Wenn Sie mich verhören wollen wie ein Staatsanwalt, werde ich es Ihnen sagen: Ich war bei den Mereshkowskis."
Daraufhin stürzte sich der „Herr Minister" erneut auf die Konterrevolution und begann mit sinnlosen Drohungen, er selbst werde einen allgemeinen Streik organisieren, wenn die Freiheit in Gefahr zu geraten scheine (???). Seiner Gewohnheit nach, immer mit irgendetwas zu spielen (erinnern wir uns an den kleinen Spielzeugkreisel von meinem Tisch, der unter die Schränke geriet), spielte

nun Kerenski mit einem Bleistift, da kam Sawinkows „Gesuch" gerade recht. Der Bleistift zeichnete nervös irgendwelche Buchstaben auf das Gesuch. Es waren immer dieselben: „K", „S", dann wieder „K" [Kerenski, Sawinkow, Kornilow]. Nach vielen Einzelheiten, Vorwürfen über kleine „undisziplinierte" Handlungsweisen (mal sei Sawinkow nicht an jenem Tag aus dem Hauptquartier gekommen, mal sei er an einem anderen dahin abgereist), nach einem Wortwechsel über Filonenko: „Ich kann ihn nicht ertragen. Ich vertraue ihm überhaupt nicht mehr", worauf Sawinkow antwortete: „Ich vertraue ihm und stehe hinter ihm" – nach all diesen Details (vielleicht bringe ich sie auch durcheinander) schloss Kerenski mit einem für ihn sehr charakteristischen Ausfall. An dem Papier nestelnd, das mit „K", „S" und „K" bekritzelt war, erklärte er heftig, Sawinkow setze vergebens seine Hoffnung auf ein „Triumvirat": Es gebe das „K", und das werde bleiben, und ein zweites „K" und ein „S" werde es nicht geben.

So gingen sie auseinander. Die Sache ist schlimmer als ... – jetzt, da ich dies schreibe, nach zwei Nächten, klingelt plötzlich das Telefon.

„Hallo!"

„Sind Sie es, Sinaida Nikolajewna?"

„Ja, was gibt es, lieber Boris Wladimirowitsch?"

„Ich wollte mich mit Ihnen beraten. Ich habe eben erfahren, dass Kerenski will, dass ich mein Rücktrittsgesuch zurücknehme. Was soll ich tun?"

„Wie war das? Er selbst will es?"

„Nein, aber ich weiß, es ist offiziell. Er ist heute nach Moskau gefahren, zur Konferenz."

Natürlich war mein erstes Wort, er solle bleiben, den Kampf weiterführen. Die Sache ist zu wichtig ...

„Gut, ich werde darüber nachdenken ..."

Mit atemberaubender Geschwindigkeit verkehrt sich alles.

Kerenski rennt hin und her wie in einer Mausefalle.

Morgen ist die Konferenz.

12. August, Sonnabend

Boris Sawinkow war da, wie immer. Kerenski ließ er wissen, er sei damit einverstanden, zu den bewussten Bedingungen zu bleiben. Kerenski ist anscheinend von Kornilows Telegramm mit der Forderung, Sawinkow nicht zu entfernen, beeinflusst worden, ebenso aber dadurch, dass alle Kadetten mit Rücktrittsgesuchen bei ihm erschienen, er konnte ihnen nur noch Honig ums Maul schmieren. Ich weiß nicht …

Kerenski hatte sein letztes Ministerium auf merkwürdige Weise zusammengestellt (im Sommer). In Zarskoje. Sawinkow selbst schrieb die Liste. Da war vor allem Plechanow. Dann Großmutter Breschkowskaja (anstelle von Tschernow, als berühmter Name). Man hatte der Großmutter [der Revolution] ein dringendes Telegramm geschickt, und Kerenski war besorgt, sie könnte nicht rechtzeitig kommen, sondern erst 24 Stunden später. Kerenski und Sawinkow fuhren mit dem Auto zu Plechanow.

Plechanow sagte zu.

Daraufhin fuhr Kerenski in der Nacht nach Petersburg, ins Winterpalais. Und da – sagt Sawinkow – kamen alle möglichen „Liberdans" (Spitzname für die kleinen Leute aus dem Grüppchen um „Liber" und „Dan") angerannt. Der eine mit Brille, der andere mit pince-nez, der Dritte ohne alles; gegen Ende erschien die berühmte Delegation, bestehend aus Goz, Sensinow und noch jemandem mit einem Ultimatum, Tschernow betreffend. Und gegen Morgen war von der Liste kein Strich mehr übriggeblieben: Sawinkow wurde beauftragt, Plechanow ein Telegramm mit einer Absage zu schicken und auf dem Bahnhof die Breschkowskaja willkommen zu heißen mit der Entschuldigung: Alle Aufregung umsonst.

Auf diese Weise wurde auch das „Koalitions"-Ministerium zusammengestellt, das von Kislowodsk aus „nicht zu durchschauen" war. Es war nicht zu durchschauen, weil man nicht wusste, was hinter den Kulissen vor sich ging. Ja, immer und überall Kulissen …

13. August, Sonntag

Heute war Boris Sawinkow zum ersten Mal nicht bei uns. Die Konferenz in Moskau ist eröffnet (es gab dort einen partiellen Streik, bei uns ist es ruhig).

Kerenski hielt eine lange Rede. Wenn man die bei ihm gelegentlich auftretenen Verhaspelungen außer Acht lässt, war es eine für ihn gewöhnliche Rede: pathetisch, stellenweise nicht schlecht. Nur nicht mehr zeitgemäß, denn wieder mal nicht sachlich, sondern „festlich" (Wir haben ein Fest, oder etwa nicht!). Danach sprach Awksentew, dann Prokopowotsch. Und danach … darüber wissen wir nichts, denn Abendzeitungen gab es nicht, die Redaktionen sind leer, und morgen wird es auch keine Zeitungen geben – die „Genossen" Setzer „feiern".

Da ich mich sofort in den Strudel der hiesigen „Palast"-Angelegenheiten gestürzt habe, bin ich nicht dazu gekommen, etwas über die Lebensumstände in Petersburg und sein äußeres Gesicht zu sagen. Es ist tatsächlich vollkommen neu. Ich habe das sommerliche Petersburg oft gesehen. Doch so ein graues, ungewaschenes und schlampiges Bild hat es noch nie geboten. Haufenweise torkeln untätige Soldaten herum und spucken Sonnenblumenkerne. Sie schlafen tagsüber im Taurischen Garten, die Schirmmützen im Nacken, die Blicke stumpfsinnig und gelangweilt. Dem gesunden jungen Mann ist langweilig. In den Krieg wird er nicht gehen, nein! Und rebellieren … das ist eine andere Sache. Noch hat er sich nicht müde rebelliert, und eine Beschäftigung hat er nicht. Unser „Alltag" kreist um die Sorge um das „tägliche Brot". Nach dem Süden sind auch wir fast unverzüglich zur Hungerration übergegangen. An Weißbrot ist gar nicht mehr zu denken. Aber was wird noch kommen!

14. August, Montag

Tagsüber war L. [wahrscheinlich Wladimir Lebedew] da.
Er erzählte, wie er kraft seines derzeitigen Amtes als „Kommissar des Pressewesens" (oder etwas in der Art) die *Prawda* nach den Julitagen geschlossen und beschlagnahmt hat. Er erzählte auch viel Interessantes über Kerenskis derzeitige „Hofangelegenheiten". L. sprach mit Verdruss über Kerenski. Gut über Sawinkow. Bat, ihn mit ihm bekannt zu machen.
Die Moskauer Konferenz ächzt und knarrt deutlich. Alles ist erfüllt von dummen Gerüchten wie mit Rauch …, den es natürlich ohne Feuer nicht gibt. Tatsache ist, dass Kornilow feierlich in Moskau

erschienen ist, *ohne* von Kerenski *begrüßt worden zu sein*, und das
sogar gegen Kerenskis kategorischen Befehl, nicht zu erscheinen,
dass er mit feierlichem Gefolge zur Twerskaja Straße fuhr und die
Volksmassen „hurra" schrien. Danach hatte er seinen Auftritt bei
der Konferenz. Ebenfalls Ovationen. Und dem Häufchen, das demonstrativ schwieg, rief man zu: „Verräter! Scheusale!"
Übrigens gab es auch für Kerenski Ovationen.
Kerenski ist wie ein Waggon, der aus dem Gleis gelaufen ist. Er
gerät ins Wanken, schwankt kränklich und ohne die geringste
Anmut hin und her. Er ist dem Ende nahe, und am bittersten ist
es, wenn das Ende ohne jede Würde kommt.
Ich mochte ihn, wie er früher war (und verleugne das nicht), ich
verstehe seine schwierige Situation, ich erinnere mich, wie er sich
in den ersten Tagen der Freiheit vor den „Räten" schwor, immer
die „Demokratie" zu verkörpern, wie er mit einem Federstrich die
Todesstrafe „für immer" aufhob … Man begann ihn auf Händen
zu tragen. Und jetzt widerfährt ihm wahrscheinlich ein zweifaches Unglück, ein gerechtes und ein ungerechtes, wenn er die
giftigen Verschen in der *Prawda* liest, die obenauf ist.

> Er weint, er lacht,
> Schwört Liebe,
> Doch wer ihm glaubt,
> Der irrt sich …

Das gerechte Unglück: Sich mit Kornilow und Sawinkow zusammenzutun ist ein Verrat an den „Schwüren vor dem Rat", und die
„Todesstrafe" wiederum ein „Verrat an *meinem* Frühling". Ich habe
geschworen, mit der Demokratie zu sein, „für sie zu sterben" –
und muß ohne sie handeln, sogar gleichsam gegen sie. In diesem
Unglück liegt eine innere Tragik, immerhin ist er in Geistes- und
Gefühlsdingen nicht unempfindlich. Das heißt, es ist ein Drama,
aber keine Tragödie.
Doch vor Kerenski liegen jetzt nur zwei würdige Wege, nur zwei.
Entweder gemeinsam mit Kornilow, Sawinkow und dem berühmten Programm vorzugehen oder, wenn das nicht möglich, die nötige Kraft nicht vorhanden ist, ruhig und offen zu erklären: Nun

ist jener Moment gekommen, nun wird etwas verlangt, was ich nicht erfüllen kann, und deshalb trete ich ab. Und dann abtreten, nicht nur zum Schein, sondern menschlich, unwiderruflich. Und ich fürchte, dass beide Wege zu heroisch sind ... *für Kerenski*. Beide, selbst der zweite, der menschliche. Er aber sucht einen dritten Weg, will etwas zurückhalten, bemänteln, in die Länge ziehen ... Einen dritten gibt es nicht, und Kerenski wird nur „Wegelosigkeit" finden, einen ruhmlosen Untergang ... Gut, wenn es nur seiner ist. In einem solchen Augenblick und an einem solchen Platz ist der Mensch *verpflichtet*, heroisch zu sein, verpflichtet, seine Wahl zu treffen, oder ...
Oder – was sonst? Nichts. Wir werden sehen. Die Zeit, die „letzten" Fragen zu stellen, ist noch nicht gekommen. Eine davon möchte ich selbst stellen: Begreift Kerenski denn das kleine, kurze, einfache Wörtchen RUSSLAND?
Genug vorläufig von Kerenski. Boris war heute Abend da. Er leidet unter dem abwartenden Nichtstun und unter der Unbestimmtheit seiner Situation. Seine Tätigkeit hat er vor einigen Tagen eingestellt, doch niemand erledigt sie jetzt, die gesamte Militärbehörde und das gesamte Ministerium sind vorläufig zum Stillstand gekommen.
Aus dieser „nutzlosen" Lage heraus, die gar nicht zu Boris' Charakter passt, fährt er nun schon zum „Komödiantenkeller". Er freut sich, dass er dort der Schriftsteller und Dichter Ropschin ist. Das hatte ich ganz vergessen, sagt er ... (das ist sehr schade, er ist sehr talentiert).
Nun, wir werden sehen.

17. August, Donnerstag

Seit Montag habe ich nicht geschrieben. Eine Bronchitis. Es ist warm, noch sommerlich. Wir sollten eher auf die Datscha fahren, die letzten Tage. Doch hier brodelt es, es ist schwierig, wegzufahren. Die Datscha ist nicht weit (in der Gegend der Siedlung Siwerskaja, wo der Krieg uns „heimgesucht" hat), auf dem Gut des Fürsten Wittgenstein. Die Zeitungen kommen am selben Tag, Telefon ist vorhanden, ein schönes Haus. Die Verbindung zu Petersburg wäre nicht unterbrochen – wie liebe ich die alten Parks im

Herbst! –, doch auch von hier kann ich mich nicht losreißen. Die Siedlung Siwerskaja erinnert mich an das „Leid des Krieges", nur heißt die Datscha jetzt prophetisch-zeitgemäß „Rote Datscha" … (Sie ist tatsächlich ganz rot.)
Und was hat sich ereignet?
Boris war die ganzen Tage da. Er ist noch immer in diesem Zustand der Erwartung.
Die Moskauer Konferenz hat in etwa die Wendung genommen, die wir erwartet haben. Die Regierung „sprach" von ihrer Kraft, doch von Kraft war nicht das Geringste zu spüren. Kerenskis tragisches Gesicht konnte ich von hier aus genau sehen.
Gestern blieb Boris nicht lange hier.
Es war der letzte Abend der Ungewissheit – heute Morgen, am 17., wurde Kerenski aus Moskau zurückerwartet.
Boris versprach, uns augenblicklich zu informieren, wenn sich irgendetwas geklärt hätte.
Und heute um sieben Uhr klingelte das Telefon. Es war Rittmeister Mironowitsch. Er berichtet mir „im Auftrag der verwaltenden Militärbehörde", dass „der Rücktritt als unmöglich angesehen wurde", er wird bleiben.
Wunderbar.
Und gegen acht, vor dem Abendessen, erscheint Boris selbst. Und erzählt Folgendes:
Als Kerenski heute Morgen ankam, suchten Jakubowitsch und Tumanow ihn mit einem Bericht auf. Sie sprachen sehr lange, aber offenbar ergebnislos mit ihm. Er wollte in keinem Punkt zustimmen. Filonenko will er um keinen Preis entlassen. (Da ist sogleich auch sein Intimus Baranowski zur Stelle, er ist ebenfalls für Sawinkow, wenn auch verhalten). Jedesmal, wenn Jakubowitsch und Tumanow vorschlugen, Sawinkow selbst zu rufen, tat Kerenski, als höre er nicht, griff nach etwas, das auf den Boden gefallen war, einer Zeitung, einem Schlüssel …, seine gewohnte Manier. Sawinkows Rücktrittsgesuch, das sie ihm erneut unterbreiteten (wegen jener verkritzelten „Resolution" etwa?), warf er nachlässig auf seinen Tisch. So zogen sie sich unverrichteter Dinge zurück.
Inzwischen bekommt Sawinkow *zur selben Zeit* über einen Adjutanten die Einladung, bei Kerenski zu erscheinen. Unterwegs

stößt er mit seinen Verfechtern, die aus dem Kabinett kommen, zusammen. An ihren abgewandten Gesichtern erkennt er, dass die Sache schlecht steht. In dieser Überzeugung geht er zum „Herrn Minister".

Die Begegnung fand unter vier Augen statt, sogar ohne Baranowski.

Sawinkow berichtet: „Er sagte mir ganz ruhig Folgendes: ‚Auf der Moskauer Konferenz wurde ich davon überzeugt, dass die Macht der Regierung vollkommen untergraben ist, sie hat keine Kraft mehr. Sie waren der Grund dafür, dass auch im Hauptquartier eine konterrevolutionäre Stimmung entstanden ist – Sie haben jetzt kein Recht, aus der Regierung auszuscheiden, Freiheit und Vaterland fordern, dass Sie auf Ihrem Posten bleiben, vor ihnen Ihre Pflicht erfüllen …' Ich antwortete ihm ebenso ruhig, dass ich nur unter der Bedingung, dass er seinerseits Vertrauen zu mir und meinen Mitstreitern habe, dienen könne … ‚Ich bin gezwungen, Filoneko zu behalten', unterbrach Kerenski mich. So sagte er – ‚gezwungen'. Alles klärte sich mehr oder weniger. Dennoch musste ich ihm noch ein paar persönliche Worte sagen. Ich erinnerte ihn daran, wie kränkend unser letztes Gespräch für mich gewesen war. ‚Ich habe Ihnen damals nichts geantwortet, doch vergessen kann ich es nicht. Haben Sie es etwa vergessen?'

Er trat zu mir, seltsam lächelnd. ‚Ja, ich habe es vergessen. Ich habe anscheinend alles vergessen. Ich … bin ein kranker Mann. Nein, das ist es nicht. Ich bin tot, mich gibt es nicht mehr. Auf dieser Konferenz bin ich gestorben. Ich kann niemanden mehr kränken, und niemand kann mich mehr kränken …'" Sawinkow verließ ihn und stieß sogleich auf strahlende, anbiedernde Gesichter. Also sind geheime Gespräche in den Palais augenblicklich jedermann bekannt … Um vier Uhr gab es eine allgemeine Regierungssitzung. Und dort wurde Sawinkow von allen mit einem wohlwollenden Lächeln begrüßt. Besonders bemühte sich Tereschtschenko. Awksentew war etwas säuerlich. Tschernow war gar nicht da.

Auf der Sitzung – ein Aufschrei von Sarudny wegen des gesprengten und niedergebrannten Kasan. Er forderte ernsthafte Maßnahmen. Kerenski schlug sich rigoros auf diese Seite. Es wurde eine

Kommission gebildet, Sawinkow wurde sofort mit einbezogen. Er hofft, morgen die gesamte Liste der zu verhaftenden Personen zur Unterschrift vorlegen zu können.
Boris ist ausgesprochen guten Mutes. Er weiß, dass Kerenski noch „feilschen" wird, dass noch vieles bevorsteht, dennoch versichert er: „Die erste Linie der Schützengräben ist genommen."
„Es sind vier", wende ich vorsichtig ein.
Kornilows Schreiben ist noch nicht unterzeichnet. Dennoch – wenn keine schreienden Inkonsequenzen zu erwarten sind, sollte es unterzeichnet werden.
Wie ist das alles seltsam, wenn man sich hineinvertieft. Was für ein Drama für eine edelmütige Seele. Vielleicht wird Kerenskis Seele vor ihrer eigenen Unmöglichkeit sterben –

> … Das darf nicht sein! Wird doch die Seele, unheilbar verloren
> Im Blute sterben.
> Und so soll's sein – beharrt die unermessliche Tiefe
> Meiner Liebe.

Es gibt Seelen, die, wenn sie den Befehl „Geh und töte" gehört haben, sterben, ohne ihn ausgeführt zu haben.
(Ich lasse mich übrigens in jeder Hinsicht hinreißen. *Persönliche* Dramen haben hier nichts zu suchen. Hier treten sie in den Hintergrund.)
In Sawinkow – ist etwas Furchterregendes. Und – o weh, etwas Tragisches. Es genügt, aufmerksam in sein unregelmäßiges und bemerkenswertes Gesicht zu schauen. Da saß er nach diesem Tag an meinem Tisch (wo ich schreibe) und erwähnte seine neuen Gedichte (seine Manuskripte sind im Ausland). Er schrieb sie auf. Und wünschte sich sehnlichst, dass es „gute" Gedichte sind, dass sie mir gefallen. (Der Dichter Ropschin ist ebenso mein „Patenkind" wie der Romanschriftsteller Ropschin. Vor etwa 6 Jahren habe ich ihm in Cannes mit meinen Sonetten, danach mit den Terzinen den Anstoß zu Gedichten gegeben.)
„Wissen Sie, ich fürchte … In letzter Zeit habe ich ein wenig anders geschrieben, in freien Versen. Und ich habe Angst davor … Sehr viel mehr als vor Kornilow."

Ich lächle unwillkürlich.

„Na, was soll's, auch Sie müssen sich schließlich vor irgendetwas fürchten. Wer hat das gesagt: ‚Nur ein Dummkopf fürchtet sich vor rein gar nichts'? …"

Bei der Gelegenheit suchte ich ihm sogleich eines seiner früheren Gedichte heraus, mit dem Wortlaut:

… Der Mörder dringt in Gottes Stadt nicht ein …

Das Rote Ross trampelt ihn nieder …

Er las es (hatte es vollkommen vergessen) und schaute auf einmal sonderbar drein: „Ja, ja …, so wird es auch sein. Ich weiß, ich … werde durch ein Attentat sterben."

Da war überhaupt keine Todesangst. Es war etwas, das darüber hinausgeht.

18. August, Freitag

Heute luden wir Boris Sawinkow zum Mittagessen ein und, in Absprache mit ihm, Lebedew. Dmitri lud etwas später noch Rumanow ein, der dann wie ein Weib auf Sawinkow flog (dass er sich nur nicht die Flügelchen verbrennt).

Wir waren zu viert. Bald war Boris in Eile (jetzt wird er nicht mehr einfach so zu uns kommen können, er hat sich in die Sielen gelegt).

L. bat darum, dass jemand ihn mitnehme; R. stieg in sein Auto, Boris aber rief mich und Dmitri für eine Sekunde ins andere Zimmer, um uns ein paar Worte zu sagen. Heute hatte Kerenski persönlich zu Lebedew gesagt, er wolle Minister ohne Posten sein, es werde sich alles so fügen, es sei besser so.

Natürlich, so ist es am allerbesten – und selbstverständlichsten für Kerenskis Gewissen. Das ist natürlich die Wahl des „ersten" Weges (die Machtaufteilung Kerenski, Kornilow, Sawinkow), doch es ist eine Aufweichung der Formen, für die Kerenski ohnehin keinen Sinn hat. Möge er sich dem notwendigen Tun *hingeben*, seine Seele *hineinlegen*. Eine solche Seele wird gerettet und rettet selbst, auch das ist „Heroismus".

20. August, Sonntag

Gestern war K. [wahrscheinlich Fondaminskaja] hier. Sie ging und kam wieder und wartete bei mir auf Jel. [?] und Sensinow, die von einer Sitzung ihres ZK aus einem der Palais kommen sollten.

Sie erschienen erst nach 2. (Dmitri hatte sich schon lange schlafen gelegt.) Wir kamen nicht dazu, etwas zu bereden. Seit dem Frühjahr hat sich Sensinow wieder verändert, ist finster geworden; nach seiner Orientierung nach links hat seine „Opferbereitschaft" eine stumpfe und eigensinnige Nuance angenommen – unangenehm.

Das Zentralkomitee verlangt von Sawinkow Rechenschaft, offensichtlich wegen Kornilows Schreiben. Dieses ZK, in dem „eine übergroße Mehrheit entweder deutsche Agenten oder Nullen sind". (Unter anderem das verdächtige alte Männchen Natanson – beinahe wäre er Vorsitzender oder Ähnliches geworden, – der *über Deutschland* eingereist ist.)

Heute Morgen kam Dima von der Datscha zurück. Danach alle möglichen Anrufe. Kartaschow kam vorbei – er ist seit gestern aus Moskau zurück. Gegen Abend traf auch Sawinkow ein, dem ich tagsüber noch mitteilen konnte, dass er im ZK verlangt wird, sie drängen auf Antwort.

Natürlich wird er, Sawinkow, nicht dorthin gehen, um Erklärungen abzugeben. Er hat auch gar nicht das Recht, vor deutschen Agenten – auch wenn sie nicht als solche überführt sind – über die Regierungspolitik zu sprechen. Ich denke, formal werden viele auf dem Transitweg durch Deutschland geschleust. Aber natürlich werden sie … die Vereinbarungen dem Beschluss des ZK unterordnen und zum Verhör erscheinen. Befragungen zu Einzelheiten des „Schreibens", ob dort die Aufhebung des Wahlprinzips in der Armee vorgesehen ist usw.

Ich verstehe noch immer nicht. Die Position der Partei der Sozialrevolutionäre ist jetzt zweifellos verbrecherisch. Persönlich aber haben gerade die ehrenwertesten, reinsten Leute (und nur von ihnen spreche ich) etwas Kindlich-Naives an sich, und man weiß nicht, was man damit anfangen soll …

Was halten sie von der „Kombination" und dem Prinzip des „Aufschreibens"? Oh, was sind das für kindlich-aufrichtige, verbrecherisch-wirre Reden! Sie selbst sind ganz und gar nicht gegen „ernsthafte Maßnahmen", ganz und gar nicht: Wenn Kaledin gemeinsam mit den Kosaken Russland retten will – soll er doch. Aber gleichzeitig auch: Die Kombination Kerenski – Kornilow – Sawinkow ist Bluff, Hochstapelei, man darf die militärische Situation nicht in das Hinterland verlegen, „repressive" Maßnahmen sind nicht möglich, die Militarisierung der Eisenbahnlinien ist nicht durchführbar; man darf „das Land nicht in eine Kaserne verwandeln" und mit der Todesstrafe drohen. Und schließlich – sofort nachdem dieses „Schreiben" von Kerenski unterzeichnet sein wird, wird das Ministerium hochgehen, alle Sozialisten werden abtreten oder abberufen werden, und wir selbst (unsere Partei) werden als erste „EINEN AUFSTAND MACHEN".

Für die Genauigkeit der Worte stehe ich ein.

Ich sehe das ganze Bild der blinden „parteilichen" Gefangenschaft, der freiwilligen Kettensklaverei vor mir. Die Macht der Hypnose, des Zaubers, der „Mehrheit". Die Partei der Sozialrevolutionäre ist jetzt insgesamt schmerzhaft aufgequollen, in die Breite gegangen („durch die Landbevölkerung"). Sie (die Besten) haben einen naiven Triumph: Ganz Russland ist sozialrevolutionär geworden! Alle „Massen" sind mit uns!

Der Sieg beflügelt die Mehrheit zum Maximalimus, der Maximalismus der besseren Minderheit kommt nur von ihrer Unmöglichkeit, mit „allen" sein zu können.

Da träumt jemand, um sich selbst zu trösten, naiv davon, das ZK von innen heraus zu „lenken" und dadurch auch dem von Willkür beherrschten Teil der Partei die Richtung zu weisen. Mir ist es schon befremdlich, dies hinzuschreiben. Was für eine erschreckende Verträumtheit!

Ich schließe. Nur eines noch, das Allerschwierigste (und darüber ist fast nicht gesprochen worden!). Es ist eine Tatsache, dass die Deutschen die Dwina überschritten haben, Riga wird wahrscheinlich eingenommen werden – wenn das nicht in diesem Augenblick bereits geschieht.

21. August, Montag

Es ist eingenommen.

Wir ziehen uns auf die Linie des Tschudskojer Sees – Pskow zurück. Sehr gut. Die Regierung verhält sich fatalistisch-schlaff dazu. Man habe abgewartet, heißt es.

Mit der Stadt kennt man sich nicht mehr aus. Offensichtlich gibt es keine Vorstellung, was mit ihr los ist. Auf der Wyborger Seite marschierten Bolschewiken mit Plakaten: „Unverzüglich Frieden!" Das heißt, alles geht konsequent voran. Immer weiter.

Ich war bei K. [Fondaminskaja]; das Wetter ist sommerlich, heiß. Da sitzt Wladimir Sensinow wie ein Kautz, beladen mit Zeitungen (seinen eigenen; andere, wie der ehrenhafte und kluge *Den* „haben ja keinerlei Einfluss"). Sein asketisches Profil ist eingefallen, fassungslos sagt er: „Da haben sie nun Riga eingenommen …"

„Na also, was wollen Sie denn?", sage ich heftig. – „Und wenn sie sich in aller Eile Ihren Einfluss zunutze machen wollen, gehen Sie doch auf die Wyborger Seite, sofortigen Frieden mit sofortiger Landrückgabe fordern."

Von dort aus ging ich zum Mittagessen auf die Furstadtskaja, verlief mich in den Kasernengassen; sie sind geradezu erschreckend: Schmutz, Abfall, zusammengefallene Haufen der „Garnison", breitmäulige Soldaten auf den Fußwegen und den Fenstersimsen, Sonnenblumenkerne, Gelächter und Harmonikaspiel. Was brauchst du da noch für ein Riga! Wir sind keine „Imperialisten", wozu da über Riga nachdenken. Wir gehen hier spazieren. Und dann nach Hause.

Eben (spät am Abend) rief L. [Lebedew?] mich an. Er sagte, er habe einen ziemlich starken Druck auf Kerenski dahingehend ausgeübt, dass er Sawinkow sowohl das Militär- als auch das Marineministerium übergeben solle. (Kerenski war dieser Tage einige Male zu Boris gefahren; er hatte längere Zeit mit ihm gesprochen.)

Des Weiteren versprach L., er werde Kerenski als Bekräftigung noch einen Brief schreiben. Ich riet ihm zu Kürze und Bestimmtheit. Ach, für all das ist es zu spät. Und es ist wieder wie bisher, wenn es bei uns hieß: „Es ist noch zu früh! zu früh!", mittlerweile ist es „zu spät" geworden.

Alle sind sich einig, dass die Revolution bei uns nicht zur rechten Zeit stattgefunden hat. Doch die einen sagen, es sei „zu früh", die anderen, es sei „zu spät". Ich sage natürlich, es ist „zu spät".
O weh, ja, es ist zu spät. Gut, wenn es noch nicht „ganz", sondern nur „ein wenig" zu spät ist.
Der Zar wurde nach Tobolsk gebracht (unser Pawel Makarow hat ihn gefahren). Fürchten sie sich nicht vor der „Hydra" (deren hauptsächliche und wohl auch einzige Beschäftigung es ist, „den Kopf zu heben")?
Doch es gibt verschiedene Hydren.
Stürmer ist im Krankenhaus gestorben? Die unglückselige „Hofschranze". Ich erinnere mich an ihn als Gouverneur von Jaroslawl. Wie er sich brüstete mit seinen Ahnen, mit seinem Buch mit den kaiserlichen Autogrammen, mit den Freimaurerabzeichen seines Großvaters. Wie gab er sich „bezaubernd" uns und Johann Kronstadtski gegenüber!
Es ist peinlich zu sagen – man soll es aber nicht verschweigen: Früher lebten immerhin wohlerzogene Leute in den Palästen. Selbst der Rechtsanwalt Kerenski hat sich nicht an die Grenzen des Takts gehalten. Und von dem ungewaschenen Tschernow ganz zu schweigen.
Weshalb entstellt die Freiheit, die doch an für sich wunderbar ist, die Menschen so? Und ist diese Verkrüppelung etwa notwendig?

22. August, Dienstag

Es schüttet; L. erschien. Er hat den Brief an Kerenski noch nicht geschrieben, will es gemeinsam mit uns tun.
Wir halfen beim Schreiben, L. schrieb. Man hätte es auch kürzer und schärfer machen können, wenn man länger überlegt hätte, aber es geht auch so.
Es ist gesagt, was zu sagen war. Immer dieselben nachdrücklichen Vorschläge, Kerenski solle entweder „herrschen" oder die tatsächliche bestehende Macht „fähigeren Leuten" wie Sawinkow überlassen und selbst „überparteilicher" Präsident der russischen Republik (d. h. ein notwendiges „Symbol") werden.
Alle unterschrieben. Wir versahen den Brief mit meinem Siegel, und L. brachte ihn weg.

Kaum war L. weg – kamen andere und wieder andere, endlich auch M. [Meier], programmgemäß mit Kopfschmerzen. Zu dieser Zeit drang Rauch durch den Dachstuhl zu uns herein. Die Straße war voll von untätigen Löschmannschaften. Sie standen da, ließen ihren Rauch ab und fuhren davon, der Rauch verflog allmählich von selbst.

Dima kam von seiner *Retsch* und erzählte:

„Eben bin ich einem gepanzerten Automobil begegnet. Nikolai Sokolow springt heraus: ‚Ach, ich weiß ja gar nicht, dass Sie in der Stadt sind. Sind Sie auf dem Weg nach Hause? Ich fahre Sie.‘ Ich sagte: ‚Nein, Nikolai D., ich mag keine Staatsautomobile; ich habe überhaupt kein Verhältnis zur Macht …‘

‚Was sagen Sie da, das ist rein zufällig, ich muss mit Ihnen sprechen …‘

Da sagte ich ihm geradeheraus, dass er meiner Meinung nach – bewusst oder unbewusst – Russland so viel Schlechtes angetan habe, dass es mir schwerfalle, mit ihm zu reden. Er geriet in Verwirrung und schaute mich mit unschuldigen Augen an: ‚In diesem Fall wünsche ich ein langes und ernsthaftes Gespräch: Ich schätze Ihre Meinung sehr, ich werde Sie anrufen.‘ So gingen wir auseinander. Sein Kopf steckt bis heute unter einer Soldatenmütze."

Ich sprach lange mit Meier. Hier seine Position: *Es hat keine Revolution bei uns gegeben.* Es hat keinen Machtkampf gegeben. Die alte Macht hat sich selbst zersetzt, abgelöst, und das Volk stand nackt und bloß da. Daher auch die alten Parolen, hastig hervorgeholt aus zehn Jahre alten Truhen. Neue werden aus dem Prozess des Kampfes geboren, einen solchen Prozess aber gab es nicht. Auf der Suche nach einem Ausweg stützt sich die revolutionäre Stimmung auf die Trugbilder einer Konterrevolution, doch das sind Trugbilder, und sie sind gegenstandslos …

Irgendein Fünkchen Wahrheit ist da, doch man darf sich nicht auf ein allgemeines Schema einigen. Und auf jeden Fall sehe ich keinen *wirksamen* Ausweg. Als Prognose ist das traurig; sollten wir eine zweite Revolution erwarten, die jetzt nur noch aus Verzweiflung und Abscheu bestehen würde?

Gegen Ende des Abends kamen Jel. und K [Fondaminskaja]: Mit Jel. und Meier hatten wir ein recht interessantes Gespräch.

Meier legte wieder seine Theorie vom „Nichtsein" der Revolution dar, daraufhin ging ich aber zur gegenwärtigen Lage über, mit der Begründung, die notwendigen Handlungen jetzt ausschließlich vom Standpunkt der *Zweckmäßigkeit* zu beurteilen.

Meier flüchtete sich natürlich in Verallgemeinerung und Abstraktion. Dennoch konnte man ihm darin zustimmen, dass es zwei Wege gibt: innere Einflussnahme (Gespräche, Abmachungen) und äußere (militärische Maßnahmen). Erstere geht jetzt unausweichlich in Demagogie über. Die Demagogie ist eine unbegrenzte Ausgabe von offenkundig ungedeckten Wechseln, die notwendigerweise keine Grenzen kennt (jeglicher Versuch, eine Grenze zu setzen, vernichtet die ganze Arbeit). Meier wies auch die Zweckmäßigkeit, „Gewalt über die Seelen" auszuüben, zurück. Der zweite Weg (derzeitige Maßnahmen, „Gewalt über auf den Körper" auszuüben) ist natürlich nur negativ, das heißt, er kann den entgleisten Zug nicht vorwärtsbewegen, sondern ihn nur auf die Schienen zurückholen (von wo aus er sich dann vorwärtsbewegen kann). Dieser Weg kann nicht nur gelegentlich von Nutzen sein, in manchen Momenten ist er der einzig zweckmäßige.

Die Gesprächsteilnehmer waren sich in allem einig, hielten jedoch an letzterem fest: Jetzt ist nicht der richtige Moment. Im Prinzip sind sie gar nicht dagegen, jetzt aber sind sie für die Demagogie, die zum „Zeitgewinnen" notwendig ist. Nun ja, mit einem Wort – es ist „zu früh" … (bis es „zu spät" ist). Das klang finster, nach Kompromiss … Sie fürchten sich vor der Gewalt über die Körper und nicht im Geringsten vor der Gewalt über die Seelen?

Mir fiel ein: „Fürchtet euch nicht vor denen, die den Körper töten und nichts anderes mehr tun können …"

… Dann fragte ich Jel., was denn mit Boris sei? Wie das Gericht im ZK über ihn entschieden habe? Ob er komme? (Heute ist er für etwa drei Tage ins Hauptquartier gefahren.)

Boris antwortet förmlich: Ich kann in meiner Situation mich nicht aufrichtig vor Leuten äußern, unter denen welche sind, die im Verdacht stehen, mit dem Feind gemeinsame Sache zu machen. Nun, es ist klar, er hat recht.

23. August, Mittwoch

Abends saß Dima, der in der Stadt geblieben war, gegen 12 Uhr in unserem Esszimmer. (Ich schreibe dies anhand seiner genauen Aufzeichnungen und Berichte.) Es klopfte an der Eingangstür. Dima war sich sicher, dass das Sawinkow sein müsse, der stets auf diese Art hereinkam. (Die Tür ist nahe am Esszimmer, die Klingel für die Dienerschaft jedoch sehr weit entfernt.)
Als Dima zur Tür ging, fiel ihm jedoch ein, dass Sawinkow an der Front, im Hauptquartier war, und deshalb rief er:
„Wer ist dort?"
„Der Minister."
Dima erkennt die Stimme nicht. Die Tür öffnet sich zum halberleuchteten Treppenhaus hin.
Das steht ein Chauffeur im wahrsten Sinne: Gamaschen, Schirmmütze. Kerenski kommt zum Vorschein.
Ker.: „Ich komme für eine Minute zu Ihnen …"
Dim.: „Wie ärgerlich, dass die Mereshkowskis nicht da sind, sie sind heute auf die Datscha gefahren."
Ker.: „Das macht nichts, ich komme sowieso nur für eine Minute, richten Sie ihnen bitte aus, dass ich ihnen und Ihnen allen für den Brief danke."
Sie gehen ins Besuchszimmer. Kerenski durchquert es in voller Länge. Dima folgt ihm.
Dim.: „Der Brief ist kurz gehalten, ohne Motive, jedoch Ergebnis langer Überlegungen."
Ker.: „Aber doch nicht zu Ende gedacht. Für mich ist es schwer, denn ich kämpfe mit den linken Bolschewiken und mit den rechten Bolschewiken, und man verlangt von mir, dass ich mich auf die einen oder auf die anderen stütze. Entweder habe ich eine Armee ohne Stab oder einen Stab ohne Armee. Ich möchte den Mittelweg gehen, habe aber keine Hilfe."
Dim.: „Man muss sich entscheiden. Entweder Sie nehmen vor den ‚Genossen' die Schmach der Verteidigungsposition auf sich und hetzen sich dann Tschernow auf den Hals, oder Sie schließen Frieden. Ich denke dieser Tage immerzu, man sollte Frieden schließen …"
Ker.: „Was sagen Sie?"

Dim.: „Wie soll es sonst sein, wenn wir den Krieg nicht führen können und wollen. Wenn man Krieg führt, hat es keinen Sinn, in der Wahl seiner Helfer wählerisch zu sein. Sie aber fürchten sich vor den Bolschewiken von rechts aus."

Ker.: „Ja, weil sie auf den Bruch mit der Demokratie zugehen. Ich will das nicht."

Dim.: „Zugeständnisse sind notwendig. Opfern Sie die Bolschewiken von links, wenigstens Tschernow."

Ker. (gehässig): „Und Sie werden mit Ihren Freunden sprechen. Sie waren es, die mir Tschernow vor die Nase gesetzt haben … Na, was kann ich schon machen, wenn … Tschernow ist mir aufgehalst worden, die Bolschewiken aber erheben immer mehr ihr Haupt. Ich rede natürlich nicht von dem Gesindel von *Nowaja shisn*, sondern von den Arbeitermassen."

Dim.: „Und die haben eine neue Methode. Ich habe gehört, dass sie sich die Zerstörung von Riga zunutze machen. Sie sagen: Sehen Sie, alles geht nach unseren Vorstellungen, wir haben gefordert, dass am 18. Juni keine Offensive begonnen wird …"

Ker.: „Ja, ja, das habe ich auch gehört."

Dim.: „So ergreifen Sie doch endlich Maßnahmen! Vernichten Sie sie! Denken Sie daran, dass Sie der Volkspräsident der Republik sind, dass Sie über den Parteien stehen, dass Sie der Auserwählte der Demokratie und nicht der sozialistischen Parteien sind."

Ker.: „Nun, natürlich, wir sind die Stütze in der *Demokratie*, denn schließlich tun wir ja nichts Sozialistisches. Wir führen ein demokratisches Programm durch."

Dim.: „Davon sieht man nichts. Das stellt niemanden zufrieden."

Ker.: „Was also soll man mit solchen Typen wie Tschernow tun?"

Dim.: „So gebrauchen Sie doch endlich die Macht! Als Präsident sollten Sie ein geeignetes Ministerium zusammenstellen können."

Ker.: „Die Macht gebrauchen! Das bedeutet doch, den Autokraten zu spielen. Eben das wollen die Massen nicht."

Dim.: „Haben Sie keine Angst. Sie sind für sie das Symbol der Freiheit und der Macht."

Ker.: „Ja, schwierig, schwierig … Nun, leben Sie wohl. Vergessen Sie nicht, Sinaida Nikolajewna und Dmitri Sergejewitsch zu danken."

Weiter fügte Dima hinzu: „Er ging genauso ungestüm, wie er gekommen war. Die Veränderung in seinem Gesicht war immens. Er machte den Eindruck eines Morphiumsüchtigen, den nur eine Injektion wieder hochbringen kann. Es ist nicht einmal sicher, ob er überhaupt zugehört hat, ob er sich an unser Gespräch erinnert. Ich bin ihm liebenswürdig begegnet und habe ihm Mut gemacht."
… Alle dort, sagt Dima, sind in Panik, sogar Sensinow. Die ganze Stadt wartet auf eine Kundgebung der Bolschewiken. Es herrscht der Eindruck, dass es *gar keine Macht gibt*.
Kartaschow in äußerster fatalistischer Panik: „Alles ist zusammengebrochen."
Seltsam ist das Tempo der Geschichte. Es will einem scheinen – da, endlich geschieht etwas, da ist die Schwelle …, aber – es dauert. Oder es würgt einen, nimmt einem den Atem, und kein Ende in Sicht – und klatsch, alles stürzt mit einem Schlag zusammen, ehe man sich's versieht, liegt alles bereits in Schutt und Asche. Im Allgemeinen weiß man das natürlich, doch man kann sich irren in diesen Tagen, Wochen und sogar Monaten.

Ich schreibe den 31. August (Donnerstag)
Die Tage des 26., 29. und 30. August sind von Ereignissen erschüttert (vom 26. August an). – Am Morgen lief ich ins Esszimmer: „Was ist geschehen?" Dima sagte: „General Kornilow hat die Geduld verloren und die Armee nach Petersburg geführt." Innerhalb von drei Tagen klärte sich das rätselhafte Bild, dann wurde es wieder verwaschen. Die Hauptsache war innerhalb von 2–3 Tagen klar, nämlich dass das Geschwür der feindlichen Gesinnung Kerenskis Kornilow gegenüber (*nicht* umgekehrt) aufgebrochen war, dass der aggressive Part Kerenski, und nicht Kornilow ist. Und schließlich ein Drittes: dass zurzeit Kerenski den Bogen überspannt, und nicht Kornilow, der nicht so unvermittelt einen Schlag erwartet hat.
Ich ertrinke in der Vielzahl widersprüchlicher Fakten, schrecke vor den offensichtlichen Misserfolgen – Unklarheiten zurück und setze mich über die verrückten Hysterien der Zeitungen hinweg und versuche, aus den Puzzleteilchen der Wirklichkeit ein Bild dessen zusammenzusetzen, was *tatsächlich* vorgegangen ist.

Und ich enthalte mich vorläufig jeglicher Bewertung, (wenn sie sich auch in meinem Innern bereits abzuzeichnen beginnt). Nur das, was ich *jetzt* weiß.

Am Samstag, den 26., kam Wladimir Lwow (der ehemalige Oberprokuror des Synods) gegen Abend aus dem Hauptquartier zu Kerenski. Er war bereits vor zehn Tagen, bevor er nach Moskau und von dort aus ins Hauptquartier gefahren war, bei Kerenski gewesen und hatte mit ihm unter vier Augen gesprochen, von diesem Gespräch ist nichts bekannt. Ebenso fand auch das zweite Gespräch mit Lwow nach dessen Rückkehr aus dem Hauptquartier unter vier Augen statt. Es wurde eine abendliche Sitzung anberaumt; doch als die Minister sich im Winterpalais zu versammeln begannen, stürzte Kerenski aus seinem Arbeitszimmer herein, allein, ohne Lwow, und wedelte mit einem Papier, das mit von Lwows Hand hingeworfenen Zeilen bedeckt war, und erklärte vollkommen bleich und „aufgewühlt", dass „das Komplott des Generals Kornilow aufgedeckt ist", dass dies sogleich überprüft werde, und dass General Kornilow unverzüglich seines Amtes als Oberkommandierender wegen „Verrats" enthoben werde. Man kann sich vorstellen, welch einen Anblick die Minister boten, die nichts begriffen hatten. Als Erster kam der diensteifrige Nekrassow zu sich, der dem Herrn Premier aufs Wort „glaubte" und sogleich Beifall klatschte: Sawinkow dagegen war offenbar noch nicht fähig, etwas zu begreifen, umso mehr, da er an diesem Tag selbst erst aus dem Hauptquartier, von Kornilow, zurückgekommen war. Kerenski nahm Sawinkow mit an eine direkte Leitung, man verband ihn mit Kornilow: Kerenski erklärte, neben ihm stehe Lwow (obwohl von Lwow keine Spur war) und fragte Kornilow: „Bestätigen Sie das, was Lwow, der gerade von Ihnen kommt und *vor dem Fernschreiber steht*, sagt." Als das Band mit einem bestimmten Ja herauslief, warf Kerenski alles hin, rannte zu den Ministern zurück, nun bereits völlig hysterisch, schrie etwas von „Verrat", von „Putsch" und davon, dass er Kornilow unverzüglich absetzen und den Befehl zu dessen Festnahme im Hauptquartier erteilen werde.

Hier kenne ich die Einzelheiten noch nicht, ich weiß nur, dass Kerenski Sawinkow *befahl*, das Gespräch mit Kornilow fortzusetzen und auf dessen Frage, wann Kerenski, wie vereinbart, mit den Regierungsmitgliedern im Hauptquartier eintreffen werde, zu antworten: „Ich komme am 27." Er hatte befohlen, so zu antworten – inmitten all diesen Lärms, schreiend und an Kornilows Festnahme denkend, nicht aber an eine Reise zu ihm. Er erklärte, dies sei ein „unumgänglicher Winkelzug", damit Kornilow vorläufig keinen Verdacht schöpfen, nicht erfahren sollte, dass alles aufgedeckt war (???). Kartaschow war bei diesem Gespräch dabei, stand am Fernschreiber.

Wiederum kenne ich keine genauen Details dieses verrückten, hysterischen Abends. Ich weiß, dass sogar Miljukow zu Kerenski gebracht wurde, doch auch der gab auf, außerstande, etwas zu erreichen, sei es, sich in irgendeiner Weise erklären zu können, worum es ging, sei es, die Abfolge von Kerenskis Handlungen auch nur für eine Minute aufzuhalten. Alle wollten wohl Kerenski am Rockschoß festhalten, um für eine Minute zur Besinnung kommen zu können – vergeblich! Er kreischte, ohne zuzuhören und wahrscheinlich sogar ohne die an ihn gerichteten Worte wahrzunehmen.

Aus Kerenskis zusammenhanglosem Geschrei und den zusammenhanglosen Zeilen des unsichtbaren Lwow (der festgenommen war), die bei der Begegnung hingeworfen worden waren, ging offenbar hervor, dass Kornilow Lwow zu Kerenski geschickt hatte – wenn auch nicht mit einem Ultimatum, so doch mit der Forderung nach einer Diktatur oder eines Direktoriums oder etwas in der Art. Außer diesen verworrenen Mitteilungen Kerenskis hatten die Minister keinerlei Angaben und keinerlei Nachrichten – woher auch. Kornilow bestätigte nur „das, was Lwow sagt", aber „das, was Lwow gesagt hat", hat niemand gehört, denn niemand hat Lwow auch nur gesehen.

Bis zum Sonntagmorgen drang dies nicht durch die Mauern des Palais hindurch, am nächsten Tag traten die Minister (es fehlte nicht viel, und sie hätten dort übernachtet) erneut an Kerenski heran, um ihn zu zwingen, eine angemessene Erklärung abzugeben und eine vernünftige Entscheidung zu treffen, aber …
Kerenski brachte sie an diesem Tag endgültig aus der Fassung.
Er *hatte bereits* den Befehl zu Kornilows Rücktritt abgeschickt.

Diesem wurde befohlen, sein Amt als Oberkommandierender unverzüglich niederzulegen. Dieses Amt wird Kerenski selbst übernehmen. Es *war bereits* (von Nekrassow, der „nicht gesehen, aber geglaubt" hatte) ein Telegramm „an alle, an alle, an alle" verfasst und verschickt worden, das Kornilow zu einem „Putschisten und Verräter erklärte, der einen Anschlag auf die oberste Befehlsgewalt verübt hat", und das die Anordnung enthielt, keinem seiner Befehle Folge zu leisten. Zur endgültigen Überzeugung der Minister, die mit offenen Mündern dastanden, zur Beseitigung ihrer Zweifel darüber, dass Kornilow ein Putschist, Verräter und Verschwörer sei, eröffnete Kerenski ihnen: „Von der Front her bewegen sich einige aufrührerische Divisionen auf Petersburg zu, sie sind bereits unterwegs. Es muss unbedingt eine Verteidigung ‚Petrograds und der Revolution' organisiert werden."

Gerade wollten die verwirrten Minister auch darüber nachdenken, da stürzte sich der „gläubige" Nekrassow auf die Zeitungsleute und erklärte ihnen als erster Berichterstatter eifrig und mit Genuss alles, bis hin zum allrussischen Text vom niederträchtigen „Putsch" und von der Gefahr, die der Revolution von der Kornilowschen Division drohe.

Und das „revolutionäre Petersburg" vergaß in dieser Minute seine Erholungspause: Es war das einzige Mal, dass die Zeitungen an einem Montag erschienen. Überhaupt – es ist leicht, sich vorzustellen, was da begonnen hat. Die „Regierungstruppen" (nicht die Deutschen, keine Angst) machten sich freudig daran, die Eisenbahnschienen, die „Zufahrtswege nach Petrograd" auseinanderzunehmen, die Rote Garde begann munter, sich zu bewaffnen, die Kronstädter („Schönheit und Stolz der russischen Revolution") eilten unverzüglich zum Schutz des Winterpalais und Kerenskis selbst herbei (vom Kreuzer „Aurora" aus).

Kornilow, der unerwartet und unvorhergesehen wie ein Blitz aus heiterem Himmel seinen Rücktritt und dazu noch die Erklärung des ganzen Volkes, die ihn zum Putschisten machte, erhalten hatte sowie die Hinweise, er habe „Lwow zu Kerenski geschickt" – muss im ersten Augenblick gedacht haben, da sei jemand verrückt geworden. Im nächsten Augenblick stieg Empörung in ihm auf.

Seine beiden Telegramme sind das erste wahre, starke Wort, das seit der Revolution gesprochen worden ist. Dort nennt er die Dinge beim Namen … „Das Telegramm des Vorsitzenden Ministers ist in seinem ersten Teil eine reine Lüge. Ich habe Wladimir Lwow nicht zur Prov. Regierung geschickt, sondern *er* ist als Abgesandter des Vorsitzenden Ministers zu mir gekommen" … „so handelt es sich hier um eine große Provokation, die das Schicksal des Vaterlandes aufs Spiel setzt" …

Sie setzt es nicht aufs Spiel. Sie entscheidet darüber. Sie hat bereits entschieden. Ich habe geschworen, mich Schlussfolgerungen zu enthalten … Denn ich weiß noch nicht alles. Doch eines weiß ich, denn es war vom ersten Augenblick an für alle klar: Es gibt KEINEN PUTSCH VON SEITEN KORNILOWS. Ich weiß nicht wirklich, was LWOW gesagt hat, und überhaupt kenne ich diesen Zwischenfall nicht (wer kennt ihn schon?), doch ich glaube absolut nicht an solche „Ultimaten". Ein glatter Unsinn, dass Kornilow sie aus heiterem Himmel durch Lwow geschickt haben soll! Und was die „aufrührerischen Divisionen" betrifft, die nach Petrograd marschieren, braucht es da keinen besonderen Psychologen oder Politiker, sondern nur einen einigermaßen gesunden Menschenverstand, um in detaillierter Kenntnis der Vorgänge und aller handelnden Personen zu mutmaßen: Diese Divisionen sind allen Anzeichen nach mit Kerenskis Wissen nach Petersburg marschiert, vielleicht sogar nach einer Abmachung zwischen ihm und Kornilow über Sawinkow (der kurz zuvor ins Hauptquartier gefahren war), denn: Erstens standen die Maßnahmen des Kornilowschen Schreibens auf der Tagesordnung, Kerenski hatte jeden Tag vor, sie zu bestätigen, und dies setzte die Entsendung von Truppen von der Front voraus, zweitens wurde in Petersburg unbestreitbar – von Kerenski selbst – ein bolschewistischer Aufstand erwartet, er wurde täglich erwartet, und da verstanden sich Truppen von der Front von selbst. Ich bin fast überzeugt, dass die berühmten Divisionen für Kerenski nach Petersburg marschierten – mit seiner vollen Kenntnis oder aufgrund seiner regelrechten Anordnung. Sein Verhalten ist so verrückt-fatal, dass … es schon keine Schuld mehr ist, sondern ein Verhängnis.

„Kerenski war in diesen Minuten erbärmlich", sagt Kartaschow. Doch nicht weniger erbärmlich, wenn nicht mehr, waren auch die,

die diesen gefährlich verrückten Mann umgaben. Da sie mit dem Verstand nichts begriffen (kann man das überhaupt verstehen?) und fühlten, dass sich vor ihnen etwas vollzieht, was nicht wiedergutzumachen ist, hatten sie auch keine Kraft, etwas zu tun.

Von diesem Moment an, als Kerenskis Schrei vom „Verrat" des „Oberkommandierenden" über ganz Russland ertönte, war tatsächlich nichts wiedergutzumachen. Der empörte Kornilow schickte seine Erklärung mit der Weigerung, „das Amt niederzulegen". Fieberhaft und freudig begann die „revolutionäre Garnison" sich auf den Kampf mit den „aufrührerischen" Gefolgschaften, die Kornilow nach Petersburg führte, vorzubereiten. Es war keine Zeit mehr, und wem war schon danach, über die einfache Frage nachzudenken: Wie kann denn Kornilow seine Truppen „führen", wenn er selbst ruhig im Hauptquartier sitzt? Und was sind das für Truppen – sind es viele? Sind sie überhaupt für eine strenge Vorgehensweise gegen die hiesigen „bolschewistischen" Feiglinge, zur Stärkung der existierenden Macht geeignet? Doch was ist das für ein unglückseliger „Verschwörer", der eine Handvoll Soldaten für den Kampf und zum Sturz der allrussischen Regierung, womöglich noch zur „Wiederherstellung der Monarchie" ausschickt?

Ich meine, wenn dunkle Elemente im Hauptquartier auf Kornilow einen ernsthaften Einfluss gehabt hätten, wenn Kornilow gemeinsam mit ihnen eine „Verschwörung" begonnen hätte, hätte er sich wohl etwas anders verhalten, nicht so kindisch (obwohl ich seinen Erfolg auch dann bezweifelte).

Doch ich fahre unterdessen mit den sich überschlagenden Nachrichten fort.

Ein „Blutvergießen" gab es nicht. Bei Luga und sonst noch irgendwo trafen die von Kornilow ausgesandten Divisionen und die „Petrograder" aufeinander. Verdutzt standen sie einander gegenüber. Besonders erstaunt waren die „Kornilow-Leute". Sie rücken an, um die „Provisorische Regierung" zu schützen und treffen auf einen „Feind", der ebenfalls anrückt, um die „Provisiorische Regierung zu schützen". Nun, sie blieben stehen, überlegten; verstanden gar nichts; sie fingen einfach, eingedenk der Lektionen, die sie von den Agitatoren an der Front gehört hatten, dass man sich mit dem Feind verbrüdern soll, an, sich eifrig zu verbrüdern.

Dennoch lautete der Triumphschrei des Tages: „Vollständiger Sieg der Petrograder Garnison über die Kornilowschen Truppen."
Ja, das war ein Ereignis von immenser Wichtigkeit, doch es geschah in seinem ganzen Ausmaß *hier*, in Petersburg. Hier polterte der Stein, von der Hand eines Wahnsinnigen geworfen, von hier rollt er weiter. Von dort, vonseiten Kornilows, kam NICHTS. Hier hat alles begonnen, hier wird es sich auch bis zum Ende abspielen. Hierher sollten die Blicke gerichtet sein. Ich – Betrachter und Chronist – werde aufmerksam beobachten, was hier geschieht. Wer handeln will und hofft, es zu können, soll ebenfalls versuchen, es hier zu tun.
Doch was kann man noch tun?
Unser Boris Sawinkow (ich notiere die äußeren Fakten) wurde zum Petersburger Generalgouverneur ernannt. Er hielt drei Tage durch. Heute ist er bereits von allen Ämtern zurückgetreten. Ich nehme an, er war bei der jetzt allmächtigen „Demokratie" des Rats nicht erwünscht. Ein solcher Erfolg – die „Kornilow-Affäre" – warum soll man das nicht nutzen, um gleich noch den verhassten Sawinkow loszuwerden?
Doch auch Kerenski ist jetzt ganz und gar in den Händen der Maximalisten und Bolschewiken. Der Ball ist gestoppt. Sie „erheben" nicht mehr nur „das Haupt", sie sitzen fest im Sattel. Morgen werden sie sich natürlich auch noch auf die Beine stellen. In voller Größe.

1. September, Freitag

Sie haben sich erhoben. Sie stehen aufrecht. Bald werden sie sich auf die Zehenspitzen stellen und noch größer werden.
Unterdessen sehen alle Minister nur zu, dass sie ihren Rücktritt einreichen. (Ich verstehe sie, auch wenn ich es nicht verstehe!) Tschernow ist sofort zurückgetreten, „aus politischen Gründen"(?). Die übrigen wechselten die Plätze, gingen, kamen, mal zusammen, mal einzeln … Kerenski unterdessen verbreitete über ganz Russland pausenlos die Kunde von dem „Verräter", suspendierte ihn, brachte ihn vor Gericht usw. Er ernannte Alexejew zu seinem Stellvertreter und machte sich selbst zum Oberkommandierenden. Warum erinnert mich das an Nikolaus II.? Einander nicht ähnlich –

und seltsam vereint, in einem geheimnisvollen Akkord (wie ihre beiden Gesichter einst nebeneinander in meinem Spiegel). Und noch etwas ... Die letzten Akte aller Tragödien sind stets fast gleich, ähneln einander bei aller Verschiedenheit. Die *letzten* Akte. Kerenski begann erneut, auf die „Koalition" einzuhacken (nach den Zeitungen zu urteilen; bestätigen kann ich es nicht, aber es ist offensichtlich so). Ordentliche Hackerei mit drei Kadetten, danach mit Baryschnikow, Konowalow ... Doch hier erschienen angeblich wieder die „Genossen vom ZK" und machten all dem ein Ende. In dem Durcheinander strömten die halb ernannten und halb verbleibenden Minister aus dem Winterpalais. Wen wird man zurückrufen?

Den Bolschewiken hat man die Gefängnistore weit geöffnet (ein paar von ihnen blieben auch drin, aber immerhin – dem ganzen Rest). Sie fordern nun mit der Losung „Nieder mit allen", die Kadetten und die Bourgeoisie unverzüglich zu verhaften, des weiteren Alexejew, der abgesandt worden war, um Kornilow festzunehmen, zu verhaften, usw.

Jetzt stützen sich ihre Forderungen tatsächlich auf Kerenski, der sich selbst ... worauf stützt? Auf seinen früheren Namen, auf seine Reputation in der Vergangenheit? Die Stütze gerät ins Wanken ...
Die Sache bewegt sich in Richtung Terror. In den Zeitungen gab es weiße Stellen, besonders in *Retsch* (die Kadetten werden schließlich auch zu den „Verrätern" gezählt).

Nowoje wremja wurde ganz eingestellt.

Nicht eine Sekunde war ich „auf Kornilows Seite", schon deshalb nicht, weil es eine solche „Seite" gar nicht gab. Doch auch bei Kerenski, dem Sklaven der Bolschewiken, würde ich nicht bleiben. Letzteres deshalb nicht, weil ich nun überhaupt nicht mehr an den Nutzen irgendwelcher Handlungen in seinem Umfeld glaube. Da ich nur die äußeren nackten Tatsachen kenne, erkläre ich mir das Vorgehen von Boris, der bei Kerenski geblieben ist (und erst nach drei Tagen entfernt wurde), mit zwei Möglichkeiten: Vielleicht hat er noch an ein Handeln geglaubt, und wenn man glaubt, muss man natürlich auch am Ursprung des Geschehens, am Ort des Verbrechens bleiben; vielleicht hat aber auch Boris sich selbst angesichts der allgegenwärtigen hypnotischen Kraft des „Kornilow-

Putsches", jener Erfindung von nicht Stattgehabtem, (wäre er sofort gegangen) in der Position eines „Mitläufers Kornilows" – gegen Kerenski gesehen. Diese Situation (mag sie auch trügerisch sein) ist genau das, was er von sich gewiesen hat. Wenn Kornilow Russland allein retten will, wenn er gegen Kerenski vorgehen wird – „das ist unwahrscheinlich, aber nehmen wir es an, dann werde ich natürlich nicht bei Kornilow bleiben. Ich glaube nicht an ihn ohne Kerenski" … (das sagte er Anfang August). Und es kam, wie es kommen musste. Das „Unwahrscheinliche" (Kornilows Auftritt) fand nicht statt, erwies sich jedoch als „möglich". *Als habe* es stattgefunden. Und Boris konnte nicht so tun, *als ob* er bei Kornilow bleiben wollte.

Die Tatsache aber, dass er bei Kerenski blieb, wurde so von selbst zu einem „Als ob".

Jetzt kann man entweder nichts tun (als Staatsmann) oder Kerenski stürzen. Ch. [?] widerspricht mir sogleich: „Stürzen! Und wer soll an seine Stelle? Darüber hätte man früher nachdenken müssen." Ja, es gibt keinen „Willigen" und keinen „Wunschkandidaten", doch hätte man dann auch Nikolaus nicht stürzen dürfen. Jeder ist jetzt besser. Wenn man die Wahl hat, ob man mit Kerenski oder ohne ihn in die Grube fahren soll (wenn es bereits „zu spät" ist), dann ist es doch trotz allem besser ohne ihn. *Kerenski ist ein geisteskranker Autokrat und jetzt Sklave der Bolschewiken.*

Die Bolschewiken lassen sich alle ausnahmslos aufteilen in:
1) stumpfsinnige Fanatiker
2) geborene Dummköpfe, Ignoranten und Flegel
3) ausgemachte Schurken und Agenten Deutschlands:
Nikolaus II. ist ein absolutistischer Starrkopf …
Beide Situationen haben ein gemeinsames Ende – den *Zusammenbruch.*

7. September, Mittwoch

Die gegenwärtige Situation: Eine Regierung Kerenskis zu bilden haben sie nicht zugelassen – die Räte, die letzten Ende bolschewisiert worden sind, die Tschernow-Anhänger und alle möglichen Maximalisten, die sich aus irgendeinem Grund „revolutionäre Demokratie" nennen. Sie setzten ihre große Konferenz auf den 12. fest, vorläufig haben wir den „Rat der Fünf", d. h. Kerenski mit vier Nullen. Einige ehemalige Minister sind nicht vollständig abgetreten, sie sind die „alten Höflinge" geblieben, d. h. regierende Minister „ohne Zutritt" bei Kerenski (!). Nur Tschernow ist endgültig gegangen, um sogleich eine Kampagne gegen Kerenski zu beginnen. Er will nur das eine: selbst Premier werden. In einem „sozialistischen Ministerium" natürlich: in Koalition mit ... den Bolschewiken. Nach Kerenskis Vernichtung.

Ich sagte, jetzt sei „jeder besser als Kerenski". Ja, „jeder" ist besser für den Kampf mit der Konterrevolution, d. h. mit den Bolschewiken. Tschernow ist jemand, der bekämpft werden muss: Er selbst ist die Konterrevolution, fast ein Bolschewik.

„Schönheit und Stolz" [so nannte Trotzki die revolutionären Kronstädter Matrosen] brüllt ununterbrochen, sie hätte die Provisorische Regierung gerettet, das solle man ja nicht vergessen und ihnen bis ans Grab danken. Wer eigentlich danken soll, weiß man nicht, denn es gibt keine ehemalige Regierung mehr, nur noch Kerenski. Eben jenen Kerenski aber will diese „Schönheit", ohne einen Hehl daraus zu machen, verschlingen.

Petersburg ist innerhalb von einer Woche nicht wiederzuerkennen. Es war ja schon vorher schlimm! – doch jetzt ist es wahrhaftig schrecklich. In der feuchten Schwärze wimmelt es buchstäblich von schwarzen Bergen von Soldatenfleisch; außer Rand und Band Geratene, Jubelnde ... Menschen? Sie haben nichts zu tun, taumeln und stehen herum, ohne Ziel, undiszipliniert, selbstgefällig. Nun ist auch L. [Lebedew?] bei Boris Sawinkow (inzwischen ist es ihnen irgendwie gelungen, zusammenzukommen).

Das Bild der Vorgänge, das von uns vorher gezeichnet wurde, ist im Großen und Ganzen so *genau*, dass ich fast nichts mehr hinzufügen kann. Kornilow war nie ein „Putschist" gewesen. In dem Augenblick, als sich Kornilow natürlich über die ganze „Provokation" empörte, versuchten dunkle Elemente im Hauptquartier offensichtlich diese Empörung auf bekannte Art und Weise zu nutzen. Doch ihr Einfluss auf Kornilow war schon immer so gering, dass er auch in jener Stunde keine Wirkung zeigte. Es heißt, der Publizist Sawoiko habe die berühmten Manifest-Telegramme redigiert. Doch das ist absolut gleichgültig, denn sie bleiben der echte und wahrhaftige Aufschrei eines edelmütigen und starken Mannes mit einer glühenden Liebe zu Russland und zur Freiheit. Hätte Kornilow diese Telegramme nicht geschickt, hätte er sich sofort wortlos ergeben und gleich nach Kerenskis unverständlichem, persönlichen Befehl begonnen „sein Amt niederzulegen", wie einer, der sich als „Verräter" bewusst schuldig gefühlt hätte, *wäre er nicht Kornilow gewesen.*

Und hätte er in diesem Augenblick nicht begriffen, dass eine **„Pro**vokation" eine Provokation bleibt, dass aber die Angelegenheit sich hoffnungslos verkehrt hat, dass nichts mehr zu erklären ist, hätte er da versucht zu kämpfen oder zu fliehen – er wäre nicht Kornilow gewesen. Ich denke, Kornilow hat [den Oberkommandierenden] Alexejew, der gekommen war, um ihn abzusetzen und zu verhaften, so ruhig und gefasst erwartet, weil er vollkommen von seiner Schuldlosigkeit überzeugt war und in dem Gerichtsverfahren einen Ausweg sah, das dunkle Netz, das um ihn gesponnen war, zu entwirren. Dies sieht wiederum Kornilow ähnlich. Ich fürchte, hier irrt seine ehrenhafte und naive Aufrichtigkeit. Was für ein Gericht wird das wohl sein. Wenn es wirklich der Wahrheitsfindung dienen soll, muss es unwiderruflich – Kerenski die Schuld zusprechen.

Boris erzählt: Er sei *erst in der Nacht zum Sonnabend, dem 26.,* von Kornilow aus dem Hauptquartier zurückgekommen. Lwow habe er dort flüchtig gesehen. Den ganzen Freitag habe er mit Kornilow die militärische Lage „ausgehandelt". Kerenski hatte Sawinkow befohlen, über den Petrograder „Bezirk" zu verhandeln, und Sawinkow habe, mit einer Karte in der Hand, diesen Bezirk „ausgeschlossen", und er begriff selbst, wie er sagte, „dass ich eine idiotische und unmögliche Sache tue". Doch so hatte es Kerenski gewünscht mit dem Versprechen, dass, „wenn dieses Zugeständnis gemacht ist" … Mit den größten Schwierigkeiten gelang es

Sawinkow, einen solchen Ausschluss durchzusetzen. Damit kehrte er von dem vollkommen ruhigen Kornilow zurück, der bereits Kerenskis Versprechen, am 27. ins Hauptquartier zu kommen, erhalten hatte. Alles in der Annahme, dass das „Schreiben" (in das auf Kerenskis Beharren außer der von oben diktierten Einschränkung auch einige andere Kompromisse eingingen) *am 26.* akzeptiert und unterschrieben wird. Zum Zeitpunkt seiner Bekanntgabe – am 27./28. – sollten die verlässlichen Divisionen von der Front eintreffen, um Unruhen vorzubeugen (am 3.–5. Juli, zur Zeit der ersten bolschewistischen Kundgebung, hatte Kerenski Gift und Galle gespien, weil die Truppen nicht rechtzeitig, sondern erst zum 6. eintrafen).

Dieser ganze Plan war Kerenski nicht nur bekannt, sondern wurde in seiner Anwesenheit und gemeinsam mit ihm aufgestellt. Da ist nur ein Detail bezüglich der Kornilowschen Truppen, zu dem Boris bemerkte: „Das ist mir nicht klar. Als wir uns wegen der Truppenentsendung einigten, wies ich ihn darauf hin, dass er zum Ersten nicht seine ‚wilden' Divisionen (die Tekinzen) schicken solle und zum Zweiten nicht [seinen General] Krymow. Dennoch tat er es. Ich verstehe nicht, wozu …"

Doch ich will auf die Einzelheiten des Sonnabend zurückkommen. Am Morgen erstattete Boris Kerenski ausführlich Bericht. Er bekam keine konkrete Antwort und ging wieder. Einige Stunden später kam er zurück, wieder mit demselben Bericht – und mit demselben Resultat. Da bat Boris dringend um Erlaubnis, dem Herrn Minister wenigstens ein paar Worte unter vier Augen zu sagen. Alle verließen das Arbeitszimmer. Und zum dritten Mal präsentierte Sawinkow seinen ganzen Bericht und fügte hinzu: „Die Angelegenheit ist *sehr* ernst …"

Daraufhin warf Kerenski die Papiere auf den Tisch, sagte, es sei „gut", er werde „die Angelegenheit auf der abendlichen Sitzung der Provisorischen Regierung entscheiden".

Doch vor dieser Sitzung, *eine Stunde später*, kam Lwow …, und es folgte, was folgen musste.

Kerenskis Hysterie in diesen Stunden ist schwer zu beschreiben. Alle Berichte stimmen darin überein.

Nicht nur Miljukow wurde hingeschickt: Die verschiedensten

Leute versuchten ununterbrochen, Kerenski auch nur für eine Sekunde zur Vernunft zu bringen, in der Hoffnung, das „teuflische Missverständnis" aufzuklären – vergebens; Kerenski hörte nichts mehr. Es war bereits getan, gesagt, das nicht Wiedergutzumachende.

Jedoch ist Kerenskis Handeln mit bloßem Wahnsinn oder Hysterie nicht zu erklären. Auch nicht mit wissentlich böser List, die sich berechnend und trügerisch an die Möglichkeit klammert, den Feind sofort zu Boden zu werfen. Kerenski ist nicht so schlau und geschickt, er ist kurzsichtig. Mit einer plötzlichen kranken, den Blick trübenden Angst, der bloßen Angst um die eigene Person und die eigene Lage ist das alles wiederum auch nicht zu erklären. Ich komme zu dem Schluss, dass hier alle drei Impulse miteinander verknüpft waren: Wahnsinn, berechnender Betrug und Angst. Sie haben sich zu einem verhängnisvollen Ornament verflochten und wurden von jener „Kerenskische Eingebung" überzogen, die immer dann in Kraft tritt, wenn dieser Mann seiner nicht mehr Herr ist und sich selbst nicht mehr wahrnimmt, sondern gänzlich von einem Geist beherrscht ist …, von dem nicht klar ist, wohin er sich wendet – ins Dunkle oder ins Helle. Nein, ins Dunkle, denn in eine Kombination von Hysterie, Lüge und Angst wird ein heller Geist nicht schauen. Und ein dunkler Geist ist diesem verlorenen „Führer" schon lange auf den Fersen.

Ich schweife ab. Ich habe ja noch nicht erwähnt, dass diese Sache, derentwegen dieser ganze Streit offenbar entflammt ist, bis jetzt nicht vollkommen geklärt ist. Was für ein „Ultimatum" brachte Lwow von Kornilow mit? Wo ist dieses Ultimatum? Und was bedeutet das schließlich – „Diktatur"? Wessen – Kornilows? Oder geht es um ein „Direktorium"? Wo ist der Beweis, dass Kornilow Lwow zu Kerenski geschickt hat, und nicht Kerenski diesen zu Kornilow?

Und wo ist schließlich Lwow selbst?

Das ist als Einziges bekannt: Lwow, von Kerenski verhaftet, sitzt seither. Und seither hat ihn weder jemand gesehen, noch hat er jemandem etwas gesagt oder erklärt. Erstaunlich!

Ich fragte Kartaschow: Er war doch vor seiner Abreise im Hauptquartier bei Kerenski? Von ihrem Gespräch ist nichts bekannt.

Doch weshalb kann man jetzt nicht bei Kerenski nachfragen, worum es ging?
Kartaschow hat, wie sich herausstellt, nachgefragt:
„Kerenski versichert, Lwow habe damals etwas Unverständliches gemurmelt und sei nicht zu verstehen gewesen."
Kerenski „versichert" gern. Jetzt aber versichert er, der wiedergekehrte Lwow habe so klar und deutlich von „Putsch" gesprochen, dass alles sofort klar war und Russland augenblicklich in Kenntnis gesetzt werden musste: „An alle! Die russische Armee steht unter dem Kommando eines Verräters!"
Nein, mein Kopf kann sich von vielem lossagen, jedoch nicht vom gesunden Menschenverstand.
Ich begreife es nicht. Und fürchte mich nur … vor der Zukunft.
Bereits zwei Stunden nach der Nachricht vom „Kornilow-Putsch" bot Petersburg ein eindeutiges Bild. Die Sieger nutzten die Lage sofort für sich.
Was Sawinkow betrifft, hatte ich mit annähernder Gewissheit eine Idee davon, *warum* er bei Kerenski, auf seinem Platz, bleiben musste. Es gab keine zwei Seiten, es gab keine „Kornilowsche" Seite. Hätte Sawinkow Kerenski verlassen, wäre er ins „Nirgendwo" gegangen; doch das hätte ihm niemand geglaubt: Sein Fortgang wäre nur ein zusätzlicher Beweis für die Existenz eines Kornilowschen Komplotts gewesen. (Desgleichen, wenn Kornilow geflohen wäre.)
Auf seinem neuen Posten hat der Generalgouverneur Sawinkow alles getan, um ein mögliches, auf einem Missverständnis beruhendes gegenseitiges Abschlachten der eintreffenden Fronttruppen und der kopflos umher rennenden Garnison (angetrieben von den Bolschewiken) abzuwenden.
Drei Tage später teilte Kerenski Sawinkow ohne Angabe von Gründen am Telefon mit, er sei „aller Ämter enthoben".
Die primitivsten Regeln des Anstands wurden nicht befolgt. Dafür ist jetzt keine Zeit. Es ist sowieso nicht länger zu verbergen, wer jetzt die eigentliche Macht über uns hat und … über Kerenski. Das letzte Wiedersehen des „Herrn Ministers" mit dem davongejagten „Stellvertreter" war kurz und ungestüm. Kerenski küsste ihn, wurde hysterisch, beteuerte, er „vertraue ihm voll und ganz" …

Doch Sawinkow antwortete zurückhaltend darauf, er werde „ihm niemals mehr in irgendeiner Sache vertrauen".

10. September, Sonntag

Alles Weitere entwickelt sich normal. Kerenskis Verfolgung durch Tschernow hat begonnen. Direkt und mit Sperrfeuer. Gestern gab es direkte Schmutzattacken („Kerenski ist verdächtig" usw.), heute aber – „Kerenski ist das Opfer in den Händen Sawinkows, Filonenkos und Kornilows, der niederträchtigen Putschisten und Konterrevolutionäre", die versucht haben, „die Demokratie zu zerstören" und „das Land in eine Kaserne" zu verwandeln. Diese „niederträchtigen Vorhaben nach Art der Schwarzhunderter", die Intrigen, die Vorbereitungen von Aufstand und Putsch sind „hinter Kerenskis Rücken ausgeführt worden", sagt Tschernow (heute, und morgen wird in der „Sache Tschernow" auch Kerenski wieder in Stücke gerissen werden.

Ach, liebe Genossen, habt ihr denn nichts gewusst? Weder von dem Schreiben, noch von Kerenskis Schwanken, noch von seinen halbherzigen Einverständniserklärungen – habt ihr nichts davon gewusst? Welch eine jämmerliche Schwindelei! Für ihre Ziele ist ihnen jedes Mittel recht.

Das Präsidium des Arbeiter- und Soldatenrats (Tschcheidse, Skobelew, Zereteli und andere) hat sich dieser Tage nach der Verabschiedung der bolschewistischen Resolution aufgelöst. Gestern wurde es zur Wiederwahl aufgestellt – und fiel durch. Die Sieger – Trotzki, Kamenew, Lunatscharski, Nachamkes – ersticken im Triumph. Ihre Sache gedeiht. „Das Blatt hat sich gewendet" ... ja, natürlich.

Kerenski ist längst ins Hauptquartier abgereist und sitzt dort fest. Entweder durchleidet er die Ereignisse, oder er bereitet die Überführung der Regierung nach Moskau vor. Wozu? Unsere militärischen Angelegenheiten könnten nicht schlimmer stehen (gestern das Umgehungsmanöver an der Dwina), dennoch hängen auch die militärischen Angelegenheiten von den *hiesigen* ab (die offensichtlich in einem hoffnungslosen Zustand sind). Wenn die Deutschen kommen, dann weil es die hiesige Lage zulässt. Aber immerhin nicht vor dem Frühjahr. Den Gerüchten von einem Frieden selbst

„auf unsere Kosten" wird wenig Glauben geschenkt, obwohl sie sich verstärken.

Ich mache den Fehler, dass ich mich bei den Einzelheiten der Vorgänge aufhalte, bei all dem, was wir sehen und hören, bei all dem, was sich tut und sich dabei jede Stunde verändert, – aufschreiben aber kann ich es aufgrund mangelnder physischer Möglichkeiten nicht. Seien wir also kurz und knapp.

Zwei Worte über General Krymow (Boris hat in Übereinkunft mit Kornilow über die Entsendung von Truppen gebeten, ihn nicht zu schicken, aber aus irgendeinem Grund wurde er trotzdem geschickt).

Als erklärt wurde, diese Schutztruppen seien „aufrührerisch" und hätten „kapituliert", erschien Krymow bei Kerenski. Nachdem er Kerenski verlassen hatte, erschoss er sich … „Ich sterbe aus großer Liebe zur Heimat …" Über sein Gespräch mit Kerenski ist nichts bekannt. (Wieder „nichts bekannt"! Wie über das Gespräch mit Lwow.)

Dieser Krymow war vor der Revolution an einer sehr seriösen und frontmilitärischen Verschwörung gegen Nikolaus II. beteiligt. Die Verschwörung war nur von der ausbrechenden Revolution behindert worden.

Was aber Lwow angeht, der nach wie vor im Gefängnis sitzt, unsichtbar ist und die rätselhafteste aller Sphinxen bleibt, wurde die Version verbreitet, er sei „klinisch verwirrt". Ich glaube, es sind die Minister selbst, die noch immer nichts begreifen – und nicht mehr so weitermachen können. Sie können nicht glauben, dass Kornilow Lwow mit dem Ultimatum zu Kerenski geschickt hat (der Verstand lässt das nicht zu), sie wagen aber auch nicht, zu glauben, dass er keinerlei Ultimatum bei sich hatte (das lässt die Ehre nicht zu), wenn sie also geglaubt haben, dass er keines bei sich hatte, warum decken sie dann Kerenskis Täuschung oder Halluzination, fahren ins Winterpalais, rühren sich nicht vom Fleck und brüllen nicht aus vollem Halse heraus, was vorgefallen ist?

Und diese Schlussfolgerung, dass „Lwow verwirrt" ist, etwas gebrabbelt hat, zufällig auf etwas gestoßen ist, Kerenski aufgebraust ist und sich übereilt hat, na ja, aber … usw. – eine solche Schlussfolgerung bringt ein wenig Ordnung in die Angelegenheit, wenn auch nur provisorisch … Aber schließlich ist auch die Regierung nur eine „provisorische" ….

Ich verstehe das ausgezeichnet. Viele vernünftige Leute, die von der Atmosphäre sinnlosen Unverstands erschöpft waren, haben sich mit Erleichterung an diese falsche Schlussfolgerung geklammert. Denn – was ändert es, wenn Lwow wahnsinnig ist? Umso schrecklicher und peinlicher: Durch einen zufälligen Fieberwahn eines Verwirrten hat sich das Blatt der russischen Geschichte gewendet. Und es hat sich im Vertrauen auf einen Wahnsinnigen gewendet. Das wäre ein jämmerliches Bild!

Doch auch das ist ein Versuch des Selbsttrostes. Denn ich bin fest überzeugt (so wie jeder nüchterne und sich selbst gegenüber ehrliche Mensch), dass:

1) Lwow keineswegs wahnsinnig ist;
2) er keinerlei Ultimaten bei sich hatte.

Spätabends am selben Tag, dem 10.

Gebe Gott, dass wir uns morgen hier losreißen und auf die Datscha fahren können. In diesen Tagen nur Boris Sawinkow, Ljazki und alle möglichen anderen. Schreckliche Empörung, weil wir wegfahren (etwa weit?), besonders in Hinblick auf Boris' Pläne mit der Zeitung. Ich habe Angst, an diese Pläne zu glauben; darüber jedoch – später.

Nun erzählten mir Bekannte (mit Abscheu), wie sich vom 3.–5. der zitternde, bis ins Mark erschrockene Lunatscharski „versteckte" und die ganze Zeit voller Angst bebend daran dachte, wohin er nur fliehen könnte, verlogen und wiederlich.

Heute um 4 Uhr war Kartaschow da – er hatte gerade seinen Rücktritt eingereicht. Schon wieder! Wenn das Resultat wieder dasselbe ist … So viele haben ja schon darum ersucht …

Er begründete es damit, dass „bei der Übermacht der extremen sozialistischen Elemente" … usw.

Tereschtschenko wollte ihn umstimmen: Ach, warten Sie, Kerenski wird kommen – wir werden gemeinsam ein Gesuch einreichen, es wird eine Demonstration geben. Der wird niemals um Rücktritt ersuchen.

Am Abend fuhr Kartaschow nach Moskau, um dort das Amt an seinen Stellvertreter Sergej Kotljarowski zu übergeben. Schade, Kartaschow hat hier viel von seiner Qualität als Konstitutioneller Demokrat, der er in seiner Jugend war und zu der er eine proselytisch-glühende Einstellung hat, mit eingebracht. Il est plus miluqué, que Milukoff.
Aber auch danke dafür, dass er sich befreit hat …, wenn er sich befreit hat. Er wird bleiben!

18. September, Montag
… Die „Demokratische Konferenz" im Alexandrinski-Theater begann am 14. Sie dauert noch an. Jämmerlich. Heute ist sie wie paralysiert. Kerenski ist auch in Paralyse. Von der Regierung keine Spur. Die Demokratische Konferenz will noch irgendein „Vorparlament" ins Leben rufen. Wie alles enden wird, ist vorauszusehen, aber eine tödliche Trägheit zeichnet sich bereits ab.

20. September, Mittwoch
Anhaltende Langeweile (trotz des unglaublichen Ernstes der Lage). Gestern Boris. Er hat jetzt vor, sich mit den Kosaken zusammenzutun (und wenn keine gemeinsame Zeitung dabei herauskommt – an den Don zu fahren). Diesen Zusammenschluss betrachte ich als sehr zweifelhaft. Nicht nur für uns, sondern auch für ihn. Man muss Schiffe verbrennen, aber ist das alles vernünftig? Und was für eine „Sicht" wird eine solche Zeitung haben? Ist es zweckmäßig, einen und sei es nur „scheinbaren" Graben zwischen sich und den Teilen der Sozialrevolutionäre zu ziehen, die sich zu Recht verweigern, sich aber auf dem richtigen Weg befinden? Wäre es jetzt nicht angemessener, die *rechten* Dinge auszusprechen – in den linken Zeitungen? Ist nicht nur das von Bedeutung? Die Demokratische Konferenz ist schändlich fehlgeschlagen. Anfangs (gestern Abend) sprach sie sich mit einer unbedeutenden Mehrheit „für eine Koalition" aus. Dann begann sie, idiotisch abzustimmen – „mit den Kadetten" oder „ohne"? Und beschloss – „ohne". Danach nahm sie plötzlich mit überwältigender Mehrheit alles zurück. Und am Ende beschloss sie, nicht auseinanderzugehen, bevor nicht irgendetwas beschlossen ist. Da sitzt sie nun …

mit 1700 Personen, absolut dumm und erbärmlich.
Auch Kerenski sitzt da … wartet. Eine Regierung gibt es nicht.
Eben war Kartaschow da, der aus Moskau gekommen ist.
Er scheint zurückgetreten zu sein …, ist es aber eigentlich nicht.
Er ist weiter in der Behörde tätig, sein Rücktritt wurde nicht angenommen, die „Konzilanten" und Synodiker waren in Aufregung, es könnte ein „Revolutionär", ein „Sozialist", d. h. einer, „der nicht an sie glaubt", für die Kirche aufgestellt werden. Sie schickten den Metropoliten Platon zu Kerenski mit der Bitte, ihnen Kartaschow zu lassen. (D. h. *keinen* Revolutionär, *keinen* Sozialisten, sondern einen, der an die Kirche glaubt.)
Mir tut es noch immer, wenn nicht noch mehr leid um Kartaschow, um einen wertvollen Menschen.
Er ist ganz im proselytischen Kadettentum verwurzelt (seine ewige „Gewissenhaftigkeit"). Und er sagt ganz naiv: „Natürlich, wenn es ein Gläubiger sein soll – (gemeint ist ein „an Gott Glaubender") –, dann kann es nur ein Konstitutioneller Demokrat sein. Welcher Sozialist ist schon religiös …"
L. [hier und im Folgenden wahrscheinlich Ljazki] ruft an. Er kann nicht kommen, sitzt in der Druckerei, wo „bolschewistische Unruhen begonnen haben" (?).
Unsere Zusammenkunft mit den „Kosaken" bezüglich der Zeitung ist morgen, bei uns. Gut, wenn sie nicht gebraucht würden. Aber die Zeitung muss sein.
Dima hält sich aus allem heraus. Dmitri ist ganz in den augenblicklichen Eindrücken gefangen, eine Linie hat er oftmals nicht.

Später, am 20.

L. war doch da. Er hat einen Haufen der ärgsten Pogromaufrufe beschlagnahmt. Drohte, die Druckerei zu schließen. Er brachte Sawinkows Aussagen zum Fall Kornilow mit. Sie sind sehr präzise und wahrheitsgetreu. Nichts Neues für dieses Buch. Nur Details.
Wir sprachen viel von Sawinkow. L. hat ein ganz gutes Gespür für ihn.
Sehr viel später, gegen 1 Uhr, rief Boris an. Auf der Versammlung von *Wolja naroda*, auf der er gerade gewesen war, gab es eine seltsame Mitteilung: Das *Präsidium* der Demokratischen Konferenz

hatte über eine „Koalition" abgestimmt und sich mit einer Mehrheit von 28 Stimmen (59 und 31) dagegen ausgesprochen, woraufhin Kerenski anscheinend sein „Mandat niedergelegt" habe. Ich wundere mich, werde nicht klug daraus, frage: „Was wird denn jetzt?"
„Nichts ... Awksentjew."
(Boris hätte mir ganz genauso antworten können, wie 1916 oder früher Kerenski nach der Auflösung der Duma auf eine ähnliche Frage geantwortet hat: „Es wird das geben, was mit A anfängt ..." Und natürlich ist heute das große A [Awksentjew] weitaus weniger wahrscheinlich als das kleine [russ. *anarchija* – Anarchie] ... Es wird kein A wie Awksentjew geben, sondern ein A wie Anarchie, ganz gleich, ob Kerenski nun irgendein Mandat „niedergelegt" hat oder noch nicht. Und die Nachricht ergibt ja auch keinen Sinn.)
Wahrscheinlich steht dies mit dem heutigen Vorfall in Verbindung: Kerenski hatte eine Meldung ins Präsidium geschickt – er beabsichtigte, das Kabinett zu informieren und sie morgen zu veröffentlichen.
Darauf kam die strenge nachdrückliche Antwort, dass daran nicht zu denken sei. Auf keinen Fall.

21. September, Donnerstag

Zwei Kosaken sind da. Richtige, baumstarke, sie stoßen mit den Köpfen am Türrahmen an. Der eine hat ein trügerisch jugendliches Gesicht mit kurzer stumpfer Nase, niedriger Stirn unter den ergrauenden Locken – das Gesicht einer römischen Statue. Der zweite – aufgeworfene Lippen, schwarzer Schnurrbart, ein Kosak, wie er im Buche steht.
Sie sind nicht dumm (meiner Meinung nach sogar schlau), unkompliziert, kennen nur den gesunden Menschenverstand. Sie kennen das Ihrige, das so weit entfernt ist von jeglichem „Unserem" mit unseren intellektuellen Winkelzügen, weit entfernt von jeglichen Zeitungen, jeglichem Struwe, Amfiteatrow ... und selbst von der „Politik" im wahrsten Sinne.
Es sind jene von der „rechten Flanke", mit denen Boris sich faute de mieux für die Zeitung zusammentun will. In ihrer Zeitung sitzt bereits Amfiteatrow, doch sie betrachten ihn mit so unschuldigen

Augen, wie sie auch die Zeitung und uns ansehen.
Außer ihnen und Boris waren noch Kartaschow, L., M. [Meier?] und Filonenko da. Zwei Worte zu Filonenko [General in der Kornilow-Armee], dessentwegen Boris unter anderem auch mit Kerenski im Streit lag, weil er ihn verteidigte. Dieser Filonenko war nicht zum ersten Mal bei uns, Sawinkow hatte ihn schon früher zu Zeitungskonferenzen mitgebracht. (Ich hatte gebeten, ihn mitzubringen, denn ich wollte sehen, was an dem Mann war, den Boris so verbissen verteidigt.)
Man muss sagen, dass er einen sehr *unangenehmen* Eindruck machte. Nicht nur auf mich, sondern auf uns alle, sogar auf L. Ein kleiner, schwarzer Offizier, Kopf und Gesicht – nicht dass sie hässlich wären, aber etwas daran erinnerte an einen „Totenschädel". Es war eine Unruhe in seinem Blick und seinen Bewegungen (vielleicht war er nach der Geschichte mit Kornilow nicht so recht „bei sich", nicht ohne Grund schreibt er an Zeitungen irgendwelche dekadent-ungereimten und „lyrischen" Briefe; vielleicht sind sie auch absichtlich so gekünstelt). Wenn ich ihn so betrachte und versuche, unabhängig von „Eindrücken" aus ihm klug zu werden, finde ich: Er ist keineswegs dumm, in gewissem Sinne sogar feinsinnig und verdient absolut kein Vertrauen. Ich weiß rein gar nichts von ihm, und natürlich schon gar nichts vom „Grund" seines Wesens, sehe aber dennoch, dass er einen „doppelten Boden" hat. Warum steht Boris so zu ihm? Filonenko ist sein Schützling, er war sein Gehilfe an der Front … Das würde für ihn nichts bedeuten, doch Filonenko ist so klug, feinsinnig und zeigt ununterbrochen eine vollkommene Hingabe an Ideen, Aufgaben und an Boris selbst, dass … Boris dem nachgeben *muss*. Mit „Hingabe" kann man ihn gewöhnlich leicht für sich gewinnen, doch wenn dies auf grobe Art geschieht und der Betreffende kleinlich und dumm ist, dann kommt außer einer kleinen persönlichen Sympathie und kleinen Peinlichkeiten nichts dabei heraus. Und Boris schaut nur noch von oben auf diese Vasallen herab. Filonenko ist nicht so einer; er ist, ich wiederhole es, auf so kluge Art „ergeben", dass man es nicht gleich durchschaut. Dies ist ein „tare" (ein Mangel) von Boris, die Menschen einzuschätzen, zum Teil auch am Verhältnis zu seiner eigenen Person.

Ich nehme an (so weit das zu sehen ist), dass Filonenko seine Karte auf Sawinkow gesetzt hat. Er hat große Angst davor (mehr und mehr), dass sie geschlagen wird. Eine andere Karte hat er vorläufig nicht, und er will sich auch noch nicht von einer Suche danach ablenken lassen. Aber er wird natürlich verschwinden, sobald er festgestellt hat, dass er verloren hat.
Wir haben vor Boris keineswegs verborgen, dass Filonenko uns nicht gefällt. Er hat versprochen, ihn nicht mehr außergeschäftlich mitzubringen.
Was die Kosaken und die Kosakenzeitung betrifft – ich bin dagegen. Dies ist kein Mittel, mit dem Boris' Ziele zu erreichen sind. Das „Rechte" zu tun ist notwendig, doch wirksam ist es nur aus der linken Ecke.
Kartaschow phantasiert von einem neuen rechten Block – ohne Begrenzung. Nein, wenn man die „gequälte Kreatur" noch irgendwie retten will, muss man Maß halten. Ohne Maß wird es nicht gehen.
Kerenski hat nicht daran gedacht, irgendwelche „Machtbefugnisse abzulegen". Sie erfinden jetzt ein „Vorparlament", damit die Regierung (die zukünftige) sich vor ihm verantworte. Eine Beschäftigung für das Vorparlament liegt schon bereit (andere sind nicht zu erkennen): die Regierung stürzen. Kerenski ist einverstanden. Die Bolschewiken dagegen sind mit nichts einverstanden. Sie haben die Sitzung verlassen.
Sie prophezeien ein baldiges Gemetzel. Ein ernstes dazu. Natürlich! Ein sehr ernstes.
Draußen herrscht Dunkel, Tag und Nacht fast gleich. Feucht und glitschig. Man sollte morgen auf die Datscha fahren. Dort gibt es goldglänzende Birken und ein Trugbild von Ruhe.
Ein Trugbild, denn auch dort denkt man ja immer nur an das eine, und schreibt Verse wie „Untergang": „Nahe sind die blutigen Pupillen ... der vor Schaum rauchende Rachen ... Umkommen? Fallen?" ...
Übrigens habe ich mich letztes Mal nicht nur mit Versen befasst: M. [Meier?] gab mir seinen „Aufruf" gegen die Bolschewiken. Lange, langweilige Seiten ... Meiner Meinung nach wäre ein Manifest von der schweigenden Intelligenz, scharf und kurz gehalten,

angebracht gewesen. „Angesichts der verbrecherischen Willensschwäche der Regierung …"
Aber mir ist natürlich klar: Das sind ja wieder nur Worte. Und selbst zu entschiedenen Worten ist die Intelligenzija nicht mehr fähig. Welch ein „Schwert des Geistes" sie besitzt! Kein Strich kommt dabei heraus, umso weniger, als M. dabei ist. Mit ihm kommt schon gar nichts heraus.

30. September, Sonnabend

Nach meiner letzten Aufzeichnung sind wir auf die Rote Datscha gefahren und inzwischen wieder nach Petersburg zurückgekehrt. Wir wurden wegen der Zeitung (die nicht mehr kosakisch ist) herbestellt. Ich schreibe nichts über all diese Scherereien, Versammlungen, Begegnungen mit Sawinkow und L., denn das ist erst die Küche, was aber für ein Essen da geliefert wird und ob es überhaupt geliefert wird, weiß man nicht.
Heute erfolgte eine Landung der Deutschen auf Ösel-Dagö. Im Land herrscht wachsende Anarchie.
Die schmachvolle Demokratische Konferenz ist mit einer abermaligen Blamage beendet. Dieser Tage wird dieses „Vorparlament" eröffnet – ein Vaudeville für die Abreise.
Die „schwächliche" Regierungskoalition erfüllt alle gleichermaßen mit Ekel. Kartaschow geht über dieselbe schiefe Ebene, die er im Frühjahr betreten hat. Die Werte, die er vertritt, sind trotzdem *mit Sicherheit* verloren. Aber er tut mir auch als Mensch leid. Und womit hat er sich infiziert?
Die, die sich einen Rest von Vernunft und Sehvermögen bewahrt haben, sehen, wie all dies zu Ende geht.
Alle – bis hin zu *Den* – träumen vom Bajonett („Es sei gesegnet"), doch – es ist zu spät! Zu spät! Es heißt: „Die Kugel ist eine Närrin, das Bajonett ein Prachtkerl", und da wir uns mit dem Bajonett verspätet haben, warten wir auf die „Närrin Kugel". Kerenskis Fall nimmt seinen Lauf, die Bolschewiken haben sich endgültig der Räte bemächtigt. Trotzki ist Vorsitzender.
Wann genau es das Gemetzel, die Schießerei, den Aufstand, das Pogrom in Petersburg geben wird, ist noch unbestimmt. Es wird sie geben.

8. Oktober, Sonntag. Rote Datscha

Man muss schon geradezu übermenschliche Kräfte haben, um nicht den Mut zu verlieren. Ich habe ihn beinahe verloren. Beinahe …

Kerenski hat darauf bestanden, dass die Regierung nach Moskau abreist. Mit dem „Vorparlament", das gestern unter dem Namen „Rat der Russischen Republik" im Marinski Palais eröffnet wurde. (Ich habe nicht geschrieben, was bei uns verlautbart wurde: dass sich Russland doch Republik nennen möge. Nun, was soll's, „soll es sich so nennen". Niemanden hat dieses „Wort" getröstet, es hat auch nichts geändert.)

Die Stimmung bei der Eröffnung des neuen Gesprächsorts war ungut. Vorsitzender ist Awksentjew. Auch die Kadetten sowie die „Elemente mit eingeschränktem Wahlrecht" haben sich Zugang verschafft. Auf der ersten Sitzung veranstaltete Trotzki mit seinen Helfershelfern einen Skandal wie auf einem Basar, woraufhin die Bolschewiken unter Drohungen den Saal verließen. (Das ist jetzt überall ihre Taktik.)

Der „Arbeiterrat" löst sich auch auf, bis Dienstag. Die Zungen der Herrschenden sind ohnehin ermüdet.

Die äußere Lage ist sehr bedrohlich. Die ganze Rigaer Bucht einschließlich der Inseln ist eingenommen. Es ist jedoch zweifelhaft, ob die Deutschen auch in der jetzigen Situation bis zum Frühjahr nach Petersburg vordringen werden.

Es sei denn, Kerenski verzögert die Angelegenheit mit der Abreise der Regierung. Und liefert Petersburg erst dem bolschewistischen Gemetzel aus und dann den Deutschen. Er möchte schon sehr gern ausreißen vor seinen „Rettern" vom August. Werden sie ihn noch herauslassen? Sie sind bereits voller Empörung. Es wird letztlich eine reine „Petersburger" Republik bei uns geben, die ihr eigenes anarchistisches Oberhaupt ist.

Wenn die Geschichte später einmal aus anderen Blickwinkeln wahrgenommen wird, wird vielleicht irgendjemand erneut versuchen, Kerenski einen Heldenkranz aufzusetzen. Aber auch meine Stimme soll zählen. Ich spreche nicht persönlich. Ich vermag das Nahe aus der Ferne zu betrachten, ohne mich hinreißen lassen. Der Kerenski zu Beginn der Revolution war ein anderer, als der

er jetzt ist – ein kleinmütiger und unbedeutender Mann. Aber da er tatsächlich an der Spitze steht, ist er an Russlands Fall auf den Grund des blutigen Rachens schuld. Er. Mag man sich daran erinnern.
Es wird unerträglich zu leben.

19. Oktober, Donnerstag (einst St. Petersburg)
Eigentlich ist alles jetzt wichtig, selbst die geringfügigen Ereignisse des Lebens, auch die ganze, von mir versäumte Chronologie. Doch aus irgendeinem Grund, aus „revolutionärer Gewohnheit", bin ich in stumpfsinnige Trägheit verfallen, zu träge, alles aufzuschreiben. Es ist eine atmosphärische Trägheit. Man hat das Gefühl zu ersticken.
Einschneidende Veränderungen gibt es vorläufig nicht. Das Vorparlament hat sich dieser Tage nach Art der Demokratischen Konferenz zum Gespött gemacht: Es schaffte es nicht, die Resolution zur Verteidigung anzunehmen. Boris wurde von den Kosaken in diesen, wie er sagt, „Umkleideraum" gewählt (die Konst. Vers. wäre dann das Dampfbad!). Überhaupt hat er mit der „Kosakenschaft" etwas am Kochen (es geht nicht mehr um Zeitungsdinge, mit der Zeitung gibt es in anderer Hinsicht alle möglichen Scherereien).
Vielleicht ist es auch nicht schlecht, vielleicht wären die Kosaken auch für den bewussten Augenblick von Nutzen …, wenn man wüsste, welche Kräfte sie besitzen und was sie im Sinn haben. Nicht einmal was ihre „rechte Ausrichtung" angeht, sondern bei ihren „Taten" – vor rechter Ausrichtung jeglicher Art muss man jetzt keine Angst haben. Sie wären gut als innere Kraft zur Unterstützung der in der Mitte angesiedelten Masse der demokratischen Abwehrler (Kooperateure, Bauernräte usw.).
Doch ich fürchte, dass auch Boris die Kosaken nicht vollständig durchschaut. Sie sind rätselhaft. Kerenski können sie nicht ausstehen.
Es ist nun schon zwei Wochen her, dass die Bolschewiken, die sich von allen anderen Parteien abgesondert haben (ihre Stütze sind die dunklen Herden der Garnison, der Matrosen und aller möglichen versprengten Leute, plus Anarchisten und Plünderer), die

Stadt in Angst und Schrecken halten und dabei eine Generalkundgebung ankündigen, ein Pogrom mit dem Ziel: „Alle Macht den Räten" (d. h. den Bolschewiken). Sie haben eigenmächtig einen Rätekongress anberaumt, zuerst für den 20., für den sie auch die bewusste Kundgebung ankündigten, dann verschoben sie jedoch das eine wie das andere auf den 25. Oktober. Lenin setzt tagtäglich vollkommen offen im *Rabotschi put* (Arbeiterweg) – der früheren *Prawda* – auf dieses Pogrom, bestätigt es wie eine beschlossene Sache. Die Zeitungen beeilen sich, mitzuteilen, dass die Regierung „im Begriff ist", ihn zu verhaften. Was für ein Bild: Kerenski in seinem ganzen „schwächlichen" Umfeld ruft Lenin zu: „Antropka-a! komm he-er ... Weil dich der Papa verhauen will!" Der mit Antropka titulierte Lenin denkt nicht daran, zu kommen, obwohl er im Unterschied zu Turgenjews Antropka nicht stillschweigt, ständig seine Stimme erhebt und an keinerlei Prügel glaubt. Und da hat er recht ... *Wir* sind es, die noch einen Rest von Naivität bewahrt haben, wenn wir immer wieder den angekündigten Maßnahmen der „Macht" Glauben schenken. Wenn diese Macht irgendeinen Piep von sich gibt, so kannst du sicher sein, genau das wird nicht geschehen. Sie wird es verbocken. Mit dem Umzug der Regierung ist das bereits geschehen. Obwohl ich glaube, dass Kerenski, nachdem er das Terrain erkundet hat und nun sieht, dass er von keiner Seite akzeptiert wird, beschlossen hat, klein beizugeben und stillschweigend zu verschwinden – auf der Suche nach dem Wind auf dem freien Feld. Aber such ihn zu Fuß, denn jegliche Beförderung von Passagieren soll vorläufig eingestellt werden. Oder ist es etwa auch eine Schwindelei, und die Bahnen bleiben einfach von selbst stehen? Nun, Kerenski wird sich trotzdem davonmachen, in letzter Minute.

Es gab viele verschiedene „Zeitungssitzungen" bei uns, wir waren bei L. und bei Boris, doch ich will hier den einen Abend hervorheben, der besonders interessant war.

Er fand bei Glasberg von der Wassilewski-Insel statt (er ist ein großer Geschäftsmann), auf M.'s [Meiers?] Initiative hin und zusammen mit jenen intellektuellen Kreisen, die vor der Revolution bei uns ihre Blütezeit hatten (heute mit zersplitterten Resten, die sich nicht oder halb an die Regierung angeschlossen haben). Nun, eben ein paar von jeder Sorte. Ziel war, sich über die „Möglichkeit eines kollektiven Protests der Intelligenzija gegen die Bolschewiken" zu beraten. Es ist bemerkenswert, dass M. selbst nicht da war: Er war wegen irgendeiner Sache nach Nowgorod gefahren. Etwa um Vorlesungen zu halten oder Unterricht zu geben ... (zur rechten Zeit!) Seine Projekte trug S. U. [?] vor. Hier hatte auch mein scharf formuliertes Manifest von der Roten Datscha seine Premiere.

Boris, L. [Ljazki?] und ich trafen ein, als schon ordentlich viele Leute da waren. Schade, dass ich mich nicht an alle erinnere. Die Kuskowa war da (sie ist im „Umkleideraum", ihr Mann aber, Prokopowitsch, ist Minister für irgendetwas). Und Batjuschkow, der nichts begreift und sich aus allem heraus hält, war da. (Nebenbei: nach dem Abendessen, nach all den Debatten, als Boris Sawinkow, der mir gegenüber gesessen hatte, weggefahren war, fragte er mich: „Und was war das für einer?")

Kartaschow war da, Makarow natürlich, Fürst Andronikow usw. Nicht der leiseste Hauch von „Kollektivismus"! Über den Gegenstand, d. h. die Bolschewiken und die gegenwärtige Lage, sprachen nur Boris, der vorschlug, so bald wie möglich ein halb öffentliches Meeting einzuberufen, und wir, die wir unser scharf formuliertes Manifest verteidigten und überhaupt für eine wie auch immer geartete Reaktion waren.

Kartaschow schwelgte völlig unbeeindruckt in seinen Ideen, seinen Träumen von der Neugründung einer „nationalen Partei" mit Struwe, es sprachen auch andere – ganz allgemein, doch mit einem tränenden Auge; am meisten aber verblüffte mich die Kuskowa, diese „kluge" Frau, die sich durch einen außerordentlichen Individualismus in Politik und Leben auszeichnet. Ich kenne diese ihre Eigenheit ja und bin doch jedes Mal verblüfft.

Sie sprach lange, sehr lange, und der Sinn ihrer Rede war, dass man „nichts tun", sondern alles weiterführen müsse, was die Intelligenzija bisher getan hat und noch tut. Detailliert und nicht ohne Rührung erzählte sie von Meetings und davon, „wie sie zuhören, sogar die Soldaten", davon, dass „kein Soldat daran vorbeigehen wird", wo immer zur Verteidigung oder überhaupt zu irgendeiner Versammlung aufgerufen wird ... und weiter in dieser Art. Sie fuhr uns in ihrem Ministerauto zurück und sprach sich noch deutlicher in diesem Geiste aus. Sie räumte ein, dass „vielleicht auch ein Kampf mit den Bolschewiken notwendig sein wird, aber das ist nicht unsere, also nicht die Sache der Intelligenzija" (und es kam heraus, dass es auch nicht die Sache der „Regierung" ist), „es ist Sache der Soldaten, vielleicht auch die von Boris Sawinkow, nur nicht unsere". „Unsere" aber ist es, im Innern zu arbeiten, auf Versammlungen zu sprechen, zu überzeugen, zu belehren, still und leise, behutsam die eigene Linie durchzusetzen, Broschüren zu schreiben …

Ja, wo lebt sie denn?! Wann soll denn das alles passieren?! Morgen werden diese „Soldätchen" mit Kanonen auf uns schießen, wir werden uns in die hintersten Ecken verkriechen, und sie redet von Versammlungen? Ich bin nicht blind, ich weiß, dass keine intellektuellen Manifeste uns vor diesen Kanonen retten können, doch das Ehrgefühl verpflichtet uns, rechtzeitig die Stimme zu erheben, damit sie wissen, auf der Seite *welcher* Kanonen wir stehen, wenn sie aufeinander schießen. Zu den Kanonen der einen Seite müssen wir uns bekennen. Als zu unserer Sache.Und nicht, dass da „verschiedene Boris Sawinkows" mit den Bolschewiken umspringen, wie sie wollen, und wir unsere innere, friedlich-demokratische, innovative Linie durchziehen, uns ein Fädchen davon herausziehen. Und so auch die Regierung. Bestehend aus diesen Intelligenzija-Demokraten, kurzsichtig im höchsten Grade.

Ich schwieg darauf. Sie wird schon sehen, sehr bald. Eine Kanone schießt weit.

Beim Abendessen hätte es beinahe einen Skandal gegeben. Dmitri begann, sehr offen und richtig (ganz und gar nicht grob) über Kerenski zu sprechen. Fürst Andronikow brach fast in Tränen aus und erhob sich von der Tafel: „Ich kann es nicht, ich kann mir über diesen prächtigen Menschen nicht so etwas anhören!"

Na ja, so in dieser Art. Ein für die heutigen Zeiten üppiges Abendessen. Früchte, weiße Kringel, Wein. Glasberg als Hausherr. Das Resultat – keines. Der Haupteindruck: Es ist, als hätten sie vor, auf einem brodelnden Vulkan eine Datscha zu bauen. Der Rauch zerfrisst die Augen, die Erde bebt, Steine fliegen empor, Getöse – sie aber messen die Höhe der Fenster ab, und wie viele Treppenstufen

man für den Vorbau braucht. Und sie haben es nicht eilig. Man kann sich ja sowieso Zeit lassen. Wir werden schon sehen.
Aber weder Rauch noch Steine sehen sie genau. Als gäbe es sie nicht.
In Kornilows Angelegenheit wird langsam Licht gebracht. Langsam, Schritt für Schritt wird diese Geschichte von den letzten Fetzen gesunden Menschenverstands aufgedeckt. Als ich in den ersten Stunden, dann in den ersten Wochen, ein Bild des wahrscheinlich Abgelaufenen zeichnete, erwies es sich im Großen und Ganzen als wahr, nur die Bruchstellen, die Xe, die unbekannten Stellen haben wir gezwungenermaßen mit dem Versuch, all dem einen Sinn zu geben, ausgefüllt und abgemildert. Doch je mehr Licht in die dunklen Stellen gebracht wird, desto überraschter ist man, in welch hohem Maße hier außer Lüge, Falschheit und Wahnsinn auch noch Mangel an gesundem Menschenverstand am Werke war …, worauf man nicht ohne weiteres kommt.
Lwow, der eben erst freigelassen wurde, über den so viele Male Erkundigungen eingezogen wurden und der sich keineswegs als „verwirrt" erwiesen hat (er ist freilich einfach dumm), sagt und publiziert erschütternde Dinge. Auf die aber niemand hört, denn die Sache ist erledigt, die „Kornilow-Geschichte" ist fest versiegelt; und im Interesse nicht nur der „Sieger", sondern auch Kerenskis und seiner Umgebung, will man die Siegel nicht aufbrechen, nicht auf das (glücklich) Erledigte zurückkommen, es nicht nochmals umwenden. Und jegliche Aufmerksamkeit wird von diesem dunklen Fleck mit aller Macht abgelenkt, zurückgezogen. Den Trumpf, der ihnen zugefallen ist, geben die Bolschewiken (und auch die Tschernow-Leute und andere) nicht aus der Hand, sie sind ja nicht dumm! Wer sich aber Licht wünscht, ist machtlos, dreht sich wie ein Holzspan in der Strömung. Doch ich will hier protokollarisch das aufschreiben, was bereits ans Licht gekommen ist.
Lwow fuhr auf Kerenskis Befehl ins Hauptquartier. Kerenski hatte ihm den kategorischen Befehl gegeben, die Meinung des Hauptquartiers und der gesellschaftlichen Organisationen hinsichtlich der Wiederherstellung und Konsolidierung der Macht einzuholen. (Dies sind Lwows eigene Worte, weiter zitiere ich direkt nach seinen Aussagen.)

„Ich habe keinerlei Ultimatum überbracht, von niemandem, und konnte auch keines überbringen, weil mir niemand derartige Vollmachten erteilt hat." Mit Kornilow „hatte ich ein normales Gespräch, in dessen Verlauf wir verschiedene Wünsche besprachen. Diese Wünsche sprach ich auch bei meiner Rückkehr Kerenski gegenüber aus." Ich wiederhole, „ich habe *keinerlei* ultimative Forderung überbracht und konnte es auch nicht tun, Kornilow hat sie mir *nicht* übergeben, und ich habe dies *nicht* in seinem Namen ausgesagt, und ich verstehe nicht, *wem und wozu eine solche Auslegung meiner Worte dienen soll?*" Und:
„Ich sprach eine Stunde lang mit Kerenski; plötzlich forderte er, ich solle meine Worte zu Papier bringen. Ich griff einzelne Gedanken auf und skizzierte sie, und *Kerenski ließ sie mich nicht noch einmal durchlesen*, er nahm das Papier und steckte es in die Tasche. Die Deutung der niedergeschriebenen Worte ‚Kornilow schlägt vor' *halte ich für einen bösen Streich.*"
Weiter:
„Ich habe Kerenski nicht ermächtigt, in meinem Namen über eine direkte Leitung mit Kornilow zu sprechen, doch als Kerenski mir in seinem Arbeitszimmer das Fernschreiben vorlas, konnte ich mich schon deshalb nicht mehr äußern, weil Kerenski mich auf der Stelle verhaftete." – „Er brachte mich in eine erniedrigende Lage; im Winterpalais waren die Zellen mit Wachposten belegt; die erste Nacht verbrachte ich in einem Bett mit zwei Posten am Kopfende. Im Nachbarzimmer (früher das Alexanders III.) sang Kerenski Opernkoloraturen …"
Ist das etwa kein Fieberwahn? Unter den Opernkoloraturen eines Verrückten, die einen ehrenwerten Dummkopf und Häftling am Schlafen hindern, hat sich Russland in die Müllgrube allgemeiner Lüge gestürzt.
In meiner damaligen Erzählung war *eine* Ungenauigkeit, die den Sachverhalt keineswegs ändert, doch um der Gewissenhaftigkeit willen korrigiere ich dieses Detail. Zu der Zeit, als Kerenski mit Lwows Papier zu den eintreffenden Ministern hinauslief („er ließ es mich nicht durchlesen" … „ich versuchte, sie zu skizzieren" … „ich griff einzelne Gedanken auf und skizzierte sie" …) – war Lwow noch nicht verhaftet, er hatte das Palais verlassen. Doch

sofort nach dem Gespräch über die direkte Leitung kehrte Lwow zurück, und da verhaftete Kerenski ihn ohne weitere Erklärungen. Wie man sieht, verändert die Beleuchtung der dunklen Flecken keineswegs das Bild (vgl. Aufzeichnungen vom 31. Aug.). Sie unterstreicht nur seine homerische und verbrecherische Unsinnigkeit. Tatsächlich, eine teuflische Provokation!

21. Oktober, Sonnabend
Für morgen, Sonntag, den 22., ist eine grandiose Fürbitte der Kosakenabteilungen mit Kirchenprozession anberaumt. Morgen ist ja der „Tag der Räte" (keine „Kundgebung", denn eine Kundgebung ist für den 25. vorgesehen; dennoch wird sie „zweideutig" – wenn es nötig sein sollte – auch für einen früheren Zeitpunkt versprochen). Die Kosakenprozession ist natürlich eine Demonstration. Keine Seite will „anfangen". Doch die Lage ist gespannt – bis zum Unerträglichen.
Kerenski ist in Unruhe. Anfangs hat er die Prozession erlaubt. Heute dann wurde er verwirrt und unsicher, ob man sie nicht doch verbieten sollte, aber so, dass das Verbot nicht von ihm ausginge. Er jagte Kartaschow zum Metropoliten. Der fuhr gehorsam hin, ohne Erfolg. Aber da schlug Burzew heute in groß gedruckten Buchstaben in der Zeitung *Obschtscheje delo* (Allgemeine Angelegenheit) zu: „Bürger, macht euch auf die Beine! Verrat!" Er habe eben erst erfahren, dass der Kriegsminister Werchowski in der Kommissionssitzung vorgeschlagen habe, einen Separatfrieden zu schließen. Tereschtschenko hatte anscheinend die ganze Regierung ein „Irrenhaus" genannt. „Alexejew hat geweint" …
Kartaschow windet sich: „Das ist Burzewscher Blödsinn, er bläst einen geringfügigen Zwischenfall auf …" Doch Kartaschow muss sich winden aufgrund seiner Doppelsituation als Agent der Regierung und der Kadetten. Werchowski (über ihn gehen die Meinungen auseinander) ist ein halb hysterischer Wirbelwind, ein Lump schlimmster Sorte.
Ich weiß nicht, wann – morgen oder nicht morgen – wird das Geschwür aufgeschnitten. Ich weiß nicht, womit es enden wird, ich wage nicht zu wünschen, dass es sobald beginnt. Und wünsche es dennoch. So kann man nicht leben.

Schließlich wird es irgendwann doch einen revolutionären Kampf geben und einen Sieg …, selbst nach einem konterrevolutionären Sieg der Bolschewiken, wenn auch dieser bittere Kelch schon nicht an uns vorübergeht, wenn man auch durch diese Prüfung noch hindurchgehen muss. Ich glaube, man muss es … Gestern fand bei uns eine „Zeitungsversammlung" statt, Boris Sawinkow bestand darauf, die nächste eher, für den Dienstag, anzusetzen. Ich war einverstanden, jedoch – was soll das jetzt mit der Versammlung, wer weiß, was am Dienstag sein wird! … Man nimmt sich ein Buch! Kaum sitzt man dran – klingelt irgendein rasendes Telefon. Jetzt ist es nach 2 Uhr nachts. Ich gehe an den Apparat. Durcheinander, Stimmengewirr, schließlich scheinen wir zu dritt zu sein.

Ich: Hallo! Wer ist dort?
Stimme: Was wollen Sie denn?
Ich: Ich will gar nichts. Es ruft mich jemand an, und ich frage, wer es ist.
Stimme: Ich habe 417–21 gewählt.
Zweite Stimme: Ich bin es, Pawel Michailowitsch Makarow, ich habe Sie angerufen, Sinaida Nikolajewna …
Erste Stimme (erfreut): Pawel Michailowitsch, ich habe Sie angerufen! Die Kundgebung der Bolschewiken hat begonnen – auf der Furstadtskaja Straße …
P. M.: Und auf der Sergijewskaja …
Stimme: Woher wissen Sie das? Der Regierung war das also bekannt?
P. M.: Und mit wem spreche ich?
(Und ich kann alles mithören.)
Die erste Stimme begann, ihre offiziellen Titel darzulegen, die ich vergessen habe. Sie spricht offenbar vom Winterpalais aus. Es lief darauf hinaus, dass sie sich beeilte, P. M. *von seiten der Regierung* über die Kundgebung der Bolschewiken zu informieren, P. M. aber wusste bereits *von dieser Regierung*, die … wer weiß, was ist. Schließlich verstummte die außer Atem geratene. Ich frage P. M., wozu er denn bei mir angerufen habe.
„Sie haben mitgehört?"
„Ja, was hätte ich denn tun sollen? Wollten Sie mir noch etwas sagen?"

„Ich wollte mich erkundigen, ob ich vielleicht bei Ihnen Boris Sawinkow finde. Er ist nirgends …"
Des Weiteren stellte sich heraus: Kerenski hatte in einem Fernspruch doch die morgige Fürbitte abgesagt. Die Kosaken hatten sich gefügt, jedoch mit dumpfem Murren. (Sie hassen Kerenski.) Aber haben die Bolschewiken in der Zwischenzeit – ohne die Fürbitte abzuwarten – die Kundgebung veranstaltet?
Eine langweilige Nacht. Ich habe für alle Fälle die Fenster verschlossen. Wir sind in unmittelbarer Nähe der Kaserne, wo die Sergijewskaja und die Furstadtskaja zusammentreffen.
Vorläufig ist die Straße in ihrer allzu gewohnten Manier ruhig und schwarz.

24. Oktober, Dienstag

Nichts ist geschehen in dieser Nacht und am darauffolgenden Tag. Heute, nach den immer stärker werdenden Bedrohungen und dem äußerst gespannten Zustand der Stadt, nach der Geschichte mit Werchowski und seinem Weggang, die folgende Situation:
Die Bolschewiken sind gestern ins Hauptquartier eingedrungen, nachdem sie ein „militärisch-revolutionäres Komitee" gegründet haben, ohne dessen Unterschrift „alle militärischen Anordnungen außer Kraft" gesetzt sind. (Still und heimlich!)
Heute hielt der unglückselige Kerenski im Vorparlament eine Rede, in der er sagte, alle Versuche und Mittel, den Konflikt zu beseitigen, seien erschöpft (bisher hat er aber immer allen gut zugeredet!) und er bitte den Rat um Sanktionen für die beschlossenen Maßnahmen und überhaupt um Unterstützung der Regierung. Da hat er im richtigen Moment jemanden gefunden, den er bitten kann.
Er bekam ordentlich Beifall, danach aber … begann ein zähes, sträfliches Geschwätz bis zum Abend, alle „erarbeiteten" verschiedenartige Resolutionen; es endete wie immer mit so gut wie nichts, der linke Teil (nicht die Bolschewiken – die Bolschwiken waren längst gegangen – die Halbbolschewiken also) siegte mit fünf Stimmen, und die Resolution besagte, dass das Vorparlament die Regierung unter folgenden Bedingungen unterstützen sollte: das Land den Landkomitees, eine aktive Friedenspolitik und die Gründung eines „Rettungskomitees".

Es ist widerwärtig, sich diese unnütze und vergebliche Idiotie vorzustellen, denn zur gleichen Zeit geschah dies: Die Wyborger Seite hat sich abgetrennt, in der Peter-Pauls-Festung ist die ganze Garnison „für die Räte", die Brücken sind hochgezogen. Die Menschen, die wir sahen:

Ch. ist in Panik und zweifelt nicht an der Herrschaft der Bolschewiken. *Pawel Makarow* ist in Panik, zweifelt ebenfalls nicht daran; fügt hinzu, dass fünf Tage dieser Herrschaft ausreichen werden, um alles verloren zu geben; Kerenski nennt er einen Verräter und glaubt, dass es den Ministern nicht ansteht, heute zu Hause zu nächtigen.

Kartaschow ist in aktiver Panik, alles ist verloren, er verflucht Kerenski.

Halpern sagt, die ganze Regierung sei in Panik, dennoch dauert das Geschwätz an, die Lage sei unbestimmt. Boris sagt nichts. Er rief mich heute an, um die heutige Versammlung (die fehlte noch!) abzusagen, er ließ über Makarow ausrichten, er werde „sehr" spät nach Hause kommen (d.h., er kommt gar nicht). Alle sind anscheinend in der gleichen Panik, und niemand besitzt den Mut zur Selbstoffenbarung, selbst die Bolschewiken nicht. Draußen ist es still und dunkel. Der Strom fällt in regelmäßigen Abständen aus, und dann sitzt man besonders untätig da, denn es gibt weder Kerzen noch Kerosin.

Die Sache ist die, dass viele mit den Bolschewiken kämpfen wollen, doch niemand will Kerenski schützen. Und die Prov. Regierung ist eine Leerstelle. Die Kosaken haben anscheinend ihre Unterstützung von der Befreiung Kornilows abhängig gemacht. Doch das ist dumm: Kerenski besitzt nicht mehr die Macht, irgendetwas zu tun, selbst wenn er es versprechen würde. Wenn! Aber er will ja auch nichts mehr hören.

Tagsüber herrscht folgende Situation: Die Resolution des Vorparlaments schafft gleichsam die Regierung ab, sie wird wohl, ersetzt durch eine „sozialistische", abtreten müssen. Jedoch sind die Autoren der Resolution Linke, Internationalisten, sie erklärten dann liebenswürdig: Nein, das ist kein Ausdruck des „Misstrauens gegenüber der Regierung" (?), wir stellen den Unsrigen nur unsere Bedingungen (?).

Und – die „Regierung" bleibt. „Die Regierung führt den Kampf mit den Bolschewiken weiter" (d. h. nicht den Kampf, sondern ihre letzten, verräterischen Dummheiten).
Jetzt haben die Bolschewiken die „PTA" (Petrograder Telegrafenagentur) und das Telegrafenamt in ihrer Gewalt. Die Regierung schickte Panzerspähwagen hin, die Besatzungen mitsamt ihren Panzerspähwagen aber sind zu den Bolschewiken übergelaufen, haben sich bereitwillig mit ihnen verbrüdert. Auf dem Newski wird jetzt geschossen.
Mit einem Wort, es bereitet sich ein „sozialer Umsturz" vor, der dunkelste, idiotischste und schmutzigste, den die Geschichte je gesehen hat. Und man muß stündlich darauf gefasst sein. Schließlich lief alles so, wie es vorgezeichnet war. Der vorletzte Akt hat mit Kerenskis Gekreische am 26./27. August begonnen; ich finde, der Akt hat sich hingezogen – zwei Monate! Dafür gehen wir nun ohne Pause zum letzten Akt über. Das Leben zieht seine Tragödien sehr in die Länge. Noch ist nicht gewiss, wann wir beim Epilog angelangt sein werden.
Es ist schon deshalb traurig, weil alles vorauszusehen war. So traurig und widerwärtig, dass selbst die Angst verschwunden ist. Und nirgendwo ein Element des Kampfes. Brennt etwa nur in denen die „Leidenschaft", die für Deutschland arbeiten?
Sich über *sie* zu empören lohnt nicht. Sich von der Dunkelheit die Sinne verwirren lassen – keinesfalls. Kerenski verteidigen – will man nicht. Mit der Horde um das eigene Leben zu kämpfen – unnütz. In dieser Sekunde gibt es kein *Lager*, dem man angehören möchte. Und ich stehe entschieden außerhalb dieses erniedrigenden … „Kampfes". Und dies ist vorerst weder eine Revolution noch eine Konterrevolution, dies ist einfach der „ekelhafte Auswurf des Krieges".
Das arme „verlorene Kind", Borja Bugajew (Andrej Bely), war hier und fuhr gestern zurück nach Moskau. Unbelehrbar. Unverantwortlich. Sich mit diesem Bolschewiken Iwanow Rasumnik abzugeben (ja, dahin also hat es ihn verschlagen) und mit dem „Provokateur" Maslowski … „Mir geht's nur um Literatur!" Und das jetzt, dieser Unglückselige! Das andere „verlorene Kind" ist ihm ähnlich – Alexander Block. Er sagte selbst, als ich über Borja

sprach: „Ich bin auch so ein verlorenes Kind." Ich forderte ihn auf, in Sawinkows Zeitung mitzuarbeiten, er servierte mir „verworrene" Ausreden: dass er nicht könne, dass er eine gewisse Neigung zu den Bolschewiken (sic!) verspüre, dass er England hasse und Deutschland liebe, dass ein unverzüglicher Frieden nötig sei zum Ärger der englischen Imperialisten … Ehrenwort! Mit der Lage Russlands ist er zufrieden … „es leidet ja auch nicht allzu sehr" … Das Wort „Vaterland" erkennt er nicht mehr an … Die ganze Zeit wollte er mich überreden, dass ich doch, auch wenn er jetzt so sei, nicht aufhören solle, ihn zu mögen: „Nicht wahr, Sie werden zu mir so sein wie früher?" Mit ihm zu streiten ist sinnlos. Er geht über die „Stufen der Ewigkeit", in der „Ewigkeit" aber sind wir alle „Bolschewiken". (Aber dort, in dieser Ewigkeit, riecht es nicht nach Trotzki, nein!)

Mit Block und Borja (und wir haben viele von diesen Naturtalenten!) kann man nur in der vierten Dimension reden. Doch sie begreifen das nicht, und deshalb sprechen sie Worte aus, die in der dritten Dimension sehr abscheulich klingen. Vor einem Jahr war Block für den Krieg („Hauptsache – fröhlich!", sagte er), war ein äußerst scharfer Antisemit („alle Juden aufhängen") usw. Da soll man sich diesem „verlorenen Kind" gegenüber noch mitfühlend verhalten!

Der Strom wird doch nicht ganz abgestellt. Ich glaube, weil die Bolschewiken „permanent" tagen. Jetzt wurden uns frische bolschewistische Proklamationen zugetragen. Demnach seien alle Hydren, die „das Haupt erheben"; auch Kerenski ist eine Hydra – er schickte die übergelaufenen Panzerspähwagen. Es wurde versichert, dass „die Sache der Revolution (pfui, pfui!) in festen Händen" ist.

Nun, zum Teufel mit ihnen.

25. Oktober, Mittwoch

Ich schreibe bei Tage, d. h. bei grauem Nebel. Ein Wolkenberg hat sich auf den anderen getürmt: Die Stadt ist in den Händen der Bolschewiken.

In der Nacht, auf dem Weg aus dem Winterpalais, wurden Kartaschow und Halpern verhaftet. Vier Stunden hielt man sie in den Pauls-Kasernen fest, dann ließ man sie frei, nachdem man sie ordentlich verhöhnt hatte.

Weiter bei Strom

Ich ging mit Dmitri hinaus. Wir gingen in der schiefergrauen Dämmerung die Sergijewskaja entlang. Stille, Schweigen, Menschenleere, eine graue, verdrießliche Stimmung.
In den Vororten Flugblätter: Es wird erklärt, dass „die Regierung gestürzt" sei. [Die Minister] Prokopowitsch und Gwosdew wurden ebenfalls auf der Straße verhaftet, dann ließ man sie wieder frei. (Offenbar tasten sie erst mit den Pfoten … vorsichtig …, als sei nichts!) Die Bahnhöfe sind besetzt, das Marinski-Palais (nachdem man ohne Getöse den „Umkleideraum" hinausgeworfen hat), die Telegrafenämter, die Druckereien von *Wolja Rossii* (Russlands Freiheit) und *Birshewye* (Börsianer). Im Winterpalais sitzen vorläufig noch die Minister, umgeben von „getreuen" (?) Truppen.
Die letzten Nachrichten sind folgende: Kerenski ist durchaus nicht „geflohen", jedoch am frühen Morgen nach Luga gefahren, in der Hoffnung, Hilfe mitbringen zu können, aber …
Der Strom ist abgeschaltet. Jetzt ist es 7.40 abends. Ich schreibe bei einem Kerzenstummel weiter …
Also: Selbst wenn die Lugaer Garnison kommen würde (wenn!), dann zu Fuß, denn die demolieren munter die Wege. Auf der Grochowaja haben sie schon das Straßenpflaster rausgerissen, die wackeren Demonteure.
Die Kosaken haben wieder wissen lassen (wen?), sie seien „bereit, die Provisorische Regierung zu unterstützen". Doch irgendwie hat das einen schlechten Beigeschmack. Vielleicht sind sie zu wenige? Nekrassow [Stellv. Ministerpräsident], der nach seiner schmachvollen Rede am 26. August schon lange „im Abseits" stand, weil er den Untergang des Schiffes ahnte, sucht nach Sawinkow. Nun, du wirst ihn jetzt nicht finden, wenn er nicht gefunden werden will. [Kriegsminister] Werchowski ist offenbar zu den Bolschewiken übergelaufen, macht den Anführer.
Eine überaus bizarre Landschaft. Zwischen der Revolution und dem, was jetzt vor sich geht, ist ein solcher Unterschied, wie zwischen März und Oktober, zwischen dem damals strahlenden Him-

mel und den schmutzigen, dunkelgrauen, schleimigen Wolken.
Gegenwärtig sieht alles so aus: Alle Bronsteins sind in sorglosem
und von sich selbst überzeugtem Triumph. Die Überbleibsel der
„Regierung" sitzen im Winterpalais. Kartaschow rief kürzlich in
einem allseits beruhigenden Tonfall zu Hause an, fügte jedoch
hinzu, er werde „lange sitzen".

Die Botschafter erklärten, sie würden die bolschewistische Regierung nicht anerkennen: Das hat die Sieger nicht in Verlegenheit gebracht. Sie beeilten sich bereits, die Front von ihrem Triumph zu informieren, vom „unverzüglichen Frieden", und es begann dort bereits – unverzüglich! – eine allgemeine Flucht.

Es ist sehr schwer, bei einem Kerzenstummel zu schreiben. Die Telefone funktionieren noch, nur einige sind abgeschaltet. Später, wenn ich etwas Glaubwürdiges erfahre (keine Gerüchte, die die ganze Zeit im Dunkel bleiben), schreibe ich wieder, nachdem ich meine „revolutionäre Lampe", den letzten krummen Kerzenstummel, angezündet habe.

Um zehn Uhr abends (der Strom ist gerade angeschaltet worden)
Es gab eine heftige Schießerei aus schweren Geschützen, die hier zu hören war. Es kommen Anrufe, dass anscheinend die aus Kronstadt kommenden Kreuzer (darunter auch die „Aurora", die in den Kornilowschen Tagen unter Kerenskis Kommando stand) das Winterpalais beschießen. Das Winterpalais ist anscheinend schon eingenommen. Ob die dort sitzende Regierung verhaftet wurde – ist vorläufig nicht bekannt.

Die Stadt ist nun so weit in den Händen der Bolschewiken, dass bereits ein „Direktorium" oder etwas dergleichen ernannt wurde: Lenin, Trotzki wahrscheinlich, Werchowski und andere – Gerüchten zufolge.

Vorläufig weiß ich nichts Weiteres. (Aber was braucht man noch zu wissen, alles ist klar.)

Später
Die Nachricht von der Einnahme des Winterpalais durch die Bolschewiken wird dementiert. Der Kampf dauert an. Vom Balkon aus sind die am Himmel aufblitzenden Explosionen zu sehen –

wie häufige Blitze. Dumpfe Schläge sind zu hören. Es wird anscheinend auch aus dem Palais heraus geschossen, in Richtung Newa und in Richtung der „Aurora"? Sie ergeben sich nicht. Aber sie sind fast nackt und bloß: Dort sind nur die Junker, ein Angriffsbataillon und ein Frauenbataillon. Sonst niemand.
Kerenski ist in aller Frühe mit einem Privatauto fortgefahren. Hat sich wohl weggeschlichen. Die anderen aber sitzen unter schwerem Beschuss, obwohl sie an nichts die Schuld tragen, außer ihrer Untergebenheit, die sie zum Bauernopfer macht.
Wenn sie noch am Leben sind.

26. Oktober, Donnerstag
Triumph der Sieger. Gestern wurde das Winterpalais nach dem Beschuss gestürmt. Die dort noch verbliebenen Minister (wohl insgesamt bis zu 17) wurden in die Peter-Pauls-Festung gebracht. Einzelheiten werden wir bald erfahren.
Um 5 Uhr morgens wurde es den Kartaschows mitgeteilt. Heute gegen 11 Uhr brachten Tatjana und Dima ihm Wäsche und Verpflegung in die Festung. Sie sagten, dort herrsche sinnloses Durcheinander.
Gestern Abend war die Stadtduma in hysterischem Aufruhr, schickte mal „Parlamentäre" auf die „Aurora", dann wieder schlug sie der ganzen Belegschaft vor, „gemeinsam mit der Regierung in den Tod zu gehen". Natürlich wurde weder aus dem einen noch aus dem anderen etwas. Maslow, der Landwirtschaftsminister (Soz.), schickte ein „posthumes" Schreiben in die Stadtduma mit „Verwünschung und Verachtung" der Demokratie, die ihn in die Regierung gesteckt, aber in einer solchen Stunde „ihre Hände in Unschuld wäscht".
Lunatscharski machte sich einfach aus der Stadtduma davon in den Smolny. Schnurstracks.
Dennoch haben sich auf der Konferenz bisher fast alle von den Bolschewiken abgegrenzt, selbst die Internationalisten und die Tschernowzen. Letztere beriefen die Ihren aus dem „militärisch-revolutionären Komitee" ab. (Alles begann mit diesem Komitee. Wenn die Tschernow-Leute dort waren, bedeutet das, auch sie haben angefangen.)

Die Position der Kosaken: Sie rührten sich nicht und erklärten, sie seien zu wenige und würden nur mit Verstärkung aktiv werden. Psychologisch ist das alles verständlich: Kerenski verteidigen, der sie dann zu Konterrevolutionären erklären würde? …
Doch hier geht es jetzt nicht um Psychologie. Es bleibt als Tatsache – die erklärte bolschewistische Regierung, in der Premierminister Lenin-Uljanow ist, Außenminister – Bronstein, Versorgungsministerin – Frau Kollontai usw. Was diese Regierung anrichtet, wird sehen, wer am Leben bleibt. Von den Gebildeten wird, denke ich, kaum jemand übrigbleiben: Die Petersburger sind jetzt in den Händen und unter dem Befehl der 200 000-köpfigen Bande der Garnison, an deren Spitze ein Häufchen von Gaunern steht. Alle Zeitungen (außer *Birshewye* und *Russkaja wolja*) sind erschienen …, doch nach dem Erscheinen wurden sie den Zeitungshändlern abgenommen und auf den Straßen verbrannt. Burzews Zeitung *Obschtscheje Delo* (Allgemeine Sache) hatte Kerenski am Vorabend seines Falls verboten. Burzew gab dann *Unsere gemeinsame Sache* heraus; auch sie wurde eingezogen und verbrannt, nun schon von den Bolschewiken, die dann gleich Burzew selbst in der Peter-Pauls-Festung einsitzen ließen (mit denen ist nicht zu scherzen). Ich bin überzeugt, dass er keineswegs überrascht ist. Er wird ewig, unter allen Umständen, von allen Regierungen an allen Orten der Welt verhaftet. Er hat sich daran gewöhnt. Er wird wieder auftauchen.
Wir sind von der Welt abgeschnitten und haben nichts außer Gerüchten. Der gesamte Funkverkehr läuft über die Bolschewiken. Aus der Festung wurde Ch. [Manuchin] angerufen, man bitte um einen Arzt – Tereschtschenko und der gestern festgenommene Rutenberg behaupteten: „Wir kennen keinen anderen Arzt."
Nach einigen Mutmaßungen und Überlegungen beschloss Ch. zu fahren, bat um ein Auto und einen Passierschein. Noch ist er nicht zurück. Die Bolschewiken werden sich anscheinend rasch von all denen befreien, die nicht zu ihnen gehören. Sie haben es schon fast geschafft. Unter sich … haben sie keineswegs Bolschewiken, sondern die ganze hoffnungslos dumme schwarze Masse und die Deserteure, die sie vor allem mit dem Wort „Frieden" eingefangen haben. Auch diese Parteien, wie zum Teufel sie auch heißen mö-

gen, die Tschernowzen, z. B., oder die Leute (die Internationalisten) von *Nowaja shisn* … Sie haben ja auch von demselben bolschewistischen Weg geträumt. Vielleicht ärgern sie sich jetzt auch, dass „nicht sie" es waren, dass ihr (demagogisches) Pulver nicht gereicht hat?

Später
Ch. ist zurück. Er hat Tereschtschenko, Rutenberg und Burzew gesehen, und übrigens auch Schtscheglowitow und Suchomlinow. Kartaschow wird er morgen sehen. Tereschtschenko ist erkältet (in der Trubezkoi-Bastion, wo sie einsitzen, ist nicht geheizt, und es ist feucht), außerdem macht ihm die ungewohnte Situation Angst. Rutenberg und Burzew sind absolut ruhig. Freilich, freilich. Rutenberg ist ein alter Terrorist (er war es, der den Priester und Provokateur Gapon getötet hat), und von Burzew sprach ich schon. Maslow ist in einem schwierigen nervlichen Zustand („Sozialist" nennt er sich!, aber ich kenne ihn eigentlich nicht).
Ch. sagt, die alte Wachmannschaft habe ihn freudig begrüßt wie einen leiblichen Vater. Sie sind nur deshalb den Bolschewiken unterstellt, weil „die Bolschewiken das Zepter in die Hand genommen haben". Der neue Kommandant fühlt sich ziemlich verloren. Alle sind beunruhigt – „was hört man von Kerenski?" Ununterbrochen Gerüchte von Truppen im Anmarsch usw. – das klingt nach einer Legende, wie sie die verschreckten Einwohner der eroberten Stadt nötig haben. Ich fürchte, nicht ein Regiment antwortet noch auf Kerenskis Ruf – es ist zu spät.
Nun hat sich die „Legende" zu einem ganzen Kampf formiert, der irgendwo stattfindet, entweder auf der Station Dno (dem glückseligen, angenehmen Angedenken an den März) oder in Wyrizy.

27. Oktober, Freitag
Den ganzen Tag über waren Leute da, ich konnte nicht früher schreiben. Dieselbe Okkupationssituation. Die Zeitungen, die sozialistischen, aber antibolschewistischen, erschienen unter Zensur, außer *Nowaja shisn*, die übrigen sind verboten. Bei der *Iswestija* (des Rats) wurde die Redaktion fortgejagt und der Bolschewik Sinowjew eingesetzt. *Golos soldata* (Die Stimme des Soldaten) ist

verboten. Die ganze „Demokratie", alle, die sich von den Bolschewiken losgesagt und die berüchtigte Konferenz der Organisation verlassen haben, haben sich in der Stadtduma versammelt. Die Duma erklärte, sie werde sich nicht auflösen (solange man sie nicht auseinandertreibt natürlich!), und gab die neue Nummer von *Golos soldata* heraus – sehr scharf gegen die Okkupanten gerichtet. Die Blätter wurden vom Balkon der Duma herabgeworfen. Der Newski ist voll, im Grunde aber sind alle wie „benebelt", die Münder stumpfsinnig aufgerissen. In der Duma ist auch Nekrassow, der wendig genug war, nicht in die Festung zu geraten.

Interessant sind die Einzelheiten der Verhaftung der Minister. Als man sie nach dem Fall des Winterpalais (auch diesbezüglich gibt es viel Interessantes, doch das später) herausführte, etwa 30 Männer, ohne Mützen, ohne Oberbekleidung, im Dunkeln, hätte der Soldatenpöbel sie fast in Stücke gerissen. Sie haben es ausgehalten. Man führte sie durch den Schmutz, zu Fuß. Auf der Troizki-Brücke trafen sie auf ein Automobil mit einem Maschinengewehr; im Automobil befürchtete man, es könnten feindliche Truppen sein, und begann, auf sie zu schießen; und sie alle – die Soldaten mit lautem Geschrei als Erste – mussten sich in den Schmutz werfen.

Gerüchte, Gerüchte über verschiedene „neue Regierungen" in verschiedenen Städten. Kaledin [Ataman der Donkosakenarmee], heißt es, geht nach Moskau, Kornilow aber, heißt es, ist, aus Bychow kommend, untergetaucht. (Kornilow ist schon aus ernster zu nehmender Gefangenschaft geflohen, aus deutscher …, warum sollte er nicht aus bolschewistischer entfliehen können?)

Keine Gerüchte – oder doch Gerüchte, aber hartnäckige –, dass Kerenski mit irgendwelchen Fronttruppen in Gatschina ist. Und die Lugaer Garnison hat sich kampflos ergeben. Unsere „Sieger" haben bereits den Weg von Gatschina nach Petersburg erkundet, sie bereiten sich vor.

Die Okkupanten unterdessen haben es eilig. Trotzki-Bronstein hat bereits ein „Dekret über den Frieden" herausgegeben. Sie haben entschieden alles besetzt.

Ich kehre für eine Minute zum Winterpalais zurück. Es wurde aus schweren Geschützen beschossen, jedoch nicht von der „Aurora"

aus, die beteuert, sie habe mit blinder Munition geschossen, als
Signal, denn, so sagt sie, hätte sie nicht mit blinder Munition geschossen, hätte sich das Palais in Schutt und Asche verwandelt.
Die Junker und die Frauen verteidigten sich gegen die von hinten
hereinstürmenden Soldatenbanden so gut sie konnten (und wurden auch nicht geschlagen), solange die Minister sich nicht entschieden hatten, dieses sinnlose Blutbad zu beenden. Dennoch
waren die Aufständischen bereits aufgrund von Konspiration und
Verrat ins Innere vorgedrungen.
Als die „revolutionären" (pfui, pfui!) Truppen, das Kexholmer Regiment und noch irgendwelche anderen losstürmten, machten sie
sich sofort ans Plündern und Zerstören, brachen Lagerräume auf,
schleppten Silber heraus; was sie nicht tragen konnten, zerstörten
sie: Sie zerschlugen kostbares Porzellan, zerschnitten Teppiche,
zerschnitten und zerstachen ein Porträt von Serow; schließlich
machten sie sich an die Weinkeller … Nein, es ist zu peinlich, davon zu schreiben …
Doch man sollte alles wissen: Die Frauen des besagten Bataillons
wurden schwer verwundet und in die Pauls-Kasernen verschleppt
und dort ohne Ausnahme vergewaltigt … Die „Sozialisten-Minis-
ter" wurden heute freigelassen. Und sie … kamen heraus und
ließen ihre kadettischen Koalitionspartner in der Festung zurück.

28. Oktober, Sonnabend

Wir sind erst den vierten Tag unter der „Macht der Finsternis",
und es ist, als seien Jahre vergangen. Große Sorge um die, die in
der Festung zurückgeblieben sind.
Die Wache wechselt ständig, weiß der Teufel, wozu sie fähig ist.
Dort herrscht Sinnlosigkeit, Besuche werden niemandem gestat-
tet, dann wurden sie plötzlich unverhofft gewährt, dann wieder
alle hinausgesetzt … Den ganzen Tag haben wir mit der Stadtduma (dem „Rettungskomitee") zu schaffen. Dima war sogar dort.
Von morgens an Gerüchte über einen Kampf um das Moskauer
Stadttor: Wie sich herausstellte, war es Unsinn. Am Tage hatte
angeblich ein Flugzeug Flugblätter von Kerenski abgeworfen
(ich habe keine Flugblätter gesehen, nichts). Als Letztes, was sich
bestätigt hat: Die Regierungstruppen und die Kosaken waren be-

reits in Zarskoje, wo sich die Garnison, wie die Lugaer und die Gatschinaer, entweder ergeben hatte oder sich nach ihrer Entwaffnung zuhauf nach Petersburg schleppte. Warum waren sie dann in Zarskoje, sind jetzt aber in Gatschina, 20 Werst weiter weg?

Das Kommando hat, so heißt es, der Kosakengeneral Krasnow, und es geht das Gerücht, er erfülle nur Kaledins Befehle (und dieser Kaledin ist tausend Werst weit weg!), Kerenski aber, der bei ihnen ist, halten sie gleichsam „an der Leine". Nach dem Ausspruch eines Kosakensoldaten: „Wenn uns was nicht passt, drehen wir ihm den Hals um."

Wie groß die Truppe ist, weiß keiner. Die Hiesigen ziehen ihre Leute auf den Bahnhöfen zusammen – Streitkräfte der „Petrograder Garnison" (Gesindel) und Rotgardisten. Sie sind mutig, jedoch durchweg Pack, kleine Jungen.

General Manikowski, der mit der Regierung verhaftet wurde, ist freigelassen worden, obwohl die Bolschewiken ihn heute Morgen noch erschießen wollten. Er sagte heute, dass sich auch Boris Sawinkow bei den Kosaken und Kerenski befände. (Sehr wahrscheinlich. Er wird nicht dasitzen und die Hände in den Schoß legen.)

Jetzt regnet es in Strömen. In der Stadt – Bewohner, die sich halb verschanzt haben in Hauskomitees sowie Plünderer. Die am besten organisierten Abteilungen der Bolschewiken sind in den Außenbezirken zusammengezogen und warten auf den Kampf. Am Abend trieb sich nur bewaffnetes Gesindel und Jungen mit Gewehren in der Dunkelheit herum. Und das ganze „prov. Komitee", d. h. die Bronstein-Lenins, zog vom Smolny um …, nicht in das angezündete, ausgeplünderte und zerstörte Winterpalais – nein!, auf die getreue „Aurora" … Wer weiß …

Folgendes zu bemerken ist sehr wichtig:

Alle Zeitungen, die noch übriggeblieben sind (¾ sind verboten), bis hin zu *Nowaja shisn*, grenzen sich von den Bolschewiken ab, wenn auch in unterschiedlichem Grad. *Nowaja shisn* natürlich weniger als die anderen. Mit einem Augenzwinkern steht sie hinter dem Block und gleichzeitig „verurteilt sie ihn kategorisch" – mit einem Wort, die gewohnte Niedertracht. *Wolja naroda* ist rigoros bis zum Äußersten. Fast so rigoros ist auch Tschernows

Delo (Sache). Das bedeutet: Außer der Gruppen der Sozialdemokraten hat sich auch die Hauptgruppe – Tschernows Sozialrevolutionäre – von den Bolschewiken abgesondert? Aber … zur gleichen Zeit ist bei den letzten Sozialrevolutionären noch sehr verdeckt der *Wunsch, das Abenteuer für sich zu nutzen* zu bemerken. (Eine breite Bewegung, erfassbar nur für den Kenner, der hinter die Kulissen schauen kann.)

Dies geschieht: Die linken Parteien, die hinter den Bolschewiken stehen, besonders Tschernows Sozialrevolutionäre, *werben* die „Genossen" der Garnison und der Rotgardisten (usw.) *ab*: Die Bolschewiken, sagen sie, versprechen euch Frieden, Land und Freiheit, außerdem eine sozialistische Ordnung, doch sie werden euch das alles nicht geben, *wir* aber können es – und *wir* werden es euch im Übermaß geben. *Wir* werden eine wirkliche sozialistische Regierung ohne jeglichen Bourgeois bilden, *wir* werden mit jeder Art von „Kornilows" kämpfen, *wir* werden euch augenblicklich „Frieden" und „Land" geben. Mit den Bolschewiken aber, liebe Genossen, lohnt es sich nicht einmal zu kämpfen; es ist Provokation, wenn jemand sagt, man müsse mit ihnen kämpfen, wir boykottieren sie ganz einfach. Und so wie wir es tun, so werden die Bolschewiken durch unseren Boykott zu ihrer Zeit „platzen wie eine Seifenblase".

Dies ist der vereinfachte Sinn einer ins Leben gerufenen Bewegung, die verspricht …, ich kann nicht genau sagen, was eigentlich, dennoch sehr viel, unter anderem einen BÜRGERKRIEG GRENZENLOS UND OHNE ENDE.

Statt dabei zu helfen, den umgekippten, halbkaputten Wagen, der mit den Rädern nach oben auf dem Eisenbahndamm liegt, und – nach der Vertreibung der Zerstörer, natürlich – die allgemeinen Kräfte dazu zu mobilisieren, ihn auf die Schienen zurückzustellen, Überlegungen anzustellen, Reparaturarbeiten vorzunehmen, wünscht sich unsere eigensinnige „Närrin", die Partei-Intelligenzija, nichts, als selbst auf diesem Waggon zu sitzen … Damit unsere „Hinterteile" und nicht die bolschewistischen auf ihm sitzen. Und sie verspricht, niemanden heranzulassen, der auch nur daran denkt, den Waggon aufzurichten … Was für eine schwere Arbeit wird das aber auch ohnehin sein!

Man soll nicht ständig davon reden, wie alles enden wird. Die Schweden (oder die Deutschen?) haben die Inseln eingenommen, die Landung in Helsingfors steht bevor. Das alles sind Gerüchte, denn aus dem Hauptquartier kommen keine Nachrichten, bewaffnete Bolschewiken sind an den Fernmeldeleitungen, doch … vielleicht ist es einfach so – „da kommt der Deutsche, der Deutsche wird über uns entscheiden" …
Mein Gott, und das ist noch nicht das Ende!

29. Oktober, Sonntag
Die Schlinge zieht sich fester und fester … Gegen 6 Uhr wurden die Telefonverbindungen unterbrochen – das Telegrafenamt wanderte die ganze Zeit hin und her – mal zu den Junkern, mal zu den Bolschewiken, und am Ende hatte sich alles verwirrt. Auf den Straßen Menschenmassen und Schießereien. Auf die Pawlowsker Junkerschule ist geschossen worden, die Wladimirer brennt; man hört, die Junker hätten mit diesem dummen Oberst Polkownikow im Ingenieursschloss getagt. Über Kerenskis Truppen gibt es viele neue Gerüchte – an Informationen kommt man nicht. Aus dem Haus gehen kann man nicht mehr. Heute hat in unserer Wohnung (im Esszimmer) das Hauskomitee Dienst, um 3 Uhr kommt Ablösung. Gestern haben sich die beiden fatalen Gestalten Ch. und Z. als eine „Delegation" von Kompromisslern zu Kerenskis Truppen begeben – zur Vermeidung eines „Blutvergießens". Aber das, ihr Täubchen, ist etwas anderes, als mit Tschernows Ultimatum ins Winterpalais zu huschen. Auf dem ersten Bahnhof griffen die Bolschewiken sie auf, schlugen sie mit Gewehrkolben, hätten sie fast erschossen, verhafteten sie, verspotteten sie nach Strich und Faden und jagten sie dann mit einem Tritt in den Hintern davon. Die Masse, das Gesindel, die Garnison – sie sind absolut unerträglich und begreifen selbst nicht, gegen wen und für wen sie marschieren.
Die Zeitungen sind alle eingestellt worden, sogar die *Rabotschaja* (Arbeiterzeitung); nur heimlich kommt Tschernows *Delo* hervorgekrochen (ach, wie er insgeheim einen Kompromiss mit den Bolschewiken herbeisehnt!), neben der *Prawda* aber prangt diese Null – *Nowaja shisn*.

Die Peter-Pauls-Festung ist isoliert, heute wurde selbst Ch. nicht mehr eingelassen. Wahrscheinlich haben sich dort, wie auch auf der „Aurora", die Anführer festgesetzt. Und man muss bedenken, dass sie zu allem fähig sind, der Pöbel aber zu ihren Füßen noch viel mehr als zu allem. Und die Anführer haben ihn nicht allzu fest im Griff.
Petersburg, seine Bevölkerung, schweigt düster und erbittert, es ist wolkenverhangen, wie der Oktober. Oh, was für widerwärtige, schwarze, schreckliche und schmachvolle Tage!

30. Oktober, Montag. 7 Uhr abends

Die Lage ist unbestimmt, d. h. sehr schlecht. Fast niemand hat mehr die Kraft, die Anspannung zu ertragen, und sie fällt, ohne dass etwas entschieden ist.
KERENSKIS TRUPPEN SIND NICHT GEKOMMEN (und sie werden auch nicht kommen, das ist nun klar). Entweder – heißt es – haben sie sich gespalten, oder es sind zu wenige. Wahrscheinlich sowohl als auch. Hier werden die Stimmen der „Kompromissler", besonders derer von *Nowaja shisn*, lauter. Die Zeitung ist bereit zu einer Regierung mit den Bolschewiken – den „linken dem. Parteien" (d. h. *wir* – mit ihnen).
Das Telefon funktioniert nicht, das Amt ist von der Roten Garde besetzt. Die Greueltaten des „bolschewistischen" Gesindels an den Junkern sind unbeschreiblich. Die in der Peter-Pauls-Festung eingeschlossenen Minister sind der „Gnade" (?) der „Sieger" ausgeliefert. Die bereits ausgelaufene „Aurora" ist zusammen mit anderen Kreuzern zurückgekehrt. Diese ganze mutige und bedrohliche Flotille (bedrohlich für uns, nicht für die Deutschen!) – steht auf der Newa.

31. Oktober, Dienstag

Ekelhafter Brechreiz. Bis zum Abend gab es nicht einmal Gerüchte. Und Zeitungen gibt es nur zwei – die *Prawda* und *Nowaja shisn*. Das Telefon funktioniert nicht. Der vollkommen erschütterte Ch. war hier, er erzählte von der „Peter-und-Pauls-Folterkammer". Es ist wahrhaftig eine Folterkammer – was sie dort mit den halbtot geschlagenen Junkern tun!

Spätabends konnten wir etwas erfahren, und das klingt sehr wahrscheinlich. Es geht nicht darum, dass Kerenski „zu wenig Streitkräfte" besitzt. Er hätte genug gehabt, um herzukommen und alles hier, vor drei Tagen noch zu beenden; aber … (es gibt keine Worte dafür, und ich werde wohl auch besser nicht sprechen) – *er ist wieder ins Wanken geraten*! Ich sehe von hier aus, wie er mal in völliger Erschöpfung auf den Diwan fällt (er wird einen Diwan finden!), mal den Hals nach den verschiedenen „Kompromisslern" reckt, die ihm irgendwelche „demokratischen" Maßnahmen „zur Vermeidung eines Blutvergießens" vorschlagen. Und das zur gleichen Zeit, da hier bereits das Blut der Kinder-Junker, der Frauen fließt, und in feuchten Kasematten betagte, ehrenwerte, geschätzte Minister sitzen, deren Schuld nur darin besteht, dass sie Kerenski *vertrauten*, die die erniedrigendste Zwangsarbeit in der Regierung (unter ihm!) auf sich nahmen! Sie sitzen dort, ständig bedroht von der Lynchjustiz betrunkener Matrosen – die Verrohung wächst mit jeder Stunde.

Kerenski aber hat noch nicht das letzte Wort gesprochen! Ihn juckt es immer noch, im Automobil zu „seinem Volk" zu fahren, zur berühmten „Petrograder Garnison" – und sie zu überzeugen. ES IST BEREITS GESCHEHEN. Es stellt sich heraus – er ist gefahren. Und nicht nur einmal. Die Garnison hat sich keineswegs überreden lassen. Er kämpft aber auch keineswegs. Verharrt noch etwas, dann verlässt er den Posten, fällt in den Schlaf zurück. Wer kämpft – sind das Gesindel und die Rote Armee, Kinder-Arbeiter mit Gewehren.

Die Kosaken sind erbittert bis zum Letzten. Wieso auch nicht! Wie sollen sie sich verhalten in dieser wirklich idiotischen Lage? Und Sawinkow, wenn er auch dort bei ihnen ist. Jeder Zusammenstoß der Kosaken mit den „Roten" (Zusammenstöße kann man nicht vermeiden – Kerenski schüttelt wahrscheinlich eine Träne mit dem Handschuhfinger ab) – endet schlecht für die Roten.

Kerenski hat Verbindung mit Tschernows hiesigen Kompromisslern? Sie strampeln sich (wie ich schrieb) nach Kräften ab in dem Wunsch, die Sache der Bolschewiken, die die schmutzige Arbeit der Okkupanten und Mörder ausgeführt haben, *für sich* zu nutzen. Tschernows Anhänger träumen davon, die Aufteilung der Beute in

Angriff zu nehmen, und das ganz bestimmt mit dem Ziel, die ganze Beute an sich zu reißen; euch aber, ihr Plünderer und Mörder, versprechen wir vollkommene Straffreiheit … Ist das zu wenig? Nun, ihr habt da noch ein Eckchen am Tisch während des Gelages, wir haben nichts dagegen … (Sie sprechen schon nicht mehr von „Boykott", sie sind bereits „einverstanden, irgendwelche Bolschewiken in ihr Ministerium zu lassen" … Und was sagen die Bolschewiken? Sind sie denn einverstanden, auf Tschernows Weise die Beute zu teilen? Sie sagen nichts. Sie tun das Ihre.) Tschernows Leute und alle möglichen anderen Internationalisten sind durch dieses Schweigen nicht beunruhigt. Sie sind überzeugt, dass die Räuber mit der Beute sowieso nicht allein fertig werden. Tatsächlich, bei ihnen sieht es jetzt so aus: Die Bediensteten versehen nicht ihren Dienst, die Ministerien arbeiten nicht, die Banken öffnen nicht, das Telefon klingelt nicht, das Hauptquartier sendet keine Nachrichten, die Händler handeln nicht, selbst die Schauspieler spielen nicht. Ganz Petersburg ist erbittert, nicht weniger als die Kosaken, doch es schweigt und leistet nur passiv Widerstand.

Kann passiver Widerstand, aber einen „Affen mit Bajonett" schrecken? Und wozu brauchen Räuber Ministerien? Und Banken? Sie brauchen jetzt Geld, und dazu öffnet ein Bajonett die Bank besser als ein Angestellter. Sie haben sich bemüht – und werden ein Krümelchen von dem Erbeuteten an Tschernow oder an wen auch immer abgeben?! Ihnen kann man nur etwas *entreißen,* ihre Nase sagt ihnen aber, dass es nicht besonders nach „*wir entreißen*" riecht. Noch haben sie Angst, noch schicken sie ihre Lanzknechte auf die „Positionen" mit Stacheldraht und lahmen Kanonen (die Waffen sind doch fast alle in ihren Händen), doch sie wagen sich schon ein bisschen vor, strecken die Pfoten aus … tasten sich vor; sie versuchen es – es ist möglich. Los, weiter. Bringen sich die Kompromissler nicht vergeblich in schlechten Ruf, indem sie das Kapital (Russland) ohne seine „Herren" aufteilen?

Ich schildere nur die heutige Lage. Und hier nun schließlich die letzte Nachricht, die sich natürlicherweise aus der vorhergehenden ergibt: *drei Tage Waffenstillstand* zwischen Kerenskis Truppen und den Bolschewiken. In jedem Fall ist das großartig für die Bolschewiken. In drei Tagen kann viel geschehen und sich viel für sie klären. Man kann noch „für alle Fälle" seine Position stärken, indem man das Triumphgefühl anstachelt und die Bevölkerung terrorisiert. Man kann außerdem auch ein bisschen in den „verbrüderten" Truppen agitieren, die die Geduld verlieren und natürlich nicht mit großem Elan glänzen. Vieles, sehr vieles kann man tun, während Tschernows Leute nur schwatzen.

Und der Deutsche – was ist mit dem? Gibt es ihn zurzeit etwa nicht? In Moskau, hört man, soll es 2000 Tote geben? Die Bolschewiken schossen aus schwerem Geschütz direkt auf die Straße. Es wurde ein „Waffenstillstand" erklärt, der dem Pöbel die Zukunft weist, einem betrunkenen Pöbel, der auf der Stelle die Weinkeller plünderte.

Ja. Der Krieg hat unsere menschliche Seele aufgezehrt. Er hat sie verschlungen – und ausgespuckt.

1. November, Mittwoch

Alles geht seinen natürlichen (logischen) Gang. Als stehe es so geschrieben, – im Übrigen aber drastischer und schrecklicher als alles Geschriebene. Folgende Ergänzungen zum Gestrigen: Die hiesigen „Kompromissler" sind weiterhin übereinandergekommen, dass man sich mit den Bolschewiken einigen müsse. Im Duma-Komitee saßen sie bis zum Gehtnichtmehr, unterhielten sich, erörterten die Besetzung der neuen „linken" Regierung, und es fehlte nicht viel, und sie hätten alle Namen ausgewählt … so, als ob sie sie in der Tasche hätten und die Bolschewiken ihnen das eroberte „Petrograd" zu Füßen legen würden. Sie entschieden die dringlichste Frage: Soll man sich mit den Bolschewiken einigen? Sie entschieden: Man soll. Wie sich die Frage über eine Einigung bei den Bolschewiken stellt – damit haben sie sich nicht beschäftigt. Es verstand sich von selbst, dass die Bolschewiken nur darauf gewartet haben, dass sich die anderen linken Parteien zu ihnen herablassen (!!).

Im Duma-Komitee, wo nur noch eine geringe Zahl von Bolschewiken übriggeblieben ist, die Abgehalfterten – und auch die waren einfach nur „anwesend" –, regnete es Ämter. Natürlich ist Tschernow Premier ... Ein Augenzeuge erzählte mir, dass diese jämmerliche, schreckliche Konferenz die ganze Zeit von Gelächter begleitet war, was besonders tragisch war. Sie machten Vorschläge, einfach so, wem gerade etwas einfiel. Sie schlugen den berühmten Nikolai Sokolow vor – seine Kandidatur wurde von einem besonderen Ausbruch von Gelächter, jedoch wohlwollend begrüßt. Überhaupt sprachen sich die abgehalfterten Bolschewiken kaum gegen jemanden aus, sie schwiegen oder lachten nur. Alle anderen debattierten lautstark und hitzig.

Tschernow, eigentlich seine Leute, denn Tschernow selbst war nirgends zu sehen, versprachen den Posten des Ministers für Volksbildung huldvoll Lunatscharski. (Er ist aber schon längst im Smolny!) Glänzende Projekte ...

... Zarskoje ist schon früher aufgegeben worden; nach der Preisgabe Gatschinas erschienen hier frei und mutig die Bolschewiken. Sie setzten die Nachricht in Umlauf, „Zarskoje ist eingenommen". Sie erschossen in aller Ruhe den Kommandanten (seien Sie nicht traurig, lieber Alexander Kerenski, dies ist kein „demokratisches" Blut) und brachen gewaltsam in die Wohnungen ein. Plechanow verspotteten sie in unflätigster Weise, an einem Tag durchsuchten sie ihn 15 (sic!) Mal. Der alte tuberkulosekranke Greis legte sich ins Bett, sein Zustand ist ernst.

Das ist das Bild der Lage. Trotzdem glaube ich nicht, dass irgendjemand anhand irgendwelcher Erzählungen und Aufzeichnungen sich unsere *Atmosphäre* hier vorstellen und sie verstehen kann. Man muss selbst darin leben. Heute zogen die Bolschewiken alle Brücken hoch und schleppten ihre Panzer auf Schleppkähnen (!) über die Newa zum Smolny. Ein noch nie dagewesener Irrsinn. Jetzt gehen ganz offen allgemein bekannte deutsche Spione durch die Stadt. Im Smolny heißen sie: „Vertreter der deutschen und österreichischen Demokratie". Fiel das Niedermetzeln der Offiziere und Junker auch unter Bronsteins Aufgaben? Vorerst wurden anscheinend nur 11 von der Moika-Brücke geworfen, ihre Leichen werden herausgefischt. Auch Fürst Tumanow wurde getötet – man fand ihn unter der Brücke.

Die allerletzte Nachricht: Kerenski ist auch nicht in Gatschina, und es ist vollkommen ungewiss, wo er ist. Es geht das Gerücht,

Lunatscharski habe vorgehabt, zu ihm zu fahren, aber Kerenski ist nicht da.

2. November, Donnerstag

Ich mache diese Aufzeichnungen nicht nur, um die Fakten zusammenzustellen, sondern auch, um die Atmosphäre, in der ich lebe, möglichst genau wiederzugeben. Deshalb notiere ich auch die *Gerüchte*.

Heute bestätigte sich fast alles gestern Aufgeschriebene. In den rein bolschewistischen Zeitungen wird Kerenskis „Flucht" mit allen Einzelheiten behandelt. Angeblich haben die untreu gewordenen Kosaken ihn in Gatschina ausgeliefert, und er ist, als Matrose verkleidet, in einer Droschke geflohen. Und schließlich heißt es sogar, er habe sich in Pskow, von feindlichen Soldaten umgeben, erschossen.

Davon ist natürlich *nur eines wahr*: dass Kerenski sich irgendwo versteckt hat, er nicht bei „seinen" Truppen ist und es keine von „seinen Truppen" mehr gibt.

Die kompromisslerischen Anstrengungen (das gestrige „Ministerium") sind schmachvoll verstummt.

Es gibt eine Masse ausgesprochenen Unsinns über Deutschland, über Kaledins Angriff auf Charkow (psychologisch verständliche Legenden). Dies aber ist kein Unsinn: In Moskau tobt entgegen den gestrigen beruhigenden Nachrichten der offenste und schrecklichste Kampf: Der Kreml wird beschossen, das Hotel Nation und das Hotel Loskutnaja werden zerstört. Das Hauptquartier ist auf der Pretschistenka. Viele Tote in den Privatwohnungen – sie werden ins Treppenhaus hinausgetragen (man kann nicht aus dem Haus gehen). Viele Frauen und Kinder darunter. Die Weinlager sind aufgebrochen und geplündert. Die bolschewistischen Komitees werden mit den Massen und den Soldaten nicht mehr fertig, sie rufen die Hiesigen zu Hilfe.

Ein schwarz-roter Sturm über Moskau.

Man kann formal nicht wegfahren *(innerlich auch nicht)*. Und wohin auch.

Einstweilen formuliere ich die Vorgänge in aller Kürze so.

Nikolaus II. hat sie begonnen, die Liberalen haben die Politik

weitergeführt – sie unterstützt, Kerenski hat sie beendet.
Ich habe meine Haltung Kerenski gegenüber nicht geändert. Ich werde seine Position während des Krieges, während der Revolution, bis zum Juli immer als gerechtfertigt unterstützen. Da gab es Fehler, menschliche; im März aber hat er Russland buchstäblich vor einer unmittelbar bevorstehenden wahnsinnigen Explosion *gerettet*. Nach Ende Juni war er (durch eine Anhäufung von Fehlern) am Ende, und da er in diesem Zustand an der Spitze blieb, hielt er das Steuer in *leblosen* Händen, während das Schiff Russland in einen Strudel fuhr.
Das ist das Ende. Über den Anfang – Nikolaus II. – streitet niemand. Über seine Nachfolger-Unterstützer, die Kadetten, den rechten Block usw. habe ich hier genügend geschrieben. Ich gebe ihnen keine Schuld. Sie waren blind und handelten wie Blinde. Sie nahmen das *Unvermeidbare* nicht in die Hand, sie dachten, es sei vermeidbar und wandten sich ab. Alle haben gesehen, dass der STEIN INS ROLLEN KOMMT (meine Aufzeichnungen aus den Jahren 15 und 16), alle außer ihnen. Als der Stein gefallen war, haben sie auch da so gut wie nichts gesehen, verstanden, begriffen. Kerenski nahm ihn erhaben auf seine schwachen Schultern und trug ihn, hielt ihn (allein!), bis er den Verstand verlor über der Last, die über seine Kräfte ging, und bis der Stein sich – nicht ohne sein Zutun – mit seinem ganzen Millionen Pud schweren Gewicht auf Russland wälzte.

3. November, Freitag

Den ganzen Tag über Sorge um die Eingeschlossenen. Das Signal dazu gab Ch., der aus der Peter-Pauls-Festung zurückkam. Dort steht es schlecht, der „Kommandant" selbst hat Angst vor den Matrosen, die bei der geringsten Aufregung zu allem fähig sind. Man muss sich eine List ausdenken, um die Gefangenen zu verlegen. Wohin auch immer – nur heraus aus dieser bolschewistischen Matrosenzitadelle. Sich an Bronstein zu wenden ist der einzige vollkommen *nutzlose* Weg. Abgesehen von dem Abscheu, mit ihm in Verbindung zu treten, ist es ebenso zwecklos, wie ein Gespräch mit einem Affen anzufangen. Tereschtschenkos Mutter war bei uns. Wir konnten uns nur eines ausdenken – den rutschigen Pfad

einer Kontaktaufnahme mit den Botschaftern. Sie hat [den amerikanischen Botschafter] Francis gesehen, morgen wird sie [den englischen Botschafter] Buchanan sehen. Doch ihre Situation ist heikel – können sie sich an eine Regierung wenden, die sie nicht anerkennen? Die internationalen Traditionen müssen gewahrt bleiben; doch man muss trotzdem verstehen, dass dies etwas ist …, wo weder Anerkennung noch Nichtanerkennung zählt.
Die Botschaften werden von polnischen Legionären bewacht.
Aus Moskau kommen erschütternde Meldungen. (Jetzt wieder, es beruhige sich, doch man glaubt dem nicht mehr.) Die Stadt ist in völligem Dunkel, die Telefonleitung ist unterbrochen. Plötzlich hat Lunatscharski, dieser „Schutzherr der Kultur", sich die Haare gerauft, tief Luft geholt und (in den Zeitungen) ein Geschrei erhoben, dass er, wenn alles so bleibt, „geht, aus der bolschewistischen Regierung austritt!". Und sitzt noch da.
Die „Kompromissler" haben vergebens das Spülicht geschluckt: Die Bolschewiken haben nicht ohne Grund gelacht – sie sind mit absolut nichts einverstanden. Jetzt – wo sie berauscht sind von den „Siegen" über Kerenski und über Moskau? Sie stellten den „Kompromisslern" solche „Bedingungen", dass nichts anderes blieb, als sich abzutrocknen und heimzutrotten. Selbst die Lenin-Untertanen von *Nowaja shisn* sind aus der Fassung geraten, selbst Tschernows Sozialrevolutionäre sind zusammengezuckt. Dennoch haben die noch die Hoffnung, dass die Bolschewiken Zugeständnisse machen (welch ein Leichtsinn), sie sind überzeugt, dass es innerhalb der Bolschewiken eine Spaltung gibt … Es scheint aber so zu sein, dass sich bei ihnen selbst etwas zu spalten beginnt und einige Sozialrevolutionäre (die „linken") bereit sind, sich ohne Kompromisse direkt den Bolschewiken in die Arme zu werfen: nehmt uns auf, wir sind nun selbst Bolschewiken.
In Zarskoje wurde ein Geistlicher wegen seiner Gebete um die Einstellung der Kämpfe getötet (vor den Augen seiner Kinder). Hier herrscht Stille, die Kirche hat alle vor kurzem noch gesprochenen Gebete für die Provisorische Regierung sofort weggelassen. Die Banken sind geschlossen.
Wo Kerenski ist, ist unbekannt: In dieser Geschichte mit den bolschewistischen „Siegen" und seiner „Flucht" gibt es Fakten, die ich

einfach *nicht kenne*. Boris Sawinkow war bei ihm, das scheint klar. Eine Nacht hat er wahrscheinlich in Zarskoje verbracht (nach unzuverlässigen Meldungen). Doch er war auch in Gatschina. Nun, er wird sich melden.

4. November, Sonnabend
Immer dasselbe. Schreiben ist widerwärtig. Die Zeitungen sind eine einzige Lüge.
Übrigens: Das beschossene Moskau hat sich den Bolschewiken ergeben. Die Hauptstädte sind von feindlichen – und barbarischen – Truppen eingenommen. Man kann nirgendwohin fliehen. Es gibt keine Heimat mehr.

5. November, Sonntag
Gorki ist aus Moskau gekommen. Er begann uns zu erklären: „In Moskau ist nichts Besonderes vorgefallen" (?!). Ch. sah ihn flüchtig, als er zu seiner *Nowaja shisn* fuhr. Angeblich sei er „verwirrt", dennoch aber unterstützt er *Nowaja shisn*; daran, den eingesperrten Ministern zu helfen, denkt er nicht (er hat eine Menge persönlicher Freunde in der bolschewistischen „Regierung").
Im Lager der Okkupanten gibt es Unruhe, doch was bedeutet das schon, wenn die zwei Säulen der Unnachgiebigen und Unbesiegbaren fest auf ihren Plätzen stehen: Lenin und Trotzki. Für ihr radikales Vorgehen und ihre Unerschütterlichkeit gibt es eine Erklärung: Bei Lenin ist sie einfacher, bei Trotzki komplizierter.
Interessant sind die Einzelheiten der jüngsten Begegnungen der Fronttruppen mit den Bolschewiken (wo immer ein Agitator dabei ist). Die Truppen beginnen die Gegenwehr, erst mit kleinem Gefecht, dann mit heftigem Beschuss …, die Bolschewiken aber wehren sich nicht, zersetzen sie nach und nach, locken sie an, und vor allem *ködern* sie sie wie Tiere. Sie haben Fleisch, Brot, Butter, Wurst herangeschafft – und überhäufen sie damit. Speziell dafür haben sie hier die ganze Intendatur geplündert, den Proviant gestohlen, der für die Front bereitstand. Natürlich muss man das Fleisch auch mit Wein hinunterspülen. Wenn sie dieses Paradies der Bolschewiken sehen, diese „Bewirtung", werden diese ausgehungerten jungen Tiere sofort zu „Wurst"-Bolschewiken. Das ist

sehr schlimm, das ist geradezu teuflisch. Kerenski ist tatsächlich geflohen, während der beginnenden „Verhandlungen" zwischen „seinen" Truppen und den Bolschewiken. Alle Einzelheiten kenne ich noch nicht, doch das allgemeine Bild scheint zu stimmen. Diese „Verhandlungen" sind das Ergebnis seines ewigen Zögerns (in solchen Minuten!), seiner Zickzackbewegungen. Er zögerte, gab an das Hauptquartier widersprüchliche Befehle heraus; mal hieß es, Truppen losschicken, mal, nein, nicht nötig, die Losgeschickten wurden auf halbem Wege zurückbeordert, er ließ sich auch hier auf Händel ein (wahrscheinlich mit Boris und den Kosaken: Sie waren nur wenige, waren auf Unterstützung angewiesen). Er schloss einen „Waffenstillstand", um erst einmal die eintreffenden „Verhandlungspartner" anzuhören … Mit einem Wort, dieselben verbrecherischen Händel – wahrscheinlich.

Man erzählt (Augenzeugen), dass es bei ihm Momente hysterischen Heldentums gegeben habe. Er habe, so heißt es, sein Automobil angehalten, sei ohne Leibwächter ausgestiegen, sei auf die Menge der aufständischen Soldaten zugegangen …, die vor ihm zur Seite wichen. Er habe ihnen zugerufen: „Ihr Schufte!", sei dann wieder zu seinem Automobil zurückgegangen und abgefahren.

Ja, ein fataler Mensch, ein schwacher … Held. Ein mannhafter … Verräter. Ein weibischer … Revolutionär. Ein hysterischer Oberkommandierender. Ein zärtlicher, aufbrausender Mörder, der kein Blut sehen kann.

Und ein sehr, sehr, ganz und gar Unglücklicher.

6. November, Montag

Ich beende, wie es aussieht, meine Aufzeichnung in der Hölle. Im Übrigen war die Hölle in Moskau, bei uns ist noch die Vorhölle, d. h., man drischt nicht mit schwerem Geschoss auf uns ein und erwürgt uns nicht in unseren Häusern. Die Moskauer Bestialitäten sind nicht übertrieben, eher untertrieben.

Es ist sehr seltsam, was ich jetzt sage. Aber mir ist es … LANGWEILIG, zu schreiben. Ja, in dem roten Nebel, diesen fürchterlichen und unerhörten Grausamkeiten, auf dem tiefsten Grund der Sinnlosigkeit liegt – Langeweile. Erst Wirbel der Ereignisse – dann Erstarrung. Alles wird zerstört, geht zum Teufel, und es gibt kein

Leben. Nicht das, was das Leben ausmacht: das Moment des Kampfes. Im menschlichen Leben ist immer ein Moment freien Kampfes anwesend; jetzt ist es fast verschwunden. Im Zentrum der Ereignisse ist so wenig von ihm zu sehen, dass es scheint, sie ereignen sich von selbst, wenn auch mit Hilfe der Menschen. Und es riecht nach Aas. Selbst in einem Erdbeben, im Untergang und in einem ganz und gar äußeren Unglück liegt mehr Leben, mehr Sinn, als im tiefsten Grund des jetzt Vorsichgehenden, das vielleicht eben erst begonnen hat, seine Kreise zu ziehen. Warum und wozu braucht man jetzt irgendwelche menschlichen Sinngebungen, Gedanken und Worte, wenn völlig sinnlose Kanonen schießen, wenn alles „wie von" Menschen und nicht von Menschen gemacht wird? Schrecklich ist der Automat – die Maschine, die dem Menschen gleicht. Ist aber nicht der Mensch schrecklicher, der völlig der Maschine gleicht, d. h., der ohne Sinn und eigenen Willen ist?

Das ist der Krieg, auf seiner nunmehr letzten, nie dagewesenen idealen Stufe: nackt und bloß, sein Endstadium. Als ob die Kanonen von selber schießen würden, blindwütig, nicht wissend, wohin und warum. Und dem *Menschen* wäre in diesem „Krieg der Maschinen" zu allen vorstellbaren Gefühlen auch noch LANGWEILIG.

Ich werde natürlich weiter schreiben ... Weil ich ein Chronist bin. Weil ich atme, schlafe, esse ... Aber ich lebe nicht.

Morgen haben die Bolschewiken die Plünderung der Staatsbank geplant. Nach der Weigerung der Angestellten, diese Plünderung offen zuzulassen, lösten die Bolschewiken das Regiment ab. Die Plünderung wird morgen mit Hilfe einer neuen Wache geschehen. Ich habe die Frau von Konowalow [Handels- und Industrieminister] gesehen und die Frau von Tretjakow [Mitglied der Koalitionsregierung]. Die Botschaften der Alliierten haben dem Smolny zu verstehen gegeben, dass sie, wenn Gewalt an den Ministern verübt würde, ihre Beziehungen zu Russland abbrechen. Was können sie sonst noch tun? Die Tretjakowa schlägt den Weg des Freikaufs vor (in der Form eines Pfandes; darauf wird es wohl hinauslaufen). Sie haben sich verabredet, nur gemeinsam herauszukommen.

Gorki war bei Ch... Er macht einen *fürchterlichen* Eindruck. Ganz dunkel, schwarz. Sein Sprechen – ein dumpfes Bellen. Der armen Konowalowa war es in seiner Anwesenheit sehr schwer. (Sie ist eine liebenswerte Französin, deren Schuld vor Gorki nur darin besteht, dass ihr Mann ein „Bourgois und Kadett" ist.)

… Und überhaupt ist eine versteinerte Atmosphäre entstanden. Er lehnt jeglichen Einsatz für die Befreiung der Minister rundweg ab.

„Ich kann … rein organisch … nicht mit diesen … Schurken sprechen. Mit Lenin und Trotzki."

Kaum hatte er Lunatscharski erwähnt (Mitarbeiter von *Nowaja shisn* und einst enger „Genosse" von Lenin), wende ich ein, er solle doch einmal mit Lunatscharski sprechen … Nichts zu machen. Redet immer nur von seinem Artikel, den er bereits „geschrieben" hat … für *Nowaja shisn* … für die morgige Ausgabe … Zum Teufel mit den Artikeln! Ch. ging die Konowalowa begleiten, die schwer lastende Stimmung verdichtete sich. Dima wollte aufbrechen … Da sagte ich geradeheraus zu Gorki: Kein Artikel in *Nowaja shisn* bewirken Ihre Trennung von den Bolschewiken, die Ihren Worten nach „Schurken" sind; sie müssen diese Gesellschaft verlassen – und zwar ungeachtet jeglichen „Schattens", der wegen der Nähe zu den Bolschewiken in den Augen irgendwelcher Leute auf ihn fallen könnte – wer ist er denn selbst, frage ich, vor sich selber? Was sagt sein *eigenes Gewissen*?

Er stand auf, stieß irgendwie dumpf hervor:

„Aber wenn … ich sie verlasse … mit wem soll ich mich dann zusammentun?"

Dmitri widersprach lebhaft:

„Wenn also nichts zu essen da ist, gibt es doch immer noch Menschenfleisch?"

Hier bricht der Text meiner „Petersburger Aufzeichnungen" ab – das ist alles, was von ihnen gerettet wurde und nach langen Jahren in meine Hände geriet. Die Fortsetzung (die dem Umfang nach fast dem Abgedruckten gleichkommt, obwohl sie alles in allem nur die darauffolgenden 20 Monate umfasst), habe ich nicht und werde sie wahrscheinlich auch niemals wieder haben. Mir sind nur fragmentarische Notizen von den letzten Monaten in St. Petersburg erhalten geblieben (Juni 1919 bis Jan. 1920) – diese Notizen gingen in die Aufsatzsammlung *Die Herrschaft des Antichrist* ein, die 1921 im Ausland auf Russisch, Französisch und Deutsch erschienen ist. Sie sollen später in einer gesonderten Ausgabe gedruckt werden, zusammen mit den Notizen über unseren sechsmonatigen Aufenthalt in Polen im Jahre 1920, von Januar bis November.

Die Autorin

Die Schwarzen Hefte
1917–1919

1917
7. November (alten Stils), Dienstag (spät)
Ja, schwarze, rabenschwarze Last. Die nicht mehr zurechnungsfähigen Diktatoren Trotzki und Lenin haben erklärt, wenn auch nur sie beide übrig bleiben, bekommen sie zu zweit, gestützt auf die „Massen", die Sache hervorragend in den Griff. Sie bereiten Dekrete über die Requirierung aller Druckereien, allen Papiers, ja, allen Besitzes der „Geldsäcke" bis hin zu Brot vor.
Die Staatsbank haben sie wahrscheinlich schon aufgebrochen: Am Nachmittag ist ihre Rote Garde dorthin marschiert – mit Musik und Gewehrschüssen.
Dass alle möglichen Truppen von der Front oder gar aus dem Süden anrücken, sind Ammenmärchen. So etwas entsteht ganz natürlich in einer Bevölkerung, die unter die Barbaren gefallen ist. Aber es sind eben Legenden. Die Front ist absolut führerlos und halb zerfallen. Die Kosaken denken nur an sich. Hocken am Don und haben mit Russland kaum etwas im Sinn. Noch sind sie keine Bolschewiken, aber … was für „Bolschewiken" sollen denn auch diese Pensaer und Tambower Mushiks sein, die von der Front abhauen? Die sind doch nur angesteckt. Und die Ansteckung kann jeden treffen. Die Kosaken werden keinen Finger für euch rühren, ihr armen Russländer, die der eigene Pöbel auf Befehl der Deutschen zu Sklaven gemacht hat.
<u>Gorkis berühmter Artikel ist nicht mehr als erbärmliches Gestammel. Der ganze Gorki ist erbärmlich, aber Mitleid mit ihm wäre ein Verbrechen.</u>
Iwan Manuchin ist schon ein wundersamer Mensch. Fährt tagaus, tagein in die Peter-Pauls-Festung. Rackert sich ab, um den Gefangenen zu helfen. Tag und Nacht ist er bei ihren Ehefrauen, bei uns oder sonst wo. Heute hat er sich mit dieser Jüdin Galina, der Frau von Nikolai Suchanow-Gimmer, eineinhalb Stunden lang abgegeben.
„Verstehen Sie, ich habe es ihr auf alle mögliche Weise zu erklären versucht. Anfangs hat sie Gott weiß was für Unsinn geredet, aber

dann wohl doch Vernunft angenommen. Ich habe sie aber auch beschimpft!"
„Was ist denn das für eine?"
„Eine Bolschewikin! Zuerst war sie mit einem Russen verheiratet, dann hat sie sich an Suchanow gehängt und ist Internationalistin geworden. Schließlich hat sie sich in Lew Trotzkis dämonische Augen verguckt, sich verliebt und ist in die Partei der Bolschewiken eingetreten. Ein Glück, dass sie dort kaum eine Rolle spielt. Jetzt, erklärt sie, sei sie nicht mehr verliebt. ‚Aber morgen', so sagt sie, ‚fahre ich zu Trotzki und rede mit ihm über die Minister. Das habe ich versprochen.' Sie hat zwar einen vereiterten Zahn, aber ich habe verlangt, dass sie auch mit dicker Backe hinfahren soll … Sie hat sie wohl mit einer Nelke kaschiert und ist gefahren …"
Ist das alles noch von dieser Welt? Eine Bolschewikin mit Zahnweh und Blumen fährt zu Trotzki, der die Staatsbank aufbrechen lässt. Der Kommandant der Peter-Pauls-Festung teilt Manuchin mit unbekannter Absicht mit, dass „aus der Trubezkoi-Bastion ein Geheimgang führt, der nur verschlossen ist". Der Beschuss Moskaus mit schwerem Geschütz auf Kommando erfahrener „Kriegsgefangener", ein Krimineller in der Zelle der Politischen (wo er sich ausgesprochen wohlfühlt), Hunderte Offiziersschüler ermordet (davon allein fünfzig Juden), Frontsoldaten, die sich von Rotgardisten mit Wurst füttern lassen … Diese „Massen", dieses brüllende, hungrige Vieh … Was ist das? Was ist das?

8. November, Mittwoch
Mein Geburtstag. Es ist viel Schnee gefallen. Wir sind mit dem Schlitten gefahren. Nichts Neues. Der Albtraum hält an.

10. November, Freitag
Es geht weiter. Lenin hat den Oberbefehlshaber General Nikolai Duchonin abgesetzt. An seiner Stelle den Fähnrich Nikolai Krylenko (Genossen Abram) ernannt. Ob Duchonin tatsächlich abgesetzt wurde, ist nicht bekannt. Ein „Waffenstillstand" wurde eigenmächtig erklärt. Aber Deutschland scheint das nicht ernst zu nehmen. Weiter: In Moskau hat man sich der gesamten Goldwährung bemächtigt.

Was noch? Sie haben die „Volkssozialisten" verboten. Wer für beliebige Listen außer ihrer [der Bolschewiken] agitiert, wird verprügelt und erschlagen. Eine schöne Konstituierende Versammlung wird das werden! Und man kündigt auch noch offen an, sie „auseinanderzujagen", wenn es nicht „unsere" wird.

11. November, Sonnabend
Das Barometer (das echte) steht auf „Sturm". Ich bin heute sehr traurig ... Aber man rät mir, das nicht aufzuschreiben. Die Sklaverei ist zu uns zurückgekehrt – nur auf grauenhafte, verzerrte Art: in der Maske des Terrors. Soll ich nicht lieber eine Seite in diesem Heft leer lassen? Aber ich werde vergessen. Ich weiß doch nicht, ob die Freiheit bald wiederkommt ... Und wenn auch nur für den Hausgebrauch. Was soll's. Schlucken wir diese Schande herunter! Lassen wir eben eine Seite frei.

....

15. und 17. November
Auch für diese beiden Tage bleibt eine Seite frei. Eine genügt. Die Einzelheiten vergesse ich sowieso.

....

18. November, Sonnabend
Mit mir ist etwas passiert: Ich kann nicht schreiben. „Russland wurde en gros verkauft." Nach verschiedenen „Waffenstillständen", erklärt von dem Fähnrich als Oberbefehlshaber, nach den demütigenden Wahlen zur Konstituierenden Versammlung – bedroht von den Kugeln und Bajonette der Pöbelherrschaft! –, nach all diesen wahnsinnigen „Dekreten" und dem nun vollends irren über die Auflösung der Stadtduma als „Bollwerk der Konterrevolution" – was soll man da noch schreiben? Das ist eine Wahrheit, die auszusprechen man sich schämt, als wäre es eine Lüge. Wenn die Konstituierende Versammlung auseinandergejagt wird (und sie wird auseinandergejagt werden!), dann werde ich wohl auf ewig verstummen. Vor Scham. Man kann sich nur schwer daran gewöhnen, sie ist kaum auszuhalten, diese Scham. Alle verbliebenen Minister (die Sozialisten) haben ihre Proklamation

abgelassen und sind dann verschwunden. Die anderen sitzen.
Und draußen diese schändliche Welt.
Heute hat Iwan Iwanowitsch Manuchin, begleitet vom bolschewistischen Kommissar Nikolai Podwoiski in der Festung mit Matrosen und Soldaten gesprochen. Ein Matrose hat rundheraus erklärt:
„Wir wollen den Zaren."
„Matrose!", rief der arme Iwan Iwanowitsch. „Welche Liste haben Sie denn gewählt?"
„Liste 4 (Bolschewiken)."
„Und warum dann … ??"
„Na, darum. Das hier stinkt uns alles an …"
Und mit unschuldiger Miene bekräftigte der Soldat: „Natürlich wollen wir den Zaren."
Als der vorgesetzte Bolschewik einen lästerlichen Fluch hören ließ, wunderte sich der Mann und meinte ebenso unschuldig:
„Ich dachte, Sie finden das gut … Passt es Ihnen etwa nicht?"
Die Bolschewiken-„Regierung", die aus gewöhnlichem kriminellem Lumpenpack (ausgenommen die Kanaillen von Anführern und die Verrückten) besteht, bindet auch immer mehr Gesindel aus der Leibwache [des Zaren] ein. Der Pogromheld Orlow-Kiewski ist bereits Kommissar.
Heute wurden wieder alle Zeitungsredaktionen geschlossen.
Im Intimen Theater erklang bei einem Wohltätigkeitskonzert Rachmaninows Romanze auf Dmitri Mereshkowskis (alten) Text „Christus ist auferstanden". Einem Matrosen im Publikum gefiel der Sinn der Zeilen nicht (Christus wäre in Tränen ausgebrochen, hätte er die Erde im Blut und Hass unserer Tage erlebt). Der Matrose schoss aus nächster Nähe auf den Sänger. Die Kugel streifte sein Haar, beinahe wäre er tot gewesen.
So geht es bei uns zu.
Die Treppe zum Smolny wurde ganz und gar mit Rotwein übergossen, der dort gefroren ist. Und das am Residenzpalast!

26. November, Sonntag

Aus der Zeitung *Den* (Der Tag) ist nach der ersten Schließung *Notsch* (Die Nacht) und nach der zweiten *Tjomnaja notsch* (Die dunkle Nacht) geworden. Nach dem dritten Verbot wurde daraus *Polnotsch* (Mitternacht). Nach der vierten *W gluchuju notsch* (In tiefer Nacht), danach hat man sie endgültig eingestellt. Heute ist ein Tagblatt der Schriftsteller erschienen, und nachmittags gab es eine Versammlung. Es wurde gegen die Strangulierung der Presse protestiert. Viele nahmen das Wort: Dejtsch, Alexej Peschechonow, Dmitri Mereshkowski, Sologub … Gorki kam nicht und begründete das mit Krankheit. Aber dann trafen wir ihn an unserer Haustür, als er zu Manuchin ging – mürrisch, feindselig, finster, doch gesund. Das hielten wir ihm natürlich vor. Aber ich glaube, er hat Angst. Er fürchtet sich irgendwie – innerlich und äußerlich …

„Die" sind nach der „Einnahme" des Stabsquartiers, wo sie Duchonin zerfleischt haben, und nach der Fahrt zu den Deutschen mit der flehentlichen Bitte um einen Waffenstillstand ganz aus dem Häuschen. Übrigens sind auch zwei Provokateure mitgefahren – der nicht ganz entlarvte Sergej Maslowski und der eindeutig überführte Wladimir Schneur-Schpez. Den hat Fähnrich Krylenko zum Obersten befördert.

Das löste sofort einen Skandal aus. Da war nichts zu machen, die Bolschewiken beriefen den Obersten ab.

Die Delegation rief von den Deutschen auf direkter Leitung im Smolny an: Die Deutschen wollen keinen Frieden! Stellen dafür solche Bedingungen, dass … der Smolny sie gar nicht erst bekanntgibt. Er will das nicht sofort. Bereitet sein „ergebenes Volk" darauf vor. Den Parlamentären hat er erst einmal befohlen, den Mund zu halten und irgendwo abzuwarten.

Ich nehme an, die Bedingungen der Deutschen sind recht einfach. Etwa so (wenn nicht schlimmer): „Nordrussland wird unsere Kolonie, die besetzten Gebiete werden abgetrennt und kommen zu uns, Finnland wird unser Protektorat. Petersburg wird ein Freihafen, ein zweites Hamburg." Und noch mehr von dieser Art.

Die Bolschewiken werden sich winden, ihr „Volk vorbereiten" und am Ende einwilligen. Was macht ihnen das schon aus? Aber zunächst müssen sie zu Hause Ordnung schaffen: schon morgen eine neue, eigene, durch und durch bolschewistische Stadtduma wählen. Übermorgen die Konstituierende Versammlung liquidieren. Vor unseren Fenstern wird die Schlacht vorbereitet. Die ganze Wahlkommission ist bereits verhaftet. Das Taurische Palais steht leer. Eintreffende Mitglieder der Versammlung werden ebenfalls systematisch festgenommen. Im Smolny herrscht fieberhafte Hektik.

Der Süden ist mir ein Rätsel: Entweder sind es Legenden oder tatsächlich Kämpfe.

27. November, Montag

Die Konstituierende Versammlung von morgen wurde verschoben. Die Bolschewiken haben ihre Stadtduma noch nicht zustande gebracht – das ist das eine. Das andere – sie verlangen, dass mindestens 400 Mitglieder anwesend sind. Dabei wissen sie genau, dass sich die Wahlen in Russland wegen ihrer Aktionen faktisch in die Länge ziehen. Die Eintreffenden sollen nach ihrem bisherigen Plan festgenommen werden.

Bei einer mit Pawel Miljukow befreundeten Familie tauchte heute ein Mitglied des Revolutionären Kriegskomitees mit der geheimen Warnung auf, Miljukow möge nicht anreisen … Natürlich wurde dieses Subjekt als Provokateur angesehen, worauf es sagte: „Wie Sie wollen, aber ich hasse die Bolschewiken und bin nur bei ihnen, um ihnen zu schaden und Rache zu üben. Die haben meinen Sohn umgebracht …"

Obwohl die Konstituierende Versammlung durch ein offizielles Dekret verschoben ist, hat die Stadtduma (die echte) für morgen Märsche und Kundgebungen angesetzt. Wir werden sehen. Der Palast wird von lettischen Bolschewiken bewacht.

Manuchin ist heute Schneur-Schpez, dem Mitglied der ersten zu den Deutschen entsandten Friedensdelegation, begegnet … in der Festung! Ein bis zu den Backen aufgezwirbelter üppiger schwarzer Schnurrbart, ein Gigolo-Typ in der Uniform eines Obersten samt Orden.

„Ich sitze nur ein paar Tage hier ein! Bis sich das Missverständnis aufgeklärt hat! Die bürgerlichen Zeitungen haben mich gehetzt!

Sie haben sich ausgedacht, ich sei bei Nikolaus Wachmann gewesen! Ich habe mich aus eigenem Antrieb nach Absprache mit dem Rat der Volkskommissare hier einliefern lassen, bis meine Unschuld vollständig erwiesen ist! Auf den Rat soll kein Schatten fallen. Ich bin bereit. Schließlich habe ich Mogiljow eingenommen! Ich, der erste Volksoberst!"

Aber jetzt haben wir ein ernstes Malheur.

Die inhaftierten Minister Tischkin, Alexander Konowalow, Michail Tereschtschenko, Sergej Tretjakow und Anton Kartaschow, die im Gefängnis nicht recht begreifen, was wirklich vorgeht (wir „in Freiheit" haben das Unwahrscheinliche dagegen schon gerochen), haben sich eine echte Dummheit ausgedacht. Da sie glaubten, dass die Konstituierende Versammlung am 28. zusammentritt (wir wussten doch, dass das nicht geschehen wird), haben sie eine kollektive Botschaft an den „Herrn Vorsitzenden der Konstituierenden Versammlung zur Verlesung" geschrieben. Darin bekräftigen sie ihre frühere und jetzige Treue zur Provisorischen Regierung, erkennen die Staatsmacht der „Usurpatoren" nicht an, die sie widerrechtlich gefangen hält, und erklären, dass sie ihre Vollmachten erst jetzt niederlegen und der Konstituierenden Versammlung übertragen.

Heute Morgen tauchte Iwan Iwanowitsch Manuchin mit diesem Papier, das ihm insgeheim übergeben wurde, bei uns auf. Die Häftlinge bitten dringend darum, dass ihre Erklärung unbedingt morgen in allen Zeitungen steht.

Ich habe Iwan Iwanowitsch nicht zu Gesicht bekommen. Dima war nicht zu Hause, und Dmitri schickte Iwan Iwanowitsch zu Konowalows Sekretär. Erst am Abend klärte sich die höchst ärgerliche Sache auf: Die naiven Gefangenen haben ihre Erklärung Iwan Iwanowitsch übergeben und zugleich … offiziell dem Festungskommandanten! Für den Smolny! In den Zeitungen sollte sie stehen, weil sie befürchtet haben, dass die Versammlung eröffnet wird und der Smolny die Erklärung dem „Herrn Vorsitzenden" nicht rechtzeitig zustellt. Was ist dabei herausgekommen?

Als Dima am Abend zu Panina und den Zeitungen eilte, stellte sich heraus, dass das Papier bereits allen Redaktionen vorliegt. Wahrscheinlich auch denen der Bolschewiken.

Daraus wird wohl eine neue „Kriminalgeschichte" werden wie im Falle der von den entlassenen sozialistischen Ministern unterzeichneten „Erklärung" der Provisorischen Regierung, wonach man alle Zeitungen verbot und die Unterzeichner sofort verhaften wollte. Die aber hatten sich bereits verstreut und waren untergetaucht. Die „neue Hydra" dagegen ist zur Freude der Bolschewiken bereits in ihrer Hand – in der Festung. Was werden sie tun? Na, was sie wollen! Ständig drohen sie damit, sie nach Kronstadt zu schicken …

O diese ach so loyalen, respektablen und klugen „Realpolitiker"! Sie haben sich das ausgedacht! Sie hatten den Durchblick! Sie wollten dem Kommandanten ihren Respekt erweisen! Die begreifen nie, mit wem und womit sie es zu tun haben. Ich will tot umfallen, wenn nicht alle in die Konstituierende Versammlung gewählten Kadetten stur hier erscheinen (hoffentlich halten sie wenigstens Miljukow davon ab!)– in der festen Überzeugung, „als Mitglieder der Hohen Versammlung seien sie im Besitz ihrer vollen Rechte und unantastbar" … Die werden sie aber antasten, und wie! Sie müssen doch sehen, was jetzt passiert und WER über uns gekommen ist!

An einer frostkalten, stockdunklen Straßenecke fragen wir nach Zeitungen. Es gibt nur eine!

„Was soll es denn geben, wenn alle gestoppt sind?", antwortet mir ein ernster „Proletarier". Und fährt fort: „Die haben Brot versprochen, sie haben Boden versprochen, sie haben Frieden versprochen … Da, nimm! Wie es aussieht, wird wohl daraus nichts werden."

„Und wieso haben Sie es geglaubt?", frage ich.

„Dummköpfe glauben … Die haben uns dumm geredet, und wie!"

Terror liegt in der Luft. Er droht ständig und von verschiedenen Seiten … Lohnt es, sich schmutzig zu machen? Und doch: Im Unterschied zur früheren Herrschaft der Weißen ist diese Herrschaft der Roten etwas Gesichtsloses, Massenhaftes. Sollte da nicht auch der Terror massenhaft, das heißt, kämpferisch, militärisch sein? Nicht zufällig ist gegenwärtig die wichtigste Legende die von einem Krieg des Südens gegen den Norden, von General Alexej Kaledin gegen die Bolschewiken.

Leider Gottes ist es nur eine Legende!

In den *Russkije wedomosti* (Russische Nachrichten) vom 21. November ist ein Feuilleton von Boris Sawinkow (dem Stellvertreter Alexander Kerenskis) über die Tage von Gatschina unter dem Titel „Zur Aktion der Bolschewiken" erschienen. Ein streng gegliedertes Protokoll, wie von ihm gewohnt, und sehr interessant. Alle meine Annahmen und Vermutungen im Gewand konkreter Tatsachen. Alles, was ich mir aus bruchstückhaften Informationen gedacht und zusammengereimt habe. Kerenski hat an seiner erbärmlichen Linie festgehalten. (Und dabei offenbar auf der Couch herumgelegen!) Boris war nahezu die ganze Zeit dort. Tun konnte er nichts mehr. Der Verfall von Kerenskis Willenskraft hat alle angesteckt, und das seit langem. Aber das Stabsquartier! Und Duchonin!

Nachts finden im Winterpalais Orgien statt. In der Nacht zum 24. stand der Wein in einem Keller einen Arschin [71,1 Zentimeter] hoch. Die Bande, die dort eindrang, hat gewütet, wie von Sinnen. Die Männer haben von dem getrunken, in dem sie wateten, und sind schließlich hineingefallen … „Haben sich totgesoffen!", konstatierte ein Soldat und lachte dröhnend.

Die Ertrunkenen wurden fortgebracht.

28. November, Dienstag

Ich bin von Musik aufgewacht (über meinem Kopf steht eine Lüftungsklappe offen). Draußen zehn Grad Frost, aber es war hell wie im Frühling.

Ein endloser Zug mit Fahnen zum Taurischen Palais und zur Konstituierenden Versammlung (die es nicht gibt).

Aber das war *kein* Frühling: Die Menge mit dem Transparent „Alle Macht der Konstituierenden Versammlung!" war erstaunlich *un*militärisch, ja nicht einmal proletarisch, sondern demokratisch. Da marschierte die arbeitende Demokratie. Dem Militär hatten die Bolschewiken die Teilnahme verboten: „Finstere Kräfte der Bourgeoisie planen eine konterrevolutionäre Aktion …" (So die offizielle *Iswestija* von heute.)

Rotgardisten stürzen sich brüllend und mit gefälltem Bajonett auf jede Menschenansammlung: „Aaauseinander!"

In der Redaktion der *Retsch* (Die Rede) sind Soldaten. An den Straßenecken werden die 15 000 Exemplare der Auflage verbrannt, die noch ausgeliefert werden konnten.

Es lief ab wie nach einem fertigen Programm: Mit Hilfe der bekannten Adressen (sie haben jetzt viele Profispitzel) ermittelte man das ZK der Kadetten. Um sieben Uhr morgens wurde Gräfin Panina verhaftet. In ihrer Wohnung legten sie einen Hinterhalt, von wo die eintreffenden Mitglieder der Konstituierenden Versammlung abtransportiert wurden. (Hatte ich nicht recht mit meiner Feststellung, dass sie anreisen werden?)

Andrej Schingarjow, Andrej Kokoschkin und noch einmal so viele, die ich gar nicht alle aufzähle, sind bereits festgenommen. Wir gehen natürlich nicht zur Duma: Schließlich haben wir nicht März! Es heißt, eine Menschenmenge mit Plakaten habe Viktor Tschernow, den „Herrscher des Dorfes" [der Gründer der Partei der Sozialrevolutionäre war in der Provisorischen Regierung Landwirtschaftsminister] zum Palais getragen und er habe mit einem Taschentuch gewinkt. Andere sollen den Bolschewiken „treue" Letten angesprochen und sich beschwert haben, dass sie die Türen des Volkes verschlossen halten. Die hätten sie dann aufgerissen: Bitteschön, treten Sie ein! Es habe eine Art Verbrüderung gegeben … Aber ich glaube keinen Augenzeugen. Wer kann dort etwas gesehen haben? Bei Dunkelheit, Frost, Nebel und dem Geschrei der roten Wachen …

S. N. war da [wahrscheinlich Sergej Nikolajewitsch Moissejenko]. Der hat eine Menge Interessantes und Zutreffendes berichtet … Unter anderem: In die erste Delegation zu den Deutschen wurden außer dem Freiwilligen Wladimir Schneur noch ein paar weitere Leute „im Handstreich" eingegliedert: ein General, ein Arbeiter (der erste beste) aus einer Kartonagenfabrik und ein Bauer, den sie mit einem Bund Birkenreiser aufgriffen, denn er kam gerade aus dem Badehaus. Er wurde mitgenommen, wenn er auch nicht begriffen hat, wohin und wozu.

Jetzt hat sich eine weitere „Delegation" auf den Weg gemacht, sie haben es eilig! Es ist absolut klar, dass diese, wenn nicht eine andere, mit einem „Frieden" zu den Bedingungen zurückkommen wird, die Deutschland zu unterschreiben befiehlt.

Ich notiere relativ wenig darüber …, weil es mir zu weh tut …
Es ist wirklich kaum zu ertragen. Das vergisst man bis zu seiner Todesstunde nicht. Und dann … Die Schande des ganzen Erdballs ist über Russland gekommen. Für immer und ewig!

„Ohnmacht drückt wie Atlas auf die Seele…"

Russe sein … Früher konnte man nur den Müttern nicht in die Augen sehen, aber jetzt überhaupt niemandem! Und nie mehr. Am besten, wir kämen alle um. Ich erinnere mich: „… In den Tod gehen, wo man will und wann man will, nur ohne Sünd' und Schande …" [D. Mereshkowski]
Ich glaube nicht, dass es ihnen gelingen wird, durch Repressalien, Verhaftungen usw. die Konstitutionelle Versammlung auszutauschen, das heißt, sie nach ihrem Gusto so zusammenzustellen, dass man sie zwingen kann, sowohl ihren „Schandfrieden" als auch ihre Dekrete und sie selbst zu bestätigen. Daher denke ich, dass sie die Versammlung ganz bestimmt auflösen (wenn sie sie überhaupt einberufen).
Was im Süden passiert, weiß man nicht, aber offenbar nichts Gutes. Es schmerzt, dass die Europäer unsere Tragödie nie verstehen werden, das heißt, nicht begreifen, dass es eine Tragödie ist, nicht nur „Sünd' und Schande". Und wenn schon. Wenigstens bewahren wir bewussten, zivilisierten Menschen unseren letzten Stolz – zu schweigen.

29. November, Mittwoch
Die planmäßigen Verhaftungen eintreffender Kadetten setzen sich fort. In der *Iswestija* (heute die *einzige* Zeitung) ist ein Dekret abgedruckt, mit dem die Kadetten AUSSERHALB DES GESETZES gestellt werden und sämtlich zu verhaften sind.
Gestern hat es im Taurischen Palais doch etwas wie eine Sitzung gegeben. Heute hat man sie für „verbrecherisch" erklärt, Truppen zusammengezogen – Matrosen (keine Letten mehr) – und niemanden mehr passieren lassen. Sie haben so viele verhaftet, dass ich gar nicht weiß, wo sie sie unterbringen wollen. Es wurde sogar „Anweisung erlassen", Tschernow festzunehmen.

Heute war Monsieur Petit bei uns. Er ist sehr liebenswürdig, aber ich kann ihm gar nicht in die Augen sehen. Sie (die Franzosen der Botschaft) haben beschlossen, auszuharren, solange es geht, denn „abreisen wäre doch wohl das Letzte". Allerdings meint er, dass alles zu Ende sei. Ein Separatfrieden ist unvermeidlich (und wäre eine Schande), aber die Fortsetzung des Krieges der Alliierten gegen Deutschland ebenfalls. Oh, sie haben Würde, Ehre und alles, ohne das ein Volk zugrunde geht.

Offenbar ist die Grenze bereits überschritten, da man noch Eindrücke aufnimmt. Außer permanentem Seelenschmerz empfinde ich überhaupt nichts mehr.

Frost. Auf den Straßen ist es tot, kalt, dunkel und still. Ein winterlicher Terror in Schwarz-Weiß.

Die Ankunft unserer Herrscher und Spione mit dem Schandfrieden wird Ende der Woche erwartet.

30. November, Donnerstag

Iwan Iwanowitsch [Manuchin] war da, erschüttert und ganz verwirrt. Er hat die Gefangenen in der Trubezkoi-Bastion der Festung verlassen. Heute. Ebenfalls heute hat man die von der Provisorischen Regierung eingerichtete Untersuchungskommission für die Minister des Zaren, der er als Arzt angehörte, in der Bastion verhaftet. Um die Häftlinge weiterhin besuchen zu können, müsste er in den Dienst der Bolschewiken treten. Denen macht das nichts aus, sie haben ihm sogar angeboten, „bei ihnen" zu bleiben. Das Bemerkenswerte ist, dass sie als Erstes und Schlimmstes ein „Geständnis" verlangen. Und sie sind bereit, jede Gnade zu gewähren, „wenn der gefallene Sünder sich ihnen unterwirft".

Manuchin ist ein überaus gutherziger Mensch. Und es tut zum Erbarmen weh, mit ansehen zu müssen, wie hin und her gerissen er ist. Er versteht, was sein Weggang für die Unglücklichen bedeutet. „Konowalow und ich haben uns heute ausgeheult. Sie müssen verstehen – und sie alle haben das verstanden! –, das ist doch jetzt kein Gefängnis mehr, das ist ein Verlies! Ich müsste denen dauernd in die Fresse hauen! Wenn ich bei ihnen bliebe (das habe ich denen, die mir das Angebot machten, auch gesagt), dann müsste ich herausschreien, dass es ein Verlies ist! Denn die lochen doch

heute mit fröhlicher Miene die Mitglieder der Konstituierenden Versammlung ein und sagen auch noch, das sind nur die Ersten, wir bereiten schon die Zellen für die Sozialisten vor. Zumindest für Irakli Zereteli … Sie alle gelten als ‚Volksfeinde'. Kokoschkin, der schwer an Tuberkulose leidet, haben sie in eine feuchte Zelle gesteckt … (Na, ich habe eine trockene für ihn durchgesetzt). Dort haben sie nichts – keine Kerzen, nichts anzuziehen …"
„Und die Wachen?"
„Sehr schlecht. Jetzt sind nur noch diese vertierten Rotgardisten da. Die Häftlinge sind ernst und gefasst; Neuankömmlinge zeigen Nerven, die länger Einsitzenden sind zurückhaltender, aber alle rechnen auch mit dem Tod. Konowalow hat mir sein Testament, seinen Abschiedsbrief übergeben … Das ist doch einfach entsetzlich!", schreit der arme Iwan Iwanowitsch. „Es wäre doch das Letzte, wenn ich in ‚ihre' Dienste träte! Was würden die Gefangenen von mir denken? Und wie sollte ich ihnen dann helfen? Hinter dem Rücken derer, denen ich ‚diene'?"
Ja, es wiegt unendlich schwer, dass der menschliche Kontakt zu den Gefangenen verlorengeht. Und bei den Bolschewiken in Gefangenschaft zu sein ist schlimmer als bei den Deutschen! Aber ich konnte Manuchin nicht *mit gutem Gewissen* sagen: Gehen Sie hin, tun Sie es für sie. Das wäre doch dasselbe, als wenn ein ehrlicher Mensch für einen guten Zweck zur Ochranka gegangen wäre. Ich erinnere mich …
Tag und Nacht sind draußen jetzt Gewehrsalven zu hören. Die „Kommissare" haben beschlossen, die Getränkelager zu vernichten. Das ist in eine Verwüstung ausgeartet. Die Hälfte wird zertrümmert und ausgegossen, der Rest geplündert. Die Leute besaufen sich entweder an Ort und Stelle oder lassen mitgehen, was sie tragen können. Taucht ein Trupp Soldaten auf, sieht er sich sofort von einer wüsten, betrunkenen Menge aus der Garnison umringt. Wer da auf wen ballert, ist nicht mehr auszumachen. Als wir gegen sechs Uhr abends nach Hause gingen, wüteten sie auf der Snamenskaja-Straße immer noch. Die Schießerei wollte nicht enden …
Jetzt, in der Nacht, da ich schreibe, immer wieder dieses verdächtige dumpfe Krachen … Es sind vereinzelte Schüsse … Ich laufe ins Esszimmer, das auf den Hof hinausgeht, und blicke auf die er-

leuchteten Fenster unseres Pförtnerhäuschens … Ich gehe zurück. Nachdem ich das Licht gelöscht habe, hebe ich die Portiere und schaue auf die Straße hinaus: Alles weiß und leer mit einem bläulichen Schimmer (der Mond versteckt sich hinter den Wolken), hin und wieder huscht eine dunkle Gestalt die Häuserwände entlang.
Wir sind in diesem Haus buchstäblich von Truppen umstellt: Im Taurischen Palais haben sie bis zu 8000 Matrosen zusammengezogen. Auch Maschinengewehre wurden herangeschafft. Das Palais, gerade erst frisch renoviert, ist schon wieder bespuckt und verdreckt; es ist wie der Smolny zu einer Kaserne der Bolschewiken verkommen.
Man kann der Konstituierenden Versammlung körperlich nicht näher sein als wir. Und doch leben wir in einer Unwissenheit wie auf dem entlegensten Dorf. Wir sind in den Pranken eines Gorillas …
Die zu den Deutschen entsandten Vertreter „haben weitgehende Vollmachten für einen sofortigen Friedensschluss", hat Trotzki erklärt.
Aber die Bedingungen der Deutschen … Darüber habe ich bereits geschrieben, und natürlich sind sie noch schlimmer als ich geschrieben habe und mir vorstellen konnte.
Die Konstituierende Versammlung, und sei es auch nur eine entstellte, von Dummköpfen unter vorgehaltenem Bajonett gewählte, hat sich endgültig erledigt.
Am Don – nur Blut und Rauch. Jedenfalls keine guten Aussichten. Wir sind in den Pranken eines Gorillas, und sein Herr ist ein Schurke.
Die Kadetten werden jetzt zu wahren Heiligen. Schingarjows Frau ist gestorben, zurück bleibt ein Haufen Kinder, die völlig mittellos sind … Er ist tapfer nach Petersburg gekommen, und nun sitzt er fromm und ehrlich in der Festung. Ja, fromm und ehrlich. Aber vielleicht … sollte man in den Pranken eines Gorillas nicht ehrlich sein …?

1. Dezember, Freitag

Die Plünderung der Getränkelager geht weiter. Die Straßen sind in einem abscheulichen Zustand. Über einigen Kreuzungen im Zentrum hängen Wolken von Kneipengestank. Wieder hat es einige „Ertrunkene" in Kellern gegeben, wo man den Fässern den Boden ausgeschlagen hat. Aber es wurden auch große Mengen fortgeschleppt, die für lange Saufgelage ausreichen.

Aus dem Taurischen Palais hat man nun schon drei Mal Mitglieder der Konstituierenden Versammlung vertrieben: Manche wurden hinausgeführt, andere mit vorgehaltenem Bajonett verjagt, dritte achtkantig hinausgeworfen. Jetzt ist das Haus leer.

„Sie" sollen nach einem Plan vorgehen. Aber nach welchem?

Dass sie im Augenblick auch nicht die kleinste Anspielung auf die Konstituierende Versammlung zulassen wollen, ist klar. Und nicht zufällig haben sie es auch mit der Friedensdelegation eilig. Wie es dort um sie steht, zeigt ein kleiner Vorfall: General Wladimir Skalon (ebenfalls ein Aufgegriffener) ist in ein Nebenzimmer gegangen und hat sich erschossen. In seinem Abschiedsbrief haben die Halunken zwei Zeilen unkenntlich gemacht.

Wenn die Verhandlungen auf das Ende zugehen, könnten sie durchaus die Konstituierende Versammlung eröffnen, damit sie alle vorherigen Aktionen der „Macht" und diese selbst billigt und schließlich diesen so überaus schändlichen Frieden sanktioniert. Aber nur, wenn es ihnen gelingt, die Konstituierende Versammlung zu inszenieren, das heißt, die nötige Zahl von Sozialrevolutionären zu inhaftieren, alle Kadetten niederzumetzeln und die bereitstehenden 400 Bolschewiken auf die Bühne zu bringen. In Vorbereitung darauf verkünden die *Prawda* und andere Lügen in riesigen Lettern, dass man bereits geheime monarchistische Verschwörungen der Kadetten aufgedeckt hat, und rufen zur Selbstjustiz auf. Tatsächlich gefunden wurden verschiedene Anträge zur Abstimmung in der Konstituierenden Versammlung, darunter ein Antrag, den Präsidenten der Republik nicht vom ganzen Volk, sondern von den Mitgliedern der Versammlung wählen zu lassen (die allgemeinen Wahlen von 1848 in Frankreich hatte Napoleon III. gewonnen!). Ich schildere das als Muster für ihr nichtswürdiges Falschspiel zur Aufwiegelung der unwissenden Masse.

Damit wird Deutschland in solchem Umfang, so koordiniert und perfekt in die Hände gespielt, dass man nach der reinen Logik dahinter auch Lenins Agententätigkeit vermuten muss. Bei Trotzki hat niemand Zweifel: Dafür sprechen Logik und Psychologie. Aber Lenin muss aus psychologischer Sicht kein Agent sein. Doch nach der Logik … Die Interessen Deutschlands kann man nicht beredter und konsequenter verteidigen, als es die Führer der Bolschewiken tun.

Um seine Haut zu retten, hat unser jüdischer Hausbesitzer seine Wohnung Anatoli Lunatscharski „zu Bildungszwecken" zur Verfügung gestellt. Dort ist Geschäftsführer Sinowi Grshebin (ein großes Schlitzohr) von den Bolschewiken eingezogen, hat zwei Autos für sich beschlagnahmt, ein Kärtchen mit der Aufschrift „Minerva-Museum" an der Tür befestigt und lässt sich's wohl sein. Heute kam Gorki von Manuchin zu ihm zum Essen. Dieser Idiot mit der Leidensmiene scheint schlecht lesen zu können: Auch er glaubt der *Prawda*: Eine Kadettenverschwörung wurde aufgedeckt! Iwan Iwanowitsch packte das Entsetzen: „Dann gehen Sie doch zu Grshebin und essen geklaute Piroggen!"

Gegen Boris Sawinkow-Ropschin wurde Haftbefehl erlassen. Bei seinen Bekannten haben Haussuchungen stattgefunden. Ob sie auch zu uns kommen? Ich werde ihnen alte Gedichte von Ropschin [Sawinkows Künstlername] „zur Beschlagnahme" anbieten. Vielleicht nehmen sie sie mit und suchen darin nach einer „Verschwörung".

Und ganz nebenbei werde ich sie fragen, ob sie nicht wissen, wo Boris sich aufhält. Das ist das eigentlich Interessante.

2. Dezember, Sonnabend

Immer noch Plünderungen von Getränkegeschäften mit Schusswechseln. Von der Konstituierenden Versammlung natürlich keine Spur. Stattdessen nehmen die Gerüchte von einer „friedlichen" Besetzung Petersburgs durch die Deutschen immer mehr Gestalt an. Es heißt, die Stadt sei bereits in einzelne Abschnitte aufgeteilt (Gerüchte, selbst unsinnige, sind häufig aufschlussreich). Die Verhandlungen der Bolschewiken mit den Deutschen finden unter größter Geheimhaltung statt.

Michail Tugan-Baranowski ist bei uns aufgetaucht. Lachend erzählt das dicke Kind, wie er bei der Ukrainischen Rada Finanzminister war. Eine Rada – wie schön. Warum ist er dort weggegangen? – „Einfach so. Bin hierher zur Universität gekommen." Schließlich ist er Professor! Aber Vorlesungen gibt es doch keine. Warum also? „Die haben dort Sachen angefangen, mit denen ich nicht einverstanden war. Haben sich an der Staatsbank vergriffen, und ich war doch Finanzminister. Haben vier Gouvernements, ohne zu fragen, annektiert. Na, das ist doch … Aber sonst geht's mir gut! Ich bin mit einer weißen Fahne losgefahren und habe einen Waffenstillstand zwischen den Bolschewiken und Kerenskis Truppen zustande gebracht …"

Mit einem Wort, ein fröhliches, unschuldiges, Durcheinander schaffendes Kind, nur kein „verirrtes", sondern stets in einer weichen Wiege.

Gerüchte über Nikolaus' Flucht … eindeutiger Unsinn.

Das Übrige aufzuschreiben lohnt nicht.

4. Dezember, Montag

Gestern erschienen der Matrose Kartaschow vom Revolutionären Kriegskomitee (ein alter Krimineller) und der Kommandant der Peter-Pauls-Festung Kudelko bei Michail Tereschtschenkos Mutter mit dem Angebot, die sechs Minister *mit Hilfe gefälschter Order* frei zu bekommen. (Tereschtschenko sollte der Erste sein.) Zwar gehört der Matrose selbst der Untersuchungskommission an, aber er erklärte, dass dies nur mit gefälschten Papieren zu bewerkstelligen sei.

Frau Tereschtschenko war vor Freude ganz durcheinander. Sie händigte dem Matrosen eine Nachricht für ihren Sohn aus – auf Französisch: Hab Vertrauen usw. Erst später fiel ihr ein, dass sie sich wegen der merkwürdigen Geschichte hätte beraten sollen. Sie begab sich zu Manuchin, wo auch die Ehefrauen der anderen aufgeregt zusammenkamen … Was uns betrifft, so waren wir natürlich entsetzt. Denn dies war eindeutig eine Provokation, aber woher? Wenn allein von dem Matrosen, dann hätte er sofort Geld verlangt und genommen. Bei den örtlichen Gegebenheiten ist das Vorhaben faktisch unausführbar. Offenbar plante man jemandes

Zustimmung zu dem Ausbruch einzuholen, vielleicht auch, ihn zu inszenieren, um bei der öffentlichen Bekanntgabe der „Kadettenverschwörung" Fakten in der Hand zu haben.
Der unglückliche Iwan Iwanowitsch konnte die ganze Nacht nicht schlafen und eilte am Morgen zu Gorki, wohin man auch Tereschtschenkos Mutter bestellt hatte.
Gorkis Frau (die Dublette), die „berühmte" Maria Andrejewa, die, „gelobt sei die Kunst!", daher auf die verschiedenste Weise mit Lunatscharski Freundschaft pflegt und zusammenarbeitet – sie begab sich gemeinsam mit Frau Tereschtschenko … zu Lenin!
Um ihm die Sache „zu melden".
Unappetitlich. Aber außer der gaffe der Tereschtschenko scheint nichts davon geblieben zu sein.
Weitere Einzelheiten sind mir nicht bekannt. Ich weiß nur, dass die Sache irgendwie „beigelegt" wurde und der Smolny darum bat, sie nicht an die Öffentlichkeit zu bringen, denn der Matrose sei „bereits abgelöst".
Hm … Und der Kommandant?
Bei Dunkelheit werden die Spinnen munter …

> … Ihre Rücken huschen umher
> im stinkenden, fahlen Staub …

Aber wie das alles zusammenhängt, ist nicht zu erkennen, nicht zu verstehen und nicht zu erfassen.
Es stinkt und fühlt sich an wie eine Kloake, in der wir versinken.
Die Schnapspogrome halten nicht eine Minute inne. Ganz „Petrograd" (hier passt der Name!) ist besoffen. Irgendwo wird immer geschossen, manchmal aus Maschinengewehren. Gerade ist auf der Wassiljewski-Insel ein grandioser Raubzug im Gange.
Man darf nicht glauben, dass so etwas nur nachts passiert: Nein, es geschieht auch am Morgen, bei Tag und am Abend – eine einzige Besäufnisplünderung.
Ein Gerücht will wissen, dass die Bolschewiken die Konstituierende Versammlung am Freitag, dem 8. Dezember erlauben werden. Ich glaube das nicht, denn logisch ist ein solcher Schachzug nicht zu erklären. Eine Mehrheit der Sozialrevolutionäre ist

abzusehen. Sie sind eine große Zahl. Weshalb sollten sich die Bolschewiken jetzt darauf einlassen?

Oder ist der Auftrag der Deutschen bereits erfüllt? Der deutsche Frieden, davon kann man ausgehen, ist bereits eine vollendete Tatsache, aber Deutschland scheint es für verfrüht zu halten, seine treuen Diener nach Bezahlung zu entlassen. Vielleicht sind sie noch zu gebrauchen?

Es wäre auch *psychologisch* nicht erklärbar, dass Lenin bei seinem durchaus vorhandenen Fanatismus in einem solchen Augenblick bereit wäre, sich auszahlen zu lassen und in den Schatten zu treten. Wer er auch sein mag, er wird noch etwas länger „glänzen" wollen.

Am Don vollzieht sich ein blutiges Gemetzel. Wer die Oberhand behält, weiß man nicht. Dorthin ist kein Durchkommen. Die Mutter von Wladimir Slobin [Sekretär von S. Hippius] wollte nach Kislowodsk reisen und ist nach einer Woche in Taganrog unverrichteter Dinge umgekehrt.

5. Dezember, Dienstag

Nichts Besonderes. Überall in der Stadt Raub und Schießereien. (Heute bereits den achten Tag.) Maschinengewehre rattern. An sie und die Orgien, die inzwischen auf Häuser und Geschäfte übergreifen, hat man sich bereits gewöhnt. Die Verwundeten und Toten pro Tag sind nicht gar so zahlreich: etwa 10 Tote und 50 Verletzte.

Die Hausknechte und Portiers streiken, sie verlangen Tausende von den Hausbesitzern, obwohl die Bolschewiken die Häuser zu ihrem Besitz erklärt haben. Die Haustüren sind überall verschlossen, aber die Hoftore stehen die ganze Nacht weit offen. So verlangen es die Hausknechte.

Die Offiziere tragen keine Schulterstücke mehr. Die haben nur noch die Deutschen, die langsam, aber sicher eintreffen.

In den *Kresty,* dem Petersburger Untersuchungsgefängnis, sitzen jetzt mehr als 800 Offiziere ein. Die *Prawda* hat verkündet: „Offiziere, Kadetten und Bourgeois haben die Weinkeller zur konterrevolutionären Umwandlung des Volkes in Idioten eingerichtet" (sic!).

Wenn du trinkst, ist das verständlich. Ist der Keller leer, gehst du den Bourgeois ausrauben. Selber schuld, warum hat er „mit konterrevolutionärer Absicht den Keller eingerichtet". Vielleicht kriegt er Angst und rückt alles raus. Dafür haben wir doch die Macht – über die Keller und die Bourgeois.

8. Dezember, Freitag

Ich war im *Wetscherny swon* (Abendklang) (ein Blättchen dieses Namens gab die Druckerei der *Retsch* heraus) und habe nicht zu Hause vorbeigeschaut. Aber es ist immer noch das Gleiche. Ständig Raubüberfälle und Schießereien (gestern Nacht hat es vor unseren Fenstern so gekracht, dass ich hochgefahren bin und Dima zum Pförtnerhäuschen gegangen ist). Aber es ist bereits alles ausgeraubt und ausgetrunken. Dann müsste es eigentlich auch bald ruhiger werden. Jetzt sind nur noch Reste übrig.
Im Süden ist Krieg, offenbar nicht nur gegen die Kosaken, sondern auch gegen die ukrainische Rada. Die Bolschewiken haben sich sogar schon mit Wikschel [dem gesamtrussischen Exekutivkomitee der Eisenbahner] zerstritten. In Moskau wurde die Zensur eingeführt. Sie übernehmen sich … Oder nicht? Immer mehr deutsche Truppen treffen ein und schwärmen ungeniert aus. Die deutsche Botschaft wird renoviert.
„Wlad. Al." [nicht ermittelt] war nur zwei Tage am Don, ansonsten in Kiew. Wir werden sehen.
Wenn die Langeweile nicht wäre, könnte man einfach in Ruhe abwarten. Aber die ermüdende Serie gigantischer Schweinereien erzeugt eine besondere Art von Langeweile, die zum Gähnen widerlich ist.

11. Dezember, Montag

Sie machen weiter wie bisher. Erfinden „Wein-Verschwörungen" der Kadetten. Dabei wird es um die Keller langsam still, gerade werden die letzten verwüstet.
Gestern stand Gräfin Panina vor dem „Revolutionären Kriegstribunal" … Und … bei Gott, es scheint, als sei das alles Absicht – eine Operette mit einer tragischen Geisha.
(Noch nie im Leben habe ich so viele Worte „in Anführungsstri-

che" gesetzt. Alle schreiben jetzt so. Das kommt daher, dass unser ganzes Leben ein „Leben" in Anführungsstrichen ist.)
Nun hat man also Panina „den Prozess gemacht": Mit hysterischen Szenen und Ovationen der Zuschauer, mit absolut unwissenden Anklägern und rührenden Verteidigern. Das Urteil stand im Übrigen schon am Abend zuvor fest: Sie soll sitzen, bis sie das Geld des Ministeriums – 92 000 – jenen wieder abnimmt, denen sie es gegeben hat, und an die Bolschewiken weiterreicht.
Panina ist hart geblieben: Geld des Volkes muss an das Volk zurückgegeben werden, das heißt, an die Konstituierende Versammlung, nicht an euch.
Und sie wanderte zurück ins Gefängnis. Dafür, dass sie die Bolschewiken „nicht anerkannt" hat, wurde ihr noch eine „Rüge" erteilt. Zehn Minister sitzen in der Peter-Pauls-Festung ein. Dazu die verhafteten „Verschwörer" – Kadetten und Mitglieder der Konstituierenden Versammlung. Ausgenommen Nikolai Kutler, der liegt im Krankenhaus, weil er bei der Festnahme am Bein verletzt wurde.
Übrig geblieben sind drei: Andrej Schingarjow, Andrej Kokoschkin und Pawel Dolgoruki. Schingarjow ist vor ein paar Tagen eine erschütternd dumme, ärgerliche Sache zugestoßen. Eine unsägliche Anekdote aus dem Bereich der Tragödie.
Ein Fräulein Kaufman aus der Kanzlei des ZK der Kadetten, eine Verehrerin Schingarjows, erwirkte eine Besuchserlaubnis und wollte ihm ein paar Plunderstücke bringen. Unterwegs schaute sie in der Kanzlei vorbei, um mit den anderen Fräulein zu schwatzen. Beim Weggehen nahm sie das *falsche* Paket vom Tisch und übergab es Schingarjow in der Festung anstelle der Plunderstücke. Darin waren aber Papiere, Sitzungsprotokolle des ZK der Kadetten – alte und neue! Die hatten in der Kanzlei für ein anderes Fräulein bereitgelegen, das sie zu einer konspirativen Wohnung bringen sollte. Als man in dem Paket die Plunderstücke fand, wurde klar, was passiert war.
Drei Tage Stöhnen und Schluchzen – einfach verbrecherisch –, denn dadurch bekamen die Bolschewiken Wind und durchsuchten Schingarjows Zelle. Die Sache war so unwahrscheinlich töricht, dass die Bolschewiken zunächst überlegten, ob es nicht eine

Falle sei und man ihnen die Papiere mit einer bestimmten Absicht untergeschoben habe.

Als dann aber die heulenden Fräulein angelaufen kamen, alles auf ihre Kappe nahmen und die „reine Wahrheit" beichteten, waren die Bolschewiken überzeugt, dass es sich einfach um einen Glücksfall handelte. Sie werden versuchen, daraus eine neue „Verschwörung" der Kadetten zu konstruieren. Natürlich wurden auch die Fräulein und Schingarjows Wohnung durchsucht. Was für ein idiotisches Malheur!

Aus Sorge um die Gefangenen hat man jetzt das alte, unter dem Zaren verbotene Rote Kreuz wieder hervorgeholt. Es hat einst den politischen Häftlingen viel geholfen. Auch Kerenski stand ihm nahe – wie viele Abende mit Vorträgen für „unbekannte" wohltätige Zwecke hat es gegeben!

Dank dem „Kreuz" kann Iwan Manuchin die Gefangenen jetzt wieder besuchen. Für den „Kontakt" hat man auch den Sünder Nikolai Sokolow herangezogen. Er ist zwar ein „reuiger" Sünder, aber die alten Beziehungen hat er natürlich noch …

Es ist einfach ein Glück, dass Iwan Iwanowitsch wieder in die Festung fährt und sich dort kümmert – jetzt als Arzt vom Roten Kreuz.

Er hat auch Gorki angesprochen, aber daraus wurde sofort ein Konflikt mit diesen gewissenlosen Leuten: Gorkis Frau, die hysterische Person, die bei Lunatscharski arbeitet, fing gleich an: „Oh, mit dem größten Vergnügen … Ich organisiere einen Abend … Und Alexej Maximowitsch [Gorki] hält einen Vortrag … Das ist doch eine durch und durch neutrale Organisation? Und sie wird genauso handeln, wenn Lenin einmal sitzen sollte?" Dass sie jetzt solche schamlosen Fragen stellt, hat die ehrlichen alten Mitglieder des Kreuzes schockiert.

<u>Gorki … ist einfach ein Verbrecher.</u> Heute hat ihn die Schwester des unglückseligen Schingarjow aufgesucht, und er hat sie hinausgeworfen. Zu Iwan Iwanowitsch hat er gesagt (mit was für einem Blick!), „wenn Lenin in dieser Lage wäre, dann würde ich helfen, aber Schingarjow helfen – das will ich nicht".

Man hört von sehr ernst zu nehmenden Plänen, die Todesstrafe einzuführen. Sie wollen mit ihrem Schneur anfangen (ein geschickter Schachzug!), dann sollen ein paar Kadetten folgen … Ihre Geschäfte laufen bislang nicht besonders gut. Sicher werden sie ihre Handlanger, die linken Sozialrevolutionäre, einbinden. Der Krieg ist faktisch zu Ende, die Soldaten haben ihn durch ihr buchstäbliches „Ersaufen" im Wein und Schnaps der verwüsteten Keller beendet. Doch gibt es auch keinen Frieden, nicht einmal einen Schandfrieden. Die Deutschen wägen noch ab, wann sie ihn am besten mit „ihren" Leuten einfädeln und unterzeichnen. Im Moment ziehen sie im Süden Truppen zusammen für den Fall, dass sie den schwächelnden und feigen Einheiten der Bolschewiken im Krieg gegen die Ukraine und die Kosaken helfen müssen. Sie werden ihnen „siegen" helfen … und nehmen natürlich dann alles für sich.

Seltsam! Ich sehe nicht, was uns erwartet. Seltsam deshalb, weil man nur in meinen Aufzeichnungen von Anfang des Krieges zu blättern braucht, um erstaunt festzustellen, wie konkret und genau ich manches erahnt habe. Aber jetzt hat alles entweder die Grenzen der menschlichen Logik und des Verstandes überschritten, oder die Knotenpunkte sind aus unserem Gesichtsfeld verschwunden, sie liegen nicht mehr hier, sondern bei den Deutschen. Und wir haben keinen Schlüssel dazu. Wer nichts weiß, kann auch keine realen Orientierungen für die Zukunft finden. Und auf bloße „Gefühle" gebe ich nichts.

14. Dezember, Donnerstag

Ich liebe diesen Tag. Und weil ich ihn liebe, will ich ihn nicht mit Notizen verderben.

> O Schlinge des Nikolaus, die reiner ist,
> als die Finger der grauen Affen!

Das sind zwei „anstößige" Zeilen, die die Redakteure in meinem heutigen Gedicht „Ihnen" (den Dekabristen gewidmet) gestrichen haben. Ich hatte es letzte Nacht geschrieben und es erscheint im *Wetscherny swon* von heute.

16. Dezember, Sonnabend

Der Luftikus Wassja [wahrscheinlich der Cousin Wassili Stepanow], der sich schon längere Zeit hier illegal herumdrückt und dabei unvorsichtig ist, wie ein Kind oder ein Kadett, ist bei Anatoli Moltschanow (Maria Sawinas Ehemann) verhaftet und in die Festung geworfen worden. In eine feuchte Zelle bei voller Isolierung.
Ein für uns noch nicht durchschaubarer, aber in sich logischer Plan läuft hier ab. Folgendes ist geschehen: 1) *Angeblich* lassen sich die deutschen Exzellenzen auf … „ohne Annexionen und Kontributionen" *ein* (?!?). In einer zweideutigen Form, die für Soldatenköpfe und Bolschewiken-Angeberei aber völlig ausreicht. Sofort haben sie mit ihren Gardisten jubelnd alle Banken, auch die privaten, in Besitz genommen. 2) Mit Sonderzügen sind alle möglichen hochgestellten Deutschen ganz offen angereist, „um sich mit der inneren Lage Russlands bekannt zu machen". (Das ist keine Ironie meinerseits, sondern offiziell so gedruckt!) Bisher ungefähr 150 Mann in zwei Gruppen. (Circa 800 Bewaffnete sind bereits hier.)
Die hohen Gäste und „Feinde" werden von der Smolny-Wache respektvoll geschützt, Trotzki lädt sie zum Frühstück und zum Mittagessen ein, im Smolny finden unter größter Geheimhaltung Beratungen von „hoher staatlicher Bedeutung" statt.
Hunger steht vor der Tür. Was Sibirien betrifft, ist die Lage unklar. Es gibt Gerüchte, es habe sich abgetrennt und eine Regierung mit Grigori Potanin an der Spitze gebildet. Südlich von Kursk geht es nicht mehr weiter. Dort herrscht *Krieg* – des ganzen Südens gegen den Norden, denn die Bolschewiken führen nun auch Krieg gegen die Ukraine.
Viktor Tschernow scheint sich heimlich wieder mit den Bolschewiken zu verständigen. Doch die Konstituierende Versammlung (Wer, zum Teufel, ist das jetzt eigentlich?) hängt immer noch in der Luft. Das Winterpalais wird renoviert – entweder für einen Kongress der Bolschewiken oder für noch höhere deutsche Gäste. Ich werde genauso ruhig notieren – wenn es denn passiert –, dass „heute Wilhelm eingetroffen" ist und „Trotzki um eine Audienz nachsucht". Denn keiner weiß, ob Trotzki „sich vorstellen" darf oder tatsächlich die Stunde der Abrechnung mit ihm an der Hin-

tertür schlägt und ein nachdrückliches *Heraus! Hinaus*! [Deutsch im Original] ertönt. Dann geschähe das, was klüger und für die Deutschen nützlicher wäre.

Für morgen hat sich unser regierendes Gesindel entschlossen, die Karten auf den Tisch zu legen. Es veranstaltet Demonstrationen „der Regierung" und des „triumphierenden Volkes", der „jubelnden Untertanen". Wer nicht jubelt, dem ist es streng verboten, sich unter die Feiernden zu mischen. Wer nach der Wahrscheinlichkeitstheorie nicht jubelt, wird vorher festgenommen. Entsprechend obszöne Losungen wurden ausgegeben: „Tod den Bourgeois, den Kaledins, Kornilows" usw.

Strömt herbei, graue Affen, tragt euren tierischen Fahnenwald! Dmitri sagt: Eigentlich müsste man auch eine Demonstration machen, besser, eine Prozession – still, mit brennenden Fackeln und einem großen Sarg mit der Aufschrift: „Russlands Freiheit" …

Ich korrigiere: Nein, die Aufschrift muss wirksamer sein. Auf den Sarg sollten wir nur schreiben: „Russland" …

20. Dezember, Mittwoch

Gestern eine schlimme Geschichte in der Festung: Offiziersbursche Pawlow (der Gehilfe des Kommandanten) hat einen Brief Kartaschows an dessen Schwester abgefangen, in dem er schreibt, dass „Russland sich bei den Deutschen als Tagelöhner verdingt hat". Pawlow ist mit ein paar Soldaten bei dem Gefangenen eingedrungen und hat ihn in den Karzer gesteckt. Die übrigen Minister sind in den Hungerstreik getreten.

Zum Glück hat es sich heute irgendwie eingerenkt. Kartaschow wurde in seine Zelle zurückgebracht. Aber die Lage dort ist miserabel.

Und erst diese Deutschen! Haben ein Exemplar von „Frieden" angeboten, der selbst die Bolschewiken aus der Fassung gebracht hat. Die haben sich zu früh gefreut. George Buchanan, der britische Botschafter, ist abgereist.

Nikolai Awksentjew wurde verhaftet. Heute war erneut Iljas Frau Amalia bei uns. Und spätabends Ilja Bunakow-Fondaminski selbst. So ein merkwürdig reiner Mann, der von seinem Naturell her vieles einfach nicht begreift.

Jeder bleibt bei seiner Meinung. Wir finden nicht zusammen.
Ilja sagt, dass die Sozialrevolutionäre beschlossen haben, die Konstituierende Versammlung am 27. zu eröffnen. Am ersten Tag sollen gleich drei Fragen behandelt werden: „Alle Macht der Konstituierenden Versammlung", „Frieden" und „Boden". Bei den letzteren beiden will man die Bolschewiken links überholen (denn ohnehin ist alles zu Ende, da kommt es darauf auch nicht mehr an). Und … die erste? Genau bei der werden sie scheitern …
Ilja versucht vergeblich, den „Abgrund" zwischen Sozialrevolutionären und Bolschewiken zu erklären: „Sie tragen den Virus der Rebellion in sich, wir den Virus der Ordnung" … Ist das nicht leeres Geschwätz? …

22. Dezember, Freitag

Meine Aufzeichnungen „Krieg und Revolution" … sind ein wenig „aus der Fensterperspektive" geschrieben. Aber aus einem Fenster, von dem aus die Kuppel des Taurischen Palais' zu sehen ist. Aus dem Fenster einer Wohnung, in der im Frühjahr noch die kürzlichen Herren der Lage gewohnt haben; an deren Tür alle Politiker der vorherigen Regierung anklopften; von wo Boris Sawinkow im August abfuhr, um Kornilow zu begleiten und … deren Schwelle niemals der Fuß eines Rasputin oder Purischkewitsch, vor allem aber eines Bolschewiken-Kommissars überschritten hat. In den Tagen der Selbstherrschaft lagen vor unserem Eingang Spitzel auf der Lauer … Ob sie das jetzt, in den Tagen der schlimmsten Selbstherrschaft, wohl auch tun?
Ein Ende dieser Herrschaft ist nicht in Sicht. Überall Schatten und Gespenster.
Gestern hat es einen gewaltigen Schneesturm gegeben. Petersburg ist zugeweht wie ein Dorf. Jetzt wird doch kein Schnee mehr geräumt, die Hausknechte haben verantwortungsvolle Posten in den Ministerien übernommen, sind Direktoren, Inspektoren usw. Ich bitte zu beachten, dass ich nicht übertreibe, das sind Tatsachen. Ministerin Kollontai hat zum Inspektor des Katharinen-Instituts eben den Hausknecht dieser Frauen-Bildungsstätte ernannt.
Die Stadt ist weiß und stumm, unter Schnee begraben. Heute haben wir 15 Grad Frost. Die Straßenbahnen kommen kaum noch

von der Stelle. Es gibt wenig Strom (einige Zeitungen konnten heute nicht erscheinen). Für zwei Tage gibt es drei Achtel Kilogramm Brot. Wir geraten immer mehr in die Isolierung.
Die Bolschewiken schreien, sie werden einen „heiligen" Separatkrieg gegen die Deutschen führen. Dank ihrer Tätigkeit kann überhaupt kein Krieg mehr geführt werden, daher glaube ich, dass dies ein Schachzug vor dem unvermeidlichen, unabwendbaren Schandfrieden ist.
Nicht nur jeder Tag, sondern jede Stunde bringt etwas Neues, das wiederum ganz anders ausgeht. Man kann nichts notieren, und es lohnt auch kaum.
O Russland, mein Russland! Bist du am Ende?

23. Dezember, Sonnabend
Ich bin müde, es ist spät. Verschiedene Leute. Ich bin beschäftigt mit unterschiedlichen Dingen. Amalia [Fondaminskaja] war hier. Nach ihr kam Wladimir Sensinow. In der Diele kam ich nicht umhin, ihm Ausschnitte aus der *Delo naroda* mit seinen eindeutig verlogenen Worten über Sawinkow vorzuhalten. Er rechtfertigte sich damit, dass er nicht richtig zitiert worden sei. Nun, bei mir hat er keine Gnade gefunden.
Dann kamen für eine Minute die Brüder Slonimski (Studenten) vorbei. Danach, schon spät, Ratkow mit Sohn Wolodja direkt vom Nikolaus-Bahnhof. Das ist derselbe Wolodja, der vom ersten Tag des Krieges an als Freiwilliger beim Preobrashensker Regiment gedient hat. Er war an der Front, solange es sie gab. Erst vor kurzem ist er zu seiner Mutter nach Moskau gefahren. Ist schon bei uns gewesen. Trägt derzeit Zivil.
Sie sind nur für zwei Tage geschäftlich hier. Ich habe ihnen angeboten, bei uns zu übernachten. Wie sollten sie zu dieser Zeit noch auf die Petrograder Seite kommen? Aber sie wollten nicht bleiben. Wenn doch wenigstens dieser Wolodja aus Moskau an keine „Fronten" mehr fährt! Es reicht …
Gerüchte …
20 Grad Frost.

24. Dezember, Sonntag

Alles … erledigt, trotzdem setze ich mich immer spät noch an mein Tagebuch.

Manuchin, der traurige Mensch, war hier und hat schlechte Nachrichten gebracht. Dieser Pawlow in der Festung ist wirklich eine schlimme Figur.

„Er lässt mich nicht rein", berichtet Manuchin. „Sie lungern hier jeden Tag rum mit irgendeinem Roten Kreuz. Wozu?" „Ich lege ihnen ein Papier von Lenin und Trotzki vor … Von Trotzki wollen sie überhaupt nichts hören, und auch über Lenin äußern sie sich sehr direkt: ‚Was soll uns Lenin? Heute ist er Lenin, und morgen jagen wir ihn davon. Jetzt haben die Unteren die Macht, also fügen Sie sich. Wir sind unser eigener Rat.' Klare Sache, der Verfall ist in vollem Gange. Und sie erklären, dass auch keine Päckchen mehr zugelassen sind: ‚Die sollen bei unseren Rationen hier sitzen.' Eine Stunde lang habe ich mit ihnen geredet. Der Mann, der den Ofen heizt, hat sich eingemischt und mit dem Schürhaken vor mir herumgefuchtelt: ‚Dich lassen wir nicht mehr rein, du gehst uns schon seit April auf die Nerven, dass dich …! Hast hier welche rausgelassen, soll das so weitergehen?' Karpinski hat mich beim Ärmel gepackt, und der Feuerhaken pfiff an mir vorbei. Am Dienstag fahre ich in den Smolny. Diese Garnison kann nur durch einen Befehl zur Räson gebracht werden. Von ehemals 3000 sind ganze 300 Mann übrig geblieben. Der Rest ist weggelaufen … Die noch da sind, haben nichts Menschliches mehr …"

Die Fenster sind schon halb zugeschneit. Trotzdem ist das keine weiße Weihnacht, sondern eine tiefschwarze.

Die Konstituierende Versammlung ist für den 5. erlaubt worden. Aber schon schreiben ihre Zeitungen unverblümt, dass sie „unnötig" sei, dass sie entweder ihr „Gehilfe und Diener" sein soll oder mit „revolutionärer Gewalt" auseinandergejagt wird.

So wird es auch kommen, denke ich. Aber ich weiß es noch nicht. Ich weiß nicht, wie die Sozialrevolutionäre sich blamieren werden – durch Ehrlosigkeit oder durch Schwäche. Tschernow ist zu jedem Verrat fähig.

Aber zu einer der Blamagen wird es unter diesen Umständen kommen, entweder zur ersten (sie einigen sich mit den Bolsche-

wiken) oder zur zweiten (sie werden auseinandergejagt).
Wenn es wenigstens die zweite wäre!

Skandale ohne Ende. Gestern wurden wieder ein paar Keller gestürmt. Sie haben tatsächlich noch volle gefunden.

1918

1.–2. Januar

Ein bedingtes Neujahr, denn es hat nichts verändert. Höchstens zum Schlechteren wie jeder neue Tag. Der Strom wird häufig abgeschaltet. Am 1. Januar gab es ihn nur eine Stunde lang von fünf bis sechs Uhr. Ansonsten überall schwarze Finsternis wie auf der Straße. Dort kommt bei 20 Grad Frost auch noch schwarzer Nebel hinzu.

Das Brot, auch das mit Stöckchen und Stroh gestreckte, ist fast völlig ausgegangen.

Den dritten Tag gibt es keine Zeitungen.

Konowalow und Tretjakow sind aus der Festung in ein Krankenhaus überführt worden. Hoffentlich auch Kartaschow.

Jetzt wird es allerdings Zeit, etwas mit aller Klarheit anzusprechen. Ich muss mich fragen (und darauf antworten), weshalb ich den Sozialrevolutionären helfe.

Warum sitze ich bis acht Uhr morgens an ihren „Manifesten" für die Konstituierende Versammlung, an ihren „Noten", Proklamationen u.a.? Ilja [Bunakow] kommt in tiefer Nacht wie Nikodemus durch die Hintertür. Er bringt mir seine tollkühne Demagogie und seine Lügen (in hölzernen Worten), und ich schreibe genau das um, mühe mich wieder und wieder, es in eine lebendige Form zu bringen. Weshalb tue ich das?

Ich mache es bewusst. Ilja begreift nicht schlechter als ich, dass es „Demagogie" und Lügen sind.

Aber die Lage ist folgende:

Die Konstituierende Versammlung (welcher Art auch immer) und die Bolschewiken KÖNNEN KEINE MINUTE LANG NEBENEINANDER BESTEHEN. Entweder „Alle Macht der Konstituierenden Versammlung", dann stürzen die Bolschewiken, oder „Alle Macht den Räten", dann stürzt die Konstituierende Versammlung. Entweder – oder. Die Sozialrevolutionäre sagen, sie hätten das verstanden. Auf dieser Grundlage haben sie ihren Plan aufgebaut und sich ihre Taktik zurechtgelegt. So ziehen sie in den Kampf. „Alle Macht der Konstituierenden Versammlung" ist ihre erste These für die erste Sitzung. Wenn sie erreichen, dass diese

bestätigt wird, dann bedeutet das einen MACHTWECHSEL.
Sie hoffen auf ihre unumstrittene Mehrheit und auf die „Idee"
der Konstituierenden Versammlung.
Angesichts des gegenwärtigen Zustandes der „Massen" (wie sie
sich ausdrücken), die sich an dem „Frieden" und „Boden" der
Bolschewiken berauschen, garnieren sie (alle ehrlichen unter ihnen, selbst die *mehr* oder *weniger* ehrlichen, fast alle) diese neue
„Macht" mit demagogischen Bonbons. (Sie haben ja nichts zu verlieren). Auch sie versprechen auf der Stelle „Frieden" (aber einen
allgemeinen), „Boden" (aber auf regulärem Wege) und eine föderative Republik (aber eine einheitliche).
Ich weiß nicht, ob sie sehen, wie haltlos ihre Hoffnungen sind.
Ich sehe es natürlich. Mag die „Mehrheit" auch unumstritten
sein (sie haben sich in diesen drei zuerst zu stellenden Fragen von
Macht, Frieden und *Boden* mit den Vertretern aller anderen Parteien außer den Bolschewiken und den linken Sozialrevolutionären verbündet). Aber die Bolschewiken in Demagogie zu übertreffen wird ihnen ohnehin nicht gelingen, das zum Ersten. Die „Idee"
der Konstituierenden Versammlung haben die Bolschewiken
längst klug unterlaufen, das zum Zweiten. In den „Köpfen" des
wildgewordenen Pöbels haben sie bereits eine solche Verachtung
zur „Konstituierenden" erzeugt, dass es jetzt das Einfachste von
der Welt wäre, diese auch mit Bajonetten auseinanderzujagen.
Wenn die Sozialrevolutionäre keine reale Kraft haben, die sie unterstützt, dann wird das offenbar auch geschehen.
Laut ihrem eigenen halbherzigen Eingeständnis HABEN SIE
DIESE REALE KRAFT NICHT.
Warum helfe ich ihnen ungeachtet 1) ihres sehr wahrscheinlichen
Scheiterns, 2) ihrer bewusst verlogenen Schwüre, 3) der Tatsache,
dass Tschernow kaum besser ist als Lenin, 4) dass ich ihr gesamtes
Verhalten von April bis November fest und unerschütterlich für
verbrecherisch halte?
Ich helfe ihnen deswegen, weil wir (alle) gegenwärtig nur ein einziges schmales, sehr schmales Ziel verfolgen: Die Macht der Bolschewiken zu stürzen. Ein anderes darf es nicht geben. Es ist das
einzige, erste und gerechte: Sie stürzen. Gleichgültig, mit welchen
Mitteln, gleichgültig, auf welche Weise und gleichgültig, mit wes-

sen Händen. Im Augenblick bieten sich allein *diese* Hände an. Die Wahrscheinlichkeit des Erfolgs beträgt ganze 1 Prozent. Aber wir haben keine Wahl. Denn wenn die Sozialrevolutionäre mit ihrem einen Prozent nicht wären, dann gäbe es ZU DIESEM ZEITPUNKT niemanden, null Prozent.
Wenn sie scheitern, dann suchen wir die nächsten. Und bestimmen die nächsten, wer sie auch seien, erneut nach der Zweckmäßigkeit ihres Handelns und der Eignung ihrer Mittel für das unvermeidliche, schmale ERSTE Ziel – den Sturz der Bolschewiken. Jeder Tag, den sie jetzt die Macht ausüben, bedeutet ein weiteres Jahrhundert Schande Russlands. Das ist keine Übertreibung sondern wahrscheinlich eine Untertreibung. Insbesondere diese „Verbrecher" (die Sozialrevolutionäre) durchschaue ich voll und ganz. Ich erwarte von ihnen wesentlich Schlimmeres als ein Scheitern (das auf der Hand liegt) oder das Nachahmen der Bolschewiken nach deren Sturz (was nicht schlimm wäre, weil daraus nichts wird). Oh, ich erwarte wesentlich Schlimmeres: *Die Bereitschaft zu einer Übereinkunft.* Jetzt tönen die Sozialrevolutionäre: „Alle Macht der Konstituierenden Versammlung!" Und wenn ihnen angeboten wird zu teilen? Gegenwärtig will Ilja Bunakow (dieser ehrliche Verbrecher-Säugling) aufrichtig eine Zentralmacht in Form einer Koalition der Nationalitäten (o welcher Schwachsinn!). Aber wenn man ihnen nun ein paar linke Ukrainer unterjubelt? Und einen Lenin, der hinter den Kulissen bleibt als stiller Bolschewik? … Auf eine Hoffnung baue ich übrigens felsenfest: Die Bolschewiken – mögen ihnen auch Hohn und Kälte zusetzen, mögen die Deutschen sie drangsalieren – GEBEN KEINEN FUSSBREIT WIEDER HER, DEN SIE EINMAL EROBERT HABEN. NIEMANDEM. EHER LASSEN SIE SICH ZERREISSEN.
Ein Eisbrecher hat außer der „Aurora" drei weitere Panzerkreuzer auf die Newa gebracht.
Gestern wurde die gesamte rumänische Botschaft verhaftet. (Wir, so heißt es, machen vor nichts halt.) Das Urheberrecht ist abgeschafft. Was kommt noch? Die machen alles platt. Man muss schon gut nachdenken, was noch geblieben ist.
Aus „Künstlerkreisen" sind bis heute außer Jeronym Jassinski,

Alexander Serafimowitsch und den Moskauer Futuristen die Dichter Alexander Block, Sergej Jessenin und Nikolai Kljujew, die Maler Kusma Petrow-Wodkin und Rjurik Iwnjew zu ihnen übergelaufen. Das hat das Organ von Nachamkis (die *Iswestija*) erklärt.

4. Januar, Donnerstag

Das Licht ist noch nicht erloschen, aber Streichhölzer und Kerzenstummel habe ich bereits zur Hand. Heute ist ein angespannter Tag, die Vorbereitung auf morgen.

Ärgerlicher Fehlschlag bei der Überführung Kartaschows, Schingarjows und Kokoschkins aus der Festung ins Krankenhaus. Alles war eingefädelt, Ärzte und Verwandte versuchten einen ganzen Tag lang Bolschewiken in der Festung für eine Unterschrift abzupassen, aber es ist nicht gelungen. Also dann auf morgen.

Ein idiotisches „Attentat" auf Lenin (bei dichtem Nebel soll man auf seinen Wagen geschossen haben, vielleicht ist auch nur ein Reifen geplatzt) hat die *Prawda* veranlasst, geradezu unmenschliche Drohungen auszustoßen. Sie kündigt an „Hunderte Köpfe rollen zu lassen" und erklärt, „auch vor BESTIALITÄTEN nicht haltmachen" zu wollen. Bereits den dritten Tag wird die Redaktion von *Wolja naroda* (der Sozialrevolutionäre) verwüstet, man hat Pitirim Sorokin, Andrej Argunow, Gudkowski und mehrere Mitarbeiter verhaftet, sogar Michail Prischwin!

Gestern wurde die Redaktion von *Den* (der sozialdemokratischen Menschewiken) demoliert, David Saslawski und eine weitere Person sind festgenommen. Kliwanski hat man bei der Verhaftung verletzt. Ein Übergriff erfolgte auch auf die Soldatenzeitung *Seraja schinel* (Der graue Soldatenmantel).

Auf den Protest aller Botschafter hin sind die Rumänen zunächst freigelassen worden. Aber die Festnahme des rumänischen Königs wird angekündigt (?).

Nach dem Mittagessen erschien Iwan Iwanowitsch [Manuchin] völlig niedergeschlagen und im *Pelzmantel*, obwohl es gar nicht kalt ist. Er legt ihn nicht einmal im Hause ab. Er meint: „Meine Seele friert, deswegen laufe ich so herum."

Ilja [Bunakow] kam, diesmal *vor* seiner Sitzung, daher früher und durch den Vordereingang.

Die Lage ist hochgespannt. Das ist in jedem Wort zu spüren, das jemand spricht. Es liegt in der Luft.

Die Sozialrevolutionäre bereiten sich zum Kampf vor (der mit einer Niederlage enden wird, denke ich). Morgen um zwölf Uhr soll die Konstituierende Versammlung eröffnet werden. Dafür ist eine Demonstration vorbereitet, die Mitglieder der Konstituierenden Versammlung hoffen zusammen mit den Demonstranten ins Taurische Palais „strömen" zu können … Das wird nicht gelingen, denn auch die Bolschewiken bereiten sich vor: Sie haben bereits den Regimentern und allen „Getreuen" verboten, zu dieser Demonstration zu gehen. Die Letten und eigens herangefohlene Matrosen (über 1000) haben Befehl, die Gegend um das Taurische Palais abzuriegeln und niemanden durchzulassen. Die Mitglieder der Versammlung dürfen natürlich passieren, aber nur sie. Nicht völlig klar ist, warum sie nicht mehr Sozialrevolutionäre verhaftet haben. Vielleicht heute Nacht …

Sie haben schon ihre eigene Deklaration vorbereitet, in der sie Russland zur „Räte"-Republik erklären und offen verkünden, wenn die Konstituierende Versammlung diese Deklaration zusammen mit allen „Dekreten" nicht annimmt und ihre Macht nicht bestätigt, dann wird sie unverzüglich auseinandergejagt. Wenn sie all das jedoch bestätigt, dann treibt man sie nicht „mit Bajonetten" auseinander, sondern löst sie still und leise auf, weil sie überflüssig wird.

Darauf erklären die Sozialrevolutionäre (Tschernow persönlich) mit derselben Offenheit, dass sie die Losung „Alle Macht der Konstituierenden Versammlung" unbeirrt verteidigen werden. Angesichts von offensichtlichem Verfall, Hunger (in den Vororten soll es schon Hungerrevolten geben, heute haben sich auf dem Markt Wolhynier und Rotgardisten geprügelt), Kälte, ausfallenden Straßenbahnen (Ergebnis ihres „Wirtschaftens") und schließlich der äußerst misslichen Lage bei den Friedensverhandlungen (die Deutschen machen jetzt keine Umstände mehr, haben sie für zehn Tage ausgesetzt) ist die Stimmung – zwar nicht der bornierten Garnison, aber der Arbeiter – nicht „stabil", sondern eher schwankend. Ich kann nicht genau sagen, ob die morgige Konstituierende Versammlung nun zu „früh" oder zu „spät" stattfindet. Ich habe nur das Gefühl, dass es *nicht* der richtige „Zeitpunkt" ist (wie überhaupt alles bei uns!). Und es ist absolut unklar, wie sie ausgeht …

Natürlich hat Ilja [Bunakow] recht, und die Bolschewiken finden auch keine Ruhe. Sie sind – wie verwundete Tiere – besonders aggressiv. Und zu allem bereit.

Ilja war wieder mit „Papieren" da. Hier etwas hinzufügen, dort etwas wegnehmen, etwas anders ausdrücken … Ob sie noch die Mehrheit haben werden? Sozialdemokraten gibt es fast keine mehr. Alle Kadetten sind verhaftet.

Der Demonstration sollen sich auch Offiziere anschließen, in Zivil, aber bewaffnet. Das ist Unsinn und ohne Bedeutung. Noch größerer Stuss ist das Geschrei der *Prawda*, es seien „besondere Konterrevolutionäre" eingetroffen, angeblich Maximilian Filonenko und sogar Sawinkow. Aber ohne Blut wird es morgen sicher nicht abgehen …

Einen Sieg über die Bolschewiken wird es morgen keinesfalls geben. Aber wenigstens einen Fehlschlag für sie? … Der ließe sie wohl fuchsteufelswild werden …

Die in Rostow besiegten Matrosen sind in Sewastopol in helle Wut geraten. Dort haben sie bereits Hunderten Offizieren den Garaus gemacht.

Die Seele steckt in einem Schraubstock. Sie krampft sich in einem Schmerz zusammen, der unaufhaltsam wächst. Großer Gott! …

Und keine Worte. Schwarze Wellen ringsum, und Tausende leidender Augenpaare sind von dort auf mich gerichtet. Nur jene, die ich sehen kann, aber es sind viel mehr – alle, alle? …

Ich will nicht mehr schreiben. Ich habe nichts mehr zu sagen. Und ich möchte auch fast nichts mehr wissen.

Morgen wird … das erwartete Schreckliche geschehen – mit der luxuriösen Beimischung von Entsetzen, das über alle Vorstellungskraft geht und nur der Realität eigen ist.

5. Januar, Freitag

Es ist jetzt zwei Uhr nachts. Was ist seit gestern Morgen geschehen? Was sind die Tatsachen?

Anfangs blieb erstaunlicherweise alles ruhig. Eine trübe, graue, schneeverwehte Straße. Zehn Grad Frost. Was war los? Es stellte sich heraus, dass wir von der Preobrashenskaja bis zur Litejnaja-Straße rundherum von Matrosen und Rotgardisten umstellt waren, um keine Demonstrationen zum Taurischen Palais ziehen zu lassen.

Gegen zwei Uhr mittags machte Dmitri einen Spaziergang und war bald wieder zurück. Er sagte: Es wird geschossen, Gebrüll in den Kasernen, es ist unruhig.

Später erschien Dima. Auf der Nadeshdinskaja hat man ihn nicht durchgelassen. Dort wird geschossen. Ein Anruf aus dem Hotel „Sewernaja": Eine gewaltige Demonstration auf dem Newski Prospekt, die aber nur bis zur Litejnaja durchgelassen wird. Vor dem Haus Litejnaja Nr. 19 hat man bereits auf eine Gruppe gefeuert. Die Demonstranten sind vor allem Arbeiter. Einer hat gesagt: „Jetzt soll keiner mehr behaupten, hier wären ‚Bourgeois' marschiert, das waren wir, auf uns haben die Soldaten geschossen."

Ein Mitglied der Konstituierenden Versammlung ist tot, dazu ein Soldat von den Wolhyniern und mehrere Arbeiter. Viele sind verletzt. Maschinengewehre im Hinterhalt – an den Stellen wie unter Protopopow [dem Innenminister des Zaren im Februar 1917]. Von dort haben sie gefeuert. Nahe der Kirotschnaja oder der Furschtadtskaja-Straße wurde eine Manifestation von sechs Rotarmisten beschossen. Auf den Dächern saßen (statt Polizisten) Matrosen.

Einem Fräulein bohrte ein Rotarmist sein Bajonett in den Hals, und als sie zu Boden fiel, stach er nach.

Lange wussten wir nicht, wo sich die Sozialrevolutionäre befinden, etwa bei den beschossenen Demonstranten? Dann hieß es, sie seien bereits alle im Palais. Offenbar sind sie sofort dorthin gegangen. Was die berühmte Urizki-Registrierung betrifft, so wurde schon gestern bekannt, dass die Bolschewiken sich auf einen Kompromiss eingelassen haben. Die haben den Sozialrevolutionären die roten Eintrittskarten selbst geschickt.

Gegen sechs Uhr (noch vor den Abendzeitungen) kommt Iwan Iwanowitsch (natürlich im Pelzmantel), um sich nach Neuigkeiten zu erkundigen. Aus der Redaktion [offenbar der Zeitung *Retsch*] erfahren wir: Die Konstituierende Versammlung ist eröffnet worden. Zuvor gab es einen Streit darum, wer sie eröffnen soll. Am Ende war es der Bolschewik Jakow Swerdlow.

Die Wahl des Vorsitzenden ist noch im Gange. Die Sozialrevolutionäre haben ihren Tschernow vorgeschlagen, die andere Seite, die Linken, Marussja Spiridonowa. Wir warten ab, was geschieht. Dann kommen alle Zeitungen: Vieles ist gelogen, die Nachrichten sind überholt. In der Konstituierenden Versammlung ist der Beschuss der Demonstrationen bereits bekannt.

Wo sind wir nur hingeraten! Diese Sexualpsychopathin, Geliebte des bekannten Provokateurs Dekonski, die längst im Irrenhaus sein sollte, kandidiert für den Vorsitz der Konstituierenden Versammlung! Ein weiterer Hinweis darauf, was die heutige Konstituierende Versammlung in dieser Form und dieser Zusammensetzung darstellt. Wird damit nicht offensichtlich, wie unseriös sie ist?

Immer wenn Marussja erwähnt wird, fällt mir aus irgendeinem Grund der abgedroschene Gassenhauer ein:

> … Marussja hat sich vergiftet,
> wurde ins Hospital gebracht …
> Man gibt ihr Arzenei,
> die nimmt sie aber nicht.
> Dann gibt man ihr „Pillen",
> die schluckt sie aber nicht …
> Ob ihr nun wollt mich retten,
> mein Leben ist nichts wert.
> Ich habe so geliebt
> nur einen Schuft, nicht mehr …

Acht Uhr. Wieder kommt Iwan Iwanowitsch [Manuchin] zu uns herunter. Er berichtet, dass ihn aus der Konstituierenden Versammlung die berühmte Galina angerufen hat (die in Trotzkis dämonische Augen verliebt ist). Wahrscheinlich kommt Tschernow durch! Hat er es geschafft? Noch nicht, aber es soll wohl geschehen.

Wir warten. Gegen neun Uhr schrillt erneut das Telefon: Tschernow ist mit 244 Stimmen gegen 153 gewählt worden. (Die Ukrainer haben sich enthalten). Dima ist die ganze Zeit *gegen* den Kampf zwischen Sozialrevolutionären und Bolschewiken. Wieso, sagt er, soll Tschernow besser sein, ich würde mich auch enthalten. Aber nach meiner Auffassung ist das verbrecherisch: Wer auch immer gegen die Bolschewiken kämpft – Hauptsache er gewinnt. Wer sich auch immer gegen sie wendet, dem muss man helfen. Denn JEDER WEITERE TAG, AN DEM DIE BOLSCHEWIKEN AN DER MACHT SIND, IST EIN WEITERER TAG DER SCHANDE FÜR RUSSLAND. Jede Stunde, die sie dort sitzen, erhöht die Wahrscheinlichkeit unseres vollständigen Untergangs. Und weiter: Damit steigt die Schwierigkeit, sie zu stürzen, in progressiver Kurve an: Morgen wird es schwieriger sein als heute, heute war es bereits schwieriger als gestern. Je mehr sie sich festsetzen, desto länger werden sie überdauern. Das ist mein Schema, und es ist so schlimm, dass ich davor zurückschrecke, es mit dem zu erwartenden konkreten Inhalt zu füllen … So sind die Aussichten. Tschernow verachte und hasse ich von ganzer Seele, aber ich fürchte ihn nicht ein bisschen. (Ich fürchte lediglich sein mögliches „Kompromisslertum", nur das!)

Den Kadetten und ihren Anhängern ist ein zitronensaurer Pessimismus eigen. Wenn es nicht genau nach ihrem Kopf geht, dann ist alles schlecht, alles verloren, sollen doch die Bolschewiken kommen. [Der Journalist] Ganfman nörgelt im gleichen Ton: „Auch eine Freude – Tschernow!"

Wieder kommt Iwan Iwanowitsch (im Pelzmantel) mit seiner Frau Tatjana (ebenfalls im Pelz).

Das Telefon läutet. Wir werden weiter informiert: Die Reden haben begonnen. Tschernow ist gewählt, aber die Wahl des Präsidiums ist aufgeschoben (?), es wird paritätisch sein, so dass Marussja zu Tschernows „Genossin" wird. Aber erst einmal wird geredet! Eine wahre Redeflut hat eingesetzt (nicht zufällig leben wir im Moment im Sternzeichen des Wassermanns). Aber auch im „Umkleideraum" [Spitzname für das „Vorparlament", den Vorläufer der Konstituierenden Versammlung] und in der schändlichen „demokratischen Beratung" ergoss sich dieser Strom.

Tschernow hat bereits gesprochen (an der abstoßenden Demagogie seiner Rede habe ich keinerlei Zweifel), ebenso Dybenko, Krylenko und Isaak Steinberg, dieser Judas. Lenin soll in seiner „Zaren"-Loge sitzen – in einem Blumenmeer wie ein Geburtstagskind. Was soll ihm schon passieren! Im passenden Moment befiehlt er den Matrosen, [die Versammlung] aufzulösen … Vorsichtshalber haben sie im Saal Matrosen von ganz Kronstadt zusammengezogen.

Na, meinetwegen. Warten wir weiter. Und es sei hinzugefügt, dass man sich heute seit halb neun Uhr morgens erneut um die Überführung der gefangenen Minister (einiger) in private Krankenhäuser bemüht. Koslowski konnte bisher nicht zur Unterschrift bewegt werden. Deshalb ist es noch nicht geglückt. Sergej Smirnow und Anton Kartaschow will man aus der Festung zu Gersoni überführen, aber bei Schingarjow und Kokoschkin wird das wohl kaum gelingen.

Über den morgigen Tag ist noch weniger bekannt, als wir gestern vom heutigen wussten.

Um zwölf Uhr werden wir erfahren, dass die Sitzung bis zur letzten Möglichkeit fortgesetzt wird. Offensichtlich sind die Atmosphäre und die Situation schlecht. Zu unterbrechen, ohne die gestellte Aufgabe erfüllt zu haben, ist gefährlich. Dabei unterlaufen ihnen bereits Fehler, denn sie fassen sich bei ihren Reden nicht kurz, und es kann passieren, dass bei diesem äußerlichen Hinziehen der Aufgabe schließlich niemand mehr die nötige Kraft aufbringt. Oder die Bolschewiken die Geduld verlieren.

Denn sie sind trotz allem sehr unkluge Leute.

Was die „Tagesordnung" betrifft, so setzen sich die Sozialrevolutionäre bislang durch. Sie fahren die vereinbarte Linie des „Manifests", das verlesen werden muss und mit den Worten beginnt: „Die Konstituierende Versammlung, die am … eröffnet wurde usw., erklärt, dass sie die gesamte Macht übernommen hat. Die Konstituierende Versammlung hat beschlossen: Über den Frieden …, Über den Boden …, Über die Freiheit … und teilt mit …"

Bisher ist von „faulen Kompromissen" nichts zu bemerken. „Mein" Manifest ist so abgefasst, dass es so etwas nicht zulässt. Aber ich wiederhole: Von den Sozialrevolutionären (Tschernow) ist alles zu

erwarten. Und wenn sie innerlich auch nur die kleinste Neigung zum Versöhnlertum mit den Bolschewiken zeigen, dann verfluche ich die Stunde, da ich mich entschieden habe, diesen unentschuldbaren Verbrechern zu helfen.
Und im Übrigen wird es dann meine Hilfe auch nicht mehr geben … Nein, es wird sie doch geben! Sie lassen ihren ganzen Superbolschewismus drin und streichen nur die Passagen „über die Macht" am Anfang und am Ende. Sie erwähnen keine „Macht", aber hinter den Kulissen bieten sie sich den Linken und den Bolschewiken an …
Wie ich diesen Tschernow verachte! Aber mit dem Orakeln sollten wir noch warten. Bislang weist nichts auf Verbrechen hin. Wenn sie aber nicht mit dieser Linie sondern mit irgendeiner anderen scheitern (das Scheitern selbst ist so gut wie sicher), dann wundere ich mich nicht und bereue nichts. Ich suche mir die nächsten Kräfte, und wenn ich zu gebrauchen bin, helfe ich auch ihnen. Beängstigend ist bislang nur ihr Wortschwall, dieses Mittel, dessen Nutzlosigkeit erwiesen ist.
Ich mache Schluss, denn es ist spät, und heute erfahren wir doch nichts mehr. Ich gehe zum Fenster und lüfte den Vorhang ein wenig … Dort hinter den dunklen Bäumen des verschneiten Gartens unter der unsichtbaren Kuppel des Palais ist die Sitzung noch nicht zu Ende. Wird sie es am Morgen sein?
Ich denke, die Bolschewiken werden die Sitzung verlassen (ihre Methode). Es wird aus sein, bevor es zum Abschluss gebracht ist.

6. Januar, Sonnabend (morgens)

Die Bolschewiken sind gegangen, als klar war, dass die „Tagesordnung" der Sozialrevolutionäre angenommen wird. Ihnen folgten bald darauf die linken Sozialrevolutionäre. Die Sitzung wurde fortgesetzt. Unter ungehörig misslichen Umständen, gestört von den Rufen der Nachtwache (die Konstituierende Versammlung wird bewacht!), welche ein Ende der Zusammenkunft forderte. Alles Weitere wurde ohne Diskussion beschlossen – zerknittert, verwirrt und zusammengeknüllt.
Bei ständigem Drängen und Drohen der johlenden Matrosen (unter denen sich der Matrose Anatoli Shelesnjakow besonders

hervortat, der erklärte: „Die Wache ist müde!", und er werde sogleich das Licht löschen), schleppte sich diese unglückliche Sitzung bis sechs Uhr morgens hin!
Es war die erste und die letzte, denn heute erging bereits Befehl, in das Palais niemanden mehr einzulassen. Damit ist die Auflösung geschehen, faktisch vom Matrosen Shelesnjakow herbeigeführt. Im Moment warten wir noch auf das offizielle Dekret.
Nahezu keine einzige Zeitung ist erschienen. Die Druckereien sind von Rotgardisten besetzt. Zeitungen, die noch gedruckt werden konnten, wurden an den Verkaufsstellen beschlagnahmt und verbrannt.
Alle Einzelheiten der gestrigen Sitzung werden wir später erfahren. Erst einmal halte ich nur die Atmosphäre und allgemeine Tatsachen fest. Dazu Gerüchte.
Am Morgen machte plötzlich ein Gerücht die Runde, das direkt vom Pförtner des Taurischen Palais stammen soll. Tschernow sei beim Verlassen des Hauses von einem blutjungen Rotgardisten ermordet worden und liege tot im Korridor. Das war absoluter Unsinn, denn Amalia [Fondaminskaja] hat den Saal zusammen mit Tschernow verlassen (was sie am Telefon mitteilt). So ist die Stimmung dort. Die Berichte über den Beschuss von Arbeitern auf der Straße durch betrunken gemachte Rotgardisten zu notieren sträubt sich meine Feder.

6. Januar, nachts

Am heutigen Tag wurden Smirnow und Kartaschow schließlich in Gersonis private Heilanstalt überführt. Schingarjow und Kokoschkin kamen ins Marien-Krankenhaus.
Das Wetter ist unerhört. Schneesturm mit einem Wind, dass die Pferde nicht mehr weitergehen. Dima, der zu Gersoni gefahren ist, wäre beinahe nicht mehr zurückgekommen. Er musste die Kutsche verlassen, denn das Pferd ging keinen Schritt weiter.
Bei Gersoni … hat es ihm nicht gefallen. Die Türen zu den Krankenzimmern der Häftlinge sind immer offen, und direkt an der Schwelle im Korridor stehen bis an die Zähne bewaffnete, ungehobelte Rotgardisten mit stupiden Visagen. Sie haben sogar Handgranaten. Sehr lustig.

Das Zentralexekutivkomitee (ZEK) hat die vollständige „Auflösung" der Konstituierenden Versammlung bestätigt. Das Dekret wird es morgen geben.
Da haben wir 's. Alles Weitere später. Nicht jetzt. Jetzt kann ich nicht. Es ist kalt. Meine Seele friert.
Und überhaupt – ich kann bei diesem allgegenwärtigen Tod nicht mehr leben. Ich bekomme keine Luft mehr. Ich sterbe.

7. Januar, Sonntag (vormittags)

Man hat sie umgebracht. Heute Nacht: Schingarjow und Kokoschkin. Im Marien-Krankenhaus. Rotgardisten. Offenbar dieselben, die sie gestern aus der Festung ins Krankenhaus verlegt haben.
Einige sind verschwunden, andere geblieben. Bis zum Morgen war nichts bekannt. Um neun Uhr trat Ganfman von der Redaktion der *Retsch* auf die Straße hinaus, um sich ein wenig die Beine zu vertreten. Da sieht er einen Haufen Menschen vor dem Krankenhaus ... Dann rief Panina bei Dima an. Sofort liefen alle zusammen – das ganze Rote Kreuz. Manuchin und Sokolow sind weggefahren.
Von den „Herrschenden" soll angeblich bis elf Uhr niemand etwas gewusst haben. Lenin ... hat ein Dekret über eine „Untersuchung" erlassen. Bontsch(-Brujewitsch) behauptete, es seien irgendwelche auswärtigen Matrosen gewesen ... Steinberg wurde wütend und schlug vor, die anderen bei Gersoni Untergebrachten freizulassen ... „Doch keinesfalls auf unsere Verantwortung ..."
Aber es muss gehandelt werden, denn bei Gersoni ist es nicht sicher, und die Gefahr ist nicht ...

7. Januar, nachts

Alles muss sorgfältig niedergeschrieben werden, die heutigen und die gestrigen Ereignisse. Es ist ruhig. Ich kann es. Denn nach dem Martyrium der letzten Nacht, dem Teufelskreis des Todes, bin ich wie erstarrt. Heute Nachmittag ist es durch Bemühungen des politischen Roten Kreuzes gelungen, vier Minister (Kartaschow, Konowalow, Tretjakow und Smirnow) von Gersoni ins Gefängniskrankenhaus Kresty zu bringen. Als Soldaten kamen, um sie (in

Anwesenheit von Nikolai Sokolow) abzuholen, wollten die Rotgardisten sie zunächst nicht herausgeben. Es mussten erst vom Smolny, direkt von Lenin, zwei Automobile und ein Lastwagen mit Soldaten geschickt werden. Die Rotgardisten fügten sich, waren aber sehr aufgebracht. Sie hätten die Häftlinge doch so gut bewacht ... Dabei sind ernst zu nehmende Gerüchte im Umlauf, dass für heute ein Sturm auf das Krankenhaus geplant war.

In Kresty sind keine Rotgardisten, sondern das reguläre, frühere Wachpersonal.

Man hat sie alle in einem Zimmer untergebracht und auch Sergej Saltykow (einen stellvertretenden Minister) dorthin verlegt. Wir haben ihren Aufbruch, ihre Fahrt und die Ankunft am Telefon verfolgt. Bisher ist alles gut gegangen. Die Hauptsache ist, sie in diesen Tagen zu „verstecken". Wir bemühen uns, nichts an die Presse durchsickern zu lassen.

Schingarjow war nicht gleich tot, sondern verstümmelt und quälte sich noch zwei Stunden lang. Kokoschkin schossen sie in den Mund, wovon die Zähne herausflogen. Beide wurden attackiert, als sie im Bett lagen und schliefen. Strom gab es in dieser Nacht im Krankenhaus nicht. Es wurden Handlampen benutzt.

Heute geriet Iwan Iwanowitsch bei seiner hektischen Betriebsamkeit in ein Nest der „Linken". Direkt in deren Zentralkomitee in der Wohnung von Mark Natanson. Der ist über seine Frau mit dem unglücklichen Konowalow verwandt, und man wollte über ihn etwas erreichen. (Dima war auch dort, hielt es aber nicht aus, während Iwan Iwanowitsch lange herumsaß und auf Alexander Schreider wartete.)

Natanson (dem ich in Paris begegnet bin) ist ein Greis, dessen Gesicht mich an den Dichter Afanassi Fet erinnert (der sehr unangenehme jüdische Gesichtszüge hatte). Seine Wohnung liegt ganz in unserer Nähe an der Sergiewskaja. Es sind schmutzige Zimmerchen mit dem Eingang vom Hof. In einem steht ein durchgesessenes Sofa. Rechts liegt der Raum, wo das ganze Zentralkomitee der linken Sozialrevolutionäre (eine wahre Bande) tagt. Dorthin schleppte Natanson Manuchin. Da saßen sie nun: Prosch Proschjan, „Marussja – die Vergiftete" (Maria Spiridonowa) und all die anderen reizenden Typen.

„Marussja", hub der Alte mit fröhlicher Stimme an, „hier stelle ich dir unsere Berühmtheit, den frischgebackenen Gelehrten Dr. Manuchin vor, der Gorki geheilt hat ..."
Aber Marussja erklärte sofort und sehr direkt, dass sie „keinerlei Berühmtheiten anerkennt" ... Iwan Iwanowitsch entschuldigt sich, weist darauf hin, dass nicht er sich als „Berühmtheit" empfohlen hat. Marussja zeigt kein Erbarmen, ihr ist das alles gleich, sie „erkennt nichts und niemanden an außer der Politik". Der zurückhaltende Iwan Iwanowitsch lässt höfliche Verwunderung erkennen: Auch nicht die Wissenschaft oder die Kunst? „Die Schönheit des Lebens?", fügt Natanson nachsichtig hinzu. „So bist du nun mal, Marussja, es ist dein Charakter, dass du nichts anerkennst. Aber wenn es wieder einmal schlimm um deine Lunge steht, dann kann Dr. Manuchin uns noch von Nutzen sein."
Die gnadenlose Marussja will davon nichts wissen und fragt Iwan Iwanowitsch auf den Kopf zu: „Welche politischen Überzeugungen haben Sie?"
„Ich bin nicht hier, um über Politik zu reden", entgegnete Iwan Iwanowitsch scharf, denn er wurde langsam ärgerlich, und Natanson führte ihn in ein anderes Zimmer.
Dort öffnete er sein Herz und stöhnte ängstlich, sie erwarteten die unvermeidliche Auseinandersetzung mit den rechten Sozialrevolutionären. Die haben „starke Kräfte" ...
Sie selbst sitzen hilflos da und schauen, was jene für „Kräfte" haben!
Doch es ist so: Gestern kam Ilja Bunakow noch spät zu uns, um zu übernachten. Seine Wohnung ist nicht sicher. Wir saßen oben bei Iwan Iwanowitsch und gingen dann gemeinsam hinunter. (Wir hatten überlegt, ob er bei Iwan Iwanowitsch nicht sicherer sei, der ihm freudig ein Nachtlager anbot. Dann aber entschieden wir, uns Iwan Iwanowitsch als Reserve aufzuheben.)
Ilja berichtete ausführlich über die Sitzung und den ganzen gestrigen Tag. Ihn selbst hätte im Saal beinahe ein Matrose umgebracht, der in ihm den Bunakow erkannte, der im Sommer die baltische Flotte aufgesucht hatte. Der Matrose, inzwischen ein wildgewordener „Bolschewik", richtete unter lästerlichen Beschimpfungen sein Gewehr auf ihn.

Andere Matrosen hätten ihn und mehrere andere beinahe zur Erschießung geschleppt, da griff Lenin persönlich ein.
Was auf der Sitzung vorging, deckte sich weitgehend mit meinen Vermutungen aus der Ferne. Meine schlimmsten Befürchtungen haben sich nicht erfüllt: Die Sozialrevolutionäre haben sich sehr konsequent an ihre Linie gehalten. Wenn diese Linie NICHT bis zum Ende durchgesetzt werden konnte, dann wegen der erwarteten Sabotage durch Bolschewiken und Linke, die nach der Pause die Sitzung *verließen*. Diese ging weiter, aber zerknittert, zerknüllt und aus dem Tritt gekommen, unter dem Geschrei und der Drohung der Matrosen als Wachpersonal, den Strom abzuschalten, bis zur direkten „Schließung" der Versammlung durch den Matrosen Shelesnjakow. Bis zum „Manifest" kamen sie gar nicht.
Ilja sagt Folgendes: „Wegen dieses chaotischen Endes hat sich eine nicht gerade eindeutige Situation ergeben. Wir müssen uns morgen für eine Linie unseres Vorgehens entscheiden. Entweder für eine sehr entschlossene, die bedeutet, die Auflösung nicht zu beachten, die Sitzung, ganz gleich, wo, sofort wieder zu eröffnen und das Manifest zu verkünden. Oder … eine abwartende, was heißt, uns zunächst einen Überblick über die eigenen Kräfte zu verschaffen … Ich bin gekommen, um mich zu beraten. Denn die Verantwortung ist enorm. Wir sind auf Kampf eingestellt, zu sehr auf Kampf …"
Das sagt Ilja. Da ich erstens seinen angeborenen Optimismus und zweitens seine nachdenkliche Neigung zum Abwarten kenne, übersetze ich erstens das Gesagte in die Sprache der Realität und sage: Die Lage stellt sich, im Gegenteil, als völlig eindeutig dar: DIE SACHE IST GESCHEITERT. Das überrascht nicht: Denn die Chancen für einen Erfolg standen einhalb zu neunundneunzig einhalb. Man kann vielleicht noch auf diese oder jene Wellen rechnen, die die Auflösung [der Versammlung] und die Schießereien auf den Straßen erzeugen, aber die verlaufen im Sande, wenn sie nicht aufgeschäumt werden, was die Sozialrevolutionäre nicht leisten können, denn hinter sich haben sie faktisch keine realen bewaffneten Kräfte. Weshalb sich etwas vormachen? Die stehen alle noch auf der anderen Seite. Ein Anstoß war da, aber er hat sich als zu schwach erwiesen. Die Aktion vom 5. Januar ist GESCHEITERT.

Damit sage ich durchaus nicht, dass die Sache der Konstituierenden Versammlung überhaupt gescheitert ist. Aber das Vorhaben dieses Tages, dieser Personen und ihrer Linie ist nicht aufgegangen. Nach allen vernünftigen Annahmen.

Das sage ich *erstens* (zu mir selbst). Zweitens empfehle ich zu Iljas Überlegungen natürlich eine „Linie der Mäßigung". Was heißt hier: auf „Kampf" eingestellt! Das mag ja sein, wäre aber töricht. Was wollen sie in ihrer Dummheit denn tun? Und mit welchem Ziel? Ilja neigt instinktiv zur … „Selbstbeherrschung", wie er es nennt. Sollen sie sich mit diesem Wort trösten, aber selbst wenn man davon spräche, jetzt zu „passen", müssten sie das akzeptieren. In anderer Hinsicht *wäre* Kampf schon noch möglich …, aber diese Sozialrevolutionäre, diese Gruppe brächte ihn nicht zustande. Besonders, wenn sie von Tschernow geführt wird.

Ilja verhehlt nicht, dass Tschernows Rede abscheulich war. Sie haben versucht, sie vorher zu zensieren, „aber was soll man mit diesem Menschen machen!" Einmal auf der Bühne, riss es ihn fort, er kam ins Schwimmen, verfiel in seine ziellose, jämmerliche Demagogie … Und ganz am Ende geriet er wohl durcheinander (was übrigens verständlich ist), als die Matrosen hereinstürmten und das Ende der Sitzung verlangten.

Nun, die Sache ist klar: Alles hängt von den realen Kräften ab, und diese Kräfte haben die Sozialrevolutionäre jetzt *nicht*. Auch ich rate im Moment zur „Selbstbeherrschung" (wie das Ilja optimistisch ausdrückt), denn jetzt zu „handeln" hieße, mit dem Kopf gegen die Wand zu rennen.

Die Stimmung unter den Arbeitern ist rätselhaft und verworren. Wahrscheinlich rätselhaft und verworren auch für sie selbst. Michail Miklaschewski versichert, in dieser und jener Fabrik sei es zu einem „Umschwung" gekommen … Das Schießen auf den Straßen sei von „Einfluss" gewesen … Nun, wir werden sehen, um was für einen Umschwung und um welchen Einfluss es sich handelt. Die Bolschewiken erleben jetzt natürlich Minuten der Panik. Sie strecken ihre Pfote aus, und wenn es abgeht, ohne dass etwas passiert, werden sie sofort kühner. Mit der zweiten Pfote greifen sie schon weiter aus. Und werden noch mutiger. Der Straßenterror war nicht von ihnen geplant, aber wenn die Sache gut geht, steigert das ihren Mut. Auch der heutige Mord im Marien-Krankenhaus mag ungünstig für sie gewesen sein, aber selbst er kann ihnen am Ende nützen, wenn er ihnen *einfach so* durchgeht. Man kann zusehen, wie ihr Schneid wächst. Vor sechs Monaten haben sie sich für die unverzügliche Einberufung der Konstituierenden Versammlung selbst erhoben und das Matrosenpack aufgewiegelt; vor drei Monaten haben sie es noch nicht gewagt, die Versammlung auseinanderzujagen, aber jetzt haben sie sie gesprengt, als wäre nichts dabei. Sie nutzen die stumpfsinnige Vergesslichkeit einer berauschten Menge von Barbaren, sie spielen mit der Möglichkeit, dass diese bei einem ungeschickten Schritt auch sie zerreißen kann, sie lavieren nicht ohne Leichtsinn, aber ... bisher sehr erfolgreich.

Insgesamt haben wir hier ein solches „Durcheinander", dass sich sogar der Teufel die Beine und auch noch die Hörner brechen kann. Was ist das für eine dubiose Behörde an der Gorochowaja „zum Kampf gegen Plünderung und Konterrevolution"? Warum waren in dieser Nacht im Marien-Krankenhaus alle Telefone abgeschaltet? Von wem? Es ist doch eine Tatsache, dass die Bolschewiken von dem Vorfall erst nach uns erfahren haben. Wer waren die geflohenen Rotgardisten? Bolschewiken oder nicht?

Man muss sagen, dass es gegenwärtig außer dem Häuflein von Hauptakteuren *gar keine* Bolschewiken gibt. Die Matrosen sind doch nicht etwa Bolschewiken? Das fehlte noch! Das sind vertierte Bauern mit blutunterlaufenen Augen und grässlichen Flüchen, deren rüde Sitten nicht gebremst, sondern noch gefördert werden. Wo sie sich austoben können, dort drängen sie hin. Bisher werden sie von niemandem beherrscht. Aber sie werden unweigerlich beherrscht werden, und zwar nur von einer LISTENREICHEN KRAFT.

Wenn sich die Bolschewiken als diese Kraft erweisen – umso schlimmer. Wir erleben den Wahnsinn eines Schneesturms, den man nicht annähernd begreifen kann, wenn man nicht in seinem Wirbel steht. Europa! Diese tiefsinnigen Denker, die uns aus der Ferne beurteilen! Steckte doch ein solcher Denker jetzt und hier in meiner russischen Haut! Er brauchte nicht auf die Straße zu gehen, sondern nur an meinem Fenster vor dem verwehten Gitterzaun des Taurischen Gartens zu sitzen. Dann könnte er auf diese mondbeschienene, von trübem Blau bedeckte, irre, ausgehungerte, vom Blutgeruch gereizte Millionenstadt schauen … Und müsste dabei nur wissen, was ich weiß, was sich hinter diesen Mauern und verhängten Fenstern zusammenbraut … Wer kann das aus der Ferne begreifen?

Heute Nachmittag fuhr Steinberg [Volkskommissar der Justiz], von einem Matrosen begleitet, im Auto bei dem von einer Menge umringten Marien-Krankenhaus vor. Die Leute murrten drohend. „Wir sind die Untersuchungskommission!" Darauf schallte es aus der Menge: „Nein, ihr seid Mörder, das seid ihr!"

Eine kümmerliche, kleine, schüchterne Menge. Sie besteht immer noch aus „Menschen". Nicht aus denen mit blutunterlaufenen Augen, die sich wie Vieh unter die Herrschaft einer listenreichen Kraft begeben.

9. Januar, Dienstag

Ich bin froh, dass ich hier den schönen 8. Januar ausgelassen habe. Nicht absichtlich, es hat sich so ergeben. Doch was ist gestern gewesen?

Am Vormittag kam meine Schwester Tatjana beruhigt vom Gefängniskrankenhaus Kresty zurück. Der Gefängniswärter hat versprochen, die Gefangenen für die Nacht irgendwo in den Kellern zu verstecken. Rotgardisten gibt es dort nicht, nur das übliche Wachpersonal.

Burzew ist auch dort. Er ist nicht nur beruhigt, sondern geradezu begeistert. Denn Belezki von der Leibwache des Zaren, mit dem Burzew sich in der Peter-Pauls-Festung nur durch Klopfsignale verständigt hatte, liegt jetzt mit ihm in einer Zelle. Burzew geht mit Belezki Arm in Arm umher, klopft ihm auf die Schulter und erklärt: „Wir reden nächtelang miteinander. Wir machen Geschichte. Es kommt alles ans Licht!"

Die Menschenmenge hat (gestern, am 8.) den ganzen Tag vor dem Marien-Krankenhaus ausgeharrt. Als der Bildhauer Beklemischew mit dem Former eintraf, um Totenmasken von den Ermordeten anzufertigen, kamen sie kaum durch.

Über die „Auflösung" der Konstituierenden Versammlung haben

die Bolschewiken ihren „Ja-Sagern" (in ihren „Arbeiter- und Soldatenräten") pro forma eine Information gegeben, die diese abnickten und dabei vernünftigere Bolschewiken wie David Rjasanow sogar niederbrüllten. Natürlich. Zum Mord an Schingarjow und Kokoschkin haben sie eine Resolution abgenickt, die diesen „verurteilt". Dann haben zuständige Bolschewiken einen „Bericht" über die Schießereien am 5. Januar gegeben. Welcher Art, das wird aus den Worten von Podwoiski [Volkskommissar für Militär] klar: Die Soldaten und Rotgardisten haben sich tadellos verhalten und nur in die Luft geschossen. Wenn es Opfer gegeben hat, dann deshalb, weil die Demonstranten – allesamt Saboteure und Bourgeois – bewaffnet waren und *sich gegenseitig getroffen haben.* (Ehrenwort, eine vollendete Antwort, sogar künstlerisch gestaltet!)
Es wurde vorgeschlagen, eine entsprechende Resolution (darüber, dass die Bourgeois sich selbst getroffen haben) ohne Diskussion anzunehmen. Auf den Protest Suchanows (von Gorkis *Nowaja shisn* – – ein Dreckskerl, der aber nicht durchgehalten hat) wurde beinahe mit Selbstjustiz reagiert. Die Situation rettete [der Bolschewik] Wolodarski, indem er über einen Tisch sprang. Suchanow muss man Gerechtigkeit widerfahren lassen – er hat sich gegenüber Fäusten und Brownings tapfer gehalten.
Danach wurde Suchanow weggeführt, und die Herde nickte weiter mit zufriedenem Brüllen. Dort wurde auch beschlossen, den 9. Januar zu „feiern". Von keiner Seite kann man sich vorstellen, *was* heute eigentlich gefeiert werden soll.
Am Abend (immer noch gestern) war natürlich der unentwegte Iwan Iwanowitsch wieder bei uns, dieser erstaunliche, geniale … Mensch. Er mag auch ein genialer Gelehrter sein, aber Genies jeglicher Art – Künstler, Schriftsteller, Wissenschaftler, Philosophen und Politiker – kennen wir zur Genüge, haben wir nicht wenige gesehen.

In Vollkommenheit erlebe ich solch „reines Menschentum" allerdings zum ersten Mal. Das ist ein Mensch – nur ein Mensch, ein wahrer Mensch von höchsten Graden. Bei dieser absoluten Vollkommenheit müssen bei ihm auch alle menschlichen Unzulänglichkeiten zu finden sein.

Aber ich weiche ab. So viel über den bei uns ein- und ausgehenden Iwan Iwanowitsch Manuchin. Dann, schon ziemlich spät, kam erneut Ilja [Bunakow].
Jetzt tauchen bereits alle vorsichtig unter. Die Bolschewiken, die auf „Kampf" seitens der Sozialrevolutionäre eingestellt sind, haben mit Verhaftungen begonnen. Sie sind in die Fraktion gekommen und haben wahllos zwanzig Männer, allesamt Mitglieder der Konstituierenden Versammlung, festgenommen.
Nicht alle Sozialrevolutionäre können in die Illegalität gehen. Es sind zu viele. Es wird wohl darauf hinauslaufen, dass sie sich zerstreuen.
Trotzdem behaupte ich, dass die Sozialrevolutionäre ihre Linie bis zum Ende durchgehalten haben. Dadurch haben sie alle an sich gebunden, selbst die Internationalisten. Sie haben sich eine Aufgabe gestellt und sich für eine Taktik entschieden, der sie treu geblieben sind. Dass dabei nichts herausgekommen ist, steht auf einem anderen Blatt. Vielleicht hat die Vorsehung die sozialrevolutionäre Intelligenzija dazu bestimmt, nichts bewirken zu können.
Gestern habe ich mit Ilja bis vier Uhr morgens allein gesprochen. Davon später, jetzt beende ich erst einmal den Bericht vom heutigen Tag.
Der nervliche Zustand der Gefangenen in Kresty ist entsetzlich. Als man sie heute Nacht in den Keller führte (um sie zu verstecken), hatten sie das vergessen und glaubten, ihr Ende sei gekommen. Besonders aufgeregt waren Tretjakow und Konowalow. Am Morgen klärte es sich dann auf. Für Kadetten ist das eben alles ungewohnt. Da ist schon interessanter, dass auch Awksentjew und Woitinski von der Peter-Pauls-Festung erschüttert sind. Awksentjew schläft überhaupt nicht mehr ... Jetzt erleben wir wohl etwas, das es noch nie gegeben hat, und in jeder Minute muss man auf alles gefasst sein.
Es heißt, in den Betrieben gärt es ..., aber das sind Gerüchte. Der Terror gegen die Zeitungen hingegen ist eine Tatsache. Überall Rotgardisten, und jedes unter Mühen hergestellte Blättchen wird von den Rotgardisten und Matrosen zerrissen, verbrannt oder in Eislöchern versenkt. Sie lassen sich von diesem „Revoluzzertum"

so hinreißen, dass sie ihre eigenen Zeitungen verbrennen und zerfetzen. Wer soll sich damit auch auskennen?

Die Opfer des Beschusses wurden heute in solcher Stille, ohne alle Manifestationen begraben, dass mir die Worte fehlen.

Eine unmerkliche Machtteilung zeichnet sich ab. Sehr seltsam und verdächtig ist dieses Komitee an der Gorochowaja „zum Kampf gegen Konterrevolution und Sabotage". Die schwersten Ausschreitungen gehen von dort aus. Am wahrscheinlichsten ist, dass es sich um willige Vollstrecker noch nicht ausgesprochener oder eindeutig „unausgesprochener" Absichten des Smolny handelt. Wie die früheren Pogromhelden unter dem Zaren.

Worüber habe ich gestern Nacht mit Ilja geredet? Wir sind auf die Geschichte mit Kornilow zu sprechen gekommen. Ich habe ihm viele Tatsachen mitgeteilt, die er nicht kannte. Aber die nackten Fakten stellen ein so wildes Durcheinander dar, dass man es gar nicht glauben möchte. Man versteht überhaupt nichts mehr. Erst wenn man sich auf die *Psychologie* besinnt, wenn man die Psyche jeder handelnden Person bedenkt, dann öffnen sich einem allmählich die Augen und man erkennt einen logischen Faden. Natürlich ist es noch komplizierter, unendlich komplizierter. Die Reihe der Faktoren ist lang. Nicht wir werden dieses Knäuel der Geschichte entwirren. Die Ursachen liegen nicht allein in den Persönlichkeiten, aber auch in ihnen. Denn Personen sind ebenfalls wichtig, stellen Fäden dar.

Das ist nur ein grobes Schema, das mein Gespräch mit Ilja bestätigt hat. Ich wiederhole es, und sei es auch nur für mich selbst.

Kerenski. Kein sehr großer Mann, sehr hitzig und aufrichtig auf *zweierlei* Art, das heißt, auch dann, wenn sein Feuer nur „gespielt" ist. Ein Mensch mit einer riesigen, aber rein weiblichen Intuition, der Intuition des Augenblicks. Auch seine Schwäche ist durchaus weiblich.

Er wurde nach oben gespült. Und dort geblendet, denn auch sein Ehrgeiz ist ungewöhnlich weiblich – zäh, eigensinnig, eitel, unausgeglichen, unklug, nicht einmal verschlagen und daher umso maßloser. Er durchschaute Menschen nicht, war dazu gar nicht in der Lage, sondern fürchtete sich vor allen und vertraute niemandem. Das wurde immer schlimmer. Natürlich sagte er sich, er denke nur an Russland und die Revolution (da will ich jetzt unparteiisch und objektiv sein). Auch hatte er nicht ausreichend Kraft und Verstand, um sich selbst eine Lüge einzugestehen. Um den schrecklichen Faden des persönlichen, hartnäckigen, eitlen Ehrgeizes zu erkennen, der sein Wesen durchzog. Er fürchtete instinktiv jeden, bei dem er Stärke vermutete. Und als schwacher Mensch traute er dieser Stärke alles zu. Man denke nur! Von dieser Seite her, genau *deswegen* hasste und fürchtete er Tschernow (wie mir Ilja erläuterte, durchaus nicht, weil der ein Halunke war und zu den Zimmerwaldern gehörte, was er viel zu leicht nahm. Das war dumm). Argwohn, Misstrauen und Furcht warfen, schleuderten und schüttelten Kerenski mehr und mehr, zwangen ihn zu sinnlosen, unüberlegten Schritten. Nach rechts – nach links. Nach hier – nach dort. Nein, nein, dann wieder ja, ja! Dabei horchte er stumm und ängstlich in sich hinein: Wo blieb er selbst? Wo? War er immer noch da? Stürzte er nicht schon? O nein, er musste über alle siegen!

<u>Kornilow</u>. Ein Soldat. Mehr nicht. Und für ihn existiert nur eines: Russland. Gleichgültig, welcher Art. Wie es sich eben ergibt. Wie es *sein* kann. Wenn es nur besteht. Auf dieser Geraden beginnt und endet für Kornilow alles. Seine Sache ist der Krieg, wenn Krieg ist. Und da derzeit für Russland vom Krieg alles abhängt, will er seine Aufgabe für Russland erfüllen, und das so gut wie möglich. Wer dabei stört, ist ein Feind.

Es ist sicher leicht, ihn engstirnig zu nennen. Auf jeden Fall zielstrebig, einfach, direkt und stark. Und es gibt Momente in der Geschichte, da nur Zielstrebigkeit und Stärke das Rechte sind, da es auf das Handeln ankommt, das nur bei einer gewissen Engstirnigkeit Wirkung erzielt.

Kornilow war durchaus nicht gegen Kerenski, er träumte nicht davon, Diktator zu sein und allmächtig über Russland zu herrschen (das zu behaupten ist lächerlich). Er wollte seine Aufgabe erfüllen, weil er der Meinung war, dass es notwendig sei, und es war in der Tat notwendig. Er glaubte daran, dass Kerenski Russland liebt wie er selbst, dass Kerenski das *Seine* für Russland tun werde, wie Kornilow das Seine, und dass dies *ein und dieselbe* Sache sei.

Aber Kornilow verstand Kerenski nicht mehr und begann ihm zu misstrauen, was *Russland* betraf, als Kerenski ihm zu misstrauen begann, was *seine eigene Person* betraf, als er in Winkelzüge und sprunghafte Entscheidungen verfiel.

Von diesem Moment an beginnt der Kampf: Kornilows gegen Kerenski um die Sache Russlands, Kerenskis gegen Kornilow um seine eigene Sache, seine Stellung und seine Macht. Bei Kornilow war alles klar und fest: wie eine gerade Linie. Bei Kerenski kompliziert, fantastisch, nebulös, interessant, schmerzhaft und unterschwellig verbrecherisch.

Hier kommt die dritte Person ins Spiel: Sawinkow. Klug, auf sich konzentriert bis zur Selbstvergötterung (aufgrund seiner Biografie hat sich sein Geist nicht geradlinig entwickelt), maßlos ehrgeizig, allerdings von einem anderen, rein männlichen Ehrgeiz. Er ist überhaupt ein *durch und durch männlicher* Charakter, und das in einem Grade, dass er als Politiker übermäßig viel geraden Stolz und wenig Neigung zum Intrigieren zeigt. Menschen durchschaut und versteht er, aber von solchen, die ihn vergöttern oder ihm geschickt schmeicheln, lässt er sich (zeitweilig) auch blenden. Damit hat er im Übrigen noch keinen ernsten Schaden verursacht, denn seine Nachsicht ist in solchen Fällen nicht weit gegangen und war schnell dahin, sobald es um die Sache ging. Welche inneren Schwächen und Nachteile er auch haben, wie groß seine Selbstsicherheit auch sein mag, so muss und soll man ihm jenes hohe Maß an Kraft und Verstand zugestehen, das ihn zu einem höchst bemerkenswerten Menschen macht. Ich mag ihn persönlich sehr, aber ich will hier objektiv sein. Daher stelle ich die Frage: Wenn auf einer Waagschale sein Ehrgeiz und auf der anderen Russland läge, was wöge dann schwerer? Ich stelle diese Frage Sawinkows Feinden, die sehr gern antworten möchten: Oh, natürlich der Ehrgeiz! Das aber *nicht können*, weil es in diesem Falle faktisch gar keine zwei Waagschalen gibt. Tatsache ist: Sawinkows Überzeugung, sein Ehrgeiz und sein Dienst an Russland und an dessen Wohl sind aufs engste MITEINANDER VERSCHMOLZEN. Ob sich das von selbst so ergeben hat oder ob es sein Verdienst ist, werden wir hier nicht weiter untersuchen. Aber auch Sawinkows Feinde müssen anerkennen: Einen solchen inneren, blinden und niedrigen Zwiespalt wie bei Kerenski hat es bei ihm *nicht gegeben*.

Von den drei Hauptakteuren wies allein Kerenski diese fast in Zerfall übergehende Spaltung der Persönlichkeit auf. Die Geschichte hat ihn an einen zu wichtigen Platz gestellt, weshalb diese Spaltung eine verhängnisvolle Rolle spielte. Sie war einer der Stöße, der zu Russlands Fall beitrug. Sie hat Kornilow ins Verderben gestürzt, dann Sawinkow und ganz folgerichtig auch Kerenski selbst. Das ist der psychologische Schlüssel zur Geschichte des Augusts. Die Tatsachen, die in diese Noten gesetzt wurden, ergeben ein logisches Bühnenstück.
Die Töne dieses Stücks wurden von jenen rechtzeitig aufgenommen, denen es von Nutzen war. Und zum ersten Mal drängte sich das hässliche kleine Motiv „Ach, du lieber Augustin…" mit *aller Macht* in die Marseillaise (wie hellsichtig war doch Dostojewski!). Jetzt hat „Augustin" in einem donnernden Chor gesiegt. Die Marseillaise ist gestorben. …
Unsere „Schandfriedenschließer" sind erst einmal mit leeren Händen zurückgekehrt. Die Deutschen haben ihnen erklärt: Bitteschön, wenn ihr unsere offen schändlichen Bedingungen nicht akzeptieren wollt, dann nehmen wir in zwei Wochen Reval [das heutige Tallin] ein …
Jetzt müssen die Bolschewiken lügen. Und sie werden lügen. Sie werden sich herauswinden. Und sie werden *akzeptieren*.
Es ist schlimm, sehr schlimm, dass uns, Russland, das wirkliche, in Europa niemand versteht, niemand sieht. Und niemand hört.
Der Schriftsteller Herbert G. Wells hat dem *Times*-Korrespondenten Harold Williams einen Brief geschrieben, der … wenn nicht von ihrer Taubheit, dann von unserer Stummheit zeugt. Er schreibt, dass die Bolschewiken wohl die wirklichen, fortschrittlichen Revolutionäre sind und wir [Wells und Williams] vielleicht so verbürgerlicht, dass wir das nicht verstehen wollen?
Europa! Um der Weltvernunft, der *einen* Kultur der Menschheit willen – leih uns dein Ohr! Höre unsere halberstickte Stimme.
Denn mögen wir auch Russen sein, so sind wir doch Menschen *eines* Geistes, als Intellektuelle auf ein und demselben weltweiten Feld der Menschheit tätig!
Wir sterben im Schnee, der von Blut und Schmutz getränkt ist. Aber von unserer Frühjahrsrevolution sagen wir uns nicht los.

Umso weniger können wir uns in diesen grausigen, dunklen Tagen von unserer menschlichen Vernunft lossagen, die den Mörder Russlands verflucht, und auch nicht von allen Errungenschaften des menschlichen Geistes.

Vergiss nicht, Europa, wir sind mit dir, wenn du auch nicht mit uns bist.

Aber die Gletscher schmelzen. Eisklumpen krachen dröhnend von den Dächern auf die Straße. Wir haben zwei Grad Wärme. Die Passanten gleiten aus und stürzen.

11. Januar, Donnerstag

Nach dem Tauwetter haben wir heute zehn Grad Frost. Iwan Iwanowitsch [Manuchin] geht wieder im Pelzmantel umher. Schwarze Tage!

Ilja [Bunakows] Frau Amalia hat angerufen und mitgeteilt, dass man Ossip Minor, den Vorsitzenden der Moskauer Stadtduma, verhaftet hat. Wo er sich jetzt befindet, weiß man nicht. Inzwischen gibt es so viele Verhaftungen, Verwüstungen, Durchsuchungen, Erschießungen, Morde, Beschlagnahme-Plünderungen, Durchsuchungs-Plünderungen und einfach nur Plünderungen, dass es keinen Sinn hat, sie alle aufzuzählen. Der „Bauernkongress" ist auseinandergejagt worden. Bauern, die heil geblieben sind, mussten mit ihren Quersäcken auf Quartiersuche gehen. Aber die „schlauen" Bauern (die Bolschewiken) wohnen im „Astoria" in Zimmern mit Bad.

Heute wurden Schingarjow und Kokoschkin, zwei wahrhaft „unschuldig Ermordete" schlicht, aber feierlich zu Grabe getragen. Den heutigen Tag muss man als den ersten anmerken, an dem überhaupt kein Brot ausgegeben wurde. Es hieß, es sei ausgegangen. Aber bei uns geht dauernd etwas aus, daher weiß man nicht, wann man eine Hungerrevolte anfangen soll. Und so fängt man auch keine an.

Auf der Strecke von Nikolajew sind 37 Waggons – angeblich mit Fleisch und Mehl – angekommen. Aber es stellte sich heraus, dass sie mit Leichen vollgestopft waren. So etwas schickt man uns aus dem Süden. Zu Recht.

Anstelle der auseinandergejagten Konstituierenden Versammlung haben die Bolschewiken in denselben Sesseln des Taurischen Palais heute ihren „Rätekongress" Platz nehmen lassen. Sie sind zufrieden, frohlocken und triumphieren. Seht her, sagen sie, das ist unsere Konstituierende Versammlung, die jagen wir nicht auseinander! Der Matrose Shelesnjakow, der mit seinen Drohungen die Konstituierende Versammlung „beendete", hat auf diesem Kongress eine Rede gehalten. Darüber, dass sie, die Matrosen, nicht vor Hunderten und Tausenden Opfern, ja nicht einmal vor „Millionen" (sic) haltmachen werden. Der Konstituierenden Versammlung hat er seine „Verachtung ausgesprochen". Er wurde mit „Ovationen überschüttet".

Interessant: Gegenwärtig sind es vor allem Matrosen und blutjunge Rotgardisten, die der „Regierung" die Treue halten und aktiv handeln – mit der gewaltigen Menge an Waffen und Geschützen, in der sie fast versinken. Die Soldaten hingegen treiben Handel auf den Straßen, sitzen in den Kasernen oder tanzen ausgelassen mit „Fräuleins" auf endlosen „Bällen". (Ankündigungen solcher Soldatenbälle findet man überall.)

Die Politik ist bereits halb im Verfall begriffen. Der Soldat Bassow, der den Matrosen „die Lampe gehalten" hat, als sie Schingarjow und Kokoschkin umbrachten, ist ein Deserteur, der die Front verlassen hatte und sofort bei der roten Garde eingeschrieben wurde. Nach Aussage des linken Sozialrevolutionärs Steinberg ist er ein „Naturbursche", aber nach seinem Äußeren ein absoluter Idiot, ein „Gorilla" von der Sorte, die die „bolschewistische Masse" bilden.

Zum Dank, dass er ihnen „geleuchtet" hat, schenkten ihm die Matrosen eine Lederjacke, die sie dem ermordeten Schingarjow abgenommen haben. Der Gorilla brachte sie ins Dorf Wolynkino, um sie für sich umarbeiten zu lassen.

Die linken Sozialrevolutionäre haben im Privatgespräch eingeräumt, dass sich in der Gorochowaja 2 ihre „Sicherheitsabteilung" befindet. Dort gibt es natürlich bereits erfahrene Spitzel von früher. Jeden Tag erfindet man neue „Verschwörungen". Razzien in (öffentlichen) Druckereien werden auf verschiedenste „Anordnungen" hin sogar ohne Wissen des Smolny durchgeführt. Dabei räumen die Rotgardisten die gesamte Einrichtung aus und transportieren sie ab. Bei einer Beschwerde im Smolny zuckt man dort nur nachsichtig mit den Schultern.

Gerüchte über eine „revolutionäre Bewegung" in Wien werden auf jede erdenkliche Weise aufgebauscht. Ich denke, im Moment finden sich keine weiteren Einfaltspinsel, und *gegenwärtig* wird es nichts Derartiges geben.

„Für den Seelenfrieden" will ich die intellektuellen Überläufer festhalten, das heißt, Menschen, die wir alle mehr oder weniger kannten und die sich bereits mit den heutigen Verbrechern eingelassen haben. Ich habe keinen Zweifel, wenn die Bolschewiken sich ein Jahr lang halten (?!), dann wird unsere ganze charakterschwache, vor allem literarische Intelligenzija sich so oder so bei ihnen anbiedern. Das kann man nicht einmal allen verdenken. Es gibt einfach viel Armut. Aber wozu herumrätseln. Wichtig sind jene, die jetzt als Erste dem Streitwagen der Sieger nachlaufen. Die zu ihnen stürzen … nicht aus Überzeugung (was für eine Überzeugung?), sondern um ihres Vorteils, um der Mode willen, im besten Falle „einfach so", im schlimmsten – was man gar nicht sagen kann. Diese Ersten, noch Warmen – die schreiben wir auf. Ich notiere sie unter einem Strich, gleichsam als Fußnote und nicht im Text. Nicht alphabetisch geordnet, sondern so wie sie sich in diesem oder jenem Dienst der Bolschewiken gezeigt haben.

Jeronym Jassinski, ein alter Mann, Schriftsteller, ein Belletrist mittlerer Sorte.
Alexander Block, Dichter, ein „verirrtes Kind", ungesellig, sympathisierte (in der Zarenzeit) eher mit den Rechten, überzeugter Antisemit. Jetzt über die linken Sozialrevolutionäre zu den Bolschewiken gelangt.
Jewgeni Lundberg, verarmter Schriftsteller, Schüler Lew Schestows.
Rjurik Iwnjew – ein nichtswürdiges, neurasthenisches Dichterlein.
Knjasjew – ein mickriger Poet.
Andrej Bely (Boris Bugajew) – ein hervorragender Mann, aber auch ein „verirrtes Kind", ebenso über die linken Sozialrevolutionäre gekommen, nur deswegen nicht in die „Dienste" [der Bolschewiken] getreten, weil er auf Grund seines Genies in niemandes Diensten stehen kann.

Bis hierhin ist das Bukett noch nicht besonders üppig. Vor allem um Block tut es mir leid.

Serafimowitsch
Okunjew
Oxjonow
10. Roslawlew
11. Pimen Karpow
(Bemerkung zu Nr. 7–11: Alles mögliche belletristische Kroppzeug aus unwichtigen Figuren, die beiden ersten haben mehr geschrieben und Bücher herausgebracht, talentlos.)
12. Nikolai Kljujew
13. Sergej Jessenin
(Bemerkung zu Nr. 12–13: Zwei Dichter „aus dem Volk", der erste älter, ein Freund Blocks, Sektierer; der zweite ein junger Bursche, dumm, beide nicht ohne Begabung.)
14. Tschukowski, Kornej – Literaturkritiker, recht begabt, aber nicht seriös, wird nie erwachsen, kein „verirrtes Kind", eher von der Art der „lieblichen, aber ausgestorbenen Geschöpfe", im Grunde unschuldig, da zu keinerlei Überzeugung in der Lage.
15. Iwanow-Rasumnik – Literaturkritiker von sehr mittelmäßigem Talent und Geschmack, kein Typ wie Tschukowski, sondern anders. Linker Sozialrevolutionär, im Grunde ohne Einfluss. Verbittert.
16. Sergej Mstislawski-Maslowski – Offizier des Hauptstabes, Journalist, schrieb unter dem Zaren *sowohl* in linken Zeitschriften *als auch* in solchen offiziösen Charakters. Aktiver linker Sozialrevolutionär im Dienste der Bolschewiken, fuhr sogar nach Brest.
17. Alexander Benois – bekannter Maler, ungeselliger Typ. Begann seit der Revolution verdächtige Artikel zu schreiben, die ihn belasteten, hat Umgang mit Lunatscharski, hat unter dem Zaren einen Orden für sich erwirkt.
18. Kusma Petrow-Wodkin – Maler, Einfaltspinsel.
19. Alexander Doliwo-Dobrowolski – niederer Diplomat und Schwarzhunderter, im Dienste der Bolschewiken.
20. Prof. Michail Reisner – verdächtige Person, schrieb unter dem Zaren denunziatorische Berichte; im Dienst der Bolschewiken.

21. Larissa Reisner – seine Tochter, eingebildete Dichterin, schwach, im Dienst der Bolschewiken.
22. Wsewolod Meyerhold – Regisseur und „Neuerer". Hat bei Suworin in den kaiserlichen Theatern gedient. Arbeitete während des Krieges in Lazaretten. Soll sich nach der Revolution (laut Gerüchten) den Anarchisten angeschlossen haben. Dann, im August, besuchte er uns wieder und wollte bei Sawinkows Zeitung arbeiten. Noch vor kurzem hat er im Schriftstellerverband am lautesten gegen die Bolschewiken gewettert. Jetzt präsidiert er gemeinsam mit ihnen bei Theatersitzungen. Überschlägt sich fast vor Eifer. Scheint ein besonderes Stück Dreck zu sein.
Er ist ein besonders „unschuldiger", un innocent. Das wird ihm vielleicht „dort" vergeben … Hier nicht. Wir haben nicht das Recht dazu.
Von Ilja [Bunakow] weiß ich nichts. Von niemandem. Alle sind untergetaucht. Alle sind illegal.

12. Januar, Freitag

Heute Morgen wurde angerufen, dass der alte Leonid Slonimski gestorben sei. Danach hieß es, man habe den Musiker Alexander Silotti (erneut!) verhaftet. Das ist ein Freund von Iwan Iwanowitsch [Manuchin], der seit dem Morgen unterwegs war. Vergeblich. Er suchte Lunatscharski auf, der sich in den Julitagen bei Iwan Iwanowitsch versteckt und vor Angst gezittert hatte. Jetzt aber lehnte Lunatscharski es ab, den alten Musiker auf seine Bürgschaft hin frei zu lassen. Zuerst muss er meine Macht anerkennen, sagte er. Ich habe ihn in den Ruhestand geschickt, er ist gegangen, aber der Opernchor hat deswegen gestreikt. Wenn er endgültig verschwindet, kann man gegen den Chor auch Repressalien anwenden, dann wird er schon singen!
Kommentar überflüssig. Schau her, Europa!
Abends waren wir oben (bei Iwan Iwanowitsch). Dort trafen wir auf Suchanow von *Nowaja shisn* und dessen Bolschewikin Galina (die sich in Trotzkis dämonische Augen verliebt hat). Nach ihrem Äußeren ist sie ein gewöhnliches Makaken-Äffchen.
Er ist nur sehr schwer zu ertragen. Zwar befindet er sich auf dem Kongress in der Opposition, ist mir aber höchst unsympathisch.

Er hat uns zugesetzt, warum wir nicht kommen und uns den Rätekongress „anschauen" wie eine „Attraktion". Ein unwahrscheinlicher Zynismus. Und seine Position läuft im Grunde auf „Nichtstun" hinaus, was bei den Internationalisten von *Nowaja shisn* schon lange so ist. Weder dies, noch das, und am Ende, was beliebt.

Iwan Iwanowitsch hat vollkommen recht, wenn er sagt, dass er nicht zu diesem „Kongress" gehen wird, schließlich „schaut" er sich auch keine Hinrichtung an.

Heute haben wir plötzlich drei Grad plus! So ist das, wenn man hier lebt. Absolut niemand weiß, wie das alles enden wird. Manche prophezeien, dass die Macht einfach an die Matrosen und die Rote Garde übergeht.

Neulich wurde ein Rotgardist umgebracht. Frauen haben ihm das Gesicht mit den Nägeln zerkratzt.

Selbstjustiz gibt es auf den Straßen jeden Tag.

Finnland ist abgeschnitten. In Wyborg ist ein Aufstand der Rotgardisten ausgebrochen. Schwedische Truppen sollen (laut Gerüchten!) angefordert worden sein …

Großer Gott! Wenn uns doch die Schweden eroberten! Wenn uns doch die Deutschen den Garaus machten! Wenn ich doch aufwachen könnte!

13. Januar, Sonnabend

Ein bemerkenswerter Tag, den man besonders würdigen muss. Die Bolschewiken haben beschlossen: KEINEN KRIEG FÜHREN und KEINEN FRIEDEN UNTERZEICHNEN. Außerdem: Die gesamte Goldreserve – etwas über eine Milliarde – wird beschlagnahmt. Alle Rumänen werden des Landes verwiesen.

Die „Selbstbestätigung" auf dem Kongress geht weiter. Die Mörder Schingarjows und Kokoschkins wurden in dieselbe Zelle gesperrt, wo die Ermordeten zuvor einsaßen. Aus diesem Anlass (?) wurde niemand vom Roten Kreuz in die Festung gelassen.

Lunatscharski, der für Iwan Iwanowitschs Gastfreundschaft im Sommer einen niedrigen Preis zahlen wollte, hat versprochen, Silotti frei zu lassen, aber nicht nach Hause, sondern zum Hausarrest in Iwan Iwanowitschs Wohnung (!?).

Aber auch dafür ist noch die Unterschrift von Koslowski, dem Chef der Untersuchungskommission, erforderlich. Koslowski war im Sommer als Spion verhaftet worden.

Hätte man das Papier eine Stunde früher abgeschickt, dann wäre es gelungen, der „Chef" hätte unterschrieben. Aber in dieser Stunde wurde bekannt, dass er eine Unterschlagung begangen hat. Und weg war der Herr über das Gefängnis Koslowski! Gegen ihn und Pjotr Krassikow wurden Ermittlungen aufgenommen. (Die werden sich schon herauswinden.) Aber zuerst muss eine neue Obrigkeit gefunden werden. Und wenn man sie hat, dann stellt sich am Ende noch heraus, dass auch sie zu raffgierig ist.

15. Januar, Montag

Am 9. Januar habe ich geschrieben, dass Trotzki und Begleitung mit eindeutig schändlichen deutschen Friedensbedingungen aus Brest zurückgekehrt sind. Weiter habe ich erklärt (das war nur allzu offensichtlich!): „Jetzt müssen sie lügen. Und sie werden lügen. Sie werden sich herauswinden. Und sie werden *akzeptieren*." Dieses Herauswinden geschieht jetzt, aber alles geht rasend schnell, denn auf diesem III. Rätekongress erreicht ihre Selbstbestätigung die letzten Stadien. Jede Phrase, gleich welchen Inhalts, wird mit Beifall bedacht oder gar von Beifall unterbrochen (zum Beispiel: „Ein Soldat und zwei Arbeiter wurden getötet"… Beifall!). Dauernd wird die „Internationale" gesungen. Gestern haben sie Trotzkis Vorbereitung auf den bereits beschlossenen Frieden „bestätigt", den selbst Trotzki „keinen ehrlichen Frieden, sondern einen Unglücksfrieden" genannt hat … Daraufhin ist er wieder nach Brest gefahren. Nun haben wir bereits alles – außer Ehre, Gewissen, Brot, Freiheit und Heimat. „Wir haben [im Original Deutsch] einen Schandfrieden."

20. Januar, Sonnabend

Jeden Tag schreiben? Das kann ich nicht. Es ist schwer zu ertragen. Und es ist schwierig.

Sie haben ihren Kongress mit allem Pomp beendet. Sie haben sich nicht als provisorische, sondern als ewige Regierung bestätigt. Sie haben jegliche Konstituierende Versammlungen für immer abgeschafft. Sie jubeln. Sie haben erklärt, dass in Berlin eine Revolution stattfindet. Die „Schande" ist bisher nicht unterzeichnet.

Im Überschwang des Jubels befahl die Kollontai, das Alexander-Newski-Kloster zu besetzen. Es gab ein Handgemenge, auf einen Geistlichen wurde geschossen, er ist tot. Eine Menschenmenge aus Weibern und anderen Rechtgläubigen lief zusammen. Bontsch unternahm dies und jenes, um die Sache beizulegen – „zu früh"! Doch der neue Patriarch verhängte den Bannfluch über alle „Bolschewiken-Unholde" und exkommunizierte sie. (Was macht ihnen das schon aus!)

Gestern „Tanja" [Identität nicht festgestellt]. Ein Brief von P. I. [wahrscheinlich Boris Sawinkow, sein konspirativer Parteiname war Pawel Iwanowitsch]. Recht hat er. Aber es ist wenig tröstlich. Konservierte „Reste" sind kein Sieg.

In der Festung sieht es nicht gut aus. Es hat einen Anschlag auf den Schurken Pawlow gegeben, und die (gute) Mannschaft wurde ausgetauscht. Jetzt ist es dort unruhig.

Die ganze Zeit Tauwetter. Die Straßen sind nicht zu benutzen, un-vor-stell-bar.

22. Januar, Montag

Die ganze Nacht hindurch gab es Saufplünderungen. Erneut Maschinengewehre, Panzerwagen. 120 Menschen wurden getötet. Und sofort in den Kanal geworfen.

Heute kam Iwan Iwanowitsch zu uns – hinkend und voller blauer Flecke. Folgendes stellte sich heraus: Als er um drei Uhr nachmittags (ein heller Tag) aus dem „Komitee für Sicherheit" an der Fontanka trat (welche Ironie!), sah er, wie eine Frau von drei Männern in grauen Soldatenmänteln ausgeraubt wurde. Ohne lange zu überlegen, lief er hin, wie es ein ordentlicher Mensch tut, und suchte die weinende Frau zu verteidigen, rief etwas und packte einen grauen Ärmel … Einer der Orang-Utans führte einen heftigen Schlag gegen Iwan Iwanowitsch, der an das Kanalgeländer geschleudert wurde. Kneifer und Pelzmütze flogen in die Fontanka. Im selben Augenblick ergriffen die Affen aber auch schon die Flucht, ohne an ihre Revolver zu denken … Ja, hier stand wohl ein „toter Hase" gegen eine Horde Orang-Utans.

Der geretteten Frau half Iwan Iwanowitsch noch in eine Straßenbahn und fuhr dann selbst ganz zerschlagen nach Hause.

Wieder enthalte ich mich jeden Kommentars. Die Überläufer werden immer mehr. Schlechte Menschen gibt es in jedem Land in großer Zahl, aber ein solches „Pack", ein solches Barbarentum findet man natürlich nirgendwo.

„Sie mischen sich, sie verschmelzen miteinander" … Kleine Schreiberlinge und talentiertere Autoren. Aber mit so wenig Bewusstsein gesegnete zartstänglige, unendlich weibliche Frauen wie die Dichterin Anna Achmatowa (eine sehr talentierte) – sind das etwa Menschen?

Gestern bin ich der Achmatowa beim „Morgen Russlands", einer Lesung zugunsten des politischen Roten Kreuzes begegnet. Ich fürchte mich kein bisschen und habe keine Scheu, auf einer Bühne zu lesen, ob nun Gedichte oder Prosa. Ob dort 800 Menschen vor mir sitzen oder zwei, ist mir gleich (das kann auch an meiner Kurzsichtigkeit liegen), aber eigentlich gehen mir solche Veranstaltungen gegen den Strich, und ich lehne sie schon lange ab. Hier musste ich jedoch zusagen, denn es war unser Rotes Kreuz. Da habe ich eben gelesen, aber nur die „ungehörigsten" Sachen! Außer mir lasen auch Mereshkowski, Sologub … Es waren so viele Menschen da, dass nicht alle im Saal Platz fanden. Wir haben ausreichend gesammelt.

Gestern fanden grandiose Prozessionen statt. Vor der Kasaner Kathedrale wurde der „Bannfluch" verkündet.

Ganz in unserer Nähe schossen zwei vorüberfahrende Matrosen auf den Zug.

Die Bolschewiken glauben nicht, dass das Mittelmaß ernsthaft in Bewegung geraten ist (weiß der Teufel, vielleicht haben sie recht, und auch hier wird das Mittelmaß bald wieder „nachlassen").

Heute haben sie ein Dekret über die sofortige Aufhebung aller

Rechte der Kirche, sogar der juristischen und der allgemeinen Rechte, durchgepeitscht.

Die Kirchen werden wahrscheinlich geschlossen. Das ist der Weg für Tichon, zu einem neuen Hermogenes [Heiliger und Märtyrer des 16. Jahrhunderts] zu werden.

Aber daraus wird wohl nichts. Oh, hier sind keine Menschen! Das ist das Wichtigste und das Schlimmste.

Und das „Volk" … Mit Schlussfolgerungen warte ich noch ab.

24. Januar, Mittwoch
Die Überfälle, Morde und Plünderungen gehen ununterbrochen weiter. Heute besonders auf dem Wosnessenski-Prospekt. Die Toten werden in die Moika und in den Kanal geworfen oder (die im Wein Ertrunkenen) wie Holzscheite gestapelt.

[Der Kritiker] Batjuschkow wurde ausgeraubt. Man hat auf ihn geschossen und ihn bewusstlos auf dem Eis liegenlassen. Die Schauspielerin Jewgenija Wolf-Israel hat ein Soldat im Vorübergehen ohne jeden Anlass ins Gesicht geschlagen; sie stürzte blutüberströmt zu Boden.

Und die triumphierenden Plünderer wollen ins Taurische Palais einziehen. In unserer Nachbarschaft.

Über das gesamtrussische Gemetzel (buchstäblich „von den kalten Felsen Finnlands bis zur flammenden Kolchis") werde ich nicht schreiben. Davon berichten andere.

Die Gefängnisse sind so mit politischen Häftlingen überfüllt, dass man beschlossen hat, die Kriminellen frei zu lassen. Schingarjows Mörder werden vom Kommandanten Pawlow gehätschelt, er hat sie zu Obleuten gemacht. „Sie gehören ins Palais, nicht ins Gefängnis", antwortete er auf Proteste.

Die werden wir sicher im Taurischen Palais sehen.

Die kontemplative Objektivität der Chronistin habe ich noch nicht erreicht. Wird mir das je gelingen?

Immerzu wird geschossen.

25. Januar, Donnerstag

Wieder ist ein Tag vorüber, ein Tag wie alle anderen – gleichförmig in der Vielfalt der Personen, Nachrichten, Gerüchte und Geschehnisse. Heute besteht die schmutzige Küche der Bolschewiken auf den Tag genau drei Monate lang. Zu diesem Jubiläum seiner Einkerkerung hat man Kartaschow frei gelassen. Die Entlassungen erfolgen einzeln, ohne Aufsehen und nur auf persönliche Fürsprache. Für wen man sich mehr einsetzt und mehr Klinken dieser Halunken putzt, der wird mit einer Umarmung entlassen (vor allem wenn man bei ihm Geld vermutet und so viel wie möglich bezahlt wird). *Offiziell* lehnt der „Rat" alle Entlassungen ab. Das gesamte Rote Kreuz, vor allen anderen Iwan Iwanowitsch, ist erschöpft wie ein zu Schanden gerittenes Pferd, hetzt aber weiter, um bei den verschiedenen Kommissaren für jeden einzelnen Gefangenen die „Verteidigung zu organisieren". Lunatscharski hat es mit erstaunlicher Frechheit genauso ausgedrückt: „Die Verteidigung organisieren", heißt, sich um „Protektion" bemühen.

Zum Teufel mit ihnen. Etwas Neues: Ein Dekret über den Wechsel des Kalenders. Schade, dass sie das getan haben, denn nötig war es schon lange. Ja, trotz allem sollte nicht vergessen werden, wie sehr wir unser Verderben der Regierung Kerenski verdanken. Dort hat es angefangen …

Wird es im Westen bald Frieden geben? Wird Russland von Kräften der Alliierten besetzt werden? Ich glaube diesen Gerüchten nicht, der Krieg hält den Westen noch fest in seinen Klauen. Je länger die Bolschewiken bleiben, desto größer wird in unserem maßlosen Russland die Möglichkeit des Umschlagens, das heißt, der Wiederherstellung der Monarchie. Aber weshalb herumrätseln. Vieles hängt vom Krieg, seinem Ausgang oder seiner Dauer ab. Ich kann mir jetzt keine Umstände vorstellen, unter denen unsere „Gemäßigten", unsere Liberalen nicht an den Rand gedrängt würden. Der „Kampf" liegt ihnen nicht im Blut, aber ohne ihn ist Politik nicht möglich. <u>Eine der Plagen Russlands sind seine passiven, ungeschickten Staatsintellektuellen</u>.

Die Sozialrevolutionäre sind gescheitert, und das offenbar gründlich. Wenn sie nicht gänzlich die Farbe wechseln, werden sie kaum wieder auf die Beine kommen.

Zum Alexejew-Feldzug habe ich überhaupt kein Zutrauen (besonders nicht nach dem Brief von P. I. [Sawinkow]). Wer soll sich mit dem Finnland-Krieg auskennen? Gegenüber jeglichen Gerüchten bin ich zurückhaltend. Wenn die Dinge sich klären, dann werden wir sehen.

Ich habe schon ein sehr düsteres Bild gemalt. Aber das ist mir einerlei. Erst einmal von etwas anderem.

Heute war der Schauspieler Pawel Orlenjew bei uns: Er möchte den „Paul I." von Mereshkowski spielen. Er hat ihn bereits in Amerika unzählige Male gegeben. Ein merkwürdiger Kerl – ein echter russischer Typ: genial, aufbrausend, faszinierend, dem Alkohol zugeneigt, erschütternd und kein bisschen vernünftig. So einer ist Orlenjew. Außerdem: grob und ungebildet, dann wieder äußerst empfindsam, intuitiv und rührend.

<u>So sind übrigens auch unsere Schriftsteller und Maler – Barbaren, Naturtalente ohne jede Kultur und zu ihr nicht fähig</u> … Noch nicht oder nicht mehr? (Ausnahmen gibt es überall.) <u>Deshalb sind sie auch verantwortungslos. Deshalb war so einer</u> … <u>gestern Monarchist und ist morgen Bolschewik.</u> Aber heute – hockt er auf der Barrikade, wenn er nicht unter seinem eigenen Bett liegt.

Wir haben die Revolution noch vor uns. Noch nicht „erstrahlt ist das Licht der Vernunft" …

Solange das so ist, sage ich voraus: Vergebens sind alle Faxen Lunatscharskis, umsonst die niederträchtigen Tollheiten Lenins, unnütz der Verrat Trotzki-Bronsteins, zwecklos alle ihre „sozialistischen" Dekrete, und sollten sie auch zehn Jahre lang von den sich haltenden Bolschewiken ausgegeben werden. Aber zehn Jahre lang werden sie wohl keine Dekrete ausgeben, denn viel früher werden sie alles um sich herum und alle Menschen *physisch* ausgelöscht haben. Dazu sind sie imstande.

Sie plündern überall. Und morden. Am helllichten Tag.

29. Januar, Montag

Es ist entschieden, den höchst bemerkenswerten Beschluss vom 13. Januar in die Tat umzusetzen. Wenn er realisiert wird, dann muss man zugeben, dass etwas geschieht, das es gar nicht gibt.

Im Moment wirkt es noch wie nicht von dieser Welt ...
Hier die heutige Bekanntmachung der „Friedens"-Unterhändler:
„Im Namen des Rates der Volkskommissare wird (von wem?) den Regierungen und Völkern, die gegen uns kämpfen, den alliierten und neutralen Ländern zur Kenntnis gegeben, dass Russland DIE UNTERZEICHNUNG eines annexionistischen VERTRAGES VERWEIGERT und seinerseits den Kriegszustand mit Deutschland, Österreich-Ungarn, der Türkei und Bulgarien für beendet erklärt. Die russischen Truppen erhalten Befehl zur vollständigen Demobilisierung an allen Fronten." Unterzeichnet von fünf Juden mit Pseudonym.
Das ist es: Keinen Frieden schließen und keinen Krieg führen!
Das ist direkt künstlerisch. Beispiellos. Außerhalb jeder menschlichen Vorstellungskraft. Nicht einmal für Affen geeignet: Die kämpfen oder kämpfen nicht miteinander. Aber die Unbekannten, für die diese Mitteilung bestimmt ist, „werden verstehen": Und werden abziehen. „Nach Hause, ohne Annexionen und Kontributionen." Und hier sind Haus und alles andere mein, dazu die ganze Macht. Herrlich!
Aber ob Deutschland das „versteht"? Das sollte man schon in Betracht ziehen.
Die Minister Tretjakow und Konowalow sind freigelassen worden (ebenfalls in aller Stille und für Geld). Der eine brach vor Überraschung in Tränen aus, der andere fiel in Ohnmacht. Die Sozialrevolutionäre – Sorokin, Argunow, Awksentjew u. a. sitzen in der Peter-Pauls-Festung. Eindeutig als Geiseln. Nach der Devise: Wenn mit Unseren etwas geschieht, dann drehen wir denen den Hals um.
Bei Gelegenheit werde ich aufschreiben, wie man (über ein Fräulein, das zu diesem Zweck einen verliebten Unterkommissar erhörte) den harmlosen Schriftsteller Michail Prischwin frei bekommen hat.
Die Zeitungen sind fast alle vernichtet. Wir lesen Siegesmeldungen aus dem Bürgerkrieg. Kiew ist verwüstet – unerhört!
Heute war B. N. [wahrscheinlich Boris Moissejenko] bei uns. Hochinteressant ... Jetzt wird es offenbar noch notwendiger als unter dem Zaren, mein Tagebuch an einen sicheren Ort zu brin-

gen … Zu anderen „Generalen" …, aber solche Bekannten habe ich nicht … Dann lassen wir es eben.
Tauwetter hat eingesetzt, aber es ist noch nicht aller Schnee abtransportiert. Man hat Intellektuelle zum Schneeräumen geholt. Das war dumm. Es wurde wieder eingestellt. Außerdem ist neuer Schnee gefallen. Heute Abend haben wir zehn Grad Frost.
Das verwahrloste Petersburg sieht entsetzlich aus. Auf den zentralen Straßen liegen krepierte Pferde herum.

31. Januar, Mittwoch

Alles ist unwahrscheinlich durcheinander, und das setzt sich fort. So hat die Ukraine offiziell mit Deutschland Frieden geschlossen. Für Anleihen und Getreide. Rumänien kämpft gegen die Bolschewiken. Die Ukraine, die ebenfalls gegen die Bolschewiken kämpft, liegt jetzt anscheinend im Bündnis mit Deutschland gegen „uns" im Krieg. Zugleich erklären die Bolschewiken, es gäbe keine Ukraine und keine Rada, denn sie haben Kiew erobert und dort die Macht übernommen. Was soll der Don jetzt anfangen? (Im Bündnis mit Deutschland) gegen die Bolschewiken oder (im Bündnis mit den Bolschewiken) gegen Deutschland kämpfen? Das alles kann sich auch wieder einrenken, aber verstehen kann das niemand.
Wieder war B. N. bei uns … Ich denke schon wieder an die neuen Generale. Seiten leer zu lassen hat auch keinen Sinn: Ich vergesse. Natanson und die Kollontai fahren ins Ausland. Meinetwegen für immer! Die „Regeln" für die Presse sind ebenfalls „beispiellos", die hat es noch nie und nirgendwo gegeben: Jede Zeitung ist verpflichtet, „in Fettdruck" und auf der ersten Seite alles zu drucken, was ihnen die Kommissare auch schicken (die aber laden bei uns täglich Berge von Texten aus ihren von niemandem gelesenen Zeitungen ab). Wenn außerdem „eindeutig Konterrevolution vorliegt" (ob sie „vorliegt", entscheidet eine Abteilung Rotgardisten), dann werden alle Mitglieder der Redaktion verhaftet. Wie rrrevolutionär!

2. Februar, Freitag

Kiew geht mir nicht aus dem Sinn. Tausende Menschen getötet. Gestern habe ich wieder bis 8 Uhr morgens an diesen – jetzt schon völlig sinnlosen „Papieren" gesessen. Ilja lässt sich nicht blicken, ich wurde von B. N. gebeten, und es erschienen zwei, die ich nicht kenne, Kowarski und Iljaschew. Sie sind Ilja ähnlich: bewusste, lebensfrohe, aber machtlose Gefangene der Partei. Ernstzunehmende Gerüchte, dass Alexej Kaledin … sich erschossen hat. Vielleicht. Aber die Psychologie dieses Selbstmordes durchschaue ich noch nicht.

Brot (mit Stroh vermischt) wird ein Achtel Pfund pro Tag ausgegeben.

In Kiew wurde der Metropolit Wladimir umgebracht.

5. Februar, Montag

Kaledin hat sich erschossen, wahrscheinlich wegen des Verrats der Kosaken: Die sind in hellen Scharen auf die Seite der Truppen der Bolschewiken übergelaufen. Die Seuche erfasst offenbar den ganzen Süden. Die Bolschewiken stehen schon vor Rostow und Nowotscherkassk.

Bei uns ist die Atmosphäre sehr angespannt. Die Anarchisten „erheben ihr Haupt". Die Presse wird unterdrückt, täglich gibt es „Gerichtsverfahren" gegen Zeitungen. Von dem Wahnsinn der hiesigen Plünderungen rede ich gar nicht mehr.

Aber etwas Hochinteressantes ist passiert, das … Folgen haben wird. Heute ist der „Waffenstillstand" ausgelaufen: Die Deutschen haben Dwinsk eingenommen. Die Bolschewiken sind in Hektik geraten, sie bemühen sich, Reval und Helsingfors zu evakuieren. Die Baltische Flotte hat natürlich keinen Treibstoff. Die Deutschen, so heißt es, rücken auch nach Süden vor (das will ich meinen, sie sind doch keine Dummköpfe. Wenn sie mit der Rada einen Separatfrieden geschlossen haben, dann werden sie wohl die Kornkammer Kiew den Bolschewiken überlassen!).

Das ist das Übliche. Ich habe nur zwei Befürchtungen: Dass die Deutschen den Bolschewiken nur eine Lehre erteilen wollen, weil die den Schandfrieden „nicht unterzeichnet" haben, dass die Bolschewiken die Lehre annehmen, sich unterwerfen, und die Deutschen, nachdem sie erhalten haben, was sie fett angestrichen hatten, eine für sie so bequeme russische „Regierung" auch noch unterstützen. Besser kann es für ihre Gier doch gar nicht kommen! Nur … aber das später, jetzt zu meiner zweiten Befürchtung. Das ist eigentlich keine Befürchtung, … sondern ein instinktives Zusammenzucken beim Gedanken an die Möglichkeit, dass die Deutschen *nicht* innehalten (die Bolschewiken *nicht* dazu kommen, sich zu unterwerfen) und die ersehnte deutsche Rettung (o Gott, wie tief bist du gesunken, Russland!) über uns kommt. Im letzten Augenblick könnte sich die Horde als grausam erweisen: Auch die Mücken stechen vor ihrem Tod im Herbst am schlimmsten.

Na, meinetwegen! Alles ist besser als das, was sich jetzt hier tut. Mit jedem Tag wird klarer und unbestreitbarer: WIR HABEN KEINE REVOLUTION, SONDERN DEN BISHERIGEN KRIEG. Seine Fortsetzung durch Menschen, die davon in hellen Wahnsinn verfallen sind. Die ganze Psychologie ist eine des Krieges, nicht der Revolution, und auch das äußerliche Erscheinungsbild mit schweren Geschützen, dem Beschuss von Städten, mit Flugzeugen, Bomben und Gas ist die eines modernen Krieges, seine physische „Kultur" mit innerer Verrohung, Stumpfsinn, Verbissenheit, geistiger Barbarei und beinahe Idiotismus.

Das vom Zaren schon halb vernichtete Russland wird der Krieg leicht auffressen. Aber beeile dich, beeile dich mit dem Frieden, Europa! Noch ein Jahr Krieg, und auch deine gesunden Völker werden erzittern. Auch deines, Deutschland! Noch ein Jahr, und sie alle nähern sich eins nach dem anderen dieser *irrsinnigen,* wie ein Wirbelsturm heranfegenden FORTSETZUNG DES KRIEGES UNTER DER MASKE DER REVOLUTION.

Diese „Fortsetzung" – welche Kongresse können ihr wirklich ein Ende bereiten? Das Ende liegt außerhalb von Willen und Vernunft des Menschen, es verliert sich in der Finsternis …

Die Deutschen werden es den Bolschewiken offenbar bestenfalls erlauben, im hungrigen Petersburg zu sitzen. Es ist kaum vorstellbar, dass sie die Bolschewiken ungeachtet jeden Schandfriedens mit Petersburg nicht aus der Ukraine und aus Finnland vertreiben. In Finnland helfen sie bereits aktiv der „Weißen Garde", die mit

deutschem Gas bisher 2000 Menschen umgebracht hat.
Etwas anderes. Es ist doch Wahnsinn, wenn man die Frucht seiner eigenen nächtlichen Mühen, seine eigenen Worte mit einem verhassten Namen unterzeichnet sieht. Aber ich verleugne sie nicht. Ich stehe gerade für das, was ich tue. Ich bin ein Mensch. Eine Erklärung schreibe ich „in Freiheit". Ob ich sie erlebe? Das Tagebuch verliert immer mehr seinen Sinn. Ob ich es nicht aufgebe? Um später in der Form von Memoiren …, aber das sind zwei verschiedene Dinge. Mag das Tagebuch auch langweilig sein, so gibt es doch dem, der verstehen will und Langeweile nicht scheut, eine Vorstellung von der *Atmosphäre* …
Ach, ich sehe, höre und weiß so viel und – darf nicht schreiben! *Unaufrichtig* schreiben. Europäer, versteht ihr das denn gar nicht? Natürlich nicht!
Der italienische Botschafter ist direkt vor dem Hotel Europa ausgeraubt worden (es sollte bald in Hotel „Russland" umbenannt werden). Die „Versöhnler" von der *Nowaja shisn* (siehe die alte *Nowoje wremja*) werden bald in die „Regierung" eintreten. Ich schwöre, früher oder später *wird* sich auch Gorki dort einfinden! Der Zyniker Suchanow soll schon dabei sein. Das ist übrigens ein Gerücht.

6. Februar, Dienstag

Nun entwickeln sich die Dinge tatsächlich so, wie [bei mir] „geschrieben steht". Heute Morgen erfahren wir, dass die Deutschen an allen Fronten vorrücken – von Norden, von Süden und von Westen. Schweden hat seine Inseln besetzt. Die Deutschen sind einfach losmarschiert, wobei sie erklären, sie täten das (man stelle sich vor!) „nicht zur Eroberung weiterer Territorien" … Die Bolschewiken tun nach außen hin noch sehr mutig, haben aber … um zehn Uhr morgens bereits ein kriecherisches Telegramm mit dem Vorschlag (der flehentlichen Bitte?) nach Berlin geschickt, jenen (Schand-)Frieden zu unterzeichnen, den sie in Brest noch abgelehnt haben. Da haben wir nun das „Beispiellose", mit dem sie so kurze Zeit in völligem Idiotismus geprahlt haben!
Sogleich tauchte auch das Gerücht auf, dass die linken Sozialrevolutionäre, dieses Gesindel, gegen das Telegramm seien, es angeb-

lich nicht ertragen können und deshalb die „Regierung" verlassen. Aber Iwan Iwanowitsch machte sich heute wieder auf den Weg, um sich für einen Gefangenen einzusetzen. Dabei traf er den Talmudisten Steinberg zitternd und bebend an.
„Wissen Sie, was passiert ist?"
??
„Ja, so und so, heute haben wir dieses Telegramm ..."
„Sie auch? Sie haben auch zugestimmt?"
„Was denn sonst? Die Deutschen kommen ... Vielleicht rücken sie noch weiter vor? Und wir können nichts ... na ja, 50 000 Rotgardisten können wir losschicken ... Die knallen die Deutschen doch sofort ab ..."
„Natürlich knallen sie sie ab. Was haben Sie denn gedacht? War nicht für jeden sonnenklar, dass es genauso kommen musste? Warum sollten die Deutschen auch nicht kommen?"
„Wir haben gedacht ... Das Proletariat ... Wir haben gedacht ... Und was wird jetzt mit dem Schutz unserer Revolution? Man muss eine Vereinbarung ..."
Iwan Iwanowitsch klatschte in die Hände.
„Das habt ihr euch ja fein vorgestellt! Das Proletariat! Sie haben gedacht! Gut gedacht, nichts dagegen zu sagen! Da haben sie nun ihre Devise: ‚Frieden wollen wir nicht, und Krieg führen wir nicht!'"
Bis zum späten Abend gab es auf das ausgesprochen unterwürfige Telegramm keine Antwort.
Schließlich erfahren wir: Die Antwort ist da. Sie lautet: Schicken Sie *Ihre* Friedensbedingungen – nach Dwinsk.
Das deutsche Stabsquartier ist jetzt also bereits in Dwinsk, das das bolschewistische Gesindel ohne den großen Vorrat an Geschützen und Ausrüstung aufgegeben hat. Im Moment läuft eine „stürmische" Sitzung der in die Enge getriebenen Bolschewiken: Was sollen wir antworten? Was nach Dwinsk übermitteln?
Jetzt müssen sie nämlich den Friedensvertrag selber *vorschlagen*, den sie als „annexionistisch" betrachteten und deshalb nicht *annehmen* wollten. Laut genug haben sie ihn so genannt. Was war schon dabei! Ihnen war doch alles gleich, Hauptsache, sie konnten sich an der Macht halten. Aber wird Dwinsk den Frieden von

Brest noch akzeptieren? Was wird man drauflegen müssen? Oder fällt den Deutschen plötzlich ein, dass sie vernünftige, ernsthafte Gründe haben, gegen jeglichen Frieden mit *diesem* Russland zu sein, das angesteckt ist und selber *ansteckt*, dagegen zu sein, ihm die Grenzen zu öffnen?

Jetzt bereuen die Bolschewiken, dass sie nicht bei ihrer ersten harten Linie aus den Tagen von Brest geblieben sind, die mir damals aufgefallen war: lügen, sich winden und dann akzeptieren. Die linken Sozialrevolutionäre haben sie davon abgebracht und dazu verführt, vom „Beispiellosen" zu träumen ... Jetzt zittern die Bolschwiken: Hat Deutschland am Ende beschlossen, sie zu stürzen? Erneut gehen sie „auf alles und noch mehr" ein, um sich an der Macht zu halten. Aber ein kleiner Zweifel bleibt: Zielt Deutschland etwa auf diesen heiligen Punkt?

Es fällt mir schwer, es auszusprechen, aber ich sage es dennoch: Ich denke, Deutschland hat vor Zweifeln und Gier *bereits den Verstand verloren*. Und wenn die Trotzkis ihm nun dies und das und den siebenfach annexionistischen „Dwinsker" Frieden anbieten, nur um an der Macht zu bleiben? Erlauben Sie uns doch nur, die eigenen Leute bis auf die Knochen abzunagen und auch noch die Knochen zu behalten! – Wenn es so kommt, *was wahrscheinlich ist*, dann lassen sich die von ihrer eigenen Gier benommenen Deutschen verführen. Und vor der Gefahr der Ansteckung trübt ihnen ihre arrogante Selbstsicherheit den Blick. Oh, wie dumm so etwas macht!

Deutschland lässt sich ganz bestimmt verführen. Ja, so wird es kommen. Und ich denke ...

Eigentlich denke ich gar nichts, ich will an nichts denken, denn auch ich bin auf einen Punkt fixiert: Auf diese Verräter, die mein Russland ermordet und gekreuzigt haben und sich jetzt unter dem Kreuz seine Kleider teilen.

In welchem letzten Gewand werden sie morgen das Los werfen?

7. Februar, Mittwoch

Alles ist an seinem Platz, es läuft „normal". Die Deutschen scheinen geneigt, etwas wie einen Frieden zu schließen: Es gibt Anzeichen ...

Sie bleiben irgendwo stehen und lassen die Bolschewiken an der Macht. Diese erreichen erst einmal, was sie wollen. Sehr gut. Die Alliierten begreifen erstaunlich wenig. Liegt das nun daran, dass sie die falschen Vertreter geschickt haben oder Russland grundsätzlich nicht verstehen: Sie handeln seltsam. England ein wenig entschiedener: Sein Botschafter ist abgereist, zwar nicht offiziell, aber nicht durch einen anderen ersetzt worden … Francis und Noulens [die Botschafter der USA und Frankreichs] sind nun endgültig nicht mehr imstande, die Lage einzuschätzen. Wir verlangen nicht, dass die Alliierten an unsere Interessen denken – durchaus nicht! Aber jedes Land, das an sich selbst denkt, sollte verstehen, dass seine Interessen mit den weltweiten *zusammenhängen.* Wir wünschten uns also von der Regierung jedes Landes lediglich eine umfassendere und weitsichtigere Sorge um ihre eigenen Interessen. Die Alliierten ähneln jetzt ein wenig unseren blinden Kadetten vor der Revolution: „Vollständiger Sieg über Deutschland!" Aber sie sehen nichts, nicht einmal, WAS diesem Sieg droht und woher (dabei haben wir gar nichts gegen einen Sieg).

Ohne die Gefahr Russlands als Pestherd zu berücksichtigen, haben sie eine äußerst einfache Sicht auf die Dinge: In Russland haben sie da eine Regierung, das ist ihre Sache. Für uns ist es schlecht, wenn diese einen Separatfrieden abschließt, und gut, wenn sie ihn nicht abschließt. (Außerdem sind wir dazu erzogen, uns nicht in die Angelegenheiten anderer einzumischen.)

Als die Trotzkis ihre Farce mit dem „Beispiellosen" begannen, sahen die Alliierten darin nur eines: Soso, sie schließen *keinen* Frieden. Das ist gut. Daher das diplomatische, bemüht freundliche Lächeln für die Bolschewiken und besonders für Trotzki.

Der nächste Streich – das demütige Flehen um einen Frieden mit Deutschland, welchen auch immer, traf die Botschafter, als sie gerade über eine neue, zugegeben vorsichtig freundliche Geste gegenüber den Bolschewiken debattierten …, und verblüffte sie total.

Ist eine so unglückliche Auswahl der Botschafter ein Zufall? Die sind von einem derartigen Unverständnis geschlagen, dass sie, um Informationen zu erhalten, ausgerechnet … nach [dem

Sensationsjournalisten] Jewgeni Semjonow geschickt haben! Ein echter Witz.

Hier könnten die Kadetten helfen ... Aber die sind untergetaucht. Und sie sind sehr verbittert – neben ihrem heiligen Leiden und ihrer gerechten Verzweiflung.

Deutschland hat uns stets besser verstanden, weil es uns mehr Aufmerksamkeit gewidmet hat. Es müsste doch begreifen: Jetzt sind wir gefährlicher als je zuvor, gefährlich für den ganzen Körper Europas (und für den Körper Deutschlands, ja, ja!). Wir sind ein Pestgeschwür. Isolieren kann man uns nicht, man muss den Bazillenherd vernichten, ausbrennen, wenn nötig, und man muss sich *beeilen* – im eigenen Interesse!

Deutschland müsste das am ehesten verstehen, aber, wie gesagt, es ist verjudet und verblödet. Und bildet sich im Übrigen ein, da es diese Bakterienkultur bei uns selbst gezüchtet hat, könnte es damit umgehen und sei davor geschützt. Wir werden sehen! Etwas Verhängnisvolles hat dieses kurzsichtige Europa.

Die Pest ist gefährlicher als das Bajonett.

8. Februar, Donnerstag

Ich habe fast nicht mehr geglaubt, dass wir das alles ertragen, überleben und einen Silberstreif zu sehen bekommen.

Was nun? Wir schreiben alles nieder, solange wir noch Kraft und Verstand dafür haben.

Die Offensive, das Vorrücken der Deutschen geht weiter, es ist fast ein Paradmarsch. Minsk haben sie bereits hinter sich gelassen und nähern sich Pskow. Im Süden stehen sie unweit von Kiew. Die Bolschewiken haben völlig den Kopf verloren. Sie entfalten eine fieberhafte Aktivität: Ein heiliger Krieg! Nein, Frieden zur Rettung des revolutionären Petrograds und der Sowjetmacht! Nein, doch Krieg, wir sterben! Nein, wir sterben nicht, sondern gehen nach Moskau, und wenn Moskau genommen wird, nach Tula, und wir ... Was denn nun? Alles, nur die Macht geben wir nicht mehr her, wir lassen niemanden an sie heran, und wir glauben, dass das deutsche Proletariat ... Wann? Egal, wann ... Mit einem Wort, es sind solche Fieberphantasien, dass auch wir ein wenig den Verstand verlieren. Bald erwarten sie hektisch eine

gnädige Antwort aus Dwinsk (auf ihr jüngstes Flehen, den Vormarsch zu stoppen), dann geben sie unerhörte Befehle zur allgemeinen Mobilmachung heraus – „alle Menschen von 17 bis 60 Jahren und beiderlei Geschlechts!" und versprechen zugleich, „die Bourgeois, die sich früher vor dem Krieg gedrückt haben", (etwa die Bourgeois?!) „von der Erde zu tilgen". Übrigens ist angeordnet, die Bourgeois auf jeden Fall „zu tilgen", unklar bleibt nur, ob man sie zuerst tilgen und dann mobilisieren soll, oder umgekehrt.
Wenn nur das Gerücht umgeht, die Deutschen seien nicht weit, werfen unsere Banden das Gewehr fort und laufen, so schnell sie können. Hier haben sie 27 Eisenbahnzüge requiriert und sind mit 40 000 Mann nach Moskau verschwunden. Als Erste taten das alle möglichen „Räte" und „Komitees". Und wenn nun Räuber vor der Ankunft der Deutschen die Bewohner bis aufs letzte Hemd ausplündern, dann haben die Bewohner eben Pech gehabt.
In der Nähe von Minsk haben sie ein grandioses Meeting abgehalten. Einen halben Tag lang haben sie geredet. Und überlegt, ob sie nicht anfangen sollten, sich zu wehren. Aber als sie die Deutschen hörten, gaben sie Fersengeld. Sogar zu Fuß sind sie geflohen.
Die Deutschen wollen sie nicht gefangen nehmen. Sie entwaffnen sie (wen sie erwischen) und lassen sie laufen, wohin sie wollen.

> Das ganze ... verwirrte Gesinde
> rennt hin und her, teilt jemandes Gewänder
> und zittert so vor seiner letzten Stunde.

Das hat ihnen nun wohl endgültig den Verstand geraubt. Neben Befehlen, jemanden „auszutilgen" und auf jemanden zu „schießen" ... soll unverzüglich ein Denkmal für Karl Marx errichtet werden! Die „Staatsmacht scheut dafür keine Mittel", Ehrenwort! Sie haben angeordnet, das *in allen* Zeitungen zu drucken – zusammen mit der Mobilmachung, der Erschießung der Bourgeois und einer Rechtfertigung für den Fall, dass sich Berlin doch noch als gnädig erweist und sie damit „glänzen" können. Beim „Zentralkomitee der Baltischen Flotte" (Zentrobalt) haben sie bereits die schwarzen Fahnen der Anarchisten herausgehängt. Ob die Chefs

Dybenko oder Krylenko heißen – dort pfeift man auf alle.

Seit heute Morgen geben sich bei uns die Leute die Klinke in die Hand … Gegen Abend erschien Anton Kartaschow – zum ersten Mal. Ich glaube, er hat in der Haft sogar zugenommen. Dann kam Ilja [Bunakow]. Nach ihm Iwan Iwanowitsch mit seiner Frau Tatjana. Auch meine Schwester Tatjana war da …

Ja, ja, wer wollte es bestreiten, die Sozialrevolutionäre sind absolut kraftlos. Aber irgendeine Konstituierende Versammlung wird es irgendwann doch geben. Und es ist unmöglich, sich in einem solchen Ozean von Verzweiflung treiben zu lassen, wie die Kadetten es tun. Das heißt, die klügsten, empfindsamsten und ehrlichsten von ihnen. Denn andere warten nur darauf, dass ihnen alles zufällt (wenn es denn geschieht).

Saslawski, Kliwanski, Sorokin und Argunow sind frei gekommen. Von den bekannten Sozialrevolutionären sitzen noch Gukowski und Awksentjew, aus der ehemaligen Regierung: Tereschtschenko, Rutenberg, Kischkin und Paltschinski.

Die einzige Schadenfreude am heutigen Tage brachte die Nachricht, dass auf der Schpalernaja-Straße die berühmten Bolschewiken Urizki und Stutschka ausgeraubt wurden. Zitternd und halbnackt schleppten sie sich zum Taurischen Palais.

Bisher haben die Stutschkas zusammen mit den Blocks, Rasumniks und Benois' nächtens die Batjuschkows und Peschechonows ausgeraubt. Endlich haben sie sich einmal ins eigene Fleisch geschnitten …

Wenn sie sich doch selbst in die Luft sprengen würden! Aber sie ruinieren zuerst Russland, bevor es sie in Stücke reißt. Und wann das auch geschehen mag, es wird zu spät sein! Zu spät!

Habe ich denn immer noch Hoffnung, trotz alledem? … Ist das nicht ein Zeichen dafür, dass auch mich schon der Fieberwahn gepackt hat?

Ich muss mich beruhigen.

Wir haben zehn, elf Grad Frost. Es ist hell. Aber ich sitze abends lange und komme morgens nur schwer aus dem Bett. Und muss von neuem in diese blutige Tretmühle!

Vielleicht ist es richtig, dass man jetzt besser die internationale Lage als die russischen Angelegenheiten betrachten sollte. Aber wir sind schon derart „separiert", dass man nur sehr wenig *wissen* kann. Mit Rätseln, Zufällen und Wahrscheinlichkeiten umgehen kann ich nicht. Das bin ich nicht gewohnt.

9. Februar, Freitag

„Absolut unverzüglich" … wird wieder und wieder befohlen. Jemanden austilgen, beseitigen – panischer Unsinn mit versagender Stimme.

Die Deutschen gehen glücklicherweise weiter vor. Angeblich sollen sie geantwortet haben, dass sie „den Frieden in Petrograd schließen werden". (Das halte ich für ein zweifelhaftes Gerücht, ich glaube diesen abgehörten Funksprüchen nicht). Aber Lenin ist schon so durcheinander, dass er vorgeschlagen hat, binnen 24 Stunden alle Frauen und Kinder aus Petersburg zu evakuieren. Das hat man mit Schweigen übergangen, denn alle sehen, dass der Mann nicht ganz zurechnungsfähig ist.

Die grauen „Deserteure" verlassen in Strömen die Front. Sie kommen durch Petersburg und ziehen weiter. Von hier machen sich auch verschiedenste Vertreter der „herrschenden Klasse" auf den Weg – Arbeiter, Hofknechte, Fuhrleute … Es müssen dringend Schützengräben ausgehoben werden, aber keiner will! Wann die Hauptdeserteure ihren bereitstehenden getarnten Eisenbahnzug besteigen werden, ist nicht bekannt. Unter offiziellen Verwünschungen sind alle Zeitungen bis auf zwei verboten worden. Die braucht man, damit die offiziellen Schimpftiraden auch morgen noch irgendwo abgedruckt werden können. Die nehmen solchen Umfang an, dass für andere, gewaltlose Texte fast kein Platz mehr bleibt. (Seite 1 und 2 werden regelmäßig mit diesem Schund gefüllt, jenen „absolut unverzüglichen" Befehlen und „Gefahren für das sozialistische Vaterland".)

Nein, sie fliegen nicht rechtzeitig in die Luft. Für uns ist alles zu spät! Kronstadt zittert und schaut nach oben, ob nicht irgendwo Flugzeuge auftauchen.

11. Februar, Sonntag, *nachmittags*

Die Bedingungen der Deutschen sind eingetroffen (?). Das ZEK hat sie mit einer Mehrheit von sieben gegen vier bei drei Enthaltungen angenommen. Der schändlichste aller Friedensverträge wird unterzeichnet werden. Damit wird für den Sturz der Bolschewiken ein Aufschub (ein kurzer oder langer?) erkauft.

Abends

Ja, es ist entschieden. Um sich weiter in Russland zu halten, haben diese feigen Kreaturen alles abgegeben, worum es ihnen nicht leidtut (das heißt, tatsächlich fast ganz Russland außer einem Happen, den sie sich erbeten haben, um ihn selbst aufzuessen). Damit müssen sie sich aber beeilen. Denn der deutsche „Frieden" enthält ein paar harte Bedingungen für sie. Sie müssen sich zum Beispiel mit ihrer „Staatsmacht" aus Finnland und der Ukraine zurückziehen, die „Rote Armee" entwaffnen (was ist mit der Roten Garde?) und dürfen in den von den Deutschen besetzten Gebieten keine Propaganda betreiben.

Natürlich wird bei der Einhaltung dieser Bedingungen mit Deutschland nicht zu spaßen sein, denn heute hat es bereits Ostrow eingenommen, und morgen wird es vielleicht in Pskow einmarschieren.

Das ganze Ausmaß des Unfugs, die ganze Tiefe der Schändlichkeit dessen, was hier angerichtet wird, kann man sich nicht vorstellen, bevor es nicht vollendet ist. Das Leben geht zu weit in dem, was es hervorbringt. Wir wissen genau, dass diese Herren jeden deutschen Frieden annehmen, wir haben es gewusst, als sie sich zu Kühlmann [dem deutschen Verhandlungsführer in Brest-Litowsk] auf den Weg machten. Aber eine solche Wendung, einen solchen „Frieden" haben wir trotz allem nicht erwartet. Das war schon fast wieder ein Luxus. Vorhergesehenes vollzieht sich, aber in einem Übermaß, das über die bange menschliche Vorstellungskraft hinausgehen kann.

Nach Annahme des „Friedens" heulten in der Stadt die Fabriksirenen – ein seltsames Stöhnen in der schwarzen Nacht. Jetzt wird zu Kundgebungen gerufen, denn sie müssen die frohe Botschaft doch verkünden, sie müssen binnen einer halben Stunde eine Wende

um 180 Grad vollziehen. Schließlich haben sie drei Tage lang nur
von der „unbesiegbaren Roten Armee" getönt, „alle, alle, alle" zu
den Waffen gerufen und sich gebärdet wie tollwütige Katzen.
Am Morgen berichtete nur die *Retsch* (von denen, die nicht ihnen
hörig sind, existiert nur noch diese eine Zeitung *Retsch-Wek* –
Rede-Jahrhundert) darüber, dass das Zentralexekutivkomitee die
deutsche Herrschaft akzeptiert hat. In ihren eigenen Zeitungen
wurde alles übertönt durch das anhaltende Geschrei von der
„neuen Armee" und dem Krieg … Für alle Fälle, damit es nicht
sofort offenbar wird.
Heute ist Sonntag, die Abendzeitungen erscheinen nicht, und
morgen wird es gar keine Zeitungen geben. Am freien Tag haben
sie genügend Zeit, ihr „Volk" zu bearbeiten. Und sie werden „mit
Beifall überschüttet werden".
Dann kann ich nicht mehr schreiben.
Mögen Worte, Taten und Menschen verflucht sein. Mögen sie verflucht sein.

Wenn das Licht verlischt, sehe ich nichts mehr.
Wenn der Mensch zum Tier wird, hasse ich ihn.

Wenn der Mensch schlimmer ist als ein Tier, erschlage ich ihn.
Wenn mein Russland untergeht, sterbe ich.

12. Februar, Montag

Ich werde trotzdem schreiben. Das werde ich. Ich schreibe. Die
Deutschen sind bereits in Pskow. Erste Patrouillen sind schon in
Belaja und, wie es scheint, bei Luga. Auch Reval ist erobert. Die
Bolschewiken sind noch in Hektik. Offiziell hat die „Annahme"
des deutschen Friedens triumphiert. In aller Eile wurde eine neue
Delegation in Marsch gesetzt. Lange konnte man keine Bewerber
finden, Joffe und die vorherigen haben abgelehnt. Nun ist Karachan mit mehreren Juden (und keinem einzigen Russen) aufgebrochen.
Lenin fordert unbeirrt den „Schandfrieden", wie er selbst ihn
nennt. „*Seine Bedingungen werden wir ohnehin nicht erfüllen*",
tröstet er weiter. (Sind die Deutschen denn Dummköpfe? Werden
sie das zulassen?) Die heftigen Schmähungen, die unter den Seinen laut werden, fürchtet er überhaupt nicht. Er hat erklärt, wenn

der Schandfrieden nicht zustande kommt, dann wird er, Lenin, „unter die Massen gehen" (womit offenbar das Preobraschensker Regiment gemeint ist) und mit diesen „Massen" die nicht einverstandenen Bolschewiken davonjagen. Ihrer sind aber nicht mehr viele, an ihrer Spitze soll ein gewisser Buchanow (?) stehen [Nikolai Bucharin]. Mehr Unruhe herrscht unter den linken Sozialrevolutionären. (Wozu haben sie eigentlich ihr berühmtes Telegramm geschickt?)

Dabei sind sich alle einig, dass wir nicht kämpfen können. Volkskommissar Nikolai Krylenko hat die Lage an der Front „mehr als verzweifelt" genannt. Die Soldaten laufen einfach davon, lassen ihre Waffen zurück und machen nicht einmal die Wege unpassierbar. Damit nicht genug, auch alle Matrosen sind von den Schiffen gegangen und haben diese ihrem Schicksal überlassen. Faktisch geht etwas Unverständliches vor: Einerseits mobilisieren sie die „Rote Armee" – Befehle, Geschäftigkeit, Aufrufe, Öffnung des Arsenals …, andererseits schicken sie Kuriere aus, die um einen „Frieden" bitten sollen, zu dessen Bedingungen, wie gesagt, die vollständige Entwaffnung gehört.

Gestern wurden die Arbeiter mit Sirenengeheul geweckt, wofür, ist nicht bekannt. Zwei Möglichkeiten: Entweder für die „absolut unverzügliche" Mobilmachung oder um sie positiv auf den neuen „Frieden" einzustimmen.

Sie schreiben (in ihren Blättern, andere Zeitung werden immer wieder zeitweilig verboten), dass „Massen" von Arbeitern in die „Rote Armee" eingetreten seien; aber bislang handelt es sich bei diesen Massen um 140 Mann. Die Soldaten der Garnison interessiert das überhaupt nicht. Sie sollen von hier weg, auch noch freiwillig, und gegen die Deutschen kämpfen? Sind sie etwa ganz umsonst zu „Sozialisten" geworden? Die Trotzkis werden niemals auch nur die kleinste „Rote Armee" zusammenbekommen, solange sie in „ihrem sozialistischen Vaterland" nicht die *Zwangs*-Aushebung verkünden. Wenn sie das tun, dann werden sie sich natürlich bemühen, den Leuten einzuhämmern, dies sei der wahre „Sozialismus".

Unsere Soldaten kriegt man nicht, es sei denn durch physischen Druck. Im Moment tanzen sie oder spielen nächtelang Karten,

wie Krylenko eingeräumt hat. Das war auch diese Nacht so trotz Sirenen und Pskow.
Auch zum „Stürzen" haben sie keine Lust mehr: Soll doch da oben sitzen, wer gerade sitzt, wozu sich damit abplagen!
Trotzki hat sich überhoben. Nach Suchanows Worten „röchelt er wie ein krepierender Hund".
In Kresty herrscht Niedergeschlagenheit. Rutenberg ist nervös, etwas besser fühlt sich Awksentjew (ihm habe ich heute einen Brief geschickt), standhafter als alle anderen ist Tereschtschenko.
Gestern gab es in Kresty ein klassisches Wint [ein Kartenspiel]: Suchomlinow, Chwostow, Belezki und – Awksentjew! Das war ein Spiel! Chwostow sagt zu Awksentjew: „Wir haben sicher gemeinsame Mitarbeiter, Nikolai Dimitrijewitsch, Sie sind doch in meinem Ministerium Minister gewesen gewesen …"
Der eine hat den anderen gestürzt. Und jetzt sitzen sie beide.
Iwan Iwanowitsch trägt erneut Pelzmantel. Seine „Seele friert" wieder.
Ich habe B. N. eingeladen. Er ist sehr deprimiert. Die Sozialrevolutionäre scheitern vollständig. Sie streben bereits nach Moskau. Vergeblich.
Rostow haben die Bolschewiken zurückerobert. „Die Konsolidierung der Sowjetmacht vor Ort" … Ja, alles kommt *von dort*.

13. Februar, Dienstag

Bedrückende, seltsame Langeweile. Es ist, als laste sie auf der Luft und schlage alles, die ganze Stadt, in ihren Bann. Das Denken fällt schwer wie die Bewegung des Körpers im Wasser.
Iwan Iwanowitsch trägt Pelzmantel.
Aber das ist nur die Atmosphäre. Hier die Tatsachen (die ebenfalls in Nebel gehüllt und in ihrer Bewegung gebremst erscheinen).
Nachdem die Deutschen Reval und Pskow genommen haben, scheinen sie nicht weiter vorzurücken. Aber auf Krylenkos Telegramm haben sie geantwortet, dass sie sich bis zur Unterzeichnung des Friedensvertrages, das heißt, noch drei Tage, das Recht vorbehalten, die Kampfhandlungen fortzusetzen. In Abo sind sie bereits mit relativ starken Kräften gelandet.
Unsere „Delegation" (die nun doch aus einem Russen plus acht

Stück Juden besteht) ist bereits in Brest. Sie hat Order, *jeglichen* Friedensschluss zu akzeptieren.

Jetzt sieht es so aus: Die Bolschewiken haben entschieden, diesen Frieden um ihres Machterhalts willen auf jeden Fall anzunehmen. Wenn aber die Friedensbedingungen etwas enthalten, bei dessen Umsetzung (wofür die Deutschen Garantien fordern werden) die Bolschewiken unweigerlich die Macht verlieren? Man möchte denken, dass die Deutschen, da sie sich nun einmal auf dieses Geschäft eingelassen haben, solche Bedingungen in den Vertrag *nicht aufnehmen*. So werden sie zum Beispiel nicht das Recht fordern, in Petersburg mit Besatzungstruppen einzurücken. Alle, die noch Hoffnung auf Rettung vor den Bolschewiken durch die Deutschen haben, versuchen mich zu überzeugen, dass es für Deutschland wesentlich klüger wäre, in St. Petersburg friedlich, als „Garantiemacht", und nicht mit einem Militärmarsch einzuziehen. Das mag ja klüger sein, … wenn Deutschland will und zum Einmarsch entschlossen ist und nur diese Art und Weise gewählt hat. Wenn es so oder so die Absicht hätte, die Bolschewiken zu stürzen. Daran glaubt unser antibolschewistisches Petersburg, was zum Teil an seinem Wesen liegt. Aber logisch ist es nicht. Und meine ganze Logik wehrt sich gegen eine solche These: Deutschland soll mit einer Regierung Frieden schließen, die es stürzen will? Was wäre dieser für Deutschland so begeisternde Frieden wert, wenn es die einzige Regierung stürzte, die sich dazu in der Lage zeigt, ihn, so wie er ist, zu schließen? Hofft Deutschland vielleicht nur darauf, ganz Russland zu erobern? Das ist unmöglich, selbst wenn ganz Russland vor ihm zurückweicht.

Nein, die Gier hat zwar Deutschlands Sinne getrübt, aber nicht so sehr, dass es seine Angelegenheiten im Westen vergisst, die ihm vor allem große Sorge bereiten. Seine Sinne sind so weit getrübt, um sich auf ein Geschäft mit den Bolschewiken einzulassen, deren Herrschaft über Russland und die Vereinbarung von Brest in diesem Augenblick als außerordentlich günstig anzusehen. Wenn das so ist (wenn es das so „sieht" – ob all das am Ende für Deutschland tatsächlich günstig ist, wird die Zukunft zeigen), dann bedeutet es, dass DIE DEUTSCHEN WEDER PETERSBURG EROBERN NOCH DIE BOLSCHEWIKEN STÜRZEN

WERDEN – weder direkt noch indirekt, indem sie Bedingungen in den Vertrag aufnehmen, die den Bolschewiken die Macht rauben.
So verhält es sich nach der unerbittlichen Logik … Was aber wirklich passiert, werden wir sehen.
Heute wollten die erschrockenen Bolschewiken sich bereits nach Wologda absetzen. Das haben sie aufgeschoben.
Die „Mobilmachung" geht weiter. Nach wie vor vergeblich. Immer noch lehnen es die Soldaten rundweg ab zu kämpfen. Sie verlassen in Scharen die Stadt und gehen nach Hause. Jene, die bleiben, haben nur das Tanzen im Kopf.
Interessant, dass in der „Friedensdelegation" auch linke Sozialrevolutionäre sind. Dabei hat diese Lakaienpartei heute erklärt, dass sie dem Frieden *nicht* zustimmt.
Heute sind nur ihre Zeitungen erschienen, das heißt, sie sind schändlich, schmutzig (gibt es denn dort keinen einzigen anständigen Menschen?), notorisch verlogen und allesamt von keinerlei Wissen getrübt.
Diese schwere, lastende – Langeweile.

14. Februar, Mittwoch
Alles sehr nebulös. Widersprüchlich. Sogar nach ihren Zeitungen. Einen Waffenstillstand hat Hoffmann abgelehnt (weshalb, wenn in drei Tagen „Frieden" sein soll?). Aber die deutschen Truppen haben eindeutig Halt gemacht. Einige Botschaften sind bereits abgereist, andere bereiten sich in großer Eile darauf vor. Aber auch die Bolschewiken sind ständig beim „Packen". Sie bauen vor: „Die Sowjetmacht wird von ganz Russland getragen … Da ist der Ural … da ist Nishni [Nowgorod] … oder das zurückeroberte ‚rote' Rostow …"
Die Lakaien der Linken werden bockig und fallen über Lenin her: Er sei „ein kleinbürgerlicher, kein sozialistischer Premier". Die Zeitungen halten weiterhin den „Aufschwung der Verteidigung der Sowjetrepublik" hoch, aber das ist blühender Unsinn, man braucht sich nur das jämmerliche, zusammengewürfelte Pack anzuschauen, das die „heldenmütige Rote Armee" darstellt.
Am Abend kursiert das Gerücht, das Justizministerium werde

evakuiert. Das bedeutet, sie werden auch die wichtigsten Gefangenen mitnehmen. Damit wäre alles aus. Trübe Stimmung.

Abends sind wir oben bei Iwan Iwanowitsch Manuchin. Plötzlich taucht Ilja Bunakow auf, der uns besuchen wollte.

Wir haben über vieles gesprochen, sofort und danach unten bei uns. Die Sozialrevolutionäre reisen ab. Nach Moskau. Sie haben die sehr ernste Absicht, sich mit allen Staatsparteien zu verbünden. Die Kadetten lassen sich jedoch auf diesen Block nicht ein. Sie nehmen grundsätzlich eine reine Beobachterposition ein und glauben, dass nur das deutsche Bajonett und am besten ein internationales die Lage in Russland ändern kann. Erst danach komme irgendwann die Zeit, zur „Aktion" zu schreiten. Auf die Frage, was man denn im Augenblick tun soll, antworten sie klar und eindeutig: Nichts.

Außerdem gehen sie (die Kadetten) auch deswegen in keinen „Block", weil sie von einer Konstituierenden Versammlung nichts mehr hören können. Denn vorgeschlagen wird keineswegs die frühere, sondern eine Konstituierende Versammlung (auch ohne Tschernow) lediglich als Stütze für den Augenblick, als Übergangslösung zur Bildung einer neuen Staatsmacht, möglicherweise einer äußerst harten und anfangs sogar diktatorischen. Darauf will man sich zunächst einigen. Aber die Kadetten wollen davon nichts hören. Eine Konstituierende Versammlung ist für sie jetzt mehr denn je ein *bête noire.*

Beim Eintreffen eines konstitutionellen Monarchen und auch davor wollen sie sauber dastehen. Wie viel Zeit wird bis dahin vergehen …? Und was ist dann von Russland noch übrig?

Aber ich bin weit davon entfernt, den Kadetten Vorwürfe zu machen. Möglicherweise haben sie jetzt wirklich keinerlei aktive Kräfte mehr.

Wer hat sie denn schon? Ein ehrlicher, wenn auch kurzzeitiger Block aller Parteien (außer der *extrem* monarchistischen) könnte sie haben, aber … ein solcher Block ist undenkbar. Unsere unglückseligen Intellektuellen und Amateurpolitiker können sich darauf nicht einigen und werden es auch künftig nicht können. Ein ziemlich nebulöses Gerücht will wissen, dass in Rostow Miljukow und Rodsjanko den Bolschewiken in die Hände gefallen sind.

Wo Boris Sawinkow ist, weiß ich nicht. Aber zum Glück offenbar nicht dort.
Auf der Straße geht Seltsames vor sich. Die Straße ist kaum noch zu verstehen. Tauwetter. Dreck. Heimlichkeiten.

15. Februar, Donnerstag

Nichts wirklich Neues. Die Lakaien (die linken Sozialrevolutionäre) fügen sich murrend. Die berühmte Formel „keinen Frieden unterzeichnen und keinen Krieg führen" haben sie umgekehrt, so dass sich ergibt: „Den Frieden unterzeichnen und Krieg führen." Das vertreten sie nun und wollen entsprechend handeln. Die umgekehrte Formel gefällt auch den Bolschewiken, denn zumindest scheint sie ihnen sehr brauchbar zu sein, um Widerborstige zu überreden oder zu brechen. Lenin hat doch gesagt: „Unterzeichnen wir den Frieden! Die Bedingungen werden wir ohnehin nicht erfüllen!" Jetzt ist er nach Moskau gefahren, um die dortigen allzu militanten hündischen Räte zu überreden, solange sie das Rrrevolutionäre an der neuen Lage noch nicht begriffen haben: den Frieden schließen und Krieg führen. Ich habe keinen Zweifel: Wenn sie endlich dahinterkommen, wird es ihnen gefallen. Es bringt ihnen ein Maximum an Freiheit: Wer will, lebt in Frieden, und wer will, geht kämpfen. Das ist sogar gleichzeitig möglich: Kämpfen und in Frieden leben.
Die Botschafter sind abgereist. Aber die Bolschewiken haben beschlossen, mit ihrer Evakuierung noch zu warten. Sie versichern, dass es keinen Angriff geben wird. (Lenin ist jedoch für alle Fälle abgefahren.)
Iwan Iwanowitsch geht im Pelzmantel umher. Vergebens müht sich das Rote Kreuz ab; von den Gefangenen wird keiner freigelassen. Dafür hat man die Spione Koslowski und Krassikow wieder in die Untersuchungskommission aufgenommen. Es ist seltsam: Vorher wurden sie so verteufelt, dass man jetzt glauben muss, diese Rehabilitierung ist erfolgt, weil eine Enthüllung droht.
Zum Thema von gestern (über den Block: Dima hat mir den Text eines „Berichts an den Rat der Moskauer Beratung gesellschaftlicher Aktivisten" gebracht. Darin ist von „Blöcken" nichts zu spüren, aber offenbar handelt es sich um eines der vielen „Projekte

für einen Staatsaufbau Russlands", wie sie jetzt in den kraftlosen, zersplitterten Kreisen und Zirkeln von Intellektuellen und gesellschaftlichen Akteuren ausgebrütet werden. Das vorliegende ist, so scheint es, dem Moskauer Kreis der *Russkie wedomosti* zuzuordnen. Ich habe sogar daran gedacht, Auszüge daraus als Muster für die gegenwärtige Hilflosigkeit und politische Kraftlosigkeit der bürgerlichen Intellektuellen anzufertigen, aber es lohnt nicht. Die Hauptthesen: Es wird bekräftigt, dass Russland auf die Selbstverwaltung nicht vorbereitet sei (der „sozialistische Flügel der Intelligenzija hat die Klassenfeindschaft geschürt" usw.), daher müsse „selbst die Idee einer Konstituierenden Versammlung zurückgewiesen werden". Weiter wird eine „Militärdiktatur" ins Gespräch gebracht. Das wäre nicht schlecht, wenn sich daraus nicht zugleich ein cercle vicieux ergäbe: Wenn eine Militärdiktatur zustande kommen soll, muss sie sich auf materielle Kräfte stützen. Dieser „Diktatur" wird aber erst einmal als Aufgabe empfohlen, „die materiellen Kräfte wiederherzustellen", um eine „elementare Ordnung zu schaffen".

Sehr hilflos wird erklärt, dass die Militärdiktatur „sich auf den staatlich denkenden Teil des Volkes stützt". Klar ist, dass dieser „Teil des Volkes", wenn es ihn denn gibt, keine materiellen Kräfte zur Verfügung hat, folglich ist auch eine „Militärdiktatur", die sich auf ihn „stützt", vor allem etwas „Immaterielles" und bar jeder Möglichkeit zu einer Materialisierung. Lohnt es daher, all die verträumten Pläne von einem „russischen Staatsaufbau" herauszuschreiben, mit denen sich das „Projekt" befasst? Völlig unwichtig, dass diese wenigen Leute für die „Monarchie" eintreten; andere werden für die Republik sein, was ebenso wenig Bedeutung hat. Aber wenn sie sich schon im Bereich der Träume keine Einigung vorstellen können, wie soll dann bei den konkreten nächsten Schritten ein „Block" möglich sein?

Ja, nolens volens kommt einem der Gedanke, dass unsere einzige Hoffnung das ausländische Bajonett ist. Aber da es nicht kommen wird …, wird es nicht? Wenn man die Lage der Dinge und die Psychologie derer, die dieses Bajonett in der Hand halten – aller, auch der Deutschen – nüchtern betrachtet, dann muss man sagen, dass es NICHT KOMMEN wird.

16. Februar, Freitag

Vor mir liegt ein ganzer Berg von Moskauer Zeitungen (gerade erst beschafft – vom Januar). Wenn ich sie mir anschaue, beginne ich zu begreifen, in welchen Zustand wir in Petersburg unmerklich geraten sind.

Eine richtige Zeitung! Mit scharfen, in russischer Sprache geschriebenen Artikeln. Und sogar mit Annoncen. Ich schaue sie mit den ungläubigen Augen einer Papua an. Wir sind bereits zu Wilden geworden, und der Prozess hält an. Heute sind wir wilder als gestern, und morgen werden wir es noch mehr sein …

Ständig arbeitet es in mir, es kocht, du willst etwas sagen, schreien, schreiben, denken, tun … Aber da du dies alles unterdrückst, wird es in dir hart wie Stein. Du triffst niemanden mehr (wen auch?), nimmst nichts auf außer Gerüchten und dem unflätigen Gezeter der „roten" Zeitungen. Jetzt, so glaube ich, verlernen wir endgültig das Schreiben. Wir verlieren die Gabe des Wortes, so wie uns sehendes Auges der gesunde Menschenverstand abhandenkommt. Wir stecken in einem Sack aus Stein. Nach Moskau fahren? Aber dort wird fast niemand mehr hineingelassen. Und wird die relative „Freiheit" in Moskau von langer Dauer sein? Schon hat sich Lenin dorthin begeben …

Heute hat man den Räubern Tereschtschenko und Kischkin „abgekauft". Für Tereschtschenko haben sie frech 100 000 gefordert, und für Kischkin (auch ein räudiger Hund bringt noch ein Büschel Wolle!) 3000. Auf Proteste erwiderten sie schamlos: „Sie wissen doch, wie sehr wir jetzt Geld brauchen." Kischkin hatte nicht einmal 3000, daher wollte das Rote Kreuz für ihn zahlen, aber Steinberg lehnte das mit der schriftlichen Bemerkung ab: „Peinlich". Schließlich hat Tereschtschenkos Mutter gezahlt. Iwan Iwanowitsch hat die Häftlinge selbst aus dem Gefängnis abgeholt. Und stieß sogleich auf das erste Lächeln der „Freiheit": Ihnen entgegen kam ein Haufen dieses roten Gesindels, das zum Smolny zog. Iwan Iwanowitsch schob die Freigelassenen rasch in eine Seitengasse, um ihnen den Anblick zu ersparen.

Die Deutschen tun so, als wollten sie nach Luga vorrücken, wohin diese unglückliche Spatzenschar nun geschickt wird, um die deutschen Kaledin-Truppen (sic) „siegreich zurückzuschlagen". Von diesen „Siegreichen" bliebe wohl nicht viel übrig, wenn die Deutschen sie tatsächlich angriffen (und sie nicht rechtzeitig das Weite suchen könnten).

Das Blut des unglücklichen Volkes fällt auf euch, ihr Bronsteins, Nachamkis, Steinbergs und Kaz [Boris Dawidowitsch Kamkow, einer der Führer der linken Sozialrevolutionäre], auf euch und eure Kinder.

Die Frist von drei Tagen für die Unterzeichnung des „Friedensvertrages" läuft am Montagmorgen aus. Die Juden haben sich bis nach Brest geschleppt. (Also wird diese schändliche, geheime „Friedens"-Tat nicht in Dwinsk vollbracht, wohin sie ihr erstes Flehen und ihre volle Zustimmung geschickt hatten.)

Die Moskauer Zeitungen (*Russkije wedomosti*) haben einige Artikel von Sawinkow gebracht. Am interessantesten ist daran der Ton (die kämpferische Stimmung), dazu der berechtigte Vorwurf der *Tatenlosigkeit* an die Sozialrevolutionäre. Ja, mit ihnen ist etwas Irreparables geschehen: Sie haben ihren revolutionären Charakter verloren. Jetzt sind alle abgereist. Aber sie werden nirgendwo etwas zustande bringen. Niemand hat mehr Verwendung für sie, und damit werden sie untergehen.

Ilja hat selbst gesagt: „Wir haben keinen einzigen entschlossenen Mann. Eine armselige Truppe."

Armselig und schwächlich. Hat sie Tschernow derart zersetzt? Sawinkow wurde ihnen verhasst, sie haben ihn davongejagt und sich Tschernow und Natanson zu Führern erwählt. Mit Letzterem haben sie einen Reinfall erlebt (er ist sofort zu den Bolschewiken gegangen), und wenn Tschernow zwar nicht bei den Bolschewiken ist, aber in Moskau als „rot eingefärbt" gilt, dann ist das reiner Zufall …

Morgen werden wohl alle freigekauft werden außer Burzew. Iwan Iwanowitsch ist schon selbst zum Gefangenen all dieser Fürsprachen und Käufe geworden.

Ebenfalls morgen werden neue „Maßnahmen" eingeführt. Da die Bolschewiken kein Geld haben, wird eine Steuer zugunsten der Räte erhoben, dann folgt die „sofortige Unterbringung von Arbeitern in bürgerlichen Wohnungen". Das bedeutet, in Kürze werde ich wohl meinen eigenen Schreibtisch und meine Bücher nicht

mehr haben. Bücher sind das erste Merkmal für „Bürgerlichkeit".
Wir haben so viele, dass unsere Wohnung natürlich die „bürgerlichste" im ganzen Haus ist.

17. Februar, Sonnabend, *fünf Uhr abends*

Gestern spät in der Nacht erhielt der Smolny von seinen Karachans (der Friedensdelegation) ein Telegramm mit der Bitte, den Zug zur Rückfahrt zu schicken. Im Smolny fuhr man zusammen, erschrak, und glaubte, alles sei zu Ende, die Deutschen hätten nichts akzeptiert. Selbst Lenin erklärte offiziell (aus Moskau), dass „Petersburg verteidigt werden muss".

Aber die Aufregung hielt nicht lange an. Die Karachans haben DEN DEUTSCHEN FRIEDEN UNTERSCHRIEBEN, OHNE HINZUSCHAUEN und kehren jetzt zurück, halb begeistert und halb ängstlich (daher wünschen sie eine Wachmannschaft für den Zug). Ihr erstes Telegramm ist aus unerfindlichen Gründen nicht angekommen.

Lenin triumphiert. Obwohl zur gleichen Zeit die Deutschen Kiew eingenommen haben. Na bitte.

Später.

Außer Awksentjew ist heute auch Burzew frei gelassen worden (alles insgeheim). Letzteren hat Iwan Iwanowitsch ihnen ganz allein aus den Klauen „gerissen", wie er sich ausdrückt.

Die Bolschewikin Galina (das Äffchen) hat frohlockend die Manuchins angerufen: „Der Frieden ist unterzeichnet, die Sowjetmacht gerettet." Es ist jedoch ein *solcher* Frieden, dass sie es nicht wagen, selbst dem engsten Kreis sofort die Bedingungen zu offenbaren (von uns gar nicht zu reden, denn man geht davon aus, dass die Bevölkerung von Petersburg überhaupt nichts wissen soll. Der „Brester Vertrag" ist der geheimste aller „Geheimverträge", die je unterzeichnet wurden). Die „eigenen" Leute erhalten Teilinformationen. Bislang hat man ihnen nur gesagt, dass Russland Kars und Batum abtreten muss (neben dem ganzen Westen und Norden).

Meine Voraussage, dass die Gier Deutschland die Sinne getrübt hat, trifft ein. Denn die Bolschewiken haben ihm als Gegenleistung für ihre Herrschaft *alles* angeboten, sie brauchten nur auszuwählen. Dieser Verlockung konnte Deutschland nicht widerstehen: Was für nützliche Leute, sollen sie doch am Ruder bleiben, so billig, wie das wird …

Das gequälte, empörte Petersburg (die ehrlichen Menschen) will das einfach nicht glauben. Es besteht darauf, dass die Deutschen den Bolschewiken mit allen Mitteln ein Ende setzen. Niemand glaubt, die Deutschen *wüssten nicht*, wie sehr es für sie selbst, für ihre Interessen erforderlich wäre, die Bolschewiken so bald wie möglich zu stürzen.

So heiß sind diese Debatten um mich herum, so unstrittig die Beweise dafür, welche Gefahr die Vereinbarungen von Brest für Deutschland darstellen, dass auch ich mich beim Zuhören anstecken lasse und zu zweifeln beginne … Führen die Deutschen vielleicht doch etwas gegen die Bolschewiken im Schilde?

War doch Deutschland (zumindest bisher) das Land, wo das Gefühl für den rechten Augenblick, den richtigen Zeitpunkt am höchsten ausgebildet war, das am besten wusste, was das heißt: „Es ist Zeit." Sein Genie lag im Gefühl für das *rechte Maß* (im Gegensatz zu unserem Volk, das unvernünftig und maßlos ist; für uns kommt immer alles *zu früh* oder *zu spät*).

Mit diesem genialen „Gefühl für das rechte Maß" hat Deutschland seine „Interessen" stets hervorragend gewahrt. Es schaut überall genau hin, wägt alles ab, misst geduldig und unverdrossen zehn Mal, sagt sich schließlich: „Jetzt ist es Zeit!", und schneidet ab. Seit Beginn des Krieges hat Deutschland von Russland kein Auge gewandt, es aufmerksam beobachtet, weder Mühe, noch Zeit noch anderes gescheut. Es hat Russland ergründet, alles berücksichtigt, gemessen und in seinem Interesse rechtzeitig einiges unternommen. Es hat uns nicht verachtet, wie es bisher auf (für die eigenen Interessen!) fatale Weise England tut. Dessen verächtliche Geringschätzung dieses „fernen, wilden, östlichen Landes" wird sich noch einmal rächen, aber nicht von ihm soll jetzt die Rede sein.

Im Moment beschäftigen mich Deutschland, sein ausgeprägtes Gefühl für das Maß, die Brester Vereinbarung und die Begünstigung der Bolschewiken. Hat Deutschland wirklich so plötzlich, mit einem Schlag den Verstand verlieren können? Vielleicht hat das als Folge des Krieges schon vor längerer Zeit unbemerkt be-

gonnen? Dieser unser Krieg besitzt die erschütternde Eigenheit, ganzen Völkern und Regierungen nach und nach die Vernunft zu rauben. Weshalb sollte Deutschland eine Ausnahme sein? Im Gegenteil …
Aber Schluss mit diesem Räsonieren … im luftleeren Raum. Wir sitzen in einem zugebundenen Sack und wollen auch noch etwas sehen. Ich weiß nichts, diese Überlegungen sind allein für mich gedacht.
Heute passierte etwas Merkwürdiges: Aus einem Flugzeug fiel eine Bombe auf die Kreuzung Gorstkina- und Fontanka-Straße. Es gibt Verletzte (das ist kein Gerücht, sondern eine Tatsache). Was für ein Flugzeug war das? Es wird behauptet, ein deutsches. Das glaube ich nicht, weil es keinen Sinn ergibt. Und wenn es kein deutsches war, dann etwa eines von uns?

19. Februar, Montag

Ja, die „Karachans" haben gestern, am 18. Februar (3. März) OHNE HINZUSCHAUEN, DAS DEUTSCHE ULTIMATUM UNTERZEICHNET und sind dann zurückgefahren. Die vier Abgesandten der „Sowjet-Ukraine" haben die Deutschen gar nicht nach Brest gelassen: „Diese vier Herren brauchen wir nicht." Gestern Nacht wurde der Strom abgeschaltet. Das habe ich gedacht, aber dann erfahren wir, dass Zeppeline die Ursache waren! Von Bomben ist allerdings nichts zu hören, die Aeroplane schweben weiter herum. Was für ein Unsinn!
Linke Sozialrevolutionäre gegen Leninisten. Eigentlich weiß niemand mehr, wer wofür, für wen und gegen wen ist. Fakt ist, dass sich unsere Herrscher sämtlich davonmachen – einige sagen, zum Moskauer Kongress, andere sagen gar nichts. Ihre halb zerstörten „Ministerien" nehmen sie mit. Um über uns zu herrschen, haben sie den „Petrograder Rat mit Sinowjew" zurückgelassen. Ich nehme an, im Fall der Fälle sucht auch dieser hündische Rat mit hocherhobenem Schwanz das Weite. Auch die „Ämter" verschwinden, es ist angeordnet, Vorräte direkt in die Hand zu verteilen. Nachdem die Deutschen Kiew und heute auch Narva eingenommen haben, ist offiziell Befehl ergangen, die Kampfhandlungen einzustellen. Aber unsere Sturköpfe lassen sich nicht zur Vernunft

bringen: Die Deutschen kommen, und sei es auf „friedlichem
Wege"! Angeblich schon in weniger als zwei Wochen.
Na, meinetwegen, keine Lust, darüber nachzudenken, mir fehlt
schon der Wille für den Wunsch. Denn wir sind absolut machtlos.
Heute habe ich Burzew gesehen. Ein heiterer, lebensfroher alter
Mann. Ich sagte, das Gefängnis habe ihm wohl gar nichts ausgemacht, sondern eher einen Gewinn gebracht, die Freundschaft
mit Belezki zum Beispiel. Er ist ein bisschen manisch (oder
„mehr" als ein bisschen), aber er merkt es gar nicht. Er kommt
mir genauso vor wie in Paris. Seine quirlige Lebenskraft ist beneidenswert.
Heute bin ich durch das unglückliche, schmutzige, verlauste
Petersburg spaziert. Siehst du es, Peter?

20. Februar, Dienstag
Alle Bolschewiken fahren einträchtig und in Eile davon. Sie packen ein, was von Wert ist, und schaffen es nach Nishni Nowgorod, Kasan oder Ufa, wo welches „Ministerium" gerade hinkommt.
Überflüssige Leute werden entlassen. Die Eile wird nicht verhehlt.
Offiziell fahren alle Kommissare und der „Petrograder Rat" zum
Kongress nach Moskau. Aber der Kongress ist erst am 27., doch
sie schlafen jetzt schon in den Waggons des großfürstlichen Zuges
auf der Nikolajewsker Strecke.
Von der Delegation „Karachan" ist nichts zu hören und zu sehen.
Sie soll auf dem Rückweg sein.
All das beflügelt jene, die an die Befreiung und an den gesunden
Menschenverstand Deutschlands glauben. Ich notiere bewusst,
was in der Stadt geredet wird. Es gibt Gerüchte, die die Atmosphäre wiedergeben, in der sie entstanden sind.
Es heißt, die Deutschen seien bereits an der finnischen Grenze in
Terioki. Sie seien drauf und dran, Gatschina einzunehmen, um
dann ein paar Regimenter nach Petersburg zu schicken. Das alles
ohne Kämpfe, sondern auf rechtlicher Grundlage, denn das sei in
den deutschen „Friedens"-Bedingungen vereinbart.
Bestreiten, dass es vereinbart ist, kann man schon deswegen nicht,
weil die Bedingungen bisher nicht veröffentlicht sind. In dem
Telegramm, das in der Redaktion der *Retsch* ankam, ist bis Punkt 4

alles überpinselt und gelöscht. Die Gerüchte werden konkreter, man nennt bereits den Namen des Kommandanten von Petersburg: ein gewisser Waldersee. Die Deutschen planen, ein Komitee unter Führung von Wassili Timirjasew einzusetzen und dann eine neue Konstituierende Versammlung zu unterstützen, die nach den Regeln des Reichstages einberufen werden soll.

Das ganze Bild wirkt so logisch und glaubhaft, dass mich nicht wundert, wenn es manche überzeugt. Beim Zuhören spüre ich, dass dieser Glaube selbst mich anstecken könnte. Und es überkommt mich eine rein physiologische Freude, als ob mir ein fauler Zahn gezogen werden soll. Es ist allein die Physiologie, denn selbst das Herz weiß, was für eine Art von Freude das wäre! Eine Schande hoch drei – Rettung durch die Deutschen. Ich denke, wenn man diesen Zahn nur um den Preis des ganzen Kopfes loswerden könnte, dann … würde sich wohl niemand darauf einlassen, aber wenn es denn geschähe, empfände man diesen Moment physiologischer Freude durchaus!

Und ich höre zu …, bis mir die unerbittliche Logik der Tatsachen stets von Neuem bewusst wird. Es gibt keinen Zweifel mehr: Deutschland ist auf ein Geschäft eingegangen. Deutschland hat die Bolschewiken an der Macht gelassen. Deutschland hat den Verstand verloren.

Ein Trost (was für ein jämmerlicher!), dass Deutschland eines Tages dafür bezahlen wird.

Aber was in Moskau geschieht, entzieht sich dem menschlichen Verstand. Moskau ist eine Stadt der Unmöglichkeiten, es ist undurchdringlich wie Peking. Es sollte mich nicht wundern, wenn es sich plötzlich an unsere Bronsteins klammert und diese wieder anfangen, es zusammenzuschießen. Es sollte mich nicht wundern, wenn es sie demütig und unterwürfig aufnimmt. Mich wundert überhaupt nichts mehr.

Letzten Endes ahmt Moskau immer Petersburg nach, nur noch eindeutiger und übertriebener. Das muss man wissen.

Der arme Iwan Iwanowitsch hat sich in seiner Sorge um die Gefangenen verausgabt. Heute Nacht hatte er einen schweren Herzanfall. Jetzt sitzt er da wie ein verhärmter, trauriger Vogel.

Aber er „träumt" schon wieder davon loszufahren, um die zwei

letzten herauszuholen: Rutenberg und Paltschinski.
„Hoffentlich gelingt ihm das noch, bevor die Deutschen kommen!"
Er glaubt fest daran, dass sie kommen!
Kischkin ist nach Moskau abgereist, wo er auf politische Betätigung hofft. (Michail Alexandrowitsch einsetzen.) Er hat Kartaschow aufgefordert, „in der Kirche" zu arbeiten. Mein Gott, welche Utopien!

21. Februar, Mittwoch
Die Hektik der Bolschewiken hat sich gelegt, jetzt reisen sie mit weniger Eifer ab. Als ob sie sicher seien, dass die Deutschen sie brauchen. Sie sind erleichtert.
Aber wenn wir trotz allem auf die Deutschen zu warten beginnen, dann fühlen wir uns wie auf einem Operationstisch. Ohne Arm und Bein. Wir sehen und atmen nur. Und warten. Uns bleibt der Wundbrand. Wir warten und warten. Es dauert immer länger. Nein, nicht warten ist besser. Wissen ist besser.

22. Februar, Donnerstag
Die Bolschewiken haben Wolodja Ratkow, den zweiten Sohn von Sina Ratkowas Schwester, getötet. (Dmitri, den Jüngeren, haben die Deutschen vor eineinhalb Jahren umgebracht.)
Wolodja war ihr Liebling. Sie haben ihn bei Rostow getötet, als die Kosaken Verrat übten. Er ist nach vorn gekrochen, um einen verwundeten Grenadier zu retten. Sie haben ihn am Boden getötet, sofort. Ja, dieser ist als Heiliger im Kampf gegen den Teufel, nicht gegen den Menschen gestorben. Heute kann ich nicht mehr schreiben. Das Schwert ist durch die Seele der Mütter gedrungen. [Lukas-Evangelium, 2,35] Und ihre Tränen haben die Erde noch nicht überflutet! Herr, wann fällt dein Blick auf deine Unschuldigen?

23. Februar, Freitag

Ich schreibe nur, um eine Pflicht zu erfüllen, die wahrscheinlich gar nicht existiert. Das Schreiben fällt mir körperlich schwer. Wolodjas Tod geht mir keine Minute aus dem Sinn. Seine Mutter weiß bisher nichts. Ihr letzter Sohn, Nika, der Älteste, wird ihr die Nachricht bringen (er ist heute nach Moskau gefahren). Er war gestern bei mir. Diesen mag ich nicht sehr. Er war mir immer unangenehm. Jetzt ist er als Letzter übrig geblieben.

Gegen die Last der allgemeinen Lage ist nichts auszurichten. Seit einem halben Jahr sind wir bei einer systematischen Vergiftung anwesend. Jeden Tag eine Dosis Arsen. Und wir können dem Mörder nicht in den Arm fallen, weil wir gefesselt und angekettet sind wie Hunde mit zugeschnürter Kehle. Schau hin!

Die Ratifikation des Friedensvertrages wird am 3. März stattfinden. Die Deutschen sind nicht nur zum Stehen gekommen, sondern haben sich sogar zurückgezogen. Die Bolschewiken rennen nicht mehr wie Hasen umher, sondern haben sich wieder gefangen und hoffen fest darauf, dass die Ratifizierung stattfindet. Und sie haben recht, Lenin wird sich durchsetzen, und die „schmollenden" Linken werden den Schwanz einziehen. Die Leninisten verkünden überall, dies sei eine „Atempause", später nehmen wir Revanche, aber bis dahin werden wir das ganze Volk bewaffnen und ausbilden.

Die Verfechter der „Atempause" werden in Moskau siegen. Klarer als je zuvor zeigt sich, dass die fette Beute den Deutschen völlig die Sinne verwirrt hat. Denn, ich wiederhole es und werde es noch hundert Mal wiederholen: Der Verbleib der Bolschewiken an der Macht ist NICHT im Interesse Deutschlands. Es fordert jetzt sein Schicksal heraus. In seiner gewaltigen Selbstbeweihräucherung überhebt es sich. Es rechnet und rechnet ... Aber Alter schützt vor Torheit nicht. Irgendwie erinnert es mich an Herbert G. Wells und dessen Marsbewohner im *Krieg der Welten*. Wie die Marsbewohner doch alles berechnet haben, als sie auf die Erde kamen, welch vollkommene Vernichtungswaffen sie besaßen! Die Menschen konnten gar nicht daran denken, sich ihnen zu widersetzen. Aber ... als die Marsbewohner ihr Abenteuer begannen, hatten sie – die Kraft der Bakterien auf der Erde nicht bedacht. Diese winzigen, unsichtbaren Wesen befielen ihre starken Körper, die sie nicht gewohnt und wofür sie nicht angepasst waren. Die Marsbewohner mit ihrer ganzen Kultur und Mechanik gingen zugrunde, und das geschah beinahe schlagartig.

Wie solltest du, Deutschland, auch nicht erzittern – in einer Stunde, die du nicht erwartest und nicht bedacht hast? Pass auf, dass du dich nicht verrechnest, du selbstsicheres Land!

Petersburg wird jetzt den Rohlingen als Beute überlassen. Verschiedenen „Bezirksräten", denen die *Krasnaja gaseta* (Die Rote Zeitung) (unser offizielles Organ) tagaus, tagein rät, sie mögen „der Bourgeoisie endgültig den Garaus machen". Dafür scheint die „Atempause" erforderlich zu sein.

Die Empfehlung wird offenbar sehr nachdrücklich befolgt. Dafür zwei anschauliche Beispiele aus den vergangenen beiden Tagen. Das erste ist eine Mitteilung des „Bezirksrates der Petrograder Seite", dass man in einer Wohnung sieben junge Männer festgenommen, nachts an den Stadtrand gebracht und dort erschossen hat (einer war nicht gleich tot, kroch davon und starb später). Dazu die Bemerkung: „Ihre persönliche Identität wurde nicht geklärt." Als eine der bereits halbtoten Zeitungen zu fragen wagte, was das bedeute, druckte Bontsch als Antwort, der Rat der Volkskommissare wisse davon nichts, habe es nicht befohlen und es werde eine „Untersuchung durchgeführt".

Daneben, direkt unter Bontschs Erklärung, ein Bericht desselben Bezirksrates (das zweite Beispiel) über die Erschießung des in Haft sitzenden „Kapitalisten Apter", der angeblich 25 000 Rubel angeboten und damit „die revolutionäre Ehre mit schnödem Metall verletzt" habe. Vor allem ist interessant: Die in ihrer Ehre verletzten „Revolutionäre" fügen hinzu, sie hätten nach der Erschießung „sein gesamtes Kapital und Vermögen" beschlagnahmt. Offenbar vor dieser Beute auch bereits die verachteten 25 000 Kerenski-Rubel. Da hätten sie ihn auch gleich erschlagen und alles einstreichen können. Und ihre „Ehre" hätte keinen Schaden genommen.

Am selben Tag, zur selben Stunde feilschte Iwan Iwanowitsch wie auf dem Basar mit der Hauptuntersuchungskommission um Rutenberg und Paltschinski. Diese ließ ein paar Rubel nach. „Wir brauchen Geld!" Schließlich folgte der Handschlag. Das heißt, in

der „Hauptkommission" bevorzugt man bislang Geschäfte ohne
Tötung, aber die Gefangenen sind hier auch bekannter. Mit der
Abreise der „Chefs" bekommen jedoch die Bezirksfunktionäre
das Sagen, die die Dinge einfacher sehen.
Von den erschossenen jungen Männern stellten sich drei als
Franzosen heraus, Fähnriche, die nach Frankreich fahren sollten.
Die übrigen waren Studenten. Sie hatten eine ihnen bekannte
Kommilitonin besucht und dort etwas gemeinsam gebacken. Sie
alle haben noch hier bei ihren Eltern gewohnt.
So weit sind wir schon gekommen.
Hungerrevolten gibt es nicht, die Menschen können sich kaum auf
den Beinen halten, da rebelliert man nicht. Nata [Sinaida Hippius'
Schwester, eine Bildhauerin] verkauft auf der Straße Zeitungen,
acht Kopeken pro Stück (dafür hat sie die Akademie absolviert
und eine Skulptur ausgestellt).
Alles geht zu Ende.

26. Februar, Montag

Eine Neuigkeit: Die PETROGRADER KOMMUNE und die
Diktatur Trotzkis sind offiziell ausgerufen worden.
Die Bolschewiken sind aus irgendeinem Grunde erneut in Hektik
geraten, einige verschwinden des Nachts. Sie fahren über Perm
und schielen auf Bologoje, wo es viele deutsche „Gefangene" gibt.
Iwan Iwanowitsch ist einer, der am meisten, geradezu „bedin-
gungslos" davon überzeugt ist, dass Deutschland die Bolschewiken
nicht an der Macht lassen wird. Heute ist er hocherfreut zu uns
gekommen, sogar ohne Pelzmantel (obwohl wir Frost haben) und
hat uns versichert, dass es in den geheim gehaltenen deutschen
Bedingungen einen Punkt *gibt,* der die Besetzung St. Petersburgs
vorsieht. Nach der Ratifizierung des Friedensvertrages werden die
Deutschen hierherkommen, dafür sei angeblich schon alles vorbereitet. Am 5. März ... und immer so weiter.
Heute um halb zwölf Uhr nachts haben sieben Plünderer dem
Automobil des nach Hause kommenden Grshebin (dieses Schlitz-
ohrs) aufgelauert, alle Insassen ausgeraubt, auch den Chauffeur,
und sind mit dem Wagen davongefahren. Grshebin hat sich in der
Wohnung des Hausbesitzers eingenistet, wo er zu seinem Schutz

das Schild „Minerva-Museum" (?) angebracht hat.
Sie haben Grshebin alles Geld samt Pelzmantel abgenommen und ihm den Brillantring vom Finger gezogen.
Man soll sich eben nicht als Bolschewik ausgeben!

28. Februar, Mittwoch
Die Ausnahmebedingungen bei Raum und Zeit machen meine Notizen beinahe sinnlos. Ich weiß nichts. Man könnte denken, dass niemand etwas weiß. Ich kann mir überhaupt nicht vorstellen, was sein wird. Es gibt Anlass zu glauben, dass auch das niemand kann.
In Moskau hat sich die ganze Parteienintelligenzija (rechts von den Bolschewiken) versammelt. Offenbar hat es (blockähnliche) Besprechungen gegeben, wonach sie den Konsuln der Alliierten (die Botschafter sind abgereist) gemeinsam erklärt hat, dass sie „den Frieden nicht anerkennt". Heute gibt es eine solche Erklärung auch von der Partei der Volksfreiheit – denjenigen Kadetten, die offenbar an den gemeinsamen Besprechungen nicht teilgenommen haben. Aber sie sind in diesem Punkt zum selben Ergebnis gekommen – den Frieden nicht anzuerkennen.
Sehr gut. Und völlig selbstverständlich. Wir ziehen sofort Schlussfolgerungen daraus, und seien es auch nur Vermutungen. Zuvor erwähne ich: Hier ist davon die Rede, dass „die Alliierten Japan in Russland Handlungsfreiheit gewähren".
Diese rätselhafte „Handlungsfreiheit" kann für uns natürlich keine konkrete Hoffnung darstellen. Aber die Alliierten sind so wahnsinnig weit weg, dass selbst die Hilfe des fernen, machtlosen Japans für uns ein konkreterer Gedanke ist. Daher auch die Formulierung „Orientierung auf Japan", was im Grunde genommen heißt: Orientierung auf die Alliierten, *nicht* auf Deutschland.
Denn Menschen, die noch nicht den Glauben an die Weisheit Deutschlands verloren haben, neigen dazu, im Namen der Befreiung und Rettung Russlands die Zähne zusammenzubeißen und die „Orientierung auf Deutschland" zu akzeptieren, sogar den deutschen Frieden und das deutsche Bajonett anzuerkennen, das in wohltätiger Weise auf die Bolschewiken gerichtet ist.
Durch die Nichtanerkennung des Friedens, sagen diese …

Idealisten (?), *zwingt* der bessere Teil der russischen Gesellschaft die Deutschen, ob sie wollen oder nicht, die Regierung der Bolschewiken zu unterstützen. Sie allein sind Freunde Russlands (wenn auch nur formal), alle Übrigen sind Feinde, weil sie auf der Seite der Feinde stehen. Wie sollte Deutschland „Freunde" stürzen, damit die Feinde triumphieren? Im Gegenteil, es muss die Verfolgungen seitens der Bolschewiken, die Vernichtung aller nichtbolschewistischen Teile Russlands unterstützen. Die Alliierten und dazu Japan können Russland *physisch* nicht helfen, auch wenn sie verstehen sollten, wie dringend es jetzt Hilfe braucht. Die Deutschen sind physisch dazu in der Lage und verstehen, dass im Sturz der Bolschewiken seine Interessen mit denen Russlands übereinstimmen, aber … hier werfen die Träumer der russischen Intelligenzija Träumerei vor, weil sie den Alliierten „aus tiefster Seele ihre Treue" erklärt habe und dadurch angeblich Russland der doppelten physischen Zerfleischung preisgebe.

Da blicke einer durch. Aber weil meine erste Voraussetzung eine andere ist als die der Verfechter der „Orientierung auf Deutschland" (Deutschland hat den Verstand verloren, sich verrechnet, begreift einiges nicht und will die Bolschewiken *um keinen Preis* stürzen), kann ich mich über russische Treue zu den Alliierten nur freuen. Es ist leichter, mit reiner Seele unterzugehen, wenn es denn sein muss.

Heute wurden 60 Personen verhaftet. Jungen ab 14 Jahre, Schüler von Gymnasien, Lyzeen, Realschulen … alles Konterrevolutionäre!

Iwan Iwanowitsch hat den neuen Vorsitzenden des Revolutionstribunals aufgesucht. Er wollte sich bei ihm für die Freilassung der alten Minister einsetzen. Eine andere Möglichkeit gibt es nicht, denn die ganze Untersuchungskommission hat sich davongemacht.

Er trifft auf ein Männlein. Iwan Iwanowitsch redet dies und das, das Männlein hört wohlwollend zu. Hört zu, aber ist irgendwie … gar nicht da.

Iwan Iwanowitsch versucht es im Guten:

„Was sind Sie persönlich?"

„Ach, ich bin Schlosser …"

„Nun, ich bin Arzt. Mit der Juristerei und den Gesetzen kenne ich mich nicht aus. Sie, so denke ich, auch nicht, also reden wir doch einfach von Mensch zu Mensch."

Sie fingen also an, von Mensch zu Mensch zu reden. Aber der Schlosser hatte Zweifel, nach welchem „Punkt" er zum Beispiel Suchomlinow entlassen sollte.

„Na, vielleicht, weil er schon 70 Jahre alt ist!"

Doch der Schlosser entschied, in Moskau anzufragen. Wer kennt sich da schon aus! Und ich, sagt er, werde dann „verantwortlich gemacht".

Sie sprachen ganz offen miteinander, der Schlosser bekannte, als man ihn an diesen Tisch gesetzt habe, sei er vor Schreck erstarrt. Er hatte davon gehört, dass es englische Gesetze, französische Gesetze gibt, aber er habe weder von englischen, noch französischen oder russischen auch nur eine blasse Ahnung!

Eine unangenehme Lage. Nun, für unsere Regierung ist auch ein Schlosser gut. Das ist eine „Arbeiter"-Regierung.

Kälte, sieben bis zehn Grad Frost. Helle Sonne. Alles tot.

Gestern wurde träge „gefeiert" (nicht auf den Straßen). Aber ich habe den gestrigen „Feiertag" [der Februarrevolution] nicht absichtlich, aber doch symbolisch übergangen. Denn man sollte unsere Revolution nicht bejubeln, sondern eher eine Trauerfeier für sie abhalten.

3. März, Sonnabend

In Moskau wurde der „Frieden", wie angewiesen, auf dem berühmten Kongress ratifiziert. Die linken Sozialrevolutionäre drohen, schwören, dass sie den Kongress verlassen, gehen auch, waren schon fort … und sind doch wieder da. Lenin nennt sie mitten in die Fresse „Schwachköpfe" und spuckt auf sie …, aber das macht nichts, sie wischen es ab.

Wie weise ist es doch, NICHTS ZU ERWARTEN. Als alles um mich herum in Unruhe war und man offenbar nicht ohne Grund ERWARTETE, dass jeden Augenblick … der ersehnte Zusammenbruch eintreten werde …, war ich bemüht, dem Drang nicht nachzugeben, innerlich einen Riegel vorzuschieben. Das ist mir gelungen. Ja, ja, sei es, wie es sei, die Bolschewiken werden weiter

da oben sitzen, wir werden unsere terroristische Kommune haben, die Deutschen werden unsere „Sowjetregierung" unterstützen, und das wird alles so sein, bis … Ich weiß es nicht. Es ist nicht meine Sache, Zeiten und Zeitspannen zu kennen.
Den massenhaften Terror in Russland will ich nicht beschreiben. In Simferopol hat man zwei Straßen „Bourgeois" niedergemacht. In Jalta … hat es so viele Morde gegeben, hat man die Leichen mit schweren Kugeln an den Füßen im Meer versenkt …, aber jetzt bedrängen die Toten die Stadt, weil sie aufrecht stehend in der Bucht auftauchen. In Gluchow … nein, es lohnt nicht. Höchstens noch das – Handel mit Sklavinnen im Süden: Die „Helden" haben sie mitgebracht, als sie an der Kaukasusfront davonliefen. Sie verkaufen die Frauen für 25 bis 30 Rubel, die Preise sind gefallen, weil sie so viele mitgebracht haben; die ersten sind für 75 bis 100 weggegangen.
Ich habe vergessen zu erwähnen, dass heute Nacht gegen fünf Uhr unser ganzes Haus geweckt wurde. (Ich hatte mich noch nicht hingelegt, wollte es gerade tun.) Direkt vor unseren Fenstern Rotarmisten, Pferde, Maschinengewehre und schwere Geschütze. Weshalb und auf wen sie mit diesen Kanonen schießen wollten, konnte ich bis jetzt nicht in Erfahrung bringen. Irgendein Krieg gegen *Soldaten*, denn sie zielten auf Kasernen, die es in unserer Umgebung überall gibt.
Aus dem Eckhaus zu unserer Rechten haben sie alle Bewohner herausgejagt, angeblich wird Artilleriebeschuss erwartet. Lange stand diese „furchterregende" Armee am [Taurischen] Garten unweit unseres Hauses. Dima sagt (er ist mit den Hauswarten auf die Straße gegangen), dass die Hauptbeschäftigung dieser glänzenden roten Kämpfer endlose Schimpfkanonaden sind. Ihre Mutterflüche füllen die ganze Straße. Die „Feinde" haben sich offenbar sofort ergeben, denn als es hell wurde, sind die Fluchenden abgefahren und haben ihre Kanonen mitgenommen, ohne einen einzigen Schuss abzugeben.
Heute schreiben die Zeitungen in jämmerlicher Sprache und dümmlicher Attitüde (so schreiben sie jetzt nur noch), dass „im Preobrashenskier Regiment weißgardistische Propaganda verbreitet worden" sei, dass die Rotarmisten dieses Regiment und noch

ein weiteres entwaffnen ... oder festnehmen ... mussten – mit einem Wort ziemlich öder Schwachsinn.
Abends ein Anruf von der Wohnung über uns. Iwan Iwanowitsch geht es schlecht, er hat sich bei seinen Bemühungen um die Gefangenen wieder einmal übernommen. Wir waren bei ihm. Er liegt im Bett.

6. März, Dienstag
Alle sind an ihrem Platz. Ich bleibe mir treu und „erwarte" nichts. Pawel Dybenko ist verhaftet. Und die linken Sozialrevolutionäre? Einige sind fort („An die Wolga! Einen Aufstand auslösen!"), andere sind wohlbehalten hiergeblieben. Wir haben eine Kommune, das sind wir schon gewohnt. Die Deutschen, die nach Nikolajew auch Odessa besetzt haben, ziehen jetzt in aller Ruhe in Richtung Charkow. Die Bolschewiken sind wieder unruhig geworden, aber nicht sehr: In Moskau herrscht schließlich „Frieden".
Vor einigen Tagen wurde allen Romanows befohlen, bei Urizki zu erscheinen, um sich registrieren zu lassen. Ach, wenn man das doch sehen könnte! Urizki ist ein winziges, kraushaariges Jüdlein, ein ganz typisches, und ein unverfrorener Kerl. Vor ihm eine Schlange von Romanows, alle lang wie Hopfenstangen, die ihm ergebenst ihre Pässe hinhalten. Das Bild wäre des Pinsels eines Repin wert! Aber die Seiten der Geschichte, dieses Buches, das manchmal so schwer zu lesen ist, sehe ich nicht mehr mit Illustrationen vor mir. Seit dem Oktober. Fast keinen der Oktober-Schurken kenne ich von Angesicht. Und bedaure das selten. Heute war der Franzose Domerque, ein Korrespondent aus Paris, bei uns. O diese Franzosen! Sie verstehen überhaupt nicht, was bei uns vorgeht!

17. März, Sonnabend
Der Westen. Der Westen ... Das beschossene Paris ...
Ich rufe dem tapferen Frankreich zu (wenn auch lautlos wie im Traum): Ja, ja, wir wissen, jetzt vergießen nicht nur deutsche Hände euer Blut, sondern auf euch lastet auch noch der Leichnam Russlands. Wir, die bewussten russischen Menschen, tragen ebenso Schuld: Wir sind kraftlose Sklaven. Ihr habt recht, wenn

ihr uns verflucht. Aber wir wollen keine Verzeihung von euch. Wann und womit wird Russland seine Schuld gegenüber Europa abtragen? Ich weiß es nicht. Aber ich glaube daran, dass es geschehen wird.

Ich bleibe mir treu. Hier *erwarte* ich gar nichts mehr. Und offenbar kommen nach und nach alle zu diesem Schluss.

Gestern hat es mir bei der Nachricht über die viehische Verwüstung von Michailowskoje und Trigorskoje [der historischen Güter Puschkins] für einen Moment einen Stich gegeben. Aber auch Turgenjews Gut ist zerstört worden. Tolstois Grab wurde geschändet. In Kiew hat man 1200 Offiziere umgebracht und den Leichen die Beine abgeschlagen, um an die Stiefel zu kommen. In Rostow haben sie grüne Jungen, Offiziersschüler – Kadetten – getötet, (weil sie dort glaubten, dass seien die politischen „Kadetten", die man „außerhalb des Gesetzes" gestellt hat).

Russland hat keine Geschichte mehr.

Auch was jetzt geschieht, ist *keine Geschichte*. Es wird vergessen werden wie die unbekannten Gräueltaten unentdeckter Stämme auf einer namenlosen Insel. Es wird spurlos verschwinden.

Die Beschießung von Paris aus 120 Kilometern Entfernung mit der Kanone „La colossale", der ganze gegenwärtige Frankreichfeldzug zeigt die unerhörte Anspannung der Deutschen. Die über ihre Kräfte zu gehen scheint. Wenn sie auch diesmal nichts erreichen …, reden wir lieber nicht davon.

Durch ihre Unterstützung der Bolschewiken lassen die Deutschen uns langsam untergehen. Und scheinen noch nicht einmal besonders besorgt zu sein, dass aus diesem Kadaver Würmer kriechen können. Im Süden der Ukraine wurde mit ein wenig Hilfe der Deutschen Poltawa und noch einiges erobert. Ohne große Mühe.

Wir leben hier so vor uns hin. Wer noch unversehrt ist, ist das eher per Zufall. Bis in die letzten Tage 13–15 Grad Frost. Jetzt haben wir Tauwetter. Es stinkt. Überall liegen nicht entsorgte Pferdekadaver herum.

Jeden Tag wird jemand von den „Bezirksräten" erschossen.

27. März, Dienstag

Die Zeit vergeht kaum noch. Die Kämpfe im Westen ziehen sich hin. Wir schauen nur noch in diese Richtung. Wozu auf Russland blicken? Das gibt es nicht mehr.

Weder die Landung japanischer Truppen noch sowjetische Ultimaten kümmern jemanden. Die ukrainische Rada hat im Verein mit Deutschland bereits Jekatarinoslaw und Charkow eingenommen. Auch das interessiert nicht. Unendlich langweilige Gerüchte aus Moskau. Die Bolschewiken wüten und erschießen dort natürlich, sie haben die Zeitungen (selbst die *Russkije wedomosti*) sämtlich und „für immer" verboten. Dort und hier sind sie im Niedergang begriffen. Hier sind alle ihre Kommissariate mit Dieben und Wachleuten des alten Regimes besetzt.

Wir verwildern allmählich. Immerzu denken wir: Ist Amiens nun genommen oder nicht? Wir haben sonnige Tage. Die Wintervorhänge werden abgenommen. Ich gehe nicht aus.

30. März, Freitag

Heute ist es im Westen wieder schlecht. Und heute kam auch die Nachricht von dem Gemetzel an den Anarchisten in Moskau. Heute haben *wir* K. [Kartaschow] schließlich unwiederbringlich verloren.

6. April, Freitag

Es ist bestätigt, dass General Kornilow bei Jekaterinodar getötet wurde …

> … Öffne, o Herr die erleuchteten Felder
> Der Seele des Gefallenen auf dem Feld der Ehre …

Kornilow war unser einziger russischer Held. In all diesen schrecklichen Jahren. Die einzige *Persönlichkeit*.
Das Andenken an ihn wird als Einziges bleiben. Es wird nicht in dem schwarzen Morast versinken, den man „russische Geschichte" nennen mag.

14. April, Sonnabend

Ich muss wohl wieder schreiben. Es passiert nichts (das heißt, natürlich geschieht ständig etwas, aber daran sind wir bis zur völligen Verblödung gewöhnt). Doch in der Atmosphäre ist neue Verwirrung zu spüren. Allerdings sehr unbestimmter Art.
Im Westen haben die Deutschen mit ihrem ersten Sturmlauf *nichts* erreicht. Sie machen weiter. Die Kämpfe flammen wieder auf. Der Westen ist für uns jetzt das Einzige … Dabei sind wir ganz uneigennützig, denn was wird der Westen für *uns* ändern? …
Bei uns haben die Deutschen zusammen mit den Ukrainern bereits Kursk und … die Krim eingenommen. Von Norden her haben sie zusammen mit den Finnen endgültig alles erobert, beinahe schon Sestrorezk. Unsere Kommunarden reden jetzt von der „Verteidigung Petrograds", aber irgendwie träge, und am Ende versteht man überhaupt nichts mehr, denn die Torheiten häufen sich. Die Deutschen verfügen über die Bolschewiken, als seien sie ihre Diener, aber die Diener taugen nichts, und es erstaunt, dass Deutschland nicht die Geduld verliert. Es hat Mirbach [als Botschafter] nach Moskau entsandt (und die Bolschewiken Joffe nach Berlin, die Komik ist nicht zu übertreffen!). Was für eine Figur Mirbach ist, wissen wir nicht. Man hört, dass er mit den „dienstbaren Geistern" nicht ganz zufrieden sein soll. Auf deutschen Fingerzeig haben die Bolschewiken mit den Alliierten endgültig gebrochen und sind zu weiteren Ergebenheitsbekundungen bereit. Aber Mirbach ziert sich, als fühle er sich mit den Bolschewiken … nicht wohl. Man sagt (das sind nur Gerüchte, Gerüchte!), dass Mirbach seine Fühler ausstreckt und verspricht, jeglichem anständigen Teil Russlands bei der Errichtung seiner Macht zu helfen und die Bolschewiken in Grund und Boden zu stampfen, wenn diese Macht den Brester Frieden anerkennt. Und selbst beim Brester Frieden werden kleine Zugeständnisse in Aussicht gestellt! Was bedeutet es, wenn das zutrifft, wenn Mirbach tatsächlich und in vollem Umfang deutsche Politik vertritt? Will Deutschland etwa zusammen mit Russland gegen den Fernen Osten ziehen? Im Osten gibt es die Regierung Sibiriens, die von den Alliierten anerkannt ist. Ohne Truppen, aber voller Hoffnung auf versprochene Hilfe aus Japan und Amerika. Meint Deutschland etwa, wenn es sich dorthin

wenden sollte, dann besser gemeinsam mit Russland, aber nicht mit den Bolschewiken?

Im Übrigen ist diese Raterei sinnlos, denn wir *wissen nichts*. Wir wissen nicht einmal, ob Mirbach seine Fühler tatsächlich ausgestreckt hat. Und wenn (wenn!), kann man dann darauf vertrauen, dass dies die politische Linie der Herrschenden in Deutschland ist? Mirbach – so viel ist sicher – hat niemandem auch nur annähernd offizielle Angebote gemacht. Vielleicht hat er, seit er hier ist, die „befreundeten Bolschewiken" besser durchschaut, und während man sie dort in Berlin immer noch als sehr nützliche Puppen ansieht, macht sich Mirbach seine Gedanken und sondiert für alle Fälle schon einmal vorsichtig das Terrain …

Derweil sind die Russen noch nicht zur Vernunft gekommen. Auf den Dörfern fliegen nur noch die Fetzen, jeder schlägt sich mit jedem. In den Hauptstädten wüten die Anarchisten. Diese ehemaligen Freunde haben die Bolschewiken den Deutschen zuliebe in Moskau schon mit Kanonen beschossen. Aber die Anarchisten verzagen nicht. Hier sind sie durch eigene Schuld hochgegangen, aber sie drohen weiter. Sie erhalten Zulauf von wutschäumenden Matrosen, mit denen Trotzki nicht mehr kokettiert, die er nicht mehr „seinen Stolz und seine Zierde" nennt, sondern entwaffnen lässt. Und sofort geht Dybenko auf Krylenko los, Krylenko auf Dybenko, sie verhaften sich gegenseitig, und die Kollontai, Dybenkos Ex-Frau, hängt auch mit drin.

Täglich wird irgendein Kommissar festgenommen.

Nach dem neuen Kalender fällt der 1. Mai dieses Jahr auf den Karmittwoch. Die Herrscher haben „ihrem Volk einen Feiertag" verkündet. Lunatscharski, dieser verlogene Friseur, schwört, dass er „den Festtag der Festtage" von nie dagewesener Pracht veranstalten wird. Durch die Stadt werden Wagen mit Spottfiguren (für die alte Welt) und Drachen (für die neue Welt, die sowjetische Kommune) fahren. Dann werden die Figuren verbrannt und die Drachen gekrönt. Die Futuristen sind ganz außer sich und schmieren eifrig Plakate. Außerdem verspricht Lunatscharski das „Stürzen der Götzenbilder", das heißt, der alten Denkmäler. Sie haben es bereits auf die Plastik [des Bildhauers] Baron Klodt auf dem Marienplatz abgesehen [das Denkmal für Alexander I.]. Aus

[einem Denkmal für] „Karl Marx" ist noch nichts geworden, „stürzen" ist leichter, also stürzen wir!
Für alle Fälle wurden bereits Maschinengewehre in Stellung gebracht. Die Arbeitslosen könnten ja mit nicht genügend strahlenden Gesichtern zum Feiertag kommen.
Dabei muss man wissen: In der Stadt herrscht absoluter Hunger. Nicht einmal Brotersatz ist mehr zu haben. Auf den Straßen hat es schon Hungertote gegeben. Petersburg ist von allen Seiten eingeschlossen – von den Deutschen und Finnen im Norden, den Deutschen und Ukrainern im Süden (Kursk, Woronesh). Unter diesen Umständen will der „Rat der Volkskommissare" [die Regierung] sein „Proletariat" (die 100 000 Arbeitslosen) aufheitern.
Er hat entschieden zu erklären, dass wir jetzt das „Paradies auf Erden" haben.
Erbitterung breitet sich aus wie Wasser auf einer Ebene. Die Luft brennt.
Und was für ein warmer, sonniger Frühling! Was für ein sanfter Himmel! Die erwachenden Bäume im Taurischen Garten grünen bereits! Ich sitze auf dem Balkon. Auf der leeren Straße spielen Kinder. Ab und zu tuckert ein schmutziges, schiefes Automobil mit (am Tage) müßig herumlungernden Ganoven vorbei. Hinter den nackten Gitterstäben des Gartens liegt die flache Kuppel des Palais so klar in der Sonne vor uns. Das unglückliche Palais, der arme Alte! Was hat er nicht alles gesehen. Lebt er überhaupt noch, ist er nicht längst tot? Er schweigt, er atmet nicht …
Jetzt ist es noch nicht so spät, gegen halb vier. Hinter den weit geöffneten Fenstern ist es schon hell, und es wird geschossen. Aber ich schließe die Fenster nicht, ich bin es gewöhnt.

17. April, Dienstag

Seit zwei Tagen fällt nasser Schnee. Morgen, zur „großen Schande", wird es gewiss aufklaren. Für die Zaren gab es immer einen Sonnenstrahl.
Wladimir Sensinow aus Moskau war hier, um Iljas Wohnung aufzulösen. Die Sozialrevolutionäre sind wie an die Bolschewiken geschmiedet. Sie stehen machtlos neben ihnen, und es kommt nichts dabei heraus.

Sensinow ist dicker und träger geworden. Wie eine Puppe. Keine Reue, kein Bewusstsein.

Heute war Lebedew von den Sozialrevolutionären-Oboronzen (ebenfalls ein ehemaliger Minister!) bei mir. So ein lauter, unbändiger Schwächling. Nicht übermäßig klug, aber ein anständiger Kerl. Sensinow nennt er „Sensinka", verteidigt Kerenski, wenn auch nicht allzu sehr, tadelt Sawinkow, ebenfalls nicht allzu sehr. Sieht nichts Gutes für die Zukunft, behauptet, dass es „keine Staatsmacht gibt", dass wir längst in den Händen von Betrügern und Spielhöllenbesitzern sind.

Das ist fast die Wahrheit. Umso schlimmer. Offenbar werde ich den ersehnten Tag nie notieren: „Heute sind die Bolschewiken gestürzt worden." Wenn ich das schreiben könnte! Dann werfe ich dieses unmögliche Tagebuch einfach fort.

Es heißt, Kornilow sei am Leben. Das glaube ich nicht. Aber Filonenko sei tot. Das glaube ich auch nicht.

Für morgen sind selbst die Gerüchte träge. Hunger ist kein Spaß, niemandem ist nach „Aktionen" zumute! Heute wurde überhaupt kein Brot ausgegeben. Das Pfund Butter kostet 18 Rubel. Eine einzelne Kartoffel 1 Rubel 50 Kopeken. Bekommen kann man das, wenn man die Voraussetzungen und das Glück hat. Märchenhaft.

Die Moskauer „Mitte" (Kuskowa u.a.) ist zum Versöhnlertum übergegangen. Will sich mit Kulturarbeit befassen!

Ja, der „reuige" Tschukowski war hier. (Nicht er sollte bereuen!) Er ist und bleibt ein „liebenswürdiges, aber ausgestorbenes Geschöpf".

22. April, Ostersonntag

Äußerst unangenehmes Wetter. Die Stadt ist trist und leer. Auch die „große Schande" [die Demonstration zum 1. Mai] am Mittwoch war eine triste Angelegenheit. Pflichtbewusst marschierten die Rotgardisten durch eine aufgebrachte, dünne Menge. Wind wehte und ließ die idiotischen kubistischen Bilder flattern. Die Figuren auf den Wagen waren nicht fertig geworden, daher hat man sie auch nicht verbrannt.

In Moskau wurden [an diesem Karmittwoch] die Ikonen am Spasski-Tor mit roten Lappen verhüllt. Ein Windstoß riss ein

Stück des Tuches auf dem Bild von Nikolaus dem Wundertäter [der Heilige Nikolaus von Myra] herunter. Die Menge nahm das als Zeichen und lief den Geistlichen nach, um den Feiertagsgottesdienst abzuhalten. Schreie, Kreischen, Drohungen. Zwei Kommissare wurden (angeblich) erschlagen. Herbeigerufene Panzerwagen schossen in das Gewühl. Die Deutschen haben die Rada aufgelöst. Es gibt noch dies und jenes zu berichten, aber davon später. Kartaschow wird zum „Fanatiker".

26. April, Donnerstag

Im Grunde genommen ist das Reich der Bolschewiken bereits eine Insel, eigentlich nur ein Inselchen. Es ist von Wellen umtost. Die Deutschen bewegen sich und ziehen den Ring enger. Finnland ist am Ende, die Ukraine ebenfalls (dort haben die Deutschen einen Diktator eingesetzt). Zusammen mit den Türken haben die Deutschen die Krim erobert und gestern das Dongebiet. Nowotscherkassk und Rostow sind gefallen, jetzt marschieren sie auf Zarizyn zu. Auch bei Kursk sollen sie bereits stehen.

Ich behaupte aber, dass auch all das nichts bringen wird, denn der Bolschewismus kann NUR VOM KOPF HER zerquetscht werden, alles kommt VON DORT. Doch es wird behauptet, die Deutschen hätten den „Moskauern" das Ultimatum gestellt, die Franzosen und Engländer in Murmansk (?!) und ihre eigenen lettischen Regimenter (!!) zu entwaffnen. „… Und dass das goldene Fischlein selbst mir dienen möge." Wenn die Deutschen die Absicht hätten, die Bolschewiken zu stürzen, dann hätten sie ihnen ein solches Ultimatum stellen können. Jedoch …

Die Kämpfe im Westen sind noch nicht entschieden. Es ist schrecklich wichtig, dass die Deutschen ihre Ziele *nicht mehr* erreicht haben. Ich habe noch viel aus einem anderen Bereich sowohl über die Alliierten als auch über uns zu schreiben …, aber das lasse ich sein.

26. April, Donnerstag

Aus Moskau kommen verworrene und spärliche Nachrichten. Zu einer Zeitung ist durchgesickert, dass die Deutschen neben anderem das „Durchmarschrecht deutscher Truppen nach Murmansk" (und natürlich hinter den Ural) verlangen. Faktisch ist das eine Aufforderung an Russland, zusammen mit Deutschland in den Krieg gegen seine ehemaligen Alliierten einzutreten. Russland brauchen die Deutschen nicht mehr zu verlangen, das haben sie schon. Sie brauchen den Sieg über Europa, sie wollen Russland nur noch für diesen Zweck *nutzen*. Die Bolschewiken werden darauf hocherfreut eingehen und tun, was sie können! Aber sie zweifeln noch, weil sie fürchten, die Deutschen könnten mit ihnen umspringen wie mit der Ukraine. Denn erst haben sie mit der Rada den Friedensvertrag abgeschlossen, sich dann der Rada in aller Ruhe entledigt und den deutschfreundlichen Diktator Skoropadski eingesetzt …

Nur wegen dieser Zweifel haben die Kommissare Tag und Nacht beraten, haben alle Zarenzüge nach Moskau beordert – für den Fall, dass sie sich absetzen müssen. Von hier sind bislang schon viele spurlos verschwunden, gelten als „vermisst". Deren Nachfolger kommen bereits von ganz unten, sind Zuchthäusler und Diebe, die jedes Risiko auf sich nehmen, um sich etwas „unter den Nagel zu reißen".

Aller Wahrscheinlichkeit nach war die „Unruhe" der Chefs verfrüht und übertrieben. Ihre schwachen Nerven lassen sie bereits jetzt um die eigene Haut bangen. Hier möchte ich keine zwei Worte darüber verlieren, ob Deutschland die Bolschewiken stürzen wird oder nicht, sondern dass sich ein gewisses inneres Entsetzen breitmacht, etwas Neues, dessen Hauch wir plötzlich spüren. Das ist die so genannte ORIENTIERUNG AUF DEUTSCHLAND. Nicht mehr allein die Bolschewiken (was bedeuten schon die Bolschewiken!), sondern alle anderen Schichten Russlands scheinen bereit, Deutschland zu folgen, in die Richtung zu gehen, die es weist, ihm für ein Stückchen Brot nicht nur aus Angst, sondern im Namen einer „Ordnung" zu dienen, wenn die Deutschen diese versprechen. Dabei sieht jeder nur sich und sein Eigenes. Die Kapitalisten nähren die Hoffnung auf die Rückgabe ihres Kapitals. Die Rechten auf die Restauration. Die Bezirke auf die Restauration und auf sich selbst. (Mirbach hat sich bereits mit dem Patriarchen Tichon getroffen.)

AN RUSSLAND DENKT NIEMAND. Dabei ist doch zu sagen:

Die Interessen Russlands widersprechen den deutschen Interessen, so wie das derzeitig herrschende Deutschland sie versteht, zu hundert Prozent. Freiwillig wird Deutschland auf nichts verzichten, deshalb werden Russlands Interessen einfach hinweggefegt werden. Wir haben nicht die Wahl, was wir an Deutschland abtreten, was wir dafür erbitten und *erhalten* wollen. Wir haben nur die Wahl, ihm entweder *alles* bereitwillig, mit nutzloser Liebedienerei zu geben, oder … es ihm stillschweigend zu ermöglichen, sich *alles* zu nehmen, und zwar mit Gewalt. In beiden Fällen verlieren wir alles, auch unser Inneres. Das heißt, jegliche Möglichkeit einer nahen oder fernen Wiedergeburt.

Wenn wir Deutschland entgegenkommen, erkennen wir an, dass STÄRKE AUCH RECHT IST. So etwas wird am Ende NIEMANDEM verziehen, weder dem Starken noch dem Schwachen. Man spricht das Urteil über sich selbst: Für den Schwachen wird es morgen vollstreckt und für den Starken übermorgen. Mag sich Deutschland morgen zum Herrscher der Welt aufschwingen. Übermorgen wird es untergehen.

Aber ich muss hinzufügen: *Ich verstehe* tief in meinem Inneren, dass Russland dem zuneigt, was „Orientierung auf Deutschland" genannt wird. Wenn manche noch nachdenken und abwägen (aber falsch und unvernünftig), dann denkt die Mehrheit überhaupt nicht. Das ist das gequälte, von den Bolschewiken verschlungene, sterbende Russland. Das am Rande der Verblödung nach allem greift, was es vor sich sieht. Was sollen ihm die Alliierten! Die Alliierten sind weit! Die haben ihre eigenen Sorgen. Aber Deutschland ist hier, in der Nähe. Es *kann* eine Macht für uns errichten, uns Ordnung bringen und *morgen* wenigstens ein Stückchen Brot geben.

Der stumpfsinnige Teil Russlands sieht nur dieses „kann" vor sich. Will Deutschland auch? Und was kommt dabei heraus? Wer auf dem letzten Loch pfeift, stellt sich solche Fragen nicht. Man muss Deutschland „bitten", damit es will. Und man ist bereit zu bitten. Die Alliierten verstehen auch das nicht, wie sie bei uns überhaupt nichts verstehen. Auf fatale Weise verstehen sie die Bolschewiken ebenfalls nicht. Haben sie doch bis zum letzten Tag (noch gestern!) in den „Räten der Deputierten" Gespräche geführt! Was für

eine Blindheit! Was für ein gemeinsames Unglück! Ja, ein gemeinsames, das betone ich. Das wird seine Auswirkungen haben.
Aber eines müssen die Alliierten und unsere Verfechter der „Orientierung auf Deutschland" wissen, um daraus die entsprechenden Schlussfolgerungen zu ziehen: Gegenwärtig besteht zwischen unseren Bolschewiken und dem herrschenden Deutschland ein Gleichheitszeichen IM WESEN DER SACHE.
Ich werde mich hier nicht auf Erklärungen einlassen. Das erscheint zwar paradox, ist aber so. Und im Moment können die Bolschewiken sur les deux oreilles schlafen. Und brauchen nicht allzu sehr zittern.

27. April, Freitag
Na bitte! Mirbach hat die Schlinge gelockert und besteht auf keinen „Ultimaten" mehr. Die Bolschewiken haben wieder Mut gefasst und sich auf die Zeitungen gestürzt.
Die Amerikaner in der Person von Botschafter Francis haben heute wieder und wieder auf die Bolschewiken verwiesen.
Kann sich Russland auch nur innerlich auf die Alliierten orientieren, wenn diese die Bolschewiken an ihrer Seite haben? Denn die Bolschewiken neigen den Deutschen zu. Wiederum schaden die Alliierten mit ihrer Blindheit Russland und – wenn wir überhaupt noch etwas bedeuten – ihren eigenen Interessen.
Die Bolschewiken werden fallen – unerwartet. Und natürlich *zu spät*.

28. April, Sonnabend
Terror gegen die Zeitungen. In Moskau sind fast alle verboten. Hier wurden „für immer!" *Retsch* (*Wek* – Das Jahrhundert) und die Arbeiterzeitung *Nowy lutsch* (Neuer Strahl) eingestellt. Gerüchte (ewig diese Gerüchte!), dass die Arbeiter der Obuchow- und der Putilow-Werke angeblich gegen die Räte eine Aktion planen. Morgen. Baltische Matrosen (Anarchisten?) sollen bereits herbeigeholt werden.
Eine grandiose Prozession. Auch morgen. Dmitri hält einen Vortrag, ebenfalls morgen. Er ist bereits ausverkauft.
Ein interessantes „Zusammentreffen": Heute Morgen steht in der

Nowaja shisn ein Artikel Gorkis über die *Retsch*, der so endet: Seht hin, das ist sie, die Konterrevolution! Kaum hatten die Abendzeitungen darauf hingewiesen, da wurde die *Retsch* wenige Stunden später bereits „wegen konterrevolutionärer Tendenz" verboten.

29. April, Sonntag
Alles ist friedlich und ruhig. Dmitris Vortrag hat stattgefunden. Der Saal war übervoll. Draußen eine kühle Sonne und absolute Ruhe. Die Prozession, so heißt es, war sehr eindrucksvoll und ebenfalls ruhig. Alles ist an seinem Platz. Auch die Orthodoxie.

1. Mai, Dienstag
Die gewohnte gespannte Atmosphäre. Einige Morgenzeitungen erscheinen immer noch nicht (*Nowaja shisn*, *Den*, *Delo naroda*), dazu alle Abendblätter. Wenn eine zufällig auftaucht, wird sie beschlagnahmt. In den Betrieben regt sich träge etwas. Brot gibt es nicht und ist auch nicht in Aussicht.
Skoropadskis Ukraine organisiert sich weiter. Offenbar beteiligen sich dort einige Kadetten. Ich betrachte die berühmte „Orientierung auf Deutschland", die „ihr Haupt erhebt" jetzt weniger aufgeregt, kann dieses Phänomen mit mehr Ruhe betrachten. An meinen Schlussfolgerungen ändert sich nichts, im Gegenteil, sie wirken noch zutreffender.
Das Verhalten der Alliierten drängt uns allerdings auch zu der besagten „Orientierung". Das betrifft nicht nur die breiten Massen, die nach Ordnung und einem „Halt" im Leben dürsten, sondern auch die führenden Schichten, die nach Staatlichkeit und eigener Betätigung streben. Unsere staatsorientierten Liberalen, die sich von den Alliierten ab- und Deutschland zuwenden, begründen dieses Manöver natürlich mit Russland: Es muss doch heute leben; wir müssen jetzt wieder für Russland arbeiten, unter der Voraussetzung von Ordnung und einer wirklichen Staatsmacht. Diese Voraussetzung kann uns nur Deutschland schaffen. Nehmen wir diese notwendige Hilfe doch an. Erkennen wir Deutschland als Sieger nicht nur über uns, sondern auch über Europa an: Letzteres wird es ohnehin morgen besiegen. Wozu sollen *wir* diese Agonie sinnlos in die Länge ziehen? Ergeben wir uns, vielleicht können

wir dadurch noch etwas retten …
Und so weiter.
Die Lage hat sich jedoch nicht verändert und ist sonnenklar: Deutschland (das politisch aktive) braucht ein Russland, das 1) geteilt ist, 2) nach Osten zurückgedrängt ist, 3) im Süden und Westen keinen Zugang zum Meer besitzt, 4) gemäßigt aufgeklärt ist (mit asiatischem Einschlag), eine harte, konservative Regierung hat, die nach innen erbarmungslos durchgreift und den Mittelmächten ergeben ist. Dieses Land soll auf keinen Fall *reich* sein, weder an Kapital noch an Industrie. Das Maß legt Deutschland fest.
Das ist Russland nach Rohrbach [deutscher Publizist und Ökonom]. Die ganze politische Linie Deutschlands zeigt, dass es sich seine Interessen in Russland genau so vorstellt. Die Bolschewiken haben Russland allerdings als ungeheuerliche Karikatur diesem deutschen Schema nähergebracht – in jeder Hinsicht außer der „konservativen" Regierung. (Selbst das! Wieso ist sie nicht „konservativ"?) Wegen dieser allgemeinen Nähe zu ihrem Plan dulden die Deutschen die Bolschewiken. Wenn sie die Dinge im Westen erledigt haben, so hoffen sie, dann werden sie sich der Karikaturisten mit Leichtigkeit entledigen und das Bild zu der ihnen vorschwebenden Vollendung bringen.
Unsere russischen Verfechter der Staatsidee müssen, ja sind geradezu verpflichtet zu begreifen, was für ein Russland sie gemeinsam mit Deutschland aufbauen werden. Wenn sie Deutschland heute entgegenkommen, dann willigen sie ein, für den Aufbau *eines solchen* Russlands zu arbeiten. Dann sollen sie auch offen sagen, dass sie sich darauf einlassen, und sie müssen für das, was sie tun wollen, die Verantwortung übernehmen.
Ich wiederhole: Man darf nicht hoffen, dass Deutschland auch nur auf das geringste seiner Interessen freiwillig verzichtet. Und wenn die Politik des herrschenden Deutschlands in Russland wirklich so ist (die Tatsachen lassen daran keinerlei Zweifel), dann wird es auch den Aufbau Russlands gemeinsam mit seinen russischen Helfern in diese Richtung lenken und in keine andere.

5. Mai, Sonnabend

Die Zeitung *Den* wurde verboten, heute auch *Delo naroda* (wegen der Resolution des Moskauer Kongresses der Sozialrevolutionäre. Jetzt haben wir nur noch Gorkis *Nowaja shisn* und vorläufig *Golos* (Die Stimme), (ein Blättchen).

Wir stecken in einer Sackgasse. *Wissen* kann man nichts. Aber einiges ist auch nach der Logik, ohne Kenntnis der Tatsachen, klar. Die Deutschen lassen den Bolschewiken ganz logisch ihre Macht über das hungrige Gesindel von Petersburg und Moskau. Damit sollen die sich vergnügen. Die Deutschen haben im Westen zu tun. In Richtung Murmansk marschieren sie zusammen mit den Finnen und der Unterstützung weiterer „Helfer". In Sibirien schlagen ihre „Kriegsgefangenen" zusammen mit willigen Rotarmisten bereits die „Semjonow-Leute" …

Wie schlau ist doch Deutschland! Aber wann kommt der entscheidende Moment? Der Krieg zieht sich hin … Und die Deutschen sind auch nur Menschen. Wenn sich Deutschland nun übernimmt und es ihm nicht gelingt, der Seuche Herr zu werden?

Die Deutschen verhehlen gar nicht: „… Bislang können wir das, was wir wollen, von den Bolschewiken erledigen lassen …" Diese zynischen Worte wiederholen die Bolschewiken in ihrer Schamlosigkeit selbst.

In Moskau läuft ein scheinbares „politisches Leben" ab: Es tönen die Phrasendrescher … Bei uns gibt es solches „Wortgeklingel", Gott sei Dank, nicht. Das macht die Erschöpfung, wegen des Hungers halten sich die Leute kaum noch auf den Beinen. Boris Sawinkow lässt sich nicht sehen. Es heißt, er soll ernstzunehmende Kontakte zu Kreisen der Alliierten haben. Ja, seine Hauptlinie ist immer richtig.

Wassili Maklakow [Botschafter der Provisorischen Regierung in Frankreich] fleht die russische Gesellschaft aus Paris an, sich nicht auf Deutschland zu orientieren, noch sieben Monate „durchzuhalten", dann kommen angeblich die Japaner … Weshalb sie wohl kommen, und warum erst in sieben Monaten? Aber vielleicht sind sie auch in 27 Monaten noch nicht da? Ich glaube, dass von uns „ein Rest gerettet wird", und die Übrigen? Was wird mit den anderen? Auf unbestimmte Zeit durchhalten? Ach, die wissen doch heute schon nicht mehr, welchen Fuß sie dem Deutschen zuerst küssen sollen, damit er geruht, sie als seine Untertanen aufzunehmen. Und kann man uns unglücklichen, fast „erdrosselten" Menschen das vorwerfen?

Die Lage ist zum Rasendwerden.

Mich und auch Dmitri haben den ganzen Tag alle möglichen, wenig nützlichen Leute aufgesucht. Ich habe ein winziges Büchlein mit dem Titel „Letzte Gedichte" (die konterrevolutionärsten!) herausgegeben. Die Auflage war sofort vergriffen.

Die reine Pest – diese Gesellschaft der Versöhnler mit dem Namen „Kultur und Freiheit". Dort ist wieder Maxim Gorki. Er ist Lenins Suworin … vorläufig. Er wird noch weitergehen. Aber bereits jetzt stellt sich heraus, dass Lenin vor der Abreise bei ihm gewesen ist. Sie haben ein freundschaftliches Gespräch geführt …

7. Mai, Montag

Dieses verteufelte Chaos! Es ist fast nichts mehr zu erkennen, und man kann sich nahezu keinen Standpunkt bilden.

Heute war der Bruder von W.O.F. [wahrscheinlich Alexej und Wladimir Fabrikantow] bei uns. Er kam geradewegs aus dem „Moskauer Dschungel". Ich gebe einfach seine Worte wieder.

Boris Sawinkow spielt dort im Verhältnis zu den Alliierten eine bedeutende Rolle. Ungeachtet ihres „dienstfertigen Verhaltens" bauen die Bolschewiken mit jedem Tag weiter ab (und ob!, gebe ich lachend zurück). Die Sozialrevolutionäre entfalten ungeniert ihre Aktivitäten. Ständig debattieren sie untereinander und mit den Alliierten (dieses ewige Geplapper!). Nur Boris arbeitet tatsächlich. Auf wen er sich dabei stützt …, ist unklar, aber eindeutig nicht auf die Sozialrevolutionäre. Mit Awksentjew wollte er nicht einmal in einem Raum sein. Die Alliierten haben jedoch zu ihm und zu den Sozialrevolutionären ein „europäisches" Verhältnis, immerhin sind sie in deren Augen alle „Mitglieder der Konstituierenden Versammlung". Es ist hoffnungslos. Da wird schon wieder über eine „Koalitionsregierung" mit immer denselben Personen nachgedacht, und sollte diese Regierung nach Archangelsk umziehen, geht man von einer Landung [der Alliierten] in Murmansk und vom Einmarsch der Japaner jenseits des Urals aus.

Großer Gott! Was soll das werden? Kann Boris im Ernst an so
etwas denken?
Aber auch die Alliierten wollen offenbar einen „Diktator". Ohne
jede Feindseligkeit blicken sie dabei auf A ... [Alexander Kerenski],
der sofort Morgenluft wittert! Er lässt sogar Jelena kommen!
[Kerenskis Schwägerin, mit der er ein Kind hatte] (Dabei ist Olga
[Kerenskis Ehefrau] in einem kritischen Zustand.) Übrigens ist der
Held selbst bereits ins Ausland gereist. (Sie haben ihn überall im
Lande umhergefahren und schließlich abtransportiert.) Armes
Ausland! F. hat ihn gesehen. Er meint, er sei nicht wiederzuerken-
nen. Ein runzliger Greis mit Brille und langem Bart, Typ Lehrer
aus der Provinz. Über ihn sind eine Menge Witze im Umlauf ...
Aber unserer [offenbar Sawinkow] wird immer frecher, geht auf
den Straßen spazieren, als ob ihm nichts etwas anhaben kann.
Nur von seinem Schnurrbart hat er sich getrennt.
„Sie sehen die gegenwärtige Lage so", berichtet F. naiv, „dass man
die Bolschewiken stürzen könnte, aber dann folgte auf der Stelle
der Einmarsch der Deutschen!"
(Habe ich nicht Recht, dass die Alliierten den Bolschewiken
gegenüber den Deutschen eindeutig den Vorzug geben?)
Die Deutschen schlagen angeblich vor: Für ein Bündnis mit
ihnen eine Revision des Brester Friedens, die Einheit Russlands
und noch so einiges. Immer dasselbe! Wer soll das glauben? Niemand (der noch normal ist). Zugleich glaubt auch niemand an
eine „Landung" der Alliierten. Und an die Stärke der Sozialrevolutionäre glauben nicht einmal jene, die nicht normal sind. Die
Sozialrevolutionäre haben keine raison d'être mehr.
Wenn auch Boris den Alliierten nicht die Augen öffnen kann ...
Er durchschaut das alles doch. Und er hat ein erstaunlich feines
„Zeit"gefühl. Wenn er also sich selbst treu bleibt, dann kann er
jetzt so handeln, wie es für Russland erforderlich ist.
Nein, (für den Augenblick) kann ich das Gleichheitszeichen zwischen den Bolschewiken und den Deutschen nicht aufheben. Ich
habe es unter Schmerzen, nicht sofort und nicht unüberlegt gesetzt. Ich war dazu gezwungen. Und bislang ist es so: Sie sind
gleichzusetzen. Sie brauchen sich gegenseitig. Und sie sind gleichermaßen Zerstörer Russlands.

8. Mai, Dienstag

Heute habe ich eine weitere lange Information erhalten – von Jakow Liwschiz [Mitarbeiter der Zeitung *Retsch*]. Insgesamt bestätigt sie die von gestern, obwohl klar ist, dass jene aus anderen Kreisen stammt und dabei intimer ist.

Die wichtigste Ergänzung: die Haltung von Prof. Nowgorodzew (eine Mittelstellung) [Mitglied des ZK der Kadetten]. Er ist der Meinung, dass man sich nach beiden Seiten offen halten und dann an dem orientieren müsse, der etwas „zustande bringt". Das bedeutet, zwischen Deutschen und Alliierten zu lavieren, die eine Seite im Gespräch mit der anderen zu nutzen und umgekehrt. Eine hervorragende Position. Das Tollste ist, dass sie so viel wert ist wie die beiden anderen, nämlich gar nichts.

Eine Feststellung wird überall widerspruchslos akzeptiert: Weder die Engländer noch die Franzosen oder Amerikaner verstehen uns und das, was bei uns passiert. Man denke nur: England hat sich noch vor wenigen Tagen vor allem für die Rote Armee der Bolschewiken interessiert! Ich verstehe, warum. Aber sagen mag ich es nicht.

18. Mai, Freitag

Der Strom wird um zwölf Uhr abgeschaltet. Das heißt, um zehn, denn die Bolschewiken haben die Uhren um zwei Stunden vorgestellt (!). Sehr lustig.

Ich habe mich davon überzeugt, dass wir von nirgendwo Rettung erwarten können. Wir alle, die russischen Menschen ohne Klassenunterschiede. Auch die Bolschewiken werden untergehen, aber sie zuletzt.

Eine überirdische Langeweile befällt mich. Ob wirklich jemand wissen will, wie diese Bande uns alle – vom tumben Bauern bis zum denkenden Intellektuellen – verhöhnt? Ein abstoßendes, grobes Schauspiel. Für Liebhaber starker Emotionen könnte ich angenehme Bilder zeichnen ... Aber ich kann niemanden schonungslos in diesen Sadismus ziehen.

Kurz gesagt: Sie pressen, würgen, schlagen, erschießen und plündern, das Dorf haben sie mit Pfählen umstellt, die Arbeiter in Eisen geschlagen. Der werktätigen Intelligenzija haben sie voll-

ends den Broterwerb geraubt: Tag für Tag brechen Studentinnen, Büroangestellte, Alt und Jung, zu Dutzenden auf der Straße zusammen und geben ihren Geist auf (das habe ich selbst gesehen).
Die Presse wird hier und in Moskau unterdrückt.
All das geht zynisch, voller Hohn, mit äffischen Grimassen und obszönem Gewieher vonstatten.
Der arme Herbert G. Wells! Ich habe mich von der Dürftigkeit seiner Fantasie überzeugt. Deshalb ist er voller Respekt für die Bolschewiken, denn ohne es zu wissen spürt er: In Russland hat man ihn übertroffen.
Gorki setzt sein schlimmes Treiben in der *Nowaja shisn* fort (die sie als einzige noch erscheinen lassen). Dazwischen kauft er den „Gejagten", die buchstäblich am Verhungern sind, für Spottpreise Antiquitäten und familiäre Wertgegenstände ab. Er ist kein „Schurke", sondern einfach nur ein Buschmann oder Hottentotte. Allerdings nicht mit unschuldigen „Glasperlenketten" wie jene, sondern mit Bomben in den Händen, die er zu seinem Vergnügen um sich wirft.
In Moskau geht es abscheulich zu. Wieder haben sie irgendeine „Verschwörung" aufgedeckt. Sie werden immer gewalttätiger! Und die Kuskowa (was ist nur mit ihr los?) schreit tagaus, tagein, dass man „mit den Bolschewiken arbeiten muss".
Nach so etwas lechzen die, aber verbieten das Blatt der Kuskowa auch andauernd.
Ich begreife nicht, wie man so selbstlos Spülwasser schlucken kann. Aber so behandeln die Bolschewiken ihre Verbündeten!
Im Westen, so heißt es, geht es schlecht. Die Deutschen stürmen erneut in Richtung Paris. Haben sie Reims und Soissons bereits genommen?

21. Mai, Montag
Sie haben Reims und Soissons nicht genommen! Das waren nur schadenfrohe Lügen der Bolschewiken. Aber was wissen wir eigentlich?
Plechanow ist gestorben. Die Heimat hat ihn aufgefressen. Wenn ich mir sein Schicksal betrachte, möchte ich Puschkins verführerische Worte wiederholen:

Gerechtigkeit: hier unten gäb's sie nicht –
Doch gibt es sie auch nicht da oben.
Er ist in Finnland gestorben. Er hat Freunde zu sich gerufen, um sich von ihnen zu verabschieden, aber die Bolschewiken haben sie nicht durchgelassen. Als nach dem Oktober „revolutionäre" Banden 15 Mal (sic) bei ihm eingebrochen sind, die Wohnung durchsucht, ihn aus dem Bett gezerrt, ihn mit Hohn und Spott übergossen haben, nach all diesen äußeren und inneren Schrecken hat er seinen Kopf nicht mehr vom Kissen erhoben. Als er Blut spuckte, brachte man ihn ins Krankenhaus und von dort nach Finnland. Russland hat ihn umgebracht, jene, denen er vierzig Jahre lang nach Kräften gedient hat. <u>Ein russischer Revolutionär darf nicht: 1) aufrichtig sein, 2) gebildet sein, 3) an der Wissenschaft festhalten und sie lieben. Und er darf kein Europäer sein. Dann erwürgt man ihn. Unter dem Zaren ging das noch leidlich durch, aber unter Lenin bedeutet es das Ende.</u>

Ich erinnere mich, wie wir ihn zwei Jahre vor dem Krieg in San Remo und in Menton getroffen haben. In San Remo haben wir mit ihm einmal einen ganzen Tag verbracht. In einer weißen Villa bei B. [Sawinkow?]. Dort lag damals ein zartes, stilles Mädchen im Sterben – Maria Prokofjewa, Jegor Sassonows Braut. Ich erinnere mich an ihr frisches, von Düften erfülltes Zimmer, dessen Fenster in diesen Maitagen auf einen blühenden Garten des Südens hinausgingen, die weißen Kissen und darauf ihr Gesicht, so durchsichtig und wunderschön, dass die Gesichter aller anderen grob wirkten, dunkel, irdisch, gerötet …

Plechanow war damals noch rüstig. Und sein Gesicht wirkte fast zu gesund. Aber es war so edel. Ein alter Mann? Nein, unsere russischen „Alten" sind nicht so. Eher ein „älterer Franzose". Und sein europäischer Charakter zeigte sich in allem. In den geschliffenen Manieren, der ausgeprägten Toleranz und der Tatsache, dass er nie die Stimme hob. Unter den russischen Emigranten fühlte er sich eindeutig nicht zu Hause. Damals wurde von einer „einheitlichen sozialistischen Partei" gesprochen. Gemeinsam mit uns waren auch Sawinkow und Ilja Bunakow aus Menton gekommen. Fast alle waren Sozialrevolutionäre. Da wir anwesend waren, gab es keine spezifischen Gespräche. Aber es wurde doch auf hohem

Niveau und in russischer Sprache gestritten. Und ich muss sagen, nicht nur die Emigranten, sondern auch wir wirkten angesichts von Plechanows hoher Kultur wie russische Trampel.
Später bei Ilja in Menton stritt ich einmal heftig mit Boris (wenn ich mich recht erinnere, über einen Artikel von Iwanow-Rasumnik über die Religiös-philosophische Gesellschaft und Kartaschow). Der ebenfalls anwesende Plechanow wirkte schockiert. Dabei war das für Russland ein ganz gewöhnlicher Streit. Aber Plechanow war Europäer!
Doch man muss auch sagen, dass ihm zugleich eine große Enge eigen war. Bei seiner bedeutenden wissenschaftlichen Bildung, seiner auserlesenen Toleranz und all seinem Europäismus wirkte diese zutiefst russische, fast kleinliche parteiliche Enge seltsam. Sie war es wahrscheinlich auch, die ihm einen Anflug von Pedanterie verlieh. Aber dass er „langweilig" gewesen sein soll (wie es in der letzten Zeit hieß), hat mit dieser Enge nichts zu tun – nein! Es sind die Wissenschaft, Europa und die Kultur, die unser wild gewordenes Matrosenpack, dieser „fröhliche" Gorilla an der Kette von Betrügern, langweilig findet.
Bewaffnete Banden werden auf die Dörfer geschickt, um Getreide zu requirieren. Sie verwüsten alles und drohen, damit fortzufahren, solange noch ein Stein auf dem anderen ist. Sie plündern so sehr, dass es ihnen selbst schon lächerlich vorkommt. Aber den Journalisten Pjotr Pilski haben sie auf Grund eines mit Dokumenten belegten Artikels eingesperrt: dass nämlich von den führenden Bolschewiken 14 nachweislich geistesgestört sind und bereits in psychiatrischen Heilanstalten waren.
Der Brennstoff geht zur Neige. Der Strom wird überall um zehn Uhr abgeschaltet. Das Wetter ist durchdringend kalt, bei drei Grad plus weht ein eisiger Wind. Die allgemeine Erniedrigung ist die Erniedrigung des Menschen und die Erhöhung des Affen.

24. Mai, Mittwoch
Heute bleibt eine Seite frei.

....

Danach will ich endlich umfassend davon berichten, was mir heute über die „Orientierung auf Deutschland" klar geworden ist. Und ich will damit abschließen; dies ist das letzte Mal. Ich behandle nur das Schema und lasse die Kompliziertheit der internationalen Politik beiseite.

Die Alliierten sind nicht imstande, uns zu helfen, weil: 1) sie bis jetzt nichts begreifen und sich an das Prinzip der Nichteinmischung halten, 2) es zu spät ist und ihre physisch mögliche Hilfe von der Zeit her bereits wenig real erscheint. Deutschland kann mit uns machen, was es will. Aber was will es?

Seine Interessen könnte es auf zweierlei Weise betrachten: Auf kürzere und längere Sicht.

ERSTES SCHEMA: Deutschland betrachtet Russland *als Feind*. Als Objekt, das es ständig in der Hand hat und benutzt. Das passt ihm laut Rohrbach (siehe oben). Je nach seinen Erfordernissen und seiner Lage unterhält es bei uns entweder eine zerfallende Regierung, Anarchie, eine eigene Diktatur oder (je nach Zeit und Erfordernissen) eine ihr ergebene konservative russische Regierung (ebenda). Die Zerrissenheit und Zersplitterung Russlands braucht Deutschland unbedingt und jederzeit. Ein solches neues Indien ist nicht nur auf Jahre oder Jahrzehnte hinaus berechnet. Das ist das erste Schema (von dem ich hinsichtlich der Interessen Deutschlands, seiner Linie und seiner Russlandpolitik stets gesprochen habe). Aber es gibt ein ZWEITES SCHEMA. Die Interessen Deutschlands auf längere Sicht sind so zu umreißen: Es betrachtet Russland *als Freund*. Es beutet Russland aus … auf „legaler Basis", wie es meint. Und hilft jetzt – nicht dem Staat, denn der existiert nicht –, sondern es rettet dem Volk das Leben. Die gesellschaftlichen Kräfte Russlands könnten einem Deutschland, das in diesem Sinne handelt, entgegenkommen, wenn nicht „guten Gewissens", so doch aus letzter Not. Dem Volk das Leben zu retten – das ist jetzt aktuell, das ist nicht wenig und kann zum

Hauptanliegen werden. Deutschland baut in der Zukunft ein äußerst starkes Bündnis östlicher Staaten auf, wofür es Russland braucht – ein vereinigtes, geordnetes, nicht von Selbstherrschaft regiertes Russland (das wäre gefährlich), und wenn schon unter starkem, dann nur unter *verdecktem* deutschen Einfluss.

Das sind (objektiv) die Interessen Deutschlands auf lange Sicht. Betrachten wir jetzt mit derselben Objektivität, nach welchem Schema und welcher Linie Deutschland faktisch handelt. Wonach richtet sich seine reale Politik?
Die Antwort ist überdeutlich: NACH DEM ERSTEN SCHEMA.
Das heißt, nach Rohrbach ist Russland ein neues Indien.
Es kann sein (darüber wissen wir überhaupt nichts!), dass es in Deutschland eine innere Auseinandersetzung, Menschen oder eine Partei mit größerem Weitblick gibt. Wir jedenfalls können nur mit der herrschenden Partei (der Kriegspartei) rechnen, mit der, welche gegenwärtig aktiv Politik betreibt, die Deutschland real und faktisch auf den einen oder den anderen Weg führt.
Auf der Grundlage aller Tatsachen müssen wir rückhaltlos anerkennen: Die gesamte Politik Deutschlands stimmte und stimmt bis in die Kleinigkeiten mit der ersten Linie, mit dem ERSTEN SCHEMA überein.
Die daraus zu ziehende Schlussfolgerung ist ganz und gar eindeutig, hart und bar aller moralischen Erwägungen. Sie läuft darauf hinaus, dass die ORIENTIERUNG AUF DEUTSCHLAND NICHT REALISIERBAR und aller Streit darüber *sinnlos ist.*
Deutschland schließt gegenwärtig mit niemandem Vereinbarungen, außer mit den Bolschewiken, denn auf seiner politischen Linie des heutigen Tages liegt (nach Rohrbach) niemand außer den Bolschewiken. Daher ist es gleichgültig, ob ich sage, dass ich die Orientierung auf Deutschland wähle, oder du sagst, dass du es nicht tust – das Ergebnis ist ein und dasselbe. Ob wir den Deutschen die Füße küssen oder nicht, wir bekommen nichts von Deutschland, ja, wir treten einfach auf der Stelle wie ohne Deutschland und wie Deutschland ohne uns, DENN ES BRAUCHT UNS GEGENWÄRTIG ÜBERHAUPT NICHT.
Aber die Bolschewiken braucht Deutschland (nach Rohrbach!)

so sehr, dass die ihm gar nicht die Füße küssen müssen (sie tun es aus Neigung und „Furcht wegen ihrer Judasrolle"), aber sie können oder könnten sich vieles erlauben – welche Launen und Grillen auch immer –, die Deutschen sehen es ihnen nach.
Und jetzt Schluss mit der „Orientierung auf Deutschland"!

26. Mai, Sonnabend
Meine Schwester Assja ist aus Odessa gekommen. Sie berichtet … Es ist wie bei uns. Es schreibt sich schwierig – bei einem Kerzenstummel.
Wieder war … hier. Ich fürchte mich vor ihm, und etwas an ihm verstehe ich nicht.
Plechanow wird morgen beerdigt. Wie dürftig ist doch so ein „ziviles" Begräbnis. Sie finden zweimal täglich statt: Zuerst wird „Ewiges Gedenken" gesungen, danach „Unsterbliche Opfer"(!). Danach beginnen die Freunde zu „labern". Das ist nicht gut. Kein Respekt vor dem Tod, dem großen Schweiger. Nichtssagendes Geschwätz über einen, der im Nichts versunken ist und weiser war als sie alle.

29. Mai, Dienstag
Was soll ich schreiben? Meine Seele ist bis zum Rand und über den Rand hinaus – mit Eis gefüllt. Ich werde nicht mehr schreiben! Ein Krachen auf der Straße … Wie eine Detonation. Ich ziehe die Vorhänge zu. Ich habe zwar schon bei einer trüben Lampe geschrieben, aber von der Straße her soll nichts zu sehen sein. Mit scharfkantigem Eis ist meine Seele gefüllt.

Tatsache ist, dass gewisse gesellschaftliche Kreise Russlands vorgeschlagen haben (natürlich nicht direkt), unter folgenden Bedingungen mit Deutschland in Kontakt zu treten: 1) sofortiger Sturz der Bolschewiken; 2) Revision des Brester Friedens; 3) Einheit des Landes; 4) Verzicht auf ein Militärbündnis. Diese Schritte haben bei den Herrschenden Deutschlands keinerlei Resonanz gefunden. (Anm. der Autorin)

30. Mai, Mittwoch

Die Tschechoslowaken, die sibirische Regierung, Francis' Flirt mit den Bolschewiken, Bauern im Krieg gegen die Getreidetrupps, die Deutschen, die Smolensk angreifen, Unruhen in der Ukraine, Sowdep, Sownarkom, Iksokol, Wikschdor, Isterdep, Aps, Big – Dmo!
Der Rest ist eine leere Seite.

....

1. Juni, Freitag

Von irgendwelchen „Tschechoslowaken" erwarte ich überhaupt nichts. Sibirien ist total zersplittert, wie viele sibirische „Regierungen" hat es schon gegeben! Die Bolschewiken tuscheln miteinander und sind in Hektik geraten (die Deutschen greifen Woronesh an, Tschitscherin tauscht mit Mirbach liebenswürdige „Noten" aus) – erschreckt das nicht die Tschechoslowaken? Schöpft Mut, ihr Lieben: Mit den Tschechoslowaken werden die Deutschen euch helfen. Unbedingt.
Die Alliierten sind träge oder kraftlos.

2. Juni, Sonnabend

Die Tschechoslowaken geben bislang keine Ruhe. Aber Pensa haben nicht sie, sondern die Deutschen genommen. Die Sache ist einfach: Russland wird zu einem Schlachtfeld. Es liegt verblödet und geschändet da, hilft passiv den Starken und behindert passiv die Schwachen. Es ist schon lange zum Objekt geworden.
Wir denkenden Menschen können nicht einmal beobachten, wir sind eingesperrt und geblendet, wir *wissen* nichts.
Die Bolschewiken, die alle Kadetten verhaftet haben (ist es nicht ärgerlich, Kischkin sitzt schon wieder!), gehen jetzt gegen alle Übrigen vor, die nicht zu ihnen gehören. Aus ihrem Rat haben sie zunächst die gesamte Opposition restlos ausgeschlossen (sogar die Internationalisten) und danach festgesetzt. Wieder wird auf der Straße geschossen. Ich gehe zum Fenster: Weißgraue Nacht, Stille … und dann ein Schuss.
Als ich bei dem Knall, stark wie eine Explosion!, zusammenfuhr, wurde die Genossenschaft im Nebenhaus so mir nichts, dir nichts

geplündert. Und aus einem Revolver geschossen. Unsere Genossenschaft war vor drei Tagen an der Reihe.

Da haben wir's. Den Bolschewiken die Füße zu küssen ist ebenso nutzlos wie den Deutschen. Auch die „Internationalisten" werden zurückgestoßen und sind jetzt „Verfolgte".

„Parteilose", die „innerlich mit ihnen sind", werden allerdings begrüßt. Die laufen meist rasch ganz zu ihnen über.

Widerlich sind die Schriftsteller. Valeri Brjussow „arbeitet" nicht nur „mit den Bolschewiken", sondern soll in ihrer Zensurbehörde sitzen. Intensiv „arbeitet" auch Block; die linken Sozialrevolutionäre, das heißt, die Bolschewiken im Kleinformat, haben ihn restlos „vereinnahmt", wie man eine Frau „nimmt".

Den dritten Tag haben Iwan Iwanowitsch und seine Frau Tatjana bei uns hereingeschaut. Nachmittags waren sie bei Gorki. Sie berichten: Seine Wohnung ist ein richtiges Museum, vollgestopft mit Antiquitäten, von denen abgekauft, die am Verhungern sind. Jetzt wird doch auch noch das Letzte, das Liebste vom Großvater für ein Stück Brot verhökert. Das nutzt Gorki aus – genau wie die Matrosen und Soldaten, die Geld im Überfluss haben. (Es gibt jetzt richtige Kommissionsgeschäfte, wo die ungebildeten Neureichen „für schicke Sachen" mit Bündeln von Kerenski-Rubeln um sich werfen.) Es wird gleichsam „das Geplünderte geplündert". Allerdings weiß ich immer noch nicht, weshalb die Meißner Tasse der alten Witwe eines gefallenen Obersten etwas „Geplündertes" sein soll wie ihre Pension, die ihr als „Raubgut" ebenfalls aberkannt worden ist.

Gorki ergötzt sich an dem Zusammengekauften, poliert Porzellan und Emaille und glaubt, das sei „schrecklich kulturvoll"!
Schrecklich ist es schon. Aber kulturvoll – vielleicht erklären MENSCHEN ihm das irgendwann einmal.

Der wütende Iwan Iwanowitsch ist natürlich die Wände hochgegangen. Aber Gorki, inzwischen auch mit ihm per du, fuhr ihm grob in die Parade: „Euch hat die Revolution noch nicht gekriegt! Wartet nur, es kommt eine weitere, dann schlachten wir alle ab."
Ich mache erst einmal Schluss. Ich kann nicht wieder aufzählen, was die Bolschewiken alles angerichtet haben, die Verhaftungen usw. Es ist zu monoton.

7. Juni, Donnerstag

Am Nachmittag war mein Freund, der Student Slonimski, bei mir. Ich hatte keine Lust, zu Hause zu sitzen, daher entschloss ich mich kurzerhand gegen sieben, zusammen mit ihm zu ihm und seinem Bruder, ebenfalls einem Studenten, auf Besuch zu gehen. Wir sind auf die Petrograder Seite gefahren. Ein klarer, sonniger, nicht heißer Tag. Bis wir mit der klapprigen Straßenbahn dorthin gelangt waren, bis sie mich mit dem bewirtet hatten, was Gott ihnen schenkt, wobei ich über die Unordnung in dieser „Studentenbude" mit Stapeln von Zeitungen und auf Wurstresten ausgebreiteten Platon-Bänden entsetzt war, bis wir nun schon zu dritt wieder vor unserem Haus ankamen, war es spät geworden.

In diesem Moment wurde aus der Redaktion angerufen: Der Bolschewik Wolodarski (der Kommissar für die Vernichtung der Presse) ist umgebracht worden.

Die Einzelheiten sind unklar, es gibt verschiedene Versionen. Jedenfalls geschah es auf der Straße nach einer Versammlung im Semjannikow-Werk.

Bei ihnen laufen doch jetzt „Neuwahlen" zum Rat. Die haben keinerlei Bedeutung, ein reines Aushängeschild. Es ist alles so arrangiert, dass nur Bolschewiken gewählt werden.

8. Juni, Freitag

Nach einem Überblick über alle Versionen ergibt sich folgendes Bild der Ermordung Wolodarskis:

Acht Uhr abends. Ein klarer, sonniger Tag. Die Schlüsselburger Chaussee unweit der Porzellanfabrik. Grüppchen von Arbeitern, Wolodarski fährt zusammen mit Sorins Frau im offenen Automobil von einer Versammlung zur anderen. Plötzlich hält der Wagen. Der Chauffeur steigt aus. Eine Panne, sagt er, und das Benzin wird knapp. Wolodarski und seine Begleiterin beschließen, zu Fuß zu gehen, es ist nicht mehr weit. Ein dreißigjähriger Mann, der wirkt wie ein Arbeiter, folgt ihnen. Als Wolodarskis Begleiterin sich von ihm löste, weil sie ein Loch umgehen wollte, schoss der Unbekannte zwei Mal. Wolodarski wandte sich um und ließ dabei seine Aktentasche fallen. Der Unbekannte gab aus kürzester Entfernung zwei (oder drei) weitere Schüsse ab, und als Wolodarski nach vorn fiel, lief er davon. Zunächst geradeaus, dann bog er in eine Gasse ein. Ein paar Zeugen standen verwirrt herum. Irgendwer rannte dem Flüchtenden nach. Der sprang ungewöhnlich geschickt über einen Zaun, rannte durch einen Garten und sprang über einen zweiten Zaun. Diese Hindernisse hielten die Verfolger auf, und als sie sie überwunden hatten, warf der Unbekannte eine Bombe. Sie detonierte (ohne jemanden zu verletzen), aber als der Rauch sich aufgelöst hatte, war der Unbekannte verschwunden.

Neben dem Ermordeten auf dem Gehweg standen die Sorina und ein Häuflein hilfloser Menschen. Da kamen Sinowjew und Joffe (nicht der aus Berlin) vorbeigefahren. Sie wurden angehalten. Sinowjew stieg aus, wurde blass, und stand einen Moment da. „Joffe, Sie müssen etwas unternehmen…"

Damit fuhr er von dannen. Mit der Hilfe von Arbeitern trug Joffe den Leichnam in einen Wagen (welchen? Sinowjew hatte seinen nicht dagelassen) und brachte ihn fort. Nun wurde versucht, die Gegend „abzusperren". Das dauerte ziemlich lange. Überhaupt lief alles recht langsam ab. Eine Durchsuchung der ganzen Gegend führte zu nichts. Ergebnisse liegen bisher nicht vor.

Die Stadt ist in Aufruhr. Aus irgendeinem Grund hat man dieses Ereignis anders aufgenommen als die zahllosen bisherigen Morde. Eher als den ersten „Terrorakt". Die Zeitung *Tschas* (Die Stunde) vergleicht ihn sogar mit „Plewes Julitag".

Alle Parteien und die ganze Presse haben sich missbilligend geäußert. Sie akzeptieren dies auch vom „Standpunkt der Zweckmäßigkeit" nicht.

Da haben sie wohl recht. Terror hat niemals eine bestehende Macht gestürzt. Und es trifft auch zu, dass unsere heutige Macht darauf mit Massenterror antwortet – wahllos.

Das weiß ich alles.

Heute wurde Wolodarski mit allen Ehren in das Taurische Palais überführt und dort im Jekaterinensaal aufgebahrt. Eine Ehrenwache zog auf. Sie wollten ihn im Taurischen Garten begraben. Das werden sie aber nicht tun.

Offenbar werden sie ihn zu Pfingsten aus dem Palais bringen – direkt an unserem Haus vorbei. Auf den Straßen wird geschossen. Lenin in Moskau ist beunruhigt.

Es wurde angekündigt, zur Vergeltung Dzierżyński (einen wahren Henker) persönlich zu uns zu schicken. Lenin hat sich ganz und gar im Kreml eingeschlossen. Der Zugang dorthin ist verboten. „Wolodarski" ist natürlich ein Pseudonym. Dieser Jude soll entweder Kogan oder Goldstein heißen (es gibt zwei Versionen). Ein ehemaliger Schneider aus Łódź, ein Autodidakt. Hat bei uns die Presse kommandiert. Er hat alle Zeitungsredaktionen geschlossen und sie vor einem Tribunal scharf angeklagt. Dabei hat er geschworen, „den bürgerlichen Schreiberlingen ihren kleinen Degen aus der Hand zu schlagen".
Es gibt ernstzunehmende Gerüchte über die Ermordung von Nikolaus Romanow [des letzten Zaren] (heute bereits aus deutschen Quellen). Michail Romanow [der Bruder des Zaren] wurde entführt, angeblich von Tschechoslowaken. Er soll bereits ein Manifest veröffentlicht haben, in dem er das Volk zu einer Versammlung der Landstände aufruft, um eine Regierung zu wählen.
Nach offizieller Meldung der Bolschewiken greifen die Deutschen Smolensk und Woronesh an. Wozu denn das?
Wer, wo, wann, warum und was – ist nicht bekannt. Als Vergeltung für den von Sibiriern entführten Michail haben die Deutschen (das heißt, die Bolschewiken) hier seine Frau, Gräfin Brassowa, ins Gefängnis geworfen.
Der alte Ilja Repin, auf seinem Gut „Penaten" in Finnland eingeschlossen, leidet Hunger. Wird ihm Gorki nicht ein Stück Brot schicken, wird er selbst aus Armut um Unterstützung nachsuchen?

10. Juni, Pfingstsonntag

Vor meinem offenen Fenster dudelnde Musik hat mich geweckt. Ich habe begriffen, dass sie ihren toten Juden mit allen Ehren auf das Marsfeld überführen. Und natürlich all das vor unseren Fenstern!
Gott sei Dank regnet es die ganze Zeit in Strömen. Die roten Lappen, die träge mitgeschleppt werden, sind klatschnass. An der Ecke kam der Zug zum Stehen. Rotarmisten schlenkerten Arme und Beine und spielten echte Soldaten. Einige trugen lange Soldatenmäntel bis zu den Fersen wie Morgenröcke. Die begleitenden Bolschewikenfräulein standen verzagt unter Regenschirmen

herum. Ein Weib, das mit dumpfer Gleichgültigkeit zusah, lüpfte unanständig seinen Rock. Ein schlaffes samtenes Banner trug in weißen Lettern Gorkis Worte: „Der Besessenheit der Kühnen singen wir ein Lied …"

Ein hochaufragender Wagen wie ein Galgen, von dem lange rote und schwarze Bänder herabhingen, wurde vorübergefahren. Ich schloss das Fenster und legte mich wieder hin. Der Regen goss den ganzen Tag.

In Moskau wurde der Admiral der Baltischen Flotte Alexej Schtschastny zum Tode verurteilt, der erwählt worden war, um den Bolschewiken zu dienen. Die Anklage vertrat Trotzki-Bronstein persönlich. Aber es wurde klar wie der Tag, dass Schtschastny eines getan, nämlich die Baltische Flotte gerettet hat. Dafür soll er erschossen werden.

Er wurde bereits erschossen.

Die Zeitungen protestieren. Aus irgendeinem Grund wurde auch ein Arbeiter, ein alter Menschewik, erschossen, den man direkt von einer Versammlung, wo er sprach, verhaftet hatte. Die Zeitungen protestieren nicht.

Warum sie nicht protestieren, weiß man nicht. Vielleicht sind sie seit Wolodarski und Schtschastny der Proteste müde geworden.

Eine Atempause.

Morgen trifft der Henker Dzierżyński ein. Im Rat der Arbeiter-Bauern-und-Soldaten-Deputierten (Sowdep) hagelt es Drohungen. Urizki weiß gar nicht, auf wen er sich zuerst stürzen soll. Auf die rechten Sozialrevolutionäre? Wenn schon Terror, dann waren sie bestimmt dabei, soll das wohl heißen. Sawinkow hat er auch gleich mit hineingezogen, ja sogar Filonenko [ein enger Vertrauter Sawinkows]!

Was an den zahllosen Fronten im Inneren des Landes vor sich geht, ist völlig unbekannt. Morgen und übermorgen gibt es kein Brot, dafür Hering.

Gestern Abend war meine Schwester Tatjana hier. Wir haben lange gesprochen.

11. Juni, Pfingstmontag

Heute ist es heiß. Aber mir ist ständig kalt. Und langweilig. Ich bin viel zu faul, um auf die Datscha zu fahren. Das ist im Übrigen auch ziemlich gleich.

Iwan Iwanowitsch ist mit seinen deutschen Gerüchten voll beschäftigt.

12. Juni, Dienstag

Der Schriftsteller Alexander Amfiteatrow wurde verhaftet. Unbekannt, weshalb. Das ist eben so.

Es regnet.

Romanow ist wohl noch am Leben.

Ein Haufen verschiedener Gerüchte, aber sie aufzuschreiben lohnt nicht, denn sie sind alle gelogen.

Woher soll man auch etwas wissen? Wir sind abgeschnitten und belagert. Hunger. Es ist schwer.

15. Juni, Freitag

Der neue „Sowdep" (was für ein Wort! Bedeutet es Eulen-Depot?) zerschlägt alles. Kusmin (Wolodarskis Stellvertreter) hat erklärt, dass die sozialistischen Zeitungen ohne Gerichtsbeschluss verboten werden (ist bereits geschehen). Die bürgerlichen bekommen eine Strafe bis zu einer halben Million auferlegt, dann „gehen sie von selbst ein". Das hat er auch schon getan: Die *Nowaja shisn* muss 50 000, die *Nowye wedomosti* (Neue Nachrichten – eine Abendzeitung) müssen 10 000 zahlen.

Der Redakteur der letzteren berichtet, wie er Kusmin aufsuchte. Ein Männlein vom Typ Lehrer. Man begann zu feilschen. 8 000 wurden nachgelassen. Aber der Redakteur ließ sich auch auf 2 000 nicht ein. Da erklärte Kusmin: „Nein, geben Sie zwei, dann lassen wir Sie eine Weile in Ruhe." Der Redakteur erfreut: „Tatsächlich? Und geht es nicht auch in Raten?" Es ging auch in Raten.

Überall wird gehandelt.

12 000 russische Soldatenmäntel sind den Deutschen übergeben worden, die gemeinsam mit den Bolschewiken gegen die Tschechoslowaken ziehen. Klingt irgendwie wenig – 12 000!

Alexander Meier war hier.

17. Juni, Sonntag

Schwüle Hitze. Die politische Situation spitzt sich ständig zu, bleibt jedoch immer die gleiche. Die „Noten", Murmansk, die kurz bevorstehenden allgemeinen Friedensverhandlungen und noch tausend weitere … unsichere, falsche, unbekannte Dinge. Bei alledem befinden wir uns – von oben bis unten – in einer todesähnlichen Passivität. Die Seele ist verhärtet, verhornt und gegenüber allem gleichgültig geworden. Sie reagiert auf nichts mehr. Vor allem, wenn sie nichts zu „erwarten" hat.

DIE ROTE DATSCHA

5. Juli, Donnerstag

Wieder die Rote Datscha vom vorigen Jahr, wo wir im Herbst die Geschichte mit Kornilow überstanden haben, wo sie uns erreichte und wonach wir sofort nach Petersburg zurückfuhren.
Jetzt möchte ich am liebsten für immer hier sitzen bleiben. Und nichts tun. Nichts schreiben. Ich schreibe auch nicht, nicht einmal an die Zeitungen. Ich habe ihnen drei Beiträge in der Woche versprochen, aber seit zwei Wochen keine einzige Zeile geschickt. Es ist kalt. Nur drei Grad plus.
Das Gut hat man dem Fürsten natürlich „genommen". Dort sitzt jetzt ein „Kommissar", ein junger Maulaffe. Aus dem Haus des Fürsten hat er die Hälfte der Einrichtung bereits fortgeschafft, schießt auf die Drosseln im Park und führt seine neuen Lackschuhe spazieren. Benimmt sich wie ein echter Flegel.
Aber zum Teufel mit den hiesigen Dingen. Passiert ist ein sehr törichter „Aufstand" der linken Sozialrevolutionäre gegen die eigenen Bolschewiken. Dort und hier [in Moskau und St. Petersburg] (hier aus dem Gebäude des Pagenkorps) wurde geschossen und randaliert, „Marussja" (Maria Spiridonowa) verlor den Verstand. Man beschwichtigte sie wieder, auch mit Schüssen, danach verzieh man ihnen, obwohl sie sich zuvor die „Dreistigkeit" erlaubt hatten, Mirbach zu ermorden. Was für ein Schreck für die Bolschewiken! Der war grundlos, denn Deutschland sah ihnen das nach. Es konnte nicht anders, denn wer A sagt, muss auch B sagen.

Natürlich gehen dort Dinge vor, die wir nicht durchschauen, aber die Führungsmacht Deutschland, das Deutschland des Brester Friedens und der Bolschewiken (das heißt, das Einzige, mit dem wir rechnen können), verzeiht den Bolschewiken jeden Mirbach.
Über unserem paradiesischen Land des Sowdep hat der apokalyptische Engel einen weiteren Kelch ausgekippt: Eine heftige Cholera-Epidemie ist ausgebrochen. In Petersburg gibt es bereits 1000 Erkrankungen pro Tag. Die Wut der Bolschewiken kann man sich vorstellen! Zwar ist die Cholera eindeutig konterrevolutionär, aber man kann sie nicht erschießen. Man muss sich also andere Mittel ausdenken, um sie zu bekämpfen. Das haben sie getan und eines gefunden: Die „Bourgeoisie" soll vor die Wagen für den Abtransport der Leichen gespannt und gezwungen werden, Gräber für die Cholera-Opfer auszuheben.
Angespannt hat man sie noch nicht, aber zum Schaufeln der Gräber bereits zusammengetrieben. Journalisten („Bourgeois"!) schildern ihre Eindrücke von diesen Schachtarbeiten.
Interessanter: Pawel Miljukow ist in Kiew aufgetaucht und scheint Schritte im Sinne einer „Orientierung auf Deutschland" zu tun. Auf der Grundlage meines zweiten Schemas (Sturz der Bolschewiken, Revision von Brest usw.). Seine Sympathisanten versichern, die deutsche Regierung sei „stumm, aber nicht taub". Sollen sie sich damit trösten, wenn sie können. Eine neue Utopie! Aber ich will mich nicht wiederholen.
Ansonsten wissen wir hier auf dem Land ebenso wenig wie in Petersburg.

6. Juli, Freitag

Mit grobem, unflätigem Getöse, das die eigene Unruhe übertünchen soll, haben sie erklärt, dass NIKOLAUS ROMANOW ERSCHOSSEN WURDE. Angeblich sollte er entführt werden, angeblich hat der Uraler „Sowdep" unter einem gewissen „Genossen Pjatakow" ihn daraufhin am 3. getötet. Zugleich hat man unter bemühtem Jubel und Tapferkeitsgehabe das gesamte Vermögen der Romanows für beschlagnahmt erklärt. „Seine Frau und Sohn sind an einem sicheren Ort" … Das kann ich mir vorstellen!
Mit dieser Dummheit haben sie sich überhoben, und sie wird

ihnen keinerlei Nutzen bringen. Ich will nicht sagen, dass das ihre Liquidierung näherbringt. Aber wenn diese früher oder später eintritt, dann wird die Reaktion umso bestialischer ausfallen.
Um das mickrige Offizierchen ist es natürlich nicht schade (um wen ist es das jetzt überhaupt noch!). Er war schon lange ein lebender Leichnam, aber die abstoßende *Hässlichkeit* des ganzen Vorgangs ist unerträglich.
<u>Nein, eine Revolution von Lakaien und Halunken hat die Welt noch nicht gesehen. Die soll sie sich ruhig anschauen.</u>
Die Deutschen greifen wieder in Richtung Paris an. An der Marne toben Kämpfe. Der Krieg hat alles Menschliche hinweggespült. Können *Menschen* ihn beenden?
In der Nacht hat es gefroren. Heute ist ein kühler Tag von erstaunlicher Schönheit. Wir sind durch den endlosen, stillen, hohen, wunderbaren Wald gegangen. Überall Grün und absolute Ruhe. Keine „Geschichte". Wie schön wäre die Welt ohne Menschen. Ich beginne zu glauben, dass Gott nur die Natur und die Tiere geschaffen hat, die Menschen hingegen der Teufel.

21. Juli, Sonnabend

Die linken Sozialrevolutionäre haben nach Mirbach in Russland auch Eichhorn samt Adjutanten in der Ukraine ermordet. Die Bolschewiken sind froh, dass es nicht bei ihnen (und natürlich nicht durch sie!) passiert ist. Deutschland wird wieder die Augen verschließen und so tun, als komme das nicht von der Nähe zur „befreundeten" Sowjetmacht.
Die Tschechoslowaken (oder wer sonst?) haben Jekaterinburg eingenommen. Eigentlich ist darüber nichts bekannt. Auffällig ist nur die heftige Bestürzung der Bolschewiken.
Das macht einen merkwürdigen Eindruck, denn wir kennen die Gründe für ihre Beunruhigung nicht, sie werden geheim gehalten. In Moskau gibt es *keine einzige* Zeitung mehr. Sie sind „bis zum Triumph der Sowjetmacht" (sic) verboten. Was für einen „Triumph" wollen sie denn noch? Die *Russkije wedomosti* und das *Russkoje slowo* (Russische Wort) haben ihre Tätigkeit eingestellt, die Mitarbeiter sind nach Kiew abgereist.
Von den Petersburger Blättern sind nur noch die *Retsch* und das

Listok (Blättchen) sowie zwei, drei Abendzeitungen am Leben.
Aber auch dieses wird nur noch nach Minuten gezählt. Zweifellos werden auch sie beseitigt werden.
Das Pfund Fleisch kostet zwölf Rubel. Eine Kutschfahrt zum Bahnhof 55 Rubel und mehr. Unvorstellbar.

22. Juli, Sonntag

Ça y est! *„Alle"* Zeitungen sind verboten, und das *„für immer"*.
Wie in Moskau. Die Bolschewiken sind außer sich vor Sorge (?).
Das Wetter ist abscheulich.
Der Rest ist nicht bekannt.

27. Juli, Freitag

Rückblick: Dima ist am Mittwoch in die Stadt gefahren, um sich umzuhören, was los ist. Frau Slobina hat ihn begleitet. (Die Slobins, Mutter und Sohn, er Student und mein guter Freund, wohnen in diesem Jahr mit uns in der Roten Datscha – in der zweiten Hälfte.)
Gestern hat Dima uns mit großer Mühe per Telefon erreicht.
Er hat berichtet, dass die Züge nicht fahren, und wenn sie in der Nacht nicht zurückkommen, wir „bei der ersten Möglichkeit" abreisen sollen.
Wir aber sitzen in diesem riesigen Haus zu dritt – Dmitri, ich und Wolodja Slobin – in völliger Unwissenheit. Für alle Fälle haben wir zu packen begonnen, wenn auch sehr widerwillig.
Aber gegen zwei, drei Uhr nachts sind Dima und Frau Slobina zurückgekkehrt. Wir haben noch lange zusammengesessen und geredet. Die Lage ist kompliziert und schwer wiederzugeben.
Die Züge fahren oder fahren auch nicht wegen eines eigenmächtigen Teilstreiks, weil es überhaupt kein Brot mehr gibt. Das ist nicht wichtig. Aber seit die Zeitungen verboten sind, hat die Zahl der umlaufenden Gerüchte enorm zugenommen. Zwischen Wahrheit und Unwahrheit zu unterscheiden ist fast unmöglich geworden. Stimmt es, dass in Murmansk die Amerikaner gelandet sind? Ist es wahr, dass Eichhorn vor seinem Tode bedauernd erklärt haben soll: „Es war ein Fehler, dass wir nicht ‚am Kopf begonnen haben', wir hätten schon im Februar Petersburg nehmen müssen!"

Wahrscheinlich trifft es zu, dass Helfferich nach Berlin zurückgefahren und die gesamte deutsche Mission von Moskau nach Petersburg umgezogen ist. Dass jemand Archangelsk und Kasan genommen hat und dass sich die Bolschewiken in einer nie dagewesenen Trance befinden. Etwa 5000 Offiziere sind verhaftet und nach Kronstadt gebracht worden.
Bei Luga wurden Straßen aufgerissen, dort wehren sich die Bauern gegen Rotarmisten, die ihnen das Getreide wegnehmen.
Wir sitzen hier und wissen immer noch nicht, was besser ist: bleiben oder abfahren?
Nach meiner Meinung bleiben.
Meiner Ansicht nach ist das einzig Interessante die maßlose (rätselhafte) Verwirrung der Bolschewiken. Eine Art Krämpfe. Weshalb?

29. Juli, Sonntag

Wir sitzen immer noch hier in glücklicher Ahnungslosigkeit. Ich bin überzeugt, dass sie auch in St. Petersburg nicht mehr *wissen* als wir. Hinter den Lügen, dem Einerlei und der Unwissenheit der bolschewistischen Zeitungen scheint zuweilen etwas durch. Zum Beispiel: Die deutsche Botschaft hat in St. Petersburg nur 24 Stunden verbracht und ist dann in voller Besetzung „nach Hause" gefahren. Was bedeutet das?
Es regnet. Und wir haben keinen Tropfen Petroleum. Unser riesiges Haus liegt nach acht Uhr abends in tiefer Dunkelheit. Die Kerzen gehen zur Neige.
Das Telefon ist kaputt. Wozu haben wir es überhaupt? Mit wem soll man sprechen und worüber?
Erfreulich: Im Westen ist die Lage gut!

31. Juli, Dienstag

Klare, stille und durchaus schon herbstliche Tage. Ich gehe spazieren, lese französische Romane, betrachte den Sonnenuntergang und schreibe – gemeinsam mit Wolodja Slobin – Gedichte! Ich spüre einen tiefen inneren Drang, wenigstens für kurze Zeit abzuschalten, Augen und Gedanken in eine andere Richtung zu lenken, der verkrusteten Seele ein wenig Erholung zu gönnen.

Und ich verurteile mich fast gar nicht für diese Minuten der „Untätigkeit", für das instinktive Sehnen nach Vergessen. Die Seele sorgt für ihren Selbsterhalt.
Ja, was soll man denn auch „tun", Gott im Himmel? Es gibt nichts „anzuschauen", nichts zu sehen.
Ab und zu erhalten wir „ihre" Zeitungen, die zu lesen eine undankbare Mühe ist. Gestern hat man sogar dieses Reptil Foma Railjan (samt der *Peterburgskaja gaseta*) verboten.
Die deutsche Botschaft, so sagen die Bolschewiken, ist endgültig nach Pskow umgezogen. Wie es heißt, um keine Komplikationen zu machen (?). Sie wird, so sagt man, über Reval und Helsingfors mit St. Petersburg Verbindung halten, das sei direkter (???!).
Was soll man mit solchen Nachrichten anfangen? Was?
Aber im Westen ist die Lage gut!

1. September, Sonnabend

Den ganzen August habe ich weggelassen. Es wäre gewissenlos, über Vorgänge zu schreiben, von denen man in so entsetzlichem Maße *nichts weiß* wie wir. Aber was wir wissen, davon berichte ich trocken und in wenigen Worten.
Erst jetzt sind wir in eine Phase wirklichen TERRORS eingetreten. Nach der Ermordung Wolodarskis und später, auf anderer Ebene, den Morden an Mirbach und Eichhorn (nur aus Angst, sich ja nicht mit den Bolschewiken zerstreiten zu *müssen*, haben die Deutschen ihre Botschaft verlegt), ist es schließlich zu dem Mord an Urizki (durch den Studenten Kannegießer) gekommen. Zugleich wurde Lenin an Hals und Brust verwundet. Urizki war sofort tot, Lenin überlebte und ist jetzt auf dem Weg der Besserung.
Die Bolschewiken haben darauf mit der Verhaftung von 10 000 Menschen reagiert. Sie haben mit ihnen 38 Gefängnisse und die Schlüsselburg gefüllt (in der Peter-Pauls-Festung sowie in Kronstadt war schon alles voll). Die Verhaftungen wurden wahllos vorgenommen. Beim ersten Mal wurden 512 Personen mit offizieller Ankündigung und einer Namensliste erschossen. Danach noch einmal 500 ohne Bekanntgabe. Sie behaupten gar nicht, *Schuldige* festzunehmen und zu erschießen, sondern sagen ganz offen, dass

sie „Geiseln" nehmen, diese dann gruppenweise umbringen, um durch die Zahl der Getöteten abschreckend zu wirken. Jetzt wurden die Namen von weiteren 500 bekanntgegeben, die bald ihr Leben lassen müssen.

Es ist schon so weit gekommen, dass die Konsuln neutraler Mächte, unter ihnen der deutsche, bei den Bolschewiken mit Protesten der „zivilisierten Länder" gegen diese hyperbolischen Morde vorstellig geworden sind. Die Bolschewiken haben natürlich mit keiner Wimper gezuckt. Der Terror ist nur auf Grund eines völlig unmenschlichen Befehls Petrowskis [Volkskommissar des Innern] in die Provinz übergeschwappt, wo er jetzt wütet. Es gibt buchstäblich nicht eine einzige Familie, in der nicht jemand ergriffen, fortgebracht wurde und vermisst wird. (Unser Rotes Kreuz ist seit langem aufgelöst, *niemand* wird zu den Verhafteten vorgelassen, und sie erhalten auch nichts zu essen.) Olga Kerenskaja ist verhaftet worden, dazu ihre Mutter und zwei Söhne, *Kinder* von 8 und 13 Jahren.

Den Grshebins und Gorkis geht es dagegen glänzend. Diese Person, die Ehefrau des Letzteren, ist gar zur „Kommissarin aller Theater" ernannt worden. Sie hat jetzt Macht und zwei Automobile.

Was wir wissen, wissen wir nur von Besuchern. Die bolschewistischen Zeitungen zu lesen ist sinnlos. Zudem haben sie eine beliebige Orthografie eingeführt, die den Geist der Sprache entstellt. (Dadurch erhält übrigens die Aussprache des Russischen einen jüdischen Akzent!)

Weiter. Über die allgemeine Lage ist so gut wie nichts bekannt. Hier ein paar Fragmente: Im Westen haben die Alliierten offenbar ein paar Erfolge errungen. Welche, das enthalten die Bolschewiken uns vor. Aber wir in unserem Osten befinden uns faktisch in einem halb erklärten Krieg gegen die Alliierten. Mit welchen Kräften Deutschland die Rote Armee unterstützt, ist nicht zu ermitteln, aber sie müssen beträchtlich sein, denn die Bolschewiken verkünden unter wildem Geschrei die Siege der „glänzenden Roten Armee" über die Tschechoslowaken, die Rückeroberung einer ganzen Reihe von Städten – Kasan, Sysran, Simbirsk und andere. Aus den angeführten kümmerlichen Fakten ziehe ich keinerlei

Schlussfolgerungen. Ich konstatiere nur eines: Die Bolschewiken haben sich auf physische Gewalt festgelegt, und das dauerhaft. Damit wurde die Selbstherrschaft aufrechterhalten. Aber da sie über keine entsprechenden Traditionen und Gewohnheiten verfügen, müssen die Bolschewiken, wenn sie die Stabilität der Selbstherrschaft erreichen wollen, die Gewalt in einem gigantischen Ausmaß steigern. Das tun sie auch. Das entspricht nationalen „Besonderheiten" des russischen Volkes, die einem Europäer unverständlich sind. Je grausamer die Macht, desto mehr kann sie sich erlauben und desto mehr erlaubt man ihr.

All das ist jedoch *außerhalb der Geschichte* betrachtet, es ist nicht einmal eine Revolution in Persien, es ist die Große Faust in China, wenn nicht (in all seiner Maßlosigkeit) etwas noch Nichtswürdigeres.

Sie (die Bolschewiken) haben nun auch den ältesten, damit den dritten und *letzten* Sohn der Ratkows getötet. Das ist schon … etwas, das mir überhaupt nicht in den Kopf will.

Gestern ist völlig unerwartet meine Schwester Tatjana gekommen …

Im August wie übrigens auch im ganzen Juli hatten wir Stürme mit viel Regen. An einen solchen Sommer kann ich mich nicht erinnern. Jetzt regnet es weiter, und es ist kalt geworden. Wir haben bereits Nachtfrost.

In Moskau hat man alle Minister des Zaren erschossen, die Iwan Iwanowitsch trotz vieler Bemühungen nicht mehr aus dem Gefängnis holen konnte: Schtscheglowitow, Belezki, Protopopow und andere. Kischkin sitzt wieder. Auch Paltschinski.

1. (14.) Oktober, Montag, St. Petersburg

Dmitri und ich sind am 12. September von der Datscha zurückgekommen. Dima ist noch geblieben. Auch wir wollten noch einmal für eine gewisse Zeit hinfahren, aber … Hier sind wir sofort in eine derartige Atmosphäre geraten, dass wir begriffen haben: Wir müssen weg. Flüchten, um es ganz einfach zu sagen. Es ist weder moralisch noch physisch möglich, in dieser schrecklichen Stadt noch zu atmen.

Sie ist leer. Auf den Straßen wächst Gras, die Fahrbahnen sind beschädigt, die Läden zugenagelt. Man kann durch die ganze Stadt laufen und sieht nicht ein einziges Pferd (nicht einmal ein verendetes, alle sind aufgegessen). Man kann mitten auf der Straße gehen und muss nur selten einem schwankenden Automobil mit heruntergekommenen Bolschewiken ausweichen.

Wenn man die Stadt verlassen will, muss man über einen Monat lang um eine Genehmigung kämpfen. Wir wollten in die Ukraine fahren. Nun fing die Quälerei an, die so viele kennen! Denn die gesamte Intelligenzija außer den Verstorbenen ist abgereist. Die Verbliebenen, selbst die Sterbenden, wollen von hier fort.

Und so sind die letzten Tage verlaufen: Unerwartete und für uns kaum erklärliche Nachrichten (Wie denn auch? Was bekommen wir aus unserem trüben, schmutzigen Spinnenglas denn zu sehen?). In Deutschland tut sich etwas oder hat zumindest etwas angefangen. Es gab einen Regierungswechsel, Wilhelms Rechte wurden eingeschränkt und die Kriegspartei ist gestürzt. Ob das im Zusammenhang mit den deutschen Misserfolgen im Westen und welchen geschehen ist, wissen wir nicht. Sofort ist Bulgarien aus dem Krieg ausgeschieden und nach ihm die Türkei. Aller Wahrscheinlichkeit nach drohen Deutschland auch innere Unruhen (Aha! Jetzt wirken also doch unsere „Bazillen"). Es ist eine Tatsache, dass die neue deutsche Regierung, die von einer Mehrheit des Reichstages eingesetzt wurde, US-Präsident WILSON AUGENBLICKLICH EINEN WAFFENSTILLSTAND ANGEBOTEN HAT, „um Friedensverhandlungen auf der Grundlage seiner" – berühmten – „Punkte" aufzunehmen. (Und weiter: „ohne Annexionen und Kontributionen".) Die offizielle Antwort kennen wir nicht, es sind alles Gerüchte (denn bei uns sind auch deutsche Zeitungen verboten). Aber die Gerüchte besagen, dass die Antwort insgesamt günstig, wenn auch mit der Forderung nach einigen Garantien verbunden sein soll wie dem Truppenrückzug aus Belgien usw.

Deutschland hat alle Bedingungen angenommen! Inzwischen haben die Alliierten Varna und Constanța besetzt. (Und die Dardanellen nicht geöffnet?)

Da laufen Ereignisse von ungeheurer Bedeutung ab. Der Frieden

steht vor Europas Tür ... Aber unser Spinnenglas ist immer noch ganz und hat weiter seinen Krieg.
Alles spricht dafür, dass die Besetzung Petersburgs durch internationale Kräfte unvermeidlich ist. Ich zwinge mich, nicht daran zu glauben. Diese „Herren" können uns in unserer blutigen, öden Hölle durchaus vergessen, wenn dort bei ihnen alles gut läuft. Und wenn es nicht ganz so gut läuft, dann erst recht ... Ich kann nicht genau sagen, wovor ich mich fürchte (ich sehe längst keine wahrscheinliche Zukunft mehr, weil ich keine echte Gegenwart kenne), aber ich habe das unbestimmte Gefühl, dass die Ereignisse in Deutschland erst *begonnen* haben und noch nicht abgeschlossen sind. Deutschland hat sich noch nicht „besonnen", etwas hat Veränderungen erzwungen, es wurde durchgerüttelt ... zumindest in Anfängen.
Wir hatten hier mehrere interessante Begegnungen mit einem Deutschen, einem gewissen Forst, Mitarbeiter des *Berliner Tageblatts*. Wir haben ihn unmittelbar vor dem Zusammenbruch Deutschlands gesehen und danach, als die Gerüchte über den Regierungswechsel, über das Angebot des Waffenstillstandes aufkamen und darüber, was geschieht, wenn die Alliierten Garantien verlangen.
Also: dieser Forst hat als Erstes erklärt, dass er in Deutschland nie der „Kriegspartei" angehört habe. Überhaupt war er bemüht, sich als überzeugten Liberalen zu zeigen, der Wilhelm hasse. Zugleich versicherte er, Deutschland habe in der letzten Zeit im Grunde genommen überhaupt keine bestimmte politische Linie verfolgt, sondern nur wahnsinnig geschwankt.
Und weiter ... Dabei muss man aber wissen, dass dieser Forst *im Juli* nach Russland gekommen ist (und seitdem hier lebt). Er kam – zu den Bolschewiken, ist von ihnen und all ihrem Tun entzückt! (Ob Deutschland nicht einiger ist, als man von ihm gedacht hat, als man seine ganze Blindheit allein der „Kriegspartei" anlastete?) Nachdem er mehrfach bei den Bolschewiken Gespräche hatte, ist er im September etwas nüchterner geworden. Die Intelligenzija, die ihn anfangs mied (worüber er sich naiv wunderte), öffnete ihm ihre Türen. Zu uns hat ihn Ganfman gebracht. Nach meiner Ansicht hat er jedoch noch nicht allzu viel begriffen, vor allem ist

er bis in die Haarwurzeln „ein Deutscher" geblieben, der weder das fatale Verhalten Deutschlands, noch dessen bis heute andauernde Torheit auf sich bezieht! Gerade wurde in Deutschland die neue Regierung gebildet (mit der er sympathisiert), ist Österreich von Deutschland abgefallen. Er aber beharrt nach wie vor darauf, falls die Alliierten für die Friedensbedingungen „Garantien" fordern sollten, dann werde sich Deutschland darauf nicht einlassen und dürfe das auch nicht. Er selbst „der eigentlich keinen Krieg will, ginge als Erster an die Front" … Als Dima sehr vorsichtig die Frage stellte, ob Deutschland denn überhaupt in der Lage sei, den Krieg fortzusetzen, ob die deutsche Armee nicht die Gefahr des Zerfalls und sinkender Disziplin sehe, gab der Deutsche hochfahrend und ziemlich grob zurück, für die deutsche Armee existierten derartige Gefahren grundsätzlich nicht. Ich konstatierte bei mir die bekannte blinde Selbstsicherheit: „Bazillen, die für Schweine gefährlich sind, sind es nicht für Menschen." Im Grunde genommen billigte er, liebenswürdig verpackt, das gesamte Verhalten Deutschlands gegenüber Russland und den Bolschewiken vom Brester Frieden bis zur Vergebung der Streiche der Bolschewiken mit Mirbach und Eichhorn. Zuweilen stieg ungewollt Ärger in mir auf, den ich gegenüber Personen bei mir nicht kenne – nicht auf diesen Forst, sondern auf den „Deutschen" in ihm, der sich aufführte wie … ein Sieger. Das kam aus seinem tiefsten Inneren – selbst uns gegenüber!

Was die Bolschewiken betrifft (zu denen sich sein Verhältnis nach seinen Worten geändert hat, obwohl er vor der Abreise nach Berlin noch um eine „Audienz" bei Gorki bat), so empfahl er Russland freundlich, sie mit eigenen Kräften zu stürzen. „Im Übrigen werden die sich selbst erledigen, spätestens in einem halben Jahr." Ich fragte Forst auf den Kopf zu, in welchem Maße die Deutschen den Bolschewiken an der sibirischen Front helfen. Er bestritt ganz entschieden jede Hilfe. Dabei haben wir erfahren, dass der ganze Hauptstab der sibirischen Rotarmisten aus Deutschen bestehen soll …

Auf Forst bin ich deshalb eingegangen, weil ich in ihm eine charakteristische und interessante Erscheinung des Augenblicks sehe. Und ein Beispiel dafür, dass die Deutschen (und zum Teil alle

Europäer) nichts begreifen und nichts voraussehen.
Kehren wir zu unserem Spinnenglas zurück.
Die Spinnen wissen nicht, was werden wird, fürchten sich ein wenig, tun aber so, als sei alles wunderbar, und bereiten sich darauf vor, ihren Jahrestag zu feiern. Meyerhold ruft in den „sowjetischen" Zeitungen die „Genossen Schauspieler" zur Lesung des Stückes „Mysterium Buffo" (sic) des „Genossen" Majakowski bei den Oktoberfeierlichkeiten auf. Gorki, tief in seiner Grobheit und beinahe Schurkerei versunken, berauscht sich an der Macht, hat jedoch einen der Romanows als „Geisel" aus dem Gefängnis in seine Wohnung geholt. Das hat er unter dem Vorwand getan, ihn nach Finnland zu bringen. Aber er tut es nicht, sondern hält den kranken Mann in seinem Antiquitätenzimmer fest, nur um ihn täglich zu demütigen. Was für eine Schande! Verhaftungen, Terror … Wen trifft es noch, wer ist noch übrig? In der Trubezkoi-Bastion der Festung sind beide Etagen vollgestopft. Und zu der untersten, dem Keller (Sie erinnern sich!), wo die Zellen immer verschlossen, wie zugemauert sind, gibt es längst keinen Zutritt mehr. Die dort sitzen – wer, ist nicht bekannt –, sind zum Hungertod verurteilt. Zufällig hat man einmal vom Gang her gerufen: Wie viele seid ihr dort unten? Es kam nur ein Stöhnen zurück: Viele, viele …
Das ist lange her.
S. N. [wahrscheinlich Sergej Bulgakow] ist in Moskau verhaftet worden. Ihm droht die Erschießung. Michail Menschikow ist bei Bologoje erschossen worden. Da haben wir nun das „falsche Lamm".
Ich kann nicht mehr schreiben, ich bin krank. Bei uns geht die „Spanische Grippe" um. Jetzt müsste ich eigentlich jeden Tag Aufzeichnungen machen, aber ich bin noch nicht ganz wiederhergestellt.

7. Oktober, Sonntag

Ich bin krank. Kurz gesagt: Nichts Bestimmtes. Das heißt, wir wissen nichts. Deutschland hat offenbar alles akzeptiert, aber ist der Waffenstillstand nun geschlossen? Wie seltsam und unvermittelt Deutschland verbrannt ist – als sei es aus Papier! Ja, das schlaue

Abenteuer mit den Bolschewiken hat ihm nichts Gutes gebracht. Es konnte sein Glück nicht auf unserem Untergang aufbauen. Deutschland hat sich übernommen.
Unbekannt, was noch alles geschehen wird. Ganz und gar unbekannt!

9. Oktober, Dienstag
Deutschlands Antwort an Wilson ist voller Unterwürfigkeit. Erstaunlich! Die Bolschewiken verhaften krampfhaft nach rechts und nach links. Sogar den Arzt Professor Tschigajew! Und die Baroness Üxküll!
Gerüchte gibt es jede Menge. Faktisch herrscht Totenstille. Der Hunger nimmt zu.

14. Oktober, Sonntag
Unser Glas ist ganz und hat nicht einmal Sprünge. Das zumindest wissen wir genau. Das Übrige nur annähernd: Wilson hat Deutschland auf dessen „bedingungslose" Annahme der Note eine Antwort geschickt, in der er angeblich die Absetzung oder den Sturz Wilhelms fordern soll! Das ist derart provokatorisch im Sinne einer Revolution, dass ich gar nicht weiß, was ich denken soll. Interessant für mich ist, ob die Alliierten *bewusst* auf eine Revolution in Deutschland hinarbeiten, ob sie sicher sind, dass diese dort innehält, wo es sich gehört, oder …
Ich fürchte, dass sie bis heute nicht begreifen, was der Bolschewismus darstellt, dass sie seine Möglichkeiten … in Deutschland nicht bedenken. Ob nun so oder so – den „Herren" sind wir egal …
In der „Tschreswytschaika" an der Gorochowaja agieren Frauen (Jelena Stassowa, Warwara Jakowlewa), weshalb dort eine besonders sture und stumpfsinnige Grausamkeit praktiziert wird. Dagegen kämpft selbst Lunatscharski an, aber vergebens: Er heult nur herum (er vergießt tatsächlich Tränen).
Typisch ist die gegenwärtige Losung der Bolschewiken: „Besser hundert Unschuldige erschießen als einen Schuldigen davonkommen lassen."
Daher auch das System der „Geiseln" und all das Übrige.
Die Lebensmittel gehen zur Neige. Wir haben keine Butter mehr,

und das Pfund kostet 40 Rubel. Rindfleisch ist bereits auf 18 Rubel angestiegen. Zu essen haben allein die Rotarmisten. Zeitungen lese ich nicht mehr, sie enthalten nur noch Dekrete.
Sie nehmen sich die gesamte Literatur – Bücher, Publikationen, Buchläden. Sie führen eine besondere Art von Zensur ein.
Alles andere ist bereits verschwunden.
Über den Stumpfsinn Europas wundere ich mich nicht mehr. Deutschland beginnt schon dafür zu bezahlen. Aber niemand kommt zur Vernunft. Nun, wir werden sehen. Auch ihr seid nicht gefeit, ihr Täubchen.

22. Oktober, Montag

Die allgemeine Tageslage ist so: Deutschland hat *alle* Bedingungen des Waffenstillstandes akzeptiert, die sehr schwerwiegend sind. (Und Wilhelm?) In Österreich ist der Verfall schon im Gange. Eindeutig „er", nicht „sie", keine Revolution. Das Land zerfällt, Karl ist geflüchtet [Karl I., Kaiser von Österreich und König von Ungarn], Deserteure in Massen; in Wien ist es ganz schlimm.
Die deutsche Regierung hält sich vorläufig noch … Ich will keine Gerüchte verbreiten.
Bei uns? Immer das Gleiche, eine fortschreitende Verschlechterung. Wir sind wie die Übrigen bestrebt fortzugehen. Aber für die Ausreise muss man achtzehn Instanzen durchlaufen, was uns in einundeinhalb Monaten ungeachtet aller privaten Bemühungen, Möglichkeiten und Schmiergelder nicht gelungen ist.
Dekrete, Steuern, Verbote – wie aus dem Füllhorn. Sie nehmen bei den Dekreten, nehmen bei Durchsuchungen, nehmen einfach so. Selbst Gorkis Frau, die Andrejewa, „nimmt": Sie hat sich erst bereit erklärt, bei der Überführung von Fürst Gawriil nach Finnland zu helfen, nachdem dessen Frau ihr teure Ohrgehänge geschenkt hat.
Iwan Iwanowitsch sucht Gorki nur wegen der Gefangenen auf. Bislang ohne Erfolg. Denn Gorki, der engste Beziehungen zu Lenin und Sinowjew unterhält, ist nach Iwan Iwanowitschs Worten „rasend" geworden. Mit Iwan Iwanowitsch redet er so: „Was wollen Sie von mir?" Und „Ich bitte Sie, mich nicht mehr zu belästigen."

Noch etwas ist typisch: Beim Abtransport seiner „Geisel" nach Finnland (nach den Ohrgehängen), hat Gorki von dieser *für alle Fälle* einen „Schutzbrief" verlangt. Etwa so: Ich, Gawriil Romanow, verdanke nur Gorki mein Leben …
Braucht es hier noch einen Kommentar?
Heute ist Iwan Iwanowitsch, als er zu Gorki ging, an der Tür dem Sänger Fjodor Schaljapin begegnet. Sie hatten ein langes Gespräch. Schaljapin hat die Bolschewiken grob beschimpft, Iwan Iwanowitsch umarmt und dabei zynisch erklärt, ihm sei alles gleich, Hauptsache, es gäbe etwas zu fressen. „Ich bekomme 7000 im Monat und verfresse alles." Ein schönes Strichlein zur Biografie eines russischen Holzkopfs. So widerwärtig, dass man es nicht vergisst.
Ein ungeheuerliches Gerücht, das zu glauben ich mich weigere: Angeblich soll Wassili Rosanow erschossen worden sein, der in Europa wenig bekannte hochtalentierte Schriftsteller, der russische Nietzsche.
Ich will es nicht glauben, aber alles ist möglich in eurem „Kulturparadies", ihr Herren Gorki und Lunatscharski! Feiert doch euren Jahrestag, please! Sie haben schon dem Taurischen Palais rote Hosen angezogen … und nun ist er nicht mehr das Taurische, sondern das „Urizki-Palais".
Ich muss mich extrem beherrschen, um nicht zur Judenfeindin zu werden. Es sind so viele Juden, dass man sie natürlich als die Diktatoren sieht. Das ist sehr verführerisch.
Ein weiteres Gerücht, dass auch diese unglückliche, verrückte Zarin Alexandra Fjodorowna mit ihrem Jungen erschossen worden ist. Dazu die Töchter. Das hält man natürlich geheim.
Ich weiß nicht, wohin wir noch gehen können. Die deutschen Truppen in der Ukraine sind sehr unzuverlässig. (Und ob!) Am sichersten ist es im Moment in Finnland. <u>Ich weiß, weggehen bedeutet, nicht einmal zu Emigranten, sondern zu Flüchtlingen zu werden</u>. Ohne Geld (das ist nicht erlaubt), ohne Kleidung (die wird nicht durchgelassen), ohne meine Manuskripte und Arbeiten, nackt und bloß, unsere äußerst wertvolle Bibliothek und vor allem unser Archiv der Zerstörung überlassend, einfach ins Blaue zu fahren, ohne zu wissen, wann und ob man zurückkehren kann – das ist das Schicksal russischer Schriftsteller, die fast berühmt

sind (wie Dmitri), eine gewisse Bekanntheit genießen (wie ich und
später Dima), die dreißig Jahre Arbeit hinter sich und Bände ihrer
Werke veröffentlicht haben. Aber leben können wir hier nicht
mehr: Die Seele geht dabei zugrunde.

25. Oktober, Donnerstag

Gestern Abend herrschte die merkwürdige Atmosphäre eines
Alarmzustandes. Als ob etwas passieren wird. Man ließ uns wissen, dass das deutsche Konsulat abreist (oder es bereits getan hat).
Dass ihm auch die Neutralen folgen. Der sowjetische Vertreter
Joffe und weitere Bolschewiken sind aus Berlin ausgewiesen und
haben die Stadt binnen 24 Stunden zu verlassen.
In der ganzen Stadt hieß es nur: Die Deutschen kommen! Die
Bolschewiken trieb es um, sie fürchteten um ihren Jahrestag. Die
Verhaftungen nahmen zu. Die Gefängnisse wurden hermetisch
abgeriegelt … Und allen schien es unwahrscheinlich, dass die ausländischen Mächte ihre Bürger den Bolschewiken schutzlos überlassen.
Heute Morgen zeigte sich jedoch, dass sie das tun, und alles bleibt,
wie es ist. Ungeachtet des Nebels und des schwarzen Regens finden die „Feierlichkeiten" statt. Wieder …

… sind die abscheulichen Straßen glatt …

Sie sind doppelt abscheulich, denn zum heutigen Tag hat man sie
umbenannt! Jetzt haben wir eine „Nachamkinson"-Straße, eine
„Sluzki"-Straße und weitere, die die Namen unbekannter bolschewistischer Juden tragen.
Am Zaun des Taurischen (Urizki-!) Gartens hängen lange rote
Baumwolllappen und ein riesiges Porträt des zotteligen Marx mit
der Losung „Wer arbeitet, soll auch essen" (die anderen offenbar
nicht). Das Ritual der „Feiertage" werde ich nicht beschreiben. Sie
dauern bis morgen. Die Straßenbahnen fahren nicht. Zum Glück
sind auf der Sergijewskaja keine Demonstrationen vorgesehen,
gedudelt wird nur von der Seite.
Hierher haben sie den „Kongress der Armut" einberufen. „Tausende" kamen angefahren und wurden in den besten Hotels

untergebracht, die „mit tropischen Pflanzen" geschmückt sind. Man setzt ihnen „Konfekt mit Schekolade" (Zitat aus bolschewistischen Zeitungen) vor. Aber sie zweifeln selbst, ob es sich nicht um „verkleidete Kulaken" handelt. Die Kulaken (oder „Armen") haben ihre eigenen Lebensmittel mitgebracht, die sie geldgierig zu Wucherpreisen auf der Straße verkaufen.
Wir sind so von der Welt abgeschnitten wie noch nie. Die Lage ist seltsam, beispiellos. Das Glas ist fest verschlossen. Was geht in Europa vor?

28. Oktober, Sonntag
Diese Tage waren erträglich außer den „Feierlichkeiten" und dumpfen, wilden Gerüchten. (Nicht einmal in den Zeitungen der Bolschewiken findet man etwas!)
Heute Abend wurden die Gerüchte ganz schlimm: In Deutschland soll eine Revolution ausgebrochen sein, auch noch eine bolschewistische, die von Liebknecht (dem deutschen Lenin). In Moskau soll über dem deutschen Konsulat bereits die rote Fahne wehen, und Wilhelm ist tot. Der ausgewiesene Joffe kehrt nach Berlin zurück. Wenn sich das alles so oder so ähnlich verhält, mit wem werden die Alliierten dann Frieden schließen? Mit Liebknecht? So wie Wilhelm mit Trotzki Frieden geschlossen hat?
Eine Tatsache, kein Gerücht: Das hiesige deutsche Konsulat ist nicht abgefahren. Man hat es nicht weggelassen, man hat es verhaftet.
Gestern ist Sergej Andrejewski gestorben. Mein langjähriger Freund. Einst berühmter Anwalt, ein sanfter Dichter, ein bezaubernder, sensibler Mensch. Der alte Mann ist einsam an Hunger gestorben, in solcher Armut, dass (buchstäblich) kein Geld für seine Beerdigung vorhanden ist. Da liegt er nun, unbestattet, in seiner Wohnung.
Wir alle verhungern langsam, viele sind aufgedunsen und nicht wiederzuerkennen. Es ist wie eine Hungersnot in Indien.
Aber das trifft nicht nur uns, die Intelligenzija, in derselben Lage sind auch die Arbeiter, denn für 450 Rubel im Monat kann man keine Familie ernähren, wenn ein Stück Fleisch (sollte man es bekommen) 200 Rubel kostet.

Da ich das schreibe, weiß ich, dass man mir später nicht glauben wird. Aber ich versichere auf Ehrenwort – wir sind am Verhungern.
Alle sterben (außer den Kommissaren, ihren Gesinnungsgenossen und den Betrügern). Die einen schneller, die anderen langsamer.

29. Oktober, Montag
Unter Jubel und Geschrei wurde auch aus unserem leeren (verhafteten) deutschen Konsulat die rote Fahne herausgehängt. Man verkündete den vollen Triumph der bolschewistischen Revolution in Deutschland. Man feierte den Sieg von Liebknecht-Lenin.
Wieder frage ich mich: Mit wem, mit welcher Regierung werden die Alliierten (offenbar schon heute) den Waffenstillstand unterschreiben? Wenn alles zutrifft, dann schickt wohl der deutsche Lenin ihnen seinen Trotzki? Es wird einen Brester Frieden geben. Die Alliierten erkennen Liebknecht an wie Deutschland Lenin anerkannt hat? Und erkennen mit Liebknecht zugleich auch Lenin an? Denn die beiden liegen sich doch schon seit langem in den Armen.
„Am Pfahl ist Urin, soll man das nicht gleich sagen?"
Blutiger Urin.
Nein, die „Rolle der Persönlichkeit in der Geschichte" ist ausgespielt. Alles vollzieht sich spontan, wir können nichts tun und verstehen nichts.
Aber wann ist Liebknecht zur Macht gekommen?

31. Oktober, Mittwoch
Es stellt sich heraus, Liebknecht ist noch nicht zur Macht gekommen. Er will es erst. Ich werde hier nicht die kläglichen Bruchstücke von Nachrichten festhalten, die wir über Europa haben, nur die Hauptsache: Der Waffenstillstand wurde mit der dritten deutschen Regierung unterzeichnet, der von Scheidemann (keiner bürgerlichen, aber auch keiner bolschewistischen, mit einer Regierung von „Sozial-Verrätern", wie unsere Herrscher die Scheidemann-Leute nennen.) Die Bedingungen des Waffenstillstandes sind so drückend, dass einem angst und bange werden kann: Haben sich die Alliierten nicht übernommen wie zuvor Deutschland?

Denn in Deutschland ist eindeutig Revolution (Wilhelm hat sich nach Holland abgesetzt). Überall sind „Deputiertenräte" gebildet worden. Zwar scheint mir, dass sie nicht ganz so sind wie bei uns, aber trotzdem …
Unsere sind in heller Aufregung. Sie drängen sich Deutschland auf, geben Ratschläge, breiten die Arme aus, hängen am Funkgerät … Joffe ist irgendwo unterwegs steckengeblieben. Unsere zerreißen sich, damit der örtliche deutsche „Deputiertenrat" ihn so schnell wie möglich zurück nach Berlin lässt. Die Ankunft des ausgewiesenen Botschafters – wäre das nicht ein Zeichen der völligen Eintracht des „Roten Russlands" mit dem „Roten Deutschland"?
Die Regierung Scheidemann, die vor den Alliierten auf den Knien liegt, scheint nicht hinter sich zu blicken (oder kann sie es nicht?). Wahrscheinlich kommt sie nicht dazu, sich um ihre inneren Angelegenheiten zu kümmern.
Der Krieg ist aus, so viel ist klar. Aber die Zukunft hält alle Unmöglichkeiten bereit …
Unsere führen sich auf, als zerfielen schon morgen die englischen und französischen Truppen, als gäbe es übermorgen bereits die Internationale. Sie drängen darauf, in Europa zu agieren, versprechen den Deutschen Getreide (woher?) und „bewaffnetes Proletariat" (? großer Gott!). Alle stehen für Liebknecht bereit. Bislang wiederholt Scheidemann Kerenskis Fehler und schaltet die „Spartakusleute" (die Liebknecht-Anhänger) nicht aus. Oh, wir haben unsere Erfahrungen! All das haben wir schon erlebt! Und wenn es sich dort nicht wiederholt (wenn!), dann nur deshalb, weil es zwischen Deutschen und Russen einen im Moment noch nicht definierbaren Unterschied gibt und Scheidemann trotz allem nicht Kerenski ist.
Aber das Bild ist insgesamt ähnlich …
Wir werden es nicht erraten. Der Irrsinn der Menschen hat solche Ausmaße angenommen, dass Worte vergessen werden und lächerlich sind wie das Piepen der Vögel.

13. November, Dienstag

Ich schreibe, um festzuhalten: Wir sind wirklich und wahrhaftig *fast nicht mehr am Leben.*

Alle, in denen eine Seele lebte – und das ohne Unterschied von Klasse und Stellung –, gehen umher wie lebende Leichname. Wir empören uns nicht, wir leiden nicht mit anderen, wir entrüsten uns nicht und erwarten nichts. Wir haben uns an nichts gewöhnt, wundern uns aber auch über nichts mehr. Wir wissen, dass uns niemals verstehen wird, wer sich nicht selbst in unserem Kreise befand. Wenn wir uns begegnen, blicken wir uns aus müden Augen an und reden wenig. Seele (und Körper) sind bei einem Grad des Hungers angekommen, da man sich nicht mehr heftig quält, sondern nur noch schläfrig ist.

Es ist umgeschlagen, es ist gekippt. Ist es nicht gleich, wodurch wir so geworden sind? Dadurch, dass die Seele ausgelitten hat, ausgedörrt ist, dass der Körper ausgetrocknet ist, dass der Organismus keinen Phosphor mehr hat, dass das Hirn blutleer ist und die hervorstehenden Knochen spröde geworden sind.

Es war das eine und das andere – alles zusammen.

Was soll uns der allgemeine Frieden? In unserem Kreis ist Krieg. Was sollen wir denken, da wir außer völlig verschwommenen Gerüchten nichts wissen, in diesem Kreis eingeschlossen sind – zusammen mit den Bolschewiken? Die wissen doch auch nichts. Ihre dürftigen, schmutzigen Zeitungen bringen dieselben Gerüchte, nur tendenziös zusammengestellt. Alle ihre „Botschaften", die in der Schweiz und die berühmte, von Joffe geführte in Deutschland, sind heil und gesund nach Moskau zurückgekehrt. Scheidemann hält sich bislang, Liebknecht ist nicht zur Macht gekommen. Der Waffenstillstand ist geschlossen, seine drückenden Bedingungen werden von den Deutschen offenbar bereits erfüllt.

Zwar haben die Alliierten absichtlich nicht den Abzug der deutschen Truppen aus Russland gefordert, aber die Deutschen strömen unaufhaltsam zurück (nach Hause!) und entblößen die besetzten Gegenden. Dort dringen sofort brüllend die Banden der Bolschewiken vor. Plünderung und „allsowjetische" Zerstörung setzen ein.

Was in der Ukraine vorgeht, weiß niemand. Offenbar heftige

Kämpfe, und angeblich soll Petljura wieder hervorgekrochen sein. Kurzzeitig hieß es, die Alliierten hätten die Übergabe von St. Petersburg gefordert, die Bolschewiken hätten sich gespalten, Lenin sei dafür und Sinowjew dagegen gewesen. Aber das trifft wohl kaum zu, denn hinter einem Ultimatum steht Stärke, aber die Alliierten wünschen oder können offenbar nicht gegen Petersburg ziehen.
Ach, Krieg, Krieg! Du bringst alle um den Verstand – Sieger und Besiegte gleichermaßen. Kommt jetzt auch den alliierten Siegern der Verstand abhanden? Darauf wartet unser unverschämtes, betrügerisches und geistloses Gesindel doch nur.
Die jetzigen Selbstherrscher, die „Kreisräte" pfeifen auf alle (das sagen sie direkt), besonders auf diesen Lackaffen Lunatscharski. Nachmittags um drei haben sie den Musiker Silotti aus seiner Wohnung geworfen (wieder hat ihn das Unglück ereilt!). Er durfte nur mitnehmen, was er am Leibe trug, alles andere haben sie für sich behalten und sind selbst eingezogen. Die Familie sucht ein Zimmer. Selbst wenn man heute Geld hat, kann man keine Wohnung „mieten". Wo eine frei wird, dort weist man „Armut" unbekannter Herkunft ein.
Jeden Tag Dekrete. Im Dezember wurde eine Kriegskontribution in Milliardenhöhe verkündet. Aber was werden sie wohl tun, wenn sie bei dem „pflichtigen Bourgeois" nur ein Stück in Rizinusöl gebratenes Pferdefleisch vorfinden? Die Möbel beschlagnahmen? Die gehören ihnen laut Dekret doch sowieso längst … Eine schwierige Situation …
Schmiergeld wird (wo vorhanden) schon fast offiziell genommen. Und Betrügereien (auch intelligente) blühen – je nach Geschick.

O je, es traf doch zu! Ich habe dieses unglückselige, schändliche „Ultimatum" später gesehen (und besitze es noch). Was war das für ein Schwachsinn? In hölzerner Sprache abgefasst die träge Bitte: „Geruht zu verschwinden, weil ihr solcher Dreck seid. Ginge es vielleicht am 3. Dezember gegen 6 Uhr. In Ordnung? Sonst machen wir mit euch…" Was, ist nicht bekannt. Unterschrieben von verschiedenen Ministern und aus irgendeinem Grund von „Sergej Sasonow, Konstantin Nabokow und Alexander Iswolski" [bekannte Diplomaten der Zarenzeit und der Provisorischen Regierung]. Die Bolschewiken haben darüber zu Recht nur gelacht. Wozu diese Schmach?

Gorki scheint inzwischen alle Antiquitäten aufgekauft zu haben. Ihn zieht es zu exotischeren Genüssen: Er sammelt jetzt erotische Bildbände. Aber auch dort greift er daneben: Jemand hat mir mit naivem Ärger gesagt: Für einen Band, der allerhöchstens 200 Rubel kostet, hat Gorki einen Tausender hingelegt! Wjatscheslaw Iwanow (so berichtet Kartaschow) wollte schon vor Hunger zu den Bolschewiken überlaufen, aber vergebens, er hat nichts erreicht und ist auch am Verhungern.

Der Direktor der Tenischew-Schule lebt ohne Personal, seine Frau (ein Schatten ihrer selbst!) hackt Holz. Sie ernähren sich von Pferdefleisch und Heringen. Er ist halb tot, sieht schrecklich aus …
Was soll ich sonst noch schreiben? Ich weiß es wirklich nicht.

25. November, Sonntag

Wir leben noch. Jeden Tag wundern wir uns gleichmütig darüber. In Deutschland ist immer noch Scheidemann am Ruder. Jeden Tag versichern unsere Herrscher, dass morgen Liebknecht zur Macht kommt.

Die drakonischen Bedingungen des Waffenstillstandes werden von Deutschland erfüllt. Die Flotte ist entwaffnet und interniert. Ein englisches Geschwader war in Kiel und Kopenhagen. Es ist durchgesickert, dass englische Schiffe auch im Baltikum aufgetaucht sind. Der nicht unterzukriegende Silotti (er lebt jetzt getrennt von seiner Familie bei vier Grad) hat sofort freudig angerufen: „Unsere Lieben sind schon in Libawa!"

Die Bolschewiken kommen ins Grübeln. Eigentlich wollten sie alle Granaten, Geschütze und Lebensmittel aus St. Petersburg evakuieren. Das hat aber nicht geklappt. Jetzt schielen sie ständig mit einem Auge, ob die Alliierten nicht doch kommen und das „rote Piter" erobern. *Wenn* sie kommen, dann nehmen sie es sofort ein (daran haben nicht einmal die Bolschewiken Zweifel). Denn die nackte, „glänzende" Rote Armee fürchtet zwar keine leeren Städte und auch nicht unsere jämmerlichen Weißgardisten, aber vor dem ersten *Soldaten* erschrickt sie zu Tode. Als bei Narva eine ihrer eigenen Granaten hochging, sind von 2000 Mann 1600 sofort davongelaufen. Aber die armen Engländer scheinen auch das wieder einmal nicht zu begreifen.

Der Flecktyphus geht um. In den Krankenhäusern werden die Betten nacheinander belegt, Männer und Frauen bunt durcheinander. Wir haben keinen strengen Frost, aber ein Holzscheit kostet 5–10 Rubel, daher müssen wir zu Hause im Mantel oder gar im Pelz herumsitzen.

Den Moskauern, so heißt es, soll es noch schlechter gehen als uns. Dort herrscht unerträgliche Kälte – in den Zimmern drei bis vier Grad, und der Hunger … hat ungeheure Ausmaße angenommen, denn alles wird für die „Regierung" requiriert. Um Moskau herum kommt es zu Revolten: Die Bauern wollen sich nicht an der Mobilmachung beteiligen.

In Pjatigorsk hat man General Ruski als „Geisel" erschossen und vom Berg Maschuk hinabgestürzt. Denselben, der uns in Kislowodsk besucht hat. Ein kranker, harmloser Schwätzer mit Stöckchen, schon ein wenig wirr im Kopf, stets begleitet von Frau und Tochter. Die jungen Offiziere behandelten ihn liebevoll und wohlwollend. Er knurrte sie väterlich an, küsste sich mit ihnen, riss sich immer wieder zusammen und litt ständig an Lungenentzündung.

Jetzt hat er Ruhe gefunden.

2. Dezember, Sonntag

Wenn ich mein Tagebuch vom vergangenen Jahr lese, dann schäme ich mich. Aber das ist sehr lehrreich. Man sieht, was für ein Kinderspiel es damals war, dass Jammern wenig tapfer und nutzlos ist. Das tue ich auch nicht, aber einige Parallelen will ich doch ziehen.

Im vergangenen Jahr hatten wir Butter, Milch, und manches gab es noch (zum Beispiel Geschäfte, kleine Läden usw.). Jetzt kostet schwarzes Mehl 800 Rubel, ein Ei 5–6 Rubel, Tee 100 Rubel (wenn man überhaupt *zufällig* etwas bekommt).

Im vergangenen Jahr konnte ich meine Gedichte noch auf der Bühne vortragen (großer Gott, es gab sogar eine Presse!). Vor einigen Tagen hat Professor Valentin Speranski mit allen Genehmi-

Im April 1919 ist ein Pfund Tee nicht einmal mehr für 400 Rubel zu haben [handschriftliche Ergänzung der Autorin]

gungen einen Gedenkabend für Dostojewski veranstalten wollen. Das Publikum war kaum zu überblicken (Dmitri nahm teil, und er zieht Leute), aber im letzten Augenblick tauchte der „Kultur- und Bildungs-Sowdep" auf und vertrieb die Menschen. Die Veranstaltung durfte nicht stattfinden. Am Tag zuvor hatten sie Alexander Amfiteatrow vertrieben. Er wurde mit dem Gewehr bedroht.
So ist unser körperlicher und seelischer Zustand.
Im vergangenen Jahr konnten wir noch an irgendeine „Grenze" denken! Die gibt es jetzt offenbar nicht mehr. Wir essen noch kein Leder (ich habe viele Handschuhe). Und immerhin sitze ich jetzt hier am Tisch und schreibe … Aber nein, ich schreibe nicht mehr regelmäßig, nur noch ab und zu …
Im vergangenen Jahr haben wir uns über die Ermordung Schingarjows und Kokoschkins empört, haben versichert, dass man das nicht dulden darf, und die Bolschewiken selbst haben sich halb entschuldigt, es „verurteilt" … Aber jetzt – muss man, kann man *diese* Parallele überhaupt hervorheben? Davon schreit doch jede Seite meines Tagebuches aus den letzten Monaten.
Schließlich die wichtigste Entdeckung, die ich gemacht habe: MIT JEGLICHER REVOLUTION IST ES LÄNGST VORBEI. Wann genau das passiert ist, weiß ich nicht. Aber es liegt schon länger zurück. Unser „Heute" ist in keiner Hinsicht eine Revolution. Nicht nur das, es ist ein ganz gewöhnlicher FRIEDHOF. Nur kein würdiger, sondern einer, wo die Leichen nur oberflächlich verscharrt werden und vor aller Augen, wenn auch in aller Stille, verwesen. Es ist nicht einmal mehr ein Spinnenglas, sondern ein Grab, ein Grab!
Auf den Straßen herrscht Grabesstille. Man schießt nicht mehr (es ist keiner mehr da), man reißt den Leuten keine Pelzmäntel mehr herunter (es sind keine mehr übrig). Selbst die Bolschewiken kommen mir vor wie erstarrt. In der Stadt gibt es keine Pferde mehr (sie sind alle aufgegessen), die Automobile, sämtlich von den Bolschewiken mit Beschlag belegt, sind kaputt und sehr selten. Hier und dort trotten zerlumpte Fußgänger über den Schnee, vorbei an zerstörten Geschäften mit heruntergerissenen Aushängeschildern.
Doch verhaftete Intellektuelle (81 Personen) wurden rasch zu

„Zwangsarbeiten" nach Wologda geschafft, darunter solche „Verbrecher" wie z. B. Alexander Isgojew, ein Journalist von der *Retsch*. Es ging alles sehr schnell, sie durften sich nicht einmal warme Kleidung holen. Bei der Verabschiedung versetzte ein Rotarmist Isgojews Frau einen Schlag mit dem Gewehrkolben, so dass sie unter den Waggon fiel. Gestern sah ich sie mit mehreren Verbänden in der Journalistenkantine arbeiten.

Das soll eine „Revolution" sein?

Gestern bin ich mit einem brennenden Schamgefühl aufgewacht. War es nicht eine Schande, dass wir noch vor kurzem so herumlagen und auf die Engländer *warteten?* Kommen Sie, Gentleman, nehmen Sie mich!

Aber die dachten gar nicht daran. So wie auch die Deutschen „nicht kamen" (was ich vorher wusste). Aber danach taten es die Alliierten ihnen gleich. Von denen hatte ich manchmal gedacht, dass sie kommen könnten, nicht unseretwegen, sondern ihrer selbst wegen. Wer konnte auch voraussehen, dass sie sofort mit der *deutschen* Blindheit geschlagen werden.

Aber jetzt sage ich: Sollen sie doch! Sollen doch die Bolschewiken an der Macht bleiben, zum Teufel noch mal! Soll doch die Geschichte ihren Lauf nehmen, wie es ihr vorbestimmt ist. Aber „es gibt noch eine Wahrheit auf der Welt". Bei der Vergeltung für Deutschland konnte man förmlich zusehen. Ein Bild, wie es schärfer nicht sein kann. Und jetzt ist der Nächste an der Reihe, der sich übernimmt …

Das Reich Liebknechts ist noch nicht gekommen. Unsere „sowjetische" Delegation wurde nicht nach Berlin gelassen.

Wir wissen nach wie vor nichts. Ein FRIEDHOF.

15. Dezember, Sonnabend

Ein Friedhof. Ich halte nur die Steigerungsstufen des Hungers fest. Nein, noch ist die Lage nicht so schlimm, dass sie nicht noch dauern könnte. Bisher haben wir uns noch immer irgendwie ernährt und dabei sogar die Staatsmacht übers Ohr gehauen. Die wiederum mästete die Rotarmisten. Gegenwärtig haben die Kommissare für sich selbst immer noch viel, aber offenbar nichts mehr für andere.

Heute wurde anstelle von Brot ein halbes Pfund Hafer ausgegeben.
Den Schiebern am Bahnhof haben die Rotarmisten alles abgenommen und für sich behalten.
An der Sadowaja ein Anschlag: „Hundefleisch, zwei Rubel 50 Kopeken das Pfund." Davor eine lange Schlange. Eine Maus kostet 20 Rubel.
Niemand denkt mehr an die „Engländer als rettende Engel". Wie sie wohl über uns denken? Sie halten uns sicher für einfach, für sehr primitiv. Etwa wie Indien. Na und? In Indien wird häufig vor Hunger gestorben, und niemand findet etwas dabei.
Viele verfallen dem Wahnsinn. Vielleicht sind wir alle schon verrückt? Diese Stille in der Stadt, diese Stille, die in den Ohren klingt!

29. Dezember, Sonnabend
Wir sind noch am Leben, aber gerade so. Wir sind alle krank.
Wieder wollen wir unbedingt weg, und sei es nur nach Finnland.
Die Blockade ist vollkommen. An eine Befreiung nicht zu denken.
Statt Brot – ein Viertel Pfund Hafer. Ein Stück Kalbfleisch beim Plünderer kostet 600 Rubel. Ein Schinken 1000. Gepanschte Milch zehn Rubel die Flasche, ein bis zwei Mal im Monat. Es gibt keine Medikamente, nicht einmal Jod. Das schwärzeste Mehl, mit Stöckchen, 27 Rubel das Pfund. Fast alle ernähren sich jetzt in Garküchen, essen Hering, verdorbenes Pferdefleisch und sind aufgedunsen. Liebknecht (die Spartakusleute oder Bolschewiken) hat noch nicht den Thron bestiegen, aber heute wurde bekannt, dass in Berlin ein erbitterter Aufstand tobt. Da er so „erbittert" ist, es sich also um einen echten „Kampf" handelt, wird wahrscheinlicher, dass es Liebknecht nicht gelingt, die begehrte Macht zu erobern.
Auf jeden Fall – merci bien, Marianne, many thanks, Mr. Wilson! Wir wünschen Ihnen alles Beste, aber achten Sie auf Ihre Gesundheit!
Heute habe ich Anna Wyrubowa gesehen. Eine echte russische „Schönheit" mit großen Schlafzimmeraugen, füllig (dass Rasputin sie nicht gekniffen hätte, glaube ich nie im Leben!), ein *Weib* bis in die Haarspitzen, dazu offenbar dümmlich, starrköpfig und mit allen Wassern gewaschen. Eine typische russische Psychopathin

bei einem „Greis". Sie erzählte bereitwillig, dass im Gefängnis sechs Soldaten nacheinander zu ihr kamen, um sie zu vergewaltigen, dass sie „nur Gott gerettet hat!".

Schwierige Themen vermieden wir. Sie scheint nicht zu glauben, dass die Zarenfamilie tot ist, und meint, dass alles wieder wird, wie es einmal war.

1919

5. Januar, Sonnabend

Der erste Jahrestag der eintägigen Konstituierenden Versammlung. Ich hätte ihn beinahe vergessen … Zu feiern gibt es nichts. Wir erinnern uns doch kaum noch daran.

In Berlin haben die Scheidemann-Anhänger die Spartakusleute (Bolschewiken) nach einem grausamen Gemetzel besiegt. Liebknecht ist also nicht zur Macht gelangt, ja, er wurde sogar getötet. Sie sollen ihn verhaftet und bei einem Fluchtversuch erschossen haben. Diese Teufelin Rosa Luxemburg haben sie ebenfalls umgebracht. Eine Menschenmenge soll sie zerfleischt haben. Schade, dass sie unseren Karl Radek nicht auch erwischt hat. Das wäre ein Abwasch gewesen!

Diesen Aufstand kann man wohl mit unserer Juli-Erhebung vergleichen. Zugleich gibt es einen klaren, eindeutigen Unterschied. Kerenski hat nach dem Juli nur ein paar kleine Bolschewiken verhaften lassen (offenbar bis zu dem Lackaffen Lunatscharski). Lenin und Sinowjew haben sich ganz offen zuerst in Kronstadt und dann auf der Petrograder Seite „versteckt", wo buchstäblich jeder ihre Adresse kannte. Lenin rief täglich unter seinem Namen in seiner Zeitung (die nicht verboten war!) zum Umsturz auf, den er sogar mit Datum voraussagte. Trotzki blieb an Ort und Stelle und arbeitete vor aller Augen im Rat weiter. Er blühte förmlich auf, und als ihnen ein wahnsinniges „Glück" (Kornilow) in den Schoß fiel, war die Sache perfekt, und die „Inthronisierung" der Bolschewiken wurde zwei Monate früher vollzogen, als offiziell angekündigt. Denn Trotzki war damals schon Vorsitzender des Rates, schon damals liefen bei allen seinen „Sitzungen", in der „demokratischen", im „Vorparlament" usw. organisierte Skandale ab. Den deutschen Bolschewiken dagegen ist bereits ihr „Juli" schlecht bekommen. Was für ein „Oktober" den Deutschen auch drohen mag, eines ist für mich klar: Berlin wird keine *passive* Selbstaufgabe erleben wie Petersburg. Ich glaube meinen Augen nicht, wenn ich meine Notizen jener Tage lese. Petersburg fiel den Bolschewiken ganz von selbst, still und leise wie eine reife Frucht in den Schoß. Tatsächlich ganz von selbst, still und leise! Von *Kampf* keine Spur. Es gab ein paar kurze Krämpfe, in Moskau waren sie etwas stärker, aber keinen Kampf, nur *Krämpfe*.

Wir, die Intelligenzija, sind ein ewiges Israel, noch dazu ein törichtes. Ständig laufen wir vor einer Regierung davon, sei es nun die des Zaren oder der Kommunisten. Mit uns rechnet man nirgendwo. Wir sind eine quantité negligeable. Und wir haben glänzend bewiesen, dass wir dieses Schicksals *durchaus würdig sind*.

Unsere Regierung „haben wir gehabt": eine provisorische. Und war sie nicht von Kopf bis Fuß eine quantité negligeable? Von Miljukow über Kerenski bis zu den bedeutungslosen Libergotz – waren sie nicht allesamt dumm und zu vernachlässigen? Etwa nicht? Und ich mit meinen hochparteilichen Betrachtungen und Ansprüchen an das Bewusstsein bin genauso eine kurzsichtige dumme Gans wie alle anderen.

Ein schwacher Wille hat uns zu Nikolaus' würdigen Untertanen gemacht. Auch jetzt sind wir der Herrschaft der Rohlinge würdig, die uns mit bloßen Händen besiegt haben.

Wir haben uns über nichts und niemand zu beklagen. Wir sind ein kraftloses, hirnloses Nichts. Und das Volk ist noch ein Tier, mit tierischem (unschuldigem) Hintersinn, mit Urinstinkten … Vielleicht mit ganz eigenen Einfällen. Un point – c'est tout.

Zu dieser Schlussfolgerung hat mich ein Rückblick auf die jüngste Vergangenheit gebracht. Sie schreit förmlich vor Dummheit und ultimativer Willenlosigkeit.

Und keine Persönlichkeit weit und breit! Keine einzige! (Vielleicht außer Boris Sawinkow, aber wo ist er?) Keine einzige! Denn wenn ich mein eigenes Tagebuch lese und nach ein paar Seiten auf denselben Namen stoße, scheint mir, ich hätte mich geirrt: Der Name ist der gleiche, aber der Mensch ist ein anderer. „Das Individuum" ähnelt sich selbst nicht mehr … Welchem „Selbst"? Wo ist es geblieben? Es existiert nicht. Den einen Gorki scheint es zum Beispiel gar nicht zu geben, so viele Gorkis tauchen auf. Jeder Spitzbube verändert seinen Charakter. Wo ist der wahre Kerenski? Oder Kartaschow? Von den Literaten will ich gar nicht reden …

Gilt das für jeden? Für jeden, jeder ist wie ein Medusenhaupt!

Vom Demos spreche ich nicht. Das ist zu Recht gesichtslos (was wir allerdings nicht geahnt haben). Zum Beispiel der von mir hier

öfters erwähnte „Held", der Matrose Wanja Pugatschow. Im März ein „Anführer der Revolution", dessen Überlegungen ich rührend fand, im April und Juli ein Unterdrücker von Aufständen, scharfsinnig und listenreich, damals unserer Küche treu (die er gern aufsuchte, um dort zu prahlen). Jetzt ist er ein Marodeur der geschicktesten Sorte. Er ist durch ganz Russland und die Ukraine gezogen, sogar schon in Österreich gewesen und überall unter jenen, die gewinnen, alles hinkriegen, mit allen Wassern gewaschen sind, spekulieren, die einen den anderen verkaufen und dann wieder umgekehrt. Er redet ohne Ende nach seiner eigenen Logik, küsst mir die Hand (als einer „Dame"), schreitet im teuersten Pelz einher, bewohnt 25 Zimmer, reitet ein eigenes Pferd (wenn er nicht gerade auf Reisen ist) und schwört dabei, er sei kein „Bolschewik" und auch kein „Kommunist", was ich ihm sogar glaube. Wenn ich schon einmal bei der Vergangenheit bin: Da fällt mir meine Begegnung mit Alexander Block im September in der Straßenbahn wieder ein. Ich saß, als er einstieg. Es war nirgendwo Platz, so stand er etwa zehn Minuten, ohne es zu wollen, neben mir. Beim Einsteigen sagte er: „Ich grüße Sie." Beim Klang dieser Grabesstimme, die jetzt noch mehr aus dem Grab zu kommen schien, hob ich den Blick.
Da stand er nun, blass, gelb und gebrochen. „Geben Sie mir die Hand?"
„Persönlich, ja. Aber nur persönlich. Sie wissen, dass die Brücken zwischen uns abgebrochen sind …"
Es endete damit, dass die ganze Straßenbahn unserem Dialog zu lauschen begann. Wir bekannten uns gegenseitig unsere Liebe, aber ich hob sofort hervor, dass ich „niemals verzeihen werde". Alle glaubten offenbar, hier sei sich ein altes Liebespaar begegnet. Es war bedrückend. Schließlich stand ich auf, um zu gehen. Er sagte: „Danke, dass Sie mir die Hand gegeben haben …" und küsste diese Hand, die ich ihm hinhielt: „Nur persönlich, vergessen Sie das nicht!"
Ja, er war noch tauber, vertrockneter und düsterer geworden. Ungeheuer deprimiert, „ganz im Unrecht" und nun auch im Unglück!
Zu den Oktoberfeierlichkeiten wurden Transparente mit der

Fresse eines Rohlings und entsprechend groben Worten darunter mitgeführt, die frech und jüdisch hingeschmiert waren:

> Allen Bourgeois zum Ärger
> Schüren wir den Weltenbrand!

Das waren seine Worte! Die des zärtlichen Block!!
Genug. Ich schweige bereits über die Gegenwart. Wozu die Vergangenheit aufrühren?
Hat es sie je gegeben? Wenn ich keine Zukunft sehe und keine Gegenwart, darf es mir dann nicht erlaubt sein, auch an der Vergangenheit zu zweifeln?
Wir sind ins „Nichts" geraten. Mögen wir, Russland, das russische Volk selbst daran schuld sein. Ich bin bereit, jede Schuld, unser Nichts, unseren Leichenzustand sofort anzuerkennen. Aber Europa lebt doch noch! Und wir sind trotz allem ein Teil seines Körpers, und sei es auch der geringste. Wer hat Europa so blind und dumm gemacht, dass es nicht begreift, wie gefährlich für *seine Existenz* unsere Verwesung ist? Wer hat ihm die Vernunft geraubt? Wenn es Gott war, wofür straft ER es so sehr?

12. Januar, Sonnabend

Wilsons Erklärung, bei der die Bolschewiken gejauchzt haben und jetzt die Nase hoch tragen. Natürlich begreifen sie nicht ganz, woher und in welche psychologischen Erwägungen eingehüllt diese Wilsonsche „Schekolade" von Versicherungen und Zusicherungen ist, dieser Ruf an die „russischen Regierungen, auf die Prinzeninseln" zu kommen (eine Art „Vorab-Maßnahme"). Trotzdem sind sie froh: Das ist für sie eine klare „Atempause", und sie können jetzt noch lauter schreien, dass „die Entente Angst hat!".
Wir verstehen gleich gar nicht, welche Gedanken Wilson im Zusammenhang mit diesen Inseln bewegen und worauf er hofft, wovon Seine Naivität träumt. Wir verstehen nur eins: Es spielt den Bolschewiken in die Hände, gleichgültig, ob sie dorthin fahren oder sich sperren.
Bedingungen? Bedingungen kann man umgehen oder annehmen. Lenin hat bei dem Geschäft mit Deutschland unablässig die

Annahme der deutschen Bedingungen gefordert: „Lasst uns zustimmen! Wir erfüllen sie doch sowieso nicht!" Gesagt, getan: Nach Annahme der beiden Hauptbedingungen Deutschlands – Entwaffnung der gesamten Armee und keinerlei Propaganda im Ausland – erweckte er sofort die Rote Armee zu neuem Leben und entfaltete vor allem in Deutschland seine Propaganda.
Die „Atempause" kommt ihnen sehr gelegen: Sie waren wegen Narva in Sorge, das ist doch so nah! Aber die Rote Armee hatte so einmütig das Weite gesucht (sie dachte, es wären die Engländer), dass die Bolschewiken selbst das Zittern bekamen. Doch es passierte nichts, und danach renkte es sich wieder ein. Sie verloren ein Stückchen Meer, rückten dafür nach Süden vor und nahmen überall etwas mit.
Sie haben Glück, alles läuft zu ihren Gunsten. Nach dem Sieg der Alliierten über Deutschland rückten sie sofort in leere Städte ein. Als die Deutschen abzogen und Skoropadski im Stich ließen, trat der kraftlose Petljura auf den Plan. Sie zogen sofort in die Ukraine, rissen Tschernigow, Charkow und Poltawa an sich und marschieren jetzt auf das unglückselige Kiew zu.
Ihre Naivität! Mister Wilson! Sie wollen ein paar Juden mit falschem Namen nach dem „Willen des russischen Volkes" befragen. Fragen Sie nur, hören Sie ihnen zu. Aber ich fürchte, Sie werden keine ausreichende Information bekommen. Sie könnten viel mehr erfahren, würden Sie eine Woche bei uns in Petersburg leben, unseren Hafer essen, mit der Straßenbahn fahren und dann durch Russland reisen … Wenigstens bis Saratow und zurück. Natürlich nicht in einem „Minister-Waggon" zusammen mit „Kommissaren", sondern mit dem „Volk", mit allen, die *keine* Kommissare sind, das heißt, im „Vieh"-Wagen. Dort könnten Sie im direkten Kontakt den „Willen des russischen Volkes" erfahren. Oder auf jeden Fall und ganz bestimmt seinen *Unwillen*. Sie sähen alles mit eigenen Augen. Und hörten mit eigenen Ohren, dass es in Russland gegenwärtig mit wenigen Ausnahmen keinen einzigen zufriedenen und nicht unglücklichen Menschen gibt.
Ein solches Erlebnis des Mister Wilson wäre sehr nett, aber, ich bekenne, völlig nutzlos. Denn an tiefe, wohlwollende Gefühle Seiner Naivität glaube ich ohnehin nicht mehr. Aber es ist doch

schade, dass ich Wilson nicht einen sehr praktischen Rat geben kann, den er jetzt am meisten braucht, ihm und ganz Europa: Stellen Sie den Bolschewiken keine Bedingungen! Keine – denn sie *werden alle annehmen, und Sie werden glauben*, dass sie sie auch erfüllen.

Es gibt nur eine einzige „Bedingung", die man ihnen stellen kann und die als Bedingung sinnlos, als Befehl aber segensreich wäre. Sie lautet: „SCHERT EUCH ZUM TEUFEL."

Namensverzeichnis

Achmatowa, Anna (1889–1966), berühmte Dichterin der russischen Moderne, nach dem Oktober mit Publikationsverbot belegt. Ihre Werke kursierten im Samisdat, sie wurde zur Identifikationsfigur der Dissidentenbewegung.
Adshemow, Moisej (1878–1950), Arzt und Jurist, Duma-Abgeordneter, seit 1920 Mitglied des Komitees der Pariser Gruppe der Kadetten (Partei der Konstitutionellen Demokraten).
Aggejew, Konstantin (1868–1920 oder 1921), hoher geistlicher Würdenträger, Mitbegründer der „Religiös-philosophischen Gesellschaft". Als Konterrevolutionär erschossen.
Aksakow, Konstantin (1817–1860), Publizist, Historiker, Linguist und Lyriker, führender Ideologe der Slawophilenbewegung.
Albert, Thomas (1878–1932), französischer Politiker, Sozialreformer.
Alexandra Fjodorowna (vor dem Übertritt zum orthodoxen Glauben Alissa Viktoria Jelena Luisa Beatrice, geb. Prinzessin von Hessen-Darmstadt) (1872–1918), seit 1894 russische Kaiserin, Ehefrau von Nikolaus II.
Alexejew, Michail (1857–1918), im Ersten Weltkrieg Stabschef der Ost-West-Front, Kommandierender der Nord-Süd-Front, 1915 Stabschef des Hauptquartiers, von März–Mai 1917 Oberster Befehlshaber der russischen Truppen. Nach der Oktoberrevolution führte er die Freiwilligenarmee an.
Altgläubige Bischöfe: Innokenti (1870– ?), emigrierte nach der Revolution nach Rumänien, *Geronti* (1872–1951), blieb in der Sowjetunion, erlitt langjährige Lagerhaft. Er wurde 2007 von der russischen altgläubigen Kirche heiliggesprochen.
Amfiteatrow, Alexander (1862–1938), Schriftsteller und Kritiker, nach drei Verhaftungen gelang ihm die Flucht mit seiner Familie nach Finnland.
Andrejew, Leonid (1871–1919), expressionistischer Schriftsteller, trat unmittelbar zu Kriegsbeginn in der Presse mit patriotischen Artikeln hervor.
Andrejewa, Maria (1868–1953), Schauspielerin am Moskauer Künstlertheater, zweite Ehefrau Gorkis, 1931–1948 Direktorin des Moskauer „Hauses der Gelehrten".
Andrejewski, Sergej (1847–1918), Dichter, Kritiker, Jurist.
Andronikow Fürst – Wahrscheinlich Michail Michailowitsch Andronikow (1875–1919), der 1917 dem „Nationalen Zentrum" beitrat und später mit 67 anderen Aktiven erschossen wurde.
Argunow, Andrej (1866–1939), Mitglied des ZK der Partei der Sozialrevolutionäre, drei Mal verhaftet, seit 1919 in der Emigration.
Awksentjew, Nikolai (1878–1943), Sozialrevolutionär, 1917 Innenminister der Provisor. Regierung, Teilnehmer am Kampf gegen die Sowjetmacht

während des Bürgerkriegs, seit Ende 1918 in der Emigration.
Bakunin, Michail (1814–1876), Philosoph, Publizist, Ideologe des Anarchismus.
Baranowskaja, Jelena (1892–1960), Schwägerin Alexander Kerenskis, mit der er ein Kind hatte.
Basarow, Wladimir (1874–1939), Philosoph und Ökonom, Sozialdemokrat, Anhänger des Empiriokritizismus, übte großen Einfluss auf Gorki aus. Repressiert.
Basunow, L., Leitungsmitglied der Petrograder Stadtduma.
Batjuschkow, Fjodor (1857–1920), Literatur- und Theaterkritiker, Publizist, seit den 90er Jahren des 19. Jahrhunderts mit den Mereshkowskis bekannt.
Beklemischew, Wladimir (1861–1920), Bildhauer.
Belezki, Stepan (1873–1918), Direktor des Polizeidepartements.
Beljajew, Michail (1863–1918), General, seit Januar 1917 Kriegsminister, wurde während der Februarrevolution abgesetzt und später von den Bolschewiki erschossen.
Berdjajew, Nikolai (1874–1948), Religionsphilosoph, enger Freund der Mereshkowskis, Mitbegründer der „Religiös-philosophischen Versammlungen" und der „Religiös-philosophischen Gesellschaft", wurde 1922 ausgewiesen. Spielte als Ideologe der russischen Philosophie eine aktive Rolle im europäischen Geistesleben.
Block, Alexander (1880–1921), berühmtester Dichter des russischen Symbolismus, ursprünglich von Sinaida Hippius gefördert und mit ihr befreundet, sie brach mit ihm, als er sich in den Dienst der Bolschewiki stellte. Nach seinem Tod betrachtete sie ihn als Märtyrer.
Bogdanow, Alexander (eigtl.: Malinowski; 1873–1928), Arzt, Philosoph, Ökonom, Schriftsteller; Mitglied der Russischen Sozialdemokratischen Arbeiterpartei, gründete mit Gorki 1907 eine Parteischule in Capri, in der marxistisches und religiöses Gedankengut unter der Idee des „Gottbildnertums" zusammengeführt wurde, seit 1918 Ideologe des Proletkult (Proletarische Kultur), ab 1916 Organisator und Direktor des Instituts für Bluttransfusion.
Bogutscharski-Basilewski, (eigtl. Jakowlew), *Wassili* (1861–1915), Historiker, revolutionärer Demokrat, „legaler Marxist".
Bontsch-Brujewitsch, Wladimir (1873–1955), von 1917 bis 1920 Geschäftsführer des Rats der Volkskommissare, lebte von 1896–1905 in der Emigration.
Brassowa, Natalja (1880–1952), morganatische Frau des Großfürsten Michail, folgte ihm im Mai 1918 in die Verbannung nach Perm, konnte ins Ausland fliehen.
Breschko-Breschkowskaja, Jekaterina (1844–1934), Berufsrevolutionärin, war drei Mal inhaftiert, im Februar 1918 befreit, emigrierte 1919.

Brjussow, Valeri (1873–1924), führender Dichter und Theoretiker des russischen Symbolismus. Wurde nach der Revolution einflussreicher Kulturfunktionär unter den Bolschewiki.
Brussilow, Alexej (1853–1926), hoher Offizier der russischen Armee, ab 1916 Oberkommandierender der Hauptverwaltung der Nord-Süd-Front, führte im Juni 1917 einen erfolgreichen Angriff auf die Mittelmächte durch (Brussilow-Offensive), war von Mai bis Juli 1917 Oberkommandierender, diente ab 1920 in der Roten Armee.
Buchanan, George William (1854–1927), englischer Diplomat, 1910–1918 Botschafter Großbritanniens in Russland. In den Jahren des Ersten Weltkriegs stand er mit den Kadetten in Verbindung, unterstützte die Provisor. Regierung, war an antisowjetischen Aktivitäten beteiligt, wurde abberufen.
Bugajew, Boris, Künstlername: *Andrej Bely* (1880–1934), symbolistischer Dichter und Theoretiker, Freund und Schüler der Mereshkowskis.
Bulgakow, Sergej (1871–1944), Philosoph, Theologe, Publizist, Priester. 1922 aus Russland ausgewiesen. In Paris Mitbegründer des Orthodoxen Theologischen Instituts (von 1925 an dessen Rektor).
Bulgakow, Valentin (1886–1966), Sekretär Lew Tolstois (ab 1910), Bibliograph, Verfasser von Memoiren.
Bulotschnik – Gemeint sein könnte entweder: Bulotschnik, Maxim (1889–1974), diente in der Zarenarmee, war seit Februar 1917 Aktivist der Soldatenräte, später Funktionen in der Sowjetunion oder: Bulotschnik, Boris, Bänker und Kunstmäzen.
Bunakow-Fondaminski (Bunakow ist sein Parteiname), Ilja (1880–1942), Sozialrevolutionär, lebte 1907–1917 in der Emigration in Paris, war 1917 Kommissar der Provisor. Regierung, ab 1919 erneut in der Emigration. Kam in Auschwitz um.
Burchanow, Nikolai (1888–1938), Chefredakteur der bolschewistischen Zeitung *Prawda* (Die Wahrheit), radikaler Bolschewik, kämpfte gegen den Friedensvertrag und für die Überführung des Krieges in die Weltrevolution, hielt Kontakt mit dem Spartakusbund, wurde entlarvt und ausgewiesen.
Burzew, Wladimir (1862–1942), Publizist, lebte hauptsächlich in der Emigration, wurde berühmt, als er 1908 den Terroristen Jewno Asef als Agenten der Geheimpolizei entlarvte.
Chabalow, Sergej (1858–1924), Generalleutnant, 1916–1917 Kommandierender der Truppen des Petrograder Militärbezirks, versuchte, die Revolution zu stoppen, doch die Truppen verweigerten den Gehorsam, ab 1919 in der Emigration.
Chrustalew-Nosar, Georgi (richtiger Name: Nosar, Parteipseudonym Chrustalew, Pjotr, 1877–1918), ehemaliger Menschewik, von den Bolschewiki erschossen.
Chwostow, Alexej (1872–1918), Chef des Gendarmenkorps, ab September

1915 Außenminister, im März 1916 wegen Beteiligung an der Verschwörung gegen Rasputin entlassen, nach der Februarrevolution verhaftet, von den Bolschewiki erschossen.

Dan, Fjodor (1871–1947), Arzt, Publizist, ab 1894 Marxist. In der IV. Duma Führer der Fraktion der Menschewiki, eröffnete am 25. Oktober 1917 den Allrussischen Kongress der Arbeiter- und Soldatenräte, verließ den Kongress, als die Bolschewiki den Sieg davontrugen. 1922 ausgewiesen.

Dawydow, Wladimir (1849–1925), Schauspieler, Pädagoge, von 1880 bis 1924 am Alexandrinski-Theater in Petrograd, seit 1924 am Maly Theater.

Dekonski, P. (1888–?), linker Sozialrevolutionär, wurde 1917 als ehemaliger Agent der zaristischen Ochrana entlarvt.

Demidow, I. (1873–1946), Politiker der Kadetten-Partei, wurde am 3. Oktober 1917 in den Provisorischen Rat der Russländischen Republik (Vorparlament) berufen, seit 1920 in der Emigration.

Dimitrjukow, Iwan (1871–1917), Jurist, Grundbesitzer, Duma-Abgeordneter, ab Februar 1917 Mitglied der Provisor. Regierung. Nahm an den Verhandlungen mit dem Großfürsten Michail Alexandrowitsch über die Bedingungen seiner Abdankung teil. Nach Zeugnissen von Michail Rodsjanko verübte er Selbstmord.

Dolgoruki, Pawel (1866–1927), Fürst, Großgrundbesitzer, Mitglied des ZK der Kadetten-Partei, nach drei Monaten Einzelhaft in der Peter-Pauls-Festung entlassen, lebte im Ausland, kehrte zwei Mal nach Russland zurück, im Juni 1926 verhaftet und ein Jahr später erschossen.

Doliwo-Dobrowolski, Alexander (1866–1932), seit März 1917 Vize-Direktor der Rechtsabteilung im Außenministerium, nach dem Oktoberumsturz im Ministerium für Justiz.

Doumergue, Gaston (1863–1937), 1917 Minister der Kolonien, später Präsident Frankreichs (1924–1931), Premierminister (1934), kam im Januar 1917 als Leiter der französischen Delegation zur Konferenz der Alliierten nach Petrograd, bestand auf einer Fortsetzung des Krieges.

Duchonin, Nikolai (1876–1917), Generalleutnant, seit November 1917 Oberkommandierender, von Soldaten und Matrosen getötet.

Durnowo, Pjotr (1845–1915), 1905–1906 Innenminister, Führer der extremen Rechten, spielte eine wichtige Rolle bei der Niederschlagung der Revolution von 1905.

Dybenko, Pawel (1889–1938), Matrose, Bolschewik, 1918 Volkskommissar der Marine, repressiert.

Dzierżyński, Feliks (1877–1926), kommunistischer Berufsrevolutionär polnischer Herkunft, organisierte das „Allrussische Außerordentliche Komitee zur Bekämpfung von Konterrevolution und Sabotage" (Tscheka), die Vorläuferorganisation des KGB.

Eichhorn, Hermann von (1848–1918), Oberkommandierender der deutschen Truppen in der Ukraine, von Sozialrevolutionären in Kiew getötet.

Ern, Wladimir (1882–1937), Religionsphilosoph, Publizist.
Fabrikantow, Wladimir Sozialrevolutionär, enger Vertrauter Kerenskis.
Fet, Afanassi (1820–1892), Dichter, Übersetzer.
Figner, Vera (1852–1942), Revolutionärin, Schriftstellerin, Mitglied der Terrororganisation „Narodnaja wolja" (Volksfreiheit), wegen Beteiligung am Attentat auf Zar Alexander II. zu lebenslänglicher Lagerhaft verurteilt, befand sich 20 Jahre in Einzelhaft in der Festung Schlüsselburg, 1906–1915 in der Emigration. Nach 1917 zog sie sich aus dem politischen Leben zurück.
Filonenko, Maximilian (gest. um 1950), Sozialrevolutionär, 1917, während des Kornilow-Putsches Oberkommissar im Hauptquartier, stand Sawinkow nahe. In der Emigration angesehener Rechtsanwalt.
Filossofow, Dmitri (=Dima) (1872–1940), Kritiker, Publizist, Zeitschriftenredakteur, enger Vertrauter der Mereshkowskis. In der Emigration unterstützte er von Polen aus aktiv den Kampf gegen das bolschewistische Russland, starb in Polen.
Florenski, Pawel (1882–1937), Gelehrter, Religionsphilosoph, Theologe, 1908–1919 Lehrer an der Moskauer Geistlichen Akademie, 1933 ins Lager Solowezki verbannt, dort erschossen.
Fokin, Michail (1880–1942), Balletttänzer, Ballettmeister, Pädagoge, Reformator des Balletttheaters, von 1909 bis 1912 und 1914 Leiter der Balletttruppe der unter Sergej Djagilew regelmäßig in Paris gastierenden „Ballets russes", seit 1918 in der Emigration.
Fondaminskaja, Amalia (1882–1935), enge Freundin der Mereshkowskis, Frau des Publizisten und Sozialrevolutionärs Ilja Bunakow-Fondaminski.
Francis, David Rowland (1850–1927), 1916–1918 Botschafter der USA in Russland.
Ganezki, Jakow (1879–1937), Aktivist der polnischen und russischen revolutionären Bewegung, Bolschewik, 1917 Mitglied der Ausländischen Vertretung der Partei, nach dem Oktober 1917 Kommissar zur Liquidierung russisch-deutscher Konten.
Ganfman, Maxim (1873–1934), Rechtsanwalt, Journalist, Redakteur der Zeitung *Retsch* (Die Rede).
Gapon, Georgi (1870–1906), Priester, Agent der Geheimen Staatspolizei, Initiator der Petition der Petersburger Arbeiter an Nikolaus II. und des Marsches zum Winterpalais am 9. Januar 1905 („Blutsonntag"), bis Oktober 1905 in der Emigration, von Rutenberg enttarnt, vom Gericht der Sozialrevolutionäre verurteilt und gehenkt.
Gawril Romanow (1887–1938), Großfürst, den Gorki vor dem Erschießen rettete.
Drake, Ludwig (1842–1916), Autor von Kriegsliteratur, Mitarbeiter der Petrograder Militärzensurbehörde.
Gersoni, I., Leiter einer bekannten Petersburger Privatklinik.

Gessen, Iosif (1866–1943), Führer der Kadetten-Partei, Rechtsanwalt und Publizist; Abgeordneter der II. Duma. Nach dem Oktober 1917 emigrierte er, lebte in Berlin.

Gimmer, Nikolai (Pseud. Suchanow) (1882–1940), Ökonom, Publizist, Sozialrevolutionär, ab 1917 Menschewik. Am 10. Oktober 1917 fand in seiner Wohnung, auf Betreiben seiner Frau Galina, ohne sein Wissen, die Sitzung der bolschewistischen Parteifraktion statt, die den Beschluss zum bewaffneten Aufstand herbeiführte. 1917–1918 Redakteur der Zeitung *Nowaja shisn* (Neues Leben), in der Gorki seine polemische, antibolschewistische Artikelserie „Unzeitgemäße Betrachtungen" veröffentlichte. Nach dem Oktoberumsturz arbeitete er in sowjetischen ökonomischen Organisationen. Nach mehreren Internierungen erschossen.

Godnjew, Iwan (1854–1929), Mitglied der Duma, 1917 Mitglied der Provisor. Regierung.

Golowin, Fjodor (1867–1937?), Mitorganisator der Kadetten-Partei. Seit März 1917 Kommissar der Provisor. Regierung, zuständig für die ehemaligen kaiserlichen Theater, Museen und Kulturstätten. Von Juli bis August 1921 Mitglied des Allrussischen Komitees zur Hungerhilfe. Erschossen.

Golyzin, Nikolai (1850–1925), Fürst, im Dezember 1916 zum Premierminister ernannt. War Anhänger der Kriegsführung bis zum bitteren Ende, ab Februar 1917 im Ruhestand, verließ dann die Politik und arbeitete als Schuhmacher, drei Mal verhaftet, von Tschekisten erschossen.

Goremykin, Iwan (1839–1917), Innenminister (1895–1899), Vorsitzender des Ministerrats (April–Juli 1906 und 1914–1916), nahm eine feindliche Position gegenüber der Duma und dem „progressiven Block" ein.

Gotz, Abram (1882–1940), Sozialrevolutionär, gehörte 1917 zur Leitung des „Komitees zur Rettung von Vaterland und Revolution". Nach zahlreichen Inhaftierungen und Verbannungen erschossen.

Grigorowitsch, Iwan (1853–1930), Admiral (1911), Marineminister (von März 1911 bis Februar 1917), ab 1924 in Frankreich.

Grshebin, Sinowi (1869–1919), Verleger, gründete einen Verlag, der von 1919–1923 in Prag und Berlin russische Literatur herausbrachte, lebte seit 1921 in der Emigration.

Gukowski, Alexander (1865–1925), rechter Sozialrevolutionär, Aktivist der Weißen Armee, 1919 Emigration, 1925 Selbstmord in Paris.

Gurljand, Ilja (1868–1921?), Prosaschriftsteller, Dramatiker, Publizist, 1915 Direktor des Presseamtes, ab 1916 Direktor des Petersburger Telegrafenamtes, emigrierte nach der Februarrevolution.

Gutschkow, Alexander (1862–1936), Führer der Partei der Oktobristen, 1910 Vorsitzender der III. Duma, 1907 und 1915 Mitglied des Staatsrats, 1917 Kriegs- und Marineminister der Provisor. Regierung, seit den 20er Jahren in der Emigration.

Gwosdew, Kusma (1882–1956), stellv. Arbeitsminister in der Provisor.

Regierung, nach 1917 Mitarbeit in der neuen Regierung, 1930 verhaftet, verbrachte 20 Jahre in Lagern, bekannte sich dennoch zur KPdSU.

Halpern, Alexander (1879–1956), juristischer Berater der Britischen Botschaft in St. Petersburg, im Februar 1917 Sekretär des Ministerkabinetts der Provisor. Regierung, emigrierte 1919, lebte in London.

Helfferich, Karl (1872–1924), Bankier, Politiker, im Ersten Weltkrieg Staatssekretär im Deutschen Reich, arbeitete die Friedensverträge von Brest-Litowsk mit aus, nach 1918 Führer der deutschnationalen Partei.

Hermogenes (etwa 1530–1612), Patriarch von Moskau und ganz Russland, Anführer einer patriotischen Rebellion gegen die polnischen Interventen, wurde im Klosterverlies eingesperrt und dem Hungertod ausgeliefert, von der Russisch-Orthodoxen Kirche heiliggesprochen.

Herzen, Alexander (1812–1870), Revolutionär, Westler, Schriftsteller, Philosoph, lebte seit 1847 in der Emigration, gründete in London die Freie Russische Druckerei, gab zusammen mit Nikolai Ogarjow die revolutionäre Zeitung *Kolokol* (Die Glocke) heraus.

Hippius, Tatjana (1877–1957); Natalja (1880–1963); Anna (1872–1942), Schwestern von Sinaida Hippius.

Hoffmann, Max (1869–1927), Chef des deutschen Generalstabs, Oberkommandierender der Ostfront, Mitglied der Friedensverhandlungen in Brest-Litowsk.

Iljaschew, L. – Sozialrevolutionär.

Isgojew, Alexander (1872–1935), Publizist, Mitglied des ZK der Kadetten-Partei (1906–1918), mehrfach von den Bolschewiki verhaftet, 1922 aus Russland ausgewiesen.

Iswolski, Alexander (1856–1919), Diplomat, 1906–1910 Innenminister, seit 1910 russ. Botschafter in Paris. Kehrte nicht nach Russland zurück.

Iwanow Rasumnik (eigtl. Rasumnik Wassiljewitsch Iwanow) (1878–1946), Schriftsteller, Kritiker, Publizist, Literaturwissenschaftler. Mitbegründer der literarischen Gruppe der „Skythen" und der „Freien Philosophischen Assoziation" (WOLFIL) (1919–1924). Im Februar 1933 verhaftet und verbannt. Während des Zweiten Weltkrieges befand er sich auf von den Deutschen okkupiertem Gebiet und wurde ins Lager für umzusiedelnde Personen geschickt, starb in München.

Iwanow, Wjatscheslaw (1866–1949), symbolistischer Dichter und Kulturphilosoph, 1921–1924 Professor an der Universität Baku, danach Emigration, konvertierte zum Katholizismus, lebte in Rom.

Jakowlewa, Warwara (1884–1941), seit Oktober 1918 Leiterin der Petrograder Tscheka.

Jakubowitsch – Wahrscheinlich Grigori Jakubowitsch (1880–1926), 1917 Mitglied der Militärkommission der Staatsduma und später stellv. Kriegsminister.

Jassinski, Jeronym (1850–1931), Schriftsteller, Dichter, Journalist.

Jefremow, Iwan (1866–1932), Duma-Abgeordneter, ab Juli 1917 Justizminister, ab September Botschafter in der Schweiz.
Joffe, Adolf (1883–1927), Diplomat, 1918 Leiter, dann Mitglied der russischen Delegation der Friedensverhandlungen in Brest-Litowsk.
Johann Kronstadtski (1829–1908), Hoher Geistlicher Würdenträger, 1910 von der Russisch-Orthodoxen Kirche heiliggesprochen.
Jurjew, Juri (1872–1948), Schauspieler am Alexandrinski-Theater, berühmt wurde er mit der Rolle des Arbenin in Michail Lermontows Stück „Maskenball".
Jushin, Alexander (1857–1927), Schauspieler, Dramaturg, von 1909–1925 Leiter des Maly Theater in Moskau.
Kaledin, Alexej (1861–1918), General der Kavallerie, 1917 Ataman der Donkosakenarmee, organisierte den Kampf gegen die Bolschewiki am Don. Nach der Niederlage erschoss er sich.
Kamenjew, Lew (1883–1936), ab 1917 Mitglied des ZK der Partei der Bolschewiki, Mitorganisator des Oktober-Putsches 1917, 1918–1926 Vorsitzender des Mossowjet (Moskauer Stadtrat), als rechter Abweichler verurteilt und erschossen.
Kannegießer, Leonid (1898–1918), Sozialrevolutionär, Offiziersschüler, tötete den ersten Leiter der Petrograder Tscheka Urizki.
Karachan, Lew (eigtl.: Karachanjan) (1889–1937), Bolschwik, Publizist, Teilnehmer der Delegation an den Friedensgesprächen in Brest-Litowsk.
Karaulow, Michail (1865–1917), Abgeordneter der IV. Duma, Mitglied der Partei der Progressisten.
Karl I. (1887–1922), Kaiser von Österreich und König von Ungarn, verzichtete im November 1918 auf den Thron.
Karpinski – Eventuell Alexander Karpinski (1847–1936), Begründer der russischen geologischen Schule, 1917 zum Präsidenten der Russischen Akademie der Wissenschaften gewählt.
Karpow, Jewgeni (1857–1926), Dramaturg, Regisseur.
Karpow, Pimen (1887–1963), Schriftsteller, Dichter, Publizist, Sozialrevolutionär, Mitglied der Konstituierenden Versammlung.
Kartaschow, Anton (1875–1969), Geistlicher, Kirchenhistoriker, ab Juli 1917 Oberprokuror des Heiligen Synods, Minister der Provisorischen Regierung, nach dem Oktoberumsturz verhaftet, 1919 Emigration nach Paris. Freund der Mereshkowskis.
Kaz (eigtl.: Kamkow, Boris) (1885–1938?), linker Sozialrevolutionäre, nach zahlreichen Verhaftungen und Verbannungen erschossen.
Kerenskaja, Olga (geb. Baranowskaja) (1886–1975), Ehefrau von Alexander Kerenski, lebte seit 1917 von ihrem Mann getrennt, war nach der Flucht ihres Mannes der Willkür der Bolschewiki ausgesetzt, wurde mehrfach verhaftet, 1918 (?) gelang ihr mit ihren zwei Söhnen die Flucht aus Russland.

Kerenski, Alexander (1881–1970), Politiker, Rechtsanwalt, Mitglied der Partei der Trudowiki, dann Sozialrevolutionär. In der Provisor. Regierung Justizminister, Kriegs- und Marineminister, Ministerpräsident, Oberkommandierender. Emigrierte 1918 über Prag nach Paris.
Kischkin, Nikolai (1864–1930), Minister der staatlichen Wohlfahrt, ab 25. Oktober Generalgouverneur von Petrograd.
Klapka, Jerome (1859–1927), englischer Schriftsteller, Autor von humoristischen Romanen, Erzählungen und Theaterstücken.
Kljujew, Nikolai (1887–1937), Dichter, Prosaautor, romantisierender Volkstümler, machte sich als Bauerndichter mit seinen Folklorestilisierungen einen Namen.
Klodt von Jürgensburg, Peter (1805–1867), Bildhauer.
Knjasjew, Wassili (1887–1937), Dichter, Satiriker, kam im Lager um.
Kokoschkin, Andrej (1871–1918), Minister der Provisor. Regierung, am 7. Januar 1918 während eines Krankenhausaufenthalts von Matrosen und Soldaten getötet.
Kollontai, Alexandra (1872–1952), Politikerin, Diplomatin, Publizistin, 1917–1918 Volkskommissarin der staatlichen Wohlfahrt in der ersten bolschewistischen Regierung (bis März 1918), ab 1920 zuständig für die Frauenabteilung des ZK der Partei, ab den zwanziger Jahren Handelsvertreterin und Botschafterin der UdSSR in Norwegen, Mexiko und in der Schweiz.
Konowalow, Alexander (1875–1948), Textilfabrikant, Führer der Partei der Progressisten und des „Progressiven Blocks" in der IV. Duma. Handels- und Industrieminister in der Provisor. Regierung. Im Oktober 1917 verhaftet, Anfang 1918 befreit. Nach der Oktoberrevolution in der Emigration.
Kornilow, Lawr (1870–1918), Generalleutnant, Teilnehmer am Russisch-Japanischen Krieg und am Ersten Weltkrieg. Ab März 1917 Oberkommandierender der Truppen des Petrograder Militärbezirks, im Juli Oberster Heerführer der russischen Armee, im August der Meuterei beschuldigt und seines Postens enthoben. Mitorganisator der Weißen Bewegung und der Freiwilligenarmee. Im Februar 1918 brach er zum 1. Kubanischen Feldzug (dem „Eisigen") auf, kam beim Sturm auf Jekaterinodar ums Leben.
Koslowski, Metschislaw (1876–1927), Bolschewik, Aktivist der polnischen, litauischen und russischen revolutionären Bewegung. Seit November 1918 Vorsitzender der Untersuchungskommission des Petrograder Sowjets.
Kotljarowski, Sergej (1873–1939), Historiker, Jurist, Abgeordneter der I. Duma, ehemaliger Kadett, stellvertr. Minister in der Provisor. Regierung, nach 1917 antibolschewistische Aktivitäten, repressiert.
Kowarski, Ilja (1880–1962), Sozialrevolutionär; Mitglied der Konstituierenden Versammlung.

Krasnow, Pjotr (1869–1947), Generalleutnant, Gegner der Bolschewiki, kämpfte 1918 in der Don-Armee, 1919 in der Nord-Süd-Armee von N. Judenitsch in Estland. Lebte in der Emigration in Deutschland und Frankreich. Im Zweiten Weltkrieg trat er der russischen Wlassow-Armee bei. Im Mai 1945 ergab er sich den Engländern, wurde aber den sowjetischen Mächten ausgeliefert, in Moskau verurteilt.
Krassikow, Pjotr (1870–1939), Mitglied des Exekutivkomitees des Petrograder Sowjets, Mitglied der Untersuchungskommission zur Ermittlung der Verbrechen der Provisor. Regierung.
Kriwoschein, Alexander (1857–1921), 1906–1908 stellvertr. Finanzminister, ab 1906 Mitglied des Staatsrats, 1908–1915 Landwirtschaftsministerium. 1915 führte er faktisch die Regierungsgeschäfte. Seit 1920 Oberhaupt der „Regierung des russischen Südens", seit November 1920 in der Emigration.
Krylenko, Nikolai (1885–1938), 1917–1918 Volkskommissar, Oberkommandierender der Kriegsmarine, Mitglied des Obersten Militärtribunals, repressiert.
Krymow, Alexander (1871–1917), General, Teilnehmer des bewaffneten Aufstands Kornilows gegen die Provisor. Regierung im August 1917. Erschoss sich nach dem Scheitern des Putsches.
Kühlmann, Richard von (1873–1943), deutscher Diplomat, Leiter der deutschen Delegation bei den Friedensverhandlungen von Brest-Litowsk.
Kuropatkin, Alexej (1848–1925), Kriegsminister, 1916–1917 Generalgouverneur von Turkestan.
Kusskowa, Jekaterina (1869–1958), Volkstümlerin, später marxistische Ökonomin. 1921 wurde sie zusammen mit ihrem Mann Sergej Prokopowitsch verhaftet, im Sommer 1922 aus der RSFSR ausgewiesen. Sie lebte in Berlin, Prag, ab 1939 in der Schweiz. Vorsitzende des russischen politischen Roten Kreuzes.
Kusmin, Nikolai (1883–1939), Parteimitglied ab 1903, ab September 1918 in höheren Positionen der Roten Armee.
Kutler, Nikolai (1859–1924), Finanzexperte, Duma-Abgeordneter, Mitglied des ZK der Kadetten-Partei. Im November 1917 verhaftet, weil er das Dekret zur Nationalisierung der Industrie ablehnte.
Ljalin, Nikolai (1871–1925), Offizier im Ersten Weltkrieg, blieb in Russland, später von der GPU verhaftet und erschossen.
Lebedew, Wladimir (1883–1955), Publizist, Sozialrevolutionär. Von 1908 bis 1917 in der Emigration, Stellv. Kerenskis in der Provisor. Regierung, Aktivist der Weißen Bewegung, seit 1919 wieder in der Emigration.
Liber, Michail (1880–1937), Menschewik, Mitglied des ZK der Sozialdemokratischen Partei von 1907–1912, betrachtete den Oktoberumsturz als Konterrevolution, wurde nach zahlreichen Inhaftierungen erschossen.
Liwschiz, Jakow (1881–?), Journalist, Mitarbeit bei verschiedenen liberalen Zeitungen.

Ljazki, Jewgeni (1868–1942), Literaturhistoriker und Ethnograph.
Lunatscharski, Anatoli (1875–1933), Politiker, Schriftsteller, seit dem Oktober 1917 Volkskommissar für Bildung.
Lundberg, Jewgeni (1863–1934), Schriftsteller, Kritiker.
Lwow, Georgi (1861–1925), Fürst, Premierminister der Provisor. Regierung (bis Juni 1917). Emigrierte über Polen nach Frankreich.
Lwow, Nikolai (1867–1944), Grundbesitzer, Kadett, Duma-Abgeordneter, im März 1917 von der Provisor. Regierung als verantw. Kommissar für die Kaiserlichen Theater eingesetzt, Aktivist der Weißen Bewegung, seit 1921 in der Emigration.
Lwow, Wladimir (1872–1939), Mitglied der Duma, Oberprok. des Heiligen Synods, seit 1917 Mitglied der Provisor. Regierung, Bruder von N. Lwow.
Majakowski, Wladimir (1893–1930), berühmtester Dichter des russischen Futurismus und der sowjetischen Avantgarde. Beging 1930 Selbstmord.
Makarow, Pawel (1872–1922), Ingenieur und Architekt; 1917 Kommissar der Provisor. Regierung.
Maklakow, Wassili (1869–1957), führendes Mitglied der Kadetten-Partei, Bruder des von den Bolschewiki erschossenen ehemaligen Innenministers N. Maklakow.
Manassewitsch-Manujlow, Iwan (1869–1918), Journalist, Übersetzer, Spion, Abenteurer; 1905–1906 Chef der Sondereinheit des Polizeidepartments, verantwortlich für Gegenspionage und Kontakte mit politischer Bespitzelung. War beteiligt an der Entlarvung von Agenten der Ochrana. Ab 1914 verantwortlich für den Schutz Rasputins. Nach der Februarrevolution 1917 verurteilt wegen Erpressung, nach der Oktoberrevolution befreit. 1918 erschossen.
Manikowski, Alexsej (1865–1920), 1917 stellv. Kriegsminister, ab 1918 in der Roten Armee.
Manuchin, Iwan (1882–1958,) Arzt, Menschenrechtsaktivist, lebte im selben Haus wie die Mereshkowskis in der Sergijewskaja Straße 83. Wurde nach der Februarrevolution als Arzt in die Außerordentliche Strafverfolgungskommission der Provisor. Regierung berufen und als Gefängnisarzt für die Peter-Pauls-Festung eingesetzt, wo sich die ehemaligen Minister und Beamten befanden. War Mitglied des Politischen Roten Kreuzes, was ihm erlaubte, die Haftbedingungen zahlreicher Häftlinge zu erleichtern, seit 1921 in der Emigration. Enger Freund Gorkis und der Mereshkowskis. Manuchins Frau, die Schriftstellerin und Übersetzerin Tatjana Iwanowna (Pseud. Tamanin, 1886–1962) war mit S. Hippius bis zu deren Lebensende befreundet.
Manujlow, Alexander (1861–1929), Kadett, Minister für Volksbildung der 1. Provisor. Regierung, emigrierte nach dem Oktoberumsturz, kehrte nach Sowjetrussland zurück, wurde später Dozent und Mitglied der Leitung der Staatsbank.

Maslow, Semjon (1873–1938), rechter Sozialrevolutionär, von September bis Oktober 1917 Landwirtschaftsminister in der Provisor. Regierung. Nach dem Oktoberumsturz arbeitete er im Bereich der Landwirtschaft. Erschossen wegen Zugehörigkeit zu den Sozialrevolutionären.
Maslowski, Sergej (1876 –1943), Sozialrevolutionär, Schriftsteller, schrieb unter dem Pseudonym Mstislawski. Ab September 1921 stellvertr. Vorsitzender der Moskauer Abteilung der „Freien Philosophischen Assoziation" (WOLFIL).
Meier, Alexander (1875–1939), Religiöser Philosoph, Mitbegründer der „Religiös-philosophischen Gesellschaft", Mitbegründer der Freien Philosophischen Assoziation (WOLFILA), verurteilt zu mehrjähriger Lagerhaft und Verbannung, erkrankte und starb 1939.
Menschikow, Michail (1859–1918), Journalist der Zeitung *Nowoje wremja* (Neue Zeit), veröffentlichte mehrere judenfeindliche Artikel. Von den Bolschewiki erschossen.
Mereshkowski, Dmitri (1866–1941), Dichter, Schriftsteller, Kulturphilosoph, Mitbegründer des russischen Symbolismus, Ehemann von Sinaida Hippius, ab 1919 in der Emigration.
Metropolit Platon (1866–1934), ab 1920 in der Emigration.
Meyerhold, Wsewolod (1874–1940), avantgardistischer Regisseur, vertrat nach 1917 das Programm des „Theateroktober", sein Theater wurde 1938 geschlossen, er verhaftet und später erschossen.
Michail (1874–1916), *Bischof*, gehörte zum Mereshkowski-Kreis der „Religiös-philosop. Versammlungen", verlor dadurch seine geistlichen Ämter.
Michail Alexandrowitsch (1878–1918), Großfürst, Generalleutnant (1916). Bruder des Zaren. Das Angebot des Zaren, sein Nachfolger auf dem Thron zu werden, lehnte er ab. Im März 1918 nach Perm verbannt, am 13. Juni von Tschekisten erschossen.
Miklaschewski, Michail (1866–1943), Publizist, Kritiker. Arbeitete 1917 mit Alexander Block in der Sonderkommission der Provisor. Regierung zusammen.
Miljukow, Pawel (1859–1943), Politiker, Historiker, Vorsitzender der Kadetten-Partei,1917 Außerminister der Provisor. Regierung, ab 1920 in der Emigration.
Millérand, Alexandre (1859–1943), französischer Sozialist (bis 1904), Regierungsmitglied. Von 1920 bis 1924 französischer Präsident.
Minor, Ossip (1861–1934), Sozialrevolutionär, 1917 Vorsitzender der Moskauer Duma, Mitglied der Konstituierenden Versammlung, nach ihrer Auflösung verhaftet, seit 1919 in der Emigration.
Minski, Nikolai (1855–1937), Dichter, Publizist, Übersetzer, Freund der Mereshkowskis.
Mirbach, Wilhelm (1871–1918), Mitglied der Verhandlungsdelegation in Brest-Litowsk, kam am 10. (23.) April 1918 als deutscher Botschafter

nach Moskau und wurde am 23. Juni (6. Juli) von dem linken Sozialrevolutionär Jakow Bljumkin getötet.

Moissejenko – Zwei Brüder, Boris und Sergej, beide waren Sozialrevolutionäre: Boris wurde im November 1918 in Omsk getötet. Die Mereshkowskis lernten sie während ihres Parisaufenthaltes 1907 kennen.

Moltschanow, Anatoli (1856–1921), dritter Ehemann der Schauspielerin Maria Sawina, Vorsitzender der Russischen Theater-Gesellschaft.

Msura – Pseudonym des Journalisten und Schriftstellers Anton Ossenbowski (1876– ?).

Muchanow, Grigori (1870–1933), Offizier der Russischen Armee, diente 1918–1920 freiwillig in der Roten Armee, emigrierte nach Frankreich.

Nabokow, Konstantin (1874–1927), Diplomat, russischer Botschafter in England.

Napoleon III. (1808–1873), französischer Kaiser von 1852–1870.

Natanson, Mark (1850/51–1919), langjähriger Revolutionär, Terrorist, von 1907 bis 1917 in der Emigration, nach der Februarrevolution Mitglied des ZK der Sozialrevolutionäre, unterstützte die Oktoberrevolution, reiste 1919 zur Heilbehandlung ins Ausland und brachte die Goldreserven der Bolschewiki auf Schweizer Bankkonten unter.

Nekljudow, Pjotr, Abgeordneter der Staatsduma.

Nekrassow, Nikolai (1879–1940), 1909–1917 Führer der Kadettenpartei, ab März 1917 Verkehrsminister der Provisor. Regierung, im Juli Stellv. Ministerpräsident und im Juli zusätzlich noch Finanzmnster. Nach 1917 Dozent an der Moskauer Universität und am Institut für Volkswirtschaft. Starb im Lager.

Nemirowitsch-Dantschenko, Wladimir (1858–1943), Regisseur, Theaterreformer, einer der Gründer des Moskauer Künstlertheaters.

Nepenin, Adrian (1871–1917), Vizeadmiral, ab Juli 1916 Kommandierender der Baltischen Flotte, von einer aufgebrachten Meute von Soldaten und Matrosen gelyncht.

Nikitin, Alexej (1876–1939), Menschewik, nach dem Juli 1917 Minister für Post- und Telegrafenwesen, danach Innenminister in der Provisorischen Regierung. Erschossen.

Nikodim – Einer der judäischen Anführer, der Jesus verhörte (Joh. Evang. Kap. 3).

Nikolai Nikolajewitsch (1856–1929) Großfürst, Onkel des Zaren, 1914–1915 Oberkommandierender der russischen Streitkräfte, 1917 Generalgouverneur im Kaukasus. Nikolaus II. bot ihm bei seiner Abdankung erneut den Posten des Oberkommandierenden an. Unter dem Druck der Provisorischen Regierung lehnte der Großfürst das Angebot ab und ging 1919 in die Emigration.

Nilow, Konstantin (1856–?), kaisertreuer Generaladjutant von Nikolaus II.

Noulens, Joseph (1864–1944), franz. Botschafter in Russland von 1917–18.

Nowgorodzew, Pawel (1866–1924), Rechtswissenschaftler, Philosoph, Soziologe, Mitbegründer der Kadetten-Partei, seit 1920 in der Emigration.
Oksjonow, Innokenti (1897–1932), Dichter, Kritiker, Übersetzer, Arzt.
Okunjew, Jakow (1882–1932), Publizist.
Oldenburg, Sergej (1863–1934), Mitglied der Kadetten-Partei, Archäologe, Orientwissenschaftler, Akademiemitglied, Bildungsminister der Provisorischen Regierung.
Orlenjew, Pawel (1869–1932), Schauspieler, spielte die Hauptrolle in Mereshkowskis Stück „Paul I.".
Orlow–Kiewski, wahrscheinlich Orlow, A., ehem. Sekretär des Ministers für Inneres A. Protopopow, nach dem Oktober 1917 verantwortlich für Durchsuchungen und Verhaftungen.
Paléologue, Maurice George (1859–1944), französischer Gesandter in Petrograd (1914–1917), Historiker, Autor von Memoiren über sein Leben in Russland und der Revolution.
Paltschinski, Pjotr (1875–1929), als ehem. Mitglied der Provisor. Regierung 1918 verhaftet und als Geisel genommen, im Februar 1919 freigelassen.
Panina, Sofia (1871–1956), Gräfin, Mitglied der Kadetten-Partei, Stellv. des Ministers für Volkswohlfahrt in der Provisor. Regierung, ab 1920 in der Emigration.
Patriarch Tichon (1865–1925), ab 21. Nov. (4. Dez.) 1917 Patriarch von Moskau und ganz Russland.
Péguy, Charles (1873–1914), französischer Dichter. Er fiel am 5. September in der Schlacht an der Marne.
Perowskaja, Sofja (1853–1881), Revolutionärin, Aktivistin der Volkstümlerbewegung; Mitglied radikaler und terroristischer Organisationen, war am tödlichen Attentat auf Alexander II. beteiligt, wurde gehenkt (als erste Frau in Russland für politische Verbrechen bestraft).
Peschechonow, Alexej (1867–1933), Publizist, Mitorganisator und Führer der Partei der Volkssozialisten, von Mai bis August 1917 Ernährungsminister der Provisor. Regierung, 1922 des Landes verwiesen.
Petit, Eugène (1871–1938), Rechtsanwalt, Politiker, 1920–1924 Generalsekretär des französischen Präsidenten, Freund der Mereshkowskis.
Petljura, Symon (1879–1926), ukrainischer Politiker, Mitglied der Zentralrada, des ersten ukrainischen Parlaments (1917), und des Direktoriums (1918–1919). Seit 1920 in der Emigration. Galt als einer der Organisatoren jüdischer Pogrome in der Ukraine und wurde in einem Racheakt in Paris getötet.
Petrowski, Grigori (1878–1958), Bolschewik, von 1917 bis 1919 Volkskommissar für Innere Angelegenheiten, befürwortete den „Roten Terror".
Petrow-Wodkin, Kusma (1878–1939), avantgardistischer Maler, Schriftsteller.
Pilski, Pjotr (1879–1941), Kritiker, Publizist, Schriftsteller, wegen einer

Presseveröffentlichung verhaftet, nach 20 Tagen freigelassen, Flucht in den Süden, seit 1920 in der Emigration.
Pitirim (1858–1919), Rektor des Petersburger Geistlichen Seminars (1891–1896), seit 1915 Metropolit von Petrograd und Ladoga (Günstling Rasputins), floh nach der Oktoberrevolution nach Pjatigorsk.
Pjatakow, Georgi (1890–1937), Bolschewik, Sowjetfunktionär, ab Dezember 1918 aktiv an der Errichtung der Sowjetmacht in der Ukraine beteiligt. Repressiert.
Plechanow, Georgi (1856–1918), Politiker, Theoretiker des Marxismus. Lebte seit 1880 in der Emigration, kehrte im März 1917 nach Russland zurück, wo er die Petrograder Gruppe *Jedinstwo* (Die Einheit) und die gleichnamige Zeitung leitete, die gegen die Bolschewiki auftraten.
Plewe, Wjatscheslaw (1846–1904), Staatsmann, Senator, Direktor des Polizeidepartements, 1902–1904 Innenminister und Chef des Gendarmenkorps. Getötet durch ein Attentat des Sozialrevolutionärs und Mitglied des terroristischen Kampfbundes Jegor Sosonow.
Podwoiski, Nikolai (1880–1948), vom November 1917 bis März 1918 Volkskommissar für Militärwesen, war maßgeblich am Aufbau und der Organisation der Roten Armee beteiligt.
Poliwanow, Alexej (1855–1920), General, von Juni 1915 bis März 1916 Kriegsminister, seit 1920 diente er in der Roten Armee, starb an Typhus.
Polkownikow, Georgi (1883–1918), 1917 Oberkommandierender der Truppen des Petrograder Militärbezirks. Gehörte zu den Anführern des bewaffneten Aufstandes der Junker am 29. Oktober 1917. Floh zum Don, wo er im März 1918 verhaftet und erschossen wurde.
Polonski, Jakow (1819–1889), Dichter.
Popow, Sergej (1887–1932), Anhänger und Propagandist der Lehren Tolstois. Mitautor des Pamphlets „Haltet ein, Menschen und Brüder!" mit der Aufforderung: „Liebet den Feind". Das Gericht verurteilte Popow zu einer Haftstrafe, seine Mitautoren konnten entkommen.
Potanin, Grigori (1835–1920), berühmter Geograph, wurde zum Vorsitzenden des Provisorischen Sibirischen Bezirkssowjets gewählt.
Prinzip, Gawrilo (1894–1918), erschoss im Auftrag der Organisation „Junges Bosnien" am 28. Juni 1914 den österreichischen Thronfolger Franz Ferdinand, was als Anlass für den Ersten Weltkrieg genommen wurde.
Prischwin, Michail (1873–1954), Schriftsteller.
Prokopowitsch, Sergej (1871–1955), Mitglied des ZK der Kadetten-Partei, 1917 Minister der Provisor. Regierung, 1922 aus der UdSSR ausgewiesen.
Proschjan, Prosch (1883–1918), Sozialrevolutionär, in der ersten bolschewistischen Regierung Volkskommissar für Post und Fernmeldewesen, starb an Typhus.
Protopopow, Alexander (1866–1917/18), stieg im September durch Pro-

tektion Rasputins zum Innenminister und zum Chef des Gendarmeriecorps auf. Er litt angeblich unter akustischen und visuellen Halluzinationen. Wurde von den Bolschewiki zusammen mit anderen Ministern erschossen.

Purischkewitsch, Pawel (1870–1920), rechtsradikaler Politiker, Monarchist, war beteiligt am Attentat auf Rasputin.

Radek, Karl (1885–1939), Aktivist der polnischen und deutschen Sozialdemokratie und kommunistischen Bewegung. 1919–1924 Mitglied des ZK der Partei der Bolschewiki. 1927 des Trotzkismus bezichtigt und verhaftet, starb im Gefängnis.

Railjan, Foma, Publizist und Maler, gab 1917–1918 die *Petrograder Zeitung* heraus.

Rasputin, Grigori (1864 oder 1865, anderen Angaben zufolge 1872–1916), Bauer aus dem Gouvernement Tobolsk, der sich als Wunderheiler betätigte. Er gewann das Vertrauen der Zarin Anna Fjodorowna und Nikolaus II. dadurch, dass er die Bluterkrankheit des Thronfolgers Alexej erfolgreich behandeln konnte. Wurde 1916 von konservativen Verschwörern, die in ihm einen Hauptschuldigen für die Krise der Monarchie und das glücklose Agieren Russlands im Krieg sahen, umgebracht.

Ratkowa, Sinaida (1871–1966), ihre Söhne: Dmitri (der jüngste Sohn und Patensohn Filossofows) fiel im September 1916 an der Front; Wladimir (der mittlere) starb 1918 im Kampf gegen die Bolschewiken; Nikolai (der älteste), Stabskapitän, starb im Juli 1918.

Ratkow-Roshnow, Wladimir (=Wolodja), Neffe Dmitri Filossofows.

Reisner, Larissa (1895–1926), Dichterin, Schriftstellerin, während des Bürgerkriegs Polit-Agitatorin bei der Roten Armee, Tochter von Michail Reisner.

Reisner, Michail (1868–1928), Jurist, Publizist.

Repin, Ilja (1844–1939), berühmter Maler, Mitglied der Gruppe der „Wandermaler", lebte ab 1903 auf seinem Gut in Finnland, seinen „Penaten", wo er auch begraben ist.

Rittich, Alexander (1888–1930), Mitglied des Staatsrats, Landwirtschaftsminister (1917), emigrierte nach 1917, wurde Bankdirektor in London.

Rjabuschinski, Pawel (1871–1924), Industrieller, Bankier, Millionär, trat dem ZK der Partei „Verband des 17. Oktobers" (Oktobristen) bei, ab 1912 der Moskauer Abteilung des ZK der Partei der „Progressisten", emigrierte 1919 nach Frankreich und starb dort an Tuberkulose. Bruder von Nikolai Rjabuschinski, dem Redakteur und Herausgeber der modernistischen Kunstzeitschrift *Solotoje runo* (Das Goldene Vlies).

Rjasanow, David (eigtl. Goldenbach, 1870–1938), Marxist, verteidigte das Mehrparteienprinzip, wandte sich gegen die Auflösung der Verfassunggebenden Versammlung, erschossen.

Rjurik Iwnew – (eigtl. Michail Kowlajow, (1891–1981), Dichter, Schriftsteller Übersetzer.

Rodsjanko, Michail (1859–1924), Großgrundbesitzer, Führer der konservativen Partei der Oktjabristen, 1909–1917 Vorsitzender der III. und IV. Duma; unterstützte 1917 den Kornilow-Putsch, war aktiver Teilnehmer der Weißen-Bewegung, emigrierte 1920 nach Jugoslawien.
Rohrbach, Paul (1869–1956), protestantischer Theologe, politischer Publizist, während des Ersten Weltkrieges Mitarbeiter im Auswärtigen Amt, vertrat eine antirussische Politik.
Romanow, Konstantin (1853–1915), Großfürst, als Dichter unter den Initialien K. R. bekannt.
Rosanow, Wassili (1856–1919), philosophischer Schriftsteller und Essayist.
Roslawlew, Alexander (1883–1920), Dichter, Schriftsteller.
Rshewski, Wladimir (1865 bis nach 1917), Mitglied der IV. Duma, Mitglied der Partei der Progressisten.
Rubinstein, Dmitri (1876–1936), einflussreicher Petrograder Bankier. Vor seiner Abreise in die Emigration hielt „Mitka Rubinstein" Freundschaft mit Rasputin und regelte dessen finanzielle Angelegenheiten.
Rumanow, Arkadi (1817–1960), Publizist, emigrierte nach der Oktoberrevolution.
Ruski, Nikolai (1854–1918), General der Infanterie, führte von August 1915 bis April 1917 das Kommando an der Nordfront. Von den Bolschewiki in Pjatigorsk erschossen.
Rutenberg, Pjotr (Pinkus) (1878–1942), sozialrevolutionärer Terrorist, Sonderbevollmächtigter der Provisor. Regierung, emigrierte 1922 nach Palästina.
Sablin, Nikolai (1880–1937), Kapitän der Kaiserlichen Kriegsmarine, nach 1917 aus der Armee entlassen, nahm aktiv an Kämpfen der Weißen Armee teil, ab 1921 in der Emigration.
Saltykow, Sergej (1875–?), Politiker, Publizist, in der letzten Provisor. Regierung Stellv. des Ministers des Inneren, in der Nacht zum 26. Oktober 1917 verhaftet.
Sarudny, Alexander (1863–1934), Jurist, Mitglied der Provisor. Regierung, blieb in der Sowjetunion, starb einen Tag vor der Ermordung Kirows an einer Lungenentzündung.
Saslawski, David (1880–1965), Publizist, Sozialrevolutionär.
Sassonow, Jegor (1879–1910), Sozialrevolutionär, Mitglied der terroristischen „Kampforganisation", in deren Auftrag er 1904 den Innenminister Plewe tötete. Seine Braut, Maria Prokofjewa (1883–1913), war ebenfalls Mitglied der „Kampforganisation", ihr gelang die Flucht ins Ausland.
Sasonow, Sergej (1860–1927), Diplomat, 1910–1916 Innenminister, 1918–1919 Mitglied der Weißen Regierung unter Koltschak und Denikin, seit 1921 in der Emigration.
Sawina, Maria (1854–1915), berühmte Schauspielerin.
Sawinkow, Boris (literar. Pseudonym: Ropschin) (1879–1925), Politiker,

Schriftsteller, gehörte zur Terrororganisation der Sozialrevolutionäre, war beteiligt an Attentaten auf hohe zaristische Würdenträger, 1906 zum Tode verurteilt, Flucht ins Ausland, 1917 Rückkehr nach Russland, Kriegsminister in der Provisor. Regierung, 1919 Emigration, nahm an antibolschewistischen Aktionen teil, wurde von der Tscheka gefasst, nahm sich in der Haft das Leben (nach anderer Version wurde er von Tschekisten ermordet).

Schaljapin, Fjodor (1873–1939), berühmter Opernsänger.

Schebeko, Nikolai (1863–1922), russischer Botschafter 1912–1913 in Rumänien, 1913–1914 in Österreich, seit 1920 in der Emigration.

Scheidemann, Philipp (1865–1939), Führer der deutschen Sozialdemokratie, 1919 Regierungschef der Weimarer Republik.

Shelesnjakow, Anatoli (1869–1919), Matrose der Weißmeerflotte, Anarchist, schloss sich den Bolschewiki an. Leitete die Wachmannschaft im Taurischen Palais im Januar 1918, schickte die Delegierten der Verfassungsgebenden Versammlung nach Hause und beförderte damit praktisch deren Auflösung.

Schestow, Lew (1866–1938), Philosoph, Literaturwissenschaftler, seit 1920 in der Emigration.

Schidlowski, Sergej (1861–1922), Oktobrist, Duma-Abgeordneter, stellvertr. Vorsitzender der Staatsduma, emigrierte nach dem Oktoberumsturz.

Schingarjow, Andrej (1869–1918), Minister der Provisor. Regierung, am 7. Januar während eines Krankenhausaufenthaltes von Soldaten und Matrosen getötet.

Schneur, Wladimir (Deckname: Spez), führte im Namen der Bolschewiki Friedensverhandlungen mit den Deutschen, wurde kurz danach wegen langjähriger Mitarbeit bei der zaristischen Geheimpolizei Ochrana verhaftet.

Schoroch-Trotzki, Konstantin (1892–1937), Literat, Tolstoi-Forscher.

Schreider, Alexander (?–1930), linker Sozialrevolutionär, in der Regierung der Bolschewiki stellvertr. Volkskommisar für Justizwesen.

Schtschastny, Alexej (1881–1918), Kapitän, Chef der Baltischen Flotte ab Mai 1918, wegen Beteiligung an einer Verschwörung verhaftet und erschossen.

Schtscheglowitow, Iwan (1861–1918), Justizminister (1906–1915), letzter Vorsitzender des Staatsrats des russ. Imperiums (Anfang 1917), wurde während der Februarrevolution wegen Beteiligung am Fall Bejlis und an der Einführung militärischer Feldgerichte und körperlicher Bestrafung politischer Gefangener verhaftet. Zusammen mit anderen Ministern am 5. September 1918, im Zuge des Roten Terrors, öffentlich hingerichtet.

Schtschegoljow, Pawel (1877–1931), Literaturhistoriker, Historiker, arbeitete 1914 in Grshebins Zeitschrift *Otetschestwo* (Das Vaterland) mit.

Schtschetinin, Alexsej (1854–nach 1916), Anführer der Sekte „Zweig des Alten Israel".

Schulgin, Wassili (1878–1976), Politiker, Schriftsteller, Publizist, Führer des rechten Flügels der Duma, 1917 nahm er zusammen mit Alexander Gutschkow die Abdankung des Kaisers Nikolaus II. entgegen. Ab 1920 in der Emigration.
Schuwajew, Dimitri (1854–1937), seit 1916 Kriegsminister, trat 1918 in die Rote Armee ein, seit Ende der zwanziger Jahre im Ruhestand, 1936 erschossen.
Semjonow, Jewgeni (1861–1944), Publizist, Sensationsjournalist.
Semjonow, Grigori, Kosakenkriegsherr, übernahm nach dem Sturz Koltschaks die Führung der Weißen Armee.
Sensinow, Wladimir (1880–1953), Mitglied des ZK der Sozialrevolutionäre, Abgeordneter der Konstituierenden Versammlung. Er trat 1919 in die in Sibirien gegründete antibolschewistische Gegenregierung ein. Wegen Meinungsverschiedenheiten mit General Koltschak wurde er nach China ausgewiesen, lebte ab 1919 in Paris.
Serafimowitsch, Alexander (1863–1958), Schriftsteller.
Silotti, Alexander (1863–1945), Pianist, Dirigent, seit 1919 in der Emigration.
Sinowjew, Grigori (1883–1936), Bolschewik, seit Oktober 1917 Vorsitzender des Petrograder Sowjets, einer der Organisatoren des „Roten Terrors", in einem Schauprozess als Trotzkist verurteilt und erschossen.
Skalon, Wladimir (1872–1917), hochrangiger Militär, nahm an Friedensverhandlungen in Brest-Litowsk teil. Nach ihrem Abschluss am 16. September erschoss er sich.
Skobelew, Matwej (1885–1938), Menschewik, Duma Abgeordneter, Arbeitsminister in der Provisor. Regierung, nach dem Oktober 1917 Mitglied der Kommunistischen Partei und Mitarbeit in sowjetischen Institutionen, 1938 erschossen.
Skoropadski, Pawel (1873–1945), ab April 1918 Hetman in der von den Deutschen besetzten Ukraine, 1918 Flucht nach Berlin.
Skrjabin, Alexander (1871–1915), Komponist und Pianist, starb am 15. (27.) April 1915.
Slawinski, Maxim (1868–1945), ukrainischer Dichter, Publizist, Übersetzer, politischer Aktivist, lebte ab 1900 in Petersburg, gründete mit Gorki und anderen eine russländische radikal-demokratische Partei. Emigrierte nach Prag, arbeitete dort als Professor für westeuropäische Literatur, starb in sowjetischer Gefangenschaft.
Slobina, Jekaterina, Mutter des Dichters und Publizisten Wladimir Slobin (1894–1967). Slobin war Sekretär der Mereshkowskis und ging mit ihnen in die Emigration.
Slonimski, Leonid (1850–1918), Jurist, Publizist.
Slonimski, Nikolai (1894–1996), Musiker und Literaturkritiker; lebte ab 1923 in den USA, wurde dort ein bekannter Pianist, Komponist, Dirigent und Musikwissenschaftler.

Smirnow, Sergej (1883–?), Moskauer Großindustrieller, Mitglied der Progressisten-Partei, Mitarbeit in der 3. Koalitionsregierung.
Sobinow, Leonid (1872–1934), Sänger (lyrischer Tenor), 1897–1933 am Bolschoi-Theater.
Sokolow, Nikolai (1870–1928), Jurist, stand den linken Volkstümlern und später den Sozialdemokraten nahe, verteidigte Revolutionäre wie Ilja Bunakow-Fondaminski, war aktiv an der Februarrevolution beteiligt, Mitverfasser des Befehls Nummer 1, nach 1917 als Rechtsanwalt tätig.
Soldatenkow Nikolai, Geistlicher in der russischen Armee.
Sorin, Sergej (1890–1937), Vorsitzender des Petrograder Revolutionstribunals.
Sorokin, Pitirim (1889–1968), Soziologe, Sozialrevolutionär, 1917 persönlicher Sekretär Kerenskis, zwei Mal verhaftet, 1922 des Landes verwiesen.
Speranski, Valentin (?–1957), Philosophiehistoriker, Publizist.
Spiridonowa, Maria (1884–1941), linke Sozialrevolutionärin, seit 1920 mehrfach verhaftet und verbannt. Nach dem Überfall Hitlers auf die Sowjetunion erschossen.
Stassowa, Jelena (1873–1966), 1917–1920 Sekretär des ZK der Partei der Bolschewiki, Mitglied des Präsidiums der Petrograder Tscheka.
Steinberg, Isaak (1888–1957), Jurist, Publizist, Sozialrevolutionär, seit Dezember 1917 Volkskommissar der Justiz, forderte Beendigung der systematischen Unterdrückung von Personen, Organisationen und der Presse. Mehrere Male verhaftet, seit 1923 in der Emigration.
Steklow, Juri (1873–1941), Politiker, Historiker, Publizist, 1917 Mitglied des Exekutiv-Komitees des Petrograder Sowjets, ab 1917 Redakteur der *Iswestija* und anderer Presseorgane. Repressiert.
Stepanow, Wassili (1873–1920), Bergbauingenieur. Cousin der Hippius. Duma-Abgeordneter, starb unerwartet während der Schiffsüberfahrt von Konstantinopel nach Marseille.
Stepanowa, Sofja (=Sonja), eine Cousine der Hippius.
Stischinski, Alexander (1852–1922), Jurist, 1899–1904 stellv. Innenminister, Mitglied des Staatsrates (1904), ultrarechter Nationalist, seit 1916 Senator, Vorsitzender des Komitees zum Kampf gegen die deutsche Vorherrschaft in Russland. Zu Beginn der Februarrevolution verhaftet, emigrierte nach dem Oktoberumsturz.
Struwe, Pjotr (1870–1944), Politiker, Philosoph, Ökonom, Historiker, Publizist; in den neunziger Jahren des 19.Jh.s Theoretiker des „legalen Marxismus". Mitglied der Kadetten-Partei, Duma-Abgeordneter, 1917 Minister in der Weißen Regierung General Wrangels, seit 1920 in der Emigration.
Stürmer, Boris (1848–1917), seit 1904 Mitglied des Staatsrats, Vorsitzender des Ministerrats (Januar bis November 1916), Innenminister (März bis Juli 1916) und Außenminister (Juli bis November 1916), nach der Februarrevolution verhaftet, starb in der Peter-Pauls-Festung.

Stutschka, Pjotr (1865–1932), Mitglied der Sozialdemokratischen Partei, vom März bis August 1918 Stellv. des Volkskommissars für Justizwesen.
Suchanowa-Gimmer (Flaksermann), Galina (1888–1958), arbeitete im Sekretariat der Partei der Bolschewiki, in ihrer Wohnung wurde am 10. Oktober der Beschluss zum bewaffneten Aufstand gefasst.
Suchomlinow, Wladimir (1848–1926), 1909–1915 Kriegsminister, war wegen der schlechten Vorbereitung der russischen Armee für den Ersten Weltkrieg des Landesverrats angeklagt und im April 1916 in die Peter-Pauls-Festung eingesperrt. 1917 wurde er zu lebenslanger Haft verurteilt, nach seiner Freilassung aus Altersgründen 1918 ging er in die Emigration.
Suworin, Alexej (1834–1912), Journalist, Zeitungsverleger, Theaterkritiker, Dramatiker, Theaterleiter.
Suworin, Boris (1879–1940), Sohn des Buchverleger Alexej Suworin, Journalist, Zeitungsredakteur, Aktivist der Weißen Bewegung. Seit 1920 in Paris, wo er die Emigrantenzeitung *Russkoje wremja* (Russische Zeit) (1925–1929) herausgab.
Swerdlow, Jakow (1885–1919), Bolschewik, einer der Initiatoren des „Roten Terrors".
Sytin, Iwan (1851–1934), Großverleger.
Teffy, Nadeshda Alexandrowna (eigtl. Lochwizkaja, nach ihrer Heirat Buczyńskaja) (1872–1952), Schriftstellerin, Autorin satirischer Gedichte, Feuilletons, Erzählungen, Miniaturen. Ab 1919 in der Emigration, setzte ihr Schaffen erfolgreich in Paris fort.
Teljakowski, Wladimir (1861–1924), 1901–1917 Direktor der Kaiserlichen Theater, im März 1917 verhaftet, aber bald wieder freigelassen, gab die Theaterleitung auf, arbeitete als Kassierer auf einem Petrograder Bahnhof.
Tereschtschenko, Michail (1886–1956), Zuckerfabrikant, besaß einen eigenen Verlag („Sirin"), 1917 Finanzminister, danach Außenminister der Provisor. Regierung, nach dem Oktoberumsturz verhaftet, ging 1918 in die Emigration.
Ternawzew, Alexander (1866–1940), Geistlicher, Mitorganisator der „Religiös-philosophischen Gesellschaft", Mitarbeiter des Heiligen Synods, zu Sowjetzeiten mehrfach verbannt.
Tichonow, Alexander (1880–1956), russischer, später sowjetischer proletarischer Schriftsteller, arbeitete mit Gorki zusammen.
Timirjasew, Wassili (1849–1919), ehem. Minister der zaristischen Regierung, Großunternehmer und Financier, gehörte zur Kommission, die das Handelsabkommen mit Deutschland überprüfte.
Tolstaja, Sofja (1844–1919), Ehefrau Lew Tolstois und sein erster Biograph. Sie führte mit Tschertkow einen erbitterten Streit um das Erbe ihres Mannes.
Trepow, Alexander (1862–1928), Leiter des Ministeriums für Kommunikationswege, Vorsitzender des Ministerrats (November bis Dezember

1916), ab 1918 in der Emigration.

Tretjakow, Sergej (1882–1943), Kadett, Mitglied der Koalitionsregierung, emigrierte 1920.

Trotzki, Leon (1879–1940), Berufsrevolutionär, einer der Hauptorganisatoren des Oktober-Umsturzes 1917, Vorsitzender des Petrograder Sowjets, Mitbegründer der Roten Armee, 1927 aus der Partei ausgeschlossen, 1929 des Landes verwiesen, von dem mexikanischen Agenten des NKWD Ramón Mercader getötet.

Trubezkoi, Jewgeni (1863–1920), Fürst, Rechtswissenschaftler, Publizist, Religionsphilosoph, Mitbegründer der Kadetten-Partei.

Tschcheidse, Nikolai (1864–1915), Führer der Menschewiki, Duma-Abgeordneter, 1917 Vorsitzender des Petrograder Rats, ab 1918 Vorsitzender des Transkaukasischen Sejm, der Gründungsversammlung Georgiens, ab 1921 in der Emigration.

Tschchenkeli, Akaki (1874–1959), georgischer Politiker, Menschewik, Duma-Abgeordneter, nach dem Februar 1917 Vorsitzender der Republik Transkaukasien, 1931–1933 ihr Botschafter in Frankreich, nach Anerkennung der Sowjetunion durch Frankreich Emigrant.

Tschelnokow, Michail (1863–1935), leitender Funktionär in der Kadetten-Partei, Duma-Abgeordneter, von Nov. 1914 bis März 1917 Moskauer Stadtoberhaupt, seit 1919 in der Emigration.

Tschernow, Viktor (1873–1952), Mitbegründer und Theoretiker der Partei der Sozialrevolutionäre,1917 Landwirtschaftsminister der Provisor. Regierung. Am 5. (18.) Januar 1918 zum Vorsitzenden der Konstituierenden Versammlung gewählt, ab 1920 in der Emigration.

Tschertkow, Wladimir (1854–1936), Publizist, Verleger, Führer der Bewegung der Tolstojaner.

Tschigajew, Nikolai (1859–?), Arzt, behandelte die Tuberkulose von Sinaida Hippius.

Tschiniselli – Familie von italienischen Zirkusartisten und Unternehmern, die seit 1869 in Russland lebte. Der Begründer der Dynastie Gaetano Tschiniselli (1815–1881) errichtete 1877 in St. Petersburg ein stationäres Zirkusgebäude.

Tschitscherin, Georgi (1872–1936), von 1918–1930 Volkskommissar für äußere Angelegenheiten.

Tschukowski, Kornej (1882–1969), Literaturwissenschaftler, Kritiker, Kinderbuchautor.

Tugan-Baranowski, Michail (1865–1919), Ökonom, Historiker, Vertreter des „legalen Marxismus", von Ende 1917 bis Anfang 1918 Finanzminister des Ukrainischen Zentralrats.

Tumanow, Georgi (1856–1918), Fürst, General der zaristischen Armee im Ersten Weltkrieg, schloss sich nach 1917 der Weißen Bewegung in Südrussland an, von Bolschewiki getötet.

Üxkül von Hildebrand (1850–1928), Baronin, Schriftstellerin, Verlegerin, führte in Petersburg einen berühmten Salon, seit 1922 in der Emigration.
Urizki, Moisej (1873–1918), Bolschewik, seit März 1918 Vorsitzender der Petersburger Tscheka, von dem Sozialrevolutionär Leonid Kannegießer getötet. Als Vergeltung töteten die Bolschewiki in Petersburg 900 Geiseln.
Urusow, Wladimir (1862–1937), Abgeordneter der I. Duma, Kadett, in der Provisor. Regierung stellv. Innenminister.
Watson, Maria (1848–1932), Schriftstellerin, Braut des dekadenten Modedichters Semjon Nadson.
Weininger, Otto (1880–1903), österreichischer Philosoph, Autor des Buchs „Geschlecht und Charakter" (1903), mit dem sich S. Hippius kritisch auseinandersetzte.
Wells, Herbert G. (1866–1946), englischer Science-Fiction-Autor, besuchte Russland 1914, 1920 und 1932.
Werchowski, Alexander (1886–1938), Militärhistoriker, von September bis Oktober 1917 Kriegsminister, Generalmajor, ab 1919 in der Roten Armee, ab 1921 Lehrtätigkeit.
Williams, Harold (1876–1928), bis 1918 Korrespondent der englischen *Times* in Petrograd.
Wilson, Thomas Budrow (1856–1924), Präsident der Vereinigten Staaten (1913–1921) (Demokratische Partei). Nach Beginn des Ersten Weltkriegs versuchte er als Vermittler zwischen den europäischen Mächten aufzutreten. 1917 bemühte er sich um eine Zusammenarbeit mit der Provisorischen Regierung Russlands, er wollte eine Vereinigung „der beiden größten Demokratien der Welt" schaffen, Träger des Friedensnobelpreises 1920.
Wladimir, Metropolit von Kiew und Galizien (1848–1918), Mitglied des Heiligen Synods, von roten Truppen im Kiewer Höhlenkloster ermordet.
Wodowosow, Wassili (1864–1933), Publizist, ab 1922 Mitarbeit im Verlag Grshebins in Berlin, Emigrant seit 1926, verübte Selbstmord.
Wojejkow, Wladimir (1868–1947), Generalmajor, Kommandant des Winterpalais, befand sich von März bis September 1917 in der Peter-Pauls-Festung in Gefangenschaft, ab 1919 in der Emigration.
Woitinski, Wladimir (1885–1960), Bolschewik, Publizist, näherte sich in der Verbannung 1912 den Menschewiki an, unterstützte 1917 die Provisor. Regierung, seit Oktober 1917 Kommissar an der Nordfront. War an der Vorbereitung des Feldzugs von General Krasnow auf Petrograd beteiligt, wurde am 1. November verhaftet. Reiste nach seiner Freilassung im Januar 1918 nach Georgien aus, seit 1921 in der Emigration.
Wolf-Israel, Jewgenija (1897–1975), Schauspielerin.
Wolkowysski, Nikolai (1881 bis nicht vor 1940), Journalist, Mitorganisator des „Hauses der Literaten" in Petrograd, 1922 aus Russland ausgewiesen.
Wolodarski, W. (eigtl. Moisej Goldstein, 1891–1918), Teilnehmer am

bolschewistischen Umsturz, Kommissar für Presse und Propaganda in Petrograd, von einem Sozialrevolutionär erschossen.

Wyrubowa, Anna (1884–1964), Hofdame und persönliche Freundin der Kaiserin Alexandra Fjodorowna, Vermittlerin zwischen der Zarenfamilie und Grigori Rasputin, ab 1920 in der Emigration.

Zereteli, Irakli (1881–1959), Führer der Menschewiki, Abgeordneter der II. Duma; 1917 Minister für Post- und Telegrafenwesen der Provisor. Regierung, 1918 Minister in der Regierung Georgiens, ab 1921 in der Emigration.

Anmerkungen

S. 4 *Das Reich des Antichrist* – Das Buch ist eine Sammlung von Artikeln, Erinnerungen und Tagebüchern, das die vier Mitglieder der „Familie" Mereshkowski – Sinaida Hippius, Dmitri Mereshkowski, Dmitri Filossofow und Wladimir Slobin nach ihrer Flucht aus Russland 1921 veröffentlicht haben. Hier publiziert Sinaida Hippius den letzten Teil ihres Tagebuchs (Juni bis Dezember 1919), den sie mit ins Ausland schmuggeln konnte. Das Buch erschien auf Deutsch 1921 in München unter dem Titel „Der Bolschewismus, Europa und Russland".

S. 7 *... alten Stils* – Im Februar 1918 wurde in Sowjetrussland die Zeitrechnung vom Julianischen auf den in Europa üblichen Gregorianischen Kalender umgestellt. Dabei werden 13 Tage hinzugezählt. S. Hippius behielt in ihrem Tagebuch die alte Zeitrechnung bei.

S. 9 *Nein, „er" wird nicht von kurzer Dauer sein* – Die Autorin spielt hier auf eine Äußerung des Kriegsminister Wladimir Suchomlinow an, der auf eine Frage nach der voraussichtlichen Dauer des Krieges, antwortete: „Er wird kurz sein."

S. 11 *Preobrashensker Bataillon* – Es handelt sich um eines der ältesten Regimenter des Russischen Reichs; es stellte die Leibgarde des Zaren, Teile des Regiments waren aktiv an der Februarrevolution beteiligt, nach dem Oktober 1917 wurde es aufgelöst, im Rahmen der Weißen Armee im Süden neu formiert.

S. 13 *Offiziell „Petrograd" genannt* – Die Umbenennung von Petersburg in Petrograd erfolgte am 18. August 1914.

S. 14 *Polen aber ist gespalten und an zwei Kreuze geschlagen* – Russland hat durch seine engstirnige Nationalitätenpolitik Polen die Autonomie verweigert und deshalb die russenfreundlichen Kräfte (Roman Dmowski) innerhalb Polens zur Abkehr von Russland veranlasst, die Mittelmächte hingegen unterstützten die Autonomiebestrebungen Polens, das 1916 nach mehr als einhundert Jahren Fremdherrschaft seine staatliche Souveränität wiedererlangte.

Feiertag der „Vorboten der Freiheit" – Es handelt sich um den Jahrestag des gescheiterten Aufstandes einer liberalen Elite junger Adliger gegen den Zaren vom 14. Dezember 1825, dem S. Hippius mehrere Gedichte widmete.

S. 24 *... dass er Sozialdemokrat war* – Gorki war im Juni 1905 in die Russische Sozialdemokratische Arbeiterpartei eingetreten.

S. 27 *... für den Druck auch unmöglich* – Das Buch von Tschertkow erschien erstmals 1922 unter dem Titel *Tolstois Flucht*.

S. 29 *... als die Konstitutionellen Demokraten zum ersten Mal bewusst die Regierung deckten* – Der Vorwurf war nicht ganz berechtigt. Tatsächlich erklärte der Vorsitzende der Kadetten-Partei Pawel Miljukow während der Januar-Sitzung 1915, der Kriegsminister Suchomlinow täusche die Duma.

S. 34 ... *sein Programm* – Das Programm des Blocks wurde am 26. August 1915 veröffentlicht. Es sollte die Aktivitäten der liberalen Parteien und der Regierung in Übereinstimmung bringen. Der Block hatte zum Ziel, der Niederlage im Krieg zuvorkommen, einen Staatswechsel zu verhindern, die Lage im Land durch Annäherung der Duma und der gesellschaftlichen Organisationen zu stabilisieren und die Verbindung zur Armee herzustellen.

„*Sinnlose Träumereien!*" – S. Hippius spielt hier auf eine Rede von Nikolaus II. an, der bei einem öffentlichen Auftritt im Januar 1895 gesagt hatte: „Ich habe erkannt, dass in der letzten Zeit in einigen Semstwos (Landverbänden) Stimmen laut geworden sind, die sich von sinnlosen Träumereien von der Teilnahme von Semstwo-Mitgliedern an der inneren Führung haben hinreißen lassen. Jeder soll wissen, dass ich die Institution des Absolutismus ebenso unabänderlich verteidigen werde wie mein Vater."

S. 38... *der Zar selbst ist an die Front gefahren* – Am 6. August berichtete Kriegsminister A. Poliwanow in einer geschlossenen Sitzung des Ministerrats von der Entscheidung Nikolaus II., den Hauptkommandierenden Großfürst Nikolai Nikolajewitsch seines Amtes zu entheben. Diesen Posten bekleidete ab 23. August 1915 der Zar selbst.

S. 40 „*Und da wird der Herr unerbittlich*" – Zitat aus Mereshkowskis Abhandlung: „Lew Tolstoi und Dostojewski. Leben und Schaffen (1900–1902)"

S. 41 *Schwarzhunderter* – Sammelname für ultranationalistische, monarchistische Gruppierungen mit starker antisemitischer Ausprägung, die seit der Jahrhundertwende revolutionäre Bewegungen in Russland aktiv bekämpften.

Da habt ihr euer „Zar-Grad" – Traum der Slawophilen war es, Istanbul, die ehemalige Hauptstadt des byzantinischen Reichs Konstantinopel von den Türken zurückzuerobern und als „Zaren-Stadt" (Zar-Grad) zum Zentrum des russisch-orthodoxen Reichs zu machen.

S. 42 ... *fasste er endgültig Fuß* – Im Juli 1914 verübte die Schneiderin Feonia Gussewa aus Zarizyn im Dorf Pokrowskoje im Rahmen einer religiös motivierten Verschwörung ein Attentat auf Rasputin, das aber misslang.

Retsch – (russ.) Die Rede; Sankt-Petersburger Tageszeitung, Zentralorgan der konstitutionell-demokratischen Partei (1906–1917); nach den Oktoberereignissen wurde sie eingestellt.

S. 44 *Prisyw* – (russ.) Appell; Pariser Zeitschrift der Sozialrevolutionäre (1915–1916), die den Ersten Weltkrieg befürwortete.

S. 45 *Andrej Bely, Borja Bugajew, zum Beispiel, der gerade in der Schweiz* *bei Steiner zugrunde geht* – Andrej Bely war ein begeisterter Anhänger der Lehren des Anthroposophen Rudolf Steiner, was S. Hippius missbilligte.

S. 49 *Bei den mit Dima verwandten Generälen* – In Filossofows Familie gab es eine Reihe hochrangiger Militärführer und Generäle.

Lebt wohl, ihr Lieben – Zu Beginn des Ersten Weltkriegs bei den russischen Rekruten beliebtes Lied.

S. 51 „*Besinnt Euch*" – Titel eines Artikels von Lew Tolstoi, den er anlässlich des Russisch-Japanischen Krieges 1904 kurz nach dem Besuch der Mereshkowskis in Jasnaja Poljana verfasst hatte. Der Artikel rief heftige Polemiken hervor und brachte dem Autor den Vorwurf des „Vaterlandsverrats" ein.

S. 53 „*Die Romantiker*" – Die Premiere von Mereshkowskis Stück fand am 21. Oktober 1916 in der Inszenierung W. Meyerholds statt. Das Stück rief ein lebhaftes und widersprüchliches Echo in der Presse hervor.

S. 54 ... *dass Grischka Chwostow durch Protopopow ersetzt hat, hat in Zarskoje großen Gefallen gefunden* – Nikolaus II. hatte auf Bitten der Kaiserin Alexander Protopopow zum Minister ernannt.

S. 58 ... *eine Dienstreise nach England* – A. Protopopow führte eine Delegation des Staatsrats an, die sich vom 22. April bis zum 7. Mai 1916 in England aufhielt, mit dem Ziel, Russland in den Augen der Verbündeten zu rehabilitieren. Nach der Rückkehr wurden Gerüchte laut, dass Protopopow angeblich eine Unterredung mit einem Agenten der deutschen Regierung geführt habe.

„*Zerrspiegel*" – bekanntes Petersburger Miniaturentheater und Kabarett (1909 gegründet).

Saal des Gelben Hauses – So wurden in Russland umgangssprachlich die Irrenhäuser genannt, da ihre Innenwände häufig gelb angestrichen waren, was zur Beruhigung der Patienten dienen sollte.

außergewöhnlich scharfe Rede – Der Text der Rede, gehalten am 1. November 1916, erfuhr eine weite Verbreitung unter dem Titel „Dummheit oder Verrat" wegen der häufig sich wiederholenden rhetorischen Frage „Was ist das? Dummheit oder Verrat?". Ziel der Rede war es, das Publikum von der Richtigkeit der Gerüchte über Verhandlungen mit Deutschland über einen Separatfrieden zu überzeugen und gleichzeitig die Amtsenthebung des Außenministers Stürmer, der für seine germanophilen Ansichten bekannt war, zu betreiben.

S. 62 ... *ist es nicht ein Serowski?* – Gemeint ist das von Valentin *Serow* geschaffene „Porträt Nikolaus II. in der grauen Uniformjacke des Preobrashensker-Regiments" (1900). Die ursprüngliche Variante wurde 1917 von Bajonetten aufgeschlitzt. Erhalten geblieben ist die Fassung des Künstlers aus demselben Jahr (Tretjakow-Galerie).

Berdjajews Buch – Es handelt sich um das Buch „Der Sinn des Schaffens" (Moskau 1916), in dem der Religionsphilosoph Nikolai Berdjajew den

orthodoxen Modernismus der Mereshkowskis kritisierte.
die halbbarbarische Sekte der „Tschemrjaken" – S. Hippius meint die Sekte „Zweig des Alten Israel" mit ihrem Anführer A. Schtschetinin.
S. 63 ... *dass es SIE (die Revolution) gibt und nicht ein alles hinwegfegendes Es* – SIE ist eine Anspielung auf das Bild der Revolution im Roman des revolutionär-demokratischen Publizisten Nikolai Tschernyschewski *Was tun?* (1863). ES ist das Symbol der Zerstörung im Buch des Satirikers Michail Saltykow-Schtschedrin *Die Geschichte einer Stadt* (1869–1870).
S. 65 *Mord am betrunkenen Grischka* – Rasputin wurde am 16./17. Dezember 1917 von Verschwörern ermordet, die seinen Einfluss als vernichtend für die Monarchie ansahen. Organisiert wurde die Verschwörung von W. Purischkewitsch, beteiligt waren Großfürst D. Romanow, F. Jussupow und andere.
S. 67 *die gesamte Allerhöchste Familie beerdigte Grischka in Zarskoje Selo* – Rasputin wurde an den Mauern der Fjodorowski-Gosudarew-Kathedrale nahe dem Alexandrow-Palais in Zarskoje Selo begraben.
S. 68 *Brief Miljukows* – Der Brief wurde in der Zeitung *Retsch* am 10. Februar 1917 veröffentlicht. Darin war die Bitte um Unterstützung seitens der Arbeiter für die vor der Eröffnung stehende Duma enthalten. Dies wurde von vielen als Aufruf zu einer Demonstration gegen die Regierung bewertet.
Inhaftierung von Arbeitern aus dem Militär- und Industriekomitee – Eine Gruppe von Arbeitern des Komitees wurde in der Nacht vom 26. zum 27. Januar verhaftet. Sie wurden beschuldigt, für den Tag der bevorstehenden Demonstration anlässlich der Eröffnung der Duma-Sitzung einen bewaffneten Aufstand vorbereitet zu haben.
Monophysiten – Eine christologische Sekte, die im V. Jahrhundert gegründet und von der Kirche während des Allgemeinen Konzils von Chalcedon (451) verurteilt wurde. Sie verurteilte die Zweinaturenlehre Christi und sah in Christus nur eine verkörperte göttliche Natur.
S. 73 *„Der Streunende Hund"* – Berühmtes Petersburger Literatur- und Künstlercafé (1912–1916).
Ein Anhänger der Chlysten-Sekte – Die religiöse Sekte der Chlysten (Geißler) entstand in Russland Ende des 17./Anfang des 18. Jh.s.
„Erzengel" in Filzstiefeln – Wahrscheinlich ist der Dichter Sergej Jessenin gemeint, der 1915 nach Petrograd kam, wo er sich mit Nikolai Kljujew anfreundete. Die Dichter liefen, um Aufmerksamkeit zu erregen, in Bauernkleidung herum und traten auf Abenden der Volkspoesie auf, u.a. auch im Kabarett „Der Streunende Hund".
Heute Unruhen – Am 23. Februar 1917 streikten 87 000 Arbeiter in 50 Betrieben. Am selben Tag wurde der Internationale Frauentag gefeiert, was in Massendemonstrationen und Unruhen ausartete.
S. 74 *Die Unruhen gehen weiter* – Am 24. Februar streikten 197 000 Arbeiter.

S. 75 *Das Frühstück kam zustande* – Der Empfang in der französischen Botschaft fand am 8. Februar statt.

S. 79 *Semschtschina* – (russ.) Landvolk; die radikal monarchistische Zeitung erschien in Petersburg von 1909 bis 1917.
Christianskoje tschtenie – (russ.) Christliche Lektüre; religiöse Monatszeitschrift.

S. 80 „*Senioren-Konvent*" – Ältestenrat, Versammlung der Vertreter von Gruppen und Parteien auf Kongressen und Parlamenten.
Irgendwo findet der „Rat der Arbeiterdeputierten" statt. – Am 26. Februar wurde von den Abgeordneten der sozialistischen Parteien der Duma der Beschluss gefasst, Räte (Sowjets) zu bilden. Die erste Sitzung wurde für den 27. Februar im Sitzungssaal des Taurischen Palais ohne Abstimmung mit dem Präsidium der Staatlichen Duma festgesetzt.

S. 81 „*Maskenball*" – Drama von Michail Lermontow; es lief 1917 mit großem Erfolg auf der Bühne des Alexandrinski-Theater in der Inszenierung von Wsewolod Meyerhold.

S. 85 *Utro Rossii* – (russ.) *Russlands Morgen*; Moskauer gesellschaftspolitische und literarische Zeitung, 1907 und 1909–1918; vom 17. April bis zum 6. Juli 1917 erschien sie unter dem Namen „Russlands Morgendämmerung".

S. 86 *Angeblich habe ein Kampf auf dem Ismailowski-Prospekt begonnen* – Am 26. Februar wurden auf dem Ismailowski-Prospekt in Petersburg friedliche Bürger erschossen.

S. 93 *wegen dessen Abdankung* – Die Abdankung von Nikolaus II. wurde „zur Rettung der Monarchie" und der zarentreuen Offiziere vorbereitet. W. Schulgin und A. Gutschkow begaben sich ohne öffentliche Bekanntgabe am 2. März 1917 nach Pskow. Sie hatten einen eigenen Text für die Abdankung zugunsten des Thronfolgers Alexej Nikolajewitsch vorbereitet. Nikolaus II. dankte für sich selbst und für Alexej zugunsten seines Bruders ab.

S. 94 *er sei angeblich von selbst gekommen, um sich verhaften zu lassen* – Am 28. Februar 1917 erschien A. Protopopow freiwillig im Taurischen Palais, das sich in ein „großes Polizeirevier" verwandelt hatte. Seinem Bekenntnis zufolge hielt er die Qualen der Angst nicht aus und zog es vor, sich unter den Schutz der Staatlichen Duma zu stellen.

S. 95 *Rodsjanko und Gutschkow haben sich am Morgen auf den Nikolajewski-Bahnhof begeben, um zum Zaren zu fahren* – M. Rodsjanko war es am 1. März nicht gelungen, zum Zaren vorzudringen, da die Eisenbahnarbeiter ihn nicht durchließen. Deshalb schlug A. Gutschkow vor, den Sozialisten die Initiative aus den Händen zu nehmen und heimlich zu fahren.

S. 96 „*Pugatschowerei*" – Anspielung auf den Aufstand des Kosakenführers Jemeljan Pugatschow, der 1773–1775, zur Herrschaftszeit Katharinas

II., das Russische Reich in seinen Grundfesten erschüttert hatte.
Doch Gorki steht voll unter dem Einfluss seiner Gimmers und Tichonows –
S. Hippius war überzeugt, dass das politische Credo Gorkis unter dem Einfluss der Menschewiki (Nikolai Gimmer und Alexander Tichonow) formuliert worden war, die mit ihm in den Zeitschriften *Letopis* (Jahresschrift, 1915–1917) und *Nowaja shisn* (Neues Leben) (1917–1918) zusammengearbeitet hatten.

S. 98 „*Befehl für die Garnison Nr. 1*" – Der berühmte Befehl Nummer 1 wurde vom Petrograder Rat der Arbeiter- und Soldaten-Deputierten am 2. März 1917 zur Demokratisierung der Armee in etwa 9 Millionen Exemplaren in der Petersburger Garnison verteilt. Den Soldaten wurden zivile Rechte verliehen, die Räte wurden Soldaten-Abgeordneten gesetzlich legitimiert und den Offizieren das Recht auf Titel aberkannt.

S. 98 *Grshebin stellt die Iswestija der Arbeiter-Deputierten zusammen* – Über die Mitwirkung des Verlegers und Künstlers Sinowi Grshebin an dieser Ausgabe der *Iswestija* gibt es keine bestätigenden Zeugnisse.

S. 99 *Kabinett gewählt* – Am 2. März wurde die Besetzung des Ministerkabinetts der Provisorischen Regierung verkündet: Georgi Lwow (Vorsitzender des Kabinetts und Innenminister), Pawel Miljukow (Außenminister), Alexander Gutschkow (Militär- und Marineminister), Nikolai Nekrassow (Verkehrsminister), Alexander Konowalow (Industrie und Handel), Michail Tereschtschenko (Finanzen), Alexander Manujlow (Bildung), Wladimir Lwow (Oberprokuror des Hl. Synods), Andrej Schingarjow (Landwirtschaft), Alexander Kerenski (Justiz), Iwan Godnjew (Kontrolleur).

S. 104 „*Alexander Fjodorowitsch ist zur lebendigen Verkörperung des revolutionären und des staatlichen Pathos geworden*" – Zitat aus Dmitri Filossofows Tagebuch vom 4. März 1917. S. Hippius bedient sich häufig der Tagebucheintragungen ihres Freundes Dima.

S. 106 „*Die Engel singen im Himmel, und die Standarte der Provisorischen Regierung weht umher.*" – Ironische Anspielung auf ein Zitat aus Nikolai Gogols Komödie *Der Revisor*, wo der Hauptheld die Situation in dem korrupten Provinznest, in das er geraten ist, mit den Worten beschreibt: „Das Leben, mein lieber Freund, fließt in Empirien dahin – viele Damen, die Musik spielt, die Standarte weht umher."

S. 109 *Es wurde ein Komitee der „Ästheten" zur Zügelung der Revolution gewählt* – Am 4. März 1917 wurde in Gorkis Wohnung auf dem Kronwerski-Prospekt eine Kommission für Kunstangelegenheiten gegründet. Ihr gehörten der Sänger F. Schaljapin, die Maler A. Benois, M. Dobuschinski, K. Petrow-Wodkin, N. Rerich und I. Fomin an.

S. 113 *Selski westnik* – (russ.) Landbote; Petersburger Wochenzeitung (1881–1918), behandelte Landwirtschaftsfragen und allgemeine gesellschaftspolitische Probleme.

Kopejka – (russ.) Kopeke; populäre gesellschaftspolitische Zeitung, erschien in Petersburg von 1908 bis 1918.
Trischka-Lenin – Anspielung auf die Krylowsche Fabel „Trischkas Kaftan", in der ein Junge einen schadhaften Ärmel repariert, indem er den ganzen Ärmel abschneidet. Es geht um unangemessene Anwendung von Mitteln bei der Schadensbekämpfung.
S. 114 *Der Zar ist verhaftet worden* – Nikolaus II. wurde zusammen mit seiner Familie am 8. März verhaftet und am 17. Juli 1918 in Jekaterinburg erschossen.
Die Begräbnisse auf dem Schlossplatz wird es wohl nicht geben – Der Beschluss, die gefallenen Revolutionäre zu beerdigen, ging vom Petrograder Rat aus. Gorki und Schaljapin von der Kommission für Kunstangelegenheiten befürworteten im Petrograder Rat den Abbruch der Grabungen auf dem Schlossplatz und wandten sich schließlich an Kerenski. Das Begräbnis fand am 23. März 1917 auf dem Marsfeld statt.
S. 117 *Doch seine linke Hand haben „Dummköpfe und Verräter" fest umklammert, und die rechte hält Miljukow mit seinem „siegreichen Ende" fest.* – S. Hippius bezieht sich auf die erste Regierungsbildung (2. März bis 5. Mai 1917). Kerenski benennt seine außenpolitische Position im „Regierungsappell" vom 6. März: „Hinführung des Krieges zu einem siegreichen Ende", „die uns mit anderen Staaten verbindenden Bündnisse bewahren und die mit den Verbündeten abgeschlossenen Verträge unbeirrt erfüllen".
S. 118 *Kapitän Kopejkin* – legendäre Figur aus dem Roman Die *toten Seelen* (1842) von Nikolai Gogol. Von ihm wird berichtet, dass er als Kriegsinvalide vergeblich um seine Pension kämpfte, dann im Nichts verschwand und offenbar sein Leben als Räuber fristete.
Rabotschaja gaseta – (russ.) Arbeiterzeitung; Petersburger gesellschaftspolitische Zeitung der Menschewiki (1917–1918), die auch unter verschiedenen anderen Namen erschien.
S. 119 *Man machte sich daran, ihn zu verbrennen, was lange dauerte* – Die Verbrennung von Rasputins Leichnam im Wald von Pargolow (20 Kilometer von Petrograd) zog sich zehn Stunden hin.
Russkaja wolja – (russ.) Russische Freiheit; Liberal-demokratische Zeitung, gegründet im April 1916, geschlossen im Oktober 1917.
Die bolschewistische Prawda hingegen ist ausverkauft. Nach langem Verbot erschien die Zeitung am 5. März 1917.
S. 120 *Sytins Roman mit Gorki* – Gorki sicherte sich im März 1917 die Unterstützung des Verlegers Iwan Sytin für die Herausgabe seiner Zeitung *Nowaja shisn* (Neues Leben).
… er solle Sensinows und nicht Gorkis Zeitung unterstützen – Gemeint ist *Delo naroda* (Die Sache des Volkes), das Parteiorgan der Sozialrevolutionäre (im russischen korrekt: Sozialistenrevolutionäre); die Zeitung erschien in Petersburg vom März 1917 bis 1919 unter verschiedenen Namen.

S. 122 *Er bat Dmitri, eine Broschüre über die Dekabristen zu schreiben* – D. Mereshkowskis Artikel „Vorboten der Freiheit" erschien in der Zeitschrift *Niwa* (Die Flur, 1917, Nr. 16–17) mit einer Widmung für Kerenski, „dem Fortführer des Werks der Dekabristen". S. Hippius nahm aktiven Anteil am Verfassen des Artikels: „Immerzu habe ich mit diesen „Dekabristen" für Kerenski zu tun. Ich habe meine Gesundheit eingebüßt."

S. 127 *Kartaschow ist natürlich Lwows „Stellvertreter" geworden* – Anton Kartaschow wurde Stellvertreter des Oberprokurors des Synods im März 1917 und nahm nach der Demission Lwows (Lwow emigrierte nach dem Oktoberumsturz) dessen Posten als Oberprokuror an.

S. 128 „*ochlokratische* Angst – Ochlokratie – (altgriech.) Macht des Pöbels.

S. 131 *Er ist dort im Semsojus* – Der Dichter Alexander Block wurde im Juli 1917 eingezogen und diente in einer Ingenieur- und Konstrukteurabteilung des Verbandes der Landstände und Städte (Semsojus). Ab März 1917 war er Mitarbeiter in der Außerordentlichen Strafverfolgungskommission, die sich mit Verbrechen des Zarenregimes befasste.

Russland brauche die Meerengen und Konstantinopel – 1915 und 1916 hatte Miljukow in einer Reihe von Artikeln den Gedanken verteidigt, dass eine strenge Kontrolle der Passage von Kriegsschiffen der Küstenanrainerstaaten unumgänglich sei. Er war der Ansicht, eine einfache Neutralisierung der Meerengen und die internationale Verwaltung Konstantinopels würden die Interessen Russlands nicht sichern. Die Gegner der Expansionspolitik nannten ihn „Miljukow von den Dardanellen".

S. 132 *... hatte Dmitri in Den (Der Tag) einen Artikel mit dem Titel „Der 14. März" untergebracht* – *Den* war eine Petersburger linksliberale Tageszeitung (1912–1918), seit Juni 1917 Organ der Menschewiki. Der Artikel erschien am 23.3.1917. Er unterstützte den Appell des Petrograder Rats vom 14. März an die „Völker der ganzen Welt", der „zum entschlossenen Kampf mit den Eroberungsbestrebungen der Regierungen aller Länder" aufrief. Mereshkowski nannte darin den 14. März „einen der größten Tage der russischen Revolution" und mahnte Regierung und Rat zur Einheit. „*Überwacher*" – so nannte Kerenski die Mitglieder des Rats der Arbeiter- und Soldatenräte.

S. 133 „*Pöbel im Anmarsch*" – In seinem Artikel betrachtete Mereshkowski Lenin als Verkörperung der heraufziehenden Macht des Pöbels.

S. 134 *Die Begräbnisse der „Opfer" haben auf dem Marsfeld stattgefunden* – Auf dem Marsfeld wurden 180 Teilnehmer der Februarrevolution beerdigt.

Eine Katastrophe wie auf dem Chodynkafeld blieb aus – Im Mai 1896 wurden bei der Krönung des Zaren auf dem Chodynkafeld in Moskau mehr als 3000 Menschen zu Tode getrampelt.

S. 138 *... gab es die lang erwartete, verspätete Regierungserklärung zum Krieg* – „Über die Aufgaben des Kriegs" (27. März 1917).

S. 141 *Die ausländische „Note"* – Eine Note an die Staaten der Entente vom 19. April 1917 wurde von P. Miljukow vorbereitet, wie auch S. Hippius vorgeschlagen hatte. Sie enthielt den Text der Deklaration der Provisorischen Regierung vom 27. März 1917 und Kommentare, die die Treue Russlands zu den Bündnisverträgen unterstreichen sollten.

S. 144 *The right man in the right place, wie die klugen Engländer sagen.* – Ausspruch des amerikanischen Präsidenten Thomas Jefferson (aus einem Brief an E. Shipman vom 12. Juli 1801)

Diese haben für den 10. Juni eine bewaffnete Demonstration anberaumt – Die Initiative zu einer friedlichen Antikriegsdemonstration ging von den Anarcho-Kommunisten aus und wurde von 2000 Soldaten des Ismailow-Regiments unterstützt. In der Nacht vom 9. zum 10. Juni wurde jedoch entschieden, der Resolution des Rätekongresses zuzustimmen und die Demonstration abzusagen.

S. 147 *Am 18. Juni begann unsere Offensive im Südwesten* – Es handelt sich um die letzte große Offensive, die von der Provisorischen Regierung auf Drängen der Alliierten gestartet wurde. Den russischen Truppen unter dem Armeechef Brussilow gelang zunächst ein Durchbruch der deutschen Front in Richtung Lemberg, doch nach wenigen Tagen wurden die Russen zurückgeschlagen, massenhafte Desertation und Demoralisierung der kriegsmüden Soldaten trugen entscheidend zu der Niederlage bei. Die Offensive und ihr Scheitern bedeutete eine wesentliche Schwächung der Provisorischen Regierung und ermunterte die Bolschewiki zu ihrem Juli-Aufstand.

… machten die Bolschewiken den zweiten Versuch einer Kundgebung – Am 18. Juni verlief die Feier der Solidarität und des Friedens unter den Losungen der Bolschewiki. Doch die Parteiführer hielten die Kundgebung für verfrüht.

S. 148 *Auch Lwow ist gegangen* – Der Vorsitzende des Ministerrats und Innenminister Georgi Lwow trat am 7. Juli 1917 zurück und begab sich ins Kloster Optyna Pustyn.

S. 149 *… bei einem Abend der Freiheitsmesse* – Die Freiheitsmesse wurde von der Provisorischen Regierung organisiert. Am 5. Mai fanden „fliegende Konzerte" statt, und am Abend im Marinski-Theater ein Konzert-Meeting.

S. 150 *Er ist nun Kommissar der 7. Armee* – Boris Sawinkow wurde von Kerenski im Mai 1917 zum Kommissar ernannt, im Juli wurde er Kommissar der gesamten Süd-West-Front.

S. 151 *Die Kadetten sind gegen die Deklaration vom 8. Juli* – Die zweite Deklaration der Regierung erweiterte die Erklärung vom 5. Mai 1917. Sie war unterschrieben von fünf sozialistischen Ministern: Kerenski, Zereteli, Skobelew, Peschechonow, Tschernow. Ihre Ziele waren: Einberufung der Konstituierenden Versammlung, Gesetzgebung, Kampf gegen den Hunger.

S. 151 *sein Stellvertreter („Leiter der Militärbehörde") ist faktisch unser Boris Sawinkow* – Sawinkow wurde am 26. Juli 1917 von Kerenski zum Stellvertreter des Kriegs- und Marineministers ernannt.

S. 152 *Einführung der Todesstrafe an der Front* – Die Todesstrafe an der Front wurde auf Verlangen Kornilows am 11. Juli 1917 eingeführt (Befehl Nr. 3911).

Die Bolschewiken [...], wie z. B. Lunatscharski sind verhaftet worden – A. Lunatscharki, L. Trotzki und N. Krylenko wurden am 23. Juli wegen verbrecherischer Agitation im Hinterland und den Reihen der Einsatzarmee verhaftet.

Narr vom Typus Chlestakows – Der Hauptheld in Nikolai Gogols Roman *Die toten Seelen*.

S. 156 *Ich hielt es für meine Pflicht, meinen Rücktritt einzureichen* – Der Grund für den Rücktritt Sawinkows war, dass Kerenski den Gesetzesentwurf, der von Kornilow und Sawinkow vorbereitet worden war und in dem auf die unbedingte Einführung militärischer Revolutionsgerichte im Hinterland hingewiesen wurde, nicht unterschrieben hatte.

S. 160 *Von uns hat sich Wolja naroda (Volksfreiheit) abgespalten* – Literarisch-politische Zeitung (Petrograd 1917, Dezember); wegen scharfer Ausfälle gegen die Bolschewiki wurde sie im November 1917 verboten und konnte dann noch von April bis November 1917 unter anderen Namen erscheinen.

S. 161 *... umringt von seinen bulligen Tekinzen* – Am 10. August 1917 hielt sich Kornilow in Petrograd in Begleitung von Leibwächtern aus dem Tekinschen Regiments auf, das sich hauptsächlich aus Turkmenen zusammensetzte.

S. 166 *Komödiantenkeller* – Künstlerisches Kabarett in Petersburg (1916–1919).

S. 167 *„Rote Datscha"* – Die rote Datscha befand sich auf dem Gut Drushnoselje bei Luga. Die Mereshkowskis fuhren viele Jahre lang zur Erholung in diese Gegend.

S. 170 *Der Mörder dringt in Gottes Stadt nicht ein ...* – Ungenaues Zitat aus einem Gedicht Ropschins „Wenn der unschuldige Serafim..." (1911), eine Kontamination der Zeilen Ropschins „Der Mörder dringt in Christi Stadt nicht ein / Ihn zertrampelt das Bleiche Roß" und Zeilen aus einem Gedicht von S. Hippius „Unverbesserlich" (1916): „Uns zertrampelte – ritt nicht vorüber / Der schwere Reiter auf dem roten Pferd". Das Bild des Roten Reiters in der Apokalypse symbolisiert Blut, Feindschaft und Zwietracht.

S. 190 *... seine „wilden" Division (die Tekinzen)...* – S. Hippius hat zwei Begriffe zusammengesetzt: das Tekinsche Regiment und die Tusemer (die „wilde") Division.

S. 196 *Demokratische Konferenz* – Die Demokratische Konferenz wurde von Kerenski im September 1917 mit dem Ziel einberufen, die Provisorische Regierung durch Einbeziehung aller linken Parteien zu stärken. Aus ihr ging am 20. September das „Vorparlament" hervor, das als ständige Vertretung aller russischen Parteien bis zur Einberufung der Konstituierenden (Verfassunggebenden) Versammlung dienen sollte. Die Bolschewiki verließen das Vorparlament, das durch den Putsch am 25. Oktober schließlich obsolet wurde.

S. 204 „*Antropka-a!*" – Angespielt wird auf eine Szene aus Turgenjews Erzählung „Die Sänger" aus den *Aufzeichnungen eines Jägers*, wo ein Kind einen unsichtbar bleibenden Antropka herberuft, damit er sich die Prügel des Vaters abhole.

S. 205 *Hier hatte auch mein scharf formuliertes Manifest von der Roten Datscha seinen Auftritt* – Gemeint ist der Artikel von S. Hippius: „Die Ermordung der Mutter Heimat", der am 19.10.1917 in *Obschtscheje delo* (Allgemeine Angelegenheit) erschien.

S. 219 *Golos soldata (Stimme des Soldaten) ist verboten* – Zeitung des Petrograder Arbeiter- und Soldatenrates, die vom November bis Dezember 1917 erschien.

das Keksholmer Regiment – Keksgolm (vormals Korela und Kjakisalmi, heute Priosersk) ist eine Stadt am Ladoga-See.

S. 221 „*Macht der Finsternis*" – 2. Buch Mose, 10, 21–23. Es ist auch der Titel eines Dramas von Lew Tolstoi.

S. 222 *Alle Zeitungen, die noch übriggeblieben sind* – Am 26. Oktober 1917 verbot das Petrograder Militär- und Revolutionskomitee die liberalen und konservativen Zeitungen. Am 27. Oktober wurde das „Dekret über die Presse" verabschiedet.

S. 226 *Und Sawinkow, wenn er auch dort bei ihnen ist* – Sawinkow wurde von Krasnow zum Chef der Verteidigung Gatschinas ernannt.

S. 238 *Gorkis berühmter Artikel* – Gemeint ist Gorkis Aufsatz „An die Demokratie" vom 7. November 1917 in *Nowaja shisn,* in dem sich Gorki kritisch über Lenin, Trotzki und die Bolschewiki äußert.

S. 240 *Alle verbliebenen Minister (die Sozialisten) haben ihre Proklamation abgelassen* – Gemeint ist die in mehreren Zeitungen veröffentlichte Erklärung vom 17. November 1917 „Von der Provisorischen Regierung", die sich hier als einzige legitime Macht in Russland bezeichnete. Die betreffenden Zeitungen wurden daraufhin verboten.

S. 242 *... ein Tagblatt der Schriftsteller* – Es handelt sich um die einzige Ausgabe der *Protestzeitung. Zur Verteidigung der freien Presse*, für die auch S. Hippius einen Artikel verfasst hatte.

S. 243 *Die ganze Wahlkommission ist bereits verhaftet* – Am 23. November 1917 verhafteten die Bolschewiki die Wahlkommission mit ihrem Vorsitzenden N. Awinow und setzten Moisej Urizki als neuen Vorsitzenden ein, der neue Mitglieder rekrutieren sollte. ... *dass ihre Erklärung unbedingt*

morgen in allen Zeitungen steht – Die Erklärung erschien am 28. November 1917 in der Zeitung
Grjaduschtschi den (Kommender Tag).
S. 248 „Ohnmacht drückt wie Atlas auf die Seele" – Ungenaues Zitat aus dem Gedicht von Fjodor Tjutschew „Vision" (1829). Bei Tjutschew heißt es: Ohnmacht drückt, wie Atlas, die Last nieder.
S. 252 *... die bereitstehenden 400 Bolschewiken auf die Bühne zu bringen* – In die Konstituierende Versammlung wurden nur 175 Bolschewiki und 40 linke Sozialrevolutionäre gewählt. Ihnen standen 370 Sozialrevolutionäre, 16 Menschewiki, 17 Kadetten und 2 Volkssozialisten gegenüber.
S. 253 *Lenins Agententätigkeit* – Der Beginn der Friedensgespräche von Brest-Litowsk ließ in der russischen Öffentlichkeit das Gerücht, dass die Bolschewiki deutsche Agenten seien, das mit Lenins Rückkehr nach Russland aufgekommen war, erneut aufleben.
S. 254 *Eine Rada – wie schön* – Rada ist das Parlament der Ukraine, die sich am 1. November 1917 für unabhängig erklärt und am 7. November zur Volksrepublik ausgerufen hatte. S. Hippius war gegen die Rada, weil sie sich gegenüber den Bolschewiki für neutral erklärte.
Haben sich an der Staatsbank vergriffen ... – Der Geldmangel führte dazu, dass die Ukraine im Dezember 1917 eine eigene Währung einführte.
gaffe – (franz.) Reinfall.
S. 256 *Die Offiziere tragen keine Schulterstücke mehr* – Die Offiziersränge und Rangzeichen in der russischen Armee wurden im Dezember 1917 abgeschafft.
S. 257 *Wikschel* – In dem gesamtrussischen Exekutivkomitee der Eisenbahner (Wikschel) waren die Sozialisten stark vertreten.
S. 258 *Nun hat man also Panina „den Prozess gemacht"* – Gräfin Panina hatte sich geweigert, den Bolschewiki die Gelder des Ministeriums für Wohlfahrt, die sie verwaltete, herauszugeben. Deshalb wurde ein Verfahren gegen sie eröffnet. Ihre Freunde sammelten die geforderte Summe, daraufhin kam sie frei.
S. 259 *das alte, unter dem Zaren verbotene Rote Kreuz* – Die vorrevolutionäre „Hilfsorganisation für politische Verbannte und Gefangene" (Das politische Rote Kreuz) hatte nach der Februarrevolution seine Tätigkeit eingestellt und nahm sie im Dezember 1917 wieder auf.
S. 263 *Katharinen-Institut* – Das Katharinen-Institut oder Smolny-Institut wurde von Katharina II. als Internatsschule für adlige, später auch bürgerliche Mädchen gegründet.
S. 271 „Räte"-Republik – Spätere deutsche Übersetzung „Sowjetrepublik".
S. 273 *... an den Stellen wie unter Protopopow* – Im Februar 1917 hatte der damalige Innenminister A. Protopowitsch an verschiedenen Stellen der Stadt Maschinengewehre postiert, um auf die zu erwartenden Demonstranten zu schießen.

Sie haben den Sozialrevolutionären die roten Eintrittskarten selbst geschickt – Die Vergabe der Zutrittskarten zum Taurischen Palais sollte durch die von Urizki geleitete Kommission der Bolschewiki erfolgen. Da die Sozialrevolutionäre das als Machtanmaßung seitens der Bolschewiki ablehnten, sah sich Urizki gezwungen, dem ZK der Sozialrevolutionären Partei die Karten persönlich zuzusenden.

S. 275 *… der schändlichen „demokratischen Beratung"* – Die „demokratische Beratung" wurde von den Arbeiter- und Soldatenräten und den Bauernräten im September 1917 einberufen. Auf ihr wurde die Bildung des „Provisor. Rates der Russländischen Republik" (Vorparlament) als Beratungsorgan der Provisor. Regierung beschlossen.

S. 276 *„Mein" Manifest …* – Das „Manifest" der Fraktion der Sozialrevolutionäre, das S. Hippius ausgearbeitet hatte, kam auf der Sitzung der Konstituierenden Versammlung nicht zur Verlesung.

S. 286 *… vernünftigere Bolschewiken wie David Rjasanow* – Rjasanow war einer von zwei Vertretern der Bolschewiki, die gegen die Auflösung der Konstituierenden Versammlung stimmten.

S. 289 *… zu den Zimmerwaldern gehörte* – Die Zimmerwalder Konferenz fand vom 5. bis 8. September 1915 in der Schweizer Stadt Zimmerwald als Versammlung der europäischen Sozialisten statt. Hier wurde der Grundstein für die Sozialistische Internationale gelegt.

S. 291 *Die Marseillaise ist gestorben* – In Dostojewskis Roman *Die Dämonen* (Teil II) komponiert der schlitzohrige Beamte Ljamschin eine musikalische Parodie, die mit den drohenden Klängen der Marseillaise beginnt und schließlich in die seichten Töne des Volkslieds „Oh, du lieber Augustin" übergeht.

S. 292 *Der „Bauernkongress" ist auseinander gejagt worden* – Anfang Dezember 1917 wurde der „Zweite Allrussische Bauernkongress" abgebrochen, da etwa die Hälfte der Delegierten, die sich für die Fortsetzung der Konstituierenden Versammlung einsetzten, den Kongress verließen. Ein neuer Termin wurde für den Januar vereinbart.

S. 293 *„Rätekongress"* – Spätere deutsche Übersetzung: Sowjetkongress.

S. 294 *Ich notiere sie unter einem Strich* – Die unter dem Strich aufgeführten Künstler und Intellektuellen waren in unterschiedlichem Maße mit der neuen Macht verbunden. S. Hippius setzte offenbar jeden, der irgendwie offiziell an Meetings, in der Presse, im Kulturleben jener Zeit auftrat, auf ihre schwarze Liste.

S. 306 *Kiew geht mir nicht aus dem Sinn* – Am 27. Januar (9. Februar) 1918 unterzeichneten Deutschland, Österreich, Bulgarien und die Türkei mit der Ukraine einen Separatfriedensvertrag.

S. 309 *Schicken Sie Ihre Friedensbedingungen – nach Dwinsk* – In der Nacht vom 5. (18.) zum 6. (19.) Februar 1918 wurde auf einer gemeinsamen Sitzung des ZK der Bolschewiki und der Sozialrevolutionäre Lenins

Position zum Friedensschluss angenommen und vom Rat der Volkskommissare gebilligt. Die entsprechende Funkmitteilung erging an die deutsche Regierung, die eine offizielle schriftliche Bestätigung forderte. Ein Kurier wurde zum Stab der deutschen Truppen nach Dwinsk geschickt.

S. 310 *In welchem letzten Gewand werden sie morgen das Los werfen?* – Johannes Evangelium 19, 24.

S. 316 *Das ZEK* – S. Hippius verwechselt hier das Zentrale Exekutivkomitee (ZEK) mit dem Zentralkomitee (ZK) der Bolschewiki, wo die neuen verschärften deutschen Friedensbedingungen mit einer knappen Stimmenmehrheit angenommen wurden.

S. 321 *Heute wollten die erschrockenen Bolschewiken sich bereits nach Wologda absetzen* – Das Gerücht war falsch. Die amerikanische Botschaft traf Vorbereitungen zur Übersiedlung nach Wologda, die russische Regierung plante hingegen den Umzug nach Moskau.

S. 322 *Bête noir* – (franz.) Schreckgespenst.

… dass in Rostow Miljukow und Rodsjanko den Bolschewiken in die Hände gefallen sind – Das Gerücht erwies sich als falsch.

S. 323 *Rat der Moskauer Beratung gesellschaftlicher Aktivisten* – Ein im August 1917 gegründetes überparteiliches Organ, das die Tätigkeit der nichtsozialistischen russischen Parteien und Kräfte koordinieren sollte. Sein Ziel war die Schaffung einer konstitutionellen Monarchie. Nach dem Verbot 1917 wurde der Rat im Februar und März 1918 noch einmal zugelassen.

S. 324 *cercle vicieux* – (franz.) Teufelskreis.

S. 325 *Schon hat sich Lenin dorthin begeben* – Das Gerücht war nicht ganz zutreffend. Lenin siedelte erst am 10. März 1918 nach Moskau um, die Regierung einen Tag später.

S. 326 *dann folgt die „sofortige Unterbringung von Arbeitern in bürgerlichen Wohnungen"* – Am 16. Februar (1. März) wurde vom Petrograder Rat eine Belegungsnorm für Wohnraum festgelegt, die einem Erwachsenen (oder zwei Kindern) je einen Wohnraum zumaß. Die restlichen Räume mussten mitsamt dem Mobilar Arbeitslosen oder Rotarmisten mit ihren Familien zur Verfügung gestellt werden. Das war die Geburtsstunde der Gemeinschaftswohnung (Kommunalka), einer typischen sowjetischen Wohnungsform.

S. 327 *Die „eigenen" Leute erhalten Teilinformationen* – Selbst den Delegierten des IV. Sowjetkongresses, die zwei Wochen später den Vertrag ratifizieren sollten, lag der vollständige Vertragstext nicht vor.

S. 329 *„Diese vier Herren brauchen wir nicht"* – Deutschland, das einen Separatfrieden mit der ukrainischen Rada abgeschlossen hatte, ließ die Delegation des Volkssekretariats der Ukraine zu den Friedensverhandlungen nach Brest-Litowsk nicht die Frontlinie passieren.

S. 334 *Kerenski-Rubel* – Währung, die von der Provisor. Regierung eingeführt wurde.

S. 338 *In Moskau wurde der „Frieden", wie angewiesen, auf dem berühmten Kongress ratifiziert* – Auf dem IV. Sowjetkongress stimmten 785 für, 261 gegen die Ratifizierung des Friedensvertrages, 215 enthielten sich der Stimme. Die linken Sozialrevolutionäre stimmten gegen die Ratifizierung, und ihre Volkskommissare verließen aus Protest ihre Posten. Bis Juli 1918 bekleideten jedoch linke Sozialrevolutionäre weiterhin hohe Posten in Regierungsinstitutionen.

S. 340 *„An die Wolga! Einen Aufstand auslösen!"* – Offensichtlich ein Gerücht.

Das beschossene Paris – Gemeint ist die Beschießung der Stadt im Rahmen der deutschen Generaloffensive an der Westfront im März 1917.

S. 342 *Und heute kam auch die Nachricht von dem Gemetzel an den Anarchisten in Moskau* – In der Nacht vom 11. zum 12. April (29.–30. März) führten die Tschekisten mit Hilfe der Rotarmisten ein Massenpogrom an bewaffneten anarchistischen Gruppen durch. Mehr als 400 Mann wurden verhaftet.

S. 343 *Im Osten gibt es die Regierung Sibiriens* – Gemeint ist offenbar die Provisorische Sibirische Regierung, die sich Ende Januar in Tomsk konstituiert hatte und die im März nach dem Fernen Osten evakuiert wurde.

Diese ehemaligen Freunde haben die Bolschewiken den Deutschen zuliebe in Moskau schon mit Kanonen beschossen – Gemeint sind die Massenverfolgungen der Anarchisten am 29./30. März 1918.

S. 344 *sie verhaften sich gegenseitig, und die Kollontai, Dybenkos Ex-Frau, hängt auch mit drin* – Der Volkskommissar Dybenko war verhaftet worden und konnte mit Unterstützung von Alexandra Kollontai untertauchen. Bei einem Prozess im Mai 1918 wurde er freigesprochen.

S. 345 *Morgen, zur „großen Schande"* … – Gemeint ist die erste Demonstration zum 1. Mai nach dem Kalender neuen Stils, die nach der alten Zeitrechnung, der dieses Tagebuch folgt, am 18. April 1918 stattfindet.

S. 346 *Aber Filonenko sei tot* – Ein falsches Gerücht.

Die Moskauer „Mitte" (Kuskowa u.a.) ist zum Versöhnlertum übergegangen – In Kuskowas Zeitung *Wlast naroda* (Volksmacht) wurde im Frühjahr 1918 noch die Möglichkeit diskutiert, mit den Bolschewiki im Bereich der Kultur zusammenzuarbeiten. Die Zeitung wurde im Mai verboten. Gleichzeitig spielten Kuskowa und ihr Mann S. Prokopowitsch eine wichtige Rolle bei der Koordinierung der antibolschewistischen Organisationen.

S. 347 *Kartaschow wird zum „Fanatiker"* – Kartaschow hatte in einem Artikel anlässlich des Osterfestes („Ostern als Golgatha") das Leiden als reinigende nationale Kraft beschworen, ein Gedanke, der S. Hippius fremd war.

… dort haben die Deutschen einen Diktator eingesetzt – Der Hetmann der Ukraine Pawel Skoropadski wurde am 29. April von der deutsch-österreichischen Besatzungsmacht eingesetzt.

S. 350 *sur les deux oreilles* – (franz.) auf beiden Ohren.
Dmitri hält einen Vortrag – Mereshkowski hielt einen öffentlichen Vortrag zum Thema „Russland wird sein", in dem er nach Aussagen von Teilnehmern die Hoffnung aussprach, dass der momentane Wahnsinn (Atheismus) des Volkes vergehen und ein neuer (religiöser) Sozialismus entstehen wird.
S. 351 *Offenbar beteiligen sich dort einige Kadetten* – Die ukrainischen Kadetten traten in die Regierung Skoropadskis ein.
„Orientierung auf Deutschland" – Von Frühjahr bis Sommer 1918 vollzog sich bei den Kadetten eine Spaltung in Anhänger der Orientierung auf Deutschland (mit Miljukow an der Spitze) und Gegner dieser Politik.
S. 353 *wegen der Resolution des Moskauer Kongresses der Sozialrevolutionäre* – In dieser Resolution erhoben die Sozialrevolutionäre erstmalig die Forderung nach Beseitigung der Macht der Bolschewiki.
In Sibirien schlagen ihre „Kriegsgefangenen" zusammen mit willigen Rotarmisten bereits die „Semjonow-Leute" … – Mit den Kriegsgefangenen ist die „Tschechische Legion" gemeint, die sich in Russland zu Kriegsbeginn aus tschechischen und slowakischen Nationalisten gegründet hatte und der sich neben Kriegsgefangenen auch Deserteure der Österreich-Ungarischen Armee anschlossen. Zusammen mit Einheiten der Roten Armee gingen sie ab Mai 1918 gegen Truppen der „Provisorischen Regierung Transbaikaliens" unter Grigori Semjonow vor, die am Bündnis mit den Alliierten und dem Krieg gegen die Mittelmächte festhielten. Durch Missverständnisse kam es allerdings in den Kriegswirren auch zu Gefechten mit den Bolschewiki, die ihnen misstrauten.
Es tönen die Phrasendrescher – Die Autorin zeigt hier ihre Skepsis hinsichtlich der Überlegungen, die in Kreisen der Moskauer Kadetten und Sozialrevolutionäre über mögliche konspirative intellektuelle Organisationen angestellt wurden.
S. 354 *… diese Gesellschaft der Versöhnler mit dem Namen „Kultur und Freiheit"* – Die Gesellschaft „Kultur und Freiheit" wurde auf Initiative Gorkis zur Erhöhung des kulturellen Niveaus des Volkes gegründet. Hier sollten die alte Intelligenzija und die neue Arbeiter- und Bauern-Intelligenz zusammenarbeiten.
S. 355 *raison d'être* – (franz.) Existenzberechtigung.
S. 358 *Gerechtigkeit: hier unten gäb's sie nicht* – So beginnt Alexander Puschkins kleine Tragödie *Mozart und Salieri* (in der Übersetzung von Fritz Mierau).
S. 362 *Schluss mit der „Orientierung auf Deutschland"!* – Das bezieht sich wahrscheinlich auf die Versuche des rechten Blocks, mit der deutschen Botschaft Kontakt aufzunehmen. Die deutsche Regierung schwankte zeitweilig, beschloss dann aber vorläufig nichts gegen die Herrschaft der Bolschewiki zu unternehmen.

S. 363 *Aus ihrem Rat haben sie zunächst die gesamte Opposition restlos ausgeschlossen* – In Petrograd und Moskau hatten sich Protestbewegungen gegen Zwangsmaßnahmen der Bolschewiki und für die Gründung unabhängiger Gewerkschaften formiert, die von den Menschewiki und Sozialrevolutionären unterstützt wurden. Zugleich waren in einigen Städten (z.B. Tscheljabinsk, Pensa, Tomsk, Omsk, Samara) im Zuge des Bürgerkriegs von Sozialrevolutionären beherrschte Stadtverwaltungen und Armeetruppen gegründet worden, die gegen Deutschland und die Bolschewiki kämpften. Das führte im Juni 1918 zu einer massiven Verfolgung der Menschewiki und (rechten) Sozialrevolutionäre und zu ihrem Ausschluss aus den zentralen Staatsorganen.

S. 364 *Valeri Brjussow „arbeitet" nicht nur „mit den Bolschewiken", sondern soll in ihrer Zensurbehörde sitzen* – In der Tat hatte sich der Dichter Valeri Brjussow den Bolschewiki angeschlossen und leitete die Abteilung zur Druckgenehmigung, faktisch die oberste Zensurbehörde.

Intensiv „arbeitet" auch Block – Alexander Block arbeitete in verschiedenen sowjetischen Kulturbehörden mit und veröffentlichte 1918 seine wichtigsten nachrevolutionären Texte, die Poeme *Die Skythen* und *Die Zwölf*, die von einer anarchistischen Revolutionsauffassung kündigten und ihn kurzzeitig zu einem Weggenossen der Bolschewiki machte. Die Euphorie währte kurz, Block starb desillusioniert 1924. Sein Tod wurde als Ende des Zeitalters der russischen Moderne betrachtet.

S. 365 *Sorins Frau* – S. Sorin war Vorsitzender des Petrograder Revolutionstribunals.

S. 366 *„Plewes Julitag"* – S. Hippius spielt auf die Terrorakte von militanten Sozialrevolutionären an, die im Juli 1904 mit der Ermordung des Innenministers Wjatscheslaw Plewe begannen.

S. 368 *Er wurde bereits erschossen* – General Schtschasny wurde vom Revolutionstribunal zum Tode verurteilt, obwohl der II. Sowjetkongress die Todesstrafe abgeschafft hatte.

„Sowdep" – Wortspiel: „Sowdep" ist die Abkürzung für „Sowjet narodnych deputatow" – Rat der Volksdeputierten. „Sowa" bedeutet aber auf Russisch auch Eule – d. Ü.

S. 370 *Das Gut hat man dem Fürsten natürlich „genommen"* – Gemeint ist das Gut des Fürsten Wittgenstein in der Nachbarschaft der Roten Datscha.

S. 371 *... unter einem gewissen „Genossen Pjatakow"* – Ein falsches Gerücht. Georgi Pjatakow war zu dieser Zeit in der Ukraine.

Er war schon lange ein lebender Leichnam – Mit ihrer drastischen Äußerung vertritt S. Hippius im Kern die Meinung der antimonarchistischen Intelligenzija, die sich zwar über die Umstände der Ermordung des Zaren empörte, ihn aber für die Katastrophe Russlands verantwortlich machte.

S. 373 *Ça y est!* – (franz.) So ist es!

S. 374 ... *dass sich die Bolschewiken in einer nie dagewesenen Trance befinden* – S. Hippius bezieht sich hier auf folgende Gerüchte und Ereignisse: Die Landung der amerikanischen Marinebodentruppe am 24. Mai 1918 in Murmansk, die Landung der Truppen der Entente am 2. August in Archangelsk, die Besetzung Kasans durch die Samarer KOMUTSCH, einer antibolschewistischen Gegenregierung, am 7. August, die Verfügung des neuen deutschen Botschafters Helfferich, die deutsche Mission von Moskau nach Pskow, hinter die Demarkationslinie zu verlegen und seine Abreise nach Berlin.

S. 376 *Jetzt wurden die Namen von weiteren 500 bekanntgegeben, die bald ihr Leben lassen müssen* – Anlass für den Beginn des Roten Terrors waren die Ermordung Urizkis am 30. August 1918 und das Attentat der Sozialrevolutionärin Fanny Kaplan auf Lenin am selben Tag.
Zudem haben sie eine beliebige Orthografie eingeführt – Die Orthografiereform war seit 1904 vorbereitet, von der Akademie der Wissenschaften im Mai 1917 bestätigt und durch ein Dekret des Volkskommissars für Volksbildung am 27. Dezember 1917 eingeführt worden. Wie viele andere Literaten lehnte S. Hippius die Reform ab.

S. 377 ... *die Große Faust in China* – Der „Boxeraufstand", die Yihetuan-Bewegung 1899–1901 – d. Ü.

S. 380 ... *dass der ganze Hauptstab der sibirischen Rotarmisten aus Deutschen bestehen soll* – Das Gerücht basierte auf dem Einsatz deutscher und ungarischer Kriegsgefangener bei den Kämpfen an der Ostfront seitens der internationalen Truppenteile der Roten Armee. Zugleich tauchte in den Zeitungen der Name eines roten Armeeführers: W. K. Blücher auf, der in antibolschewistischen Kreisen für einen ehemaligen deutschen Offizier oder sogar General gehalten wurde.

S. 381 ... *hat jedoch einen der Romanows als „Geisel" aus dem Gefängnis in seine Wohnung geholt* – Es handelt sich um den Großfürsten Gawriil Konstantinowitsch, den Gorki tatsächlich vorübergehend bei sich aufnahm und dem er bei der Ausreise aus Russland behilflich war.
Da haben wir nun das „falsche Lamm" – S. Hippius bezieht sich hier auf eine angebliche Äußerung des Religionsphilosophen Wladimir Solowjow, der den als Judenfeind bekannten Journalisten M. Menschikow als „falsches Lamm" bezeichnet habe.

S. 382 „*Tschreswytschaika*" – Eine weitere Abkürzung für Tscheka, die „Sonderkommission zum Kampf gegen Konterrevolution und Sabotage", die von 1918–1922 bestand.

S. 383 *Sie führen eine besondere Art von Zensur ein* – Gemeint ist ein Beschluss des Moskauer Rates zur Überführung privater Verlage, Buchdepots, Geschäfte und Bibliotheken in kommunales Eigentum.
In Österreich ist der Verfall schon im Gange – Die Rede ist von der Revolution in Österreich, die am 30. Oktober 1918 mit einer Massendemonstra-

tion von Arbeitern und Soldaten in Wien begann.
S. 384 *Angeblich soll Wassili Rosanow erschossen worden sein* – Das Gerücht war falsch. Der Schriftsteller Rosanow siechte zu dieser Zeit in Sergijew Posad bei Moskau dahin. Er starb 1919 an Krankheit und Hunger.
Das hält man natürlich geheim – Über die Erschießung des Zaren und seiner Familie wurde in Sowjetrussland offiziell nicht berichtet.
S. 385 *Der sowjetische Vertreter Joffe und weitere Bolschewiken sind aus Berlin ausgewiesen* – Unmittelbar vor der deutschen Novemberrevolution brach Deutschland die diplomatischen Beziehungen zu Russland ab.
Jetzt haben wir eine „Nachamkinson"-Straße … – Anlässlich des Jahrestages der Oktoberrevolution wurde eine Reihe von Straßen und Plätzen in Petrograd umbenannt.
„Kongress der Armut" – Vom 3. bis 6. November 1918 fand in Petrograd der Kongress der Komitees der Dorfarmut des Nördlichen Gebiets statt. Da kein Saal so groß war, die 20 000 Delegierten zu fassen, wurde er auf dem Schlossplatz abgehalten.
S. 386 *… soll über dem deutschen Konsulat bereits die rote Fahne wehen* – Die Revolution begann am 3. November mit dem Matrosenaufstand in Kiel. Am 9. November fanden Massendemonstrationen in Berlin statt, in deren Gefolge das Kaiserreich gestürzt und die Republik ausgerufen wurde. Karl Liebknecht wurde jedoch nicht Mitglied der Regierung. In Moskau wurde tatsächlich auf dem Botschaftsgebäude die rote Fahne gehisst.
S. 387 *Der Waffenstillstand wurde mit der dritten deutschen Regierung unterzeichnet* – Die Rede ist vom Waffenstillstand von Compiègne, der am 11. November 1918 zwischen dem Deutschen Reich und den Alliierten Frankreich und Großbritannien geschlossen wurde.
S. 388 *Alle stehen für Liebknecht bereit* – Die Euphorie der Bolschewiki in den ersten Tagen der Revolution in Deutschland speiste sich aus der Hoffnung, dass mit den Spartakusleuten (Liebknecht) Gesinnungsgenossen an die Macht kommen würden. Die Reaktion der Regierung Scheidemann auf die russische Begeisterung war kühl.
S. 391 *Tenischew-Schule* – Bekannte, 1898 begründete Petersburger Handelsschule.
S. 397 *In Berlin haben die Scheidemann-Anhänger die Spartakusleute (Bolschewiken) nach einem grausamen Gemetzel besiegt* – Gemeint ist der Januaraufstand (Spartakusaufstand) von 1919.
S. 398 *Libergotz* – Ironische Zusammenziehung der Namen zweier führender Vertreter des Rates von Petrograd nach der Februarrevolution M. I. Liber und A. F. Gotz – d. Ü.
… wo buchstäblich jeder ihre Adresse kannte – Hier irrt die Autorin, Lenin verbarg sich ab dem 9. Juli im finnischen Rasliw und Trotzki wurde mit etwa 800 anderen Bolschewiki verhaftet.

S. 398 *quantité negligeable* – (franz.) eine zu vernachlässigende Größe.
Un point-cèst tout – (franz.) Punktum.
S. 400 *allen Bourgeois zum Ärger* – Zitat aus Blocks Revolutionspoem *Die Zwölf.*
... Ruf an die „russischen Regierungen, auf die Prinzeninseln" zu kommen – Gemeint ist der Vorschlag des amerikanischen Präsidenten, am 15. Februar 1919 auf den Prinzeninseln im Marmarameer eine Friedenskonferenz einzuberufen, an der die Entente-Mächte und alle politischen Gruppierungen Russlands teilnehmen sollten, um über die Zukunft Russlands zu befinden. Da auch die Bolschewiki eingeladen waren, sagte eine Reihe von Teilnehmern ab, und die Konferenz kam nicht zustande.

Nachwort von Christa Ebert

Die Rolle als Chronistin des Krieges und der Revolution in Russland war Sinaida Hippius nicht in die Wiege gelegt, ja, sie scheint überraschend bei einer Frau, die sich um die Jahrhundertwende vor allem als Skandaldichterin und *femme fatale* einen Namen gemacht hatte. In Deutschland ist sie eine Unbekannte geblieben, doch in Russland war sie eine Berühmtheit. Ihre Auftritte waren legendär, man nannte sie „dekadente Madonna", „weiße Teufelin" und „rothaarige Hexe", weil sie in aufreizenden Kleidern blasphemische Verse vortrug: „Für den Teufel bete ich zu Dir, Herr! / Auch er ist dein Geschöpf" – so etwas galt damals als Gotteslästerung. Sinaida Hippius war eine schöne Frau, die ihre Attraktivität bewusst inszenierte, um Verwirrung zu stiften und scheinbare Gewissheiten zu erschüttern, seien sie ästhetischer, religiöser oder auch menschlicher Art. Sie liebte es, mit den Geschlechterrollen zu spielen, in unterschiedliche Identitäten zu schlüpfen. In ihren Gedichten verwendete sie ein männliches lyrisches Ich, das bei öffentlichen Vorträgen mit ihrer betont weiblichen Aufmachung kollidierte.

Und dann kam der Erste Weltkrieg: „Dumpfes Dröhnen, Rauch von Pulver, / Rinnsale klebrigrot, / Feuchtes Schaben kriechender Leiber ... / Wer ist der Fremde, wer der Eigene?" Völlig neue Töne sind nun von der „dekadenten Madonna" zu vernehmen. Es scheint eine ganz andere zu sein, die im August 1914 ihre politische Stimme erhebt, doch dieser Eindruck täuscht.

Bei genauerer Betrachtung ihres Werdegangs, wirkt der Sprung von der „dekadenten Madonna" zur politischen Chronistin nicht mehr so gewaltig und schon gar nicht absurd.

Siniada Hippius widerlegt eindrucksvoll die Legende von der Politikferne der so genannten Dekadenzkünstler, die sich im Elfenbeinturm der reinen Kunst bewegen und keinen Bezug zum gesellschaftlichen Leben ihrer Zeit haben. Freilich ist ihre Auffassung von Politik von besonderer Art, sie äußert sich nicht in tagespolitischen Aktionen, sondern ist umfassender, allgemeiner, visionärer. Damit steht sie ganz im Einklang mit dem Zeitgeist des „Silbernen Zeitalters", wie die kulturelle Blütezeit der

Wende vom 19. zum 20. Jahrhundert in Russland als Nachklang des „Goldenen Zeitalters" der Puschkin-Ära häufig genannt wird – eine kurze, aber intensive Zeitspanne voller ästhetischer, philosophischer und sozialer Aufbrüche.
In dieser Atmosphäre formt sich die Persönlichkeit der Sinaida Hippius. Sie ist besessen von der Idee der Freiheit – nicht als abstraktes Ideal, sondern als ganz konkretes Ziel für sich selbst und die Menschen um sie herum. Zeitlebens fordert sie das Recht auf freie Entfaltung der Individualität, eine westliche Idee, der im offiziellen Russland zu allen Zeiten mit Misstrauen begegnet wurde. Literatur war für sie immer nur ein Instrument, um die Erneuerung der Kultur, der Gesellschaft und des Menschen voranzubringen.

Geboren wurde sie 1869 in Below im Gouvernement Tula in der Familie eines deutschstämmigen Juristen und einer Sibirierin. Die Familie siedelte nach Petersburg über, wo der Vater eine Anstellung im Senat erhielt. Sie war die älteste von vier Schwestern, für die sie sich nach dem Tod der Eltern ein Leben lang verantwortlich fühlte. Die Tuberkulose, die der Vater seinen Kindern vererbt hatte, zwang die Familie, sich vom kalten Petersburg in die wärmeren Gefilden der Krim und des Kaukasus zurückzuziehen. Die Mädchen wurden nach der Tradition vor allem durch Hauslehrer erzogen. Die geistig hellwache Sinaida hat immer bedauert, keine umfassende humanistische Bildung erhalten zu haben. Sie kompensierte das durch ihre eigenwillige Intelligenz, ihren Hang zur Verführung und ihr Interesse für die moderne Poesie. Sie war der Star unter der Provinzjugend im kaukasischen Kurort Borshomi, wo die Familie nach dem Tod des Vaters für einige Zeit bei einem Verwandten Unterkunft gefunden hatte. Als im Frühjahr 1888 der renommierte Petersburger Schriftsteller Dmitri Mereshkowski den Kurort aufsuchte, ergriff die unternehmungslustige junge Frau ihre Chance. Der nur wenig ältere Mereshkowski, ein trockener, hochgebildeter Büchermensch, bot ihr, was sie für ihr Leben erträumte: die Rückkehr in das weltläufige Petersburg, das den Zeitgeist der europäischen Moderne stärker in sich aufgesogen hatte als jeder andere Ort in Russland.

Die Hochzeit war schnell beschlossen, und schon wenige Monate später begann das legendäre Paar Mereshkowski-Hippius sein gemeinsames Leben in Petersburg. Es war keine gewöhnliche Ehe, und Generationen von Augenzeugen und Memoirenschreibern haben sie mit Legenden umwoben. Diese Ehe war Teil eines Programms, das die beiden zur radikalen Erneuerung der Kultur und der Lebensformen entwarfen und das sie in ihrer Existenz beispielhaft erproben wollten. Eigentlich war die rebellische Sinaida Hippius eine Gegnerin der bürgerlichen Ehe. Sie sah jedoch, dass unter den gegenwärtigen Bedingungen einer Frau in Russland nur durch die Heirat Wege zu einem eigenständigen Leben eröffnet werden konnten – vorausgesetzt der Ehemann vertrat emanzipatorische Positionen. Der Schriftsteller Nikolai Tschernyschewski hatte fast ein halbes Jahrhundert vorher in seinem Roman *Was tun?* vorgeführt, wie so etwas funktionieren kann: Ein Student mit Sinn für die Emanzipation befreit durch die Heirat die tatkräftige junge Vera Pawlowa aus der Enge des Provinzalltags und ermöglicht ihr eine selbstbestimmte Existenz. Sie richtet eine Nähwerkstatt ein und gibt jungen Frauen Arbeit und Bildung. Er gewährt ihr auch sexuelle Freiheit, als sie sich in einen anderen verliebt. Das ist das Vorbild, nach dem Hippius und Mereshkowski ihre Ehe gestalten, und dieses Thema wird auch zum Gegenstand ihres Theaterstücks *Der grüne Ring*, das 1915 mit großem Erfolg aufgeführt wird und mehrere Jahre auf dem Spielplan der russischen Bühnen bleibt.

Zum Programm dieser besonderen Ehe gehörte es auch, dass man sich nicht in einer Paarbeziehung abkapselte, sondern einen Dritten in den Bund aufnahm. Um die praktische Durchführung kümmerte sich Sinaida Hippius: Sie fand die geeignete Person in dem jungen, attraktiven, homosexuellen Journalisten Dmitri Filossofow, dem Sohn der bekannten Frauenrechtlerin Anna Filossofowa. Mit Unterbrechungen und spannungsbeladen lebte das Trio schließlich fast zwei Jahrzehnte in einer eigenwilligen *ménage à trois*. Wie um die Ehe der Hippius ranken sich auch um ihre Sexualität Legenden: Sie war zweifellos androgyn, sie zog Männer und Frauen in ihren Bann, selbst die, die sich später von ihr abwandten, kamen nicht wirklich von ihr los. In ihren Gedichten

bringt sie ihr Liebesbegehren zum Ausdruck und beklagt gleichzeitig, nicht lieben zu können: „Nach Liebe und Glauben sehne ich mich / Doch meine Seele schläft / Es lachen die grauen Kiefern / Sind stachlig – wie ich."
Ihre Beziehung zu anderen Menschen hatte etwas Gewaltsames, sie war die Eroberin, die sich ihre Macht über andere ständig beweisen musste – in eklatantem Widerspruch zu ihrem Ideal der freien selbstbestimmten Lebensgestaltung. In ihren Texten verteidigte sie Gewaltlosigkeit und Gleichberechtigung, attackierte hierarchische Machtverhältnisse, im Staat ebenso wie in der Ehe. Das Paradoxe gehört zu ihr, es findet sich in ihrem Leben ebenso wie in ihren Texten.
Die Mereshkowskis bildeten eine Schaffenssymbiose, in der nie klar zu trennen war, von wem welche Idee und welche Texte stammten. Sinaida Hippius war zweifellos die originellere Denkerin, die initiativreichere Macherin in dieser Ehe; sie spornte ihren Mann zu vielfachen literarischen und journalistischen Unternehmungen an, aber den Ruhm dafür überließ sie ihm, der sich bereits durch seine historischen Romane *Peter und Alexej* und *Julian Apostata* und seine kulturphilosophischen Abhandlungen über Tolstoi und Dostojewski in Europa einen Namen gemacht hatte. Hier bewies die selbstbewusste Frau erstaunlich wenig Ehrgeiz. Auch andere profitierten von der Arbeit der Hippius, sie schrieb Texte für Filossofow, Sawinkow und selbst Kerenski. Sie bediente sich aber auch der Texte ihrer Freunde; so übernahm sie für ihr *Petersburger Tagebuch* Passagen aus dem Tagebuch Filossofows. Zu den Arbeiten, die ihr eindeutig zuzurechnen sind, gehören mehrere Gedichtbände, zahlreiche Erzählungen, drei Romane und drei Theaterstücke, sowie eine Unzahl von Literaturkritiken und Zeitungsartikeln, die allerdings häufig unter Pseudonymen erschienen.
In der Emigration kamen dann noch Memoiren über ihren Mann und mehrere Porträts von Zeitgenossen hinzu.
Einen legendären Ruf hatte ihr Salon, den sie gleich nach ihrer Übersiedlung nach Petersburg eröffnete. Die Gäste strömten zunächst in das Haus „Murusi" am Litejny Prospekt, später in die Sergiewskaja Straße (Nr. 83), gelegen neben dem Taurischen Gar-

ten, jenem günstigen Beobachtungsposten, von dem aus sie 1917 dann die Revolutionsereignisse hautnah erleben wird.
Was in den Kriegstagebüchern wie das Stabsquartier der Provisorischen Regierung wirkt, war zunächst ein literarischer Salon, der im Stil der künstlerischen Bohème gehalten war. Die Hausherrin drückte ihm mit unkonventionellem Verhalten ihren Stempel auf. „Die schöne Sina", wie sie genannt wurde, verletzte ständig alle Regeln des guten Tons. Alexander Benois, ein junger Maler, schildert seinen ersten Besuch bei Sinaida Hippius mit einigem Befremden: „Kaum haben wir [...] uns mit ihr bekannt gemacht, so streckte sie sich auf den Teppich vor dem Kamin nieder und forderte uns auf, uns daneben zu legen; ihre erste Frage verriet geschmacklose Preziosität: ‚Und Sie, meine Herren Studenten, worin dekadentieren Sie?'"[1] Sie wollte nicht sein wie alle. Ihre unzeremonielle Umgangsform stieß auf scharfe Ablehnung, selbst unter ihren Freunden aus der künstlerischen Bohème. Ihr Motto lautete: „Ich sage, was ich denke", sie verzichtete auf diplomatische Floskeln und Rücksichtnahmen und forderte ihre Gesprächspartner zu gleicher Direktheit auf. Sie suchte das Streitgespräch, ihren scharfen Verstand drängte es nach Polemik und Heftigkeit. Diese schnörkellose Unverblümtheit und Impulsivität spüren wir auch im Text des hier vorliegenden Tagebuchs, wo der Ton im Laufe der Ereignisse immer schneidender wird, Verzweiflung und Wut sich schließlich in Beschimpfungen entladen.
Im Salon der Hippius gab es keine festgesetzten Empfangstage. Die Hausherrin, die gewöhnlich bis mittags schlief, empfing immer ab vier Uhr nachmittags. Ihre Besucher blieben häufig bis in die frühen Morgenstunden. Der Büchermensch Mereshkowski war bei diesen Empfängen selten anwesend. Er kam nur auf einen kurzen Moment aus seinem Zimmer, um die Gäste zu begrüßen, und überließ die Kontakte zur Außenwelt im Wesentlichen seiner Frau.
Es war jedoch kein offenes Haus, Sinaida Hippius wählte ihren Kreis mit Bedacht. Zu den Auserwählten gehörten die jungen

---

[1] Alexander Benois: *Moi vospominanija v pjati knigach. Knigi pjataja* (Meine Erinnerungen in fünf Büchern. Buch 5), Moskau 1980 (S. 48).

Dichter Alexander Block und Andrej Bely, die sie bewunderten- und denen sie half, ihre Gedichte zu veröffentlichen; des weiteren junge Philosophen, die sich vom Marxismus abgewandt hatten und sich um die Synthese von Religion und Philosophie bemühten sowie die Maler der Gruppe „Welt der Kunst", die sich der europäischen Moderne verbunden fühlten. In den Jahren des Krieges und der Revolution kamen neue Besucher hinzu – Politiker und Aktivisten der Revolution.

Die Aktivitäten der Sinaida Hippius beschränkten sich von Anfang an jedoch nicht auf das eigene Haus. Die Mereshkowskis schalteten sich aktiv in die Presse- und Verlagsarbeit ein und gründeten eine eigene Zeitschrift (*Der Weg*), die zum Forum ihrer religiös philosophischen Ideen wurde. Sinaida Hippius verfasste unzählige Aufsätze und Kritiken für verschiedene liberale Presseorgane, vor allem für die neuen feinsinnigen Kunstzeitschriften *Welt der Kunst* und *Die Waage*. Sinaida Hippius führte zwar einen Salon, aber sie war keine Salondichterin, ihr Milieu waren vor allem Redaktionen und Verlage. Das wird auch im Tagebuch sichtbar, wo Zeitungen und Zeitschriften als Austragungsort der politischen Richtungskämpfe eine herausragende Rolle spielen, denn die Pressezensur in Russland wurde erst im Gefolge der Revolution von 1905 gelockert; in sehr kurzer Zeit hatte sich eine breit gefächerte Presse- und Parteienlandschaft herausgebildet. Literarische und gesellschaftliche Fragen wurden in Russland bis dahin in dicken Zeitschriften verhandelt, doch waren weder politische Parteien noch öffentlicher politischer Meinungsstreit zugelassen. Literatur und Publizistik hatten die Last der gesellschaftspolitischen Bewusstseinsbildung zu tragen.

In dieser Tradition sah sich auch die junge Sinaida Hippius, als sie sich nach ihrer Ankunft in Petersburg dem Geschäft der Literaturkritik und des Zeitungsmachens widmete. Sie befand sich damit nicht nur nah am Zeitgeist, sondern konnte Trends mitbestimmen. Sie half der Literatur der Moderne zum Durchbruch und wandte sich dann eher gesellschaftspolitischen Fragen zu. Diese publizistische Aktivität wird sie ihr Leben lang beibehalten. Nach dem Oktoberumsturz 1917 wird ihr dafür der Boden entzogen, doch in der Emigration setzt sie ihre Pressearbeit mit demselben Elan fort wie zuvor in Russland, nun aber mit dem Ziel, die russische Kultur vor der Zerstörung durch die Bolschewiki zu bewahren.

Doch am Anfang des Jahrhunderts war dieser Verlauf der Ereignisse noch nicht abzusehen. Die Aufmerksamkeit der Hippius und ihrer Gefährten Mereshkowski und Filossofow richtete sich zunächst darauf, die russische Gesellschaft im Inneren zu reformieren, indem man sie auf eine neu verstandene religiöse Grundlage stellt. Auf Betreiben des Trios wurden 1901 die „Religiös-Philosophischen Versammlungen" ins Leben gerufen, die eine Brücke zwischen dem Klerus und der Intelligenzia schlagen sollten. Eine „Neue Kirche" sollte aufgebaut werden, die nicht dem Staat dient, sondern im Alltag gelebt wird, in der Körper und Geist zusammengeführt werden sollten. Zwei Jahre später wurden diese Treffen von der Obersten Kirchenbehörde verboten; zu aufrührerisch klangen die dort geäußerten Ideen in den Ohren der Vertreter der Staatskirche. Mit vielen Mitgliedern der „Versammlungen" unterhielten die Mereshkowskis weiterhin enge Beziehungen: Das gilt für religiöse Philosophen und Dichter wie Nikolai Berdjajew oder Wassili Rosanow und für Anton Kartaschow, den Sinaida Hippius überredet hatte, sein geistliches Amt niederzulegen, um sich ganz den Ideen des Mereshkowski-Kreises zu widmen. Auch der Philosoph Alexander Meier, der im Tagebuch als häufiger Besucher erwähnt wird, gehört dazu. Die von den Mitgliedern dieses Kreises 1905 gegründete Nachfolgeeinrichtung, die „Religiös-Philosophische Gesellschaft" spielt, wie die Tagebuchaufzeichnungen zeigen, noch in den Jahren des Krieges und der Revolutionen des Jahres 1917 eine wichtige Rolle als Diskussionsforum für die liberale Intelligenzia.

Für Sinaida Hippius war das Scheitern der Revolution von 1905 ein einschneidendes Erlebnis. Sie war entsetzt, als sie erfuhr, dass die Truppen des Zaren am 9. Januar eine friedliche Demonstration in ein Blutbad verwandelten. Später erinnert sie sich an diesen denkwürdigen „Blutsonntag": Wie immer an Sonntagen hätten sich viele Besucher bei ihr eingefunden, vor allem junge Dichter und Studenten. Als sie die Nachricht von der Schießerei erreicht habe, sei sie sie mit Mereshkowski, Filossofow und dem aus Moskau angereisten Andrej Bely ins Kaiserliche Alexandrinski Theater gefahren, wo sie durch lautstarken Protest die laufende Vorstellung unterbrachen. Ihre Empörung richtete sich gegen den Zaren, der am Morgen friedliche Demonstranten zusammenschießen ließ und am Abend, als sei nichts geschehen, eine glanzvolle Theatervorstellung genoss.

Der Kampf gegen Selbstherrschaft und Zarentum wird von nun an ihr vorrangiges Ziel. Unterstützt wird sie dabei vor allem von ihrem Gefährten Dima Filossofow, der durch seine kämpferische Mutter und seine Ausbildung in einem liberalen Gymnasium für soziale Fragen besonders empfänglich war, während Mereshkowski sich eher in der Welt abstrakter Ideen zu Hause fühlte.

Die Mereshkowskis betrachteten sich als Europäer und verbrachten seit ihrer Eheschließung jedes Jahr mehrere Monate in Paris, wo sie eine eigene Wohnung gemietet hatten. Europa – das war für sie vor allem Italien und Frankreich, die Wiege der europäischen Kultur. Für Deutschland hatte Sinaida Hippius wenig Sympathien, obwohl ihre Vorfahren aus einem mecklenburgischen Adelsgeschlecht abstammten. Mereshkowski war ein großer Nietzsche-Verehrer, er liebte das intellektuelle Deutschland, aber auch er schöpfte seine literarischen Werke vor allem aus dem Geist der klassischen Antike und des Mediterranen.

Das Trio Mereschkowski-Hippius-Filossofow beschließt, sich für einige Zeit in Paris niederzulassen, um die politische Szene in Frankreich zu studieren. Zwei Jahre, vom März 1906 bis zum Sommer 1908, bleiben sie in Paris, unterbrochen von ausgedehnten Reisen durchs Land. Dort kommen sie mit einer neuen Schicht von Leuten zusammen – den politischen Emigranten. Wieder wird ihre Wohnung zu einem wichtigen Begegnungsort. Der zu jener Zeit ebenfalls in Paris lebende Maler Alexander Benois nimmt der „dekadenten Madonna" ihre Bekehrung zur Politik nicht ab und beschreibt sie als neue Pose: „Es war die Zeit, als S. Hippius elegant mit verschiedenen ‚parlamentaristischen Verschwörern' kokettierte, unter ihnen mit Sawinkow selbst; damals bildete ihre Wohnung in der rue Théophile Gautier so etwas wie ein Stabsquartier der Revolution, wo alle möglichen Personen der revolutionären Glaubensrichtung ein- und ausgingen. Wahr-

scheinlich ist damals bei ihnen der Kontakt zu Kerenski entstanden."[2]
Offenkundig war es aber mehr als eine Pose: Sinaida Hippius konnte und wollte ihren Hang zum großen Auftritt wohl zu keiner Zeit verleugnen, doch war die Politik für sie nicht einfach eine neue effektvolle Kulisse zur Selbstdarstellung, sondern sie war fasziniert von den Persönlichkeiten, die sich in dieser Szene bewegten.
Anders als die egomanischen Dekadenten mit ihren ästhetischen Phantasien hatte sie nun handfeste Revolutionäre vor sich, die ihren Traum von der Freiheit in politische Praxis umgesetzt hatten und dafür zu politischen Emigranten geworden waren. Im Verhältnis zu den einzelnen Personen sind dennoch unterschiedliche Nuancen spürbar: Bewunderung für den Mut und das erlittene Martyrium der Vera Figner, der Seniorin des Terrors, die zur Organisation der radikalen Organisation *Volkswille* (*Narodnaja wolja*) gehört und fast zwanzig Jahre in Einzelhaft in den Kasematten der Festung Schlüsselburg verbracht hatte; freundschaftliche Verbundenheit mit dem Sozialrevolutionär Ilja Bunakow-Fondaminski, und ambivalente Faszination gegenüber dem Terroristen Boris Sawinkow, dessen abenteuerliches Schicksal ihn zu einer lebenden Legende werden ließ. Die leibhaftige Bekanntschaft mit jenen berühmt-berüchtigten Figuren, die es vermocht hatten, den russischen Staat in seinen Grundfesten zu erschüttern, hinterließ Spuren im Denken und Fühlen der Sinaida Hippius und schließlich auch ihres Mannes. Diese Begegnungen beflügelten ihre politische Phantasie und trugen dazu bei, dass ihre mystisch-revolutionären Visionen in konkretere gesellschaftspolitische Bahnen gelenkt wurden. Die Beeinflussung war wechselseitig – die politischen Akteure, insbesondere Sawinkow und das Ehepaar Fondaminski, gerieten ihrerseits in den Sog der Idee der religiösen Revolution.
Von allen neuen Pariser Bekanntschaften ist zweifellos Boris Sawinkow die für Hippius faszinierendste. In diesem umtriebigen,

---

[2] S. *Liza. Biografitscheski almanach* (Personen. Biographischer Almanach), Band 1, Moskau-Sankt-Petersburg 1992 (S. 354–355).

klugen, aber in seinen Handlungen unberechenbaren politischen Draufgänger erkennt sie einen ebenbürtigen Partner – was in ihrem Leben nicht sehr häufig vorkommt –, der aber zugleich über Fähigkeiten verfügt, die ihr, der vorrangig intellektuellen Streiterin, nicht zugänglich sind – der praktische politische Kampf. Sawinkow wird ihr Leben noch mehrmals an dramatischen Knotenpunkten ihrer persönlichen Geschichte und der Geschichte ihres Landes kreuzen, so dass man sicher mit gutem Recht von einer schicksalhaften Begegnung sprechen kann. Die Mereshkowskis hatten, wie zahlreiche Künstler und Literaten der Avantgarde, Sympathien für anarchistische Bewegungen, wobei der Terror die Grenze darstellte, die zu überschreiten sie ablehnten.

Sawinkow, der in Gewissensnöte geraten war, wurde von Sinaida Hippius in seinem Wunsch bestärkt, sein Trauma literarisch zu verarbeiten. Mit ihrer Hilfe verwandelte sich der ehemalige Terrorist in den Schriftsteller Ropschin, der in seinem Roman *Das fahle Pferd* dem Terror abschwört.

Die Gespräche mit Sawinkow hatten das Thema der Gewalt in den Fokus der Mereshkowski-Familie gerückt. Die ablehnende Haltung zur Gewalt verband alle drei, das zeigte sich auch in den Aufsätzen des Bandes *Der Zar und die Revolution* (1907), den das Trio in seiner Pariser Zeit in französischer, und ein Jahr später in deutscher Sprache herausbrachte.[3] Der Band wandte sich an ein westliches Publikum, dem das Wesen der russischen Revolution erklärt werden sollte. Freilich ist die darin verkündete Geschichtskonzeption nicht sonderlich originell: Die Welt wird antithetisch in zwei Teile zerlegt, in Gut und Böse, Gott und Teufel, ein Denken, das vor allem Dmitri Mereshkowski eigen war, das aber auch seine Frau teilte. Es erklärt ihre radikalen Urteile über Menschen und Ereignisse, was ihnen nicht selten die Feindschaft von durchaus wohlmeinenden Zeitgenossen einbrachte.

Hatten die Mereshkowskis mit dem Projekt der „Religiös-Philosophischen Versammlungen" noch versucht, die Staatskirche durch Subversion von innen auszuhöhlen, um den Weg für eine inner-

---

[3] D. Mereschkowski, Z. Hippius, D. Filosofov: *Der Zar und die Revolution*, München und Leipzig 1908.

kirchliche Reform freizumachen, so greifen sie nun beide Institutionen, Kirche und Staat, frontal an. Ihre Kritik richtet sich auf die Konsequenz dieser Liaison zwischen Autokratie und Orthodoxie – die Verhinderung einer demokratischen Ordnung in Russland. Die Autokratie wird verdammt und der Zar als Verkörperung des Antichrist gebrandmarkt.

Bei seiner Rückkehr nach Russland 1908 findet das Trio ein Land vor, dem der Geist der Revolution vollends ausgetrieben zu sein scheint. Es herrscht Endzeitstimmung, gepaart mit hektischer Vergnügungssucht, mit der man die Vorahnung einer Katastrophe zu betäuben suchte.

Mereshkowski diagnostiziert in einer Aufsatzsammlung ein *Krankes Russland*, Hippius verfasst Gedichte, die den Untergang beschwören. So heißt es in ihrem Gedicht „Petersburg": „Nein! Du ertrinkst im schwarzen Schlamm, / Verfluchte Stadt, du Gottes Feind. / Der Sumpfwurm, der beharrliche, / Wird dein steinernes Gerippe zernagen."

Nicht nur die Gesellschaft ist in der Krise, der gesamte Romanow-Staat ist ins Wanken geraten. Der schwache, aber despotisch regierende Zar Nikolaus II. und vor allem seine beim Volk unbeliebte Frau, die aus Deutschland stammende Zarin Alexandra, haben am Hof eine mystisch spirituelle Atmosphäre geschaffen, in der sich Scharlatane und selbsternannte Prediger tummelten, wo der ungebildete Bauer und Wunderheiler Grigori Rasputin die Politik beherrschte. Selbst Monarchisten sahen mit Grausen, dass die Autokratie dabei war, sich selbst zu zerstören."

So wird der Ausbruch des Ersten Weltkrieges von zahlreichen Zeitgenossen als reinigendes Feuer begrüßt. Endlich hat die dumpfe negative Energie, die sich in der Gesellschaft aufgestaut hat, ein Ventil gefunden. Die misslungene Revolution, soziale Spannungen, Missstände, Stagnation scheinen überwunden zu sein, man ist sich einig in dem gemeinsamen nationalen Ziel, das Vaterland zu verteidigen. Auch die Schwestern der Hippius und selbst der Gefährte Filossofow lassen sich von der Kriegsbegeisterung anstecken. Das Ehepaar Mereshkowski aber ist entsetzt. Ihre prinzipielle Ablehnung von Gewalt bewahrt sie vor der Verklärung des barbarischen Vorganges – der rechtlich abgesegneten

Vernichtung von Menschen. In mehreren Gedichten der Hippius wird dieses Entsetzen artikuliert.

Vom ersten Tag des Ersten Weltkrieges an beginnt Sinaida Hippius ihr gesellschaftspolitisches Tagebuch zu schreiben. Obwohl sie die Ausmaße der kommenden Tragödie nicht voraussehen kann, ahnt sie sofort, dass sich etwas Ungeheuerliches anbahnt:
„Was schreiben? Kann man es überhaupt? Nichts außer dem einen Wort – Krieg! Nicht der japanische, nicht der türkische, sondern der Weltkrieg. Es ist furchtbar für mich, über ihn zu schreiben. Er gehört allen, der Geschichte. Braucht es da eine Aufzeichnung des Alltäglichen? Ja".
Der erste Eintrag der „Petersburger Tagebücher" trägt das Datum 1. August 1914.
Bald ist sie besessen von der neuen Mission: Sie will Zeugnis ablegen über den Krieg, von dem sie überzeugt ist, dass er Russland fundamental verändern wird. Ihre Ahnungen wurden bekanntlich aufs Schlimmste übertroffen. Alle drei am Krieg beteiligten Großreiche: Deutschland, Österreich-Ungarn und Russland haben den Krieg nicht überstanden. Dafür ist mit der Sowjetunion „ein neues Großreich entstanden, um den Preis eines Bürgerkriegs, der mindestens ebenso viele Tote gefordert hat, wie der vorangegangene Weltkrieg".[4]
Das Tagebuch verzeichnet minutiös und unmittelbar die aufregenden Ereignisse zwischen 1914 und 1919 aus der ganz persönlichen Sicht einer Augenzeugin. Sinaida Hippius ist nicht nur passive Beobachterin, sondern aktiv in die Politik involviert. Besonders nach dem Oktoberumsturz 1917 war es sehr mutig, ein solches Tagebuch zu führen. So entsteht ein Dokument der besonderen Art.
Das Tagebuchschreiben war jedoch keine neue Erfahrung für sie. Sie hatte früh die Angewohnheit, verschiedene Tagebücher parallel zu führen, ihr Erleben und Empfinden gewissermaßen in Ressorts zu unterteilen: In ein intimes Tagebuch („Contes d'Amour" 1893–1904) trägt sie ihre Liebesromanzen ein, ihr „Literarisches

---

[4] Herfried Münkler: *Der große Krieg. Die Welt 1914–1918*, Berlin 2013 (S. 760).

Tagebuch" enthält literaturkritische Reminiszenzen und Rezensionen. Auch in der Emigration wird sie Tagebücher schreiben: Das „Warschauer Tagebuch" (1920–1921) setzt die Berichterstattung aus Petersburg fort, es soll die politischen Aktivitäten dokumentieren, die das Trio nach seiner Flucht von Polen aus gegen die bolschewistische Ordnung unternimmt. Mit ihrer Übersiedlung nach Paris hören die kontinuierlichen Aufzeichnungen auf, es kommt nur noch zu sporadischen Einträgen in ein „Braunes Heft", die jedoch vor allem von Resignation künden, von der Einsicht, dass Europa ihre Stimme nicht hören will.

Von all diesen Tagebüchern waren nur die „Petersburger Tagebücher" zur Veröffentlichung geplant. Das bestimmt auch ihren Charakter. Privates wird ausgeklammert: Wir erfahren nichts über das konkrete Zusammenleben der drei Partner, nichts über die zunehmenden Konflikte mit Filossofow, der angesichts der Machtergreifung der Bolschewiki in Apathie verfällt, aus der ihn die tatkräftige Sinaida Hippius nur mit Mühe herausreißen kann, nichts darüber, dass sie ihren jugendlichen Verehrer, den Studenten Wladimir Slobin 1916 als Sekretär einstellt. Slobin wird die Mereshkowskis in die Emigration begleiten und bis zu ihrem Lebensende ihre Angelegenheiten regeln und für ihr leibliches Wohl sorgen. Nach dem Tod der Sinaida Hippius hat er ein einfühlsames Buch über sie geschrieben[5], das uns das Privatleben der Sinaida Hippius, das sie selbst vor fremden Augen und Ohren verschließt, näher bringt.

Da ahnt man etwas von der Tragödie ihrer unerwiderten Liebe zu Filossofow, der zu schwach war, sich aus einem Bund zu lösen, den er als bedrängend empfand. Erst in der Emigration vermochte er sich von den Mereshkowskis zu lösen, er folgte ihnen nicht nach Paris, sondern blieb in Polen, um von da aus den Kampf gegen die Bolschewiki zu führen. Sinaida Hippius hat diesen Verlust nie verwunden.

Im Tagebuch ausgespart bleiben auch die Diskussionen mit den

---

[5] Eine englische Ausgabe erschien 1980 in Berkeley: Vladimir Slobine: *A Difficult Soul: Zinaida Gippius*, edited, annotated and with an introductory essay by Simon Karlinsky.

Schwestern, die zu jenem Zeitpunkt noch nicht bereit waren, Russland zu verlassen.

Spärlich sind die Hinweise auf die immer schlechter werdende Versorgung mit Nahrungsmitteln und auf die Beschaffung von Brennstoff zum Heizen nach dem Oktoberumsturz 1917, erst in den Aufzeichnungen vom Jahre 1919, als die Not immer größer wurde, erfahren wir mehr über den Hunger und die Entbehrungen. Das letzte ihrer *Schwarzen Hefte*, das sie mit in die Emigration nahm, wird schließlich zum Zeugnis der Agonie; da schreibt sie bei Dunkelheit auf letzte Papierreste bruchstückhaft ihre düsteren Eindrücke nieder über den „Friedhof", in den sich ihre Stadt verwandelt hat.

Am Beginn ihrer Chronik des Krieges notiert sie vor allem die Fakten und ihre Kommentierungen, anfangs in größeren Abständen, später, mit dem Ausbruch der Februarrevolution, fast täglich. Ihr wird zu Recht vorgeworfen, dass es sich um ein höchst subjektives Zeitdokument handelt. Die Autorin bekennt sich dazu: „Es ist schließlich nur die Aufzeichnung eines einzelnen Zeugen der Vergangenheit von Tausenden. Sind die Aufzeichnungen auch noch so sorgfältig, der Beobachtungspunkt noch so günstig – Ungenauigkeiten, Unwahrheiten, faktische Fehler sind unvermeidlich."

Das Genre selbst schließt Allwissenheit aus. „Ein Tagebuch ist nicht die strenge Erzählung über das Leben, wo der, der den heutigen Tag beschreibt, den morgigen schon *kennt*, schon weiß, wie alles endet."

So bleibt manches roh, unausgegoren und spontan in diesen Texten. Vieles wurde flüchtig und in Erregung hingeworfen und hat keine stilistischen oder inhaltlichen Glättungen erfahren.

Man merkt, wie die Verzweiflung der Verfasserin wächst, besonders im zweiten Teil lässt sie ihrer Wut und ihrem Hass auf die neuen Machhaber freien Lauf. Das wurde in der Übersetzung bewusst beibehalten, um Stil, Stimmung und Temperament der Tagebuchschreiberin so authentisch wie möglich einzufangen.

Ihre Quellen sind neben den Zeitungen, die jedoch nach dem Verbot der liberalen Presse Anfang 1918 immer spärlicher fließen, vor allem die Berichte der unzähligen Personen, die bei den

Mereshkowskis ein- und ausgehen und verschiedenste Informationen, Gerüchte und Vermutungen mitbringen.

Die Autorin bekennt, mehr sein zu wollen als eine bloße Chronistin: „Die Sache ist die, dass mich als eine vorwiegend belletristische Schriftstellerin nicht bloß die historischen Ereignisse interessieren, deren Zeugin ich war; an diesen Ereignissen interessieren mich hauptsächlich die Menschen. Mich interessiert jeder Mensch, seine Gestalt, seine Persönlichkeit, seine Rolle in dieser großen Tragödie, seine Kraft, seine Fehler, sein Weg, sein Leben. Gewiss, die Geschichte wird nicht von den Menschen gemacht …, aber in einem gewissen Maße auch von den Menschen."[6]

Da es sich um Menschen handelt, die die Politik jener Zeit aktiv gestalten, bekommen wir einen intimen Eindruck in die von Angst, Unsicherheit, Entschlossenheit gezeichnete Atmosphäre der politischen Intelligenzia jener Jahre. Die geschilderten Personen werden nicht geschont, sie werden dem gnadenlosen Urteil der Autorin unterzogen, von der bekannt war, dass sie hemmungslos jeden durch ihre Lorgnette studierte, der ihr vor die kurzsichtigen Augen kam. Die Urteile der Hippius waren gefürchtet und ungerecht, auch bei ihren politischen Freunden, selbst mit ihrem Mann, mit dem sie ständig stritt, kannte sie kein Erbarmen. Der Hass gegen die Boschewiki trübte ihr den Blick, doch es lässt sich nicht leugnen, dass kaum einer wie sie zu jenem Zeitpunkt so hellsichtig die Gefahr erkannt hat, die die Herrschaft der Bolschewiki für die Durchsetzung der demokratischen Revolution in Russland bedeuten würde.

Sie verteidigt ihr Recht auf eine eigene Meinung in allen politischen Fragen. „Ich soll nicht das Recht haben, mich selbst zu besinnen, für mich selbst zu überlegen, was da vor sich geht? Wozu haben wir so lange Jahre nach Erkenntnis und einem offenen Blick aufs Leben gesucht?"

So widersetzt sie sich der patriotischen Stimmung, die sich bei Ausbruch des Krieges auch unter der Intelligenzia breit gemacht hat. Sie erkennt, dass der Patriotismus der vordringlichen Aufgabe

---

[6] Sinaida Hippius: *Petersburger Tagebuch*, Berlin und Weimar 1993 (S. 11–12).

Russlands, der Abschaffung der Autokratie, abträglich ist, da er die inneren Widersprüche des Landes verwischt. Sie registriert, dass im Gegensatz zur offiziellen Propaganda das Volk die Kriegseuphorie der Intelligenzia und des Bürgertums nicht teilt.

Schon bei Kriegsbeginn stellt sie fest, dass dem Volk, das vor allem aus Bauern besteht, jeglicher Patriotismus fremd ist. Für ein Vaterland der Gutsbesitzer zu kämpfen, die sie ausbeuten, ist nur unter Zwang zu erreichen.

Slawophile oder panslawistische Ideen waren den Mereshkowskis suspekt. Sie durchschauten den Ersten Weltkrieg als imperialen Kampf von Großmächten zum Erhalt oder der Erweiterung ihrer Einflusssphären.

Der Krieg offenbarte schonungslos die Schwächen des autokratischen Systems. Die inkompetente Kriegsführung, die fehlende Ausrüstung und Munition, die nach kurzen militärischen Erfolgen zu katastrophalen Rückschlägen und Verlusten führte, wurden von der Tagebuchschreiberin mit zwiespältigen Gefühlen kommentiert: Einerseits machten die Kriegsmängel die Zurückgebliebenheit Russlands auf allen Gebieten deutlich und zeigten, dass ein gesellschaftlicher Umbruch unumgänglich war, andererseits sah sie keine Kräfte, die diesen Umbruch in vernünftige Bahnen lenken konnten. Das alte Dilemma, dass die Intelligenzia als Führungselite und das Volk auf zwei verschiedenen Ufern standen, zwischen denen es (fast) keine Verbindung gab, brachte die Gefahr eines schrecklichen und unkontrollierten Aufstandes mit sich. Dieses Missverhältnis und den Selbstbetrug der Intelligenzia sieht die Tagebuchschreiberin als eine dunkle Gefahr, die über Russland heraufzieht. „Immer klarere Formen nimmt unser innerer Schrecken an, obgleich er noch unter der Decke ist und ich ihn nur blind spüre. Aber ich sehe, spüre ihn zumindest, die anderen wollen davon nichts wissen."

Sie konzedierte den Bolschewiki, deren Führer ebenfalls jahrzehntelang in der Emigration gelebt hatten und dem Volk fremd waren, dass sie beherzter als ihre eigenen politischen Freunde von der Provisorischen Regierung zugriffen, als es nach dem Sturz des Zaren galt, das Machtvakuum zu füllen. Mit ihren Forderungen nach Beendigung des Krieges und der Verteilung des Bodens an die

Bauern kamen die Bolschewiki um Lenin den Bedürfnissen des Volkes stärker entgegen, als die von der Rettung der Nation besessene Provisorische Regierung und die aus ihr hervorgegangene antibolschewistische Weiße Bewegung. Mit dieser kritischen Haltung gegenüber der Politik der Provisorischen Regierung befindet sie sich in Übereinstimmung mit Historikern unserer Zeit – der englische Historiker und profunde Russlandkenner Orlando Figes etwa sieht den volksfernen Patriotismus der Weißen Bewegung als eine Ursache für den endgültigen Sieg der Bolschewiki an[7].

Die zentrale, sich durch das gesamte Tagebuch ziehende Metapher lautet „Wahnsinn". Sofort nach Kriegsausbruch stellt die Autorin fest: „… alle sind schon wahnsinnig geworden." Sie hat keine Hoffnung, dass der Krieg schnell beendet sein würde: „Ich blicke auf diese Zeilen, die von meiner Hand geschrieben sind, und es ist, als ob auch ich verrückt geworden bin. Weltkrieg!" Die Motive des Wahnsinns verstärken sich mit den eskalierenden geschichtlichen Ereignissen: „Russland ist ein großes Irrenhaus."

Für eine kurze Zeit glimmt Hoffnung auf, als im März 1917 der Zar abdankt und die Provisorische Regierung gebildet wird. Dennoch sind die Aufzeichnungen aus jenen Monaten zwischen Februar und Oktober 1917 voller Zweifel und düsterer Vorahnungen, denn die Chancen auf eine Rettung Russlands, die für Hippius an einen Sieg der Provisorischen Regierung über den von den Bolschewiki geführten „Arbeiter- und Soldatenrat" geknüpft war, schienen der Chronistin mehr als gering. Unverhohlen nimmt sie Partei für den linken Flügel innerhalb der Provisorischen Regierung, der von ihren politischen Freunden Alexander Kerenski und Boris Sawinkow angeführt wurde. Sawinkow war mit Bunakow-Fondaminski, Vera Figner und anderen politischen Emigranten nach Russland zurückgekehrt, um das im Jahre 1905 misslungene Projekt der Revolution zu vollenden. Ihre Anwesenheit stimmte Sinaida Hippius zwar optimistisch, doch befürchtete sie – zu Recht, wie die Zukunft erweisen würde –, dass durch die Unentschlossenheit der zum großen Teil konservativen Führungselite

---

[7] Orlando Figes: *Die Tragödie eines Volkes. Die Epoche der russischen Revolutionen von 1891 bis 1924*, Berlin 2011 (2. Aufl.).

die Revolution wieder verspielt werden könnte. Die Zusammensetzung des im Februar 1917 gegründeten „revolutionären Komitees" mit den wichtigsten Vertretern: dem Premierminister Lwow, mit Nekrassow, Gutschkow, Miljukow, Kerenski, kommentiert sie sarkastisch: „Ich stelle nur fest: Im *Revolutions*komité gibt es *keinen einzigen Revolutionär*, außer Kerenski." Als dann die Regierung umgebildet wurde und Kerenski an ihre Spitze trat, versuchten die Mereshkowskis, Einfluss auf die Politik zu gewinnen. Das Trio Mereshkowski–Hippius–Filossofow war an den politischen Beratungen und Entscheidungen der Provisorischen Regierung beteiligt. In ihrer Wohnung gingen deren Mitglieder ein und aus. Die drei halfen bei der Verfassung von Regierungserklärungen, Verlautbarungen, Papieren jeder Art, jedoch blieb ihr Einfluss auf das politische Handeln begrenzt. Sinaida Hippius bemühte sich mit aller Kraft, Kerenski zu einer baldigen Beendigung des Krieges zu bewegen, und sie warnte ihn vor der Gefährlichkeit der Räte (Sowjets) mit Lenin an der Spitze. Die unentschlossene Politik der Provisorischen Regierung in der Friedensfrage fand ihre Missbilligung. „Der Krieg hat das Letzte aufgezehrt. Und der Krieg ist hier und jetzt. Er muss beendet werden. Wird er ohne Würde beendet, ist das unverzeihlich", notiert sie im Juli 1917 in ihr Tagebuch. Nach dem Sieg der Bolschewiki wird sie ihre Haltung zum Krieg ändern. Nun wird die Rettung der Freiheit und der Revolution ihr oberstes Ziel, zur Not mit Hilfe ausländischer Bajonette. Wie viele russische Intellektuelle hofft sie, mit Unterstützung der Alliierten die Herrschaft der Bolschewiki zu stürzen. Da sie in Kerenski die einzige politische Figur in Russland sah, die sie für fähig hielt, zwischen den beiden Machtzentren, der Regierung und den Räten, zu vermitteln, registrierte sie mit Entsetzen seine Wankelmütigkeit, Unentschlossenheit und persönliche Eitelkeit, die sie als entscheidende Gründe für das Scheitern der Regierung und der demokratischen Revolution ansah. Das Porträt des russischen Regierungschefs, das sie in ihrem Tagebuch zeichnet, wandelt sich zusehends vom Bild eines profilierten und engagierten Politikers zu dem eines selbstverliebten Despoten. Am 8. August 1917, nach dem Juliaufstand der Bolschewiki, als die Krise der Provisorischen Regierung offenkundig geworden ist, schreibt

sie: „Erstaunlich: Kerenski hat offenbar jegliches Verständnis verloren. Er steht unter gegensätzlichen Einflüssen. Unterwirft sich allen wie ein Weib. Ist auch im Alltagsleben verdorben. Hat ‚höfische' Sitten eingeführt (er lebt im Winterpalais), was sich als unglückliche Spießigkeit eines parvenu darstellt. Er war nie klug, aber es scheint, als habe ihn seine geniale Intuition verlassen, als die festtäglichen Flitterwochen der Großherzigkeit vorbei waren und der raue (und wie raue!) Alltag begann. Und er ist trunken ... nicht von der Macht, sondern vom ‚Erfolg' im Schaljapinschen Sinne. (...) Er sieht die Menschen nicht." Ein ähnliches Bild von Kerenski, als einem Pfau, der im Schlafzimmer der Zarin residiert, wird wenige Jahre später der Avantgarde-Regisseur Sergej Eisenstein in seinem Revolutionsfilm „Oktober" zeichnen.
Die eigentliche Katastrophe stand da noch bevor. Das offenkundige Missverständnis zwischen dem Armeegeneral Kornilow und Kerenski führte zum so genannten Kornilow-Putsch, der die letzten noch verbliebenen Gegenkräfte der Bolschewiki endgültig entzweite. Bis heute sind die Hintergründe des Putsches nicht völlig geklärt, aber die Version der Hippius, Kornilow wolle die Provisorische Regierung nicht stürzen, sondern verteidigen, wird von Historikern aus dem heutigen Erkenntnistand im Wesentlichen geteilt. Dass das Scheitern dieses Bündnisses den Weg für die Macht der Bolschewiki freigemacht hat, wird von neuesten Forschungen bestätigt.[8] Hippius verzieh Kerenski nie, dass er den Bolschewiki kampflos das Feld überlassen und damit Russland in die Katastrophe geführt hat.
Als der Umsturz dann wirklich eintritt, wohnen sie und Mereshkowski dem gewissermaßen als Zuschauer bei: „Eine kalte, schwarze Nacht vom 24. auf den 25. Oktober. Ich und S. S. stehen, eingehüllt auf unserem Balkon und schauen in den Himmel. Er steht in Flammen. Das ist der Beschuss des Winterpalais wo die ‚Minister' sich aufhalten. Jedenfalls die, die es nicht geschafft

---

[8] Jörn Leonhard: *Die Büchse der Pandora. Geschichte des Ersten Weltkriegs*, München 2014 (2. Aufl.).

haben zu entwischen. Alle Sozialrevolutionäre, angefangen von Kerenski, haben sich versteckt."[9]

Von nun an wird Sinaida Hippius das Entsetzen nicht mehr verlassen. Die physischen Entbehrungen, die die Revolution mit sich bringt, vermag sie leichter zu verkraften als die moralischen.

Sie beginnt am 7. November (alten Stils) ihre Aufzeichnungen in ein neues Heft zu schreiben. Der Umschlag dieses Heftes ist im Gegensatz zu dem des vorigen blauen Heftes schwarz. Die Farbe der Hoffnung wird abgelöst durch die Farbe der Trauer. Der Einbruch ist für sie der gravierendste in der Kette der katastrophalen Ereignisse der jüngeren russischen Geschichte, da er sich gegen ihr ureigenes Ziel der Revolution richtet – die Befreiung des Menschen.

Noch ist sie nicht bereit aufzugeben. Sie mobilisiert alle ihre publizistischen Kräfte, um gegen die Willkür und den Verlust der Freiheit ihre Stimme zu erheben. Wieder einmal legt sie sich mit allen an: Mit den lautstarken Befürwortern des neuen Regimes ebenso wie mit der im stummen Protest verharrenden Intelligenzia. In einem Zeitungsartikel erscheint am 8. Dezember 1918 ein „Literarisches Feuilleton" von Anton dem Extremen, ihrem favorisierten Pseudonym als Literaturkritiker, darin kritisiert sie jene Literaten, die sich zu fein für die Politik fühlen und ruft sie auf, aus ihrem Elfenbeinturm herabzusteigen: „Oh, Dichter, Schriftsteller, Künstler, Ästheten, Kulturarbeiter! Betrügt Euch nicht selbst mit eurer ‚Göttlichkeit'! […] Bei uns ist die ‚Politik' der Aufmerksamkeit des Dichters nicht wert? Ach, so ist das also! … „Einen Tag danach beklagt sie unter einem anderen Pseudonym (Lew Puschtschin) den kränkelnden Zustand der russischen Parteien, besonders der Sozialrevolutionäre, die ja eigentlich die Massen der Bevölkerung, insbesondere auf dem Land, hinter sich hatten. Sie wirft ihnen vor, ihre Kräfte zu zersplittern, wo Einigkeit nötig wäre und legt zugleich ein Bekenntnis zu ihren politischen Freunden ab: „Der russischen Intelligenzia ist von jeher die Partei der Sozialrevolutionäre am nächsten. Das ist auch verständlich: Wie könne man auch

---

[9] Sinaida Hippius: *Shiwye liza. Wospominanija, stichotworenija* (Lebendige Menschen. Erinnerungen, Gedichte), Moskau 2002 (S. 369).

nicht für die Revolution sein, nicht gegen die Autokratie, und was den Sozialismus angeht – so war und bleibt er immer unser eigentlicher Glaube."

Doch der Spielraum wird immer enger. Im Sommer 1918 werden die letzten nichtkommunistischen Presseorgane verboten, und damit ist die Hippius ihrer öffentlichen Stimme beraubt.

Im „Sowdepien" der Bolschewiki sah Hippius nun nicht mehr nur das „Irrenhaus", sondern ein neues „Reich des Antichrist" – das „Reich des Bösen" schlechthin. Der Oktoberumsturz stellte für sie nicht die Vollendung der Revolution dar, sondern deren Zerschlagung, die Rückkehr zur Despotie.

Ein Riss geht nun für sie durch Petersburg, eine unsichtbare Linie, die die Kulturbewahrer und die Kulturzerstörer scheidet: Auf der einen Seite befinden sich die Märtyrer, die Vertreter der Kultur, die durch Krankheit, Hunger, Terror ausgezehrt sind und allmählich verstummen und auf der anderen Seite – die Bolschewiki, eine kleine Gruppe, die sich immer mehr ausbreitet, immer mehr Einfluss gewinnt. Wer sich in ihren Dienst stellt, bekommt die tiefe Verachtung der Sinaida Hippius zu spüren: Maxim Gorki, der Verleger Sinowi Grshebin, Gorkis Frau Maria Fjodorowna Andrejewa. Hatte sie ursprünglich Gorki in ihren Aufzeichnungen noch mit Sympathie bedacht und ihn als einen möglichen Verbündeten gegen die Bolschewiki gesehen, denen er ja anfangs in der Tat ablehnend gegenüberstand, so tilgt sie später, als sie erfährt, dass Gorki mit Lenin kooperiert, alle Sympathiebekundungen. Gorkis widersprüchliche Haltung zu der neuen Ordnung, seine Kritik am Terror, die immense Hilfe, die er durch seine Nähe zu Lenin Künstlern und Intellektuellen der ersten Revolutionsjahre angedeihen ließ, will sie nun nicht mehr wahrhaben. Mit dem ihr eigenen radikalen Maximalismus schließt sie jeden, der mit den Bolschewiki sympathisiert, aus dem Reich der Lebenden aus.

Im Eintrag vom 11. Januar 1918 stellt sie eine Liste von zweiundzwanzig Überläufern zusammen, die sie expressis verbis nicht in den Text ihres Berichts (den Text der Kultur) aufnimmt, sondern ins Jenseits, unter die Linie verbannt. Die Liste enthält Namen ehemaliger Freunde und zahlreicher bekannter Personen aus ihrem Umkreis. Ihren „verlorenen Kindern" Block und Bely gegenüber lässt sie eine gewisse Nachsicht walten. Block wird sich später in ihren Augen durch seinen Tod rehabilitieren. Das Porträt, das sie ihm zu Gedenken schreibt, schließt mit den Worten: „ ... durch sein großes Leiden und seinen Tod büßte er nicht nur jede freiwillige und unfreiwillige Schuld, sondern vielleicht sogar teilweise die Schande und Sünde Russlands ...."[10]

Tote wie Block sind für Sinaida Hippius die ewigen Lebenden der russischen Kultur, im Gegensatz zu den lebendig Begrabenen im Sarg von Petersburg.

Ein problematischer Zug ihres Tagebuchs sind die unverkennbaren antijüdischen Töne, die sie gegenüber den Sympathisanten des neuen Regimes anschlägt: Vor allem gegenüber dem Verleger Sinowi Grshebin, einem Freund Gorkis, mit dem die Mereshkowskis aus finanziellen Gründen in Fehde lagen, und gegenüber Grigori Sinowjew, dem von den Kommunisten eingesetzten Kommissar von Petrograd, wird das Jüdische zu einem Stigma und Synonym für die neue bolschewistische Ordnung. Antisemitismus war zu jener Zeit in Russland weit verbreitet. Während der Revolution hatten Juden erstmalig in Russland Regierungs- und Parteiämter erlangt. Wie Orlando Figes schreibt, waren „Nicht viele Juden [...] Bolschewiki, aber zahlreiche führende Bolschewiki waren Juden".[11] In Paris werden nach der Veröffentlichung ihrer letzten Petersburger Tagebuchaufzeichnungen nicht wenige Freunde die Verfasserin des Antisemitismus bezichtigen. In einem Zeitschriftenartikel von 1921 setzt sie sich gegen diese Vorwürfe zur Wehr: „Die Trennlinie verläuft anders: Geprügelte Russen und geprügelte Juden auf der einen Seite sind eins. Und prügelnde Russen und prügelnde Juden auf der anderen Seite sind auch eins."[12] In der Tat hielten sie und ihr Mann den Antisemitismus für eine Entgleisung, die der russischen Intelligenzia unwürdig sei. Während des skandalösen Prozesses, der 1913 durch die russische Presse ging, in dem der Jude Mendel Bejlis von antisemitischen Kreisen

---

[10] Sinaida Hippius: *Shiwye liza. Wospominanija, stichotworenija* ... (S. 40).
[11] Orlando Figes: *Die Tragödie eines Volkes* ... (S. 715).
[12] *Obschtschee delo* (Allgemeine Angelegenheiten) v. 23. Juli 1921.

des Ritualmordes an einem Jungen beschuldigte wurde, waren die Mereshkowskis entschiedene Kritiker dieses Prozesses. Zu allen Zeiten gehörten Juden zu ihrem engeren Freundeskreis. Während der Emigration waren sie besonders mit Ilja Fondaminski, der wie viele seiner russisch-jüdischen Leidensgenossen sein Leben in den Gaskammern der Nationalsozialisten lassen wird, und mit seiner von beiden Mereshkowskis schwärmerisch verehrten Frau Amalia verbunden. Sie gehören zu den wenigen Personen, die von der bissigen Kritik der Autorin verschont bleiben. Doch ihr Tagebuch ist nicht frei von jenem antijüdischen Zeitgeist, der auch in der liberalen Intelligenzia verbreitet war.

In vernichtenden Urteilen gegenüber Vertretern der Duma, später der Provisorischen Regierung, macht sie ihrer Enttäuschung über deren Versagen Luft. Auch die Alliierten kommen nicht gut weg. Die französischen Diplomaten, mit denen die Mereshkowskis bekannt waren, hätten gar nichts verstanden, die Engländer würden sich nicht für die inneren Probleme Russlands interessieren. Einzig die Friedensinitiative, die der amerikanische Präsident Thomas Wilson im Februar 1919 vorschlägt, findet zunächst ihre Billigung, bis zu dem Moment, wo er auch die an die Macht gekommenen Bolschewiki zu der Friedensberatung hinzuziehen möchte.

Die zu jener Zeit weit verbreiteten Gerüchte, dass es zwischen Deutschland und den Bolschewiki geheime Absprachen gäbe, ja dass Lenin ein deutscher Spion sei, geistern ebenfalls durch ihr Tagebuch. Die Novemberrevolution in Deutschland, die die Bolschewiki als Beweis für den Ausbruch der Weltrevolution feierten, betrachtet sie mit gemischten Gefühlen. Ihr steht die Regierung Scheidemann näher, die sie mit der Provisorischen Regierung in Russland vergleicht, und sie hofft, dass diese beiden nachmonarchistischen Regierungen gemeinsam den imperialistischen Krieg beenden könnten. Sie nennt es: den Krieg zur Ausrottung des Krieges führen.

Den Januaraufstand des kommunistischen Spartakusbundes von 1919 lehnt sie ab, in ihm sieht sie Parallelen zum Juliaufstand der Bolschewiki 1917, der das Ende der Provisorischen Regierung eingeleitet hatte, und sie zeigt eine boshafte Schadenfreude, als der Spartakusaufstand niedergeschlagen wird. Die Ermordung von

Rosa Luxemburg und Karl Liebknecht kommentiert sie zynisch. Ausgewogenheit des politischen Urteils war ihre Sache in der Tat nicht.

Als sich nach der Niederlage der Generäle Denikin und Koltschak im Sommer 1919 die Gewissheit verdichtete, dass der Sturz der Regierung der Bolschewiki durch die Weiße Armee und die westeuropäischen Alliierten ausbleiben würde, sahen die Mereshkowskis in ihrem Bleiben keinen Sinn mehr und entschlossen sich, Russland zu verlassen. Noch hofften sie, dass es kein Abschied für immer sein würde. Von Polen aus, das sich noch als einziges europäisches Land mit Sowjetrussland im Krieg befand, glaubten sie, den Widerstand gegen das „Reich des Antichrist" organisieren zu können. Diese Hoffnung wurde mit dem Friedensvertrag, den schließlich auch Polen mit Sowjetrussland im Juli 1920 abschloss, zunichte. Die Mereshkowskis reisen nach Paris weiter, das für den Rest ihres Lebens zu ihrer Heimstatt werden wird.

Sie widmeten sich von nun an mit Feuereifer der Aufgabe, den Westen über die wahren Verhältnisse in Russland aufzuklären und ihn aufzurütteln, den Kampf nicht verloren zu geben. Doch der Westen wollte die Kassandra-Rufe verbitterter Emigranten nicht hören.

So blieb ihr Blick weiterhin nach Russland gerichtet, wofür es auch schwerwiegende persönliche Gründe gab: Ihre geliebten Schwestern Natalja und Tatjana waren der Willkür der Behörden ausgeliefert, ebenso zahlreiche andere Verwandte und Freunde. Sie sorgte von Paris aus für ihren Unterhalt und sicherte ihnen damit vor allem in den ersten Jahren nach der Revolution das Überleben; ebenso wie ihrer Schwester Assja, die mit nach Paris gekommen war. Sie fühlte sich schuldig, dass die Schwestern ihretwegen in Sowjetrussland besonderen Entbehrungen und Gefahren ausgesetzt waren, und setzte alles daran, sie aus dem Lande zu holen – vergeblich.

Die „Schwestern der Hippius" waren stigmatisiert. Sie wurden aus Leningrad verbannt und siedelten nach Nowgorod über. Als ausgebildete Künstlerinnen fanden sie im dortigen Kunst-Museum eine Anstellung. Ihre Versuche, während des Krieges Richtung

Westen zu gelangen, scheiterten. Nach dem Zweiten Weltkrieg kehrten sie nach Nowgorod zurück, wo sie bis zu ihrem Tod lebten.
Die Verteidigung der Persönlichkeit und der Freiheit blieben die heiligen Werte der Sinaida Hippius. Mit der neuen sowjetischen Ordnung, die diese Werte verraten hatte, hat sie sich nie abgefunden. Der Hass hat die Mereshkowskis soweit verblendet, dass sie – zumindest kurzzeitig – in Mussolini und Hitler die Retter vor dem Bolschewismus sahen. Als der schwerkranke Mereshkowski sich ohne Wissen seiner Frau dazu überreden ließ, aus einem Pariser Krankenhaus heraus in einer Rundfunkansprache den Einmarsch der Hitlerarmee in die Sowjetunion zu begrüßen, war sie jedoch entsetzt. Sie hatte den Irrtum längst erkannt, den Teufel mit dem Beelzebub austreiben zu können. Den Teufel „Nummer 2", wie sie Hitler nannte, verachtete sie ebenso wie den Teufel „Nummer 1", Stalin. Den Einmarsch der Hitlertruppen in Paris im Sommer 1940 markiert sie in ihrem Tagebuch mit einem Kreuzzeichen, dasselbe hatte sie am Tag des bolschewistischen Umsturzes am 26./27. Oktober 1917 getan. Sie nannte sie „schwarze Roboter", die mit grün-schwarzen Umhängen bekleidet, „der Hölle entsprungen" seien. Hitlers Vernichtungspolitik gegen die Juden verabscheute sie. Es nützte ihr nichts, die Mereshkowski wurden nach dem Rundfunkauftritt ihres Mannes von der russischen Emigrantengemeinde gemieden.
Dmitri Mereshkowski starb am 7. Dezember 1941, wenige Monate nach dem Einmarsch der Deutschen in die Sowjetunion und Sinaida Hippius im September 1945, genau vier Monate nach der Kapitulation von Hitlerdeutschland.
Auf dem russischen Friedhof von Sainte-Geneviève-des-Bois sind beide begraben, einem Ort, den Sinaida Hippius zu Lebzeiten sehr mochte, weil er ihr mit seinen weiten Fluren und Wäldern in der Ferne als eine russische Landschaft erschien.

So legendenumwoben wie die Autorin ist auch die Geschichte der hier erstmals in deutscher Sprache vorgelegten Tagebücher. Obwohl sie als Zeitdokument zur Veröffentlichung gedacht waren, wagte Sinaida Hippius nicht, sie mitzunehmen, als sie im Dezember 1919 mit ihrem Mann, Dima Filossofow und ihrem Sekretär Wladimir Slobin die sorgsam vorbereitete Flucht antrat. Lediglich das letzte dünne schwarze Heft, das die Ereignisse vom Juni bis Dezember 1919 festhielt, schmuggelte sie, in ihren Mantel eingenäht, über die Grenze und veröffentlichte es sofort im Ausland. In Deutschland erschien dieser letzte Teil des „Peterburger Tagebuchs" erstmalig 1921 im Band „Im Reich des Antichrist". Inzwischen wurde er in mehreren deutschen Ausgaben neu aufgelegt, worauf an dieser Stelle ausdrücklich verwiesen werden soll[13]. Es ist der Epilog des Ganzen, er setzt den persönlichen Schlusspunkt unter ein dramatisches Kapitel russischer Geschichte.

Über das Schicksal der in Russland verbliebenen Tagebücher lesen wir im Vorwort der vorliegenden Ausgabe eine Version, in der die Autorin Dichtung und Wahrheit vermischt. Dieses Vorwort entstand im Jahre 1928, zu einer Zeit, als noch viele Vertraute der Hippius in der Sowjetunion lebten, die es zu schützen galt, ebenso wie ihre dort verbliebenen Manuskripte. Sie verrät nicht, wie der erste Teil das Tagebuchs, „das Blaue Heft", nach zehn Jahren wieder in ihre Hände gelangte, doch offenbar war es einem guten Bekannten gelungen, ihn auf Umwegen aus dem Land zu bringen. Ein Jahr später veröffentlichte sie den Text mit einigen Korrekturen unter dem Namen „Das Blauen Heft".

Abenteuerlicher gestaltete sich das Schicksal der „Schwarzen Hefte", ihrer Aufzeichnungen vom Oktober 1917 bis Juni 1919. Sie galten bis in die jüngste Zeit als verschollen.

Die Autorin hatte die Legende verbreitet, dass sie sich wegen der drohenden Gefahr einer Entdeckung in Zeiten des Roten Terrors gezwungen gesehen habe, ihre Tagebücher zu vergraben: „Gute Freunde nahmen sie mir ab und verscharrten sie irgendwo außerhalb der Stadt; ich weiß nicht genau, wo."[14] Als die „Schwarzen

---

[13] Sinaida Hippius: *Petersburger Tagebuch*. Berlin und Weimar 1993; dies.: *Verschiedener Glanz. Gedichte. Briefe an Nina Berberowa und Wladislaw Chodassewitsch*. Fotos, Dokumente, Berlin und St. Petersburg 2002 und dies.: *Petersburger Tagebücher*. Berlin und St. Petersburg 2004.
[14] Sinaida Hippius: *Petersburger Tagebuch*. Berlin und Weimar 1993 (S. 14).

Hefte" nach der Perestroika dann doch überraschend auftauchten und 1992 das Licht der Öffentlichkeit erblickten, korrigierten die Herausgeber diese Version: „Der Text war wirklich versteckt, aber nicht in der Erde, sondern, wie viele ‚aufrührerische' Dokumente in jener Zeit, in einem staatlichen Archiv, in der Handschriftenabteilung der russischen Öffentlichen Bibliothek, und das Ganze passierte wahrscheinlich im April 1919, als Filossofow demselben Archiv (ganz offiziell) seine Papiere übergab. Die Tatsache, dass das Nachoktobertagebuch der Hippius in der Öffentlichen Bibliothek aufbewahrt ist, war einem kleinen Kreis von Spezialisten des ‚Silbernen Zeitalters' sowie den Mitarbeitern der Handschriftenabteilung seit langem bekannt, doch aus vielerlei Gründen (nicht zuletzt denselben wie denen der Autorin des Tagebuchs) wurde es nicht publik gemacht."[15]

Es gehört zu den Paradoxien der Geschichte und zeugt vom stillen Heldentum unbenannt gebliebener Archiv- und Bibliotheksmitarbeiter, dass ein Dokument mit solch unverhohlen antibolschewistischer Tendenz ausgerechnet in den staatlich geschützten Archiven der Sowjetunion aufbewahrt wurde und nicht der üblichen Praxis der Säuberung der Bibliotheken von politisch unerwünschten Publikationen anheim fiel.

So haben wir einen authentischen Text vor uns, den die Autorin nicht, wie sie es mit dem „Blauen Heft" trotz gegenteiliger Behauptung getan hat, überarbeiten und aktualisieren konnte. Allerdings blieben auch im veröffentlichten „Blauen Heft" die Korrekturen zurückhaltend. Sie betrafen vor allem die Charakterisierung von Personen: So hat sie die vernichtende Darstellung des Zaren nach der Ermordung der Zarenfamilie abgemildert und die Kritik an ehemaligen Weggefährten, die sich den Bolschewiki angenähert haben, verschärft; das ist besonders im Blick auf Gorki festzustellen. Doch ihre politische Grundhaltung, wie sie in den Tagebüchern zum Ausdruck kommt, ändert sich bis zu ihrem Lebensende nicht.

---

[15] M. Pawlowa, D. Subarewa: „*Tschernye tetradi*" *Sinaidy Gippius* („Die schwarzen Hefte" der Sinaida Hippius), in: Swenja 2/1992 (S. 12).

So blieb sie im „Reich des Antichrist" eine persona non grata, ihr Name war aus den Bibliothekskatalogen und Literaturgeschichten getilgt. Ihre Werke kehrten erst mit der Perestroika in ihre Heimat zurück.

Die erstaunten Leser in der Heimat haben inzwischen erfahren, dass sie nicht nur die „dekadente Madonna" war, sondern eine politische Publizistin, die ganz und gar nicht madonnenhaft, sondern mit harten Bandagen für eine demokratische Revolution in Russland stritt. Ihre Tagebücher sind für uns noch heute ein beeindruckendes Zeugnis erlebter Geschichte.

Editorische Notiz

Der Text enthält eine Fülle von Namen von Personen und Institutionen, die dem deutschen Leser nicht geläufig sind.
Um die Lektüre zu erleichtern, haben die Übersetzer und die Bearbeiterin kurze Erläuterungen [in eckige Klammern] in den Text eingefügt.
Bei der Namensnennung wurde auf Varianten verzichtet und auf Einheitlichkeit geachtet. So wird für Dmitri Mereshkowski durchgängig der Name Dmitri verwendet und für Dmitri Filossofow der Name Dima, was in den meisten Fällen auch von der Verfasserin so gehandhabt wurde.
Alle Gedichtzeilen ohne Quellenangaben stammen von Sinaida Hippius.
Die Anmerkungen dienen vor allem dazu, die Hintergründe und Sachverhalte zu nennen, auf die sich die Anspielungen und Meinungsäußerungen der Verfasserin beziehen, sie können und sollen keine historische Kommentierung ersetzen.
Die Übersetzung folgt der Ausgabe: Sinaida Hippius: *Dnewniki* (Tagebücher), Band I und II, Moskau 1999, hrsg. und mit einem Vorwort versehen von A. N. Nikoljukina. Die Kommentare in Band I stammen von T. W. Woronzowa, die Kommentare in Band II von T. W. Woronzowa, D. I. Subarewa, A. A. Morosow, M. M. Pawlowa, A. I. Serkow, N. W. Snytko.
Für die Kommentierung wurden außerdem noch folgende russische Ausgaben herangezogen:
Sinaida Hippius: *Sobranie sotschinenija* (Gesammelte Werke). *Dnewniki* (Tagebücher) 1893–1919, Moskau 2003, zusammengestellt und kommentiert von T. F. Prokopow; „*Tschernye tetradi*" *Sinaidy Hippius* („Die schwarzen Hefte" der Sinaida Hippius), zusammengestellt und kommentiert von M. M. Pawlowa und D. I. Subarewa, in: *Swenja: istoritscheski almanach* (Kettenglieder: Historischer Almanach), Band 2, Moskau-Sankt-Petersburg 1992.

Sinaida Hippius, Petersburg 1895

INHALT

4	Zum Blauen Buch
7	Das Blaue Buch
31	Eintragung ins Weiße Heft – Gesellschaftspolitisches Tagebuch
34	Fortsetzung des gesellschaftspolitischen Tagebuchs
38	Fortsetzung der „zeitgenössischen Aufzeichnungen"
50	Auf einem zufälligen Blatt
63	Fragmente aus den losen Blättern von Kislowodsk
67	1917 – St. Petersburg. Wieder Das Blaue Buch
238	Die Schwarzen Hefte 1917–1919
267	1918
397	1919
403	Namensverzeichnis
427	Anmerkungen
447	Nachwort von Christa Ebert
475	Editorische Notiz

Petersburger Tagebücher 1914–1919
ist im Oktober 2014 als dreihundertachtundfünfzigster Band
der Anderen Bibliothek erschienen.

Herausgabe und Lektorat lagen in den Händen
von Christian Döring.

Die Übersetzung aus dem Russischen von Bettina Eberspächer,
bearbeitet von Christa Ebert, umfasst die Jahre 1914–1916, die
Übersetzung von Helmut Ettinger die Jahre 1917–1919.
Christa Ebert versah das Werk mit Anmerkungen, einem kommentierten Namensregister und einem Nachwort; redaktionell
unterstützt von Ellinor Düsterhöft.
Der erste Teil der Tagebücher erschien erstmals in: S. N. Hippius:
Sinjaja kniga. Peterburgski dnewnik 1914–1918, Belgrad: Druckerei Radenkowitsch 1929. Der zweite Teil erstmals in: Swenja: istoritscheski almanach (Kettenglieder: Historischer Almanach), Band 2, Moskau-Sankt-Petersburg 1992. Das Nachwort und die editorische Notiz geben detailreich Auskunft über das Leben und Schaffen der Sinaida Hippius und über die dieser Übersetzung zugrundeliegende Fassung.

Das Gedicht von Sinaida Hippius, entstanden 1914,
übersetzt von Christa Ebert, lautet:

> Worte sind Schäume,
> Die im Nichts zerspringen.
> Worte sind Verrat,
> Wenn Gebete misslingen.
>
> Mag auch der Augenblick sein wie er ist,
> Nicht ich störe sein stummes Wesen –
> Doch die verhärtete Seele –
> Wird sie genesen?

Dieses Buch wurde von Sabine Golde, Leipzig, mit der
Schrift Minion Pro gesetzt und gestaltet.
Die Herstellung betreute Renate Stefan, Berlin.

Das Memminger MedienCentrum druckte auf 100g/m^2
holz- und säurefreies, ungestrichenes Munken Pure.
Dieses wurde von Arctic Paper ressourcenschonend hergestellt.
Den Einband besorgte die Buchbinderei Lachenmaier
in Reutlingen.

Die Originalausgaben der Anderen Bibliothek
sind limitiert und nummeriert.

1.– 4.444   2014

Dieses Buch trägt die Nummer:

3012 ✱

ISBN 978-3-8477-0358-7
AB – Die Andere Bibliothek GmbH & Co. KG
Berlin 2014

Die Andere
Bibliothek

Sinaida Hippius, 1914

ОТДЫХ

Слова — как пена,
Невозвратимы и ничтожны.
Слова — измена,
Когда молитвы невозможны.

Пусть длится дленье.
Не я безмолвие нарушу.
Но исцеленье
Сойдет ли в замкнутую душу?

Я знаю, надо
Сейчас молчанью покориться.
Но в том отрада,
Что дление не вечно длится.

Ноябрь 1914. СПБ.